Ludger Schwarte

Qualitäten der Freiheit

Demokratie für übermorgen

Meiner

Bibliographische Information der Deutschen Nationalbibliothek

Die Deutsche Nationalbibliothek verzeichnet diese Publikation in der Deutschen Nationalbibliographie; detaillierte bibliographische Daten sind im Internet über ‹http://portal.dnb.de› abrufbar.

ISBN 978-3-7873-4604-2
ISBN eBook 978-3-7873-4604-9

 Satz: mittelstadt 21, Vogtsburg-Burkheim. Druck und Bindung: Stückle, Ettenheim. Gedruckt auf alterungsbeständigem Werkdruckpapier, hergestellt aus 100 % chlorfrei gebleichtem Zellstoff. Printed in Germany.

INHALT

1. Einleitung
Entscheidung, Freiheit und Zeit

> *»Das Ziel der Politik ist nicht das Glück, sondern die Freiheit. Die effektive Freiheit [...] ist das, was ich als Autonomie bezeichne. Die Autonomie des Gemeinwesens, die nur durch explizite Selbstinstitution und Selbstregierung erreicht werden kann, ist ohne die effektive Autonomie der Individuen, aus denen es sich zusammensetzt, nicht denkbar.«*[1]
>
> Cornelius Castoriadis

Dieses Buch versucht, politische Freiheit als Anarchie der Zeit zu begreifen: weder von der Zeitordnung beherrscht noch das Zeitliche beherrschend. Eine neue Qualität kollektiven Handelns, die diese Freiheit verwirklicht, besteht darin, weder den Krisen der Zeit ausgeliefert zu sein noch die Zukunft vollständig kontrollieren, unterwerfen oder bewirtschaften zu wollen. Stattdessen räumt sie dem Lebendigen die Freiheit ein, sich in seiner eigenen Zeit und doch zusammen (mit anderen, auch mit dem, wovon es abhängt) zu entfalten. Nicht nur weil den meisten diese Zeit fehlt, ist politische Freiheit bislang unzureichend konzipiert, sondern auch weil Serien von Katastrophen – Ereignisse, die sich im Berechenbaren, im Sichtbaren und Sagbaren nicht angekündigt haben – Zwangsmaßnahmen und zeitliche Beherrschungstechniken zu erfordern scheinen. In Entscheidungsarrangements, die kollektives Handeln zeitlich orientieren, die Ereignishaftigkeit von Verwirklichungsprozessen zu ahnen und mit einzuplanen, darin liegt folglich die Herausforderung.

Dieses *erste Kapitel*, die Einleitung, geht nach der topischen Methode vor und legt die theoretischen Ausgangspunkte und Kontexte offen, aus denen sich die Argumentation entwickelt. Das thematische Feld, in dem diese argumentativen Orte konstelliert sind, erlaubt es, die Umwelt und die zeitliche Struktur kollektiven Handelns genauer zu untersuchen, um dadurch die Idee politischer

Freiheit neu zu bestimmen. Dabei soll erstens der Stand der Diskussion im Bereich der politischen Philosophie und der Zeitphilosophie markiert und zweitens die Beobachtung erläutert werden, dass in der aktuellen deliberativen Demokratietheorie, aber auch in radikaldemokratischen Positionen, die sich aus neueren Protestformen ableiten, eine Theorie der Entscheidung ebenso fehlt wie eine Vorstellung politischer Freiheit, die auch die zeitliche Umwelt in die Kritik gegenwärtiger Verhältnisse einbezieht. Ein Grund für diesen Umstand kann in der Tatsache ausgemacht werden, dass diese Theorien wie auch unser politisches Leben und unser Umweltverständnis zu großen Teilen vom Präsentismus beherrscht werden, das heißt von einem Zeitregime, das das Wahrnehmen, Denken und Handeln, selbst noch dort, wo es von Nachhaltigkeit spricht, auf den Horizont der Gegenwart verpflichtet, da vermeintlich nur diese existiert und somit zählt. Als Umwelt zählen die gegenwärtigen Funktionsbedingungen des Ökosystems. Ein gravierendes Problem dieses Zeitregimes ist, dass es sich bislang lediglich um die Erweiterung der Perspektive auf andere Räume und andere Gegenwarten bemüht und in kritischer Absicht (gegenüber dem Modernismus) lediglich den Traumata, dem Latenten, den verborgenen Wirkkräften und den Opfern der Vergangenheit zuwendet, insofern diese für die Gegenwart von Bedeutung sind, und auf diese Weise versucht, Gerechtigkeit in globaler und in historischer Hinsicht zu erarbeiten. Während dieses Zeitregime sich also seiner Diversität und seines Gewordenseins und dessen, was dabei verdrängt oder unterdrückt wurde, zu versichern sucht, wird es in steter Regelmäßigkeit von Ereignissen heimgesucht, die jede Planung durchkreuzen und rationales kollektives Handeln unterminieren. Soll aber nicht nur das, was nicht mehr ist, sondern auch das, was noch nicht ist, wie auch das Zeitliche, das sich in inkommensurablen Intensitäten, eigenen Rhythmen, singulären Verwandlungen manifestiert, gleichberechtigt in den Beratungen Berücksichtigung finden und bei der Entscheidung ins Gewicht fallen, so ist eine Kritik der zeitlichen Struktur erforderlich, die präsentistischen Entscheidungsarrangements zugrunde liegt, um daraus Anforderungen an eine zukunftsfähigere Politik abzuleiten.

Diese Kritik verfährt methodisch in drei Schritten: einem archäologischen, einem diskursanalytischen und einem architekturphilosophischen. Das *zweite Kapitel* verfolgt die Spuren demokratischer Utopien und rekonstruiert neben anderen, vielleicht bislang zu wenig beachteten Eigenschaften des »Prinzips Demokratie« die Ausrichtung auf einen besseren Zustand, dessen ästhetische und diskursive Grundbedingungen auch in zeitgenössischen Anwendungen bereits kontrafaktisch unterstellt werden. Die Leere im Zentrum demokratischen Entscheidens und die politische Freiheit, die aus der Verwirklichung jenes Prinzips rühren, sind mithin nicht nur machttheoretisch, sondern auch zeittheoretisch zu verstehen, als methodische Implikation des zeitlich Unbestimmten mit dem Ziel der Abschaffung von Beherrschung. Dieser implizite Vorgriff, die Antizipation einer noch unmöglichen – auch zeitlichen – Gleichheit, wird dabei als roter Faden der Entwicklung demokratischen Denkens erkennbar. Die Archäologie der Grundlagen und Zielvorstellungen, ohne die demokratische Verfahren kaum begründet und als Basis rationaler Planung ausgewiesen werden könnten, führt deshalb zur Annahme der Utopie als Methode, das heißt zu einem Verfahren, das es erlaubt, das Urteilsvermögen nicht nur am Gegebenen und dessen spekulativer Vervollständigung, sondern auch an der Antizipation des (noch) Unmöglichen auszurichten.

Das *dritte Kapitel* überträgt diese methodischen und zeittheoretischen Einsichten auf die Frage danach, wie sich Kollektive formieren, was kollektive Entscheidungen kennzeichnet und woraufhin sie gefällt werden. Was zeichnet Kollektive aus? Wer oder was kommt für Kollektivbildungen in Frage? Welche Subjektivierungen spielen eine Rolle? Was sind Vor- und Nachteile bisheriger Verfahren? Was ist die Fluchtlinie des Entscheidens über die jeweilige Problemstellung hinaus? Die systematische Darstellung und Analyse des Diskurses um das kollektive Subjekt und die Sequenzen demokratischen Entscheidens führt zur Aporie der Konstitution: Die Regeln des Aktes, durch den sich ein Kollektiv formiert und Regeln gibt, können nicht als bereits wie eine Verfassung vorliegend gedacht werden. Wenn Kollektive sich durch freie Assoziation bilden, müssen sie zunächst entscheiden, wer wie entscheidet. Das Entscheiden darf weder (ausschließlich) von der Vergangenheit konditioniert werden noch von den Herausforderungen, die in der Gegenwart zur Entscheidung drängen. Um hier nicht einer mythischen oder pseudo-historischen Gegebenheit derartiger Normen aufzusitzen, die Subjekte de facto prägen, geht die Argumentation von impliziten Regeln aus, die der situativen Formation von Kollektiven entnommen werden können. Weil diese Formation schon vor der Möglichkeit der Deliberation ansetzt und weil diese stets Ausschlüsse und Asymmetrien reproduziert, fokussiert die Argumentation im nächsten Schritt auf Regeln körperlicher Versammlung. Das Sich-Versammeln stellt Gegenwart her und modifiziert sie im Handeln. Um diese Konstitutionsbewegung wiederum nicht als einmaligen oder hypothetischen Vorgang zu hypostasieren und die Konstitution der Gegenwart zu perennieren, wird die Notwendigkeit der Einbeziehung einer (auch zeitlichen) Öffentlichkeit, die regelmäßige Wiederholung und Modifikation der Konstitution sowie die Ausrichtung auf Selbstveränderung und Selbstkorrektur herausgestrichen. Dies führt schließlich zu einer Betrachtung der Antizipationen, die kollektive Entscheidungsarrangements steuern. Diese dürfen sich nicht in der Verlängerung gegenwärtiger Bedingungen, in der Berechnung dessen, was bereits erkennbar ist, und in der unbeirrten Durchsetzung von Handlungszielen erschöpfen, wenn sie den Prozess der Kollektivbildung zukunftsfähig gestalten wollen. Dies macht es notwendig, Antizipationen über das Feld der Gegenwart und des darin auf Subjekte Zukommenden hinaus auf die Futurität auszurichten, aus der die Ereignisse (außerhalb dieses Feldes) rühren. Doch dies erscheint im Präsentismus undenkbar.

Im *vierten Kapitel* wird deshalb das gegenwärtige Zeitregime erörtert und auf seine architektonischen Bedingungen bezogen, das heißt auf die konkrete Konfiguration, innerhalb derer sich materielle Kräfte entfalten, Körper formieren und einen Modus der Präsenz vorherrschend werden lassen. Architektur prägt die Entfaltung der Sinne, die Möglichkeit der Bewegung, die Infrastruktur der Kommunikation. Sie bedingt deshalb nicht nur die Räume der Versammlung und des Entscheidens, sondern auch die zeitliche Struktur des Zusammenhangs von Planung, Ausführung und Wirkung. Während das moderne Zeitregime noch eine fortschreitende zeitliche Disziplinierung, Beschleunigung und Produktivmachung vorsah, funktioniert das zeitgenössische Zeitregime als Kreislauf technischer Vervollkommnung und Absicherung der Gegenwart, als Kontrollzeit. Vor diesem Hintergrund postuliert das vierte Kapitel Leinlinien einer veränderten Antizipationsweise, basierend auf einer anderen Phantasie und einer anderen Technik. Wenn dieses Antizipieren in einem ersten Schritt, in Umwendung dessen, was Benjamin für die Vergangenheit forderte, dialektisch vorgeht und die Umwelten zukünftiger Zeiten, die von der prognostischen Chronologie verdrängt oder unterdrückt werden müssen, in den Blick nimmt, so werden doch diese Zeitlichkeiten weiterhin nur im Zusammenhang mit der gewaltvollen Zeitordnung gedacht, die sie beherrscht und überformt und in der sie sich nur in Frakturen und Katastrophen manifestieren können. Über die dialektische Spekulation hinaus wird eine utopische Antizipation erforderlich, eine Ahnung der zeitlichen Umwelt, außerhalb der Zeitordnung und von ihr nicht länger beherrscht.

1.1 Demokratie ist keine Staatsform

Demokratie ist kein Herrschaftssystem, keine Staats- und Regierungsform, sondern *eine Art, Kollektive zu bilden und kollektive Entscheidungen zu treffen, in provisorischen, selbstgewählten und selbstbestimmten Gemeinschaften zu leben und zu handeln*, in unterschiedlichen Skalen und Konstellationen. Sie kann also *ein Prinzip genannt werden, nach dem neue Beziehungen geknüpft, Entscheidungen organisiert und ihre Ergebnisse umgesetzt werden.* Diese Auffassung folgt einer Einsicht von Sandra Laugier und Albert Ogien, die politische Institutionalisierungen in Abhängigkeit von einem Prinzip beschreiben, das die Demokratie als Lebensform ausprägt, »das heißt eine Ordnung sozialer Beziehungen, die idealerweise ohne jede Form von Beherrschung auf Grund von Klasse, Amtsbefugnis, Herkunft oder Geschlecht auskommt und auf einem einzigen Prinzip basiert: der bedingungslosen Anerkennung der Tatsache, dass alle Menschen gleich sind. Denn man muss bedenken, dass dieses Prinzip in allen Sphären der sozialen Welt Anwendung finden muss.«[2] Wenn Demokratie ein Prinzip ist, das Lebensformen Regeln gibt, nach denen sich Regierungsformen richten, organisieren und verändern müssen, aber auch Unternehmen, Gesundheitswesen, Bildungssystem, Stadtplanung etc., dann gilt es zu klären, zu welcher Art von Entscheidungen, genauer: *zu welchen Formen der Selbstkonstitution, zu welchen Entscheidungsarragements und zu welchen Handlungsprozessen die bedingungslose Anerkennung der Gleichheit aller Menschen führt.* Jede einzelne Entscheidung von Gruppen, aber auch die Abfolge ihrer Umsetzung auf unterschiedlichen Ebenen muss an diesem Prinzip (mit den Kernbestandteilen Herrschaftsfreiheit und bedingungslose Gleichheit) geprüft werden können. Das Ausräumen gewaltvoller Herrschaft betrifft dabei nicht nur die Mikro- und die Makroebenen, Skalen und Radien gegenwärtiger Gesellschaften, es betrifft nicht nur die räumliche Organisation von Entscheidungen, sondern auch die zeitliche Ordnung sozialer Beziehungen, beispielsweise das Verhältnis der jetzt lebenden Menschen zu denen, die nicht mehr oder noch nicht leben. Auch in zeitlicher Hinsicht, zwischen Kollektiven, und in der Abfolge verschiedener selbstorganisierender Regelsysteme muss dieses Prinzip gelten, wenn nicht ein Zeitpunkt, eine Sequenz, eine Entscheidung die anderen entrechten und unterwerfen soll.

Wie lässt sich diese zeitliche Umsetzung des Prinzips Demokratie denken? Kollektive sind Gruppen von Menschen, die sich zusammenschließen, um gemeinsame Ziele zu erreichen. Im Unterschied zu anderen Gruppen erfolgt dieser Zusammenschluss freiwillig. Diese freiwillig gebildeten Gruppen können aus verschiedenen politischen, sozialen, wirtschaftlichen oder kulturellen Gründen entstehen und sich zu Lebensformen verfestigen. Die Mitglieder eines Kollektivs haben oft gemeinsame Interessen und teilen ähnliche Werte und Überzeugungen oder eine gemeinsame Geschichte. Es wird von diesen Gemeinsamkeiten ebenso wie von Unterschieden, die jede Pluralität auszeichnet, geprägt. Kollektive können unterschiedlich groß sein, von kleinen Gruppen von wenigen Menschen über große Organisationen bis hin zu staatlichen Verbünden. Sie verbindet eine Gleichheit, die zugleich unterstellt und praktiziert werden muss, damit das Sich-Zusammenschließen sowohl freiwillig als auch effektiv erfolgt, so dass die Ziele wirklich als gemeinsame angesehen werden und durch kollektives Handeln erreicht werden können.

Kollektives Handeln bezieht sich auf die Maßnahmen, die von einer Gruppe von Personen ergriffen werden, um ein von allen geteiltes Ziel zu erreichen oder ein gemeinsames Problem zu lösen. Im Gegensatz zu individuellen Maßnahmen, die von einer einzelnen Person durchgeführt werden, handelt es sich bei kollektiven Maßnahmen um Bemühungen einer Gruppe von Personen, die von einer befürchteten oder gewünschten Zukunft veranlasst werden, sich zu koordinieren, und die dadurch Handlungen ausführen können, zu denen sie je individuell nicht in der Lage wären.

Diese Zukunft muss nicht klar umrissen sein, weil die Bemühungen oft ihren Anfang in einer belasteten Situation oder einer unlebbaren Umgebung nehmen und in erster Linie auf einen Abbruch, eine Verbesserung oder Reparatur der Gegenwart zielen. Dennoch sind auch diese Ziele, insofern sie noch einer Verwirklichung harren, zukünftig.

Kollektives Handeln wird also durch einen gemeinsamen Zweck motiviert, der von den Mitgliedern der Gruppe geteilt wird. Dass es sich dabei um einen Zweck handelt, ist nur möglich, wenn zugleich eine bestimmte Zeitstruktur unterstellt wird, so dass dieser Zweck zukünftig und erreichbar ist. Der Zweck dient als einigende Kraft, die die Gruppe zusammenführt und ihr Handeln leitet. Dieses Handeln unterscheidet sich in vielen Punkten vom individuellen Handlungsvermögen, vor allem in der Kraft und der Koordination, aber auch in der umfassenden Zeitstruktur; es basiert auf Interaktionen. Diese Interaktionen implizieren Diskontinuitäten und Neuanfänge, Abstände und Zusammenhänge. Der Erfolg kollektiven Handelns hängt von der Zusammenarbeit und zeitlichen Koordination aller Gruppenmitglieder ab. Er wird der Gruppe zugerechnet, auch wenn einige kontinuierlich und substanziell, andere nur punktuell und ephemer daran beteiligt waren. Darin liegt die zweite Gleichheit: Jedes Mitglied muss seine Fähigkeiten, Ressourcen und Bemühungen zum geeigneten Zeitpunkt und in der richtigen Abfolge einbringen, um das gemeinsame Ziel zu erreichen. Doch nur weil sich erstens alle gegenseitig in ihrem Status als Gruppenmitglieder als gleich anerkennen und zweitens gleiche Aufgaben im Rahmen der Gruppe übernehmen, ist noch keine Gleichheit verwirklicht. Denn auch die Strukturierung, Einteilung, und Koordination muss durch das Kollektiv erfolgen, das heißt durch alle, insofern sie einverstanden sein müssen. In Disziplinardispositiven – in Schulen, Kasernen, Gefängnissen, Lagern, Hospitälern – mögen sich die Insassen als Statusgleiche anerkennen und gemeinsam Aufgaben übernehmen, sie bilden doch kein Kollektiv. Und auch das bloße Einverständnis wäre zu wenig – es könnte erzwungen, erkauft oder anerzogen sein –; das Einverständnis muss das Ergebnis einer gemeinsamen Überlegung und an möglichen Einwänden geprüft sein und sich in den verschiedenen Phasen der Umsetzung bewähren.

Wie etwas gemacht wird, ist deshalb ebenfalls Teil des Zusammenschlusses. Die Koordination zwischen den Gruppenmitgliedern wird durch eine kommunikative Infrastruktur bewerkstelligt, die eine Gleichheit der Beteiligung sicherstellen soll, sich aber oft als fragil oder asymmetrisch erweist. Bei kollektiven Aktionen kann es deshalb zu einer Machtdynamik kommen, wenn einige Mitglieder über mehr Einfluss, Informationen oder Ressourcen als andere verfügen. Dieses Machtungleichgewicht kann sich auf den Entscheidungsprozess und die Verteilung der Ressourcen innerhalb der Gruppe auswirken. Dies kann insbesondere das Gefühl des Zusammenhangs, der Zugehörigkeit und Solidarität unter den Gruppenmitgliedern unterminieren. Das Gefühl von Rückhalt und Solidarität, vor allem aber die Erfahrung der Gleichheit im Zusammenschluss, in der Konstitution der Gruppenidentität und in der Koordinierung kann im Gegenteil die Mitglieder motivieren, auch unter Entbehrungen auf ein gemeinsames Ziel hinzuarbeiten und Herausforderungen zu meistern. Die Gleichheit darf deshalb nie nur eine Unterstellung oder ein Ideal sein, sondern sie muss für alle im kollektiven Handeln verwirklicht werden.

Die Formierung von Kollektiven wird durch vorhandene Gemeinsamkeiten allein nicht erklärt, und sie kann auf unterschiedliche Art und Weise erfolgen. Im Wesentlichen entstehen Kollektive spontan, wenn sich Menschen in einer Situation zusammenschließen, weil es einer Gelegenheit, Neigung oder Krise entspricht; andere Kollektive werden gezielt gegründet, um spezifische Ziele zu erreichen. Die Gründung von Kollektiven kann auf unterschiedlichen politischen, sozialen oder wirtschaftlichen Interessen beruhen. In der Regel wird das Kollektiv durch eine befürwortete Pluralität und eine Affektreziprozität geprägt. Die Formierung von Kollektiven basiert deshalb oft auf spontanen Emotionen, auf gemeinsamen Erfahrungen oder Erlebnissen, kann sich aber auch durch eine gemeinsame Vision oder durch eine gemeinsame Gegnerschaft einstellen. Damit ein Kollektiv besteht, müssen die Mitglieder haltbare Visionen entwickeln oder Ziele teilen und zumindest bereit sein, zu deren Erreichung zusammenzuarbeiten.

Der Zusammenschluss stellt einen Akt der Entscheidung dar. Dieser Akt kann mehrere Sequenzen durchlaufen. Es kann vorkommen, dass ein solcher Prozess des Zusammenschlusses sich zunächst nur angebahnt, aber keine belastbare Handlungsform hervorgebracht hat. Es kann vorkommen, dass durch den Zusammenschluss andere zuvor beteiligte Menschen ausgeschlossen werden. Oder der Entscheidungsakt wird nur von einigen, nicht aber von allen, die sich dazu bereit erklärt hatten, vollzogen. Wenn sich Menschen in einem Kollektiv zusammenschließen, entsteht eine Gruppendynamik. Diese Dynamik kann sowohl positiv als auch negativ sein und beeinflusst die Kohäsion und die Entscheidungsfindung innerhalb der Gruppe ebenso wie das, was als kollektive Handlung gilt. Die Mitglieder eines Kollektivs müssen aushandeln und lernen, was es heißt, im Sinne des Kollektivs miteinander zu kommunizieren, sich aufeinander zu beziehen und aneinander auszurichten. Dies kann nur geschehen, wenn verschiedene Vorstellungen davon, was die Gruppe werden soll, im Raum stehen. Eine Entscheidung kann durch große Einigkeit erfolgen, wird auf der Grundlage der Mehrheit der Stimmen getroffen oder von einer Vielheit aufgrund mangelnder Alternativen erduldet. Entscheidungen können auch von der gesamten Gruppe an eine kleinere Auswahl von Mitgliedern delegiert werden. Doch auch dann, im Moment der gemeinsamen Auswahl und der Zustimmung, bleibt das Prinzip der Gleichheit gewahrt. Und diese Gleichheit wird nicht allein dadurch gewährleistet, dass jedes Mitglied im Prinzip eine Stimme hat. Denn ob die Stimme zählt, wer die Stimmen zählt und ob es überhaupt zu einer Abstimmung kommt, ist ebenfalls eine Frage der Gleichheit.

Zusammenschlüsse werden meist nach dem Muster präsentischer Versammlungen imaginiert: In einem Versammlungsraum bildet sich ein Kollektiv durch die Anerkennung einer Gegenseitigkeit und Gleichheit. Der Raum muss das Zusammen erfahrbar machen, Gegenseitigkeit ermöglichen und Machtkonzentrationen aushebeln. Kollektive können sich jedoch auch zeitlich verstreut durch die Ausbildung und Übernahme geteilter Handlungsziele und die Verteilung der Aufgaben durch die Zeit bilden. Hier kommt Gleichheit ebenfalls nur dann zum Tragen, wenn es kein Machtungleichgewicht zugunsten eines Zeitpunkts (meist des früheren) gibt. Eine solche Ungleichheit schlägt jedoch im genealogischen Denken zu Buche wie dort, wo spätere Generationen mit den Konsequenzen von Wahn, Krieg oder Zerstörung zu leben haben. Wenn die späteren die Verantwortung für Handlungsfolgen übernehmen, die sie nicht verursacht haben, sollte dies nur auf Freiwilligkeit, nicht auf Zwang beruhen; andernfalls wären sie schlicht Opfer.

Die Wahl geeigneter Prozeduren hängt sehr stark von den Rahmenbedingungen ab. Bei kleineren Gruppen kann es beispielsweise sinnvoll sein, einfach eine offene Diskussion zu führen und sich dann auf eine Lösung zu einigen. In größeren Gruppen oder Organisationen hingegen ist es schwieriger, Entscheidungen zu treffen, und es kann notwendig sein, spezielle Prozesse zu entwickeln, um sicherzustellen, dass alle Stimmen in einer geeigneten Reihenfolge gehört werden.

Viele Zusammenschlüsse werden nach dem Vertragsmodell konzipiert, und kein Vertrag ist gültig ohne die Zustimmung aller Beteiligten. Es ist unter Umständen möglich, einer Gruppe später beizutreten oder ihre Struktur zu modifizieren, ohne den Zusammenschluss erneut durch alle vollziehen zu müssen. Doch auch hier sind explizite Einverständnisse einzuholen. Zusammenschlüsse benötigen zudem jenseits der Vertragsform die ungezwungene Zustimmung.

Denn wer anderen Menschen hilft, darf dies nicht gegen den Willen dieser Personen tun. Sexuelle Beziehungen stiften ebenfalls Kollektive; hier ist die wie auch immer artikulierte Zustimmung aller Beteiligten erforderlich, denn andernfalls handelt es sich um Vergewaltigung.[3] In Situationen, in denen Gruppen gezwungen sind, in Sekundenbruchteilen zu entscheiden – wo es abzuwägen gilt zwischen dem Vertrauen in die Expertise der einen Person oder dem Dafürhalten der Mehrheit, zwischen der Unwägbarkeit, anstatt des riskanten Vorschlags den einzig gewiss erscheinenden Weg zu gehen und doch zu scheitern, und der Einsicht in die eigenen unzureichenden Mittel, um überhaupt ein Urteil fällen zu können, oder in Situationen, in denen es unmöglich ist, zuerst über Abstimmungsformalitäten zu diskutieren –, können gewissermaßen stillschweigend und doch mit einem Minimum an Artikulation Einverständnisse erzielt werden, solange alle aufeinander achten und die Möglichkeit des Widerspruchs bestehen bleibt. In derartigen Situationen müssen alle Gruppenmitglieder abwägen, für sich allein, aber auch für die Gruppe. Selbst wenn sie einander nicht verpflichtet sind und keinen Verein oder Club bilden, sondern nur eine zufällige Ansammlung, wie in einem Boot, Flugzeug oder in einer Gondel beispielsweise, wäre es irrational, dass jede/r nur an sich denkt und die Erwägungen und Verhaltensweisen der anderen nicht zumindest mit einbezieht.

Eine Gruppe muss ihre Entscheidung gemeinsam treffen, wenn es um das Leben aller geht. Dabei ist es nicht erforderlich, dass Stimmen ausgezählt und Mehrheitsverhältnisse ausgerechnet werden, wenn nur ein Minimum an Artikulation und die Möglichkeit des Widerspruchs gegeben ist. Ein solcher Entscheidungsmodus wird aufgrund des Fehlens eines formalen Abstimmungsvorganges auch als stiller, anscheinender Konsens oder als Regel der Non-Opposition bezeichnet und ist in Alltagssituationen sehr verbreitet. Die Frage ist nur, was genau eine Entscheidung als gemeinsame qualifiziert, wenn sie etwas anderes sein soll als ein Querschnitt von Einzelinteressen, das Diktat der lautesten Meinung oder die freiwillige Unterwerfung unter die mächtigste Person, was die Möglichkeit der Artikulation unter diesen Umständen qualifiziert und wie ein solches Einverständnis über die Zeit, auch bei wechselnder personeller Zusammensetzung, aufrecht zu erhalten ist.

Elizabeth Anscombe hat vor vier Jahrzehnten mit einem Gedankenexperiment wichtige Schritte hin zu einer Theorie des kollektiven Entscheidens und Handelns unternommen.[4] Das Experiment betraf die Situation der Formierung einer Reisegruppe und der Festlegung des Reiseziels. Wie sie mit ihrem Experiment aufgezeigt hat, kann unter Umständen eine gültige kollektive Entscheidung selbst dann zustande kommen, wenn die meisten, wären sie einzeln gefragt worden, dagegen gewesen wären. Und sie hat auf den Umstand hingewiesen, dass die Entscheidungen einer Reisegruppe, die individuelle Interessen und Präferenzen bündelt, sich kategorisch unterscheidet von den Entscheidungen eines

Parlamentes, das jedenfalls der Idee nach nicht die individuellen Präferenzen der Parlamentarier:innen, sondern die Interessen des jeweiligen Landes vertritt.

Der Unterschied zwischen der einen und der anderen Gruppe, den Anscombe nahelegt, ist, dass die eine ein punktueller, interessensbezogener Zusammenschluss von Individuen ist und die andere ein konstituiertes repräsentatives Organ. Doch auch ohne Vereinssatzung und Kollektivnamen ist eine Gruppe insofern konstituiert, als sie sich ein gemeinsames Ziel setzt. Dieses gemeinsame Ziel kann einen momentanen interessensbezogenen Zusammenschluss in ein Kollektiv überführen, insofern nun ein gemeinsames Handeln im Vordergrund steht, und nicht mehr die Aggregation des individuellen. Als so konstituierte Gruppe kann sie in Sekundenschnelle ein Entscheidungsverfahren improvisieren. Oft genug enthalten auch Vereinssatzungen oder Parlamentsgesetze keine passende Anweisung, wie zu verfahren ist, weil nicht alle Arten von Aufgaben oder Krisen antizipiert werden können. Auch die Überbrückung der Kluft zwischen Beschluss und Ausführung muss improvisiert werden, wobei Einzelinteressen und Allgemeininteresse abzuwägen sind.

Ein Aspekt, der in Theorien kollektiven Handelns, auch bei Anscombe, bisher wenig Beachtung gefunden hat, ist derjenige der Prozessualität und der Zeitstruktur. Die Legitimität einer Entscheidung bemisst sich nicht nur an dem Inhalt, der in einem proportionalen Verhältnis zu den Ansprüchen, Interessen und Gründen der an sie gebundenen Individuen stehen muss, sondern auch an der Struktur ihres Zustandekommens. So ist es offensichtlich erheblich, dass die Beratung vor der Beschlussfassung erfolgt und dass der Inhalt durch die Mitwirkung der Einzelnen und nicht nur zufällig oder durch Machination ihrem Dafürhalten entspricht. Ebenso ist es wichtig, dass eine Situationsanalyse und eine Beobachtung sich ändernder Umstände Eingang in die Entscheidung finden, die sich über mehrere Sequenzen hin zu einer kollektiven Handlung erstreckt. Zudem ist die Klärung der Frage, wem Handlungsfähigkeit zukommt und was eine Handlung überhaupt bewirken kann, für die Rationalität und Legitimität einer Entscheidung von Bedeutung. Die Dauer einer Entscheidung beeinflusst ihre Kraft und Akzeptabilität. Wird sie überstürzt getroffen oder zieht es sich ewig hin, bis ein Beschluss gefasst und umgesetzt wird, so mag ihr Inhalt noch so triftig sein, sie entfaltet weniger Bindungskraft und wird schnell in Zweifel gezogen. Es ist von herausragender Bedeutung für eine Entscheidung, dass sie zum richtigen Zeitpunkt getroffen wurde: Fällt sie zu früh oder zu spät, mit Bezug auf die Situation, in die sie interveniert, so ist sie meist wertlos.

Viele Theorien kollektiven Handelns gehen stillschweigend von der Durchführbarkeit der Beratung und der Handlungen aus. Die dabei jovial unterstellte Präsenz und Alltäglichkeit ist aber genau das, was in der Regel fraglich ist, wenn überhaupt gemeinsame Entscheidungen relevant werden.

Die drohende Klima-Katastrophe stellt eine für individuelles und kollektives Entscheiden viel bedeutsamere Herausforderung dar als die Beispiele, die Anscombe diskutiert: Wohin geht die Reise der Menschheit, hat sie noch eine Zukunft? Ist es zu spät? Haben wir uns durch unsere Lebensweise in der Vergangenheit und Gegenwart jeglicher Zukunft beraubt oder können wir das durch eine individuelle und kollektive Verhaltensänderung noch aufhalten? Können wir unser Handeln am Interesse des Fortbestehens menschlichen Lebens auf diesem Planeten ausrichten oder ist diese Idee der Persistenz gerade die Ursache für die Katastrophe? Kommt diesem unterstellten »Wir« noch eine verantwortungsadäquate zeitliche Erstreckung zu? Die in diesem Kontext diskutierten Handlungsempfehlungen basieren zumeist auf wissenschaftlichen Prognosen, abgeleitet aus Klimamodellen, aus vergangenen und aktuellen Messungen, aus Analysen zur Verfügung stehender Technologien. Wieviel Zeit bleibt noch? Ist dies eine homogene, dem, was wir kennen können, hinreichend ähnliche Zeit? Gibt es angesichts dessen überhaupt noch Spielraum zum Nachdenken und Forschen, haben wir Zeit zu zögern, zu zweifeln und zu imaginieren? Gleichzeitig kann es für diese historisch einmalige Krise keine Expertise geben. »Auf die Wissenschaft zu hören« kann deshalb keine gültige Maxime sein und im Zweifelsfall sogar in die Irre führen.

Denn bei Entscheidungen, die einen Bruch mit der Vergangenheit bewirken sollen, ist der Status des Erfahrungswissens fraglich und bestenfalls dafür geeignet festzulegen, was sich nicht wiederholen sollte und nicht bewährt hat. Jedwede Expertise ist insofern kompromittiert, als sie nur auf der Erfahrung des Weges basiert, der uns in die Irre geführt hat, und diese nachweislich nicht zu verhindern wusste. Gibt es, wie meist, konkurrierende Expertisen, so fehlt die Superexpertin, die die spezialisierte Expertin aufgrund höherer Expertise auszuwählen wüsste. Wissenschaftliche Reputation und technisches Know-how werden mit politischer Münze bezahlt. Expertokratie heißt, die eigene Verantwortung zu delegieren. Doch kann sich niemand aus der Verantwortung stehlen, wenn der Planet weiterhin lebbar existieren soll. Gerade dann, wenn einzelnes Fehlverhalten desaströse Konsequenzen nach sich ziehen kann, sind gemeinsame Entscheidungen notwendig. Was bedeutet das? Wie können dann Entscheidungen sowohl notwendig als auch frei sein? Wie können sie, wenn Institutionen zur Regelung des Verfahrens fehlen, überhaupt als gemeinsame gedacht werden und zustande kommen? Wie können wir die Freiheit der Einzelnen, die sich mit dieser Entscheidung verpflichten, verbinden mit den Erfahrungen derjenigen, die zuvor untergegangen sind, wie auch mit der Verantwortung gegenüber denjenigen, die von deren Konsequenzen betroffen sein werden – gegenüber den Zukünftigen, den Ungeborenen? Wie kann das Wissen aus der Vergangenheit verbunden werden mit der Antizipation des Unbestimmten, Unverfügbaren? Auch mit noch unbekannten Chancen und Katastrophen? Die Menschheit, die das Klimaproblem verursacht, ist kein Makrosubjekt und keine konstituierte politische Entität. Als solche kann sie, trotz der Einsichten in ihre Verantwortung im Anthropozän, (noch) nichts beschließen und nicht als solche, als Menschheit, handeln. Sie könnte dennoch aus dieser ungewissen Gemeinsamkeit heraus einiges gegen die Umweltzerstörung und gegen den Klimawandel unternehmen. Es müssen nicht alle sein, es reicht, wenn es möglichst viele sind, die im Interesse der Menschheit und aller anderen, mit denen sich diese den Planeten Erde teilt, handeln.

In welchem Moment wird aus einem Beschluss, den alle je individuell fällen, ein Beschluss, den alle gemeinsam fällen? Es ist, wie bereits gesehen, nicht erforderlich, dass diejenigen, die »alle gemeinsam« einen Beschluss fällen, sich zuvor bereits formell als Gruppe konstituiert haben. Durch eine gemeinsame Entscheidung konstituiert eine Ansammlung von Individuen eine Gruppe und kann gegeneinander Erwartungen hegen und überprüfen, ob die anderen sich an den Beschluss halten. Was ist der Unterschied zwischen einer Situation, in der wir, warum auch immer, anfangen, klimagerecht zu leben und zu handeln, und einer Situation, in der wir gemeinsam beschließen, dies zu tun? Wir verständigen uns über Gründe und Ziele und machen uns diese bewusst und für andere überprüfbar und kritisierbar. Wir koordinieren unser Handeln aus geteilten Gründen und nach selbstgewählten Regeln. Sollten sich die Gründe oder die Bedingungen des Handelns verändern, können wir uns erneut beraten und unsere Handlungsweise korrigieren. Damit von einem gemeinsamen Beschluss die Rede sein kann, geschieht dies nicht aufgrund von existentiellem Mangel, fehlenden Alternativen oder Gehirnwäsche, sondern aufgrund von Einsichten, die bei der Weiterentwicklung der Verhaltensweisen und Mittel besser zum Ziel führen können. Weil dies bei Verhaltensänderungen aufgrund von existentiellem Mangel, fehlenden Alternativen oder Gehirnwäsche nicht zu erwarten wäre, ist ein gemeinsamer Beschluss gerade in dynamischen Situationen die einzige Option rationaler Handlungskoordination über eine gewisse Dauer im Hinblick auf ein von allen angestrebtes Ziel.

Angenommen, es gäbe die eine, weltweit führende Superexpertin und diese wüsste genau, was zu tun ist, damit die Welt gerettet wird, und sie hätte die Möglichkeit, durch eine Spezialsoftware alle notwendigen Veränderungen an technischen Geräten, aber auch im Bewusstsein der Menschen zu veranlassen – sollte sie es tun? Was spricht gegen eine Klimadiktatur oder gegen Weltrettungsterrorismus?

Eine Diktatur funktioniert über Zwang und Gewalt. Auch eine Expertokratie kann nicht auf die Einsicht der Menschen zählen. Bei jeder sich bietenden Gelegenheit wäre damit zu rechnen, dass aufgrund des Fehlverhaltens Einzelner der Plan scheitert, besonders wenn sie dieses Verhalten nicht selbst steuern, kontrollieren und anpassen können. Nur wenn sich alle aus Einsicht unabhängig von Disziplinierung oder Kontrolle im Sinne des selbstgewählten Gemeinsamen verhalten, ist dies nicht zu erwarten. Die Einzelnen dürfen also nicht zur Ausführung eines Plans gedungen werden, den sie sich nicht selbst gegeben haben, den sie nicht verstehen oder den sie nicht (auch in verschiedenen Situationen oder wiederholt) ausführen können. Eine gemeinsame Entscheidung verbindet die

Freiheit der Einzelnen im Sinne einer freien Partizipation, einer freien Einsicht und einer Handlungsfreiheit.

Es gibt folglich Legitimitäts-, Rationalitäts-, aber auch Handlungsbedingungen, die eine Entscheidung als frei qualifizieren, und zwar in räumlicher wie in zeitlicher Hinsicht: Der Entscheidungsmodus muss deshalb erstens alle jetzt und hier Betroffenen in die Ausarbeitung miteinbeziehen, und zusätzlich diejenigen, deren Mitwirkung sinnvoll und wünschenswert wäre; er muss die Artikulationsmöglichkeit aller Empfindungen, Sichtweisen und Gründe sicherstellen und niemanden übergehen. Zweitens muss er ein vernünftiges Urteil auf der Basis bestmöglichen Wissens darstellen, bei dem eventuelle Einwände gehört werden und kollektive Intelligenz, nicht Gehorsam oder Bauchgefühl ausschlaggebend sind; und drittens muss sich die Entscheidung in assoziierten freien Handlungen manifestieren und in der fraglichen Zeit bewähren oder korrigiert werden können.

Deshalb ist es unerlässlich, dass eine rationale Entscheidung nicht nur gegenwärtige Interessen und Informationen, sondern auch die Zukunft miteinbeziehen muss: Keine Entscheidung wäre legitim oder rational, die bedeutet hätte, dass ihre Umsetzung vorgestrige Bedingungen erfordert oder dass das Wohlergehen oder auch die Rettung der einen alles andere zerstört. Sie muss nicht nur hinsichtlich der Mittel zukunftsbezogen sein, sondern auch hinsichtlich des Zieles. Das, was aus der Erreichung des Zieles folgt, muss erstens dem Zweck entsprechen und zweitens unter anderen als den gegenwärtigen Bedingungen verantwortbar sein. Unter den unterschiedlichsten Entscheidungsmodi gilt es deshalb einen auszuwählen und anzuwenden, der als legitim, rational, frei und zukunftsfähig gelten kann.

Jedem kollektiven Entscheiden liegen Annahmen über die Zeitstruktur zu Grunde: Eine Entscheidung ist nur notwendig, wenn sich ein Zustand ändern soll. Und wenn die Änderung des Zustandes verursacht werden kann. In der Gegenwart soll eine Änderung herbeigeführt werden, so dass dieser Zustand in der Vergangenheit liegt und die Zukunft nicht in dem Maße bestimmt, wie zu befürchten war; oder etwas Begehrtes, Gewünschtes oder Erhofftes soll durch zielgesteuertes Verhalten erreicht werden, das ansonsten verfehlt würde oder unerreichbar bliebe. Diese Ordnung aus Vergangenheit, Gegenwart und Zukunft und auch die Idee der Veränderung durch Handlung wohnt selbst noch der Idee der Bekräftigung des Unvermeidlichen, Nietzsches ›Amor Fati‹, inne. Denn auch die Affirmation ist eine reflexive Figur, eine Perspektiv- und Verhaltensänderung, die nicht das Geschehen, aber die Wahrnehmung und Erfahrung des Geschehens entscheidend beeinflusst, und sei dies auch zirkulär und monoton. In einem statischen Universum, das nicht die Möglichkeit ließe, über diesen Zustand ein Urteil zu fällen und also ein Davor und Danach einzutragen und zu erfahren, gäbe es keine Entscheidungen. Wenn jedem Entscheiden derartige Annahmen zu Grunde liegen, so enthält jeder Entscheidungsmodus eine je spezifische Zeitstruktur. Durch diese Zeitstruktur werden die Sequenzen und Geschwindigkeiten, die zum Gegenstand gemachten Zeiten, die lediglich imaginären Zeiten und die eigene Zeit als Subjekt der Entscheidung, die Dynamik, die Veränderbarkeit und die Wirkungsverläufe eines jeweiligen Entscheidungsmodus bestimmt, geordnet und verknüpft. Von diesem Modus hängt ab, von wo aus und wie eine über die Zeit koordinierte Veränderung des Laufs der Dinge zu bewirken ist.

»Demokratien sind keine Staaten, vielmehr werden Staaten demokratisiert und auf demokratische Praktiken (des Entscheidens und Handelns) umgestellt.«[5] Aus diesen Vorüberlegungen folgt, dass das Prinzip der Demokratie, das auf vielen Ebenen und in vielen Situationen anzutreffen ist, im kollektiven Auswählen eines Entscheidungsmodus und in dem Versuch besteht, dadurch das Zusammenhandeln der Vielen zu ermöglichen, zu koordinieren und beantwortbar zu machen. Aber damit dieses Prinzip zur Geltung kommt, muss sich die Demokratie auf angemessene zeitliche Strukturen und eigene Formen des Wirklichwerdens und der Modifikation besinnen. Demokratie ist dann nicht nur ein Prinzip, sondern ein Ereignis.

1.2 Das Ereignis der Demokratie

Die institutionalisierte Politik sieht sich stets mit neuen Herausforderungen konfrontiert. Sie kann nicht einfach ihre einmal beschlossenen Programme abarbeiten. Unfälle in Atomkraftwerken, die Naturkatastrophen in Folge des Klimawandels, die Corona-Pandemie, der Überfalls Russlands auf die Ukraine – dies sind zeitgenössische Beispiele für Herausforderungen, die ereignishaft auftauchten. Wenn man auch nicht sagen wird, dass sie strikt unvorhersehbar waren, so sind es doch gänzlich neue Arten von Herausforderungen zumindest in dem Sinne, dass sie bis zu ihrem Auftreten von (fast) niemandem prognostiziert wurden. Neben ihrer Plötzlichkeit kennzeichnet sie zweitens, dass zu ihrer Bewältigung rasch sehr umfassende, neuartige Mittel auf der Basis neuer wissenschaftlicher Expertisen vonnöten sind, und drittens, dass im Falle ihrer Nichtbewältigung das menschliche Leben auf diesem Planeten über viele Generationen großen Schaden nähme.

Während in den letzten Jahren oft die Frage gestellt wurde, ob die Demokratie – als politisches System – in der Lage ist, mit derartigen Herausforderungen fertig zu werden (wobei gelegentlich auf die Erfolge autokratisch regierter Staaten verwiesen wurde), wird andererseits kritisiert, dass die politischen Entscheidungen selbst in Demokratien nicht durch demokratische Verfahren legitimiert, sondern im kleinsten Kreis und unter erheblichem Einfluss wissenschaftlicher Expert:innen getroffen werden.

In dieser Situation stellt sich die Frage, ob sich die Demokratie angesichts ihrer langsamen und komplizierten Verfahren überhaupt in der Herausforderung durch unvorhersehbare Ereignisse (auch im Vergleich mit anderen politischen Systemen) bewähren kann. Konkreter und genauer sollte die Frage lauten, wie politische Entscheidungsverfahren zu konzipieren sind, so dass sie nicht nur in hohem Maße legitim (weil fair, rechtssicher und inklusiv) sind und eine jetzt epistemisch wertvolle Prozeduralität ausprägen, deren Resultate wahrscheinlich besser sind als diejenigen durch einen Münzwurf,[6] sondern auch zukunftstauglich in dem Sinne, dass sie einerseits der Unvorhersehbarkeit der Zukunft und andererseits der Unabschätzbarkeit der Konsequenzen gegenwärtiger Handlungen für kommende Bewohner:innen unseres Planeten gerecht werden. Denn eine Entscheidung, deren Umsetzung daran scheitert, dass sich die Umstände gewandelt haben (was grundsätzlich keine Überraschung darstellen sollte), und deshalb erneut verhandelt werden muss, ist ebenso wenig überzeugend wie eine Entscheidung, die nur für die jetzt Lebenden und Entscheidenden rational akzeptabel ist – und womöglich schon zum Zeitpunkt ihrer Umsetzung hoffnungslos veraltet. Demokratie antwortet auf ereignishafte Herausforderungen und ist selbst (kein System, kein Institutionsgefüge, sondern) das Ereignis der Selbstbestimmung.

Diese Aspekte der Ereignishaftigkeit und Zukunftsfähigkeit sind bislang kaum berücksichtigt worden, da auch die jüngere politische Theorie im Paradigma der Permanenz, der Kontinuität und des Präsentismus verbleibt. Sie unterstellt, dass bestimmende Rahmenbedingungen permanent gegeben sind, dass sich Vernunft durch Stetigkeit und temporale Kohärenz auszeichnet und dass die Gegenwart als Maßstab zur Berechnung von Schlussfolgerungen gesetzt werden sollte.

Habermas beispielsweise erfasst den normativen Kern demokratischer Rechtsstaaten in der privaten Autonomie von Bürger:innen, das heißt in dem Recht der Jetzigen, ein selbstbestimmtes Leben zu führen. Dieses Selbstbestimmungsrecht ist hier temporal uneingeschränkt gesetzt. Diese Bestimmung findet statt in der demokratisch verfassten Staatsbürgerschaft, worunter Habermas die »gleichmäßige Inklusion freier und gleicher Bürger in die politische Gemeinschaft« versteht, sowie in einer unabhängigen politischen Öffentlichkeit, die spontanen Beiträgen und Stellungnahmen der Bürger:innen Resonanz bietet und die Staat und Zivilgesellschaft als Sphäre freier Meinungs- und Willensbildung verbindet.[7] Dieser normative Kern findet sich laut Habermas in den Theorien moderner Demokratie, jedoch mit unterschiedlichen Akzentuierungen. Diese fasst er in drei Modellen zusammen: dem liberalen, dem republikanischen und dem deliberativen. Mit ersterem meint er die auf John Locke zurückgehende Tradition, die vor allem die negativen, privaten Freiheitsrechte ins Zentrum stellt; das republikanische Modell geht auf das römische politische Denken zurück, das, von der Renaissance aufgenommen, über James Harrington die amerikanische und über Rousseau die Französische Revolution beeinflusst hat und sich auf das Prinzip der Volkssouveränität konzentriert. Mit dem dritten, deliberativen Modell bringt Habermas seine eigene Theorietradition ins Spiel, die, verglichen mit den anderen beiden, wesentlich prozessorientierter ist. Die ersten beiden Modelle, das liberale und das republikanische, könnten in einem Grenzfall mit einer Entscheidung (zum Beispiel für einen perfektes Vertrags- und Regelwerk) ein für alle Mal alles entscheiden. Im deliberativen Modell hingegen sind Schleifen der Einflussnahme und der Kritik vorgesehen, die die Qualität der Entscheidung prozedural heben.

> »Während der demokratische Prozess für das republikanische Modell den Wert einer expressiven Willensäußerung hat und während ihm im liberalen Modell vor allem die Bedeutung zukommt, die Politiken der Regierung an das aufklärte Selbstinteresse der Gesellschaftsbürger zu binden, erwartet das deliberative Modell von der Einbettung des Wählerwillens und der formellen Beratungs- und Entscheidungsverfahren in die vitale, möglichst ungesteuerte Zirkulation öffentlicher Meinungen einen Rationalisierungsdruck, der die *Qualität* der Entscheidungen verbessert. So setzt das deliberative Modell eher auf die Vernünftigkeit der Diskurse und Verhandlungen als auf die faire Bündelung der Motive erfolgsorientiert entscheidender Individuen oder den authentischen Charakter des gemeinsamen Willens einer Nation. Die kooperative Suche nach gemeinsamen Problemlösungen tritt hier an die Stelle der aggregierten Interessen der Gesellschaftsbürger oder des kollektiven Ethos der Staatsbürger. Verfahren und Kommunikationsvoraussetzungen der demokratischen Meinungs- und Willensbildung funktionieren als wichtigste Schleusen für die diskursive Rationalisierung der Entscheidungen von Regierung und Verwaltung. *Rationalisierung* bedeutet dabei mehr als bloße Legitimierung, zugleich jedoch weniger als Konstituierung der Macht.«[8]

Habermas schwebt hier ein Rückkoppelungs-System zwischen Regierung und Regierten vor, das Entscheidungen angesichts krisenhafter Herausforderungen sowohl hinsichtlich ihrer Legitimität absichert als auch hinsichtlich ihrer Rationalität verbessert. Offene Formen der Kooperation werden darin als Prozess denkbar, die sich der punktuellen Aggregation ebenso wie der sittlichen Kollektivierung entgegenstellen. Die Verbesserung der Qualität der Entscheidungen bewirkt dementsprechend zugleich eine Rationalisierung und eine Demokratisierung.

Schon bei Kant kommt der räsonierenden Öffentlichkeit eine zentrale Bedeutung zu. Für ihn ist es gerade die Reaktion des Publikums auf anderswo stattfindende (revolutionäre) Ereignisse, die einen vernünftigen Fortschritt erhoffen lassen. Den Abstand denkt Kant eher räumlich als zeitlich, dennoch ist diesem Modell mit der Antwortdimension auch ein temporaler Vektor eingeschrieben. In der kantischen Konzeption einer Revolution der Denkungsart misst die politische Öffentlichkeit den Abstand zwischen dem faktischen Machthaber und dem Volk als idealem Souverän. Die Öffentlichkeit der Vernunft bietet dem Gesetzgeber dabei lediglich eine Richtschnur, um Gesetze zu verabschieden, »als sie aus dem vereinigten Willen eines ganzen Volks haben entspringen können.«[9] Die kollektive Zustimmung bleibt eine Hypothese, ein Postulat.[10] Wahre Demokratie lehnt Kant strikt ab[11] und trotz Fortschrittshoffnung hat sein kosmopolitisches Ideal im Zusammenwirken von Öffentlichkeit und Macht keinen Anspruch auf Verwirklichung.

In Habermas' Konzeption nun demokratisiert sich der Rechtsstaat prinzipiell durch die Institutionalisierung deliberativer Prozeduren zur Herausbildung eines kollektiven Willens.[12] Rationalisierung und Demokratisierung sind für ihn korrelative, an Institutionen gebundene Prozesse. Habermas hält jedoch mit Kant ein System dann für hinreichend legitimiert, wenn das Postulat, die kritische Öffentlichkeit könne sich hinreichend geltend machen, aufrechterhalten werden kann.[13] Die Unterstellung der gleichmäßigen Inklusion eines jeden möglicherweise Betroffenen müsse begründet sein, und zwar dadurch, dass die politische Öffentlichkeit sich – durch ihre Infrastruktur und durch die Schleusen- und Filterfunktion der Medien rationalisiert – in den politischen Entscheidungen wiederfinden könne. So könnte es sein (im Sinne von: nicht prinzipiell ausgeschlossen werden), dass sich die Qualität der Entscheidungen verbessert. Es könnte aber sehr wohl auch sein, dass die erhoffte Demokratisierung auf der Ebene politischer Repräsentation verbleibt und das reale soziale Geschehen nicht grundlegend verändert.

Das komplexe Verhältnis von Leid, Aufbegehren und Vernunft, Gerechtigkeitsforderung und Recht, von Argumentation und Verhandlung, von diskursiver Willensbildung und Kompromiss und die Verknüpfung von Diskursen mit politischen Entscheidungsverfahren lässt Habermas außen vor. Er unterstellt einen Satz von wohlbeschriebenen aktuellen Problemen, die mithilfe des bestmöglichen Wissens abgearbeitet werden. Die Öffentlichkeit liefert Inputs im Sinne wohlbegründeter Argumente, die Politik entscheidet und liefert identifikationsfähige Outputs. Der Legitimationsprozess beruht auf der Annahme, dass Deliberationen zu besseren Ergebnissen führen, wenn relevante Fragestellungen und kontroverse Antworten, erforderliche Informationen und geeignete Argumente artikuliert werden können, wenn Entscheidungsalternativen sondiert, sortiert, argumentativ geprüft und evaluiert werden und wenn schließlich rational motivierte Stellungnahmen innerhalb eines geordneten Verfahrens den Ausschlag für die Entscheidung geben.[14] Legitim sind gemessen am deliberativen Modell letztlich alle Entscheidungen, die für alle rational akzeptabel sind, weil sie die Standards des öffentlichen Diskurses nicht generell unterlaufen und weil eine Beeinflussung durch Argumentationen in der öffentlichen Sphäre unterstellt werden kann. Die Entscheidung kann hier prinzipiell auch durch Repräsentant:innen nach Aktenlage oder durch einen Algorithmus erfolgen.

Noch bei Reiner Forst fehlt die Forderung, dass tatsächlich, und zwar von allen möglicherweise Betroffenen, abgestimmt wird.[15] Diese Konzeptionen der »Demokratisierung« bleiben deshalb eigentümlich richtungslos, denn die geforderte »Strukturierung diverser Meinungs- und Willensbildungsprozesse im Hinblick auf die kooperative Lösung praktischer Fragen«[16] könnte auch in einem Hofstaat oder einer publizistisch aufgerüsteten Oligarchie funktionieren. Zudem bleibt das Ideal ein rationales Korrektiv und wird in keine Verwirklichung einbezogen. Die Institutionen, die öffentliche Argumentationen aufgreifen und in eine Entscheidung überführen, werden vorausgesetzt. Der Prozess wird als Kontinuation dieser Institutionen gedacht. Die Entscheidungen haben sich an einer kontinuierlich gedachten Vernunft auszurichten, deren Regeln überhaupt, überall und immer gelten. Das Als-Ob der hypothetischen Zustimmungsfähigkeit meint »vorerst«, verbleibt jedoch in einer rein symbolischen Dimension ohne zeitliche Anbindung und Konkretion.

Axel Honneth ruft immerhin zu neuen Praktiken der Versammlung auf: »Zur lebendigen Verständigung über alternative Ansichten [gehören] auch die Mittel der leibgebundenen Versammlung unter Gleichgesinnten, der öffentlichen Demonstration und selbst des zivilen Ungehorsams.«[17] Doch »das souveräne Volk« kann nicht nur protestieren, es kann auch selbst entscheiden; nur so kann es lernen, besser zu entscheiden und angemessener zu handeln.

Dies verdeutlichen bereits die Versammlungen, von denen Honneth spricht. Bei genauerer Betrachtung zeigt sich hier nicht nur ein Aspekt von Deliberation, sondern auch ein Drängen auf Entscheidung.

Eine Einbeziehung der ästhetischen, formativen und rationalisierenden Dimensionen der politischen Auseinandersetzung, die ebenso wesentlich sind für die Legitimität des Deliberationsergebnisses wie für die rationale Akzeptabilität, wird das deliberative Demokratiemodell fundamental verändern und erweitern. Denn in der demokratischen Entscheidung geht es nicht nur darum, eine Übereinstimmung zwischen den jetzt artikulierten Interessen und Präferenzen der Bürger:innen und den Maßnahmen politischer Institutionen zu organisieren, denn das ließe sich durchaus dadurch erreichen, dass (oligarchische) Regierungsapparate mit der öffentlichen Debatte lediglich die Stimmung und die Akzeptabilität ihrer Maßnahmen testen und Untertanen die Konsultation zur Bekundung ihrer bereitwilligen Unterstützung jedweder autokratischen Vorgabe nutzen. Die Debatte könnte ebenso über mehrere Hierarchiestufen von Emissären oder Repräsentant:innen organisiert sein, so dass ein abstrakt formaler Einfluss der untersten Ebene nicht zu leugnen wäre, reale Mitwirkungsmöglichkeiten aber erst auf der letzten Stufe bestünden. Das Ergebnis eines Entscheidungsprozesses kann nur dann Autorität über alle haben, wenn alle die gleichen Chancen gehabt hätten, es real zu verhindern. Auch diese Forderung hat einen zeitlichen Aspekt, denn die Ebene des Realen, der Ereignishaftigkeit und der Korrektur, die wesentlich ist für politische Legitimität, fehlt in dem präsentistischen Als-Ob, das seit Kant vorherrscht.

Ereignishaft sind in politischen Auseinandersetzungen Momente der Begegnung, der Körperlichkeit, der Mündlichkeit, der Lebendigkeit, der Sinne, des möglichen Einbezugs anderer Präsentationsmodi, wie das Agonale der räumlich-zeitlichen Konfiguration. Die beteiligten ästhetischen Prozesse tragen offenkundig zum

Konzept politischer Auseinandersetzung, gelingender Beratung und integrativer Entscheidungsfindung bei. Die Lebendigkeit leibhafter Präsenz, die Dimensionen des Leidens und des Begehrens, die Sichtbarkeit emotionalen und affektiven Involviertseins, die Wahrheitsdimension im Fortgang des Prozesses – alle diese wesentlichen Aspekte einer öffentlichen Verhandlung können sonst nicht begründet werden. Die theoretische Rekonstruktion dieser ästhetischen Aspekte führt auf ein anderes Verständnis demokratischer Entscheidungsprozesse, das auch dem wechselseitigen Werden von Affekten und Gründen, der Wirkungsweise von Argumentationen und Veränderung von Sichtweisen Rechnung trägt.

Das diskursive Ringen um Beschreibungen und Artikulationsformen im Hinblick auf eine rational akzeptable Entscheidung wäre entsprechend um eine ästhetische Grundierung der Auseinandersetzungs- und Anerkennungsprozesse zu ergänzen, an denen alle Rechtssubjekte sich auf ihre Weise beteiligen und artikulieren können und in denen das Singuläre, das Nichtidentische, das Inkommensurable eine Chance hat, zur Geltung zu kommen. Diese ästhetische Grundierung bezieht die Ebenen und Membrane der Formung und Unterbrechung, der Verwirklichung und der Wirkung in die Frage nach der Legitimität eines Entscheidungsverfahrens mit ein. Sie wird besonders hinsichtlich der geforderten Zukunftsfähigkeit relevant, weil sich in ihr zuerst kundtun kann, was überhaupt entstehen könnte und einst womöglich zur Anerkennung gelangen wird.

Bisherige deliberative Ansätze reichen deshalb nicht aus. Denn in Frage steht nicht nur, wie sich verhindern lässt, dass öffentliche Diskussionen und Beratungen von gegenwärtigen Interessen dominiert werden, und wie sie partizipativ und integrativ gestaltet werden können, sondern vor allem, wie die darauf aufbauenden demokratischen Entscheidungsverfahren *zugleich effektiv, rezeptiv und plastisch*, offen für Neues und Ungedachtes, radikale Veränderungen antizipierend und somit zukunftsgerecht konzipiert werden können.

Insgesamt wird Demokratie bislang selbst in Theorien, die offen für Korrekturen und Verbesserungen sind, mit ihrem derzeitigen institutionellen Gefüge, mit ihren Verfahren und Ritualen, mit ihren aktuellen Aufgabenverteilungen identifiziert. Gewiss sind

Rechtsstaatlichkeit, allgemeine und gleiche Wahlen, Parteienkonkurrenz, Pressefreiheit und Mehrheitswahlrecht von großer Bedeutung für Demokratien; sie lassen sich aber auch in nicht demokratischen Regierungsformen wiederfinden. »Am Ende liefert die Demokratie eben auch noch die verbrämte Umschreibung für die öffentliche Akzeptanz von bürgerferner Elitenherrschaft oder gar autoritärer Führung [...]. Seht die Demokratie gar nicht für ein Ideal der Beteiligung großer Bevölkerungskreise an den politischen Entscheidungsprozessen, sondern bloß für ein verbreitetes Einverständnis mit effektiver politischer Herrschaft, die gegebenenfalls auch in der Regierungsvollmacht von Diktatoren bestehen kann?«[18]

Durch die heute vorherrschenden Verfahren und Repräsentationsweisen des Volkes wird die Frage seiner Potentialität, seiner möglichen Erscheinungsweisen und seiner Macht tendenziell stillgestellt. So »konserviert« die repräsentative Demokratie, wie Pierre Rosanvallon einmal konstatiert hat, »in den ›stummen Wahlen‹ das souveräne Handeln des Volkes in dem Maße, wie es ihr gelingt, das Handeln dieses Volkes selbst, das politische Ereignis, zu unterbinden«.[19]

Dieses Zugleich von Konservierung und Prävention wird durch die Form politischer Repräsentation auf Dauer gestellt. Die Krise der Demokratie besteht, Jacques Rancière zufolge, nicht in einem Verlust einst funktionierender Verfahren oder dem Schwinden von politischer Repräsentation. Vielmehr haben diese Verfahren selbst – insbesondere die Verrechtlichung politischer Prozesse, die verstärkte Rolle von Meinungsumfragen und von Expertisen – zur Auslöschung demokratischer Politik geführt, zu einer »Postdemokratie.«[20] Das politische Subjekt der Demokratie wurde so zu einem Objekt der positivistischen Sozialwissenschaften und der staatlichen Verwaltung.

Es wäre deshalb falsch, lediglich nach anderen formalisierten Verfahren der Zustimmung zum Regiertwerden zu suchen. Nicht nur die Partizipation, sondern auch die Prozessualität ist hier anders zu konzipieren. Gerade die Einbeziehung utopischer Modelle eröffnet die Perspektive auf grundsätzliche Erwägungen zur Generierung kollektiver Handlungsmacht und auf neue Möglichkeiten der Assoziation. Freiheit und Gleichheit werden darin unter den Voraussetzungen von Kontingenz und Singularität in einer

Weise konzipiert, die ein ›Wir‹ dynamisch, prozessual und real, jenseits der Zugehörigkeit, der Berechtigung und der Persistenz, die die formale, repräsentative Demokratie stets voraussetzt, und damit jenseits von Nationalismus, Rassismus, Sexismus, Ethnizismus etc. denkbar macht; eine Perspektive mithin, die den liberalen Theorien der Demokratie fehlt. Aus dieser Perspektive ist die Verwirklichung einer Entscheidung prozessual so zu konzipieren, dass Einspruchs- und Korrekturmöglichkeiten nicht nur durch das institutionalisierte, repräsentative ›Wir‹, sondern auch durch zukünftige Betroffene, aber bislang Unbeteiligte, wie durch das (nichthumane) zeitlich Reale integriert werden.

Im demokratischen Entscheidungsarrangement lässt sich gemeinsames Handeln als Freiheit erfahren. Mehr noch: Das politische Gemeinwesen kann nun über menschliche Existenzformen hinaus gedacht werden. In dieser Perspektiverweiterung liegt zugleich eine Rückbesinnung: Die Suche nach neuen, situationsadäquaten und zukunftsorientierten Entscheidungsweisen zählt zum Wesen der Demokratie.

1.3 Entscheidung

Wer soll wie entscheiden? – Diese Frage steht im Zentrum demokratischer Aushandlungsprozesse. Sie stellt sich angesichts ökologischer Herausforderungen einerseits und nationalistischer Abschließungen andererseits in verschärfter Form: Wer entscheidet mit welchem Recht? Was, wenn Entscheidungen nur dort notwendig sind, wo das Wissen aus der Vergangenheit und Gegenwart nicht hinreicht und wo Zugehörigkeiten, Eingrenzungen und Standardschemata einerseits, Expertisen, Schlussfolgerungen und Prognosen andererseits nicht funktionieren? Wessen Gründe sollen dann zählen? Was ist der Fluchtpunkt demokratischer Entscheidungsprozesse?

Cristina Lafont wendet sich in ihrem jüngst erschienenen Buch *Unverkürzte Demokratie* gegen Demokratiedefizite und Abkürzungen, die darauf abzielen, politische Entscheidungen aus dem öffentlichen Raum herauszuhalten, und entwickelt eine partizipatorische

Interpretation deliberativer Demokratie, die festhält am Ideal, sich wechselseitig als Freie und Gleiche zu behandeln; letztlich am Ideal der Selbstregierung. Dieses Ideal »lebt von der Selbstverpflichtung, einander von der Vernünftigkeit allgemein verbindlicher politischer Entscheidungen zu überzeugen.«[21] Das Ideal der Selbstregierung sei nicht auf das Ideal politischer Gleichheit zu reduzieren. Diese sei notwendig, aber nicht hinreichend für Demokratie, denn auch eine Form von demokratischer Kontrolle der Bürger über den politischen Entscheidungsprozess sei wesentlich, was die meisten Demokratiekonzeptionen vernachlässigt hätten.[22] Die öffentliche Deliberation sei der einzige Weg, um zu politisch besseren Ergebnissen zu gelangen und zu verhindern, dass die Bürgerinnen sich von den Institutionen, Gesetzen und Regelungen, denen sie unterworfen sind, entfremdeten.[23] Um dieser befürchteten Entfremdung aufgrund mangelnder Identifikation entgegenzuwirken, reicht es aus Lafonts Warte, »dass sich alle Bürgerinnen und Bürger die Institutionen, Gesetze und Regelungen, denen sie unterworfen sind, gleichermaßen zu eigen machen und sich mit ihnen identifizieren können.«[24]

Lafont lehnt Kants, Habermas' und Rawls' Forderung nach hypothetischer bzw. kontrafaktischer Zustimmung als unzureichend ab und fordert eine reale interpersonale Rechtfertigung, unter anderem deshalb, weil sich nur so Gesetze und Regelungen nicht nur *irgendwie* rechtfertigen, sondern diesen konkreten anderen Menschen zwingend vorschreiben lassen.[25] Anscombe könnte an dieser Stelle einwenden, dass die Übereinstimmung eines Beschlussresultates mit den jeweils individuellen Wünschen nicht impliziert, dass jede/r Einzelne tatsächlich auch an der Auswahl und Entscheidung beteiligt wird.[26] Darauf könnte Lafont allerdings mit Habermas entgegnen, dass sich bei kollektiv bindenden Entscheidungen die Erfordernisse deliberativer Qualität mit der Einbeziehung aller möglichen Betroffenen »in den Beratungs- und Entscheidungsprozess verbinden« müssen, weil sich Personen hinsichtlich ihres Selbst- und Weltverständnisses »im Prinzip nicht vertreten lassen« können. Dennoch halten Habermas und Lafont diese gleichmäßige Partizipation bereits dann für gewährleistet, wenn »jeder Einzelne [in der Entscheidung] [...] seinen eigenen individuellen Willen wiedererkennen kann.«[27] Die für Kollektive konstitutive Möglichkeit, dass die an der Entscheidung Mitwirkenden diese nur deshalb befürworten, weil sie für das Gemeinsame gut ist, fehlt in dieser theoretischen Perspektive.

Partizipation wird hier nicht genau und umfassend genug als Mitwirkung oder gar Ko-Autorschaft verstanden, sondern lediglich auf den formalen Prozess des Abgleichs von Präferenzen und der psychologische Vorgang der Übernahme und der Identifikation verkürzt.[28] Eine solche Partizipation ohne das Sich Ereignen der Einzelnen in ihrer Pluralität, ohne die Artikulation aller relevanten Perspektiven, ohne eine systematische Verwirklichung freier kollektiver Assoziation bleibt hypothetisch, wenn nicht fiktiv.

Selbst die etwas stärkere Formulierung Lafonts, demokratische Legitimität bedeute nicht, jede einzelne Person müsse zu jedem beliebigen Zeitpunkt die Vernünftigkeit jedes rechtlich bindenden Gesetzes, dem sie unterworfen sei, anerkennen, sondern lediglich das Vorhandensein von Institutionen, vor denen inakzeptable Regelungen angefochten werden könnten[29], impliziert lediglich einen psychischen Vorgang, keine politische Performativität: Wenn dieses Anfechten bedeutet »zu verlangen, dass [den Bürgerinnen] entweder angemessene Gründe vorgelegt oder die Gesetze und Regelungen geändert werden«, und wenn nur durch die Existenz solcher Institutionen gerade Minderheiten sich »als gleichberechtigte Mitglieder eines kollektiven politischen Projekts der Selbstregierung begreifen«[30] können, weil sie dadurch eine kommunikative Macht zur Änderung der Begründung politischer Entscheidungen ausüben können; wenn also Zwang allein dadurch verhindert wird, dass Gesetzen aufgrund der Einsicht in ihre Vernünftigkeit gehorcht wird[31], dann hieße Partizipation letztlich wieder nur die Organisation des Einverstandenseins mit dem Regiertwerden.

Die Verbesserung von demokratischen Praktiken dahingehend, »dass sie allen Bürgerinnen und Bürgern gleiche und effektive Chancen zur Teilnahme an der Gestaltung des politischen Prozesses gewähren«[32], muss deshalb nicht nur an der psychischen Identifikation oder der Einsicht in die Vernünftigkeit, sondern an der performativen Gestaltung kollektiver Regeln und der differierenden Möglichkeit der Kontestation ausgerichtet werden.

Was ist überhaupt eine Entscheidung? Entscheidungen können allen Formen des Handelns, des Unterlassens und des Verzögerns zu Grunde liegen, müssen es aber nicht. Wenn etwas aufgrund einer Entscheidung geschieht, so ist dies meist beobachtbar, denn Entscheidungen sind, wie mikroskopisch auch immer, ostentativ, deklarierend, manifest, so dass beispielsweise das Unterlassen von einem bloßen Nichttun unterschieden werden kann.

Man spricht von einer Kaufentscheidung, einer Wahlentscheidung, von einer Entscheidung für dieses und jenes. Doch ist hier konkret eine Auswahl gemeint, und diese ist nicht das, was eine Entscheidung qualifiziert. Auch wenn ich keine Wahl, sondern nur eine Option habe, kann ich mich dazu entscheidend verhalten, kann ich beschließen, das zu affirmieren. Ich kann das dann bewusst und mit innerer Bindung und Zustimmung tun. Ich kann mich entscheiden, das zu tun, was ich ohnehin tun muss und auch dies markiert eine Zäsur. Eine Entscheidung wird gefällt, ob eine Handlung vollzogen oder unterlassen werden soll, wann sie ausgeführt wird oder ob sie verschobenen werden soll. Daran erhellt, dass die Festlegung eines Zeitpunktes ein wesentlicher Aspekt von Entscheidungen ist, nicht aber die Auswahl.

Ist etwa die Wahl zwischen 25 Haarshampoos an sich also keine Entscheidung? Sie ist eventuell Ausdruck einer Neigung, einer Vorliebe, einer begründeten Präferenz. Dass ich eine Wahl treffe, kann völlig zufällig oder völlig vorherbestimmt und manipuliert erfolgen; es heißt noch nicht, dass dem eine (begründbare) Entscheidung zugrunde liegt. In wen ich mich verliebe oder welche Musik ich gerne höre und wovor ich mich ekle, ist weder ein Objekt von Planung noch eine Entscheidung. Entscheidungen sind zudem Ausdruck eines Zögerns, einer Überlegung und basieren auf Gründen, die jedenfalls einer sich entscheidenden Person einsichtig und triftig erscheinen.

Was bedeutet es dann, dass einer Wahl eine Entscheidung zu Grunde liegt oder dass sie Ausdruck einer Entscheidung ist? Wenn ich ein Shampoo wähle oder eine Sorte Eiscreme, dann heißt das oft nichts über mich. Es war mir egal, ich habe eines gewählt, hätte aber auch ein anderes wählen können. Vielleicht habe ich eine Münze geworfen oder bin jemand anderem gefolgt. In diesen Fällen würden wir nicht oder nur im übertragenen Sinne von einer Entscheidung sprechen. Die Auswahl von Optionen, die Festlegung von Präferenzen, die Bildung von Handlungsabsichten – all dies impliziert im engeren Sinne noch keine Entscheidung. Analog kann man sagen, dass nicht jedes Tun und nicht jedes Verhalten schon eine Handlung ist.

Der Entschluss zu einer Handlung muss bewusst und reflektiert gefallen sein, damit dies eine Entscheidung genannt werden kann. Handlungen sind in diesem Sinne Ausdruck einer jeweiligen Rationalität: Entscheidungen legen mit Gründen die Ausführung einer Handlung zu Erreichung bestimmter Ziele fest und begrenzen sie, so dass sie einer Akteurin zuzuschreiben sind.

Besonders deutlich wird dies bei Entscheidungen, die jemandem schwerfallen und für die eine ausreichende innere Motivation gefunden werden muss, anderes als äußere Reize oder Belohnungen wie die Möhre vor dem Esel, der Stock, der schlägt oder dem der Hund hinterher hetzt oder Sonnenstrahlen, die die Blumen wachsen lassen. Die verschiedenen Theorien sozialer Entscheidungen zielen auf die Analyse des Verhaltens in Wahlsituationen und unterscheiden dabei Entscheidungen unter Gewissheit, unter Risiko und unter Ungewissheit, um dabei der Auswahl jeweils möglicher Handlungsalternativen gemessen am Kriterium der Nutzenmaximierung höhere oder geringere Rationalität zuzusprechen. Jedoch ist die Maximierung des Nutzens als Rationalitätskriterium höchst fragwürdig. Eine Verhaltenseinübung, die den Nutzen maximiert, sehen wir schließlich auch in allen Formen der einflüsternden Abrichtung, der Konditionierung und des Zwangs.

Die eigene Situationsanalyse und die Herausbildung und Bestimmung eines eigenen Willens sind für die Entscheidung sicher wichtiger als die reine, extern beurteilbare Nutzenmaximierung. Rational in diesem Sinne ist also nicht das, was eine Agentin nach einer normativen Entscheidungstheorie tun sollte, sondern das, was sie zu tun aus eigenen Erwägungen für richtig hält, wenn es diese Erwägungen sind, an denen sich ihre Bestimmung der Handlungsziele und -mittel ausrichtet. Denn sehr wohl sprechen wir von Entscheidungen aufgrund von Vorahnungen, von Intuitionen oder aufgrund von Traumata. Es müssen also keine explizierbaren und teilbaren Gründe, keine Wahrscheinlichkeitskalküle oder intellektuellen Beratungen den Ausschlag gegeben haben, damit eine Entscheidung von einer Auswahl oder einer nutzenmaximierenden Verhaltenssteuerung unterschieden werden kann. Denn es ist denkbar, dass etwas mich in eine Richtung drängt, so dass meine Handlungen irrational wirken, dass es sich hier aber vielmehr um neue Gründe handelt, neue Rahmenüberzeugungen, die mir noch nicht vollständig bewusst sind, die mich aber zu einem bewussten Bruch mit dem traditionellen oder wahrscheinlichen Lauf der Dinge bewegen.[33]

Doch identifiziere ich mich nicht nur *mit* einer Entscheidung, sondern auch *durch* sie. Entscheidungen zeigen also einerseits eine innere Übereinstimmung und ein Engagement, andererseits eine Selbstbestimmung, gerade dann, wenn die Entscheidung zu erheblichen Veränderungen im Leben führt.[34] Wenn also die ausschlaggebenden Gründe nicht explizierbar sein mögen, so sind sie doch mir selbst präsent, meist auch kommunizierbar (implizit durch ostentative Handlungen oder explizit: »Ich habe Angst / eine Ahnung / ein Bauchgefühl / Ich wünsche mir …«) und als ausschlaggebende Gründe benennbar. Wenn ich in diesem Moment vollständig irre bin, überhastet oder falsch informiert, so spalte ich diese Entscheidung später von mir ab oder werde alles daran setzen, sie rückgängig zu machen oder durch eine andere zu überschreiben. Generell sprechen wir von einer Entscheidung nur dann, wenn wir sie für vertretbar halten. Gleichzeitig kann unterstellt werden, dass Entscheidungen ein gewisses Gewicht zukommt, eine existentielle Tragweite.

Eine Entscheidung könnte verstanden werden als eine reflektierte, das eigene Leben beeinflussende und ausrichtende Handlungsfestlegung.

Jeder Entscheidungsakt ist politisch deshalb bedeutsam, weil sich in ihm Freiheit verwirklicht, weil er das Feld des Sichtbaren und Sagbaren neu konfiguriert und weil im Entscheidungsprozess neue Gründe und Denkmöglichkeiten auftauchen können, die die Antizipationen auch anderer Personen besser zu leiten versprechen als die bloße Extrapolation auf der Basis bisherigen Wissens.

Die Entscheidung ist mithin ein Akt, durch den einer Zukunft, die nicht produziert werden kann, eine Chance auf Verwirklichung eingeräumt werden soll. Jene Funken von Spontaneität und Freiheit, die alle Entscheidungsakte notwendig enthalten müssen, sind zugleich Momente der Selbstbestimmung[35] wie der Öffnung für etwas, das sonst nicht geschehen könnte.

Nicht die Regel, die ich mir gebe, sondern das Sich-selbst-Bestimmen ist das Entscheidende der Autonomie. Genauer: Mit jeder Entscheidung, die ich tatsächlich selbst treffe, trage ich dazu bei, dass nicht nur ich, sondern alle, die sich mit meiner Entscheidung auseinandersetzen und sie eventuell nachvollziehen, autonomer werden. Ich trage dazu bei, dass das, was geschieht, aus vertretbaren Gründen und nicht lediglich aufgrund historischer Bahnung geschieht. Damit ist der Autonomisierung ein bislang zu wenig beachteter Zeitbezug eingeschrieben: Zu den Möglichkeitsbedingungen autonomer Akte zählt die freie Entwicklung und die offene Zukunft.

Es ist umstritten, welche Orte, Regelungen und Institutionen als ursprüngliche Kennzeichen demokratischer Entscheidungsprozesse gelten können. Aus meiner Sicht vor allem die Versammlung, dann das Losverfahren, die Abwesenheit von Regierungen, die Teilnahme aller an politischen Beschlüssen im Rahmen der Volksversammlung, die Teilnahme aller an der Rechtsprechung, der Ostrazismus, das Rechenschaft-Ablegen, das Netzwerkprinzip (Föderation) und nicht zuletzt die zyklische Wiedervorlage und Abstimmung über das gesamte Gesetzeskorpus.[36] Bisher ist kaum je der Versuch unternommen worden, die philosophischen Gründe für diese auch heute noch Erstaunen provozierenden institutionellen Wagnisse zu systematisieren. Einen Ansatz dazu will dieses Buch beisteuern. Dabei richtet es den Fokus auf die zeitliche Struktur demokratischer Entscheidungsprozesse und stellt die Frage, ob hierin bereits ein wesentlicher Zug der Demokratie liegt: in der Vielfalt und Veränderbarkeit, in der Rekursivität und Überprüfung, in der produktiven Arbitrarität und plastischen Freiheit demokratischer Verfahren.

Will man Demokratie nicht auf ein Institutionengefüge und das Abarbeiten von Formalia im Entscheidungsprozess einengen, gilt es, die leitende Idee von politischer Freiheit zu rekonstruieren und damit die Fluchtlinie demokratischer Entwicklungen neu auszuloten. Denn jede autonome Entscheidung ist so besehen nicht nur deshalb vernünftig, weil sie eine Situation behebt oder herbeiführt, sondern auch deshalb, weil sie ein Beitrag zur Demokratisierung ist.

Eine Ausgangsüberlegung ist dabei, dass selbst dann, wenn durch Zufall, Manipulation oder raffinierte Kybernetik, die Entscheidungen einer Regierung mit dem, was die Bürger:innen für richtig halten, in hohem Maße übereinstimmt und dies auch durch direkte oder indirekte Äußerungen beglaubigt wird, von einer Demokratie nicht die Rede sein kann, wenn nicht alle Gelegenheit haben, diese Entscheidung durch Vorschläge und Beratungen vorzubereiten und zu begleiten, und wenn sie keine Chance hätten, diese Entscheidung zu beeinflussen oder eine ganz andere zu fällen. Sie wäre auch nicht demokratisch, wenn folgende Generationen gezwungen wären, sich an die einmal gefällte Entscheidung zu halten. Deshalb ist eine Kritik des partizipativen ebenso wie des präsentistischen Paradigmas politischer Theoriebildung erforderlich.

Die Unterscheidung zwischen traditionell vermittelten Formen der Partizipation und Organisation der Überstimmung mit dem Regiertwerden einerseits und tatsächlicher Autonomie durch Entscheidung andererseits fehlt in diskurstheoretischen Begründungen bestehender politischer Systeme. Denn warum sollten Entscheidungsverfahren als demokratisch gelten, nur weil alle sich publizistisch dazu äußern können? Ebenso fehlen Überlegungen zur Legitimität der zeitlichen Strukturen, die Entscheidungsarrangements eingeschrieben sind.

Eine demokratische Entscheidung sollte nicht nur legitim, sondern auch rational und sachgerecht, wahr und zukunftsfähig sein.[37] Das bedeutet: Sie sollte nicht nur für das jetzt Sichtbare, Messbare, Erkennbare Gültigkeit haben, sondern auch gegenüber latenten Tendenzen, sich ändernden Rahmenbedingungen, Unwahrscheinlichem und noch Ungewordenem begründet werden können.

Sie sollte prädiktiv, aber auch lernfähig sein. Um diese Aspekte müssen die diskurstheoretischen Begründungen bestehender kollektiver Entscheidungstechniken ergänzt werden. Denn warum sollten Entscheidungsverfahren als demokratisch gelten, nur weil alle, die jetzt zufällig anwesend sind, sich in irgendeiner Weise hätten beteiligen können? Einem Diktator zuzujubeln ist schließlich auch eine Weise der Beteiligung; eine punktuelle Entscheidung, bei der aus historischer Kontingenz oder Intrige nur die Befürworter:innen der einen Option anwesend wären, genügt präsentistischen Diskursregeln, kann aber nicht als demokratisch legitim gelten, wenn sie nicht auch für die (zeitlich oder räumlich) Abwesenden akzeptabel wäre. Es kommt nicht nur auf die Art der Beteiligung an, sondern auf das Arrangement der eine Entscheidung konstituierenden Sequenzen; auf die Möglichkeit, eben diese Weisen der Beteiligung auszuweiten und die Art des Entscheidungsprozesses in Frage stellen und situationsadäquat ändern zu können.

Die Demokratie stellt – und das wäre mein Vorschlag zu einer vorläufigen Definition – die Aushandlung, wer entscheidet und wie entschieden wird, ins Zentrum. Die Weiterentwicklung von Entscheidungsverfahren erfolgt dabei stets mit dem Ziel, epistemische Beschränkungen zu überwinden und sowohl wahrheits- als auch zukunftsorientiert zu handeln.

Viele der heute als charakteristisch für Demokratien angesehenen Prozesse behindern eine Weiterentwicklung der durch sie konstituierten politischen Gemeinschaft. In der elektoral-repräsentativen Demokratie konkurrieren nicht Ideen und Programme, sondern Personen, meist Berufspolitiker:innen, die den Wahn des Tages in einem Medienspektakel bedienen, um Ämter zu besetzen und einigermaßen stabile parlamentarische Mehrheiten zu organisieren. Strukturelle Herausforderungen können in diesem System nicht angegangen werden. Wenn die Allgemeine Erklärung der Menschenrechte von 1948 in Artikel 21.3 feststellt: »Der Wille des Volkes bildet die Grundlage für die Autorität der öffentlichen Gewalt; dieser Wille muss durch regelmäßige, unverfälschte, allgemeine und gleiche Wahlen [...] zum Ausdruck kommen«, dann wird hier die Wahl, eigentlich eine (beliebige) Methode, zum Grundrecht stilisiert.[38] Eine Prozedur zur Auswahl von Repräsentant:innen wird zur einzig legitimen Artikulation des Volkswillens deklariert. Auf der Basis einer vergleichenden Kritik der bislang als demokratisch geltenden Methoden lassen sich durchaus Prinzipien für die Suche nach neuen, situationsadäquaten und zukunftsorientierten Entscheidungsarrangements diesem postdemokratischen Zustand entgegenstellen. Der Fokus auf Arrangements der Entscheidung verdeutlicht, dass es, trotz eines unvermeidlichen Unvernehmens, je nach Situation bessere und schlechtere gibt und dass die Möglichkeit der Neukonstitution oder struktureller Veränderungen die Leitlinie für Weiterentwicklungen bieten sollte.

Wer soll entscheiden? Alle diejenigen sollen entscheiden, die sich hinterher an das Resultat der Entscheidung halten, es umsetzen sollen. Im Falle einer gemeinschaftlichen Regel also alle, die sich diese Regel zur Strukturierung gemeinsamen Handelns geben wollen. Im Falle politischer Entscheidungen folglich: der demos, das Volk, die Versammlung aller Bürger:innen. Die Konsequenzen derartiger Entscheidungen betreffen aber oft nicht nur »alle«, das heißt alle jetzt identifizierbaren, anerkannten, abzählbaren Akteure. Die Entscheidungen aller Bürger:innen sind deshalb der Öffentlichkeit vorzulegen und diese (gebildet aus allen Beliebigen) soll die Möglichkeit entscheidender Interventionen erhalten (Theatrokratie). Dort, wo es nur halbwegs sinnvoll und machbar erscheint, könnte die Öffentlichkeit ausgedehnt werden auf nicht humane Aktanten, um die Interessen aller von diesen kollektiven Entscheidungen betroffenen, leidens- und artikulationsfähigen Lebendigen zu integrieren, aber auch auf diejenigen, die von ihr betroffen sein werden, die zukünftigen.

Wie soll entschieden werden? Leitlinie des Entscheidungsverfahrens ist es, erstens, von der Urteilsfähigkeit und dem Sinn fürs Mögliche ausgehend auf das Verhältnis von Zielen und Mitteln zu reflektieren und sich Ziele zu setzen, zu deren Erreichung die Mittel auch unter sich verändernden Bedingungen verantwortet werden können. Zweitens ist das Verfahren dort, wo Reversibilität und Kritisierbarkeit nicht gewährleistet werden können, über die jetzt und hier geltenden Gründe hinaus an voraussehbaren Entwicklungslinien, wie auch an denkbaren Ereignissen und schließlich auch an den Interessen des Nichtidentischen, des Nichtsprachfähigen, der Nichtgeborenen auszurichten. Denn Entscheidungen, die sich ausschließlich an aktuell geltenden Zuständen und Tatsachen ausrichten und nicht auch die Perspektive und Wirkungsmöglichkeiten derjenigen berücksichtigen, die von deren Konsequenzen betroffen, aber nicht präsent sein können, sind nicht nur illegitim, sondern auch irrational.

Demokratische Entscheidungsarrangements müssen folglich Erwartungen, Befürchtungen und Wünsche, die zeitliche Struktur, in die sie eingelassen sind, die in Frage stehenden Dinge, das Reale, das Lebendige, das Artikulationsfähige wie auch das Werdende, das Stumme, das Ungeborene, das Zukünftige zur Sprache zu bringen und genau dadurch die epistemische Dimension stärken, weil nur so Rationalität und Wahrheitsfähigkeit wie auch Nachhaltigkeit und Kritisierbarkeit gewährleistet werden.

Wenn im antiken Athen jedes Jahr die grundlegenden Gesetze erneut verabschiedet wurden, wenn Rousseau alle fünf Jahre einen neuen Beschluss über den Gesellschaftsvertrag für erforderlich hält und wenn es generell ein Kennzeichen von Demokratien ist, dass Ämter nur in Zyklen und meist für kurze Fristen vergeben werden, so lässt sich daran ersehen, dass der Verlauf der Zeit selbst ein Grund für Entscheidungen und Anlass genug ist, erneute konstituierende Versammlungen zu veranlassen. Neben der Unterstellung, dass die Zukunft relevante Veränderungen mit sich bringen wird, können die Emergenz neuer politischer Konstellationen und Ideen, politische Ereignisse, Umweltkatastrophen oder humanitäre Krisen zu kollektiven Entscheidungen über Grundregeln der Machtverteilung veranlassen. Dies muss bei jeder Konstitution mitbedacht und nach Möglichkeit integriert werden.

Wenn wir aufgrund von Theorien der Gerechtigkeit und der Legitimität dafür halten, dass Gesetze und Richtlinien einer Gesellschaft nur dadurch autorisiert werden können, dass alle Bürger:innen tatsächlich an ihrer Beschlussfassung teilnehmen – in der Regel einschließlich der Möglichkeit zur Abstimmung –, dann reicht es, wie gesehen, nicht aus, nur davon auszugehen, dass diese sich hinreichend im öffentlichen Raum artikulieren könnten.[39] Auch deshalb, weil Artikulationsfähigkeit nicht das ausschließliche, hinreichende Kriterium für die Partizipation abgeben kann. Die berühmte hochmittelalterliche Regel »Quod omnes tangit debet ab omnibus approbari« nennt das Berührtwerden (tangit), das Betroffensein, als Quellgrund des Rechts auf Zustimmung und nicht die Status als Bürger:in, als Mitglied einer Korporation oder die Fähigkeit, im Rahmen einer Deliberation rationale Argumentationen beizusteuern. Weil es zur Legitimität von Gesetzen darauf ankommt, dass sie tatsächlich von den betroffenen Subjekten zu einem realen Zeitpunkt autorisiert werden, so sind Verfahren zu ersinnen, in denen auch diejenigen, die sich nicht präsentisch artikulieren können, aber mit ihren Konsequenzen zu leben haben werden oder sie gar durchsetzen sollen, Berücksichtigung finden.

Davon zu unterscheiden ist die grundlegendere Frage, wie jede Person verpflichtet wird, sich (normalerweise) an kollektive Entscheidungen zu halten. Hier kann man eine normative (nicht tatsächliche) Zustimmung unterstellen, wenn eine hypothetische

Regelung jenseits vernünftiger Meinungsverschiedenheiten läge. Die Frage jedoch, ob in einer Demokratie von allen Bürger:innen nicht nur deliberiert, sondern tatsächlich und nicht nur hypothetisch entschieden werden sollte, ist zunächst keine Frage der Autorisierung oder der Obligation, sondern zielt auf einen anderen Punkt. An diesem Punkt muss es auch um Dissens und freie Debatte, um Zugänglichkeit und Engagement, um die epistemischen Vorzüge verschiedener Entscheidungsarrangements gehen, soweit diese allen vernünftigen oder »qualifizierten« Standpunkten gegenüber als vorteilhaft nachgewiesen werden können, sowie um die Kriterien, aufgrund derer diese Nachweise wie auch die unterstellten Resultate der Entscheidung akzeptiert werden sollen. Es kann als erwiesen unterstellt werden, dass niemand einer nicht demokratischen Methode zustimmen muss, weil keine epistemisch so überzeugend ist wie die besten verfügbaren demokratischen Methoden und weil diese sich zudem einem umfassenden, öffentlichen und anfechtbaren Nachweis rationaler Akzeptabilität stellen.[40] Zweitens ist aufgezeigt worden, dass die Art der Deliberation die Methode der Bewertung von Resultaten beeinflussen kann. Beispielsweise kann die Möglichkeit, Alternativen zu gewichten, zu Ergebnissen führen, die den Intentionen der Mehrheit adäquater sind als die Abstimmung nach dem Prinzip »One Man, One Vote«.[41] Dennoch stellt sich die Frage: Nach welchem Kriterium können wir sagen, dass eine Entscheidungsmethode demokratisch ist, wie bestimmen wir die »besten verfügbaren« und wie können wir über die bereits vorhandenen hinausgehen – und neue Methoden entwickeln?

Die steigende Integration vieler verschiedener Menschen erhöht – worauf schon Condorcets Jury-Theorem hingewiesen hat – die Chancen auf ein besseres Ergebnis. »Demokratie ist ein kluges kollektives Entscheidungsverfahren, das die Intelligenz des Volkes als Gruppe auf eine Art und Weise anzapft, die sie unter den richtigen Bedingungen sogar klüger machen kann als alternative Regime wie die Herrschaft des einen oder der wenigen«[42], wie Hélène Landemore formuliert.

Wenn demnach Einigkeit darüber besteht, dass die Beachtung idealer Diskursbedingungen bei der Beratung die Chancen für ein vernünftiges Ergebnis erhöht, so ist doch bislang in Theorien der Demokratie zu wenig berücksichtigt worden, dass zu diesen idealen Bedingungen auch eine zeitliche Struktur gehört, unter anderem weil Beratungsverfahren und Entscheidungsverfahren nicht identisch sind.[43] Hinsichtlich der Bedingungen zur Weiterentwicklung und Beurteilung von Entscheidungsverfahren ist die sequenzierende Unterscheidung zwischen Autorisierung, Obligation und epistemischer Bewertung hilfreich. Wenn der erste Faktor (Autorisierung) auf Gerechtigkeit beruht, der zweite auf Vernunft (»jenseits vernünftiger Meinungsverschiedenheiten«), dann hat die »epistemische Bewertung«, wie ich zeigen möchte, ein wesentlich anderes zeitliches Profil (»was sich als richtig erweisen wird«).

Auch daran wird deutlich, dass Entscheidungen letztlich nicht allein nach dem Muster fairer Spielregeln oder vernünftiger Problemlösungen analysiert werden sollten. Denn entschieden wird nur dort, wo eine Notwendigkeit, eine Zwangslage vorherrscht und Wissen nicht ausreicht. Die Einschätzung der gegenwärtigen Lage muss verbunden werden mit der Einbindung unterschiedlichster Sichtweisen auf das, was diese Lage verursacht, und auf sinnvolle Abänderungen des Erwartbaren. Wenn diese drei Elemente verbunden werden sollen, bleiben Konsens und Rationalität wichtig, sind hier aber nicht hinreichend. Deshalb ist der Blick auf andere Formen der Artikulation von Dissens und Veränderungswillen ebenso wichtig wie derjenige auf die verschiedenen Möglichkeiten der Imagination.

Die vorliegenden Philosophien der neuen Protestformen insistieren darauf, dass neu entstandene Formen des Dissenses – als Platzbesetzungen, permanente Debattenforen und Modelle gewaltfreier Selbstorganisation – für die Teilnehmer:innen mehr sind als eine Meinungsäußerung, eine Demonstration oder die Artikulation von Protest, sondern chorische Aufführungen eines Kollektives, »das eine Welt vorzeichnet, in der wir leben wollen [, …] und Raum [bietet], um schöpferische Individualität hervortreten zu lassen.«[44] Als solche Vorzeichnungen und Öffnungen zeigen sie die Charakteristik aller freien Handlungen, die darin besteht, zugleich Vorwegnahme und Einleitung von etwas zu sein, das sich erst noch ereignen soll.

Die dort praktizierte andere Form des Lebens zielt auf eine Veränderung der Regierungsform:

> »Die einzige Waffe, die die Bürgerinnen und Bürger dafür einsetzen können, dass die Demokratie ihre Versprechen hält – dass sie wirklich wird –, besteht in der Geltendmachung und Umsetzung desjenigen Typs sozialer Organisation, den die Demokratie als Lebensform darstellt [...]. Alle Angehörigen eines Staates verfügen allein auf Grund der Tatsache, Bürgerinnen und Bürger zu sein, über ein hinreichendes politisches Wissen, um eine Teilverantwortung für die Entscheidungen übernehmen zu können, die Zukunft und Schicksal der Gemeinschaft betreffen, der er oder sie angehört.«[45]

Der Kern der neuen Protestformen wird in dem Wunsch nach der Verwirklichung wahrer Demokratie in der Gegenwart gesehen: Es ist ein Angriff auf die Repräsentation durch das Vorführen einer anderen Praxis der Demokratie:

> »Im Aufbrechen der geschlechtsspezifischen Trennung in eine öffentliche und eine private Sphäre, in der Ablehnung einer Autonomie des Politischen, im Fliehen der konstituierenden Macht aus den Begrenzungen des Rechts und in der Verweigerung der Figur eines bürgerlich-kapitalistischen, autonomen, identitätsgebundenen Subjekts lässt sich eine Demokratie praktizieren, die sich vom Primat der Repräsentation löst. Es ist eine Demokratie, deren demos nicht als ›Volk‹ gefasst werden kann, sondern sich in einer mannigfaltigen Multitude entfaltet [...]. Es ist eine Demokratie, die [...] aus Verbindungen und Affizierungen entsteht und von deren historischen Materialisierungen ausgeht [...]. Sie bricht Diskriminierungen aufgrund von identitären Kategorien wie Klasse, Geschlecht, Sexualität und ›Rasse‹ auf [...].«[46]

Wenn diesen Diagnosen der neuen Protestformen auch grundsätzlich zuzustimmen ist, so denken sie doch »das Politische« jeweils nur als Drängen auf Veränderung »der Politik«, anstatt danach zu fragen, wie genau sich beide Begriffe, derjenige des Politischen und derjenige der Demokratie, bereits durch die neuen Praktiken auch in ephemeren lokalen Formationen verändert haben und in ihrem Verhältnis neu konturiert werden müssen. Dies betrifft besonders die Forderung nach Verwirklichung: die zeitliche Struktur politischer Performativität.

Die Welt steht am Abgrund, weil die bisherigen Generationen ihren Horizont absolut gesetzt haben; sie haben sich, ihre Interessen, ihre Nutzenmaximierung zu Rationalitätsstandards erhoben.

Sie haben den Traditionen und dem Gewohnten nur das berechenbar Neue entgegengehalten, sie haben ihre Entscheidungen an ihrer Gegenwart ausgerichtet. Doch selbst wenn es gelänge, nachhaltig zu wirtschaften, änderte dies an der Gegenwartsfixierung wenig. So überzeugend die politische Motivation, die sich mit dem Konzept der Nachhaltigkeit verbindet, so problematisch ist die zugrunde liegende Zeittheorie. Nachhaltigkeit bedeutet, Tilo Wesche zufolge, die Ökosphäre insgesamt vor Übernutzung, Verunreinigung und Zerstörung zu schützen und die Natur im Ganzen vor ihrem Missbrauch als Rohstofflager, Verwertungsquelle und Abfallhalde zu bewahren.[47] Nachhaltigkeit erfordert nach diesem Verständnis die langfristige Aufrechterhaltung der Architektonik gegenwärtiger Lebensbedingungen. Techniken werden entwickelt, um die Bedingungen für ein gutes Leben für die gegenwärtigen und zukünftigen Generationen dauerhaft zu bewahren. Dabei werden die Interessen und Lebensweise der zukünftigen als mit unseren weitgehend identisch postuliert.[48] Die vielfältigen Konzepte der Nachhaltigkeit sind insofern zeittheoretisch fragwürdig, als sie darauf abzielen, die derzeitigen Umweltbedingungen möglichst langfristig zu erhalten[49] und die Zukunft der Gegenwart unterzuordnen. Denn je erfolgreicher eine solche Nachhaltigkeit technisch durchgesetzt und angewandt wird, desto länger werden auch die zerstörerischen Faktoren der gegenwärtigen Lebensweise konserviert und desto weniger überraschende Entwicklungen wird es mehr geben, sowohl gute als auch schlechte. Die zeitliche Umwelt wird lediglich effizienter unterdrückt.[50]

Damit eine Entscheidung angesichts der ökologischen Herausforderung Bestand hat, muss sie nicht nur nachhaltig, sondern auch zukunftstauglich sein. Es muss gelingen, die Begriffe der Nachhaltigkeit und der Dauer zu entflechten. Denn die Logik der Persistenz konfligiert mit derjenigen der Futurität. Daraus folgt, dass in einer Entscheidung Beides Berücksichtigung finden sollte: erstens die Perspektive der Regenerationsfähigkeit gegenwärtig verbrauchter Ressourcen und der Erhaltung des jetzt erkennbaren Ökosystems, und zweitens das Übersehene, das Unbekannte, das Werdende: das zeitlich Andere.

Entsprechend sind Entscheidungsarrangements um zwei Öffnungen zu erweitern. Erstens wäre es unzureichend, wenn nur wir uns einigen, wir humane Akteure, weil auch die Umwelten und Dinge, um die es geht, also beispielsweise auch das Hyperobjekt Klima, und die nichthumanen Lebensformen (nicht nur deshalb, weil von ihnen unser Leben abhängt) im Beratungs- und Abstimmungsprozess eine Rolle spielen müssen, mehr noch: eine Stimme erhalten. Dazu ist es notwendig, in der Nachfolge von Bruno Latour die Grenze zwischen Kultur und Natur durchlässig zu machen und wissenschaftliche Kontroversen und politische Debatten in einem »Parlament der Dinge«[51] ineinander zu überführen.

Der politische Beitrag der Ökologie liegt nicht zuletzt in der Problematisierung unseres Nichtwissens und Nichtabschätzenkönnens, in der Problematisierung der Interdependenz mit dem Anderen. Das Denken der Umwelt versucht nicht nur, die Grundlagen, Voraussetzungen und Rahmungen eines Systems zu verstehen: die Wechselbeziehungen zwischen einem Lebewesen und seinen Ressourcen, zwischen Populationen und Landschaften, zwischen Gesellschaften und ihren Umwelten, die Energien, und nicht nur die Objekte und Aktanten, sollten berücksichtigt werden.

Die Wechselbeziehungen sind dynamisch, Ökosysteme ändern sich, doch ähnlich wie die Räume, in denen sie wachsen oder zugrunde gehen, nicht (erst) durch die Beziehungen zu ihnen konstituiert werden[52], tritt auch das Wesen der Zeit in den Aspekten, in denen sie uns in unseren Praktiken begegnet, nicht (oder nur funktional transformiert) zu Tage. Das Zeitliche erschöpft sich nicht in der Ordnung der Zeit.

Die Herausforderung Latours heute aufzunehmen bedeutet deshalb zweitens, eine weitergehende Forderung zu stellen: Es reicht letztlich nicht, dass humane Akteure in Vertretung der Dinge (bzw. Versammlungen, Zusammenstellungen, nicht humane Aktanten) sprechen, dass sich entweder Wissenschaftler:innen oder NGOs als Sprecher und Interessensvertreter gerieren. Vielmehr ist auch hier eine *Repräsentationskritik* erforderlich, die darauf abzielen muss, anstatt der Selbstlegitimation von Repräsentationsorganen die Dinge selbst auftreten zu lassen, so kompliziert und experimentell das jeweils auch sein mag; und zwar die Dinge in ihrem So-Sein, aber auch in ihrem Werden, einschließlich der noch ungewordenen Dinge. Eine Änderung des Verhältnisses zu dem, was nicht menschlich ist und was sich nicht herstellen lässt, muss deshalb die nur räumlich gedachte Umwelt zugunsten einer zeitlichen Ökologie überwinden.

Dieses neue Entscheidungsarrangement muss deshalb die Präsenzfixierung und Persistenzforderung, die selbst für den dynamischen Umweltbegriff kennzeichnend ist, durchkreuzen. Die Gegenwart, in der entschieden wird, muss Membrane öffnen für das, was nicht existiert, was nicht zählt, weil es keinem Interesse entspricht. Das Entscheidungsarrangement muss auch die temporalen Umwelten, die ungezählten Zeiten, das unsichtbare Werden und das Plötzliche umfassen und in einen lebensfähigen Ausgleich bringen. Die stabilisierte Dauer muss durch eine Öffnung auf neuartige, selbstbestimmte Lebbarkeit ergänzt werden. Das bedeutet, dass ein naturwissenschaftlich-technisches Verständnis der Krisen zwar wichtig ist, aber nicht ausreicht, denn die hier unterstellte Liste mit bekannten Elementen, Faktoren – ein Album der Risiken und Szenarien, die es abzuarbeiten gälte – hilft nur kurzfristig weiter und die nächste Krise ist schon vorprogrammiert, wenn nicht generell auch das zeitliche Draußen Teil kollektiver Erwägungen und Gestaltungen wird: Die Dimension des Entstehens, des Unbekannten, des Ereignisses darf nicht länger dasjenige sein, was die Zeitarchitektur unserer Lebenswelt ausräumt, sondern sie sollte mit Einspruchsmöglichkeiten in eine Architektur des Zusammenlebens einbezogen werden.

Zeit ist nicht identisch mit menschlichen Zeitordnungen. Offenbar erschöpft sie sich nicht in der sich kontinuierlich aufspreizenden Linie der Evolution oder anderen wissenschaftlichen Zeitkonstrukten. In der realen Zeit kann es Zäsuren geben, Katastrophen oder Eruptionen und Neuanfänge. Ökologie heißt das Denken der Umwelt eines Systems (»think outside the box«). Radikale Ökologie kann deshalb nicht dabei stehen bleiben zu sagen: Wir haben hier eine vollständige Liste ökologischer Probleme, und die müssen wir jetzt lösen. Sondern es muss gelingen, die Außenseite des Systems der Gegenwart zu denken, die Außenseite des zeitlichen Horizonts, den unser wissenschaftliches und politisches System generiert, in die handlungsvorbereitende Phantasie zu integrieren, weil von dieser Seite aus dasjenige auf uns zukommt, das sich verwirklicht. Jenseits der Zeit, die sich abzählen und berechnen lässt, weil sie sich in gebahntem Zeitlichem manifestiert, liegen Zeiten, die sich (noch) nicht verwirklichen, in denen oder von denen aus sich etwas ereignet. In dem Versuch, die andere Seite unseres zeitlichen Horizontes, die Zwischenzeiten der artikulierbaren zeitlichen Aspekte und die Zeiten jenseits unserer Ordnungsvorstellungen zu denken, geht es zugleich um die Möglichkeit der Diskontinuität, der Kreativität, der Revolution.

1.4 Freiheit

Die Demonstration der Fähigkeit zu kollektiven, verantwortlichen Entscheidungen und die Vorzeichnung einer freieren Lebensform gehen hier Hand in Hand. Entscheidungen sind Akte der Freiheit. Sie setzen Akte der Diskontinuität und der Befreiung voraus.[53] Diese Befreiung umfasst soziale Bedingungen (Befreiung aus Not und Unterdrückung), aber auch die Ausbildung eines Sinnes für Kontingenzen, Latenzen und Möglichkeiten. Entscheidungen sind keine Schlussfolgerungen und keine Programmierungen, die die Zukunft festlegen. Wahrscheinlichkeitsrechnungen, Szenarien, Prognosen mögen in das Abwägen einfließen, das der Entscheidung vorausgeht; doch notwendig ist die Entscheidung (im Unterschied zu Abwägungen) überhaupt nur dort, wo damit zu rechnen ist, dass die Zukunft sich nicht nur aus schon bekannten Fällen, Variablen und Typen zusammensetzt, sondern Neuartiges hervorbringen kann.

Freiheit basiert auf der Fähigkeit, sich von verpflichtenden Gründen affizieren und leiten zu lassen und ein Bewusstsein davon zu entwickeln, dass die Gegenwart anders sein könnte, dass es an uns selbst liegt, so oder anders zu handeln, an der Art von Gründen, von denen wir uns bestimmen lassen und die wir als Verhaltensmotivation auswählen. Aufgrund dieser Fähigkeit können wir nicht nur absichtsvoll etwas tun, worin, seit Donald Davidson, der Kern einer Handlung oft gesehen wird[54], sondern uns zu diesen Intentionen und zu dieser und möglichen anderen Weisen des Tuns verhalten.

Denn es ist »gerade das Überlegen, in dem der Freiheitsspielraum des So-oder-anders-Könnens für den Handelnden selbst geöffnet ist. Er steht vor einer Situation, in der es vom Ergebnis seines Überlegens abhängt, was geschehen wird.«[55] Das Überlegen, indem uns unser Spielraum und unsere Freiheit von der Prädetermination bewusst wird, distanziert sich von (Denk-)Zwängen, suspendiert Konditionierungen und Verpflichtungen, prüft Maßstäbe, Ziele und Gründe, die wir im Handeln umsetzen. Doch dass wir überlegen und uns etwas vornehmen und dafür Gründe angeben und unseren Willen ausdrücken können, heißt noch nicht, dass wir auch frei sind zu handeln. Die Gedankenfreiheit und die Fähigkeit zur Reflexion und Selbstkritik könnte genauso einem Geist in der Flasche, einem Gehirn im Tank, einem Homunculus, einem übersinnlichen Wesen zukommen. Das Überlegen kann vom Zweifeln und Zögern ins Zaudern führen, in die Paralyse, in die Unfähigkeit, etwas zu tun. Oder es resultiert daraus die Fähigkeit, den Willen zu formen und sich das Vernunftgesetz zu eigen zu machen, ohne dass dies irgendwelche Folgen zeitigt.

Während im Zentrum der Willensfreiheit die Überlegung steht, ist die Entscheidung der Ausgangspunkt der Handlungsfreiheit: die Selbstbestimmung. Sie ist eine Praxis und impliziert eine (minimale) Bewegungsfreiheit im Verhältnis zu sich selbst. Denn Selbstbestimmung meint nicht nur eine Auseinandersetzung mit dem gesellschaftlich geforderten und produzierten Selbst und eine Bestimmung dieses Selbstverhältnisses, sondern zugleich eine Plastizität und die Fähigkeit der Stellungnahme zu sich und anderen. Im Unterschied zu Arbeiten und Herstellen bedeutet Handeln, Hannah Arendts Einsicht gemäß, »etwas Neues Anfangen.«[56] Es heißt auch: etwas Neues mit sich anfangen. Die Freiheit des Handelns umfasst mehr als körperliche Bewegungsfreiheit, mehr als die Möglichkeit, Resultate zu erwirken, etwas herzustellen und Pläne zu verwirklichen. Sie antwortet auf Notwendigkeiten, Zwänge, Bedingungen, Beeinflussungen, Anlässe, Vorlagen, Aufforderungen, Signale, aber auch auf andere Handlungen, auf Einladungen und Provokationen, auf die Eröffnung eines interaktiven Spielfeldes; sie antwortet auf Erinnerungen und Erwartungen durch Selbstbestimmung gegenüber (inneren und äußeren) Anderen. Diese Bestimmung beginnt mit der Wahrnehmung von Emotionen, Affekten, Impulsen, mit Bewegungen im Verhältnis zu anderen und mit Stellungsnahmen zum bisherigen Selbst und zu den körperlichen Bedingungen des Handelns.

Wie sich besonders im Sprechen und Auftreten in der Öffentlichkeit zeigt, geht der Freiheit des Handelns immer eine Gegenseitigkeit voraus, ein Geflecht möglicher Handlungen: die Entfaltung von Intersubjektivität.[57] In diesem Sinne kann niemand frei sein, wenn nicht auch sein Gegenüber frei ist. Wenn wir uns verantwortlich für selbstbestimmte Handlungen zeigen[58], dann ist damit nicht nur eine selbstkritische Überprüfung der Gründe gemeint, sondern eben auch eine erneute Bewertung der Art, der Adressierung und der Situation, in der eine Handlung ausgeführt wurde. Daher kann Autonomie »als ein vernünftiger Umgang mit Ambivalenzen verstanden werden«[59], der sich aber eben nicht nur auf ein gelasseneres Arrangement mit ambivalenten Konflikten, Gefühlen und Entscheidungen, mit Hindernissen, Entfremdungen und vorgegebenen Rollen beschränken sollte, also auf all das, was in eine Entscheidung eingeflossen und eine Handlung in eine bestimmte Richtung gelenkt hat, sondern vielmehr auf eine Berücksichtigung der Nichtabsehbarkeit von Verwirklichungsprozessen erstrecken sollte.

Eine Theorie der politischen Freiheit muss deshalb heute zumindest drei Anforderungen gerecht werden. Sie sollte eine Erklärung des Zusammenhanges von Intentionsbildung und Ausführung, von geistigen und körperlichen Akten, von Individuum und Kollektiv, von Rückzug und politischer Verfassung unter der Perspektive der Unbedingtheit und Unbeherrschtheit liefern.

Zweitens sollte sie die temporale Struktur der Entscheidungsprozesse, die im Zentrum dieses Zusammenhanges stehen, so erläutern, dass ihre Bedingungen, Relationen und Brüche, das heißt die sich im Erscheinungsraum aus Handlung und Erwiderung manifestierende Intersubjektivität als Ausgangspunkt, tragendes Geflecht und Ziel freier Akte verständlich werden. Und drittens sollten die Verwirklichungsbedingungen und Handlungsspielräume freier Akte bezogen werden auf eine Konzeption der Zukunft, die den Implikationen von Kreativität, Unvorhersehbarkeit und Verantwortung gerecht wird.

Handeln besteht aus Sequenzen, es hat eine zeitliche Struktur. Man kann sagen, dass jede Handlung eine Synthese aus fünf Zeiten herstellt: 1) eine Zeit der Krise, die die Handlung veranlasst und auf die sie antwortet, 2) eine Zeit der Überlegung, 3) eine

Zeit der Entscheidung, 4) eine Zeit der Ausführung und 5) eine Zeit der Wirkung. Die Ausführung ist hier unterschieden von der Entscheidung, die die implementierende Verkörperung impliziert, weil es diejenige Sequenz ist, in der sich eine Responsivität und Überprüfung der Realisierungsbedingungen einstellt. Die Wirkung schließlich enthält auch dasjenige, was sich nicht herstellen und kontrollieren lässt und doch von einer Handlung veranlasst wurde und sich auf einen Zeitraum weit jenseits des subjektiven Horizonts erstrecken kann. Die Integralität einer Handlung wird aus der Synthese dieser Sequenzen erkennbar.

Es liegt im Begriff des Handelns, dass es spontan und ungezwungen entsteht, weil es, anders als bloßes Tun, als Reaktionen und Verhalten, nicht die Fortsetzung einer Kausalitätskette ist, sondern auf frei gewählten Gründen basiert. Was auch immer den Beginn einer Handlung, beispielsweise das Szenario einer Wahl, beeinflusst, sie ist nur dann eine freie und verantwortbare, wenn sie auf Überlegung, Abwägen und Beratung fußt. Als dritte Sequenz beendet die Entscheidung das Überlegen; sie ist keine Schlussfolgerung und keine bloße Auswahl im Sinne der Festlegung von Präferenzen, sondern ein freier Entschluss, etwas zu tun oder zu lassen. Die Entscheidung ist auch eine Stellungnahme zu der Frage, ob überhaupt gehandelt wird. Sie wird begleitet von der Möglichkeit eines vollständigen Abbruchs des Spiels oder der Änderung der Handlungsregeln. Auch darin ist sie mehr als eine Absicht, ein Plan oder ein Willen, denn es liegt im Begriff der Entscheidung, dass diese effektiv wird und ausgeführt wird, und diese Ausführung kann auch das Unterlassen sein. Bliebe sie ohne Konsequenz, wäre sie eine reine Intention, ein bloßes Vorhaben, eine Willensbekundung, eine Regel. Entscheidungen leiten Handlungen an und sind Teil von Ausführungsprozessen. Letztlich ist nicht die Absichtserklärung, sondern die Handlung der Ausdruck der Entscheidung. Entscheidungen bleiben nicht abstrakt, sondern konkretisieren sich.

Nun kann eine bloße Änderung des Verhaltens ebenso das Ergebnis heteronomer Manipulationen wie auch materieller Umstände sein (z. B. wenn ich aufhöre zu rauchen, nur weil keine Zigaretten mehr da sind). Ausdruck einer Entscheidung ist eine Handlung dann, wenn sie das Resultat eigener Überlegungen ist.

Jede Entscheidung impliziert eine Zäsur, die Vorläufigkeit und Rekursivität markiert, einen Bruch mit der gewissen Gegenwart, eine Bezugnahme zugleich auf das Reale wie auf die Unvordenklichkeit, die Wünschbarkeit und die Erwirkbarkeit von Zukunft. Diese Bezugnahme impliziert eine Imagination bewirkbarer Veränderungen.

Denn das Bewirken greift auf Faktoren und Umstände aus, die nicht vollständig gewiss sein können. Jedes Handeln bewirkt also nicht nur die Ausführung einer Intention, sondern, insofern dies spontan erfolgt, die Hervorbringung von etwas, das nicht (vollständig) vorherbestimmt werden kann. Bei der Ausführung leitet die Intention, der Plan, bei der Realisierung hingegen greifen Körperlichkeit, Materialität, Energie, Räumliches und Zeitliches nicht nur als Widerstrebendes ein, sondern stellen die schiere Möglichkeit der Ausführung bereit, sie bedingen und konkretisieren den Prozess, bis aus dem Vorhaben eine Veränderung der Entwicklungstendenzen der Gegenwart geworden ist. Weil sie über das Gegenwärtige hinausgreift und sich in eine Zone des Zukünftigen erstreckt, wird auch die penibelste und routinierteste Planung stets begleitet von Imaginationen über den Zustand, in dem das Handlungsziel erreicht sein wird.

Handeln fügt etwas Neues in die Welt ein. Es beginnt mit Widerfahrnissen (Krisen, Nöten, Begegnungen), Anlässen (Chancen, Begehren, Hoffnungen, Träumen) oder Impulsen, konstituiert sich durch Überlegungen in der Gegenwart und greift mit einem Entschluss in die Zukunft hinein. Neben der Mobilisierung der Fähigkeit zur ausführenden Realisierung fließt deshalb in den Übergang von der Überlegung zur Entscheidung die Antizipation möglicher und anstrebbarer Zukünfte ein.

Die handlungsleitende Überlegung muss mit einer Zukunft rechnen, die durch das eigene zukünftige Tun entscheidend beeinflusst und verändert wird und doch eigensinnig bleibt als das Feld, in dem sich die Handlung vollzieht. Dieses Beeinflussbare muss daher zugleich von einem Nichtbehandelbaren abgegrenzt werden. Es ist eine Zukunft im Rahmen dessen, was nicht mehr agential erreicht werden kann. Auch diese Begrenzung liegt im Begriff der Handlung, so dass sie nicht mit einem Schlage alles ändert. Antizipationen bilden gewissermaßen den Schematismus, durch den das Verständnis der Lage, aus der heraus gehandelt wird, mit der Planung für eine veränderbare Szene innerhalb der Zukunft verkoppelt werden. Diesem Schematismus steht, kantisch gesprochen, ein zeitliches Noumenon gegenüber – eine aspektlose Zeit, jenseits der Sphäre zeitlicher Erscheinung, eine reale Zeit, eine Tiefenzeit, eine nur mögliche Zeit.

Antizipationen verbinden die Gründe, aus denen gehandelt wird, mit dem, was die Handlung in der Zukunft erreichen will und kann. Wenn eine Antizipation fehlt oder fehl geht, fällt eine Entscheidung, auch durch informierte Mehrheiten, dumm aus, wie Anscombe in dem erwähnten Text schreibt: »That a particular decision according to the will of a majority may be inferior, in the sense of stupider, is evident. I take it that a decision is stupid if its implementation is undesirable from the point of view of the very people who wanted it. They would have it: but when they get it, it is evident that they would rather not have it; if they had only realized what it would be like for their decision to be implemented, it would not have been made.«[60]

Gerade kollektive Entscheidungen sind Ausweitungen von Kreativität, von Verantwortlichkeit, aber auch von Freiheit, wenn man diese, nach einem Ausdruck Marcuses, als Qualität begreift.[61] Bisher sind diese Entscheidungen jedoch fast ausschließlich vom Standpunkt der Gegenwart aus analysiert worden. Ihre zeitliche Struktur ist zugunsten eines methodischen Präsentismus übergangen worden. Freiheit gewinnt an Qualität, so könnte man sagen, wenn sie nicht nur auf ein Wovon und Wozu, sondern auf ein Wie, auf eine Art und Weise, auf eine Modalität des Vollzugs und auf das Woraufhin der Verwirklichung, kurz: auf die zeitliche Form, die sie auszeichnet, gerichtet ist. In diesem Sinne gilt es nicht nur für eine Vergrößerung der Freiheit zu kämpfen – für mehr Bewegungsfreiheit, für mehr politische Freiheit, für mehr eigene Zeit –, sondern für einen Umschlag dieser Quantitäten in eine neue Qualität, etwa dann, wenn die Aneignung von Raum und Zeit umschlägt in die gemeinsame Gestaltung, Öffnung und Einladung.

1.5 Zeit

Entscheidungen antworten auf Ereignisse und sind selbst ereignishaft. Sie bahnen sich an und zeitigen Folgen. Ereignisse sind von Geschehnissen zu unterscheiden, die sich in einem historischen Koordinatensystem eintragen ließen und regelmäßig auftreten. Die Vorstellung einer formelhaften Abfolge von Geschehnissen auf einer kontinuierlichen Zeitachse entspricht der erst in der Frühen Neuzeit erfolgenden Ausprägung der abstrakten Zeitbegriffe Vergangenheit, Gegenwart und Zukunft und der Idee des Fortschritts, da »erst das ›philosophische zeitalter‹, als der mensch aufhörte, die zeitlichkeit der ewigkeit gegenüberzustellen, und anfieng, sich selbst im ablauf des allgemeinen geschehens zu sehen [...] die uns so geläufige abstraction des begriffes der zukünftigen zeit allgemein vollzogen.«[62]

Das Zeitalter der Aufklärung ist auch dasjenige der »Polizeywissenschaften«, des Wahrscheinlichkeitskalküls, des prognostischen Wissens, der entstehenden Versicherungen, der Institutionen der Vorsorge und der privaten Verantwortung. Die zukünftigen Ereignisse kommen nun nicht mehr bei einem in der Gegenwart ruhenden Betrachter an, sondern der Mensch geht aktiv auf sie zu, die Menschheit schreitet zu ihren Errungenschaften fort.[63] Immanuel Kant hat die Kreisläufe der Fixsternsysteme mit der Idee eines Zwecks der menschlichen Natur verbunden und dadurch der Idee des Fortschritts Kontur verliehen, der »mit Sicherheit erwartet werden kann« und den wir »durch unsere eigene vernünftige Veranstaltung [...] schneller herbeiführen [könnten] [...]. Dieses gibt Hoffnung, daß, nach manchen Revolutionen der Umbildung, endlich das, was die Natur zur höchsten Absicht hat, ein allgemeiner weltbürgerlicher Zustand [...] dereinst einmal zu Stande kommen werde.«[64]

Diese Idee eines objektiven Fortschritts und einer berechenbaren Zukunft prägt Hegels Geschichtsphilosophie ebenso wie später den Marxismus, merkwürdig unbeeindruckt von der Tatsache, dass das, was als ein schnelleres Abschreiten der linearen Zeit erscheinen mag, doch nur das Durchlaufen einer Kreisbahn – subjektiv ein Fortschritt in die Zukunft, objektiv eine bloße Ortsveränderung – ist. Zeit ist für Kant eine reine Form der Anschauung, eine Weise, subjektiv die Abfolge des Wahrgenommenen zu schematisieren, in einer vorgegebenen Anordnung des Gleichzeitig oder Nacheinander. Die einzige temporale Qualität von Geschehnissen ist es, diesem Schema entsprechend, dass sie später sind als das, was bereits geschehen ist. Ereignissen jedoch eignet, im Unterschied zu Geschehnissen, eine Unterbrechung der reinen Abfolgebeziehung.

Im Folgenden gilt es herauszuarbeiten, mit welcher Konzeption von Zukunft die Plötzlichkeit und Neuartigkeit von Ereignissen zu erklären ist und welche Art von Zukunft durch Ereignisse eröffnet wird. Damit soll es gelingen, Zukunft neu zu denken, als eine zeitliche Dimension der Diskontinuität, der Offenheit und der Unbestimmtheit – *Zukunft als eine Qualität von Freiheit.* Diese andere Zukunft, die für alle Techniken der Prognose, der Herstellung und Kontrolle unerreichbar bleibt, die nicht absehbar auf uns zukommt, kann als Futurität bezeichnet werden. Noch bei Levinas' Unterscheidung zwischen »futur« und »avenir« und bei Blochs Unterscheidung zwischen der unechten Zukunft der regelmäßigen Wiederholung und der echten Zukunft, die der Mensch aus dem Zusammenspiel von Tendenz und Latenz erkennen kann, schleicht sich die Versicherung eines absehbaren, unvermeidlichen und benennbaren Endes immer wieder in die Ungewissheit des Wie und Wann. Wenn wir die originäre Zukunft denken wollen, müssen wir vielmehr davon ausgehen, dass Ereignisse dazu imstande sind, jede Tendenz zu durchbrechen und jede Latenz abzulenken.

Alle Arten disruptiver Ereignisse, nicht nur Katastrophen, Revolutionen oder konstitutive Entscheidungen, lösen Zäsuren aus. Aber Zäsuren können auch selbstbestimmt gesetzt, genauer: als Selbstbestimmung vollzogen werden. Welche praktischen und epistemischen Konsequenzen impliziert das für eine Theorie kollektiven Entscheidens? Wie können wir uns, unser Kollektiv, plastisch und zukunftsoffen konzipieren? Wie lassen sich Antizipation und Prognose so umgestalten, dass wir die Unabsehbarkeit der Zukunft in unsere Handlungsplanung einbeziehen können? Wie kann sich das Denken, Wahrnehmen und Handeln hinsichtlich des richtig verstandenen Ereignisses anders ausrichten als in Kategorien der Berechnung und der Produktion? Welche neue »chrono-politische

Form von Organisation« gälte es, über die gegenwärtige Ausrichtung des Politischen[65] hinaus zu erproben?

Diese neue chronopolitische Form von Organisation kann von Latours »Parlament der Dinge« ausgehen: Sie müsste um ein »Parlament der Zeiten« ergänzt werden. Denn die bisherige Politik wird auch in diesem Bereich konstituiert von einem fatalen »Zwei-Kammern-System«, einer Dichotomie zwischen dem Raum der Gegenwart, auf den sich die Politik bezieht, und den »anderen Zeiten«, dem heterochronen Politischen, das sich gewissermaßen jenseits des Feldes der Kulturen des Gedächtnisses und der Erwartung, der Körper und der Künste, der kollektiven Psyche und der planetaren Realität aufspannt. Während bislang die Politik auf die Verwaltung der Gegenwart, der Durchsetzung von Interessen nach Maßgabe des Nutzens zur Verlängerung der Gegenwart, begrenzt war und die anderen Zeiten in Ritualen, in Wissenschaften und Künsten verwahrt oder delegiert wurden, muss in einer künftigen Demokratie sowohl das Unbekannte/Verkannte der Vergangenheit wie auch das Unbestimmte/Ungewordene der Zukunft in die Beratung mit einbezogen werden.

Die künftige Demokratie wendet sich deshalb gegen den Präsentismus. In der Politik bedeutet Präsentismus die strukturelle Vormacht des Präsens, die Ausrichtung an den Interessen der Heutigen, die Dominanz der (unbefristeten) Anwesenheit.

1.5.1 Präsentismus in der Zeitphilosophie

Auf philosophischer Ebene artikuliert sich der Präsentismus als die Auffassung, dass nur die Gegenwart existiert. Damit ist noch nicht gemeint, dass nur die Gegenwart zählt, doch dieser Schritt liegt nahe, wenn Vergangenheit und Zukunft als inexistent qualifiziert werden.

Seit den 1970er Jahren[66] verteidigt der Präsentismus die These, dass nur gegenwärtige Dinge existieren und dass das, was gegenwärtig ist, sich verändert, so dass man sagen kann, dass die Dinge sich verändern, während die Zeit vergeht. Weil es sein könnte, dass diese These im ersten Moment der Existenz des Universums richtig ist, dann aber nicht mehr, und weil man vermeiden möchte, dass diese These deshalb nur zufällig einmal wahr ist, lautet sie in einer schärferen Formulierung folgendermaßen: Notwendigerweise ist es immer so, dass nur gegenwärtige Dinge existieren, dass es verschiedene Dinge gegeben hat und dass es andere geben wird, die nun nicht mehr oder noch nicht existieren, da sich das, das existiert, im Laufe der Zeit ändert[67] – wobei sich sogleich die Frage stellt, was das ist, der Lauf der Zeit, wenn er den Wandel des Existierenden verursachen soll.

Diese Position grenzt sich ab beispielsweise vom Eternalismus, der einräumt, dass Dinge auch zu anderen Zeiten existieren, nur eben nicht hier und jetzt bzw. nicht nur hier und jetzt. Lebewesen werden geboren und versterben; meine Zahnschmerzen von vor 10 Jahren existieren jetzt nicht mehr; von vielem, dem wir Ewigkeit wünschen, bleiben nur noch Erinnerungen oder Spuren. Das Zukünftige existiert noch nicht, nur eventuell Vorzeichen davon. Und doch gibt es Beziehungen – etwa der Bewunderung, der Erwartung oder der Erinnerung – zu diesem Vergangenen oder Zukünftigen und nicht nur zu den Spuren oder Vorzeichen. Und es ist etwas anderes, sich auf das Vergangene als etwas, das früher existiert hat, aber jetzt nicht mehr präsent ist, zu beziehen, oder auf etwas Irreales. Doch aus Sicht des Präsentismus gibt es nichts Zukünftiges und Vergangenes, sondern nur den gegenwärtigen Moment, der sich ändert, und in diesem Moment gibt es Erinnerungen und Erwartungen; es gibt Vergangenes und Zukünftiges nur für die Gegenwart, aus präsentistischer Sicht. Wenn nur das, was gegenwärtig ist, existiert, kommt es auf die Ausdehnung und Intensivierung der Gegenwart an. Der Präsentismus ist die zeittheoretische Spielart der Egozentrik.

1.5.2 Präsentismus als Zeitdiagnose

François Hartog konstatiert, dass sich die zeitgenössische Gesellschaft durch ihre Fixierung auf das (kurzfristige) Jetzt auszeichnet und dass diese Gegenwart dennoch sehr unterschiedlich erlebt werden kann, je nachdem, wo man sich (in der Gesellschaft) befindet. »Der Präsentismus kann also ein offener oder ein geschlossener Horizont sein: offen für immer mehr Beschleunigung und

Mobilität, geschlossen für ein Überleben von Tag zu Tag und eine stagnierende Gegenwart. Dazu kommt noch eine weitere Dimension unserer Gegenwart: die der Zukunft, die nicht mehr als Versprechen, sondern als Bedrohung wahrgenommen wird – in Form von Katastrophen [...].«[68] Dieses ›Regime der Historizität‹ formiert sich Hartog zufolge in den 1960er und 70er Jahren. »Der Slogan ›die Zukunft vergessen‹ ist wahrscheinlich der Beitrag der Sixties zu einer extremen Verschlossenheit in der Gegenwart. Revolutionäre Utopien [...] mussten nun in einem Horizont operieren, der kaum über den Kreis der Gegenwart hinausging [...]. ›Alles, und zwar sofort!‹ verkündeten die Mauern von Paris im Mai 1968. Kurz darauf wurde dort ›No future‹ geschrieben [...]. Es folgten die 1970er Jahre und die Enttäuschungen [...]. In dieser allmählichen Überflutung des Horizonts durch eine immer aufgeblähtere, hypertrophierte Gegenwart ist es klar, dass die treibende Kraft die rasche Ausbreitung und die immer höheren Anforderungen einer Konsumgesellschaft waren [...]«.[69] In der Konsumgesellschaft wird die Produktivität gesteigert durch technische Innovationen einerseits und andererseits durch eine Obsoleszens. Dinge und Menschen fallen vorzeitig aus dem Gebrauch, nehmen an der vom Profitstreben getrieben Zeit nicht mehr teil. Menschen werden verbraucht und fallen aus der Zeit. »Diese Zeit fällt auch mit der Zeit der Massenarbeitslosigkeit zusammen [...]. Für den Arbeitslosen ist eine Zeit von Tag zu Tag, ohne mögliche Pläne, eine Zeit ohne Zukunft.«[70] Das Jetzt reproduziert sich, indem es die anderen Zeiten und den Rest der Zeit verdaut.

Die technischen Medien beschleunigen diesen Prozess noch. Sie produzieren, konsumieren, recyceln die Affekte, Worte und Bilder und komprimieren auf diese Weise die Zeit. Die präsentistische Medienökonomie produziert und konsumiert Ereignisse, in denen die Gegenwart sich bereits als historisch erleben kann, so Hartog. Es ist eine »Geschichte a priori«, die medial fabriziert wird und in der die Geschichtswissenschaft als Expertin des Gedächtnisses und der Zeugenschaft auftritt, um zu erklären, was als nächstes geschehen muss. Deutlich wird dies ebenfalls in den Umfragen und Sondagen: »Was Sie heute wählen, als Bild für das, was Sie wählen werden. Was Sie also bereits gewählt haben. Die Dauer wird nur durch die Serie wieder eingeführt, die es ermöglicht, eine Kurve der Umfragen zu zeichnen [...]. Doch die Umfragen liegen falsch, wie wir festgestellt haben, und die Zukunft entgleitet! Auch hier möchte man in einer Art a priori Geschichte sein.«[71]

Die zeitgenössischen Medientechniken artikulieren Zeit in Serien im Rahmen einer Permanenz der Verfügbarkeit. Das Internet ist dabei nicht nur der Raum eines riesigen, global verallgemeinerten Archivs, sondern auch einer technischen Verdichtung der Zeit durch eine extrem beschleunigte Verarbeitung von Informationen, die eine Erfahrung scheinbarer Kopräsenz schafft. Bei der digitalen Kommunikation geht es nicht in erster Linie um den Austausch von Bedeutung, sondern um das Aufteilen von Zeit, um die gleichzeitige Anwesenheit und das Anteilhaben an derselben Zeitlichkeit.[72]

Auf die damit einhergehende Desorientierung und Unsicherheit antworten die zeitgenössischen Prinzipien der Verantwortung und der Vorsicht. Auf den ersten Blick scheinen diese Prinzipen dem Präsentismus den Rücken zu kehren und sich angesichts der Unsicherheiten erneut der Zukunft anzunehmen. Doch, so wendet Hartog ein, beide bleiben ein auf komplementäre Weise gesteigerter Ausdruck des Präsentismus. Hans Jonas' Prinzip der Verantwortung richtet sich gegen die entfesselte Technik, im Namen eines ökologischen Denkens, aber angesichts der bedrohlichen Zukunft auch gegen Blochs »Prinzip Hoffnung.« Jonas will eine Ethik der Zukunft entwickeln gegen eine Politik der Utopie, für die es legitim sei, die jetzt Lebenden als Mittel zum Zweck zu gebrauchen.[73] Jede Gegenwart der Menschen sei jedoch ihr eigener Zweck, weshalb jedes Handeln mit der Permanenz des Lebens kompatibel sein solle. »Die Gegenwart ist in gewisser Weise mit der gesamten Zukunft ausgestattet [...]. Um diese ›Futurologie der Warnung‹ zu erlernen, die uns in die Lage versetzt, das ›Schicksal, das uns aus der Zukunft anstarrt‹, zu erkennen, ist laut Jonas ›eine Mischung aus Angst und Schuld das richtige Gefühl‹ [...]. In Bezug auf das Verhältnis zur Zeit handelt es sich sowohl um eine Zukunft ohne Futurismus als auch um eine Gegenwart ohne Präsentismus [...]: Die Verantwortung der Zeitgenossen, die gegenüber den zukünftigen Menschen verschuldet sind, beginnt heute und ist jeden Tag [...].«[74]

Analog stellt sich auch das Prinzip der Vorsicht[75], das sich in der Prävention und in Sicherheitstechniken manifestiert, als zu kurz greifende Antwort auf den Präsentismus dar. Es sind auch hier die

Zeitvorstellungen der Irreversibilität und der dauerhaften Wirkungen, die einer Sorge vor dem Irreparablen und vor dem Unverzeihlichen entsprechen. Beide Prinzipien gründen sich auf einer »vision d'un temps continu, sans ruptures«. Die Antizipation dauerhafter Wirkungen und Irreversibilitäten präsupponiert eine Permanenz der Rahmenbedingungen, die Kontinuität der Entwicklung wie auch die temporale Kohärenz der Berechenbarkeit. Der Präsentismus bleibt diesen Konzeptionen einer risikoreichen Gegenwart inhärent. Alle Veränderung muss hier das Gleichbleiben absichern.

Für das Prinzip Verantwortung und das Prinzip Vorsicht gilt: »Man blickt mit Sicherheit in die Zukunft, aber nur auf der Grundlage einer fortgesetzten Gegenwart, ohne Auflösung der Kontinuität oder Revolution.«[76] So hat sich, Hartog zufolge, die Gegenwart durch die Dispositive der Verantwortung und der Vorsicht in die Vergangenheit und in die Zukunft hin ausgedehnt. Denn nun werde nicht mehr die Fähigkeit unterstellt, die Zukunft vorhersehen zu können, sondern der Versuch unternommen, die Effekte dieser oder jener vorstellbaren Zukunft auf die Gegenwart zu ermessen, um flexibel auf die Herausforderungen zu reagieren und aus einem »multiplen Präsens« eine Richtung auszuwählen. Doch auch hier, so wendet Hartog ein, gibt es nurmehr die Gegenwart »non pas fini, mais indéfini«[77] und keinen Sinn für die Auflösung von Kontinuitäten oder für Revolutionen.

Zudem enthalten das Prinzip Verantwortung und das Prinzip Vorsicht – die Furcht davor, nicht alles richtig vorausberechnet zu haben, und der Versuch, möglichen Katastrophen zuvorzukommen – die Unterstellung, dass bei bestmöglicher Anwendung dieser Prinzipien die negativen Überraschungen ausgeschaltet werden könnten. Die beiden Prinzipien unterstellen, dass die Zukunft zwar noch nicht vollständig beherrschbar ist, aber berechenbar und beherrschbar sein könnte und sollte. Dieses Sollen aber, die vollständige Kolonisierung und Unterwerfung der Zukunft unter die Macht und die Interessen der Gegenwart, gilt es zu bestreiten. Die Rettung des Verborgenen und Untergegangenen der Vergangenheit, die den Präsentismus motiviert, muss um eine Rettung des Verborgenen und Ungewordenen der Zukunft ergänzt werden.

Der Präsentismus, die Fixierung auf die Gegenwart als Geschichtsregime, entsteht als kritische Reflexion auf die Unterstellung kontinuierlicher Abfolge und auf die Fortschrittsideologie der Moderne. Derjenige, der gegen die homogene und leere Zeit das Eingedenken, den Bruch und die Jetztzeit gesetzt und das moderne Regime der Historizität effektiv in Frage gestellt hat, war, so Hartog, Walter Benjamin.[78]

1.5.3 Präsentismus als politisches Paradigma

In seinen Thesen über den Begriff der Geschichte hat Walter Benjamin 1940 mit dem Historismus zugleich das Fortschrittsdenken angegriffen und sich für einen historischen Materialismus ausgesprochen. Dieser fragt nach dem, was vergangen und untergegangen ist, insofern jedes Dokument Teil einer Überlieferung ist, organisiert durch die Überlebenden, die Herrschenden; ihr Dasein verdanken sie nicht nur den Genien, die ihren Namen auf den Dokumenten verewigt sehen, sondern auch »der namenlosen Fron ihrer Zeitgenossen«.[79] Damit diese Namenlosen, Untergangenen, die Opfer, die Zeitgenossen in den Blick kommen können, muss der historische Materialismus die Bedingungen, unter denen Spuren der Geschichte existieren, in den Blick nehmen: »Es ist niemals ein Dokument der Kultur, ohne zugleich ein solches der Barbarei zu sein. Und wie es selbst nicht frei ist von Barbarei, so ist es auch der Prozeß der Überlieferung nicht, in der es von dem einen an den andern gefallen ist. Der historische Materialist rückt daher nach Maßgabe des Möglichen von ihr ab. Er betrachtet es als seine Aufgabe, die Geschichte gegen den Strich zu bürsten.«[80]

Die methodische Basis dafür bildet eine Kritik an der Chronologie, die die äußere Form historischer Ereignisse abgibt. Denn, so Benjamin, »die Vorstellung eines Fortschritts des Menschengeschlechts in der Geschichte ist von der Vorstellung ihres eine homogene und leere Zeit durchlaufenden Fortgangs nicht abzulösen. Die Kritik an der Vorstellung dieses Fortgangs muß die Grundlage der Kritik an der Vorstellung des Fortschritts überhaupt bilden.«[81] Dem Zeitstrahl, an dem der Fortschritt bemessen und veranschaulicht wird, stellt Benjamin die Jetztzeit entgegen: »Die Geschichte ist Gegenstand einer Konstruktion, deren Ort nicht die homogene und leere Zeit sondern die von Jetztzeit erfüllte bildet.«[82]

Benjamins kritische Bewegung ist eine doppelte, dialektische: Es kann nur gelingen, das Untergangene unter den Dokumenten zu retten, wenn dadurch zugleich der eigene Standpunkt aufleuchtet und verständlich wird. Die historisch-materialistische Arbeit ist ein Manöver für die Gegenwart. Die Idee der Jetztzeit ergänzt Benjamin deshalb mit derjenigen der Gegenwart als einer Zone, die aus der leeren Abfolge heraussteht: »Auf den Begriff einer Gegenwart, die nicht Übergang ist, sondern in der die Zeit einsteht und zum Stillstand gekommen ist, kann der historische Materialist nicht verzichten. Denn dieser Begriff definiert eben die Gegenwart, in der er für seine Person Geschichte schreibt.«[83] Dieser Stillstand ist laut Benjamin eine von Spannungen gesättigte Konstellation, in der sich durch das Denken schockhaft eine revolutionäre Chance im Kampfe für eine unterdrückte Vergangenheit auftut.[84] Die Abwendung von der Zukunft begründet Benjamin auch mit dem Hinweis auf die jüdische Tradition, in der die Erforschung der Zukunft durch Wahrsagen verboten war und doch der Messias erwartet wurde.[85]

Marx hat, so Benjamin, mit der Vorstellung der klassenlosen Gesellschaft die Vorstellung der messianischen Zeit säkularisiert. Sie wurde mit der Sozialdemokratie und dem Neukantianismus ein reines Ideal. »War die klassenlose Gesellschaft erst einmal als unendliche Aufgabe definiert, so verwandelte sich die leere und homogene Zeit sozusagen in ein Vorzimmer, in dem man mit mehr oder weniger Gelassenheit auf den Eintritt der revolutionären Situation warten konnte. In Wirklichkeit gibt es nicht einen Augenblick, der seine revolutionäre Chance nicht mit sich führte [...].«[86] Die revolutionäre Chance zur Lösung einer spezifischen, neuen Aufgabe liegt in jedem geschichtlichen Augenblick, abhängig von der politischen Situation, in der »Schlüsselgewalt über ein ganz bestimmtes, bis dahin verschlossenes Gemach der Vergangenheit. Der Eintritt in dieses Gemach fällt mit der politischen Aktion strikt zusammen.«[87] Aus dem modernen Zukunftsdeterminismus wird bei Benjamin ein Kampf um die »Schlüsselgewalt« über das Latente und Untergegangene der Vergangenheit, mit dem sich jeweils neue revolutionäre Aufgaben in der Gegenwart ergeben. Diese Kritik Benjamins am Fortschrittsbegriff, so lässt sich zusammenfassen, bereitet den Boden für einen Präsentismus des politischen Denkens.

Giorgio Agamben hat als einer der ersten, in Anlehnung an Benjamin, eine philosophische Skizze des Konzepts der Zeitgenossenschaft vorgelegt. Benjamins Stichworte zu den dialektischen Tigersprüngen der Mode in die Geschichte [These XIV] aufgreifend zeigte er, dass der Zeitgenosse, zwar seiner Zeit verpflichtet, aber immer unzeitgemäß ist. Wie die Mode stellt Zeitgenossenschaft eine Verbindung zwischen dem Gewesenen und dem Entstehenden her, die keinen Kairos hat, denn, wie Agamben bemerkt, die Mode teilt die Aktualität auf. Dementsprechend ist zeitgenössisch, wer die Gegenwart spaltet und sie mit vergangenen Zeiten verbindet: »[Der Zeitgenosse ist nicht nur derjenige], der, indem er die Dunkelheit der Gegenwart wahrnimmt, ihr unerreichbares Licht erfasst; er ist auch derjenige, der, indem er die Zeit zerlegt, sie zu transformieren und mit anderen Zeiten in Verbindung zu bringen, sie gemäß einer Notwendigkeit […] zu ›zitieren‹ vermag.«[88] Agamben beschreibt Benjamin und Foucault als beispielhafte Zeitgenossen, deren historische, archivarische und archäologische Arbeiten ihre jeweilige Gegenwart lesbar gemacht habe. Die Beziehung zum Archiv, zu dem, was in der Vergangenheit verschwunden ist, zu dem, was durch den Fortschritt der Geschichte zerstört wurde, ist konstitutiv für dieses Zeitfeld der Zeitgenossenschaft.

Selbst dort, wo im Namen der Ausbruchs von Ereignissen und der Diskontinuität argumentiert wird und gegen eine Geschichtsphilosophie, die die Gegenwart nur als kommende Vergangenheit begreift,[89] bleibt der Horizont doch geschlossen, ein Horizont des Werdens, der »infinitiven Gegenwart«, so Foucault; eine »(multiple) Ewigkeit der (verschobenen) Gegenwart«.[90] Zeit ist nun keine Linie des Nacheinander mehr. »Zeit ist das, was sich wiederholt; und die Gegenwart […] kehrt immer wieder zurück.«[91] Foucaults berühmte Methoden – die Archäologie, die Genealogie, die Diskursanalyse – kritisieren die Auffassung, dass die Sukzession ein Absolutes ist, es existiere kein Kalender, auf den man sich bei der Etablierung einer Chronologie der sukzessiven oder simultanen Ereignisse beziehen könne. Diese Ablehnung einer Chronologie wird unterfüttert, weniger mit Argumenten als mit Beispielen, mit einem Denken in historischen Kontingenzen, mit einer Fokussierung auf konkrete Praktiken der Verknüpfung und der Abfolge[92], mit einer Zeitgenossenschaft der Veränderungen: »Die Gleichzeitigkeit mehrerer

Transformationen bedeutet nicht, dass sie zeitlich exakt übereinstimmen: Jede Transformation kann ihren eigenen Index zeitlicher ›Viskosität‹ haben.«[93] Die zeitliche Viskosität meint das Nebeneinander, die Überlappung und Verflechtung von Zeitschichten, die wesentlich durch Machtformationen und Wissensparadigmen geprägt sind, sie meint historische Aprioris, die das, was geschehen kann, ebenso wie das, was gesagt und wahrgenommen werden kann, begrenzen, strukturieren und bedingen – Immanenzfelder des Lebendigen, die quer zueinander stehen, vieldimensionale Gegenwarten.

Foucault gibt darin Deleuzes Überlegungen Recht: »Die Zeit bildet sich nur in der ursprünglichen Synthese, die sich auf die Wiederholung der Augenblicke bezieht. Diese Synthese zieht die unabhängigen sukzessiven Augenblicke jeweils ineinander zusammen. Sie bildet damit die gelebte Gegenwart, die lebendige Gegenwart. Und diese Gegenwart ist es, in der sich die Zeit entfaltet [...]. Vergangenheit und Zukunft bezeichnen keine Augenblicke, die von einem der Annahme nach gegenwärtigen Augenblick geschieden wären, sondern die Dimensionen der Gegenwart selbst, sofern sie die Augenblicke kontrahiert [...]. Die lebendige Gegenwart reicht also von der Vergangenheit bis zur Zukunft, die sie innerhalb der Zeit konstituiert [...].«[94]

Jacques Derrida hat an verschiedenen Stellen seines Werkes die Idee einer »kommenden Demokratie« skizziert. Mit dem Satz »[D]ie Demokratie ist im Kommen.«[95] habe er keine Gegenwart des Wesens, der Existenz beziehungsweise der substantiellen oder subjektiven Substanz kennzeichnen wollen, sondern ein Oszillieren zwischen zwei Möglichkeiten: einerseits die Analyse dessen, was dem Begriff Demokratie eingeschrieben ist, und andererseits die performative Aufforderung zur Demokratie. Er habe damit eine Dringlichkeit und ein Zögern gemeint, betont Derrida in der Rückschau, keine unendlich ferne, von einer regulativen Idee angewiesene Zukunft, auch nicht die Zukunft einer Demokratie, welche die Zukunft ist, und erst recht nicht das real sich Vollziehende der Demokratie wie bei Tocqueville.[96] Dieser habe der Gegenwart das Gegenwärtige angekündigt. Dieser scheinbaren Gewissheit hält Derrida ein anderes Verständnis der temporalen Verfasstheit der Demokratie entgegen. Für ihn ist Demokratie »im Kommen«, sie ist die Selbstheit der »dekonstruktiven Auto-Delimitation [...] angesichts der einzigartigen Dringlichkeit dessen, was *hier und jetzt* keinen Aufschub duldet.«[97]

Diese Dringlichkeit einer Konzentration auf das ankommende Jetzt ist angesichts der Unmöglichkeit, das Jetzt zu fixieren, und angesichts der dräuenden Zukunft mit einer Aporie konfrontiert. »Die ›Kommende‹ [l' « à venir »] bezeichnet nicht nur das Versprechen, sondern auch, dass die Demokratie niemals existieren wird im Sinne von gegenwärtiger Existenz: nicht nur weil sie aufgeschoben wird, sondern auch wie sie in ihrer Struktur stets aporetisch bleiben wird (Gewalt *ohne* Gewalt, nicht kalkulierbare Singularität *und* berechenbare Gleichheit, Kommensurabilität *und* Inkommensurabilität, Heteronomie *und* Autonomie, unteilbare und teilbare, nämlich teilhabbare Souveränität, ein leerer Name, ein leeres Nomen, ein verzweifelter oder verzweifelnder Messianismus usw.). Doch jenseits dieser aktiven und abschließbaren Kritik berücksichtigt der Ausdruck ›kommende Demokratie‹ die absolute und intrinsische Historizität des einzigen Systems, welches das Recht auf Selbstkritik und Perfektibilität – die Formel einer Autoimmunität – in sich, in seinen Begriff aufnimmt.«[98]

Diese aporetische Struktur und die aus dem Recht auf Selbstkritik und Perfektibilität rührende Historizität implizieren eine zeit- und ereignisphilosophische Konstellation: »Das schließt ein anderes Denken des Ereignisses ein (des einzigen, unvorhersehbaren, horizontlosen, von keiner Selbstheit und keiner konventionellen, also konsensuellen Performativität beherrschbaren Ereignisses), welches sich in einem ›Kommenden‹ [un « à venir »] anzeigt, das, jenseits der Zukunft (da das demokratische Begehren keinen Aufschub duldet), die Ankunft dessen benennt, das ankommt und der ankommt [...]. Das unterstellt natürlich, und das ist wiederum das Schwierigste, Unvorstellbarste, eine Ausweitung des Demokratischen über die nationalstaatliche Souveränität, über die Staatsbürgerschaft hinaus, es unterstellt die Schaffung eines internationalen, rechtlich-politischen Raums, der, ohne daß damit jede Bezugnahme auf die Souveränität entfiele, unaufhörlich die Formen des Teilens [partages] und der Teilbarkeit der Souveränität erneuert und neue hinzuerfindet (ich spreche von erfinden, weil die Zu-kunft [l' « à-venir »] nicht nur auf das Kommen des anderen, sondern auf die Erfindung – nicht des Ereignisses, aber durch das Ereignis – hindeutet.«[99]

Derrida meint hier das »Un-Mögliche«, was der Ordnung des »Ich kann« fremd bleibt: eine Ereignishaftigkeit der »Zu-Kunft«, die die Sphäre des Performativen überschreitet: »Es handelt sich hier, wie beim Kommen jedes Ereignisses […], um eine unvorhersehbare Ankunft des anderen, eine Heteronomie, das vom anderen her kommende Gesetz, um die Verantwortung und die Entscheidung des anderen […]. Es kommt über mich in Form eines Gebots, das nicht am Horizont wartet, das ich nicht kommen sehe, das mich nicht in Frieden läßt und mich niemals zum Aufschub berechtigt. Diese Dringlichkeit läßt sich nicht idealisieren […]. Es ist das, was obendrein unbestreitbar real ist. Und sinnlich.«[100]

Das Reale des Ereignisses, von Derrida ins Politische gewandt, ist dasjenige, was sich der Präsenz entzieht und diese zugleich stiftet. Gebannt von dieser Dringlichkeit blendet Derridas Konzeption dabei die Auftrittsbedingungen und das Kommen dieses Ereignisses ebenso aus wie das Werden anderer möglicher Ereignisse, die noch nicht im Hier und Jetzt dräuen; auch findet die Korrelation von Horizont und Ereignishaftigkeit noch keine Berücksichtigung. Dennoch gelingt es ihm, eine wichtige Konstellation sichtbar und verständlich zu machen, die für die folgenden Überlegungen wegweisend sein werden, nämlich diejenige des politischen Raums, des Ereignisses und der Zukunft: »Ich glaube immer noch, daß diese Unentscheidbarkeit, welche die Demokratie ebenso einräumt wie die Freiheit selbst, die einzige radikale Entscheidungsmöglichkeit darstellt, die einzige Möglichkeit, das Kommende und ›den‹ Kommenden, das Angekommen des Ankommenden, (performativ) geschehen zu lassen [faire advenir] oder eher (metaperformativ) als Geschehen zuzulassen [laisser advenir]. Sie eröffnet also bereits, für wen auch immer, eine gänzlich zweideutige und beunruhigende Erfahrung der Freiheit, bedroht und bedrohlich, wenn sie in ihrem ›Vielleicht‹ verbleibt, und verbunden mit einer Verantwortung, die jedes Maß übersteigt und der sich niemand entziehen kann.«[101] Das Vielleicht geht, wie es der Begriff des »advenir« und die Anspielung auf eine messianische Erwartung nahelegen, von einem erwartbaren und erfahrbaren Geschehen aus, von einem wissbaren und wahrscheinlichen (»vielleicht«) Ereignis, dessen

Eintritt in das Geschehen von Entscheidungen (vom Machen oder Zulassen) abhängt.

Diese zeitliche Aporie des Freiheitsbegriffs artikuliert Jean-Luc Nancy noch deutlicher, denn er unterstreicht, dass Freiheit als Ereignis des Anfangenkönnens nicht von Individuen in einem politischen Raum vorausgesetzt, gemacht oder beschlossen werden kann: Sie ereignet sich, wenn sie (revolutionär) ergriffen wird:

> »Der politische Akt der Freiheit ist [...] das einmalige Auftauchen [...] der Freiheit [...] – ihre Freisetzung [...]. Freiheit kann nicht aufgrund einer bestimmten Reife oder Berechtigung verliehen, auferlegt oder gewährt werden. Sie lässt sich nur nehmen; das ist es, was die revolutionäre Tradition darstellt. Sie zu ergreifen, bedeutet aber, dass die Freiheit selbst sich nimmt [...]. Nichts beginnt frei zu sein, sondern die Freiheit ist der Beginn [...]. [Das Politische] besteht in der Eröffnung eines Raumes. Dieser Raum wird von der Freiheit eröffnet – anfänglich, einführend, auftauchen –, und die Freiheit wird darin gegenwärtig [...]. Freiheit: Ereignis und Ankunft der Existenz als Gemeinsamen der Einmaligkeit. Es ist der gleichzeitige Einbruch in das Innere des Individuums und der Gemeinschaft, das den spezifischen Zeit-Raum der Anfänglichkeit eröffnet. Was der Philosophie der Demokratie heute fehlt und immer gefehlt hat, ist das Denken dieser Anfänglichkeit.«[102]

Nancy denkt Freiheit hier nicht als Denk- oder Handlungsfreiheit, sondern als Zeitfigur: Sie ist ein präzedenzloser revolutionärer Zeitpunkt, die singuläre Zäsur des Anfangs, sie ist das Gegenwärtigwerden einer Gleichzeitigkeit des Individuellen und Gemeinschaftlichen, das Ereignis der Öffnung der Zeit. Freiheit ist revolutionär, wenn sie die Zeit der Selbstinstitution und der Autonomie einleitet: Auch bei Nancy zeichnet sich eine Aufmerksamkeit für die Verschränkung der Spontaneität des Anfangens, der Ereignishaftigkeit des Anfangs und der Diskontinuität, die die Ankunft der Freiheit impliziert, ab; zugleich die Betonung, Dramatisierung und Dynamisierung der Gegenwart, analog zu Derrida.

Die von Derrida und Nancy herausgestellte zeitliche Verfasstheit der Demokratie betont, dass diese keine substantielle Anwesenheit kennt, sondern gleichermaßen Effekt wie Produkt der Dringlichkeit des Realen ist. Demokratie ist kein gesicherter Bestand, der sich ausbreiten und verbessern lässt. Sie ist nicht immer schon da, begründet in mythischer Vorzeit, sondern hängt ab von einem temporalen Entscheiden inmitten der Unentscheidbarkeit, einer Eignung angesichts des Drängenden und ein Sich-Ereignen. Damit werden Auffassungen abgelehnt, die Demokratie als Erbe, als Bestand oder als Auftrag ansehen und denen es um die Aufteilung und Struktur des politischen Raumes geht. Doch wenn sie auch an den Punkt der Konstitution der komplexen demokratiespezifischen Zeit-Räumlichkeit vordringen, so leiten sie doch die normativen Aspekte ihrer Demokratietheorie weiterhin aus dem nun anders gefassten Modus der Gegenwart ab. Der Präsentismus als Methode leitet auch noch dieses Denken des Künftigen.

Diese Fixierung der Demokratie auf Gegenwärtigkeit, selbst in solch avancierten Positionen, enthält jedoch ein Problem: Ist ausschließlich die Gegenwart maßgeblich für das Nachdenken über politische Strukturen? Das, was jetzt drängt? Die Position, von der aus wir wahrnehmen und in der wir uns befinden? Die Position derer, die jetzt die Entscheidungsmacht haben? Dürfen Demokratien nur dem geteilten Jetzt verpflichtet sein und Entscheidungen lediglich mit Blick auf die (jemals, demnächst oder jetzt und hier) Anwesenden fällen? Die präsentischen Grundannahmen bisherigen demokratischen Denkens sind fragwürdig. Denn auch wenn die Umwelt und die Zukunft des politischen Raumes in den letzten Jahrzehnten verstärkt zum Bezugspunkt verantwortlichen Entscheidens gemacht wurde, funktioniert doch in zeitlicher Hinsicht die Demokratie weiterhin und verstärkt im Präsens: Jetzt und hier spürbare, erkennbare, verwaltbare Dringlichkeiten, Probleme und Krisen werden nach Maßgabe der dynamischen Gegenwart verhandelt.

In ihrem Buch *Demokratie im Präsens* bezieht sich Isabell Lorey sowohl auf Benjamins Geschichtsthesen wie auch auf Foucaults Begriff der »infinitiven Gegenwart«, um einen Begriff des Werdens der Gegenwart zu entwickeln, der auf ein vermeintlich höheres Ziel verzichtet, dem aber deshalb nicht die Richtungen fehlen, da diese respektive im Agieren und in den Machtverhältnissen entstehen: »In der Gegenwart des Werdens gibt es keine nachfolgende Temporalität der Zukunft, nur die Ausdehnung, die verschiedenen Dauern der Gegenwart.«[103] Sie richtet sich mit der Perspektive auf die Gegenwart »als einer politischen Temporalität in Bewegung«

nicht nur gegen die liberale Formierung der Zeit, sondern auch gegen linke, chronopolitische Abwertungen der situativen Intensität sozialer Bewegungen, die zwar »das unvorhersehbare Ereignis revolutionärer kollektiver Praxis begrüßen«, ihm aber keine Dauer zugestehen und es als rein gegenwärtig oder »spontaneistisch« diskreditieren: »Entgegen solchen liberalen und linken Chrono-Politiken möchte ich nicht nur ein anderes Verständnis von Demokratie in der infinitiven Gegenwart vorschlagen, sondern dieses mit einem neuen Verständnis von konstituierender Macht und konstituierendem Prozess verketten. Ein solcher Prozess muss, anders als im staats- und völkerrechtstheoretischen Diskurs der liberalen Demokratie, keineswegs in und mit einer Verfassung enden; er geht darüber hinaus [...]. Es handelt sich vielmehr um ein Verständnis von Raum und Zeit, das aufhört, den diskontinuierlichen konstituierenden Rhythmus des Revolutionär-Werdens zu unterbrechen [...]. Es ist ein soziales Revolutionär-Werden, das die wechselseitige Sorge ins Zentrum stellt [...].«[104]

Die bewegte Gegenwart will nicht auf eine bessere Zukunft hinausdrängen, sondern eine gerechtere Gegenwart herausprozessieren und erhalten. »Im Präsens der Bewegung zeigt sich diese Demokratie als präsentische Demokratie. Sie kristallisiert sich in revolutionären Praxen der Gegenwart bereits heraus.«[105] Die gerechtere Gegenwart bringt, nach dem Modell der Pariser Commune, die Verhältnisse zum Tanzen, weil das Agieren in der Gegenwart die emanzipatorischen Veränderungen nicht mehr in die Zukunft ver- und aufschiebt.[106]

So triftig diese Einsicht ist: Genau aufgrund dieses Präsentismus besteht die Gefahr, dass die Zukunft philosophisch, politisch oder technisch nicht nur verkannt, sondern unterworfen, kolonisiert, programmiert und verbraucht wird. Während die moderne Politik in der Zukunft ein berechenbares Ergebnis sah, das Produkt historischer Mechanismen, wird sie in der zeitgenössischen Politik eine erhaltenswerte Ressource der Ernährung, eine ästhetische Dimension der Eventkultur, ein rein technisches Phantasma, wenn nicht gar ein bloßes Kapitalinstrument. Während politische Freiheit – als Ideal, als unendliche, stets aufgeschobene Aufgabe konzipiert – ihre Verwirklichung nicht erlebt, wird sie im Präsentismus als permanentes soziales Bewegtsein sistiert, ein Potential, das in jedem Moment in ein revolutionäres Werden umschlagen könnte, die Chance zur Verwirklichung aber stets nur im Rückspiegel erkennt.

Eine revolutionäre Ereigniszeit, die die Möglichkeit radikaler Selbsttransformation enthält, müssen all diejenigen Positionen zur Fiktion verklären, die das Leben überhaupt mit den Regeln und Anspruchsrechten hegemonialer Lebensformen gleichsetzen. Entsprechend wird sie selbst dort verhindert, wo erkannt wird, dass »Freiheit auch im Reichtum einer lebendigen, biodiversen Welt oder in der kollektiven Macht einer Neuerfindung unserer Lebensform liegen könnte«[107], weil dieses »könnte« durch die Forderung nach einer Freiheit des Bleibens erläutert und der Bezug auf andere Zeiten mit Permanenzregeln überformt wird, so dass der Kern dieser Forderung darin besteht, Lebensbedingungen im Sinne unserer Lebensform zu erhalten. Die Bleibefreiheit, das intensive Empfinden der eigenen Lebendigkeit soll, nach Eva von Redeckers präsentistischer Einsicht, als Richtschnur der Handlung hin auf eine erfüllte Zeit dienen und dem gegenwärtigen Leben zukünftige Zeit sichern[108] oder der jetzt erreichbaren Freiheit eine Dauer verleihen.

Die »Dynamis« wird hier nur als Potentia, als Können gedacht, die Gegenwart als eingeübte Wiederholung in einem ununterbrochenen Zeitraum; die »Enargeia« bleibt angeleitet von der Sorge um die gegenwärtige Welt. Eine revolutionäre Möglichkeit jedoch besteht in der dialektischen Verschränkung aus einem in Wiederholungen erworbenen Können und einem Unvermögen, das künftige Verwirklichung einleitet; sie entsteht im Einräumen von Ereignissen, an die sich Prozesse der Selbstbestimmung binden. Die Zeitform freier Handlungen muss eine Öffnung auf Unvordenkliches, eine Auftrittsmembran für erhoffte Ereignisse enthalten.

Nicht irgendeine Menge temporal neuer Elemente, sondern Futurität verursacht Frakturen der Zeitordnung, durchbricht das Denken in Konstanten, Variablen und Unbekannten, ändert die Antizipation wahrscheinlicher Verläufe und Änderungen. Nach allem, was wir wissen, wird die Sonne morgen scheinen, aber in etwa 8 Milliarden Jahren verglüht sein. Doch diese Extrapolationen betreffen nicht die Zukunft in ihrer Offenheit. Die offene Zukunft ist der Abgrund der Unbestimmtheit, der Quellpunkt, aus dem heraus etwas möglich wird. Deshalb ist die Vorstellung falsch, sie wäre die Dimension dessen, das – in gerader Linie, in Spiralen oder n-Dimensionen –, geordnet in ein abzählbares Nacheinander auf uns zukommt; vielmehr ist sie das, was Änderungen zeitigt. Sie ändert deshalb auch die Richtung, die Geschwindigkeit, den Modus, in dem sie auftritt. Simultanität und Sukzession, für Kant apriorische Anschauungsformen, erfassen nicht alle Auftrittsmöglichkeiten der Zeit, denn Zeitliches kann sich als singuläres außerhalb dieser Ordnung, weder gleichzeitig mit etwas noch nach etwas, irregulär ereignen.

Im Grunde ist der Gedanke einfach. Wenn eine Handlung scheitert, so kann dies unterschiedlichste Gründe haben: mangelnder Wille, fehlende Kraft, Irrationalität und Inkonsequenz, eine falsche Berechnung der notwendigen Mittel, ein illusionäres Ziel und dergleichen. Oft ist es jedoch schlicht so, dass sich die Bedingungen im Laufe der Ausführung einer Handlung ändern, dass neue Bedingungen hinzutreten oder dass das näher rückende Ziel in neuem Lichte erscheint. Es handelt sich hier also nicht um ein unzureichendes Abwägen der bevorstehenden Entwicklungen im Rahmen einer letztlich vollständigen Konstellation wie vor einem Schachbrett, sondern um die Tatsache, dass etwas auftritt, das die Regelhaftigkeit und Effektivität des Handelns unterläuft. Die Zeitlinie wird von Flecken, erratischen Vektoren, Systemfehlern, neuen Konstellationen oder Außersystematischem modifiziert oder unterbrochen. Da Handeln ein integraler Zusammenhang von Vorhaben und Realisierung ist, muss, damit eine Handlung gelingen kann, neben die Intention und noch vor die körperlich-materiellen Bedingungen, Kräfte und Mittel die Vorwegnahme hinderlicher oder förderlicher Eventualitäten treten; sowie, worauf dieses Buch insistiert, das Wissen um Eigenzeitlichkeiten und nicht absehbare Verläufe, die das Wesen des Zukünftigen ausmachen: ein Sinn für das Zeitliche jenseits der Zeitordnung, für die *Anarchie des Zeitlichen*.

Eine andere Weise des Bezugs auf die Zukunft des Ereignisses besteht deshalb darin, erstens das, wodurch sie überraschen, zu durchdenken (ihre Singularität, ihre Andersartigkeit) und zweitens mögliche Realisationen, Auftrittsbedingungen und Wirkungsweisen zu modifizieren. Entlang diesen Prinzipien kann eine Ökologie der Zeit entwickelt werden, der zukunftsfähige demokratische Entscheidungsstrukturen entsprechen können, um die Demokratie plastisch und lernfähig zu gestalten angesichts von Ereignissen, für die es keinerlei Prognose und Expertise geben kann.

Die Qualität der Freiheit betrifft das Wie des Entscheidens, das Wie der Formung und der Erfahrung des Denkens und Handelns. Wenn unsere Freiheit aus dem rührt, dass wir die gegenwärtige Wirklichkeit negieren, dass wir unsere Praxis des Denkens und Vorstellens ändern, dass wir uns anders verhalten können, um eine bessere Zukunft zu erreichen, so gewinnt sie als politische eine neue Qualität und eine andere zeitliche Struktur.

Ziel des Buches insgesamt ist es folglich, einen neuartigen Ansatz zu entwickeln, der Demokratie nicht nur für das Dringende und das Kommende sensibilisiert, sondern sie – in Auseinandersetzung mit dem Präsentismus – als Anarchie der Zeit erläutert, als dasjenige, was Autonomie ermöglicht, indem es dafür sorgt, dass die Zukunft entscheidungsoffen bleibt.

2. Politische Freiheit
Spuren einer demokratischen Utopie

Vielleicht ist es ein Fehler, die Analyse einer politischen Struktur, in der sich Freiheit verwirklichen kann, mit einer Rückversicherung in der Theorie und Praxis der Demokratie zu beginnen. Was ist nicht alles Demokratie genannt worden? Anstatt von »der Demokratie« zu sprechen, sollten wir vielleicht einfach eine »Freistätte«, ein Asyl der Ungezwungenheit, eine autonome Gesellschaft, eine freie Welt imaginieren und dafür einen anderen Namen finden.

Zwei Gründe sprechen dennoch dafür, sich noch einmal dessen zu vergewissern, was Demokratie genannt wird: erstens aus dem schon von Rousseau angeführten Grund, dass, was wirklich gewesen ist, auch möglich sein muss (und also nicht als Traumgespinst abgetan werden kann), und zweitens, um nicht nur den Diskussionskontext der Gegenwart zu adressieren, sondern gewissermaßen auch eine Archäologie der eigenen Vorverständnisse, Ideale und Hoffnungen zu versuchen. Rührt nicht die Frustration über die heutige politische Situation auch aus der Ahnung, ja dem Wissen her, dass es schon Zeiten größerer politischer Freiheit gegeben hat?

2.1 Zeiten politischer Freiheit

Dieses zweite Kapitel setzt sich deshalb zum Ziel, die offenen Zukünfte, auf die autonomes Handeln strukturell angewiesen ist, als utopisches Potenzial der Demokratie historisch zu sondieren und theoretisch zu rekonstruieren, so dass Kennzeichen und Ziele politischer Freiheit deutlich hervortreten.

Konkret soll, auch im Rückblick auf drei historische Phasen (Antike, Frühe Neuzeit, Moderne), untersucht werden, welche Konzepte von Demokratie sich mit der Vorstellung einer gesellschaftlichen Entwicklung verbinden, auf welche Weise Idealzustände als explizit demokratische ausgemalt wurden und inwiefern das utopische Denken hilft, den Prozess der Demokratisierung mit einer neuen, zukunftsfähigen Ausrichtung zu versehen.

Bislang wurde der Beitrag utopischen Denkens zum Verständnis der Demokratie meist übergangen. Dieser Beitrag liegt nicht zuletzt darin, die Vielfalt und Veränderbarkeit demokratischer Institutionen und die Bedeutung einer Zielorientierung herauszustellen. Die bisherige Theoriebildung hat Demokratie meist als »fait accompli« betrachtet und eine Gruppe von Institutionen als Kennzeichen demokratischer Systeme zum Ausgangspunkt genommen, ohne geklärt zu haben, inwiefern deren kontingente Entstehung das demokratische Denken geprägt hat und ob sie zu Recht demokratisch genannt werden.

Im ersten Schritt soll untersucht werden, welche Ideen, Orte, Prozesse und Institutionen als ursprüngliche Kennzeichen der Demokratie gelten können. Hier wird der Versuch unternommen, die philosophischen Gründe für diese auch heute noch Erstaunen provozierenden institutionellen Wagnisse zu systematisieren. Dabei wird der Fokus auf die zeitliche Struktur demokratischer Entscheidungsprozesse gerichtet und die Frage gestellt, ob hierin bereits ein wesentlicher Zug der Demokratie liegt: in der Zyklizität und Revision, in der Vielfalt und Veränderbarkeit, in der Öffnung und Überprüfung, in der produktiven Arbitrarität und plastischen Freiheit der Verfahren. Im Anschluss soll die Hypothese verfolgt werden, dass es nicht nur Räume (Konstellationen, Orte, Institutionen), sondern auch Zeiten (Ereignisse, Anachronismen, Langzeitprozesse) politischer Freiheit gibt, die bislang zwar durchaus anerkannt, aber nicht angemessen theoretisch reflektiert wurden.

Intendiert ist dabei kein Ideal, sondern die Praxis der antiken Demokratie. Dabei soll nicht behauptet werden, dass für die gesamte Geschichte der athenischen Demokratie die von mir hervorgehobenen Aspekte, Elemente und Strukturen wesentlich gewesen sind. Eine philosophische Extrapolation auf der Basis antiker Quellen ist nicht mit einer historischen Rekonstruktion der tatsächlichen politischen Abläufe zu verwechseln. Hier soll es lediglich darum gehen, Kennzeichen der Demokratie zu rekonstruieren – aus dem Bemühen heraus, ein kohärentes Konzept von Demokratie zu entwickeln und zu verwenden, dem auch ein Demosthenes, ein Perikles oder ein Chrysipp hätten zustimmen können.

Athen war eine Sklavenhaltergesellschaft und basierte zum großen Teil auf dieser Ökonomie. Frauen und Fremde wurden vom politischen Raum ausgeschlossen und tendenziell unterdrückt. Es gab keinen Minderheitenschutz und keine Menschenrechte. In vielerlei Hinsicht kann man das politische System auch nach 507 v. Chr. für grausam, rassistisch, sexistisch, ethnozentrisch und auch oligarchisch halten (weil wenige Familien die politischen Geschicke dominierten). Allerdings galt das von den meisten Stadtstaaten der antiken Welt und gilt zum Teil noch vielerorts in unserer Gegenwart. Was die antike Demokratie von politischen Systemen in Sparta, in Sizilien oder im Persien eines Dareios I. oder Xerxes I. unterschied: Das ist es, was in der politischen Theorie auch heute noch besondere Beachtung verdient.

2.2 Die bunten Ziele der Demokratie

Will man Demokratie nicht auf die Gleichheit vor dem Recht (Isonomia) einengen und sich auch nicht von der diachronen und synchronen Vielfalt ihrer historischen Ausprägungen verwirren lassen, gilt es, die sie leitende Idee politischer Freiheit zu rekonstruieren und damit die Fluchtlinie demokratischer Entwicklungen neu anzupeilen. Einen Ausgangspunkt dazu bietet Aristoteles in seiner *Politik*, worin er es unternimmt, sich mit »d[en] Postulate[n], de[m] Charakter und d[en] Ziele[n] der verschiedenen demokratischen Verfassungen auseinandersetzen.«[1]

Aristoteles ist bekanntlich kein Anhänger oder Theoretiker der Demokratie und sein Buch enthält die Unterscheidung verschiedener Modelltypen auf der Basis ihrer (postulierten) historischen Abfolge. Nichtsdestoweniger liegt in seinem Versuch, Politiken hinsichtlich ihrer Ziele zu unterscheiden, bereits ein Argument, demzufolge weder die historische Wirklichkeit noch dieses oder jenes institutionelle Merkmal allein ausreichend ist, um das Wesentliche der Demokratie im Unterschied zur Monarchie oder zur

Oligarchie zu treffen, sondern dass dies vor allem hinsichtlich der Grundannahmen und der Zielorientierung gelingt.

Aristoteles zufolge liegt das Wesen der Demokratie in der Freiheit (Eleutheria). Kennzeichen der Demokratie ist es, dass alle ihre Bürger frei sind, in allen Regierungsfunktionen mitzuwirken, die turnusmäßig verlost werden, und dass alle über alles zu Gericht sitzen; dass es keine Eigentums- oder Bildungsqualifikation für politische Ämter gibt und dass alle gleichmäßig der Zahl nach herrschen.[2] Dieser Definition gemäß erscheint Aristoteles die Auswahl von Amtsträgern nach Ansehen oder Stand als aristokratisch; demokratisch ist das Los. Oligarchisch sei bei Platon, Aristoteles zufolge, dass es in seinem Modell keine Aufwandsentschädigungen gebe für die Teilnahme und Übernahme von Ämtern, dass heftige Strafen verhängt würden, dass Amtswürde eine Bildungsfrage sei und dass die Künste zensiert würden. Was hier unter politischer Freiheit zu verstehen ist, wird im Laufe der folgenden Passage noch deutlicher:

> »Voraussetzung der demokratischen Verfassung ist die Freiheit. Das ist ja die gewöhnliche Rede, daß die Bürger bloß in dieser Verfassung Freiheit genießen; denn das, sagt man, setzte jede Demokratie sich zum Ziele. Ein Aspekt von Freiheit ist, daß man sich im Wechsel beherrschen läßt und herrscht (archesthai kai archein; *Übs. mod*). Denn das demokratische Recht besteht darin, daß alle das Gleiche der Zahl nach haben, nicht dem Verdienste nach, und wenn das Recht darin besteht, so ist notwendig die Menge der entscheidende Faktor, und ist notwendig das, was die Mehrheit beschließt, das Endgültige und dieses das Recht. Denn man sagt, daß jeder Bürger das Gleiche haben müsse; und so ist die Folge, daß in den Demokratien die Armen mehr gelten als die Reichen. Denn sie bilden die Mehrheit, und was die Mehrheit beschließt, das gilt. Dies ist denn das eine Zeichen der Freiheit, das alle Demokraten als die Begriffsbestimmung der demokratischen Verfassung aufstellen; ein zweites aber ist, daß jeder in der Republik lebt, wie er will [zèn hos bouletai tis]; dies soll der Freiheit eigen sein, wenn anders es den Sklaven charakterisiere, daß er lebt, wie er nicht will. Dieses Moment bedeutet also eine zweite Begriffsbestimmung der Demokratie, es treibt aber das Prinzip, wonach man womöglich keinem [mè archesthai] oder doch nur abwechselnd gehorcht, aus sich hervor und erfüllt insofern das Postulat der gleichen Freiheit [eleutherian tèn kata to ison] für alle.«[3],[4]

Diese Zielbestimmungen der Demokratie, die Aristoteles vornimmt, sind aus verschiedenen Gründen bemerkenswert: (a) Er gibt zwei Bestimmungen der Freiheit an: eine betrifft die kollektive Entscheidung, die nach dem Prinzip der zahlenmäßigen Gleichheit getroffen wird; eine zweite betrifft die individuelle Lebensführung. Für die erste unterstreicht Aristoteles »die gleiche Freiheit für alle« – und betont das Auszählen von Stimmen, die Geltung des Mehrheitsbeschlusses und das Recht als Verwirklichungen einer solchen Gleichheit. (b) Im Kern besteht diese Freiheit Aristoteles zufolge im *Entscheidenkönnen* und im *Nichtregiertwerden* (»oder dann doch nur abwechslungsweise«). (c) Ein weiteres wesentliches und bisher nur unzureichend erfasstes Freiheitsmoment aber ist die Freiheit, so zu leben, wie man will. Politische Freiheit bewährt sich also in zwei Richtungen: einerseits in der Teilnahme an politischen Entscheidungen und der Übernahme von Ämtern sowie andererseits in der größtmöglichen Freiheit der Lebensführung, und zwar in der Polis. Damit ist nicht gemeint: geschützt vor oder durch den Staat (wie es das liberale Freiheitsverständnis mit seiner Betonung subjektiver Rechte meint), sondern: Die Verwirklichung individueller Freiheit und die Realisierung pluraler Lebensformen gelingt erst in der und durch die Demokratie. (d) Das kollektive Entscheiden ist ein Mittel zu dem Zweck, die Bedingungen für die Demokratie als Lebensform und für die Erfüllung des Postulates gleicher Freiheit herzustellen.

So selbstverständlich diese Forderungen an die Demokratie auf den ersten Blick scheinen mögen, sie finden in philosophischen Freiheitstheorien wenig Widerhall. Gerade moderne Konzeptionen der Freiheit als Autonomie laufen diesen Intuitionen ebenso zuwider[5] wie die Reduzierung der politischen Partizipation auf die Teilnahme an Personenwahlen oder auf folgenlose Formate der Bürgerbeteiligung. Eine politisch bedeutsame Entscheidung ist nur eine, durch die ein politisches Subjekt die Regeln des Zusammenlebens effektiv beeinflusst oder festlegt, und zwar so, dass es ein freies Leben führen kann. Eine solche Entscheidung kann auch sein, ein völlig idiosynkratrisches Lebensmodell zu verfolgen.[6] Das kollektive Entscheidenkönnen genügt nur dann der Bedingung des Nichtregiertwerdens, wenn weder die Art der Artikulation noch der Inhalt oder die Form des Beitrags zur kollektiven Entscheidung vorgeschrieben sind. Das Entscheidungsarrangement wird vielmehr erst das Ergebnis einer ersten Etappe der Entscheidungsfindung sein, die bis zuletzt Spielräume der Abweichung, der Kontestation, des Rückzugs und der Nichtbeteiligung offenhält.

Platon kritisiert die Demokratie als bunt und chaotisch, weil jeder nach seiner Auffassung von Freiheit lebe und seine Meinung kundtue, so dass es so viele »politeai« (Verfassungen, Regierungen) gebe wie Individuen.[7] In dieser Kritik steckt immerhin eine Idee von der Art der Verflochtenheit von individueller Lebensführung und politischer Verfassung. Sie besagt: Jede freie Lebensform verwirklicht eigene Regeln des Denkens und Handelns, der Kommunikation, der Grundlagen, der Gliederung, des Umfangs und der Ausrichtung des Lebens, der Beziehung zu anderen, der Gemeinschaftsbildung – jede lebt ihre eigene politische Verfassung. Auf diesen im Abgleich miteinander entstehenden Verfassungen baut die Demokratie auf, insofern diese Freiheit erst die Möglichkeit eröffnet, sich vollumfänglich zu artikulieren und zu assoziieren.

Mit Jacques Derrida könnte man aufgrund dieser Stelle bei Platon festhalten, dass (die kommende) Demokratie durch Freiheit und Buntheit gekennzeichnet ist:

> »Da in der Demokratie jeder das Leben (bion) führen kann, das ihm gefällt, wird man unter dieser Herrschaft […] Menschen jeglicher Art, unterschiedlicher als irgendwo sonst, finden. Daher die buntscheckige Schönheit der Demokratie. Platon hebt ebensosehr die Schönheit wie die Buntheit hervor […]. Ihre Schönheit ähnelt der eines buntgemusterten, farbenprächtigen (poikilon) Kleides. Hier kommt es auf die Verführung an, sie provoziert, ist provokant in diesem ›Milieu‹ der sexuellen Differenz […]. Deshalb, wegen dieser Freiheit und dieser Buntheit, würde man in der Demokratie, die von einer solchen Vielfalt von Menschen bevölkert ist, vergeblich nach einer einzigen Verfassung […] suchen.«[8]

Buntheit und Freiheit sind aber Platon zufolge nicht nur deshalb verknüpft, weil die athenische Bevölkerung wesentlich vielfältiger ist als es seine ideale Klassengesellschaft vorsieht, es ist keine Buntheit der sozialen Identitäten, sondern eine Buntheit politischer Ziele und Handlungsweisen, die hier zu einem Konzert zusammenfinden und sich darin erst ausprägen. In der Demokratie fehlt eine übergreifende Verfassung, mit Bezug auf welche soziale Identitäten festgelegt werden könnten, vielmehr ergibt sich das Ganze erst aus den heterogenen Versuchen der Selbstbestimmung, die das Leben in der Demokratie auch zu einer Herausforderung, wenn nicht zu einem (sozialen wie psychischen) Risiko machen. Die Demokratie ist auf diesen Mut zur Selbstfindung und zur Wahrhaftigkeit angewiesen, den sie selbst nur voraussetzen, aber nicht generieren oder dekretieren kann.

Deshalb besteht hierin, in der Freiheit der Lebensweise und in der Freimütigkeit der Rede, ein in vollem Sinne politisches Leben, wie Michel Foucault unterstreicht: »Politisches Leben verstanden als Möglichkeit, seine Zustimmung zu äußern und dadurch einen Beitrag zu den kollektiven Entscheidungen zu leisten. Die parrhesia war ein Recht, das es um jeden Preis zu bewahren galt, sie war ein Recht, das es im größtmöglichen Umfang auszuüben galt, sie war eine der Formen, in denen sich die freie Existenz eines freien Bürgers verwirklichte – wenn wir das Wort ›frei‹ [in] seinem vollen und positiven Sinn interpretieren, d. h. eine Freiheit, die das Recht verleiht, die eigenen Privilegien inmitten der anderen, im Verhältnis zu den anderen und gegenüber den anderen auszuüben.«[9]

Aristoteles kritisiert diese demokratische Freiheitsvorstellung an anderer Stelle, weil sie die individuelle Freiheit höherstelle als das Recht. Wie in Vorwegnahme moderner Autonomie-Konzeptionen hält er ihr entgegen, es sei keine Sklaverei, sondern Rettung, mit einem Blick auf die Verfassung zu leben.[10] Es erscheint ihm notwendig, Freiheit entsprechend einzuschränken und an einer übergeordneten Verfassung, an der Einsicht in das Gesollte auszurichten. Wirkliche Freiheit besteht für Aristoteles in der Möglichkeit der Wahl (proairesis) wie auch des konkreten Vollzugs einer Handlung, die auf das gesollte Gute aus Einsicht strebt. Diese Freiheit der vernünftigen Wahl, die auf Überlegung (phronesis) und Beratschlagung (bouleuesthai) beruht, grenzt er strikt von der Freiheit der Spontaneität (hekousion) ab.[11]

Handlungen sind, in dieser vorsichtigen Interpretation, nur dann in ihrem Vollzug frei und dem Subjekt des spontanen Aktes selbst zuzurechnen, wenn sie aus Überlegung, freiwillig und zum richtigen Zeitpunkt erfolgen: »Im Augenblick ihrer Ausübung sind [Handlungen] frei gewählte, und das Ziel und die Vollendung einer Handlung richtet sich jedesmal nach der Zeit. Und darum muß etwas mit Rücksicht auf die Zeit der Handlung als freiwillig und unfreiwillig bezeichnet werden. Nun geschieht sie aber, wann sie geschieht, freiwillig. Denn auch das Prinzip, das bei derartigen Handlungen die Glieder des Leibes bewegt, liegt in dem Handelnden selbst.«[12] Dass die Vollendung einer Handlung von der Zeit abhängt, leuchtet unmittelbar ein, doch warum eine Handlung in Abhängigkeit von der Zeit als freiwillig oder unfreiwillig qualifiziert werden kann, erscheint zunächst rätselhaft, zumal Aristoteles hier die Spontaneität allen Handelns hervorhebt. Unfreiwillig sind für ihn erzwungene, gewaltsam herbei geführte Handlungen, und Zeit scheint hier eher ein verkürzter Ausdruck für die jeweilige Situation zu sein.

Die Wahl betrifft nun die Ausrichtung der Handlung nach der Sitte: »Darum muß, da die sittliche Tugend ein Habitus der Willenswahl und die Willenswahl ein überlegtes Begehren ist, der Ausspruch der Vernunft wahr und das Begehren des Willens recht sein, wenn die getroffene Wahl der Sittlichkeit entsprechen soll, und es muß eines und dasselbe von der Vernunft bejaht und von dem Willen erstrebt werden.«[13] Das Begehren soll mit dem Vernünftigen deckungsgleich sein, damit die Wahl, die eine Handlung leitet, frei genannt werden kann. Die Leitung durch die Vernunft fordert Aristoteles auch für die Politik: Die beste Demokratie ist für ihn diejenige, in der dem Volk »nur das Recht der Beratung« zusteht (wie in Mantineia) oder die Wahl der Beamten und die Rechtsprechung; die Ämter selbst aber sollen »nach der Fähigkeit besetzt« werden, so dass »die Tüchtigen regieren, ohne Fehler zu begehen.«[14] Es wäre eine Demokratie, die auch der deliberativen Demokratietheorie entspräche. Das Losverfahren, die egalitäre Besetzung und die Rotation der Ämter soll aus Vernunftgründen ebenso vermieden werden wie die effektive Entscheidungsmacht für alle: »Die äußerste Demokratie aber, in der alle ohne Unterschied im Genusse der staatsbürgerlichen Rechte sind, kann nicht jeder Staat ertragen, und die kann sich auf die Dauer nicht leicht behaupten, wenn ihr nicht Gesetz und Sitte festen Halt verleihen.« [15] Eine in Sitte und Gesetz artikulierte Vernunft fungiert hier, wie auch bei Platon, als Garantin der Kontinuität und der Permanenz. Dass eventuell ein kurzer Moment der Freiheit einer ewig andauernden Unterdrückung rational vorzuziehen ist, erörtert Aristoteles nicht.

»Äußerste Demokratien« entstehen dadurch, dass allen das Bürgerrecht zuerkannt wird, auch solchen, die weder durch legitime Geburt noch durch Wohlstand oder Fähigkeit dazu qualifiziert sind. »Einrichtungen, wie sie in Athen von Kleisthenes getroffen wurden«, empfiehlt Aristoteles einer solchen äußersten Demokratie, »um alle Klassen nach Möglichkeit zu vermischen«, die »Ungebundenheit der Sklaven [...], sowie der Weiber und Kinder, und die Nachsicht, die jeden leben läßt wie er will: dies wird für diese Art Volksstaat sehr zuträglich sein; denn der große Haufe lebt lieber ungebunden als unter Zucht.«[16]

Die Freiheit dieser Demokratie ist nicht gebunden durch Vernunft, Gesetz oder Sitte. Sie besteht jedoch auch nicht im blinden Ausagieren der Spontaneität, sondern durchaus in der Fähigkeit zur (Selbst-)Veränderung. Dementgegen erscheint beiden, Platon und Aristoteles, die höchste Aufgabe der Verfassungen darin zu bestehen, einen Staat möglichst lange zu erhalten[17] und, um die »unbeschränkte und von allen Obrigkeiten unabhängige Freiheit« der Demokratie zu verhindern, das Volk »in freiwilliger Dienstbarkeit unter die Gesetze« zu stellen.[18] Die politische Freiheit hingegen, die das Wesen der Demokratie ausmacht, ist fähig, eine bestehende Ordnung in Frage zu stellen und ihre Verfassung vollständig zu verändern. Dauer ist ihr nicht das höchste Ziel. Freiheit enthält auch die Fähigkeit zur Veränderung.

Als Kennzeichen der Demokratie, die sich aus dem Ziel der politischen Freiheit ergeben, zählt Aristoteles solche auf, die vor allem als institutionelle Gliederungen bezeichnet werden können. Dabei stechen besonders zwei Aspekte hervor, nämlich die *Regierungslosigkeit* und die *strikte Befristung*:

> »Die Magistrate werden von allen aus allen gewählt. Alle herrschen über jeden und jeder im Turnus über alle. Die Ämter werden durch das Los besetzt, entweder alle oder doch diejenigen, die keine bestimmten Erfahrungen oder Kenntnisse erfordern. Das Recht auf die Ämter hängt von keinerlei oder doch nur von einem sehr niedrigen Zensus ab. Kein Amt darf von dem nämlichen Mann zweimal bekleidet werden, oder es darf nur wenige Mal oder bei wenigen Stellen geschehen, mit Ausnahme der militärischen Stellen. Die Amtsperioden sind alle oder soweit es die Stelle zuläßt, von kurzer Dauer. Richter sind alle und alle dazu wahlfähig, und sie entscheiden über alle oder

über das meiste und größte und wichtigste, wie über Rechenschaftsberichte, politische Sachen und die Privatverträge. Die Volksversammlung entscheidet in allen Angelegenheiten […]. Die Gleichheit besteht darin, daß Arme und Reiche in bezug auf die Regierungsgewalt nichts vor einander voraus haben und niemand ausschließlich, sondern alle gleichmäßig nach der Zahl, Herr sind.«[19]

Der letzte, die politische Gleichheit bestimmende Satz relativiert eine Behauptung, die Aristoteles an anderer Stelle aufgestellt hat und die seine persönliche Ablehnung dieser (Nicht-)Herrschaftsform wohl eher begründet, nämlich die These, die Demokratie sei die Herrschaft der Armen über die Reichen, weil in der Demokratie die Mehrheit entscheide und weil die Armen (Bauern, Kaufleute, Handwerker, Theten, Lohnarbeiter, Schiffsbesatzung) in der Mehrheit seien.[20]

Will man dies nicht als Inkonsistenz abtun, spricht vieles dafür, in seiner Schrift verschiedene ›soziologische‹ Modelle von einem idealtypischen zu unterscheiden.[21] Das Ideal der gleichmäßigen Entscheidung der Zahl nach wird demzufolge immer dann verzerrt oder verfehlt, wenn Einzelne oder Gruppen, und sei es die zahlenmäßig größte der Armen, immer nach ihrer sozialen Position entschieden und die anderen dominierten. Die politische Gleichheit besteht folglich nicht nur in gleichen Rechten und auch nicht nur in dem Prinzip, dass jede Stimme gleich viel zählt, sondern auch darin, dass die Herrschaft unpersönlich und von kurzer Dauer ist und durch das Los verteilt wird.

Diese Befristung und Rotation der Ämter, die Aristoteles hervorhebt, zeigt an, dass die Zeit in der Demokratie eine andere, nämlich politische Bedeutung erhält: Wenn es für Monarchen selbstverständlich ist, dass sie lebenslang, wenn nicht sogar über ihren Tod hinaus regieren, für eine unbegrenzte Zeit also und oft mit Bezug auf göttliche Ewigkeit, so gilt für die Demokratie, dass die Zeit begrenzt ist, genau gezählt wird und durch Diskontinuitäten gekennzeichnet ist. In der relativ kurzen Taktung des Ämterwechsels liegt eine Kritik an Machtmissbrauch und vermeintlicher Expertise. Sie ist zudem der Versuch, möglichst viele Bürger:innen an der Exekutive zu beteiligen. Und schließlich wird die politische Bedeutung dieser zeitlichen Strukturierung auch darin liegen, dass es so gelingen kann, auf sich verändernde Situationen mit höherer Flexibilität zu reagieren, denn durch die schiere Dauer kann

Macht in illegitime Herrschaft übergehen, die erstarrt und unfähig ist, neue Realitäten zu erkennen.

Es ist bemerkenswert, dass Aristoteles immer wieder in jenen Passagen auf Demokraten Bezug nimmt und damit Personen meint, die offenbar theoretische Bestimmungen vorgenommen haben. Es ist nicht bekannt, wen konkret er damit zitiert. Etwa zeitgleich, wenn nicht sogar vor ihm, sagt Diogenes von Sinope, er stelle die Freiheit (eleutheria) über alles; er gehöre zu keiner anderen Stadt und keinem Land als dem Kosmos, welcher der einzig wahre Staat (polis) sei. Weder diese Äußerung noch ähnliche von Krates oder Aristipp (dessen Freiheit von Beherrschung darin bestand, sich überall zum Fremden zu machen) werden von Aristoteles zitiert.[22] Wir können also davon ausgehen, dass es prodemokratische Theorien gegeben haben könnte, auf die sich Aristoteles in seiner idealtypischen Bestimmung beruft, die wir aber nicht kennen. Diese Bestimmung fokussiert auf die politische Freiheit als Ziel der Demokratie, die sich durch kollektive, auf Gleichheit basierende Beschlüsse und durch eine individuelle Lebenskunst auszeichnet. Entscheidungsverfahren, Institutionen und das Recht haben die Aufgabe, die Verfolgung dieses Ziels auch dadurch zu ermöglichen, dass die Macht zeitlich begrenzt ist.

2.3 Demokratie ist revolutionär

Ein wichtiges Merkmal der Demokratie, das Aristoteles nicht diskutiert, ist die enge Verbindung von Revolution und Demokratie. Die Demokratie in Athen ist 508–507 v. Chr. aus einer Revolution hervorgegangen (es gibt gute Gründe, den Begriff hier zu verwenden): Das athenische Volk vereint sich, belagert den Tyrannen Kleomenes und seine (spartanischen) Unterstützer auf der Akropolis, vertreibt diese nach drei Tagen und führt dann, aufbauend auf den solonischen Gesetzen, die von Kleisthenes vorgeschlagenen Reformen durch. Aristoteles und Herodot, die davon jeweils berichten, erwähnen keine politischen Anführer, sondern schreiben dies den Massen (plēthos), dem Volk (dēmos) bzw. dem »Rest der Athener« (Athēnaiōn hoi loipoi) zu.[23] In Aristoteles' Feststellung – »das Volk errang also die Kontrolle über das Staatswesen«[24] – klingen zwei wichtige Aspekte der revolutionären Demokratie an: nämlich erstens, dass sich das Volk als politischer Akteur konstituiert und für seine Sache und gegen andere kämpft, und zweitens, dass das Volk sich über den Staat stellt und ihn zu kontrollieren beginnt.

Josiah Ober kommentiert: »Cleisthenes' leadership and the successful implementation of the reforms associated with his name are responses to the revolutionary situation, and so it is not Cleisthenes but the Athenian demos (qua citizen body) that is the protagonist […]. The events of the year 508–7 constitute a genuine rupture in Athenian political history, because they mark the moment at which the demos stepped onto the historical stage as a collective agent, a historical actor in its own right and under its own name.«[25] Eine »völlig neue, eine – um es mit einem modernen Wort zu sagen – revolutionäre Ordnung«[26] installieren dann wiederum die mit dem Namen Ephialtes verbundenen Reformen, die, per Beschluss in der Volksversammlung und durch den Ostrakismos gegen Kimon vollzogen, in der Entmachtung des Aeropags 462/1 v. Chr. bestanden. Auch die Wiederherstellung der Demokratie durch das Volk nach der Tyrannei der Dreißig im Jahre 403 v. Chr. kann als Revolution bezeichnet werden. Demokratie ist revolutionär, weil sich in ihr das Volk jeweils neu konstituiert, aus einer Beherrschung löst und souverän agiert.

Während Aristoteles' »gemischte Verfassung« das heute dominierende Modell stark inspiriert hat, ist die politische Philosophie der frühen Stoa als philosophischer Hintergrund der Demokratie zu wenig beachtet worden.[27] Sie fügt unseren Überlegungen zu wesentlichen Kennzeichen der Demokratie ein wichtiges Element hinzu. Zenon von Kition, der Begründer der Stoa, schreibt in seinem Buch *Der Staat*: »Wir wollen nicht in Staaten und Bevölkerungen leben, die je ein getrenntes Recht haben, sondern glauben, daß alle Menschen unsere Mitbürger seien und Teile der Bevölkerung, und es sollte unter ihnen eine Lebensart und eine Ordnung geben, wie diejenige einer Herde, die gemeinsam weidet und genährt wird durch ein gemeinsames Gesetz/Land/Lied (nomos).«[28] Plutarch, der diesen Satz Zenons überliefert, nennt ihn sogleich einen Traum bzw. ein verschwommenes Bild einer perfekten und philosophischen Politeia.

2.4 Demokratie ist kosmopolitisch

Zenons Kosmopolitismus[29] aufgreifend kritisiert Chrysipp die Idee des Gesetzes als Ausschluss- und Unterdrückungsinstrument. Gesetze können den vereinigten Sinn, den Konsens aller Bürger einer Stadt darstellen. Doch die Lebensregeln der Städte sind so unterschiedlich wie die Lebensformen, die sich darin ausprägen. Positive Gesetze sind das Resultat von Konvention und Gewohnheit und gelten deshalb nicht – anders als das kosmopolitische Naturrecht, das eine kontextunabhängige Orientierung bildet für die menschliche Vernunft. Alle existierenden Gesetze müssten abgeschafft werden und durch bloße Prinzipien und Beispiele für das eines weisen Menschen würdige Leben ersetzt werden. Und Chrysipp geht noch weiter: In einer freien Gesellschaft darf es keine Regierung geben. Denn alle, die regiert werden, sind Sklaven.[30] Freiheit aber besteht in selbstbestimmtem Handeln (Autopragia), geleitet von der Einsicht in die Zusammenhänge des Kosmos, und also in der Übernahme der Konsequenzen einer Handlung in die Entscheidung.[31]

Zenon greift ausdrücklich Platon mit dem Argument an, dessen Idealstaatsentwürfe seien nicht utopisch genug: Seine Klassengesellschaft beruhe auf der Annahme, dass die Weisen ihre Vernunftherrschaft den Unvernünftigen verordnen müssten.[32] Diese Annahme sei jedoch falsch: Keine Regierung sei notwendig, da in einer Gesellschaft, die dieses Namens würdig sei, nämlich einer freien Vereinigung von Menschen, jedermann, schon um sich mit anderen verbinden zu können, Vernunft gebraucht; denn ansonsten wäre es keine Gesellschaft, sondern Unterdrückung.

Zenons Argument wird leitend für die folgenden Überlegungen sein: Um zu einem vollständigen Begriff politischer Freiheit zu gelangen, ist es erforderlich, methodisch über Ideale und Maximen hinauszugehen, die auf der Basis bestehender Herrschaftsverhältnisse errichtet wurden, an diese gebunden bleiben und im Zweifelsfall nur verschärfen und neuordnen wollen. Erst ein Ausgriff auf einen wünschenswerten Irrealis kann die Kritik vergangener und gegenwärtiger Zustände ebenso wie eine Transzendenz, einen Übergang in eine neue Qualität, leiten.

Die stoische Erfindung des Kosmopolitismus verdankt sich einem solchen Denken im Irrealis, der tiefe Einsichten generiert, wie diese: Der Kosmos ist der gemeinsame Grund aller Menschen. In Bezug auf das Universum sind alle Menschen Nachbarn. Der Kosmos ist zugleich Umwelt und Ordnungsmuster. Die Stoa verfolgt den Gedanken, dass der gesamten Menschheit alles gemeinsam gehört, was im Universum ist, ebenso wie allen Athenern oder Spartanern gehört, was in ihren Städten ist, und dass dies die gemeinsame Grundlage ihrer Gleichheit ist. Die natürliche Ordnung des Kosmos stellt den Orientierungsrahmen dar, um die Kreise der Verbundenheit und Verantwortung auszudehnen und nicht nur das Wohl der Familie, der Freunden und Nachbarn, sondern das Glück aller Menschen im Blick zu haben.[33] Die Orientierungen am Kosmos und an der Natur sind nicht nur Methoden, um die Lokalisierung der eigenen Perspektive zu überschreiten hin auf Maßstäbe, die überall Gültigkeit haben, sondern darin kann auch der Versuch gesehen werden, eine kosmopolitische Zeit in das eigene Urteilen zu integrieren, d. h. Maßstäbe, die immer gültig sein können. Dabei ist mit kosmopolitischer Zeit weder eine Ewigkeitsdimension intendiert noch ein Universalismus des immergleichen Standards oder eine Abstraktion, sondern eine Perspektive, die sich an der Vielfalt der möglichen und wirklichen anderen Standpunkte ausrichtet und bemisst.

Gestützt auf diesen stoischen Kosmopolitismus schreibt einige Jahrhunderte später Polybius, dass in Rom Aberglaube und Religion propagiert worden seien, um die Unterklasse zu kontrollieren. Dies wäre undenkbar in einem Staat, der die Vernunft aller voraussetzt und fördert.[34]

Die Stoiker plädieren von Beginn an für die Verbindung von philosophischem Leben und politischer Praxis. Ihre Vision lässt sich, gerade wegen ihrer starken individualethischen Perspektive[35], als radikale demokratische Utopie rekonstruieren.[36]

Zenon und Chrysipp zufolge resultieren Konflikte in einer Gesellschaft oder in einem Menschen nie aus einer Opposition zwischen Vernunft und Leidenschaft, zwischen rationalen Entscheidungen einerseits und affektiven Impulsen und Emotionen andererseits, wie Platon und Aristoteles es voraussetzen. Wenn es auch unterschiedliche Grade der Rationalität im Sinne der Angemessenheit von Handlungen geben mag, so wird doch niemandem die Vernunft abgesprochen. Die Vernunft wurzelt im Selbstbewusstsein, das zugleich ein Sinn für die eigene Leiblichkeit ist, eine Vertrautheit mit der eigenen natürlichen Disposition, die sich weiter ausdehnt und in der Vertrautheit mit allem, was äußerlich und fremd war, mündet.[37] Die Stoiker nennen diesen Vorgang »oikeiôsis« – ein Sich-Aneignen, ein Anfreunden, ein Sich-Einwohnen, das man, weil es vom Wort »oikos« (Haus) abgeleitet ist, vielleicht verstehen kann als den glückbringenden Versuch aller Lebewesen, in der Welt ebenso zu Hause zu sein wie im eigenen Körper.

Dieser Versuch ist aus Sicht der Stoiker identisch mit der Kultivierung der Vernunft als dem ureigenen, es ist die Selbstbestimmung durch die freie Wahl (prohairesis).[38] Dies gilt ebenso für Individuen wie für Städte. Die Vernunft orientiert sich an Beispielen, nicht an Dekreten, und ist schon deshalb plural. Die Stoiker sehen als Grund für einen Fehler nicht das Aufbegehren tieferer psychischer Schichten, ein Ausschalten der Vernunft, sondern die noch unvernünftige Ausrichtung des Ganzen. Anstatt des Kampfes von Emotionen und Verstand, von Affekt und Intention, von Körper und Wort sieht die Stoa eine Konkurrenz der Handlungen, verschiedene Möglichkeiten, über sich hinauszuwachsen. Der Vorstellung triebgesteuerter Irrationalität stellt die Stoa die Auffassung entgegen, die Seele sei ein sich entwickelndes Ganzes. Emotionen, Affekte, Phantasien, Sinne und Handlungen können klug oder eben weniger klug, angemessen und weiterführend oder eben zu kurzfristig und plump sein. Jedem Impuls, jeder Triebregung (so wie Hunger oder Durst) wohnt schon ein Vernunftkeim (wie Selbsterhaltung) inne. Je vernünftiger unsere Impulse, desto größer unsere Freiheit. Bei einem vernünftigen Aufgreifen unseres Bewegungsimpulses stolpern wir nicht, sondern gehen und können jederzeit anhalten oder die Richtung ändern.[39] Die kranke Seele des bösen Menschen kann nur durch das Verbessern seiner Vernunft geheilt werden, durch die Erweiterung von Einsichten und die Ausbildung seiner Sinne, etwa im Theater, keinesfalls durch die Unterordnung der Leidenschaften. Die Stadt ist der Schauplatz, wo sich Offenheit für Fremdes unter Beweis stellt. Sie stellt ein Modell für Gerechtigkeit dar, da sie den Menschen ermöglicht, ihr Verhalten im Austausch mit anderen zu verfeinern und durch Selbstbestimmtheit zu glänzen.[40] Sie ist überhaupt nur eine Stadt, wenn sie sich als eine Stätte des Asyls denjenigen öffnet, die Gerechtigkeit suchen.[41]

Eine freie ist deshalb auch eine weise Stadt, weil es weise ist, der Natur gemäß zu leben (kata physin). »Unsere Naturen sind nämlich Teile des Ganzen. Aus diesem Grund besteht das Ziel darin, in Übereinstimmung mit der Natur zu leben, d. h. in Übereinstimmung mit der eigenen Natur und der des Universums, indem man nichts tut, was durch das allgemeine Gesetz [nomos ho koinos] verboten ist. Dies ist die richtige Vernunft, die alle Dinge durchzieht [...].«[42] Zenon und Chrysipp betonen, in ihrer Idealstadt werde allein Eros verehrt, was Freundschaft und Liebe, Freiheit und Eintracht entstehen lasse; Geld und Münzen wären überflüssig, Männer und Frauen sind gleich, Sklaverei ist gegen die Natur; alle Geschlechter trügen die gleiche Kleidung und es herrsche die größtmögliche sexuelle Freizügigkeit (Promiskuität, Homosexualität, Inzest).[43]

Wie auch immer diese Aspekte und Impulse im Einzelnen zu werten sind – die verstörenden Elemente (Inzest, Kannibalismus) hat man auf den kynischen Einfluss zurückgeführt oder als Bekenntnis zu vorurteilsfreiem Raisonnement interpretiert[44] –, die Freiheit, die die Stoiker verehren, ist nicht nur die kynische Freiheit von den Einschränkungen durch Konvention, Denkverbote und Traditionen, sondern eine Art der Verbindung und der Interaktion zwischen Menschen, nämlich weise, naturgemäß, getragen von Freundschaft und einem Sinn für das Gemeinsame, der über die Polis und deren Gesetze hinausgeht. Für die frühen Stoiker ist Freiheit vor allem die Macht zu selbstbestimmter Handlung (Autopragia), was auch eine Form des gleichberechtigten Umgangs miteinander impliziert; denn aus Sicht der Stoa ist die am weitesten verbreitete Form der Sklaverei die Unterordnung.[45]

Ein später Stoiker, der freigelassene Sklave Epiktet, greift in seiner Freiheitsdefinition exakt die Begriffe auf, die Platon an der Demokratie kritisiert: »Frei ist, wer lebt, wie er will ['Ελεύθερός ἐστιν ὁ ζῶν ὡς βούλεται]. Man kann ihn weder zu etwas zwingen noch an etwas hindern noch ihm Gewalt antun. Seinen Bestrebungen steht nichts im Wege, sein Verlangen kommt ans Ziel, die Gegenstände seiner Abneigung kann er vermeiden. Wer nun will in Verfehlung leben? – Keiner. – Wer will in Täuschung leben, unbesonnen, ungerecht, hemmungslos, unzufrieden, unterwürfig? – Keiner. – Also lebt kein schlechter Mensch so, wie er will. Demnach ist er auch nicht frei.«[46] Sklave ist, wer etwas »widerwillig, unter Zwang oder unter Stöhnen« tut.[47] Epiktets Freiheitsbegriff soll auch für animalische Lebensformen taugen: Einen gezähmten Löwen würden wir nicht frei nennen, wohl aber einen Vogel, der bei jeder Gelegenheit versucht, aus seinem Käfig zu fliehen. Denn alle Lebensformen drängt es »zu der Freiheit, die ihrer Natur entspricht, und zu einem unabhängigen und ungehinderten Leben [οὕτως ὀρέγεται τῆς φυσικῆς ἐλευθερίας καὶ τοῦ αὐτόνομα καὶ ἀκώλυτα εἶναι]«[48] Und so ist auch, was jeder Mensch sucht: »Ausgeglichen und glücklich zu sein, alles zu tun, wie man will, nicht gehindert zu werden, nicht gezwungen zu werden [εὐσταθῆσαι, εὐδαιμονῆσαι, πάντα ὡς θέλει ποιεῖν, μὴ κωλύεσθαι, μὴ ἀναγκάζεσθαι].«[49]

Weil niemand frei ist, den ein anderer hindern oder zwingen kann, besteht Freiheit im Wesentlichen in der Selbstmächtigkeit (autexousion) und in der Selbstgesetzgebung (autonomon) (»ἡ ἐλευθερία αὐτεξούσιόν τι εἶναι καὶ αὐτόνομον«).[50] Da für Epiktet Freiheit Selbstbestimmung bedeutet, impliziert jede Form von Abhängigkeit, Hindern oder Zwang Unfreiheit. Wir bleiben aber abhängig von unserem Körper und von Umständen, über die wir keine Macht haben. Frei sind wir vor allem über das, was wir selbst bestimmt, ungehindert und selbstverfügend entscheiden können. Ungehindert und selbstverfügend werden wir, Epiktet zufolge, durch das »Wissen, wie man lebt [ἡ ἐπιστήμη τοῦ βιοῦν].«[51] Das, wozu ich niemals gezwungen werden kann, ist meine Zustimmung (synkatathesis). Ich kann nicht gezwungen werden, etwas zu begehren oder zu fürchten, denn es könnte mir gleichgültig sein, ob ich gefesselt oder getötet werde, behauptet Epiktet. In meinem Urteilen und in meiner Zustimmung bin ich absolut frei, wie auch im Begehren, letztlich im Gebrauch meiner Vorstellungen (»chresis tōn phantasiōn«).[52]

Die Möglichkeit der Ausrichtung auf diesen vernünftigen Gebrauch bzw. auf das Richtige liegt in der Fähigkeit zum Urteilen und zur Wahl, der Prohairesis. Diese »Wahl vor der Wahl« ist die Wahl, das eigene Leben zu führen, die alle weiteren Entscheidungen beeinflusst und bestimmt, was für ein Leben man führt, es ist die »grundlegende Entscheidung, die Wahl einer Lebensweise, die allen punktuellen Entscheidungen voraufgeht und ihnen Maß und Richtung vorgibt.«[53]

Dieses Verständnis von Prohairesis hat schon bei Zenon eine Rolle gespielt[54], es ist aber durchaus plausibel, hier eher den Einfluss der aristotelischen Prohairesis-Lehre zu sehen: Durch die Prohairesis macht der Handelnde sich zur ersten Ursache der Handlung. Bei Aristoteles erwägt die Prohairesis, was in unserer Macht steht, was für uns ausführbar und relevant ist, während für Epiktet der mentale Akt im Vordergrund steht und nichts, was von uns abhängig ist; dieser mentale Akt ist für Epiktet: 1. eine punktuelle Entscheidung, 2. die mit unserer Vernunft verbundene Fähigkeit, Entscheidungen zu treffen, und 3. die habitualisierende Grundentscheidung für eine Lebensform.[55]

Epiktet geht es um die Erreichung wahrer individueller Freiheit. Er schreibt zur Zeit des römischen Kaiserreichs – es ist wenig erstaunlich, dass er einer sozialen oder rechtlichen Dimension der Freiheit wenig Bedeutung einräumt und diskutiert deshalb beispielsweise auch die innere Unfreiheit des rechtlich freien Menschen. In der frühen stoischen Position war hingegen, wie gesehen, die Relation zu anderen wie auch die Möglichkeit freier Diskussion (isegoría) und Beratung Teil des Freiheitsbegriffs.[56]

Die Nähe der kosmischen Stadt, die alle Stoiker imaginierten, zum Ideal der damals praktizierten Demokratie könnte ein Grund dafür gewesen sein, dass Zenon, Diogenes Laertius zufolge, von dem Volk des demokratischen Athens so verehrt wurde, dass es ihm die Schlüssel zur Stadtmauer und eine Krone verlieh und eine Bronzestatue von ihm aufstellte.[57]

Der Unterschied zu den utopischen Schriften Platons lässt erahnen, was eine demokratische Utopie auszeichnet. Auch bei Platon finden sich Vorstellungen einer Gleichheit von Mann und Frau (in dem Sinne, dass er für Frauen, entgegen der Auffassungen und Praktiken seiner Zeit, einen gleichen Zugang zu den Ämtern vorsieht), für gemeinsames Eigentum, für die gemeinsame Verantwortung für die Erziehung, jedenfalls in der Wächterkaste. Doch sogar für die philosophisch gebildeten Wächter:innen ist kein Raum der Beratung, der politischen Auseinandersetzung und der aus dem Diskurs hervorgehenden Entscheidung vorgesehen, denn das Wissen und die höhere Einsicht[58] leitet sie und nicht der streitbare politische Beschluss. Freiheit ist bei Platon ein moralischer Begriff: Schon Sokrates hat die Selbstbeherrschung mit dem Ziel der vollendeten Autarkie und die methodische Forschung mit dem Ziel eines Wissens um das Beste als sittliche Freiheit konzipiert.[59] Für Platon ist der Mensch dann frei, wenn er unter der Herrschaft der vernünftigen Einsicht das Gute wählt.[60] Platon entwickelt kein Verständnis politischer Freiheit. Dies wird der Einsatz der stoischen politischen Philosophie sein.

In der Tat findet sich bei Platon eine explizite Verurteilung der politischen Freiheit als demokratisch. Es ist aus Platons Warte der Fehler der Demokratie, dass sie die politische Freiheit ins Zentrum stellt.

In der Demokratie, so schreibt Platon, werden die Leitungsaufgaben (archai) durch das Los verteilt.[61] Die demokratische Polis ist voller Freiheit (eleutheria), Redefreiheit (Parrhesia) und die Erlaubnis zu tun, was ein jeder will und seine Lebensweise so einzurichten, wie es ihm beliebt, so dass sich »in solcher Verfassung vorzüglich gar vielerlei Menschen zusammen«[62] finden, – »eine anmutige, regierungslose, buntscheckige Verfassung (hedeia politeia kai anarchos kai poikilé), welche gleichmäßig Gleichen wie Ungleichen eine gewisse Gleichheit austeilt.«[63] Die demokratische Stadt werde an ihrer Freiheit zu Grunde gehen. Metöken und Fremde stellten sich den Bürgern gleich.[64] »Wie groß aber zwischen Frauen und Männern und Männern und Frauen die Rechtsgleichheit und Freiheit wird, das hatten wir beinahe vergessen zu erwähnen [...]. Wieviel freier die dem Menschen unterworfenen Tiere hier sind als anderwärts, das glaubt niemand, der es nicht erfahren hat. Denn die Hunde sind schon offenbar nach dem Sprichwort wie junge Fräulein; und die Pferde und Esel sind gewöhnt, ganz frei und vornehm immer geradeaus zu gehen, wenn sie einem auf der Straße begegnen, der ihnen nicht aus dem Weg geht, und ebenso ist alles andere voll Freiheit.«[65] Offenkundig sind diese polemischen Äußerungen Platons nicht als historische Zeugnisse über ein vermeintlich günstigeres Los für Frauen, Fremde, Sklav:innen und Tiere in der demokratischen Polis zu werten. Dennoch wird aus dieser Polemik deutlich, dass die politische Freiheit eine Gleichheitsforderung impliziert, die die andernorts üblichen Unterordnungsverhältnisse zumindest fragwürdig werden lässt. Ob die Hierarchien und ob die Rollen der Götter, der Frauen und der Tiere umgekehrt werden konnten, fragen auch die (erfolgreichen) Komödien Aristophanes', die ebenfalls als Artikulation politischer Freiheit gewertet werden können.

Der Effekt dieser Freiheit ist eine »Zartheit« (hapalia) des demokratischen Bürgers, »so daß, wenn ihnen einer auch noch so wenig Zwang auflegen will, sie gleich unwillig werden und es gar nicht vertragen. Und zuletzt weißt du ja, daß sie sich auch um die Gesetze gar nichts kümmern, mögen sie nun geschriebene sein oder ungeschriebene, damit auf keine Weise irgend jemand ihr Herr sei.«[66] Diese »äußerste Freiheit«, in der »jedem alles freisteht«, werde in die äußerste Knechtschaft übergehen, prophezeit Platon.

2.5 Öffentlichkeit ist die Grundlage der Demokratie

Platons Kritik gilt ausdrücklich dem Umstand, dass nicht nur die Bürger der Polis diese Freiheit leben, sondern dass sogar Ungleiche in dieser Hinsicht gleich behandelt werden: Tiere, Metöken, Fremde und Frauen leben freier, als es ihnen aus Sicht Platons zusteht. Dies erinnert an eine Passage in seinen *Nomoi*, in denen Platon berichtet, dass die Demokratie aus der Herrschaft des Publikums (Theatrokratie) entstanden ist, wobei er unter Publikum bzw. Öffentlichkeit ausdrücklich auch solche fasst, die keine politischen Bürgerrechte genießen, Frauen, Sklaven, Fremde, Kinder.[67] Im Theater, berichtet Platon, ließen sich diese nicht mehr durch Polizeigewalt zur Ruhe bringen und verloren die Scheu vor dem »Urteil der Besseren«. Zusehends bestimmten hier die Unfreien, Ungebildeten und Fremden mit der Artikulation ihres Geschmacks das, was zur Aufführung kam. Eine Demokratie, ein Publikum nur aus freien Männern bestehend, wäre, aus Platons aristokratischer Sicht, fast akzeptabel; »Hätte sich nämlich in ihnen auch eine Volksherrschaft [démokratia] gebildet, so wäre es, falls dieselbe nur aus (wahrhaft) freien und eines freien Mannes würdig denkenden Männern bestanden hätte, noch gar nicht so schlimm gewesen; so aber hat bei uns die allgemeine Einbildung, ein Jeder verstehe sich auf Alles, und die allgemeine Verachtung der Gesetze [Paranomie] von der musischen Kunst her ihren Ursprung genommen, und an sie schloß sich (erst) die [gesetzlose] Freiheit.«[68]

Diese Bemerkung bei Platon ist wiederum kaum als historische Tatsache, sondern vielmehr als systematisches Argument zu werten: Es ist eine Besonderheit der Demokratie gegenüber anderen Gemeinwesen, dass sie jene Räume schafft, in denen es zum politischen, wirtschaftlichen oder ästhetischen Austausch mit denen kommen kann, die nicht die Bedingungen der Macht erfüllen, die also auch in der Demokratie nicht Bürger sind. Der Skandal der Demokratie ist, dass hier Denkweisen zur Geltung kommen, die nicht dem politischen System oder der sozialen Position entsprechen, von der aus sie artikuliert werden. Die Besonderheit der Demokratie, so muss gefolgert werden, ist nicht allein die politische Sphäre, also die direkte Beteiligung aller Bürger an allen Entscheidungen, sondern der öffentliche Raum. In einer demokratischen Stadt gibt es nicht nur Foren der Deliberation mit einer diskursiven Struktur, sondern auch Einrichtungen zu Öffnung der Sprachregeln, der medialen Infrastrukturen, der Zeichensysteme, der Diskurshierarchien, der Akteursdefinitionen – Möglichkeiten zur unmittelbaren Begegnung. Mehr noch: Es sind Räume, denen sich die politische Sphäre ausliefert und in denen Entscheidungen gefällt werden können. Im Falle des Theaters etwa: was zur Erscheinung kommt, was gilt, was wahrgenommen wird und was, im Widerstreit der Erscheinungen, die Versammlung der Beliebigen am meisten anspricht, fasziniert und überzeugt.

Wie lässt sich, über die Theaterfestspiele hinaus, die Relevanz dieser unqualifizierten Öffentlichkeit für die Gemeinschaft einschätzen? Dass die antike Demokratie auf diese Theatrokratie gebaut hat, zeigen nicht nur die aufwendigen Theaterarchitekturen in den Zentren der Poleis, die in der Regel mehr Zuschauer fassen, als die Städte (männliche Voll-)Bürger haben. Das antike Theater selbst appelliert oft an das politische Entscheidungsvermögen des Publikums und adressiert es, im Falle der Komödie, in dieser Hinsicht explizit. Das Theatergeschehen zielt insofern nicht nur auf Katharsis oder Empathie, sondern auf intellektuellen Nachvollzug, auf kollektive Imagination und auf die Ausbildung einer politischen und rechtlichen Sensibilität, die sich nicht nur an lokalen religiösen Traditionen oder Gesetzen bemisst, vielmehr appelliert es an eine öffentliche Vernunft, an der auch solche partizipieren, die keinen Zugang zur Volksversammlung (Ekklesia) als dem politischen Raum im engeren Sinne haben. Ein weiteres Beispiel für die »Theatrokratie« scheint mir, ist das Prozesswesen: Die erste Instanz im Falle privater Rechtsstreite war ein beliebiger Passant, ein eher aufgrund der Verfügbarkeit, denn aufgrund einer sachlichen Qualifikation ausgewählter Schiedsrichter (»Diaitetés«), den anzurufen sich zwei Parteien einigten. Dieser Diaitetés, der fremde, unparteiische, kooptierte Schiedsrichter bildet das Grundmuster der griechischen Vorstellung von Prozessgerechtigkeit, die auch hinter der komplizierten Auslosung der Richter im Volksgericht steht. Das Gericht stellt somit weniger »das Volk« als vielmehr »eine Bevölkerung« im Sinne einer lokalen, zufälligen Öffentlichkeit dar, die nach Maßgabe der kosmopolitischen Vernunft urteilt.

Die Architektur der Versammlungsorte bietet einen dritten Hinweis. Die Ekklesia öffnet sich üblicherweise nicht nur zur Umwelt und zum Horizont hin, sondern ist stets einsehbar, wenn nicht sogar mit Wandelgängen umgeben. In überlieferten antiken Reden wird auf die Öffentlichkeit Bezug genommen als »Periestékotes«, Zaungäste.[69] In Aristophanes *Frauen in der Volksversammlung* hat die Anführerin Praxagora den Männern auf der Pnyx die Rhetorik von der angrenzenden Wandelhalle aus abgeschaut.

Auf der Ebene der politischen Theorie hat dieses genauere Verständnis der Bedeutung von »Öffentlichkeit« erhebliche Konsequenzen. Die ›klassischen‹ Theorien von Arendt und Habermas, die noch immer die Diskussionen um das Verhältnis von Demokratie und Öffentlichkeit dominieren, gehen von einem nicht nur etymologisch falschen Begriff von Öffentlichkeit aus. Habermas verfehlt genau die Pointe des Öffentlichkeitsbegriffs mit seiner Behauptung, dieser könne auf den griechischen Term ›koiné‹ (das Gemeinsame) zurückgeführt werden. Auch Arendt führt ihren Begriff der Öffentlichkeit auf »to koinon« zurück.[70]

Der Begriff der Öffentlichkeit ist etymologisch, substantiell und funktional von denen der Gemeinschaft und der Gesellschaft zu unterscheiden. Zur Öffentlichkeit (»to theatron«) zählt niemand aufgrund einer spezifischen Identität oder Initiation; die Öffentlichkeit ist auch nicht durch bestimmte Relationen oder Kommunikationsstrukturen gekennzeichnet. Das, was allen gehört oder was geteilter Besitz einer Gemeinschaft ist (wie z. B. die Allmende oder die »commons«), ist noch lange nicht öffentlich. Räume einer Gemeinschaft sind nicht per se öffentlich zugänglich. Viele staatliche Räume dulden weniger Öffentlichkeit als private.

Bis heute ist theoretisch noch nicht hinreichend geklärt, warum genau Demokratie auf eine so verstandene Öffentlichkeit verwiesen ist; denn die zwei zentralen Argumente hierfür, die üblicherweise genannt werden, nämlich (a) Legitimität, d. h. die Absicherung der Herrschaft durch öffentliche Meinungsbildung, und (b) Epistemologie, d. h. die Optimierung der Entscheidungen durch Integration des bestmöglichen Wissens, ließen sich durch eine Instrumentalisierung relevanter Teile des Volkes oder der Gemeinschaft (to koinon) vollständig gewährleisten.

Für Habermas bietet sich, seiner »Koinon«-Konzeption entsprechend, eine medientechnische Lösung im Sinne einer deliberativen Integration und zunehmenden Partizipation der Staatsbürger:innen an. Aus seiner Warte können zivilgesellschaftliche Institutionen mithilfe der Medien den Stimmen der Öffentlichkeit Gehör verschaffen. Dabei ist jedoch zu beachten, dass hier idealtypisch die bürgerliche mit der medialen Öffentlichkeit als identisch gesetzt wird. Die Öffentlichkeit ist für Habermas identisch mit der Bürgerschaft, insofern sie aus dem privaten Bereich heraustritt, aber nicht im Parlament Sitz und Stimme hat. Diese Bürgerschaft übernimmt die Funktion von Kommentar, Kritik und Billigung. Die funktionale ist hier eine medientechnische Bestimmung (wie schon in der Tradition der »res publica literaria«). Eine Partizipation von Stimmen, die keinen Sitz im Universum der Medien haben, ist ausgeschlossen.

Die Öffentlichkeit, verstanden als »to theatron«, besteht jedoch nicht nur aus der Bürgerschaft und auch nicht nur aus der abzählbaren Bevölkerung, sondern aus allen, jedem Beliebigen, irgendjemandem. Habermas selbst diskutiert das Problem der »Gatekeeper« in verschiedenen Medientechniken und der ökonomischen Basis medialer Strukturen und die daraus resultierende Zensur und Meinungspolitik, sieht aber, ähnlich wie Hannah Arendt, die Öffentlichkeit als Produkt der politischen und medialen Infrastruktur.

Die inklusive Deliberation auf der Basis eines massenmedial geführten Diskurses allein ist jedoch demokratietheoretisch wenig überzeugend, wenn damit, wie bei Habermas, lediglich die

Rückkoppelung räsonnierender mediennutzender Bürger:innen mit den Eliten und eine medial präfigurierte »Teilnahme aktiver Staatsbürger an der Willensbildung«[71] gemeint ist. Denn erstens werden die Nichtbürger, die Äußerungsinkompetenten und die Mediennichtnutzer übergangen, zweitens hat die so konzipierte Öffentlichkeit hier letztlich keine Macht, keine wirksamen Mittel der Kontrolle, sondern lediglich Beratungs-, Akklamations- oder Abfederungsfunktion.

Angenommen, es gäbe ideale Medientechniken zur Kommunikation mit Unzähligen – auch den fast unvernehmbaren und nicht zivilgesellschaftlich organisierten Beliebigen –, so erreichten diese lediglich eine Partizipation bzw. Teilnahme im Sinne der Meinungsäußerung. Es sind Akklamationen oder Widerstand, Lärm, der zur Kenntnis gebracht wird, eventuell relevante Information, aber keine Stimme, die zählt.

Gegenüber allen Formen der »Bürgerbeteiligung« ist auf den substanziellen Unterschied zur aktiven Teilnahme an der Deliberation, Konsensbildung und Abstimmung zu insistieren [siehe Kapitel 3]. Folglich entfallen zwar alle Gründe, die die Diskurstheorie für die politische Bedeutung der Öffentlichkeit mobilisiert, bei einer (idealen) direkten Demokratie, weil hier alle unmittelbar politische Entscheidungen träfen. Doch auch dort bestünde die Gefahr der Schließung der »Volksherrschaft«. Sie wird notwendig in Pöbelherrschaft, Tyrannei der Mehrheit, Nationalismus, in kollektive Egozentrik (Krieg nach außen), in die Publizität gesteuerter Meinungen, die Simulation eines Außen, in Scheinpartizipation, in die ökologische Verwüstung oder die temporale Isolation (Diktatur des Jetzt) ausarten, wenn sie nicht die Öffentlichkeit an bestimmten Stellen einlädt, Stellung zu beziehen, oder diese Unterbrechungen zumindest nicht unterbindet. Der öffentliche Raum schlägt eine Bresche in die Einschließungstendenz politischer Gemeinschaften.

Die Öffentlichkeit ist folglich keine Konsens herbeibrüllende Masse und kein Meinungsmonolith, sondern stets plural, verstreut und nicht ohne kontestatorische Durchkreuzungen zu begreifen. Wenn es gelingt, den politischen Diskurs in die Öffentlichkeit zu stellen und von ihren Impulsen, ihrem Wissen, ihren Befürchtungen, ihrer Kritik abhängig zu machen, so ist damit viel für eine Demokratie erreicht; und doch ist noch nicht gewährleistet, dass es allen Individuen völlig freisteht, an dieser Debatte teilzunehmen. Dies reduziert die Zahl der potenziellen Akteure in diesem Raum erheblich. Werden die Möglichkeiten politischer Partizipation auf die Meinungsäußerung eingeschränkt, so monopolisiert das Recht, seine Meinung frei über die Presse zu äußern, diese Freiheit in den Händen derer, die es verstehen, sich der Massenkommunikationsmittel zu bedienen. Obschon sie vom Standpunkt des Rechtes her allen gegeben ist, ist die Freiheit zu publizieren tatsächlich Wenigen vorbehalten, die zudem die Modalitäten möglicher Äußerungsformen programmieren. Die Oligarchie der öffentlichen Meinung ergänzt das System des Parlamentarismus, indem es die Öffentlichkeit de facto zum Schweigen bringt. Die Publizität blockiert tendenziell den öffentlichen Raum. Das, was gewusst, diskutiert und entschieden werden kann, ist auf diese Weise in den Händen derer, die publizistische Ereignisse zu fabrizieren verstehen. Es wäre folglich falsch, Öffentlichkeit allein aus der Benutzung bestimmter Medien oder aus der Stellung bestimmter sozialer Akteure zueinander abzuleiten. Denn mit Öffentlichkeit ist zumindest auch die Streuung der Erfahrungsmöglichkeiten und eine offene Zugänglichkeit der Dinge gemeint, die in Frage stehen könnten.

Der zweite Kern der Demokratie ist deshalb die Theatrokratie: (1) Die kollektiven Entscheidungen werden der Öffentlichkeit dargeboten und ihrer Kritik ausgeliefert. (2) Einige Entscheidungen werden der Öffentlichkeit überantwortet. Theatrokratie ist das Gegenteil der Expertokratie, aber auch das Pendant, die Ergänzung zur Volkssouveränität. Jede/r Beliebige entscheidet. Weil nur Theatrokratie der Sensibilität, dem Widerstreit und dem Unvernehmen Platz einräumt, hält einzig durch sie der demokratische Konsens Kontakt mit dem Realen; nur durch Theatrokratie gibt es im Raum der Gründe einen Platz des Anderen, des radikal Neuen, ein Reservat der Zukunft; nur durch die Ermächtigung der Unbestimmten/Stimmlosen/Desinteressierten, sich zur Geltung zu bringen, zu bewerten und Einsprüche zu erheben, transformiert sich (potenziell jedenfalls) die Selbstbehauptung der Volkssouveränität in eine Kultur der Verantwortung.

Die Spannung zwischen dem politischen und dem öffentlichen Raum ist eine weitere Erläuterung des Begriffs politischer Freiheit, der darin nicht nur die (republikanische) Beteiligung an gemeinsamen Entscheidungen fordert, sondern durchaus auch das abseitige Belieben zu tun, was man will, und so zu leben, wie es einem gefällt. Die Funktion des öffentlichen Raumes für die Demokratie ist, mit Bezug auf den politischen Raum, komplementär zur Privatsphäre: Die Regeln der politischen Gemeinschaft verlieren hier ihre Geltung, werden überprüft, kritisiert, subvertiert oder ersetzt. Im öffentlichen ist ein anderes Verhalten möglich und herrschen elastischere Regeln als im politischen und im privaten Raum. Beide, der öffentliche und der private Raum, bilden eine Grenze, fungieren komplementär zum politischen Raum und enthalten Elemente und Aspekte der politischen Freiheit, die dieser nicht bietet. Die Frage des Besitzes ist nicht ausschlaggebend: Es gibt öffentliche Räume sowohl in staatlichem als auch in privatem Besitz. Auch hinsichtlich der Privatsphäre, die hier interessiert, ist nicht die Frage des Besitzes ausschlaggebend: denken wir an Toiletten, Ruheräume, Klinikzimmer oder Hotelbetten. Die Funktion der »Tonne« für Diogenes bleibt dieselbe, ob er sie nun selbst gebaut, gekauft, gefunden, geliehen oder gestohlen hat. Die Privatsphäre ist zunächst der Bereich des Körperlichen, ein Raum elementarer *Lebensfreiheit*, der alle Ausdrücke der Vitalität und Vorgänge der Rekreation erlaubt und vor Zugriffen, aber auch vor der Beobachtung durch andere grundsätzlich geschützt ist. Diese Möglichkeit, bei sich selbst zu sein und, wie es die Stoiker dachten, aus der Vertrautheit mit dem eigenen Körper ein Bewusstsein vom eigenen Selbst in Relation mit den anderen zu entwickeln, diese Möglichkeit, Kollektivbildungen mit Blick auf das Singuläre dialektisch zu erfahren, darf als Element politischer Freiheit nicht übergangen werden. Eine Erfüllung der politischen Freiheit in der freien, privaten Lebensführung unterstreicht auch Perikles in der berühmten Gefallenenrede:

> »Mit Namen heißt sie, weil der Staat nicht auf wenige Bürger, sondern auf eine größere Zahl gestellt ist, Volksherrschaft [Δημοκρατία]. Nach dem Gesetz haben in den Streitigkeiten der Bürger alle ihr gleiches Teil, der Geltung nach aber hat im öffentlichen Wesen den Vorzug, wer sich irgendwie Ansehen erworben hat, nicht durch nach irgendeiner Zugehörigkeit, sondern nach seinem Verdienst; und ebenso wird keiner aus Armut, wenn er für die Stadt etwas leisten könnte, durch die Unscheinbarkeit seines Namens verhindert. Sondern frei leben wir

miteinander im Staat und im gegenseitigen Geltenlassen des alltäglichen Treibens, ohne dem lieben Nachbarn zu grollen, wenn er einmal seiner Laune lebt, und ohne jenes Ärgernis zu nehmen, das zwar keine Strafe, aber doch kränkend anzusehen ist.«[72]

2.6 Die Freiheit des zwanglosen Miteinanderlebens

Diese Freiheit des Miteinanderlebens und Geltenlassens hat in der Neuzeit kaum Fürsprecher gefunden. Hier steht der Wille des isolierten Individuums im Zentrum. Für Hobbes und die liberale Tradition war Freiheit zunächst die uneingeschränkte Bewegungsfreiheit bzw. die Abwesenheit von Beschränkung und Beeinträchtigung bei der Befolgung dessen, was das jeweilige Subjekt will, begehrt und zu tun geneigt ist.[73] Doch das gälte auch für einen Automaten. Äußerer Zwang und intensive Gewalt können einer Person zwar die zivile Freiheit rauben und sie versklaven, meint Hobbes an anderer Stelle, aber nicht die Freiheit der rationalen Kontrolle der Wahl.[74] Dies allein kann indessen kaum überzeugen, wenn Freiheit auch bedeutet, dass ein Subjekt sich in einer freien Handlung als Ursache dieser Handlung und damit als verantwortlich erlebt und dass es über Begriffe verfügt, um eine begründete Wahl treffen zu können. Ein Selbst ist unfrei, wenn eine psychologische Distanz es von dem trennt, was es bewegt, denkt oder tut. Wenn eine solche emotionale, affektive und intellektuelle Identifikation mit dem, was präferiert und angestrebt wird, für ein überzeugendes Konzept freier Handlung unentbehrlich ist, so bleibt der Versuch doch unzureichend, die rationale Kontrolle in einem nächsten Schritt durch eine willentliche zu ersetzen. Zugestanden, wenn ein Subjekt das, was in ihm oder durch seine Körperbewegungen geschieht, nicht befürwortet, wenn es sich nicht damit als Ausdruck seines freien Willens identifiziert, ist es sicher unfrei zu nennen;[75] aber es reicht nicht zu ergänzen, diejenige Handlung wäre frei, die nicht nur begehrt, sondern wirklich gewollt wird. Denn der Wille sanktioniert in diesem Falle lediglich ein Begehren. Schließlich könnte es sein, dass das Subjekt diesen Willensakt wiederum nicht als den eignen erlebt oder keine hinreichenden, kraftvollen Gründe hat, diesen als richtig oder verantwortbar zu setzen. Diese Spaltung ist der Fall, wenn ein Subjekt das eigene Wollen nach Reflexion moralisch zu verurteilen gehalten ist. Ebenso wie ein Automat nicht frei genannt werden kann, nur weil er sich unbeeinträchtigt und rational kontrolliert bewegt, wird ein (durch Indoktrination, Drogen oder Hypnose) konditionierter Wille oder obskurer Denkmechanismus zwar die Neigungen und Impulse des sich bewegenden Körpers befürworten können, aber nicht als frei gelten. Und selbst wenn dieser Wille frei wäre, so wäre doch die von diesem gewollte Handlung nicht frei zu nennen, falls er bloß willkürlich und nicht ausgerichtet wäre an dem, was nach eigenem Dafürhalten sein soll.

Aus ähnlichen Erwägungen schlägt Philip Pettit vor, ein freies Selbst und eine freie Handlungsmöglichkeit nur als Voraussetzungen eines zu entwickelnden, anspruchsvolleren Begriffes von Freiheit zu nehmen, der sich von der Vorstellung leiten lässt, Freiheit bedeute, dass eine Person für eine Handlung verantwortlich ist.[76] Während die rational gesteuerte Handlung oder das freie Selbst lediglich erfordern, dass niemand durch Obstruktion oder Gewalt die Möglichkeit der Wahl schlichtweg verhindert, erfordert diese Vorstellung, dass nichts die Person zwingt, behindert oder lenkt, obschon sie in vielfachen Beziehungen zu anderen Personen steht. Treten dennoch Beeinflussungen oder sogar der »Zwang des besseren Argumentes« auf, so greifen demgegenüber die diskursive Problemlösung, das gemeinsame Nachdenken und Diskutieren als Formen der Interaktion, die nicht im Widerspruch mit den Anforderungen an Freiheit stehen: »An Agent will be a free person so far as they have the ability of discourse and they have the access to discourse […]. The discursive influence to which a person may be subject, consistently with retaining discursive control, will leave them fully fit to be held responsible for what they decide and do; it will be consistent with their counting as a fully free person.«[77] Dies unterstellt die Fähigkeit zur Teilnahme am Diskurs wie auch die Existenz diskursiver Beziehungen. Wann immer eine Person ihre Interessen nicht verfolgen und ihre Entscheidungen und Gründe nicht aussprechen kann, weil sie von jemand anderem dominiert (obstruiert, gezwungen, manipuliert) wird, können ihr ihre Handlungen und Handlungsfolgen nicht zugerechnet werden. Dies gilt sowohl für individuelle wie für kollektive Akteure.

Theorien politischer Freiheit können Pettit zufolge in drei Gruppen unterteilt werden: a) solche, die Freiheit als Nichtbegrenzung (non-limitation) verstehen und darunter alles fassen, was, absichtlich oder unabsichtlich, die Handlungen eines Subjektes beeinträchtigt (einschließlich natürlicher Hindernisse, Körperbehinderungen, Krankheiten, Armut usw.); b) solche, die unter Berücksichtigung interpersoneller Faktoren Freiheit als Nichteinflussnahme (non-interference) begreifbar machen, und c) solche, die darüber hinausgehend Freiheit als Nichtbeherrschung (non-domination) begreifen. Während der erste Zugang (Nichtbegrenzung) eine Bedrohung oder Beeinträchtigung nicht von einer physischen Unmöglichkeit unterscheiden kann und deshalb für Petitt nicht geeignet scheint, politische Freiheit zu erklären, lässt der zweite Zugang (Freiheit als Nichteinflussnahme) auch dort, wo er nicht nur formale, interpersonelle Beeinträchtigungen, sondern auch effektive Begrenzungen abweist und also nicht nur eine Fähigkeit zur nicht beeinflussten Handlung, sondern darüber hinaus eine materielle Umwelt fordert, in der diese Fähigkeit ausgeübt werden kann[78], immer noch Aspekte indirekten Zwangs oder informelle Machtstrukturen unberücksichtigt. Nur dieser dritte Zugang ermöglicht Pettit zufolge freies, verantwortliches Handeln, und es gelingt ihm aufzuweisen, dass die Implikationen dieser »Freiheit als Nicht-Beherrschung« (non-domination) unweigerlich zur Konzeption einer demokratischen Republik führen. Es handelt sich hier folglich nicht um eine positive (soziale) und eine negative (individuelle) Freiheit, zwischen denen eine »area of non-interference« vermittelt, wie Isaiah Berlin meint.[79]

Denn Nichteinflussnahme ist zwar vorhanden, aber keine Freiheit, dort, wo man abhängig von der Gunst anderer leben muss. Auch dort, wo ein Subjekt der Indifferenz der anderen ausgesetzt ist, systematisch übergangen oder überhört wird, kann nicht von Freiheit die Rede sein, selbst wenn die Handlungen dieses Subjektes nicht von anderen erzwungen oder manipuliert werden.[80] Der Liberalismus und der Libertarismus deuten Freiheit als Nichteinmischung, als ein »Recht auf Unbehelligtsein«, wohingegen der Republikanismus, dessen Anhänger Pettit ist, Freiheit als Nichtbeherrschung ansieht, die sich in der staatlichen Absicherung der Grundfreiheiten manifestiert sowie im geeilten, wechselseitig bestärkten Bewusstsein, im Besitz dieser Unabhängigkeit zu sein.[81] Nichtbeherrschung besteht sowohl darin, vor willkürlichen Eingriffen durch andere Personen oder Institutionen geschützt zu sein, als auch darin, von den anderen als Gleiche/r angesehen zu werden. Dieses Ideal von Freiheit nimmt staatliche Einschränkungen in Kauf, »solange die Menschen, die von der Einmischung betroffen sind, gleichmäßig daran beteiligt sind, die Form zu kontrollieren, die sie annimmt [...]. Das Ideal spricht also für eine Regierungsform, unter der die Einmischung der Regierung nach Bedingungen erfolgt, die vom Volk festgelegt sind, und nicht in unbeschränktem Ermessen derer liegt, die an der Macht sind. Ein solches Regierungssystem würde in einem strengen und anspruchsvollen Sinne als Demokratie gelten.«[82]

Dass aber das demokratische Ideal nicht heißt, »die Regierung kontrollieren«, sondern »nicht regiert werden,« ist Pettit aufgrund seiner Voranahmen nicht zugänglich. Deshalb ist für ihn eine scharfe Unterscheidung zwischen Demokratie und Republik nicht möglich.[83] Die Organisation einer Polis erfordert nicht notwendig die Einsetzung von etwas, das man seit der Frühen Neuzeit und den Theorien der Staatsräson als Regierung bezeichnen würde. Aus Pettits Sicht ist politische Freiheit bereits dann gewährleistet, wenn die freien und rechtlich gleichen Bürgerinnen und Bürger Kontrolle über eine Regierung ausüben, und zwar als »eine Art lenkende[r] Einfluss, der ein Muster durchsetzt, das den Bestrebungen der Bürger entspricht.«[84] Zugleich argumentiert der republikanische Ansatz aber gegen die Demokratie und für »plausible Beschränkungen für demokratische Verfahren.«[85] Es entspricht (nicht nur bei Pettit) dem republikanischen Freiheitsideal, die staatlichen Institutionen und die individuellen Grundrechte so zu sichern, dass sie demokratischen Mehrheiten entzogen bleiben.[86] Der Akt der Kontrolle, der die »Nichtbeherrschung« artikuliert, wird hier letztlich wiederum verkürzt auf das Moment der Personenwahl. So wird jedoch nicht ersichtlich, für wen, wenn nicht für regierende Eliten, es möglich sein sollte, »die Verfassung selbst zum Gegenstand [...] einer Reform zu machen.«[87]

In Pettits idealer Republik dürfen Bürger:innen nur hoffen, mit der Regierung einverstanden zu sein. Sie finden prinzipiell aber keinen Raum, um politische Auseinandersetzungen um die Interpretation der Grundrechte anzustoßen, so dass sich politische Gerechtigkeit letztlich nur für die Eliten mit direktem Einfluss realisiert.[88] Wenn staatliches Handeln sich an den Interessen der Bürger:innen ausrichtet, so könnte dies eine zufällige Koinzidenz zwischen dem unterstellten, oder wissenschaftlich ermittelten, und dem tatsächlichen Interesse sein; dieses tatsächliche Interesse mag trotz gegenseitiger Kontrolle durchaus vom objektiven Gemeinwohl abweichen, d. h. von demjenigen, für das sich alle als Kollektiv und nicht nur je individuell aussprechen würden. Das »konstituierende Volk«, im Namen dessen regiert wird, bleibt in diesem Fall ein kontrafaktisches Postulat.[89] An der Einrichtung eines geeigneten Versammlungsplatzes muss die Realisierung des Anspruches auf Selbstkonstitution allerdings nicht scheitern, wie die athenische Demokratie mindestens seit 507 v. Chr. demonstriert hat. Selbst in der Republik Rom versammelten sich Hunderttausende, worauf bereits Rousseau verwiesen hat.[90]

Die Freiheit der Nichtbeherrschung ist aus demokratischer Perspektive unzureichend, denn hier ist Freiheit politische Selbstbestimmung.

Das republikanische Verständnis entspricht dem römischen Modell; es lässt sich Ciceros Definition des Volkes entnehmen, das er in *De re publica* so formuliert: »Es ist also [...] das Gemeinwesen die Sache des Volkes, ein Volk aber nicht jede irgendwie zusammengescharte Ansammlung von Menschen, sondern die Ansammlung einer Menge, die in der Anerkennung des Rechts und der Gemeinsamkeit des Nutzens vereinigt ist.«[91] Teil des Volkes in diesem Sinne ist, wer das Recht und das Staatsziel, das Gemeinwohl, anerkennt und von diesem anerkannt wird. Die Ansammlung des Volkes hat die Aufgabe, dies, das Recht und das vorherbestimmte Gemeinwohl zu bestätigen; es darf nicht herrschen oder sich gegen Herrschaft auflehnen. Es darf auch nicht das Recht konstituieren, wie in der Demokratie. Aus deren Warte jedoch muss sich Nichtbeherrschung in alle Bereiche des freien Handelns der Bürger:innen ausdehnen und zur Selbstbestimmung fortentwickeln. Das freie Handeln darf nicht auf eine gelegentliche Personenwahl und öffentliche Überprüfung des Regierungshandelns beschränkt bleiben. »Eine kritische Theorie des Ziels der Demokratie«[92] liefert deshalb der republikanische Ansatz nicht.

Politische Freiheit ist aufzufassen als die Selbstbestimmung in allen Bereichen des Zusammenlebens. Denn nicht nur, sofern es von eigentlicher politischer Betätigung ausgeschlossen ist, sondern auch dort, wo ein Subjekt vorgegebenen herrschenden moralischen (körperlichen, sexuellen, geschlechtlichen, religiösen) Normen genügen muss, um handlungsfähig zu bleiben, kann von Freiheit nicht die Rede sein.

Ein ähnliches Argument findet sich bereits bei Joseph Raz, der die Zentralität autonomer Lebensführung in sozialen Formen betont, für die der liberale Staat Gelegenheiten und Kontexte schaffen muss.[93] Der Staat bleibt jedoch die Einschränkung dieser Autonomie. Raz macht das persönliche Recht auf Autonomie von der Übereinstimmung mit bestimmten Werten und sozialen Formen abhängig und nicht von reziproker, demokratischer Rechtfertigung. Derartige liberale Theorien nennt Rainer Forst deshalb zu Recht paternalistisch.[94]

Hannah Arendts Rekurs auf die antike Polis ist erstens als Kritik am liberalen Freiheitsverständnis zu lesen; zweitens enthält er jedoch auch eine Kritik am Republikanismus, dem Arendt oft zugerechnet wird. Für sie besteht politische Freiheit nicht (nur) in Rechtsstaatlichkeit, Gemeinwohlorientierung oder der Kontrolle der Regierung. Aus ihrer Sicht ist dies der entscheidende Fehler der neuen amerikanischen Republik: »Sie gab zwar dem Volke die Freiheit, aber sie enthielt keinen Raum, in dem diese Freiheit nun auch wirklich ausgeübt werden konnte. Nicht das Volk, sondern nur seine gewählten Repräsentanten hatten Gelegenheit, sich wirklich politisch zu betätigen, was heißt, daß nur sie in einem politischen Sinne frei waren.«[95]

Für sie verwirklicht sich Freiheit in der Interaktion von Freien und Gleichen im politischen Raum der Polis. In dieser stets agonalen und einzigartigen Interaktion entfaltet sich Macht (im Unterschied zu Gewalt und Stärke), und das reinste Machtgebilde ist die »schrankenlose Demokratie«[96], das genaue Gegenteil der »Ein-Herrschaft«, die in der Antike monarchisch war und in der Moderne bürokratisch ist.[97] Zwar unterscheidet auch Arendt in ihren Schriften nicht strikt zwischen Demokratie und Republik, sie will aber im Zweifelsfall eine Republik ohne eine Regierung, die die Gleichheitsforderung unterminiert, denn »[…] Freiheit erfordert

Gleichheit, sie ist nur unter seinesgleichen möglich. Institutionell gesehen ist sie allein in einer Republik möglich, die keine Untertanen und, streng genommen, auch keine Herrscher kennt.«[98]

Diese Gleichheit wird allerdings nicht durch das Recht hergestellt, sondern durch den öffentlichen Raum[99]: Freiheit ist bei Arendt vor allem die Möglichkeit reziproker Verhältnisse, Interaktion, die Möglichkeit singulärer Ereignisse, die eine Pluralität bilden, deren Gemeinsames ohne Maßstab ist.[100] Wenn die Interaktion den Raum bildet, in dem sich freie Handlungen zeigen, dann sind diese letztlich nicht strikt an die Form des politischen Raums gebunden, sondern Freiheit entsteht dann überall dort, wo Gegenseitigkeit, die Spontaneität des Anfangens und Antwortenkönnens, entsteht.

Freiheit hat demzufolge offenkundig eine spezifische temporale Dimension, die sie als Form des Handelns qualifiziert: Sie ist die Fähigkeit zum Anfangen, zum Neubeginn und zugleich angewiesen auf das Antworten, auf die Verantwortung, auf das Verzeihenkönnen.[101] Menschen leben zusammen und koordinieren ihr Handeln, damit es Freiheit gibt. Dieses Ziel wird nur in revolutionären Situationen explizit: »[…] Freiheit, die nur sehr selten – in Revolutions- und Krisenzeiten – zum direkten Zweck politischen Handelns wird, ist eigentlich der Sinn dessen, daß es so etwas wie Politik im Zusammenleben der Menschen überhaupt gibt.«[102]

Die Voraussetzung dieser revolutionären Orientierung auf die Freiheit ist die Befreiung. Die Freiheit, frei zu sein, beruht auf der Befreiung von materieller Not und von despotischer Furcht. Arendt vergisst diese sozialen und psychischen Voraussetzungen der Freiheit nicht; ihre Unterscheidung von Befreiung und Freiheit will aber darauf hinaus, dass die Lösung der Sozialen Frage durchaus mit liberalen Grundsätzen in einem »aufgeklärten Despotismus« möglich wäre und deshalb immer nur eine Vorstufe zur Freiheit bleibt.[103]

Da aus Arendts Sicht die moderne repräsentative Demokratie eine »Oligarchie im Interesse der Massen«[104] darstellt und ihr die »Gleichsetzung von Volk und Masse«[105] ein Dorn im Auge ist, ruft sie zum »Zerschlagen der Massengesellschaft […] mitsamt den [ihr] zugehörigen Eliteformationen […], die niemand gewählt hat und die sich auch nicht selbst konstituiert haben«, auf, zugunsten von »Elementarrepubliken« und einer räterepublikanisch gedachten politischen Elite, die spontan entsteht und eine »demokratische Alternative zum heutigen Parteiensystem« anbietet.[106]

Freiheit versteht Arendt hier weder als menschliche Fähigkeit, als Willensfreiheit, noch als freies Selbst, als innere Freiheit, sondern weltlich-greifbar, aus der Erfahrung von Unfreiheit heraus: »Frei *sein* können Menschen nur in Bezug aufeinander, also nur im Bereich des Politischen und des Handelns; nur dort erfahren sie, was Freiheit positiv ist und daß sie mehr ist als ein Nicht-gezwungen-Werden [...]. Wenn die von Menschen erstellte Welt nicht der Schauplatz politischen Handelns wird – wie in einem despotisch regierten Gemeinwesen, das die Untertanen in die Enge ihrer Häuser und Privatsorgen verbannt –, hat Freiheit keine weltliche Realität. Ohne einen politisch garantierten öffentlichen Bereich hat Freiheit in der Welt keinen Ort, an dem sie erscheinen könnte [...].«[107] Sie sieht diese Bezüge vor allem als räumliche. Den zeitlichen Bezügen, in denen sich die Interaktion entfaltet, widmet sie ihre Reflexionen über die Verantwortung, über Fehler, Schuld und das Verzeihenkönnen. Mit diesem Freiheitsverständnis, und durchaus im Bewusstsein der Katastrophe, die aus der totalitären Politisierung des Lebens folgte, kritisiert Arendt das liberale Missverständnis, das, wie bei Hobbes, Spinoza und Montesquieu, politische Freiheit mit Sicherheit (des »Lebens selbst«) verwechselt. Für den Schutz des schieren Lebens habe sich die Tyrannis oft als überlegen erwiesen.[108] Politische Freiheit umfasse nicht nur politische Beteiligungsrechte und Meinungsfreiheit, sondern auch die Gedanken- und die Willensfreiheit wie auch die künstlerische Produktivität.[109]

Im Kern versteht Arendt Handeln jedoch präsentistisch. Handeln erfüllt sich ihrer Theorie zufolge in der Gegenwart des Vollzugs. Es wird »nicht von einem Zukünftigen geleitet, das der Vorstellung gegenwärtig ist«, sondern von einem inspirierenden Prinzip, dass sich im Vollzug des Handelns selbst verwirklicht. »Solange man handelt, ist man frei.«[110] Freiheit erfordert laut Arendt einen eigens für sie gegründeten und politisch für sie eingerichteten Raum, »die agorá [...], der hergestellte, weithin sichtbare Versammlungsplatz freier Männer und somit der Erscheinungsraum der Freiheit überhaupt.«[111] Dieser steht im Gegensatz zu den eigenen vier Wänden, dem Privatraum, der dazu dient, »das Leben der Individuen zu schützen«.[112] Wer den öffentlichen Raum betritt, in dem wir uns der uns gemeinsamen Welt öffnen, braucht einen befreienden Mut, denn »der Mut befreit von der Sorge um das Leben für die Freiheit der Welt […]. Die so oder anders aussehen, so oder anders uns überdauern soll.«[113] Freiheit sei deshalb »nur unter der Bedingung der Nicht-Souveränität«[114] geschenkt, da jeder souveräne Akt die Unfreiheit aller ihm unterworfenen impliziert.

Hier verweist Arendt auf den Versuch, soziale und auch körperliche Abhängigkeiten als indifferent und sekundär abzutun, der einem auch bei Epiktet begegnet: »Allerdings muß man, wenn man das Irreale und Verderbliche dieser Identifizierung recht verstehen will, sich von dem alten, auf die römische Stoa zurückgehenden Vorurteil befreien, daß Nicht-Souveräntiät das gleiche sei wie Abhängigkeit, so daß die Tatsache der Nicht-Souveräntität menschlicher Existenz lediglich darin läge, daß Menschen einander bedürften, um überhaupt nur am Leben zu bleiben. Diese Abhängigkeit der Menschen untereinander in allen Fragen des schieren Lebens ist evident; sie ist besiegelt schon in dem Faktum der Geburt […]. Aber diese Abhängigkeit des menschlichen Lebens gilt in der Tat nur für den einzelnen, sie braucht nicht für eine Gruppe zu gelten.«[115] Die Freiheit der Gruppe ist allerdings abhängig von der Vielzahl der Perspektiven, von der Pluralität der Standpunkte und konkurrierenden Entwürfe: »Wo alle das gleiche tun, handelt niemand mehr in Freiheit, auch wenn keiner direkt gezwungen wird […]. Wo Menschen, sei es als einzelne, sei es in organisierten Gruppen, souverän sein wollen, müssen sie die Freiheit abschaffen.«[116]

2.7 Die Freiheit des Zusammenhandelns

Für eine Theorie politischer Freiheit folgt daraus, dass die Pluralität konkurrierender individueller Lebensentwürfe eine Voraussetzung der Freiheit ist und dass Souveränität sie unterminiert. Arendt unterstreicht, wie schwer es ist, zu einem gültigen Begriff politischer Freiheit zu gelangen, weil die philosophische Tradition diesen kaum je behandelt und zugunsten des Problems der Willensfreiheit vernachlässigt hat.

Bei Montesquieu findet Arendt immerhin den Versuch einer Unterscheidung von philosophischer und politischer Freiheit.

> »Der Unterschied besteht darin, daß die philosophische Freiheit nur die Ausübung des Willens verlangt, »l'exercice de la volonté«, also unabhängig ist von den Verhältnissen der Welt und den Zielen, die der Wille sich setzt. Die politische Freiheit dagegen besteht in der Sicherheit (»la liberté politique consiste dans la sûreté«), die es nicht immer und überall, sondern nur in politischen, durch Gesetze bestimmten Gemeinschaften gibt. Ohne diese Sicherheit gibt es keine Freiheit, denn Freiheit heißt ›tun können, was man wollen soll‹ (»la liberté ne peut consister qu'à pouvoir faire ce que l'on doit vouloir«). So offenbar in diesen Formulierungen Montesquieus Tendenz ist, der philosophischen Freiheit eines wollenden Selbst das politische Freisein als eine weltlich-handgreifliche Realität gegenüberzustellen, so evident ist doch auch, wie sehr er von der philosophischen Tradition der Willensfreiheit abhängig bleibt. Denn es klingt ja, als sei in der Montesquieuschen Formulierung die politische Freiheit nichts als eine Ausweitung der philosophischen, diejenige nämlich, welche unerläßlich ist, um die Freiheit eines Ich-will zu realisieren.«[117]

Dem hält Arendt entgegen, dass die Ausführung eines Willens politisch belanglos ist, weil unter Umständen Nichthandelnkönnen und Nichtfreisein dasselbe bedeuten, wenn auch die Willensfreiheit intakt fortbesteht. Montesquieus philosophische Freiheit meint lediglich eine Souveränität zuungunsten anderer. Politische Freiheit rührt nicht aus der »inneren Freiheit [...]; sie hängt daran, ob eine freie Nation den Raum gewährt, in welchem das Handeln sich auswirken und sichtbar werden kann. Die Macht des Willens, sich durchzusetzen und andere zu zwingen, hat mit diesem Freisein gar nichts zu tun.«[118] Die städtische Gründung eines politischen Raums und das in ihm geregelte Zusammenwohnen der Bürger versetzt sie in den Stand, »nicht nur wie alle, die der Lebensnotwendigkeiten Herr geworden sind, hie und da zu handeln, sondern ständig frei zu sein.«[119]

Die Art des Realisierens, auf die politische Freiheit drängt, ist deshalb nicht zu verwechseln mit dem Ausführen einer frei gefassten Intention. Jedes Handeln unterbricht Prozesse, so »daß das, was wir wirklich nennen, immer ein Geflecht irdisch-organisch-menschlicher Realität ist, das gerade qua Realität durch Einschläge von unendlich Unwahrscheinlichem entstanden ist.«[120] Aufgrund dieser Einschläge ist es nur realistisch, »in der Politik mit dem Unvorhersehbaren zu rechnen, auf es gefaßt zu sein und Wunder dort zu erwarten, wo sie tatsächlich dauernd möglich sind.«[121]

Hier zeigt sich ein zweites, temporales Moment des Freiheitsbegriffs: Politische Freiheit erfordert in Arendts Konzeption eine Ständigkeit, die man vielleicht sowohl als Permanenz wie auch als Kontinuität auffassen könnte; genau besehen impliziert sie jedoch, auf eine bestimmte Art des Realisierens zu drängen, die stets gefasst bleibt, auf unwahrscheinliche Ereignisse zu stoßen, sie impliziert, diese zu beantworten, wenn nicht gar hervorzubringen. Es ist also genau besehen keine zeitliche Linie, sondern ein Geflecht von Diskontinuitäten, das durch die politische Interaktion bewirkt wird, punktuell und doch aufeinander bezogen: »In dem Zusammenhandeln, dem ›acting in concert‹ wie Burke zu sagen pflegte, realisiert sich die Freiheit des Anfangenkönnens als ein Freisein.«[122] Gerade dieser temporale Aspekt politischen Handelns bringt nun eine Gleichheit hervor, die jedes Regiertwerden untergräbt:

»Im Handeln gehen Anfangen und Vollbringen ineinander über, was politisch gewendet besagt, daß derjenige, der die Initiative ergreift und so anzuführen beginnt, sich unter denen, die zu ihm stoßen, um ihm zu helfen, stets wie unter seinesgleichen bewegen muß, und weder wie ein Herrscher unter seinen Dienern noch wie ein Meister unter seinen Lehrlingen und Gesellen. Dies ist der Sinn des Herodot-Wortes, daß es zur Freiheit gehört, daß man weder beherrscht wird noch selber herrscht und daß daher Menschen nur in der isonomia (isonomia), wie Demokratie ursprünglich hieß, in dem Unter-seinesgleichen-Sein frei sein können.«[123] Erst das Aufgreifen eines Impulses durch andere, erst das Zusammenhandeln fügt dem Handeln die Dimension des Vollbringens hinzu und bedingt reziproke, gleichberechtigte temporale Beziehungen zueinander. Die Realisierung der Freiheit geschieht nicht durch ein Resultat, eine Wirkung oder die Erfüllung einer Einzelintention, sondern durch eine dialektische zeitliche Form.

Wenn das richtig ist, so ist Ständigkeit eher hinderlich. Die Zeitform freien Handelns entsteht aus Negationen, Anfängen und Antworten, sie bleibt geprägt von Reziprozität, Diskontinuität und Rückkoppelungen. Weder die räumliche Einrichtung noch die institutionelle Verstetigung kann das Fortbestehen oder die Fortentwicklung politischer Freiheit garantieren. Unter Umständen leben wir nur in den Ruinen einer Demokratie, wenn der revolutionäre Impuls allen Handelns nicht mehr zündet: »Es gibt [den Raum des Politischen] immer und überall, wo Menschen in Freiheit, ohne Herrschaft und Knechtschaft miteinander leben, aber er verschwindet – auch wenn das institutionell-organisatorische Gerüst, das in einschließt, intakt bleiben sollte – sofort, wenn das Handeln aufhört […].«[124]

Revolutionär ist politische Freiheit insofern, als sie, in Arendts Augen, nichts anderes ist als die Bewegung hin auf »die Gründung der Freiheit bzw. die Gründung eines politischen Gemeinwesens, das den öffentlichen Erscheinungsraum der Freiheit garantiert.«[125] Alle genuin politische Freiheit ist in diesem Sinne revolutionär, insofern sie gründend ist.

Der öffentliche Erscheinungsraum der Freiheit wird durch die revolutionäre Handlung realisiert und stabilisiert, weil dieses Handeln ein Zusammenhandeln initiiert und Gleichberechtigung ausweitet. Nun ist klar, dass dieser Raum zwar durch revolutionäres Handeln eröffnet und garantiert werden kann, doch bleibt das Fortbestehen abhängig von der Kontinuität von Interaktionen und würde durch Neuanfänge eher gestört als verfestigt. Das Verhältnis von Anfang und Kontinuität bleibt paradox. Auch kann Arendt nicht verständlich machen, warum Handeln auf den konstituierten politischen Raum beschränkt sein sollte und sich nicht etwa auch auf ökonomische oder ästhetische Kontexten ausgeweitet werden könnte und im Theater etwa oder auf der Agora, worauf sich Arendt des Öfteren bezieht, vonstattengehen sollte. Zudem bleibt bei Arendt fraglich, ob die Freiheit, frei zu sein, aus der psychophysischen Disposition (frei von Not, frei von Furcht) rührt, in der schieren Anwesenheit im politischen Raum besteht oder in der Anerkennung als Freie und Gleiche Erfüllung findet, die im Handeln geschieht, und ob dies, wenn all dies erreicht ist, wirklich schon genuin politische Freiheit ausmacht. Denn schließlich kann Befreiung und Freiheit auch darin liegen, die Identität zu wechseln oder der Republik den Rücken zu kehren.

Christoph Menke bietet eine Möglichkeit an, die zwei Sphären politischer Freiheit, die Aristoteles identifiziert und die Arendt trennt, genauer als zusammenhängende zu verstehen: die individuelle und die kollektive, die private und die öffentliche, die körperliche und die geistige, die sozio-ökonomische und die kulturell-politische Freiheit. In Auseinandersetzung mit Aristoteles' Auszeichnung des Menschen als desjenigen, das als einziges Lebewesen über Sprache [lógos] verfügt, im Gegensatz zu anderen Lebewesen, zu Tieren und Sklaven, die dieser wirkmächtigen Auffassung zufolge lediglich eine Stimme zur Artikulation von Schmerz und Freude, aber keine Möglichkeit haben, sich von Empfindungen, von Lust und Schmerz zu befreien, geht es Menke um die Kraft, die aufgewendet werden muss, um Gründe, Regeln und Begriffe in einer Situation zur Geltung zu bringen. Dies ist eine Frage der Artikulationsfähigkeit, der Sensitivität, aber auch der Situierung. Weil nur derjenige Mensch, Aristoteles gemäß, urteilen kann, der Begriffe situationsunabhängig verwendet, richtet Menke die Aufmerksamkeit auf die Kraft, die zum Urteilen erforderlich ist und es stärkt. Bezeichnend ist das Kräfteverhältnis in asymmetrischen Situationen: Distanzierungsfähigkeit zeichnet den Herren aus, während der Sklave den Befehl und das Urteil versteht, es aber nicht selbst vollziehen kann.

»Im Gegensatz zum Logos des Herren verfügt er über keine Quelle der Normativität, die ihn frei von [...] der sinnlichen Stimme seiner affektiven Gewißheit macht. Der aufständische Sklave regiert, indem er sich von seinem sinnlichen Wollen an- und vorantreiben läßt: indem er es denkt und aus ihm begriffliche Bestimmungen hervorbringt. Im Gegensatz zum Positivismus des Bürgers erklärt er das sinnliche Wollen deshalb aber nicht zum Gegebenen; in dem politischen Prozeß der Selbstregierung, den der Aufstand des Sklaven etabliert, gibt es keine Tatsachen des Wollens, die als solche ›gelten‹ und ›berücksichtigt‹ werden. Alles muß in der Selbstregierung durch die Vermittlung hindurch; nichts ist Grund, alles wird zum Moment [...]. Als bloß Gegebenes ist das Sinnliche das Private des bürgerlichen Eigenwillens, gegen den das Sinnliche als die Kraft der Unruhe und der Negativität – als das Andere des Begrifflichen im Begrifflichen – politisch hervorzubringen ist.«[126]
Die Dichotomie von Logos und Phoné dekonstruierend fordert Menke ein neues Urteilen als »Prozeß der nachdenkenden Umwandlung sinnlicher, affektiver Evidenz«, in der das Urteilen und

Empfinden, Begriff und Sinn nicht voneinander geschieden sind.[127] Es gibt keine Voraussetzung des privaten Eigenwillens, keine Willkür des Subjekts und der bürgerlichen Eigenrechte, die gegenüber der Normativität indifferent und quasi natürliche Voraussetzung des politischen Prozesse sind, die es in der Politik zu berücksichtigen gälte.

Diese neue Urteilskraft führt bei Menke zu einer Revolution des Rechts, worin die Gegenrechte aufgehoben sind, die das Recht der Nichtteilnahme und »das Recht des Ohnmächtigen in der Regierung«[128] implizieren: »Derjenige Zustand einer sozialen Praxis ist gerecht, in dem alle die Macht der Teilnahme haben und jeder das Gegenrecht des Ohnmächtigen hat.«[129] Mit letzterem ist hier nicht nur die Nichtteilnahme gemeint, sondern auch die Berücksichtigen all dessen, was nicht fähig ist zum Können, zur Macht und also auch nicht zur Selbsterhaltung und Selbstbeherrschung.

Darin liegt nicht nur eine Kritik des Liberalismus in der Figur des Privatrechts[130], sondern auch ein Angriff auf Institutionen und Vertretungsweisen sozialer Rechte als paternalistisch, um zu zeigen, weshalb »diese normativen Konzeptionen gleicher Freiheit zu Verhältnissen von Zwang und Normalisierung führen [müssen].«[131] Freiheit ist keine natürliche Gegebenheit des Menschen, keine Fähigkeit, wie Rawls meint[132], die Subjekte besitzen und die zu schützen der Staat die Aufgabe hat, da sie erst aus Praktiken resultiert, von denen die Voraussetzung der Freiheit durch den Staat bereits eine wesentliche ist.[133]

Um welche Praktiken geht es speziell? Es dürfen keine sein, die die Menschen versklaven oder die nur auf eine Art auszuführen sind, die unfrei wäre. Menke muss an diese Praktiken denselben Anspruch stellen, an dem er, mit Rousseau, Gesetze und Regeln misst, die diese Praktiken konstituieren, nämlich dass diejenigen, die sie sich zu eigen machen, darin frei werden.

Die moderne politische Philosophie beginnt aus dieser Warte mit der Einführung des Begriffs der Autonomie, so dass Freiheit nicht länger Gesetzlosigkeit impliziert, sondern im Gegenteil die Möglichkeit bedeutet, der Sklaverei der Begierden zu einkommen, indem man zum Herrn seiner selbst wird. »Frei zu sein heißt, dem Gesetz zu folgen. Umgekehrt ist etwas nur dann ein Gesetz (im normativen, nicht allein kausalen Sinn: ein Grund des Handelns), wenn es zu befolgen heißt, frei zu sein.«[134] Dies hat nicht nur Implikationen für das Gesetz oder die Regel, sondern vor allem für den Akt der Selbstgesetzgebung, denn dieser darf weder ein Akt des Gehorsams sein noch ein willkürlicher Akt der Entscheidung.[135] Kants Lösung dieses Dilemmas ist nicht nur, den Akt der Selbstgesetzgebung an den Anspruch vernünftiger Begründung zu binden. Die Einsicht in die Verbindlichkeit des Grundes und die Vernünftigkeit der selbstgegebenen Regel ist noch kein Ausweg aus dem Paradox der Autonomie, da auch dieser Grund (Einsichtigkeit, Vernünftigkeit) entweder grundlos gesetzt oder grundlos vorgegeben ist. Mit Kant geht Menke deshalb einen Schritt weiter: »Denn um überhaupt die Wahl zwischen verschiedenen Gesetzen haben zu können, muß das Subjekt bereits irgendwelche Gesetze haben. Das heißt: Es muß seine Triebe, Neigungen, Impulse usf. in die Form des Gesetzes gebracht haben [...]. ›Autos‹ heißt hier nicht ›selbst‹, sondern ›eigen‹, nicht selbst machen, sondern zu eigen machen [...]. Das autonome Gesetz ist dasjenige Gesetz, durch das das Selbst ist, was es ist [...]. Das Gesetz, in dessen Befolgung das Selbst frei bleibt (vielmehr: frei wird), ist das Gesetz, das das Selbst konstituiert.«[136] Das Selbst wird nun nicht mehr kausal von Begierden getrieben, sondern gibt sich selbst Gründe zum Handeln. Es befolgt vernünftige »Maximen« oder »Imperative«, die es in sich findet. Das Gesetz ist nun nichts äußeres mehr, sondern das Selbst. Es bindet sich damit an sich selbst, dass es selbst das eigene Handeln regelförmig macht, und verwirklicht sich damit selbst, drückt sich selbst aus. Friedrich Schiller ist bereits aufgefallen, dass Kant die Freiheit damit nur in eine »rühmlichere Art von Knechtschaft verwandelt.«[137]

Auch hier fehlt es offenbar an einer utopischen Horizonterweiterung. In einer Radikalisierung der kantischen republikanischen Ideen hat Friedrich Schlegel die unliebsame Wahrheit ausgesprochen, der einzige Grund für Herrschaft und Abhängigkeit, für Obrigkeits- und Unterordnungsverhältnisse sei die Unterstellung, dass es einer Regierung durch Zwangsgesetze bedürfe, um das Zusammenstimmen der Freiheit aller zu organisieren. Doch wenn Menschen nur solchen Gesetzen gehalten sind zu gehorchen, denen sie auch selbst zugestimmt haben, und wenn sie folglich von sich aus mit allen anderen so im Einklang handeln würden, dass ihre Freiheit zusammenstimmen könnte, braucht es keinen Zwangsapparat, weder im einzelnen Staat noch bei den Staaten untereinander: »Es läßt sich allerdings ein *Völkerstaat* ohne dies Verhältnis denken, und ohne daß die verschiedenen Staaten in einem einzigen zusammenschmelzen müßten: eine nicht zu einer besonderen Absicht bestimmte, sondern nach einem unbestimmten Ziel strebende (nicht hypothetisch, sondern thetisch zweckmäßige) Gesellschaft im Verhältnis der Freiheit der Einzelnen und der Gleichheit Aller, unter einer Mehrheit oder Masse von politisch selbständigen Völkern. Die Idee einer *Weltrepublik* hat praktische Gültigkeit und charakteristische Wichtigkeit.«[138] Hegel, der Schlegels weitsichtigen Gedanken nicht aufgreift, wendet gegen Kants Autonomiekonzeption immerhin noch ein, der von diesem geforderte Gesetzesgehorsam sei nun keine Knechtschaft einem äußeren Herrn gegenüber; vielmehr trage der dem Pflichtgebot Gehorchende den Herrn in sich und sei zugleich sein eigener Knecht.[139]

Hegel folgend unterstreicht Menke, dass dieses Selbst nicht nach formal deduziblen Rationalitätskriterien zu einem Urteil oder einer Entscheidung kommen kann und dass es nicht als gegeben vorausgesetzt werden darf, sondern aus seiner Bildung in sozialen Praktiken verstanden werden muss. Menke denkt dies wie schon Hegel als historischen Prozess. Das autonome Subjekt wird dann Teil einer Welt und bildet sich als Akteur in Handlungszusammenhängen, die Güter verwirklichen wollen. Nur wenn das Subjekt sich als Teilnehmer einer Praxis herausbildet, kann es Autor von Urteilen über die konstitutiven Regeln dieser Praxis werden.[140] Das Gesetz der Praxis, an der ein Subjekt teilnimmt, ist dann, wenn es sich diese angeeignet hat, der Grund für die Handlung und die Selbstbestimmung. Das Subjekt kann sich dabei nicht von kausal determinierenden Faktoren gänzlich unabhängig machen, erhält es sich doch weiterhin auch nur durch Naturgesetze und soziale Abhängigkeiten; aber es gelingt ihm, sich zu befreien, indem es »den Schein von Notwendigkeit und Unvermeidlichkeit« durchstößt, »mit dem Elemente und Verknüpfungen sozialer Praktiken den Subjekten gegenübertreten. Darin besteht die Tat der Befreiung, durch die der Geist seine Autonomie gewinnt.«[141] Diese Befreiung führt zu einem Handelnkönnen, zur Ausbildung eines freien

Geistes, der sich distanziert und Gegebenes negiert. Dieser wird Gewohnheit, schreibt sich in die Körperabläufe ein[142] und bringt als kollektive Manifestation einen sozialen Raum hervor, in dem autonome Artikulationen geschehen können.

In dieser Konzeption bedeutet allerdings jedwede Form von »Sittlichkeit«, jedwede Form von Sozialität bereits Autonomie. »Ein Akt ist autonom, in dem ein Subjekt eine soziale Form realisiert, die es sich angeeignet hat: die es anerkennt. Eine soziale Form anzuerkennen besteht darin, daß sie zur zweiten Natur des Subjekts geworden ist. Die soziale Form muß lebbar (oder eine Lebensform) sein; sie muß dem Subjekt Gründe bereitstellen. Ein autonomer Akt ist also ein Akt, in dem das Subjekt seine Lebensform als Grund aktualisiert und darin zugleich artikuliert.«[143]

Frei wäre ich also dann, wenn ich schwimmen gelernt habe und mich dadurch als Schwimmer bestimme. Frei wäre ich dann, wenn ich eine autoritäre Persönlichkeit ausgebildet habe und in mir die Regeln des autoritären Staates wiederfinde, denen ich mein Handeln anpasse. Oder frei wäre ich, wenn ich mich als konsumistisches Selbst durch Käufe innerhalb der Rationalität der Konsumgesellschaft ausdrückte. Es scheint in diesem hegelianischen Kosmos kaum einen Anhaltspunkt zu geben, um eine Gesellschaft freier als die andere zu nennen. Jede kämpft gewissermaßen nur mit ihrer eigenen Vorgeschichte.[144]

Für Menke erhält Freiheit, wenn man sie von der Befreiung her versteht, einen offen prozessualen und zugleich rückwärtsgewandten Charakter: »Freiheit als Befreiung zu verstehen heißt, Freiheit deshalb nicht als Sein, sondern im Werden, deshalb nicht als Zustand, sondern als Prozeß zu denken, weil Freiheit allein in der unendlichen Wiederholung der Negation von Unfreiheit besteht. Daß Freiheit Befreiung ist, definiert ihre Kraft der Negativität [...]. Die Zeit der Freiheit ist die der Nachträglichkeit.«[145] Denn das Subjekt, das sich befreien kann, muss erst gebildet werden. Es muss immer wieder erneut gebildet werden, weshalb die dahinter liegende Zeitfigur diejenige der sich wiederholenden Gegenwart ist. Die Bildung ist zunächst eingebunden in soziale Praktiken, in Disziplinierungsvorgänge, in Vorgeschichten. Erst in der wiederholenden Aneignung der Formierung kann das Subjekt sich »von der unmittelbaren Identität von Gesetz und Selbst« befreien.[146] Die

Bildung bringt soziale Normativität als zweite Natur hervor, sie verändert dadurch die erste Natur, auf der sie aufruht, und korreliert mit dieser als innerer, ästhetischer Natur. »Die Wiederholung der Disziplinierung ist Befreiung [...], weil sie die Kraft der ästhetischen Unbestimmtheit zu aktualisieren vermag, die die soziale Disziplinierung als ihr eigenes Gegenteil hervorgebracht hat.«[147] Ästhetische Unbestimmtheit meint bei Menke nicht nur Ohnmacht, sondern Reflexion auf eigene sinnliche Vollzüge, Irritation über jeweilige Befindlichkeit, Offenheit für Selbstveränderung, die Kraft des Begehrens und Wollens. Befreiung aktualisiert diese Unbestimmtheit in der Wiederholung des Vollzugs.

Menkes Konzeption der Freiheitsakte hebt zwei Dimension des Erlebens hervor, nämlich die Bejahung des mechanisch-selbstvergessenen Operierens des Geistes einerseits und andererseits die Preisgabe an die Äußerlichkeit, vorzüglich künstlerischer Materialität, die einen Begriff der Freiheit impliziert, »der die Freiheit nicht mehr dadurch definiert, seinen eigenen Gesetzen zu folgen und darin bei sich selbst zu sein: weil zur Freiheit gehört, keinen Gesetzen zu folgen und außer sich, sich äußerlich zu sein.«[148] In dieser Erfahrung wurzelt eine »Rettung der Dinge«: Das Subjekt ist nicht in seiner Selbstbestimmung frei, sondern »im Denken als Selbstüberschreitung, in seinem rettenden Bezug zur dadurch ›unendlichen‹ Wahrheit.«[149] Die Bestimmungen der Urteile wie auch »die Bestimmung als Selbst« gewinnen dadurch eine Äußerlichkeit. Befreiung wurzelt in der »Kraft der Negation«, die es, nach Menke, je nach Situation immer wieder gegen Unfreiheit aufzubieten gilt.[150]

Wenn es jedoch nicht bei der seriellen Negation situativer Unfreiheit bleiben soll, muss es gelingen, den »Abgrund des Unbestimmten« ins Zentrum der Verwirklichung von Freiheit zu rücken – etwa durch die Manifestationen eines kollektiven Subjektes in der »Etablierung von freien Institutionen«[151], von denen Menke an einer Stelle spricht, ohne genauer auszuführen, was Institutionen als freie auszeichnen könnte. Menke entfaltet hier also, wie Arendt sagen würde, einen philosophischen Freiheitsbegriff, der die Äußerlichkeit der Dinge und die Unbestimmtheit der ästhetischen, inneren Natur zur Triebfeder einer »Kraft der Negativität« in einer immer erneuten Dekonstruktionsbewegung macht.

Politische Freiheit darf jedoch weder eingeschränkt werden auf das Leben nach dem Vernunftgesetz noch auf die Wiederholung des Regelgebens im Prozess der Ausbildung eines freien Geistes. Denn Freiheit ist immer auch spontan und körperlich, ihr eignet eine Dimension des Handelns, die auf Realisierung und Änderung der Wirklichkeit drängt. Ohne diese Grundschicht, die weder ein bloßes Empfinden noch eine Reflexion meint, sondern eine Weise des zusammen Agierenkönnens, eine Energie, die von Körper zu Körper überspringt und eine Vorbedingung der freien Assoziation ist, kann keine Freiheitskonzeption überzeugen. Darauf hat Theodor W. Adorno wiederholt insistiert. Es ist eine Freiheit von der Identität des Selbst, aber auch von den Normen, denen Körper genügen müssen, um anerkannt zu werden.

Adorno konstatiert, dass das Denken der Autonomie mit dem Aufkommen der bürgerlichen Gesellschaft notwendig wurde; durchgesetzt wurde aber nur eine scheinbare Autonomie, die des Wirtschaftens: »Frei war das Individuum als wirtschaftendes bürgerliches Subjekt, soweit vom ökonomischen System Autonomie gefordert wurde, damit es funktioniere. Damit ist seine Autonomie im Ursprung schon potentiell verneint.«[152]

Auch in Kants Autonomiekonzeption wird, Adorno zufolge, Autonomie im Ursprung verneint, weil er Vernunft ohne den Körper und seine Akte und Freiheit als Urteil, nicht als Handlung begreift.

»Unterliegt bereits die Konstitution der Kausalität durch die reine Vernunft, die doch ihrerseits die Freiheit sein soll, der Kausalität, so ist Freiheit vorweg so kompromittiert, daß sie kaum einen anderen Ort hat als die Gefügigkeit des Bewußtseins dem Gesetz gegenüber. Im Aufbau der gesamten Antithektik überschneiden sich Freiheit und Kausalität. Weil jene bei Kant soviel ist wie Handeln aus Vernunft, ist auch sie gesetzmäßig, auch die freien Handlungen ›folgen aus Regeln‹. Daraus ist die unerträgliche Hypothek der nach-Kantischen Philosophie geworden, daß Freiheit ohne Gesetz keine sei; einzig in der Identifikation mit diesem bestünde. Über den deutschen Idealismus hat sich das, mit unabsehbarer politischer Konsequenz, auf Engels fortgeerbt: theoretischer Ursprung der falschen Versöhnung.«[153] Handlungen werden weder (ausschließlich) dadurch frei, dass sie aus Regeln folgen, noch dadurch, dass sie sich in objektive Notwendigkeiten fügen.

Deshalb konterkariert Adorno die kantische Autonomiekonzeption mit einem der Regelbefolgung fremden; doch dieses Heteronome ist nicht die »Äußerlichkeit«, von der Menke spricht: »Freiheit bedürfte des bei Kant Heteronomen. Ohne ein nach dem Kriterium reiner Vernunft Zufälliges wäre so wenig Freiheit wie ohne das vernünftige Urteil.«[154] Das Zufällige, von dem hier die Rede ist, tritt aus dem Kausalzusammenhang heraus. Gemeint ist nicht metaphysisch Kontingentes oder Emergentes. Für Adorno sind es vor allem Körperimpulse wie die Vermeidung von Leid, ohne die Freiheit sich nicht denken lässt. »Wille ohne Körperimpulse, die abgeschwächt in der Imagination nachleben, wäre keiner; zugleich jedoch richtet er sich ein als zentralisierende Einheit der Impulse, als die Instanz, welche sie bändigt und potentiell negiert.«[155] Was der Wille negiert, kehrt wieder in dem, was man die Kraft der Imagination nennen könnte.

Adornos Freiheitsbegriff ist vor allem negativ und dialektisch: Individuen fühlen sich frei, aber über den Kopf der formal freien Individuen hinweg setzt sich das Wertgesetz durch; schon die Vorstellung von Individualität ist Schein. Deshalb ist selbst das widerständige Ich kompromittiert: Wenn das Ich sich der Gesellschaft entgegensetzt, seine Zwecke verfolgt und etwas gegen die Gesellschaft vermag, ist die Stärke dieses Ichs, und schon das Ich-Prinzip, den Individuen von der Gesellschaft eingepflanzt.[156] Doch der freiheitliche Impuls erschöpft sich nicht im Widerstand gegen Unterdrückung, Zwang und Herrschaft. Auch wenn der Begriff der Freiheit »vom jeweiligen Stand der Unfreiheit« her begriffen werden muss, lässt sich in Adornos Denken doch eine Fluchtlinie, ein utopischer Impuls ausmachen: Freiheit ohne Zwang, ohne die Verpflichtung auf die invariante Sich-Selbstgleicheit der Vernunft; eine verkörperte Freiheit.

Deshalb ist mit Adorno auf die »Divergenz von Einsicht und Handeln«[157] zu insistieren. Die Spontaneität der Impulse wird zwar auf einer nächsten Stufe vom Willen gebündelt, speist aber auch Imaginationen der Freiheit. Diese zählen zu Bedingungen freien Handelns. Denn dies ist weder dadurch frei, dass es regelhaft und selbstgesteuert verläuft, noch dadurch, dass es motiviert wird durch den Regelgehorsam, sondern durch die Beziehungen zur Welt und zu anderen:

»Bewußtsein, vernünftige Einsicht ist nicht einfach dasselbe wie freies Handeln, nicht blank dem Willen gleichzusetzen. Eben das geschieht bei Kant. Wille ist ihm der Inbegriff von Freiheit, das ›Vermögen‹, frei zu handeln, die Merkmaleinheit all der Akte, die als frei vorgestellt werden [...]. Durch den Willen verschaffe Vernunft sich Realität, ungebunden durchs wie immer geartete Material.«[158] Entscheidend aber dafür, dass die Akte nicht bloße Vorstellungen bleiben, sondern in die Wirklichkeit eingreifen, sind – noch vor der Kraft – Impulse.

Leibhafte, körperliche Impulse ermöglichen die Erfahrung der spontanen Qualität von Freiheit. »Der Impuls, intramental und somatisch in eins, treibt über die Bewußtseinssphäre hinaus, der er doch auch angehört. Mit ihm reicht Freiheit in die Erfahrung hinein [...]. Wahre Praxis, der Inbegriff von Handlungen, welche der Idee von Freiheit genügten [...] bedarf auch eines Anderen, in Bewußtsein nicht sich Erschöpfenden, Leibhaften, vermittelt zur Vernunft und qualitativ von ihr verschieden [...]. Was anders ist an der Handlung als das reine Bewußtsein [...] ist die Spontaneität [...]. Wäre die motorische Reaktionsform ganz liquidiert, zuckte nicht mehr die Hand, so wäre kein Wille.«[159]

Die vernünftige Einsicht muss nicht einmal die Handlung leiten, damit diese als freie erfahren werden kann. Die Freiheit resultiert vielmehr aus einem Aufgreifen von Widerfahrnissen, aus einem Verhalten und Anverwandeln.

> »[...] Seit Spinoza und Leibniz und Kant [wird] die Freiheit, das freie Verhalten, dem vernunftgemäßen Verhalten gleichgesetzt [...]. [Damit] es zu Regungen der Freiheit, zu spontanen, zu nicht von Gründen gesteuerten Verhaltensweisen überhaupt kommt, [bedarf] es eines gewissen archaischen Momentes: eines viel älteren Moments, das ich im Augenblick einmal den Impuls nennen möchte und das sicherlich mit dem mimetischen Wesen außerordentlich viel zu tun hat. Denn mimetisches Verhalten ist [...] eine unwillkürliche Anpassung an irgendwelches Extramentales, das aber gerade durch diese Unwillkürlichkeit notwendig ein Moment der Irrationalität besitzt, das gerade die Freiheitslehre der Freiheit im allgemeinen aberkennt und das – und das halte ich allerdings für ein entscheidendes Moment dessen, was ich Ihnen über Freiheit überhaupt entwickeln möchte – zur Bestimmung der Freiheit selber hinzugehört.«[160]

Dieser archaische Kern der Freiheit ist ein chaotisches, nicht gesteuertes Reagieren, aber auch das Entwickeln einer eigenen angemessenen Form. Das Reagieren ist zwar die Voraussetzung der Entfaltung des Bewusstseins als Möglichkeit der Freiheit, wird jedoch sogleich von diesem Bewusstsein zurückgedrängt. Je mehr Freiheit gewollt wird, desto eher ist sie eine bloße Vorstellung, die sich von ihrer Realität entfernt. »Ohne Rekurs auf das Vor-Ichliche, auf jene Regung, die gewissermaßen eine Körperregung ist, die noch nicht von der zentralisierenden Bewußtseinsinstanz gelenkt wird, wäre der Freiheitsbegriff überhaupt nicht zu schöpfen.«[161]

Erstaunlicherweise unterstreicht Adorno hier die motorische Impulsivität in der Reaktion und nicht die Spontaneität der geistigen Vermögen, die Kant als Ausgangspunkt freien Denkens herausgearbeitet hat; und auch nicht die Vorgängigkeit des Leibes, wie in der Phänomenologie. Zentral für seinen Begriff des Impulsiven ist auch nicht die Spontaneität des Anfangenkönnens und des Organisierens formaler Einheiten, sondern ein Verhalten, eine Erwartung, ein Gefühl im Denken, »das vor allem individuellen Denken im Individuum denkt, indem es Welt konstituiert, als ein nicht Individuelles, sondern als ein Transzendentales […].«[162] Die Impulse kommen quasi von überall her und verbinden verschiedene Leiber, Zustände, Emotionen. Diese Weltkonstitution, die individuelles Denken ermöglicht, erfolgt nicht a priori als Leibsein, als Körperstruktur oder Verflochtenheit. Bei Adorno wird die Spontaneität körperlicher Entfaltung an der Unfreiheit gemessen; sie ist eine Reaktion, ein Ausdruck der Intensität von Leid und Hoffnung, eine Weise des Umgangs und Ausweichens, eine Fähigkeit zur Gestaltung und Umformung, eine Formierung körperlicher Solidarität. »Konkret wird Freiheit an den wechselnden Gestalten der Repression: im Widerstand gegen diese. Soviel Freiheit des Willens war, wie Menschen sich befreien wollten. Freiheit selbst aber ist derart mit der Unfreiheit verfilzt, daß sie von dieser nicht bloß inhibiert wird, sondern sie zur Bedingung ihres eigenen Begriffs hat.«[163] Der Impuls widersetzt sich der Unfreiheit. Befreiung ist deshalb ein Impuls der Menschen, nicht nur Einzelner, oder doch des Menschlichen in den Einzelnen. Die Unfreiheit setzt den Körpern nicht nur äußerlich zu; sie sitzt auch im Inneren des Subjektes, im Über-Ich und entsprechend in den Maximen und Gesetzen, denen das Subjekt in seiner vermeintlichen Selbstbestimmung genügen will. »Kritik des Überichs müßte Kritik der Gesellschaft werden, die es produziert [...]. Das Gewissen ist das Schandmal der unfreien Gesellschaft«.[164] Diese an Nietzsches Genealogie der Moral erinnernde Passage fordert eine andere kollektive Lebensweise: Das »Potential [...], das des Zwangs ledig wäre, [visiert die Kritik des Gewissens] [...] in der Objektivität eines versöhnten Lebens von Freien.«[165]

Adornos Kritik an der Vernunftherrschaft führt ihn zu der These, es gelte überhaupt »Herrschaft als Modell von Freiheit«[166] zu überwinden. Erst recht Selbstbeherrschung. Daraus folgt eine radikale Orientierung freiheitlicher Praktiken an einer somatisch gedachten Spontanität. Denn Freiheit als Verhaltensweise dämmert im »ungebändigten, vor-ichlichen Impuls«[167] und führt auf eine Idee von Herrschaftsfreiheit, die die Herrschaft von Vernunft- oder Geschichtsgesetzen im Gesellschaftlichen nicht mehr fraglos als Ideal akzeptiert.

Diese Dialektik von Ich-Moment und Impuls-Moment in der kollektiven Spontaneität tritt schon bei Marx auf. »Denn das spontane Handeln, das von Marx dem Proletariat zugeschrieben worden ist, soll ja auf der einen Seite durchaus das selbständige, freie, vernunftgemäße Handeln sein, das Handeln auf Grund der einsichtigen und erkannten Theorie; es soll aber eben zugleich auch ein Moment des Irreduziblen, ein Moment der unmittelbaren Aktion haben, das nicht ganz in seine theoretischen Determinanten, und das vor allem nicht ohne weiteres in die Determination der Geschichte sich auflöst, sondern aus ihr [...] herausführt [...]. Der Begriff der Spontaneität [...] [ist] das Medium oder das Organon von Freiheit [...].«[168]

Daraus resultiert aber keine Beschwörung körperlicher Existenz oder personaler Authentizität. Denn obschon seine Theorie beim singulären somatischen Impuls ansetzt, bei einer Kritik des Über-Ich und bei der Nichtidentität des Subjekts, unterstreicht Adorno den Fehler des »Personalismus«, der darin bestünde, das Allgemeine den bestehenden Formen der Herrschaft zu überlassen, und fordert deshalb die »Einrichtung einer freien Gesellschaft.«[169] Jeder freiheitliche Impuls zielt auf diese freie Einrichtung der Politik, denn »Freiheit [...] setzt notwendig die Freiheit des Ganzen mit und ist als isolierte, also ohne gesamtgesellschaftliche Freiheit, nicht einmal möglich zu denken. Es ist der Fehler der [existentialistischen] Ethik […], aus Protest nun gegen die verwaltete Welt, die Spontaneität, das Subjekt, soweit es nicht erfaßt ist, zu verabsolutieren, während dann gerade in dieser […] Spontaneität die Objektivität so wiederkehrt, wie Sartre schließlich sich doch in den Dienst der kommunistischen Ideologie am Ende dann wieder gestellt hat […]. Die Frage nach dem richtigen Leben wäre die Frage nach der richtigen Politik […].«[170] Existentielle Freiheit lässt sich nur in einer freien Gesellschaft verwirklichen.

Das Eigenrecht der Freiheitsimpulse soll von der Struktur des Ganzen ermöglicht und widergespiegelt werden. Der Übergang von der Konzentration aufs Einzelne, Nichtidentische zum Allgemeinen folgt bei Adorno der Ahnung einer freien Gesellschaft: »Vielleicht wären freie Menschen auch vom Willen befreit; sicherlich erst in einer freien Gesellschaft die Einzelnen frei. Mit der äußeren Repression verschwände […] die innere. Konfundiert die philosophische Tradition, im Geist von Unterdrückung, Freiheit und Verantwortung, so ginge diese über in die angstlose, aktive Partizipation jedes Einzelnen: in einem Ganzen, welches die Teilnahme nicht mehr institutionell verhärtet, worin sie aber realen Folgen hätte.«[171] Die angstlose, aktive und effektive Partizipation jedes Einzelnen enthält gegenüber dem Zwang zur Verantwortlichkeit, gegenüber innerer und äußerer Repression, eine neue *Qualität der Freiheit.*

Unterdrückung wird dort besiegt, wo Gewalt, Zwang, aber auch die Angst, Fehler zu machen und etwas nicht durch Autoritäten Abgesichertes zu tun, zurückgedrängt werden. Die konkrete Möglichkeit zur Verwirklichung der Freiheit ist abhängig vom Stand der Produktivkräfte, der es »heute […] erlauben würde, den Mangel in der Welt prinzipiell zu beseitigen […]. Ohne Mangel brauchten [die Menschen] sich dann auch nicht mehr anpassen.«[172] Dies führte dann aber nicht zu einer Auflösung gesellschaftlicher Bande, im Gegenteil, es ließe andere Organisationsformen als die gegenwärtigen, zwanghaften möglich werden. Frei wäre eine Gesellschaft also insofern, als sie nicht nur als ganze ohne diese Formen der Unterdrückung auskäme, sondern die Individuen auf eine Weise frei sein ließe, in der sich Freiheit ihre eigene Bahn suchen könnte. Freiheit müsste sich dann nicht mehr allein durch souveräne Willensakte (auf Kosten anderer) artikulieren.[173] Sie wäre auch frei von Herrschaft, vom Zwang des Gewissens, von konditionierter und doziler Verantwortung und vom Über-Ich, als Stellvertretern sozialer, moralischer Herrschaft. Adorno komplettiert diese, wenn man so will, negative Befreiung mit einem positiven *Effet* hin zur politischen Freiheit: der effektiven (nicht nur symbolischen oder qua Repräsentation) Mitwirkung an gesellschaftlichen Entscheidungen und Handlungen, die nicht präformatiert oder wiederum vorgeschrieben sind, sondern in der die Art, wie die Einzelnen sich einbringen, offen, elastisch, modifizierbar ist. Freiheit wäre die spontane Teilnahme an realen, kollektiven Handlungen.

Autonom werden Menschen nur dort, wo sie sich ent-äußern, wo sie mit anderen in Beziehung treten, bereit, ihr angelerntes Selbst aufzugeben, zu überprüfen, neu auszurichten.[174] Die Befreiung von gewaltvoller Herrschaft meint nicht nur die Beherrschung durch andere Menschen, sondern auch die gewaltvolle Beherrschung der eigenen Natur, der umgebenden Natur und anderem Natürlichen um und mit uns. Diese Menschwerdung des Menschen gelingt nur dort, wo die Herrschaft des Menschen bzw. des personal gedachten Subjekts über die Natur und damit auch über seine eigene Natürlichkeit[175] einer befreiten Art von Selbstwerdung weicht, die sich nicht durch strikte Abgrenzung, zwanghafte Identität, souveräne Willensakte und pseudologische Kohärenzforderungen auszeichnet, sondern durch weiche Übergänge, Nuancen, Schraffuren und auch Verschränkungen mit anderen (nichthumanen) Lebensformen:

> »Human sind die Menschen nur dort, wo sie nicht als Person agieren und gar als solche sich setzen; das Diffuse der Natur, darin sie nicht Person sind, ähnelt der Lineatur eines intelligiblen Wesens, jenes Selbst, das vom Ich erlöst wäre; die zeitgenössische Kunst innerviert davon etwas.«[176]

Das Aufgeben der Persona macht es auf der anderen Seite überflüssig, Masken zur sozialen Einpassung und Erkennbarkeit zu tragen: »Das befreite Ich, nicht länger eingesperrt in seine Identität, wäre auch nicht länger zu Rollen verdammt.«[177] Adorno plädiert hier meines Erachtens nicht für eine Selbstaufgabe (wie bei

Marguerite Porete und der mittelalterlichen Bewegung des Freien Geistes)[178], sondern für eine andere Art der Subjektivierung, die das Nichtidentische in sich zum Ausgangspunkt für soziale Praktiken nimmt.

»Utopie wäre die opferlose Nichtidentität des Subjekts.«[179] Andererseits gibt es Freiheit auch im Widerstand gegen Herrschaft, in »partikularer Selbständigkeit«. Diese Selbständigkeit ist aber nicht als liberales Privatinteresse vor Staatlichem und Sozialem zu schützen, sondern nur innerhalb dessen sinnvoll: »[Freiheit ist] nicht isolierbar, sondern verflochten, und einstweilen stets nur ein Augenblick von Spontaneität, geschichtlicher Knotenpunkt, verstellt unter den gegenwärtigen Bedingungen. So wenig die von der liberalen Ideologie ungemäß betonte Independenz des Individuums herrscht, so wenig ist seine höchst reale Trennung von der Gesellschaft zu verleugnen, die jene Ideologie falsch interpretiert. Zuzeiten hat das Individuum der Gesellschaft als ein wenngleich partikular Selbständiges sich entgegengesetzt, das mit Vernunft die eigenen Interessen verfolgen konnte. In jener Phase, und über sie hinaus, war die Frage nach Freiheit die genuine, ob die Gesellschaft dem Individuum so frei zu sein gestattet, wie sie es ihm verspricht; damit auch, ob sie selbst es ist.«[180] Nur eine in diesem Sinne freie Gesellschaft würde es Menschen gestatten, durch die Erfahrung spontanen Zusammenhandelns Humanität zu entwickeln.

Um dem somatischen Impuls der Freiheit gerecht zu werden, lautet deshalb Adornos negativer Imperativ: »Frei sind die Subjekte, nach Kantischem Modell, soweit, wie sie ihrer selbst bewußt, mit sich identisch sind; und in solcher Identität auch wieder unfrei, soweit sie deren Zwang unterstehen und ihn perpetuieren. Unfrei sind sie als nichtidentische, als diffuse Natur, und doch als solche frei, weil sie in den Regungen, die sie überwältigen […] auch des Zwangscharakters der Identität ledig werden […]. Dem Einzelnen indessen bleibt an Moralischem nicht mehr übrig, als wofür die Kantische Moraltheorie, welche den Tieren Neigung, keine Achtung konzediert, nur Verachtung hat: versuchen, so zu leben, daß man glauben darf, ein gutes Tier gewesen zu sein.«[181]

Freiheit des Handelns impliziert eine Befreiung von äußeren und inneren, körperlichen und seelischen Zurichtungen. Es gilt, den

Zwang, in Analogie zum Normkörper aufzutreten, zu negieren. Die Emanzipationsbewegungen der letzten Jahrzehnte waren Kämpfe gegen die Diskriminierung von Körpern, auch im Rechtssystem; es waren proletarische, antirassistische, feministische, anti-psychiatrische, homosexuelle, trans-, bi- und queere Körper, schwangere, behinderte, komatöse, todkranke Körper, tierische, pflanzliche Körper und vor allem: Körper, die in keine Sektion, in keine Kategorie passen. Auch darf nicht vergessen werden, dass Freiheit immer auch eine Emotion meint, eine Überschreitung; ausgelöst von der Befreiung von körperlichen Zwängen und materiellen Notwendigkeiten.

Demokratie läuft auf Selbständigkeit hinaus, doch die formale Demokratie, so kann man Adorno verstehen, lässt die volle Freiheit der politischen Entscheidung und der Spontaneität nicht zu.[182] Und nicht einmal der Freiheit, die den Menschen in Europa mit der formalen Demokratie in den Schoß fiel, zeigen sie sich auf Grund der eingeübten Autoritätsstrukturen gewachsen; unfähig, sich selbst zu bestimmen.[183]

Wir müssen politische Freiheit demzufolge so denken, dass sie 1. spontane Impulse, Reaktionen auf Leid und angemessene Bewegungsformen ins Zentrum stellt, 2. größtmögliche Freiheitsspielräume im Zusammenleben erlaubt, 3. ein Leben gemäß der Natur um uns herum ermöglicht, 4. sich in kollektivem politischem Handeln verwirklicht, 5. dieses nicht an Gesetzen und Staatsgrenzen, sondern am Kosmos (an allen, am All) ausrichtet, und 6. die Bereitschaft zur Selbstkritik bis zu dem Punkt öffnet, wo Beliebige dieses Handeln korrigieren dürfen.

2.8 Utopische Qualitäten der Freiheit

Ist diese Idee, politische Freiheit jenseits innerer und äußerer Herrschaft zu suchen, schon utopisch genug? Utopien reden von einem Un-Ort, von einem Nirgendwo, von einer Erfüllung, die, weil sie bislang unerreichbar schien, das Maß abgibt für das Mögliche. Utopien begrenzen das Wirkliche durch ein als Nicht-Hier imaginiertes Mögliches.

Es gibt mehrere Kennzeichen, durch die es möglich ist, Utopien abzugrenzen von anderen positiv aufgeladenen Imaginationen. Dazu zählt die Unterstellung, dass unter denselben Voraussetzungen an einem anderen Ort, in einer anderen Konfiguration ein optimales Ergebnis zu erzielen wäre. Obschon Elemente davon in Utopien enthalten sein mögen, sind sie doch weder reine Fiktionen noch Extrapolationen, sondern Imaginationen, die der Realität einen schrägen Spiegel vorhalten. Zugleich eröffnen sie eine von der Realitätsverpflichtung abgelöste Erwägung des Wünschbaren. Sie entwerfen einen Sollzustand, dessen epistemologische Funktion nicht zuletzt darin zu suchen ist, dass er den Ist-Zustand überhaupt erst erkennbar macht. Das utopische sucht im Gegensatz zum religiösen Denken ein diesseitiges, durch rationale Handlung anzustrebendes Ende der geschichtlichen Bewegung. Utopien müssen laut Martin Seel drei Regeln gehorchen, nämlich der Denkbarkeit, der Erfüllbarkeit und der Erreichbarkeit. Es dürfen keine regulativen Ideen sein, »die uns auf die Annäherung an einen Zustand verpflichten, von dem wir wachen Sinnes nicht wollen können, das er erreicht würde.«[184]

Anders als die elitistischen frühneuzeitlichen Utopien (Morus, Campanella, Andreae, Harrington) entwickelt Franciscus van den Endens Schrift *Vrije Politijke Stellingen* (1665)[185] eine Vision, die das Gelingen der Republik von der Menge (multitudo) als Akteurin abhängig macht. Van den Enden fordert einen radikalen Egalitarismus, der auf dem Prinzip der Kooperation und der Aufklärung und Bildung der Menge beruht, die sie von den kirchlichen und weltlichen Autoritäten befreit.[186] Viele Jahre früher als sein berühmter Schüler Spinoza lobt er die Demokratie als ewiges Gemeinwohl und übereinstimmend mit den Prinzipien absolut gleicher Freiheit.[187] »Die freie Regierung eines Volkes ist die einzige Art der Regierung, die ihrer Natur nach die ständige Verbesserung erlaubt und einschließt.«[188] Kein jenseitiger Zustand, sondern eine prozessuale Verbesserung, eine rekursive Zeitstruktur entspricht der Natur der Demokratie.

Van den Enden interpretiert das Ideal der Gleichheit so, dass der Staat allen gleichermaßen oder anteilig offen steht, was mit dem Ausschluss jeder Möglichkeit gegenseitiger Beherrschung oder Gewalt einhergeht und dennoch jedem Menschen in gleicher Weise

Raum für seine Individualität lassen soll. Die wohlfahrtssteigernde Wirkung des Staates muss allen zugutekommen, unabhängig von den Begabungen, dem Geschlecht, den Besitztümern, dem sozialen Status usw. einer Person. Bemerkenswert ist dabei auch, wie van den Enden darin die Privilegierung politischer Verfahren problematisiert. Was das Gemeinwohl sei, könne nur eine Versammlung des Volkes entscheiden. »Und was auch immer diese Versammlung schließlich in Bezug auf ihr allgemeines Bestes und Wohlbefinden begreift und versteht, all das muss vorherrschen und auf jeden Fall ohne Zögern verfolgt und gefördert werden. Und alles läuft darauf hinaus, dass sie durch gegenseitiges Nachdenken gut unterrichtet sind über ihr Bestes, wozu kein besseres Mittel je gefunden noch gegeben werden wird, als die sorgfältige Erhaltung einer gleichberechtigte Freiheit in ihrem gemeinsamen zivilen Beraten.«[189]

Eine genauere Untersuchung des politischen Denkens van den Endens stellt jenseits der Ideengeschichte weiter ein Desiderat dar. Spätere Parallelen zu dieser Utopie finden sich sowohl bei Gerrard Winstanley, der eine Republik ohne Knechtschaft und Unterdrückung und deshalb materielle Mittel fordert, damit auch Arme öffentliche Ämter in einer freien Republik übernehmen können[190], in William Godwins Verteidigung der reinen Demokratie[191] sowie in Bakunins Staatskritik.

Denn bei Michail Alexandrowitsch Bakunin kehrt die stoische Überzeugung wieder, dass Gerechtigkeit nicht durch Grenzen eingeschränkt werden kann und dass die Welt das Gemeingut der gesamten Menschheit ist. Vielleicht kann man sagen, dass sein verstreutes Werk von der Idee zusammengehalten wird, dass Freiheit nicht die Negation der Solidarität ist. Individuen sind nur frei ist in dem Maße, wie die Freiheit für die gesamte Gemeinschaft, für jeden, Frauen und Männer, verwirklicht worden ist.[192] Um diese Freiheit zu erreichen, müssen wir Bakunin zufolge die künstlichen Hindernisse der Solidarität und insbesondere legale und offizielle Privilegien abschaffen.

Bakunin sieht den Unterschied zwischen Staat und Kollektiv in deren jeweiligen Entstehungsformen. Basierend auf der theoretischen Annahme eines Vertrages, der aber tatsächlich nie geschlossen wurde, behandelt jeder Staat seine Bürger als Eigentum; seine Gesetze sind keine Willensäußerungen der Bürger, sondern Befehle. Ein Kollektiv wächst hingegen auf natürliche Weise durch die spontanen Handlungen von Individuen in einem langen Zeitraum. Eine soziale Gruppe, die sich Gesetzen unterwirft, die andere für sie entworfen haben, fällt in Bakunins Sicht der lächerlichsten aller Anbetungsformen zum Opfer, nämlich des Aberglaubens der Ignoranten an das Wissen. Eine solche Gruppe wäre nicht nur unfähig, die eigenen Gesetze zu modifizieren oder zu verstehen, sondern auch unfähig, noch auch den rationalen Kern dieser Legislation selbst zu verwalten und die Gesetze selbst anzuwenden.[193]

In seinem Buch über *Staatlichkeit und Anarchie* betont Bakunin, der Staat sei nie der faire, ausgleichend neutrale Richter gewesen, zu dem ihn die Staatstheorie erklärt hat. Der Staat habe nie die gewalttätigen Leidenschaften einander feindlicher Menschen durch die gleiche Anwendung des Gesetzes getrennt, denn diese Gesetze waren eben genau der Grund für die Trennung der Menschen in Gruppen, Stämme, Klassen, Nationen, die einander gegenüberstanden und bekämpfen mussten, meist im Interesse einer Minderzahl unter ihnen. Das Privateigentum, so Bakunin zu Recht, werde vom Staat nicht nur beschützt, sondern überhaupt erst durch Einteilung und Zuschreibung hervorgebracht.

Aus Bakunins Kritik folgt, dass der Staat nur ein Redistributionsorgan des Gemeingutes zugunsten einiger Weniger und daher abzuschaffen ist. Doch was ist mit der Abschaffung des Staates gewonnen? Bakunins Anarchie will einen Geist der Gemeinschaft durch den Austausch und das Teilen von Gütern etablieren.

In dem Maße jedoch, wie diese Gütergemeinschaft nur das Resultat von Redistributionen ist, bleibt auch bei Bakunin der Einzelne besessen von der Gemeinschaft. Wir sollten, um aus der Idee der Gütergemeinschaft den Besitzzwang zu tilgen und das freiwillige und für alle profitable Teilen zu stärken, strikt differenzieren zwischen einem Kollektiv, als dessen Teil sich ein Individuum begreifen und dem es sich temporär assoziieren kann, und einer Gemeinschaft, die eine zeitliche Stabilität und räumliche Kontinuität anstrebt und beansprucht, die identitätsstiftende Instanz des Individuums durch die Verwaltung des Gemeinguts zu sein. Kollektive erheben keinen Ausschließlichkeitsanspruch. Nur eine offene Vielzahl von Kollektiven, mit denen das Individuum im Austausch steht, kann die Unvereinbarkeit des Individuellen und der Identität prägen. Anstatt folglich nur die durch Privateigentum ausgelösten Schäden mit einem Kult der Gemeinschaft auskurieren zu wollen, sollten wir nach legitimen Formen der Assoziation fragen, innerhalb derer wir über uns selbst weiterhin disponieren können.

Als Eigentumsordnungen sind Verfassungen ebenso wie Infrastrukturen für gewöhnlich in despotischen Prozeduren einer Bevölkerung auferlegt worden. Aus der Sicht der Anarchisten wurde dabei den Menschen ihre vorgängige Freiheit gewaltsam durch einen brutal organisierten Staat geraubt. Diese Überzeugung von der Vorgängigkeit und Gemeinschaftlichkeit der Freiheit liegt ebenfalls der harschen Kritik des Verfassungsrechts durch den Anarchismus zugrunde. Bereits Pierre-Joseph Proudhon hatte darauf bestanden, dass »der Gesellschaftsvertrag aus einer freien Debatte hervorgegangen, individuell bestätigt und handschriftlich signiert werden muss von allen, die Mitglied dieser Gesellschaft werden wollen.«[194] Doch selbst die freie Debatte, die Proudhon fordert, setzt entweder ein Volk mit homogener Identität voraus oder kann nur durch konformisierende Techniken den unterstellten Konsens erzeugen, wenn nicht die gesellschaftliche Teilhabe von einem Konsenszwang flankiert werden soll. Denn auch die Zustimmung zu einer Ordnung ohne Herrschaft, in der »das Zentrum überall, die Peripherie nirgends ist«,[195] muss freiwillig bleiben und die Möglichkeit enthalten, »nicht zuzustimmen. Nur ein pluraler, eminent agonistischer Streit kann diese Option lebendig halten.«[196]

Warum sollten aber die Menschen eine Gemeinschaft, einen Kommunismus als einzig legitime Form des Zusammenlebens akzeptieren? Gerade Städte, in denen öffentliche Räume fehlen, sind Musterbeispiele für eine derartige Imposition von Gemeinschaftlichkeit ebenso wie Häuser, in denen Rückzugs- und Umgehungswege fehlen. Orte der freien Debatte, des individuellen Zweifels, des Rückzugs und der Anerkennung sind für eine freie Assoziation erforderlich.

Bereits zu Beginn des 20. Jahrhunderts verwirft Gustav Landauer die Wissenschaftsgläubigkeit und Borniertheit des Marxismus und begreift die Utopie als Intention, als Willen zur Realisierung eines Ideals. Nicht die Tendenzen der Technik, der Produktivkraftentfaltung und des Kapitals, sondern nur das Handeln führt zu einer neuen Gesellschaftsform: »Sozialismus ist zu allen Zeiten möglich, wenn eine genügende Zahl Menschen ihn will. Nur wird er je nach dem Stand der Technik und je nach der verfügbaren Technik, das heißt nach der Zahl der Menschen, die ihn beginnen […], anders aussehen.«[197] Mit Landauer, heißt es, wird die Utopie eine Denkfigur bzw. eine Form des Denkens.[198]

Die Überwindung ungerechter Verhältnisse geschieht nicht automatisch, sie erfordert die vom utopischen Denken und Wollen ausgelöste Handlung. Wer nicht ein Anderes ahnt, wird sich im Zweifelsfall lieber mit ungerechten Verhältnissen arrangieren, als dagegen aufzubegehren. Mit Landauer ist darauf zu insistieren, dass der Unterschied zwischen Ideale postulierenden und utopischen Konzeptionen darin liegt, dass letztere nicht nur die Realisierbarkeit, sondern den Zug zur Realisierung integrieren.

An Landauer anschließend ist die Utopie für Ernst Bloch ein sich setzender Beginn, »das stets Gesuchte, die eine Ahnung«, »das apriorisch latente Thema aller ›bildenden‹ Kunst und zentral aller Magie der Musik«.[199] Bloch hebt hervor, dass »die gesamte menschliche Kultur, ja auch die vom Menschen unabhängige Natur« von Utopien durchzogen ist und dass folglich die literarischen »Sozialutopien« darin nur ein kleines Territorium ausmachen. Tagträume, Märchen, technische Entwürfe, künstlerische Wunschbilder, religiöse Hoffnungsmysterien zählt Bloch ebenso zum »Utopischen«.[200] Die literarischen Utopien von Morus, Campanella, Andrae und Bacon kamen zu früh, sie waren »utopistisch« bzw. »abstrakt«, weil ihr »Entwerfen mit der vorhandenen gesellschaftlichen Tendenz und Möglichkeit nicht vermittelt war«[201], anders als die konkreten Utopien, die mit der Kenntnis der Verhältnisse auch das »Bauzeug von draußen«[202] einbringen und nahe an der Umsetzbarkeit angesiedelt sind. Kunst ist für Bloch deshalb Vor-Schein des Noch-Nicht.[203]

Theodor W. Adorno bleibt gleichwohl skeptisch gegenüber realisierten Utopien: »Bis heute realisieren die Utopien sich bloß, um den Menschen die Utopie auszutreiben und um sie aufs Bestehende und aufs Verhängnis desto gründlicher zu vereidigen.«[204] Herbert Marcuse hingegen teilt Adornos Sorge vor utopischem Kitsch nicht; ihn beunruhigt vielmehr, dass wir schon längst in einer besseren Gesellschaft leben könnten. Für Marcuse ist das Ziel der Befreiung von repressiver Herrschaft klar benennbar: »Die Entwicklung des Sozialismus als Fortschritt von der entfremdeten zur schöpferischen Arbeit, von der Naturbeherrschung zur Kooperation, von der Repression zur Emanzipation der Sinne, von der ausbeutenden zur solidarischen Vernunft.«[205] Allerdings konstatiert er an anderer Stelle auch ein »Ende der Utopie, das heißt die Widerlegung jener Ideen und Theorien, denen der Begriff der Utopie zur Denunziation von geschichtlich-gesellschaftlichen Möglichkeiten gedient hat.«[206] Auch Marx sei »noch zu sehr dem Begriff des Kontinuums des Fortschritts verhaftet« gewesen.[207] Es sei, um das Reich der Freiheit im Reich der Notwendigkeit erscheinen zu lassen, notwendig, »die Möglichkeit eines Weges des Sozialismus von der Wissenschaft zur Utopie und nicht nur von der Utopie zur Wissenschaft ins Auge fassen.«[208]

Denn »alle materiellen und intellektuellen Kräfte, die für die Realisierung einer freien Gesellschaft eingesetzt werden können, sind da. Daß sie nicht für sie eingesetzt werden, ist der totalen Mobilisierung der bestehenden Gesellschaft gegen ihre eigene Möglichkeit der Befreiung zuzuschreiben. Aber dieser Zustand macht in keiner Weise die Idee der Umwälzung selbst zu einer Utopie.«[209] Die Utopie wurde denunziert im Glauben an eine kontinuierliche geschichtliche Entwicklung. Die Möglichkeit einer Befreiung beginnt mit der Negation dieser Kontinuität, die geistige Befreiung beginnt, sobald sie sich eine Fraktur der Zeit und ein utopisches Sinnieren über verhinderte Möglichkeiten gestattet:

> »Was die technisch mögliche Abschaffung der Armut, des Elends und der Arbeit impliziert, nämlich, daß diese geschichtlichen Möglichkeiten in Formen gedacht werden müssen, die in der Tat den Bruch eher als die Kontinuität mit der bisherigen Geschichte, die Negation eher als das Positive, die Differenz eher als den Fortschritt anzeigen, nämlich die Transformation, die Befreiung einer Dimension der menschlichen Existenz diesseits der materiellen Basis, die Transformation der Bedürfnisse. Was auf dem Spiel steht, ist die Idee einer neuen Anthropologie, nicht nur als Theorie, sondern auch als Existenzweise, die Entstehung und Entwicklung eines vitalen Bedürfnisses nach Freiheit, und von vitalen Bedürfnissen der Freiheit – und zwar einer Freiheit, die nicht mehr in Kargheit und der Notwendigkeit entfremdeter Arbeit begründet und begrenzt ist.«[210]

Diese freie Existenz wird dort möglich, wo Arbeit nicht mehr unter dem Zwang der Notwendigkeit steht. Das vitale Bedürfnis nach

Freiheit ist erst einem zukünftigen Menschen zu eigen. »Denn als vitales, notwendiges Bedürfnis besteht das Bedürfnis nach Freiheit in einem großen Teil der gleichgeschalteten Bevölkerung in den entwickelten Ländern des Kapitalismus nicht oder nicht mehr.«[211] Dies Streben nach einer neuen freiheitlichen Lebensform impliziert auch einen anderen Gebrauch der Körper, der Sinne, der Intimität. Unsere Kultur, heißt es an anderer Stelle, kann nur durch die »Abschaffung der Massendemokratie demokratisch werden, wenn es nämlich der Gesellschaft gelingt, die Vorrechte der Privatsphäre wiederherzustellen, indem sie sie allen gewährt und bei jedem einzelnen schützt.«[212] Direkte Demokratie wird erst real in dem Maße sein, wie »Massen in Individuen aufgelöst worden sind.«[213]

Marcuse sinnt hier auf einen Sprung in der Zeit, aus dem neue »Qualitäten der Freiheit« hervorgehen, die in befreiten Bedürfnissen fundiert sind: »dem Bedürfnis nach Frieden […], dem Bedürfnis nach Ruhe, dem Bedürfnis nach Alleinsein, mit sich selbst oder mit dem selbstgewählten anderen, Bedürfnis nach dem Schönen, dem Bedürfnis nach ›unverdientem‹ Glück – alles dies nicht nur als individuelle Bedürfnisse, sondern als gesellschaftliche Produktivkraft, als gesellschaftliche Bedürfnisse.«[214] Mit diesem Freiheitsbegriff visiert Marcuse den qualitativen Unterschied zwischen der bestehenden und der zukünftigen Lebensform bzw. zwischen einer bürgerlichen und einer sozialistischen Gesellschaft, die in den existierenden sozialistischen, orthodox marxistisch geführten Ländern aufgrund ideologischer Blockaden noch nicht zu sehen ist. »Die Qualitäten der Freiheit, die ich hier angedeutet habe, sind meiner Meinung nach Qualitäten, die bisher […] in der Besinnung auf den Begriff des Sozialismus nicht adäquat zum Ausdruck gekommen sind […]. Wir müssen heute versuchen, die qualitative Differenz der sozialistischen Gesellschaft als freier Gesellschaft von den bestehenden Gesellschaften ohne jede Hemmung, selbst wenn es lächerlich erscheinen mag, zu diskutieren und zu bestimmen. Und es ist genau hier, wo, wenn wir nach einem Begriff suchen, der vielleicht die qualitative Differenz der sozialistischen Gesellschaft andeuten kann, die ästhetisch-erotische Dimension gleichsam spontan, jedenfalls mir, zum Bewußtsein kommt. Hier ist der Begriff »ästhetisch« im ursprünglichen Sinn genommen, nämlich als Form der Sensitivität der Sinne und als Form der Lebenswelt. In dieser Fassung projiziert der Begriff die Konvergenz von Technik und Kunst und die Konvergenz von Arbeit und Spiel.«[215]

Eine Revolution ist der Umschlag einer Vielzahl unterschiedlichster Freiheitsmomente in eine neue Qualität der Freiheit. Marcuses Vision einer sozialistischen Gesellschaft, in der andere Qualitäten der Freiheit gelebt werden können, enthält viele zustimmungswürdige soziale und ökologische Elemente. Ähnlich wie Blochs Begriff des »Bauzeugs« orientiert sich sein im Grunde ›uchronisches‹ Denken jedoch vorwiegend am technisch Möglichen.[216] Zu politischen Konflikten und Entscheidungsprozessen, zu anderen Weisen der Selbstorganisation aber findet sich selbst hier recht wenig.

Die Suche nach neuen Qualitäten der Freiheit entspräche einer Veränderung im utopischen Denken, die die Zukunft nicht mehr als verbesserte Verlängerung der Gegenwart, sondern als Kontrast zu dieser imaginieren würde. Es wäre eine ähnlich fundamentale Veränderung wie diejenige, die das Vorbild nun nicht mehr im Raum, sondern in der Zeit suchte, der Umschlag von Utopie in Uchronie. Sie zeichnete sich ab, nachdem bereits im 17. Jahrhundert die Erdoberfläche zu klein für die utopische Phantasie wurde und Johannes Kepler (*Somnium*, 1634), Francis Godwin (*The Man in the Moone*, 1638), Cyrano de Bergerac (*L'autre Monde*, 1657), gefolgt von Jonathan Swift (*Travels into Several Remote Nations of the World by Lemuel Gulliver*, 1721–1726) und Voltaire (*Micromégas*, 1752), Reisende auf andere Planeten oder ins Erdinnere schicken. Ende des 18. Jahrhunderts wird vollends der Bruch vollzogen, der das utopische Denken bis heute prägt: Imaginierte es zuvor eine bessere politisch-soziale Ordnung an einem abgelegenen Ort, so wird das utopische Denken seither durch den in die Zukunft verlegten technischen Fortschritt gebannt.

Das Auftreten der technischen Utopie bzw. der Erwartung, dass sich die Zukunft vor allem durch neue oder weiterentwickelte Geräte und technische Prozesse auszeichnet, markiert einen Bruchpunkt im utopischen Denken: Das, was den gegenwärtigen Zustand negiert, ist jetzt nicht mehr ein anderer oder Nicht-Ort, es bezieht sich also nicht auf den Raum, sondern auf die Zeit, und diese Manipulation der Zeit kann seither nur als Triumph der neuzeitlichen Technik gedacht werden. Dachten die Utopien zuvor an ein wohlgeordnetes Staatswesen, so verlegte sich die Zukunftserwartung nun in das Weiter, Schneller, Mehr der Technologie. Die weltverändernde Kraft, die sich mit der Experimentalwissenschaft anbahnt, verspotten zwei prominente Texte: Jonathan Swift parodiert die Experimentalwissenschaft in seinem Buch *Gullivers Reisen* (1726) und kontrastiert sie mit einer Superwaffe, einer fliegenden Insel, die von den Herrschern benutzt werden kann, um jede Opposition auf der Erde im Keim zu ersticken. Voltaires *Micromégas* (1732) enthält die erste bekannte Erzählung eines Besuchs von zwei außerirdischen Giganten, der eine vom Planeten Saturn, der andere vom Sirius, die sich über die Erdlinge lustig machen.

Der Umschwung ist greifbar in dem Roman *2440* von Louis-Sébastien Mercier, der als erste systematische »Uchronie« gilt, als Verschiebung des Soll-Zustandes in die Zukunft, während der Ort vergleichbar bleibt: Bei Mercier ist es Paris im Jahre 2440. Er bringt damit eine Entwicklung auf den Punkt, die sich seit der Mitte des 17. Jahrhunderts anbahnt.[217] Während zuvor die Zukunft ein Topos war, der Propheten, Astrologen, Rhetoren und Priestern vorbehalten war, brach sein Werk geradezu ein Tabu über die Zukunft und ließ eine literarische Form entstehen, die im Mittelalter und der Renaissance noch unbekannt war: Die Zukunft wird nun ein atemporaler Raum der literarischen Extrapolation.[218]

Entscheidend für die Entstehung des technologischen Paradigmas im utopischen Denken ist die Veränderung des Textes nach der Ballonfahrt Montgolfiers. Während in der Erstausgabe 1770 lediglich von der Wiedergewinnung technischer Fertigkeiten der Alten die Rede ist – das Balsamieren, der Archimedische Spiegel –, fügt Mercier der zweiten Ausgabe 1786 Passagen hinzu, die das Gesicht einer technologisch veränderten Welt andeuten: »Aerostaten«, welche die Kontinente verbinden, und Depeschen, die innerhalb von einer Woche von Peking aus Paris erreichen, halten der Welt den Spiegel vor. Es sind, anders als in Francis Bacons *Salomon's House*, keine optimierten gegenwärtigen, sondern noch unmögliche, als zukünftig imaginierte Techniken. Seither gibt es nicht nur Vorstellungen zukünftiger Technik, sondern der ganze Diskurs der Zukunft weist diese vor allem durch noch nicht verfügbare Technik aus. Nicht mehr eine schön gebaute Stadt mit gut gekleideten, wohl ernährten und gesetzestreuen Bildungsbürgern ist seither der

Traum der Menschheit, sondern die Überwindung aller Raum-, Zeit- und Lebensgrenzen kraft Maschinen von erhabener Intelligenz. Jede heutige Vorstellung von Zukunft weist diese vor allem durch phantastische Apparate aus. Das uchronische Paradigma sinnt nicht auf ein Irgendwo, eine Insel im Meer der Zeit, die dem Raumdenken der Utopie entspräche, sondern zielt auf einen berechenbaren Zeitpunkt (2440), verschoben auf der Zeitachse, in der Kontinuität technischer Entwicklung stehend.

Sobald in der Fiktion der Ort kontinuierlich beibehalten wird (in Merciers Fall: Paris) und die Zukunft bei intakter Chronologie variabel ist, wird eine bessere Vergleichbarkeit suggeriert, zugleich aber auch konkrete Dimensionen der Macht: Dieselbe Stadt könnte besser sein. Hier könnte eine ideale Welt stehen. Dieser Macht wird sich nichts widersetzen können. Zugleich aber entzieht die Uchronie der Utopie den Stachel der Erfüllbarkeit und ersetzt sie durch das Phantasma technischer Weiterentwicklung: Die Bedingungen des Wirklichwerdens der Uchronie sind nicht an eine politische Entscheidung oder ein revolutionäres Ereignis geknüpft, sondern schlicht an die Ingenieurwissenschaft, die – genügende Ressourcen vorausgesetzt – die Zukunft mittels technischer Entwürfe programmiert. Letztlich verspricht diese Zukunft somit keine bessere Gesellschaft, sondern nur leistungsfähigere Geräte.

Niemand macht so unmissverständlich klar wie Cornelius Castoriadis, dass wir für eine andere als die apparativ aufgerüstete Zukunft kämpfen müssen. In sehr persönlichen Worten unterstreicht Castoriadis, wie weit wir trotz aller Wahlfreiheit und allen Wohlstands von Freiheit im Sinne von politischer Autonomie entfernt sind. In dem komfortablen Leben, in dem alle Bedürfnisse erfüllt werden und alle aufgeklärten Interessen von Regierungstechniken proportional berücksichtigt werden, fehlt politische Freiheit. »Wie die überwiegende Mehrzahl der Menschen kann ich in dieser [gegenwärtigen Gesellschaft] durchaus leben und mich damit arrangieren [...]. Doch so, wie das Leben für mich und andere eingerichtet ist, finde ich, daß mir vieles unzugänglich ist; ich sage mir, daß dieser Zustand nicht schicksalhaft so ist, sondern von der Organisation der Gesellschaft abhängt [...]. Ich möchte – zusammen mit allen anderen – an allen gesellschaftlichen Entscheidungen unmittelbar teilnehmen können, soweit sie meine Existenz und den allgemeinen Lauf der Welt, in der ich lebe, betreffen […]. Selbst wenn wir – ich und die anderen – auf diesem Wege Schiffbruch erleiden sollten, ziehe ich das Scheitern einer sinnvollen Bestrebung einem Zustand vor, der sich diesseits von Scheitern oder Erfolg bewegt: der nichts weiter ist als lächerlich.«[219] Castoriadis fordert eine »politische Gleichheit […], die eine Gleichheit der Teilhabe an der Macht impliziert«. Dies setzt eine »demokratische Organisation der Wirtschaft« voraus. Doch dabei bleibt es nicht: Jeder Mensch braucht die »volle und effektive Möglichkeit, an der Bildung von Gesetzen und der Ausübung von Macht teilzunehmen«.[220]

Das Ziel politischer Selbstbestimmung, das Cornelius Castoriadis erkämpfen will, kann nicht durch die Wahl politischer Programme und von Abgeordneten, die für uns Politik machen, erreicht werden, sondern erfordert die direkte Mitbestimmung über die Grundlagen und Rahmenbedingungen des eigenen und des gemeinsamen Lebens. Es ist ein utopisches Ziel, und doch speist es sich aus den Erfahrungen der antiken Demokratie. »Die Teilhabe wird konkret umgesetzt in der *ekklesia,* der Volksversammlung, die ein betriebsamer souveräner Körper ist. Alle Bürger haben das Recht, das Wort zu ergreifen *(isegoria),* jede Stimme hat gleiches Gewicht *(isopsephia)* und auf allen lastet der moralische Druck, völlig frei zu reden *(parrhesia).* Aber die Teilhabe konkretisiert sich auch in den Gerichten, an denen es keine Berufsrichter gibt; die Quasi-Totalität der Gerichte wird von Geschworenen gebildet, die wiederum durch das Losverfahren bestimmt werden.«[221] Den Ausgangspunkt der Selbstbestimmung bildet die Imagination. Castoriadis beschreibt sie als ein Magma, einen Strom, bestehend aus Vorstellungen, Affekten, Strebungen.[222] »[Dieses Magma] ist radikale Imagination. Der Vorstellungsstrom ist Selbstveränderung, vollzieht sich als unaufhörliches Auftauchen von Anderem in der und durch die Setzung/Vor-Stellung [*position*] von Bildern und Figuren. Diese Verbildlichung entwickelt, schafft und aktualisiert erst, was der reflexiven Analyse nachträglich als Bedingung ihrer eigenen Möglichkeit erscheint: Verzeitlichung, Verräumlichung, Differenzierung, Anderswerden […]. Denken heißt notwendig immer auch: Vorstellungen (Figuren, Schemata, Wortbilder) in Bewegung setzen, in bestimmten Richtungen und nach bestimmten Regeln […].«[223] Die Imagination lehnt sich an Objekte an. Diese Anlehnung folgt einem Gespür für den Mangel an diesem Objekt und der Fähigkeit, angestoßen von der Begegnung mit diesem, Nichtseiendes als seiend zu setzen, ein Potenzial zu vergegenwärtigen und zu gestalten.[224] Radikale Sensibilität eröffnet hier gemeinsam mit einem proto-mimetischen Vermögen die imaginäre Szenerie, in der das Magma der Vorstellungen Gestalt annimmt.

Die Möglichkeit der Autonomie bildet die Imagination, insofern sie »wesentlich indeterminierte Schöpfung von Gestalten/Formen/Bildern, die jeder Rede *von* ›etwas‹ zugrunde liegen«[225] und der wir unsere Begriffe von Realität und Rationalität verdanken. Die radikale Imagination ist die freie Assoziation von etwas mit anderem, Möglichem, eventuell Werdendem. Dies ist auch ein Vorgang der Verkörperung: Die auf Sensibilität basierende Imagination wird hier zur Voraussetzung des Wahrnehmens und der Selbstbestimmung.

Der Ursprung des freiheitlichen politischen Lebens ist für Castoriadis »der instituierende *historische Prozeß*. Aktivitäten und Kämpfe in Verbindung mit den Veränderungen der Institutionen; die explizite Selbst-Institution (auch wenn sie partiell bleibt) der *polis* als permanenter Prozeß [...]. Der Demos veränderte auch weiterhin die Regeln, nach denen er lebte. [...]. Das Hauptkennzeichen der expliziten Selbst-Institution ist Autonomie: Wir schaffen uns unsere eigenen Gesetze.«[226] Wenn Castoriadis hier hervorhebt, das Selbst-Institution kein einmaliger Akt ist, sondern, ähnlich wie bei Van den Enden, eine zeitliche Form, ein permanenter Prozess, der einer diffusen ›Infra-Macht‹ entspringt und darin von politischer Konstitution zu unterscheiden ist[227], so impliziert dies, dass kein institutionelles Gefüge, das Resultat derartiger Akte wäre, eine vollendete Demokratie zu nennen wäre. Castoriadis muss man wohl dahingehend ergänzen: Hauptkennzeichen der expliziten Selbstinstitution ist die Autonomisierung, ist die indeterminierte Schöpfung eigener Gesetze, ihre Weiterentwicklung und Ergänzung durch neue Formen der Ausübung von Macht. Das sich instituierende Selbst wird autonom durch die Erfahrung des öffentlichen Raumes, durch die radikale Erprobung der Sensibilität, oder durch Mikrointerventionen, die gegen die wiederkehrenden Konfigurationen von Unterwerfung und Objektivierung gerichtet sind.[228]

Autonomie darf also nicht nur, wie bei vielen zeitgenössischen Varianten der Kritischen Theorie, ein Postulat, eine kontra-faktische Unterstellung oder eine regulative Idee bleiben. Sie drängt auf Verwirklichung und muss (erst noch und stets neu) erkämpft werden. Seyla Benhabib mahnt schon in *Kritik, Norm und Utopie* (1986) an, dass kritische Gesellschaftstheorie ein »utopisches Moment« braucht, wenn sie mehr sein soll als eine allgemeine soziale oder moralische Kritik. Über die Kritik hinaus zur Utopie zu gelangen, bedeutet ihrer Ansicht nach, über die Verdammung des Kapitalismus und über soziale Gerechtigkeitserwägungen hinauszugehen und nach einer besseren Gesellschaft wie auch nach individuellem und kollektivem Glück zu streben; es gälte, über die Erfüllung des universellen normativen Versprechens der Moderne hinaus eine radikalere soziale Transformation zu antizipieren. Entscheidend ist dabei, erstens nicht mehr ein theoretisches, kontra-faktisches »Wir« zum Ausgangspunkt zu machen, sondern eines, das sich aus politischen Kämpfen formiert hat, und zweitens nicht den generalisierten, supponierten Anderen zum Ausgangspunkt von Theorien der Kommunikation und der Kooperation zu machen, sondern den konkreten Anderen, denn dies verlangt, so Benhabib weiter, »in jedem vernünftigen Wesen ein Individuum mit einer konkreten Geschichte, Identität und affektiv-emotionaler Konstitution zu sehen […]. Unsere Beziehungen unterliegen der Norm *komplementärer Reziprozität*. Jeder und jede ist berechtigt, von dem und der anderen Verhaltensweisen zu erwarten, durch die der/die andere sich als in konkretes, individuelles Wesen mit jeweils eigentümlichen Bedürfnissen, Talenten und Fähigkeiten anerkannt und bestätigt fühlt […]. Die Normen unserer Interaktion sind […] Solidarität, Freundschaft, Liebe und Fürsorge.«[229] Diese Form der Reziprozität richtet sich auch gegen Habermas' ideale Kommunikationsgemeinschaft, in der die Aufgabe der Anderen lediglich die Ermöglichung von Selbstbestimmung und Selbstverwirklichung bzw. die Entfaltung der »Ich-Identität« wäre.[230] Angesichts der Vernichtung der eigenen Lebensgrundlagen durch den Menschen wird sich die Wurzel politischer Freiheit deshalb, mit Wendy Brown gesprochen, eher in der Interdependenz als in der Autonomie vortasten.[231] Zu ergänzen ist, dass die aus der Interaktion resultierende komplementäre Reziprozität, angesichts der

Verflochtenheit und Interdependenz, auch für das zeitlich Andere gedacht werden muss.

Eine solche *Utopie demokratischer Zwischenmenschlichkeit*[232] bildet das Zentrum der politischen Philosophie Miguel Abensours. In Ernst Blochs und Emmanuel Levinas' indirekter Nachfolge untersucht Abensour die Persistenz dieses Utopischen. »Trotz all seiner Misserfolge, Verleugnungen und Niederlagen wird dieser Impuls in der Geschichte wiedergeboren, taucht wieder auf, macht sich in der schwärzesten Katastrophe bemerkbar, widersteht, als ob die Katastrophe selbst neue Summationen hervorrufen würde. Die aufeinanderfolgenden Namen der Utopie sind von geringer Bedeutung; was zählt, ist die Ausrichtung auf das, was anders ist, der Wunsch nach dem Aufkommen einer radikalen Alterität hier und jetzt.«[233]

Utopisches Denken und demokratischer Kampf vereinen sich zuweilen (wie im Werk von Pierre Leroux (1797–1871)), gehen aber meist unterschiedliche Wege. »Zwischen Utopie und Demokratie haben wesentliche Begegnungen stattgefunden. Beide haben in der Tat nahe beieinander liegende emanzipatorische Projekte: auf der Seite der Demokratie die Errichtung einer kollektiven Macht, einer politischen Gemeinschaft, deren Wesen der ständige Kampf gegen die Herrschaft der Mächtigen ist; auf der Seite der Utopie die Wahl der Vereinigung gegen hierarchisch strukturierte, auf Herrschaft basierende Gesellschaften. In ihren Entwürfen wie in ihrer Anwendung arbeiten Utopie und Demokratie – freilich auf unterschiedlichen Wegen – daran, einen Zustand oder eine Situation der Nicht-Herrschaft herzustellen.«[234] Wie könnte diese Situation der Nichtherrschaft als Handlungsziel demokratischer Emanzipation konkret gedacht werden?

Ausgangspunkt der Überlegungen Abensours[235] ist die Beobachtung, dass Marx' Denken eine konstitutive Beziehung sowohl zur Utopie als auch zur Demokratie unterhält. Abensour zielt darauf, mit dem Begriff der Utopie die Möglichkeit der Emanzipation nachzuweisen.

Utopie ist für ihn keine Illusion und auch nicht der Beginn eines objektiven revolutionären Prozesses, sondern ein Aufwachen, das in einer unauflöslichen Verbindung mit der Demokratie als der eigentlichen Form des Politischen steht. In diesem Rahmen versuchen Menschen, sich von der Herrschaft (eines Menschen über die anderen) zu befreien, indem sie Lücken in der sie umschließenden Gegenwart aufreißen, durch die es ihnen gelingt, sich etwas anderes, andere Formen von Beziehungen vorzustellen, und die es somit ermöglichen, den Bann der Herrschaft zu brechen.

Der Antagonismus, der die politische Geschichte durchzieht, ist für Abensour der Kampf gegen illegitime Formen der Herrschaft. Der Körper des Volkes stemmt sich gegen den Körper des Staates. Aber was kämpft, ist keine Volks-Substanz, sondern ein dividierter Körper – die Vielen, »le tous uns / oi polloi.« Aus derartigen Konflikten resultiert eine Erfahrung der Nichtbeherrschung: »In der Tat konstituiert sich das politische Gemeinwesen in der Bewährungsprobe vielfältiger Konflikte mit dem Ziel, die demokratische Universalität in allen Bereichen durchzusetzen, und zwar dank der Reduktion, d. h. einer Erfahrung von Freiheit, die als Verweigerung von Herrschaft, als Nichtbeherrschung gegeben ist.«[236] Solche Erfahrungen der Freiheit sind vielschichtig: Abensour versteht neben Widerstandsaktionen, Rebellionen und Aufständen im Konflikt mit der Herrschaft auch Aktivitäten im Zeichen der Demokratie als »Reduktion«. Erfahrungen der Freiheit sind Reduktionen, weil sie das Handeln im öffentlichen Raum auf den demokratischen Universalismus zurückführen, der in nichts anderem besteht als im Prinzip der Isonomie und der Herrschaftsfreiheit.[237]

Demokratie, von dieser Aktivität aus betrachtet, ist also keine Herrschaftsform, sondern ein sich wiederholender Aufstand in unterschiedlichsten gesellschaftlichen Bereichen vor allem gegen illegitime staatliche Herrschaftsstrukturen und eine Praxis der Verwirklichung von Gleichberechtigung: »Die aufständische Demokratie entspringt der Intuition, dass es keine wahre Demokratie gibt, ohne den tiefen Impuls der Demokratie gegen jede Form der Archè zu reaktivieren, einen anarchischen Impuls, der sich daher vorrangig gegen die klassische Manifestation der Archè – sowohl des Anfangs als auch des Befehls – stellt, nämlich den Staat. In diesem Sinne ist der Aufstand die lebendige Quelle der wahren Demokratie; so wie nach Machiavelli der ständige Kampf zwischen der Plebejer und dem Senat, der Aufruhr der Plebejer die Quelle der römischen Freiheit war.«[238] Wenn aus diesen Konflikten auch permanente politische Strukturen hervorgegangen sind, so wehrt sich Abensour doch gegen das neuzeitliche Missverständnis, im Staatsapparat die Erfüllung politischer Aspirationen zu sehen: »Der Staat ist nicht das letzte Wort der Politik, ihre Erfüllung. Im Gegenteil, es ist nur die systematische, zerstörerische Form des Alles statt des Einen.«[239] Für Abensour ist Marx nicht als Theoretiker des ökonomischen Determinismus wichtig, sondern als Entdecker dieser »wahren Demokratie«. Zu den Einsichten, die Abensour aus Marx herausdestilliert, zählen die folgenden:

1) »In der wahren Demokratie verschwindet der Staat.« Der Staat ist nicht die Voraussetzung, sondern geht erst aus der politischen Vielheit (multitude) hervor und wird von ihr überwunden.[240]
2) Auch ist die Verfassung keine Voraussetzung politischer Versammlung, sondern nur ein Moment der Selbstbestimmung des Volkes.[241]
3) Es gibt eine demokratische Zeitlichkeit, die in einer schöpferischen Dauer besteht (Mobilität, Plastizität, Fluidität).[242] Aus dieser Zeitlichkeit folgt das unbedingte Recht, sich eine neue Verfassung zu geben. Demokratie besteht in der Energie, die permanent die Verfassung auslebt, auf die Probe stellt, kritisiert, verändert, verwirft, erneuert.[243] Abensour unterstreicht »das Gebot der Plastizität, der Flexibilität, die dem demokratischen Zusammenleben eigen ist«, den er mit der Reduktion als spezifisch demokratischer Operation erreichen will.[244] Die Reduktion führt den Moment der Konstitution immer wieder auf sein Fundament zurück, die instituierende Aktivität, die ursprüngliche Energie. Diese aus wiederholter Reduktion gewonnene Gegenwart der Freiheit ist nur ein regulatives Ideal und muss, eingedenk der Endlichkeit, zu einer Kritik der Vorstellung, der Anwesenheit und Selbsttransparenz des Volkes führen: das sich selbst gründende Volk ist vielmehr ein »unendliches Subjekt« (sujet infini), die Gegenwart der Freiheit ist eingelassen in die »Bewegung der Unendlichkeit« (mouvement de l'infinité).
4) Die Demokratie darf nicht mit der Republik verwechselt werden. Diese ist eine andere Herrschaftsform als die Monarchie, aber eben eine Form. »[Für die Demokratie] geht es vielmehr

darum, mit der Idee der Form selbst zu brechen, sei es, dass sie sich im Modus der Trennung oder im Modus der Vereinigung organisiert.«[245] Es wäre deshalb auch ein Missverständnis, »das Recht« als oberhalb aller Politik anzusetzen oder die Herrschaft des Rechts zur Voraussetzung legitimer politischer Entscheidungsprozesse zu machen. Vielmehr besteht ein Widerspruch zwischen der Idee eines Rechtsstaates und der Institution der Demokratie.[246] Die Demokratie kämpft einen doppelten Kampf: gegen den Polizei-Staat – das Erbe der arbiträren absolutistischen Machtausübung – und gegen den Rechtsstaat – den republikanischen Staatsapparat –, und »für eine neue Form politischer Beziehungen, die zu erfinden bleibt«. Das Informelle dieser zu erfindende Beziehungsform zeichnet sich durch eine Auslöschung des Unterschiedes zwischen Regierenden und Regierten, durch eine Gleichberechtigung zwischen öffentlichem und politischem Raum und für eine Transformation der Macht in kollektive Handlungsmöglichkeit aus. [247]

Ein solcher zu erfindender demokratischer Informalismus zeichnet sich durch die Einrichtung von Gegen-Räumen aus: »In der Tat ist die Demokratie nicht so sehr die Begleitung eines Prozesses, der zum Verschwinden des Staates führt, in einem Raum, der sanft und ungezwungen ist, sondern sie ist die entschlossene Einrichtung eines konfliktiven Raumes, eines Gegenraums, einer agonistischen Szene, auf der die beiden antagonistischen Logiken […] zwischen der Autonomie des Staates als Form und dem Leben des Volkes als Handlung aufeinanderprallen.«[248] Das Volk der Demokratie ist keine präexistente, soziologische Realität, die es nur zu erfassen und auszudrücken gälte, sondern ein der Freiheit gemäßes Sein-Wollen (»vouloir-être selon la liberté«).[249] Es bedarf deshalb, so wäre zu ergänzen, auch der Einrichtung von Gegen-Zeiten.

Marx' Verdienst sieht Abensour darin, auf den Widerspruch zwischen der demokratischen Selbstorganisation des Sozialen und dem Formalismus des modernen Staates aufmerksam gemacht und theoretisch den Gegensatz zwischen Demokratie und politischem Staat geschärft zu haben.[250] Aus der Relektüre von Reiner Schürmann, Emmanuel Levinas und Claude Lefort entwickelt Abensour deshalb den Begriff der »wilden Demokratie« weiter. Demokratie muss, aus seiner Sicht, aufständisch und wild bleiben. Sie muss das Prinzip der Anarchie verwirklichen: »Der Zusammenbruch der teleokratischen Herrschaft, der das Handeln aus dem finalistischen Schema befreit, trifft auf die Auflösung der Marker der Gewissheit und der Unbestimmtheit jedes endgültigen Zwecks. Angesichts des Rätsels der Gegenwart lebt die wilde Demokratie von einer ständigen Infragestellung des Sozialen und der Grenzen des Politischen, die sich in einer Erkundung erschöpft, deren ›Wege nicht im Voraus bekannt sind‹.«[251] An dieser Stelle stellt Abensour die wilde Demokratie zwar weitgehend in die Grenzen der Ständigkeit und der Wiederholung der Gegenwart, sensibilisiert sie aber zugleich für das, was noch nicht bekannt ist und erst erkundet werden muss; für eine andere Zeit.

Lefort habe mit Machiavelli die aristotelische Ontologie aufgebrochen. Es gehe nun nicht mehr darum, das Modell eines gerechten Staates durch die Anwendung des Schemas Essenz/Akzidens zu verfolgen, es gehe auch nicht um die Wahl eines inauguralen Augenblicks, der die Gefolgschaft der übrigen Zeit gebiete, sondern um ein »laisser advenir« (auf uns zukommen lassen) der sozialen Spaltungen und des Wiederergreifens der Freiheit. Das Handeln ist nun spontan, nicht mehr dem Ziel untergeordnet, plastisch, unendlich. Es antwortet auf die Diversität von Situationen und ist offen, lernfähig, dem Sich-Ereignenden zugewandt.[252]

Dieses ist innerhalb des Informellen eine Aufspaltung (»brèche«), eine Kreation neuer Formen von Beziehungen, ein Ankommen des Heterogenen, eine neue Unordnung, die einen Nicht-Ort ausgräbt.[253] Eine Reserve der Unbestimmtheit stellt dabei dar, dass in der Demokratie offenbleibt, was unter dem Menschlichen zu verstehen ist (im Unterschied zum Totalitarismus, der im Menschlichen ein manipulierbares Material sieht).[254]

Abensours *wilde Demokratie* stellt sich zwischen Utopie und Uchronie: »Als Test des Seins, das entsteht, ist die wilde Demokratie in der Zeit angesiedelt, sie empfängt das Ereignis ohne die Unterstützung der Tradition und, offen für den Kampf der Menschen, erweckt ihre instituierende Kraft immer über die instituierten Formen hinaus, also bereit, das in Frage zu stellen, was als etablierte Ordnung gegeben ist.«[255] Die wilde Demokratie erschafft sich, könnte man vielleicht sagen, als Bresche zwischen der räumlichen und zeitlichen Kontinuität. Sie muss immer darauf gefasst sein, dass sich die Macht *mit* den anderen in die Macht *über* die anderen verwandelt.[256]

In *Pour une philosophie politique critique* verdeutlicht Abensour, warum diese Aufmerksamkeit für die anarchische Dimension der Demokratie aus post-marxistischer Sicht wichtig ist. Die Kritische Theorie der Frankfurter Schule habe die Aufmerksamkeit vorwiegend auf das Paradigma der Herrschaft gelegt. Dabei habe es das politische Paradigma vernachlässigt. Eine eindimensionale Kritik der Herrschaft übersehe das Begehren nach politischer Freiheit.[257] Mit Arendt plädiert Abensour dafür, das Soziale und Ökonomische als Sphäre der »Domination«, als Oikos, zu verstehen und von diesem Strikt getrennt die Polis, den Raum der Freiheit. Die Politik ist hier nicht nur räumlich, sondern auch zeitlich missverstanden.

Das Fehlen dieser Doppelperspektive erklärt auch den Katastrophismus der Kritischen Theorie Adornos, Benjamins und Horkheimers: »Die Darstellung der Politik durch das einseitige Prisma der Herrschaft kann zweifelsohne zu Katastrophismus führen. Indem die Geschichte als Wiederholung der Herrschaft und als Herrschaft der Wiederholung gedacht wird, präsentiert sich die Geschichte dem Interpreten als eine ewige Katastrophe. Gleichzeitig bleibt dieser blind für die Lücken in der Freiheit oder vielmehr für die Momente, die die Freiheit begründen. Momente, die in ihrer Abfolge als eine diskontinuierliche Geschichte der Freiheit, der Freiheitserfahrungen gelesen werden können, deren Höhepunkte die griechische Demokratie, die römische Republik, die italienischen Republiken und die großen modernen Revolutionen sind, in denen das Gefühl der Revolte und der Wunsch nach Freiheit miteinander verwoben und verstärkt werden.«[258]

Auf der Gegenseite hält Abensour Leforts Theorie politischer Freiheit, der zufolge diese in einem Modus der Existenz besteht, in dem niemand die Autorität hat, die Angelegenheiten aller zu entscheiden und den Ort der Macht zu besetzen[259], entgegen, diese halte den Ort der Artikulation für gegeben, anstatt politische Formen als Ergebnisse von Kämpfen gegen Herrschaft zu verstehen.[260]

Ergänzt wird diese emanzipatorische Verkoppelung von kritischer und politischer Theorie durch die oben skizzierte Weiterentwicklung der utopischen Perspektive. Ein Argument von Emmanuel Levinas aufgreifend schlägt Abensour vor, die Utopie aus der Sphäre der Objektivation und der Herrschaft herauszulösen, sie nicht zur Erkenntnis der Gesetze der Gesellschaft oder der Geschichte zu missbrauchen, sondern sie eher aus der Sozialität, aus dem Ich / Du zu begreifen: »Wenn man dem anderen Menschen begegnet, ist die Utopie eine andere Form des Denkens als das Wissen. Das Nachdenken über die Utopie im Zeichen der Begegnung führt zur Öffnung ›eines kaum erschlossenen Forschungsfeldes‹, nämlich unserer Beziehungen zu den Menschen. Sozialität […] wird nicht von einem Element her gedacht, das den in Beziehung stehenden Wesen gemeinsam ist, sondern es ist eine Sozialität, in der die Begegnung die Beziehung mit dem Anderen als solcher ist, in seiner Einzigartigkeit der Unvergleichbarkeit.«[261] Geht man über die Begegnung und den Dialog hinaus in die Diskontinuität und die Natalität, so impliziert dies eine völlig andere Beziehung zur Zeit, nämlich ein Aufbrechen der Konzepte des Zeitflusses, der Wiederholung des Gleichen und des Fortschritts, die Verabschiedung der Idee der Zeit als höherer Ordnung, die das moderne Zeitdenken ebenso wie die von der Uchronie beeinflussten politischen Entwürfe nach wie vor bestimmen.

Abensour fordert aus ähnlichen Gründen, die moderne Orientierung auf die berechenbare Zukunft durch eine Zeitkonzeption zu ersetzen, die der Andersheit als Bedingung der Möglichkeit eines zukünftigen Anderen Vorrang einräumt. Diese reine Zukunft, geformt, imprägniert und gefärbt vom Anderssein und sichtbar durch die Negation der Utopie, könne die Zeit aus dem Griff des Gleichen, der Wiederholung des Gleichen zu befreien. »Bei dieser Suche nach dem Anderssein geht es darum, zu einer völlig anderen Zeit zu gelangen, d.h. zu einer Zeit, die sich von der synchronen Zeit Husserls oder der dialektischen Zeit von Marx und Bloch unterscheidet, die beide den Zugriff des Gleichen auf das Andere darstellen.«[262] Diese Heterochronie formt eine weitere agonale Struktur in Abensours wilder Demokratie.

Der demokratische Utopie wäre deshalb nicht nur eine Ethik der sozialen Pluralität, sondern auch eine Zukunftsfähigkeit mitgegeben, im Sinne des »engendrer des formes de relations inédites, laisser advenir l'hétérogène«[263], ausgehend von der Unvorhersehbarkeit und Unbestimmtheit des Menschlichen. Die utopische

Dimension der wilden Demokratie kennzeichnet eine strukturelle Ereignishaftigkeit, »ein unvorhersehbarer Durchbruch, der die historische Zeit trotz aller Berechnungen durchbricht, das Auftauchen einer anderen Effektivität, die effektiver ist als die der Realisten.«[264]

Abensour scheint davon auszugehen, dass immer wieder Herrschaft entstehen wird, gegen die zu kämpfen sein wird, und dass Demokratie in diesem Kampf gegen Herrschafts- oder Staatsform besteht. Kämpfe und Konflikte nicht aufgrund von Beherrschung und Unterdrückung, sondern aufgrund von unversöhnlicher Heterogenität sieht seine Theorie nicht vor. Über die Qualität der »Lücken in der Freiheit« bzw. die Situationen politischer Freiheit jenseits des Katastrophismus der Beherrschung finden wir kaum mehr als Andeutungen. Die Behauptung, es gehe der Demokratie weniger um das Absterben des Staates als vielmehr um die Einrichtung eines Gegenraums, einer antagonistischen Szene, in der die Autonomie des Staates als Form und das Leben des Volkes als Handlung aufeinanderprallten, muss dazu führen, dass es, jedenfalls auf die Dauer, nicht irgendein Staatsgebäude ist, sondern eine demokratische Selbstorganisation, die die Spannungen in den lebendigen Handlungen des Volkes vermittelt, artikuliert und ausgleicht. Die Ontologie des politischen Raumes müsste radikal verändert werden: Er dürfte keinem Staat mehr zugeordnet sein, keinem »Zustand«, sondern müsste eine zu erkämpfende »Situation der Nicht-Beherrschung« werden. Er müsste zugleich die Möglichkeiten der Autonomie für alle sichern und selbst weiter im Rahmen autonomer Setzungen verändert, überflüssig, neu erfunden werden – eine plastische Zeitform. Ist der Kampf für einen solchen Raum auch vom utopischen Denken einer Ordnung, die alle Unterdrückung abschafft, getrieben, so darf dieses Denken doch »nicht länger auf die Herstellung eines Zustandes hoffen, der nicht selbst noch einer Revolution bedürfte.«[265]

Utopische Ideen und Vorstöße sind dennoch umso wertvoller, je mehr die politische Theorie sich das Nachdenken über Alternativen und Kriterien für langfristige Ziele versagt hat und zu einer Begleitideologie für politisches Management geworden ist.

Zwar wird zuweilen betont, dass Utopisches seit der Antike für Innovationen essenziell gewesen sei und auch in der Gegenwart diejenige Kraft für Gegenentwürfe aufbieten könne, die für die

»Bewältigung der Herausforderungen des 21. Jahrhunderts eine unverzichtbare Rolle spielen«.[266] Doch während die Skalen der Herrschaft wachsen, werden die Utopien zunehmend konkreter und kleinteiliger kalibriert. »Reale Utopien« und partizipatorische »Mikroutopien« entstehen im Zeitalter der Globalisierung.[267] In der politischen Theorie wird die Utopie inzwischen meist schamvoll übergangen; auch »normativ gehaltvolle« zeitgenössische Ansätze zeichnen sich durch »Utopophobie« aus.[268] Nur wenige betonen, dass Utopie nach wie vor eine unverzichtbare Methode sei[269], eine wichtige »Denkfigur«, ein »Leitbild möglicher Entwicklungen.«[270] Als einzige seriöse Methode angesichts des modernen Gebrauchs von Utopien zur Rechtfertigung von Gräueltaten schlägt Immanuel Wallerstein 1998 eine rückwärtsgewandte »Utopistik« vor, »the serious assessment of historical alternatives, the exercise of our judgment as to the substantive rationality of alternative possible historical systems«.[271]

Das Ende der Utopie hinterlässt eine Leerstelle, einen Phantomschmerz der Imagination. Zweifel werden artikuliert, ob der Verpflichtung auf das Gewordensein der Gegenwart und der selbstkritischen Wendung der Moderne im Namen der Opfer und des Verlustes nicht ein wichtiges anderes kritisches Potential verloren ging: dasjenige der Ahnung, der Hoffnung, des Wünschens, der radikalen Veränderung – die Kraft der Utopie. Was bleibt also vom »Scheitern der Utopien«?[272] »Wenn man das gedanklich-experimentelle Durchspielen sozialer Möglichkeiten vor allem als Chance für das Ausloten eines gerechteren Daseins, aber auch zur Verhinderung bedrohlicher Entwicklungen versteht, dann kommt man kaum umhin, der Utopie weiterhin eine unverzichtbare Rolle im gesellschaftlichen Prozess zuzugestehen.«[273]

Ein solches utopisches Verständnis ergänzt das prozedural-deliberative Demokratiemodell um ein Moment, das genau besehen seit der Antike – wenn auch zunächst nur in Bezug auf kleine Gemeinschaften – die Frage der Demokratie begleitet hat. Doch weshalb blendet das prozedurale Demokratiemodell die utopische Fluchtlinie meist aus? Sind es Gründe der Machbarkeit (Politik muss pragmatisch gedacht werden)? Architektonische Gründe (eine moderne Population kann sich nicht, wie in vielen utopischen Idealmodellen, auf einem Stadtplatz versammeln)? Universalistische Gründe (die demokratischen Utopien vor der Moderne waren nur selten im liberalen Sinne egalitär und oft elitistisch, frauenfeindlich, rassistisch, antisemitisch)? Rechtstheoretische Gründe (in diesen Utopien fehlen Gewaltenteilung, Menschenrechte, Verfassungsgerichte)? Diese Fragen befördern insgesamt das alte Vorurteil, Utopien besäßen zugleich ein potenziell totalitäres Moment und alle Utopien, die umzusetzen versucht wurden, seien gescheitert oder hätten sich in neue Formen von Herrschaft verkehrt. Doch in diesem anti-utopischen Gestus werden Utopie und Demokratie fälschlich gegeneinander ausgespielt. Denn utopische Visionen, Vorstellungen von Idealgesellschaften bis hin zu temporären lokalen oder kommunalen Experimenten und Versuchen ›gelebter‹ oder ›realer‹ Utopien gehören seit der Antike zum Nachdenken über Demokratie wesentlich dazu.

Tatsächlich kann ein archäologisches Sondieren methodisch die Pluralität utopischer Positionierungen, die bis jetzt das Feld demokratischer Diskurse konfiguriert haben, durchmessen, und zwar auch ohne die Singularitäten, Diversitäten und Heterogenitäten einem Systemzwang zu unterwerfen. Doch die Widerständigkeit dieser Methode verharrt im Präsentismus. Das gilt auch für die Spekulation, deren Konjekturen auf den Prinzipien der Permanenz und der Kontinuität basiert. Die Theorie der Demokratie muss sich von dem, was gewesen ist und zufällig vorliegt, und von dem, was sie in den gegenwärtigen Kämpfen erkennen kann, unabhängiger machen. Dieses Hinausgehen über das Gegebene hieß in der Tradition der Philosophie meist: spekulieren. Das Verfahren der Spekulation in der Philosophie bedeutet vor allem, über das, was ist, was sich erfahren, nachweisen und nachzählen lässt, hinauszugehen, um das Wesen von etwas, den vollen Begriff von etwas, die Idee von etwas, den systematischen Zusammenhang jenseits seiner okkasionellen Instantiierungen zu erfassen. Spekulieren heißt folglich vor allem, etwas in seiner Realität, auch jenseits seiner Erfahrbarkeit, zu bestimmen. Eine spekulative Erkenntnis ist, Hegel folgend, dem Empirischen nicht entgegengesetzt, sondern die Vermittlung und Synthese des empirisch Vereinzelten.[274] Sie ist das Wissen um die Konstruktion von Begriffen. Wenn es darum geht, die Integralität einer Bewegung, einer Veränderung zu erfassen, dann bleibt es nicht bei der Intuition, beim Sicheinschmiegen, sondern die begriffliche und argumentative Konstruktion hat Einfluss auf das, was geschehen kann.

Im nächsten Schritt sind Topik und Spekulation deshalb durch die Utopie als Methode zu ergänzen, und zwar um eine Perspektive auf das, was innerhalb des Gegebenen unterdrückt wird oder unsagbar, unsichtbar, undenkbar bleibt wie auch auf eine Situation, in der die gegenwärtigen Widersprüche und Ausschließlichkeiten negiert, neukonfiguriert, wenn nicht aufgehoben werden können. Sie führt zu einer Konstruktion von Begriffen, die keine Vollständigkeit, Wesenhaftigkeit und Ausschließlichkeit beanspruchen, sondern eine Weiterentwicklung in einer gewählten und explizierten Tendenz oder die Kontrastierung mit einer ganz anderen begrifflichen Qualität anstoßen.

Durch Utopien wurden Selbstverständlichkeiten der Vorrechte und Anordnungen, falsche und zu überwindende Beziehungsformen, wie etwa Geschlechter- und Eigentumsverhältnisse, Gemeinschaftsbegriffe, bestehende Mitbestimmungs- und Teilhabeformen sowie Infrastrukturen, technische Voraussetzungen und Kommunikationsweisen aus der Warte eines verallgemeinerbar Besseren kritisierbar oder gänzlich neu vorgestellt. Ohne utopische Ideen und Erfindungen wäre der Begriff der Demokratie um wichtige kritische Elemente ärmer.[275] Eine Perspektive auf das utopische Moment in jeder freiheitlichen Praxis, auf das Unabgeschlossene, Ungewisse und Uneinlösbare, hilft, dahinter die Konturen einer kosmopolitischen Demokratie[276] auszumachen: Die gleiche Freiheit für alle, wo und wann auch immer, ist aus dieser Warte der Möglichkeitshorizont für gelungene politische Praxis. Wesentlich ist aber, dass (mit Blick auf das Unendliche, in das das Ganze eingelassen ist) schon im Prozess der Entscheidung politische Freiheit verwirklicht wird.

3. Antizipation, Beratung, Urteil
Theorie kollektiver Entscheidungen

3.1 Wer soll entscheiden?

Wer soll wie entscheiden? – So lautet die Grundfrage der Demokratie. Sie liegt den Fragen nach den Anteilen, nach der gerechten Verteilung oder nach der Gleichheit zugrunde. Auch die Fragen, was vor Entscheidungen und der daraus resultierenden Macht geschützt werden muss, sind offensichtlich abhängig von der Antwort auf diese erste Frage. Soll die weiseste Person entscheiden? Sollen all diejenigen die Entscheidung fällen, die von Rechts wegen dazu auserwählt sind oder diejenigen, die von ihren Konsequenzen betroffen sein werden? Oder nur die jetzt hier lebenden Menschen? Warum nicht auch die Tiere und Pflanzen? Wie können die Interessen zukünftiger Generationen mit einbezogen werden?[1] Und die Interessen alles Lebendigen?[2] Wie bildet sich das Kollektiv, das entscheidet? Setzt jede kollektive Entscheidung eine »Wir«-Identität voraus[3] oder wenigstens Larvensubjekte[4], ein Raupen-Wir? Oder kann die unterstellte Gleichheit durch das Entscheiden Gemeinsamkeit herstellen?

So regelmäßig und rituell eingebunden sie oft auch wirken: Entscheidungen sind Ausnahmen. Sie sind nicht nur selten, sondern geschehen zudem nur dann, wenn eine Weichenstellung, eine Umorientierung, eine Neuausrichtung geboten ist. Entscheidungen sind lediglich dann vonnöten, wenn der normale Lauf der Dinge abgewendet werden soll, wenn eine Gefahr droht oder eine außergewöhnliche Chance auftaucht. Aufgrund dieses Ausnahmecharakters sind sie grundverschieden von Präferenzen, vom Auswählen, von der bloßen Änderung von Verhaltensmustern und Prädispositionen. Weder der Ablauf eines Wenn/Dann-Programms, noch die Adaptation eines Verhaltens, noch das Resultat arbiträrer Prozesse sind sinnvollerweise Entscheidungen zu nennen. Entscheidungen werden ausgelöst, aber nicht von einer Situation erzwungen. Wer sich zu einer Entscheidung gezwungen sieht, irrt sich: Sie wird freiwillig getroffen und ist weniger eine Problemlösung als ein reflektierter Ausgriff auf eine andere Zukunft. Es gibt Anlässe für Entscheidungen, oft sind es einfach nur wiederkehrende Daten im Kalender, doch auch diese Daten stellen Krisen dar, lösen Katastrophen aus oder präsentieren eine neue Lage, in der Wünsche, Hoffnungen, Träume wachsen. Entscheidungen sind das Gegenteil von Habitus oder Automatismen. Sie formieren den Willen und sind nur dort notwendig, wo das Wissen aus der Vergangenheit und Gegenwart nicht hinreicht, wo Expertisen, Schlussfolgerungen, Antizipationen und Prognosen ins Stocken geraten und wo ein anderes Verhältnis zwischen Gegenwart und Zukunft erwirkt werden soll. Wessen Gründe sollen dann zählen? Was ist der Fluchtpunkt demokratischer Entscheidungsprozesse? Wie geht das: sich entscheiden?

Dieses dritte Kapitel widmet sich den Erfindungen kollektiver Entscheidungstechniken und ihrer Verbindung zur Erreichung einer demokratischen Utopie. Es untersucht die Hypothese, dass neue Entscheidungstechniken immer dann notwendig werden, wenn erstens die bisher etablierten zu illegitimer Herrschaft führen[5] oder wenn zweitens neue Herausforderungen auftauchen, gegenüber denen sich die etablierten als unangemessen erweisen, oder wenn drittens allein dadurch, dass entschieden wird, die politische Landschaft geändert werden und eine Neukonstituierung angestoßen wird.

Was kennzeichnet kollektive Entscheidungen? Was sind Kriterien eines genuin demokratischen Entscheidungsprozesses? Welche Modelle lassen sich unterscheiden und anhand jener Kriterien sortieren? Diese Fragen zielen nicht allein auf Legitimationserfordernisse, Herrschaftsverfahren, Beeinflussungstechniken oder Entscheidungskulturen, auch nicht nur auf die Frage, wer tatsächlich entscheidet, sondern vor allem normativ auf die Frage, was über die jeweilige Entscheidung hinaus die Etablierung eines Entscheidungsarrangements bewirkt – wenn bestimmte Bedingungen und Zielorientierungen festgelegt und Einsichten in die Logik des Entscheidens erzielt worden sind. Wer ist das Subjekt der Entscheidung, und was macht das Entscheiden mit diesem Subjekt, zumal wenn es sich um ein kollektives handelt und Entscheidungsarrangements mehrfach durchlaufen werden?

Damit soll nicht nur eine Theorie kollektiven Entscheidens skizziert, sondern auch systematisch herausgearbeitet werden, was es bedeutet, dass die Demokratie die Frage »Wer soll wie entscheiden?« ins Zentrum stellt. Denn mit dieser Verknüpfung von Entscheidungs- und Demokratietheorie ist die These verbunden, dass die Erprobung, die Kritik und die Weiterentwicklung von Entscheidungsverfahren als konstitutiv für die Demokratie anzusehen sind. Dass sie deshalb eine stets offene Frage bleibt (»Wer soll wie entscheiden?«), bedeutet, dass die Offenheit sowohl dem Wie als auch dem Wer gilt: Wer sind wir, wer sind wir alle, wer identifiziert und zählt uns alle, was heißt es, nicht nur eine/r von mehreren zu sein, sondern einer von uns zu sein …? Offen bleibt auch die Frage nach dem Sollen, das heißt nach der Norm, aus der abgeleitet werden kann, dass, wie und von wem zu entscheiden ist. Diese Offenheit stellt zugleich eine Voraussetzung und einen Fluchtpunkt dar, selbst eine spezifische normative Rahmung, der zufolge eine situative Festlegung des Geeigneten in bestimmter Weise zur Geltung zu bringen ist.

Was Offenheit als normative Rahmung impliziert, wird mit einer vertieften Analyse der wichtigsten in Demokratien angewendeten Entscheidungsverfahren geklärt – Konsens, Losverfahren, Mehrheitsabstimmung, Personenwahl, Präferenzaggregation – sowie durch eine Erörterung und Weiterentwicklung entscheidungsbezogener demokratietheoretischer Ansätze.

Durch dieses Vorgehen wird der Blick geschärft für die dynamische Vielfalt demokratischer Entscheidungsverfahren, um erstens aufzuzeigen, dass keines dieser Verfahren allein den Kern des Demokratischen ausmacht, und um zweitens Prinzipien auszuarbeiten, die die Bewertung traditioneller und die Entwicklung neuer Verfahren hinsichtlich ihrer Voraussetzungen und ihrer weitergehenden Ziele leiten können. Dies soll insbesondere zwei theoretische Sackgassen vermeiden helfen, nämlich erstens, nur das aktuelle Institutionengefüge theoretisch zu rekonstruieren, und zweitens, das Athener Original als einzigen Prüfstein zuzulassen.

Wie die Archäologie einer demokratischen Utopie im zweiten Kapitel gezeigt hat, wurden in der antiken Demokratie weder ausschließlich der Mehrheitsentscheid noch das Losverfahren allein angewendet (die Aristoteles jeweils als Kennzeichen der Demokratie ausmacht) oder als typisch für die Demokratie aufgefasst, sondern auch eine Reihe anderer Verfahren (auch die Personenwahl). Bei der Gründung demokratischer Kolonien wie auch in den utopischen Entwürfen wird deutlich, dass die Entwicklung und Auswahl von Verfahren nicht nur an einem Legitimitätskriterium orientiert war – als größtmögliche Beteiligung derjenigen Menschen an der Autorisierung von Gesetzen, die diese Gesetze befolgen sollen – [6], sondern auch die Relevanz für die jeweils zu entscheidende Sache sowie für das Ziel der Entscheidung, d. h. für das Warum und das Woraufhin. Die jeweilige Situation, so ließe sich daraus schlussfolgern, gibt vor, welches Verfahren gewählt wird und ob das Problem, das Lösungsziel oder die Frage der Einbindung im Vordergrund steht. Eine solche These[7] übersieht jedoch dreierlei: Erstens, dass diese Verfahren nicht vor aller Zeit gegeben waren und damit beliebig zur Auswahl standen, sondern erfunden und weiterentwickelt werden mussten; zweitens, dass schon die Beschreibung und Analyse der Situation und die Auswahl des geeigneten Entscheidungssystems das entscheidende Problem darstellt: Wer entscheidet, wie entschieden wird? Und drittens, dass nicht nur die Situation, in der entschieden wird, den Entscheidungsmodus vorgibt, sondern auch der Zweck, die Zukunft, die dadurch erreicht werden soll.

Eine demokratische Maxime scheint in der Antike bei Grundsatzfragen gewesen zu sein: Je wichtiger und komplexer ein Problem ist, desto mehr Menschen sollten an der Beratung und Entscheidung beteiligt sein. Doch folgt aus dieser erstaunlichen Maxime keineswegs, was unter Beteiligung zu verstehen ist, wie sie erfolgen sollte und erst recht nicht, dass in jedem Fall die Mehrheitsentscheidung anzuwenden ist, um darüber zu befinden, was überhaupt als adäquate Problembeschreibung, als Situationsanalyse und als Zielvorstellung gilt.

Wenn das Mehrheitsverfahren heute auch omnipräsent und keiner weiteren Begründung bedürftig wirkt, so ist doch die Kritik an ihm eine wichtige Quelle demokratischer Weiterentwicklung gewesen. Als ein Grund für den Mehrheitsentscheid wird zuweilen genannt, dass die Mehrheit mächtiger als die Minderheit ist und sich im Zweifelsfall gegen die Minderheit durchsetzen kann, dass sich also, wenn zwingend entschieden werden muss, die Mehrheit schlicht durchsetzt, am besten durch bloße Abstimmung, notfalls mit Gewalt. Spricht dies aber für dieses Verfahren? Sollen die Mächtigen entscheiden und soll deshalb die Mehrheit entscheiden, weil sie die Macht hat? Dies gälte ebenso für eine gewaltvoll herrschende Minderheit.

Welche Personen überhaupt abstimmungsberechtigt waren, hat sich in der Moderne bekanntlich stark verändert. Das Wahlrecht war zunächst wie noch in der römischen Republik und (mit Ausnahmen) in den italienischen Stadtrepubliken durch einen Vermögenszensus auf Steuerzahlende bzw. Wohlhabende beschränkt. Befeuert durch die Amerikanische und die Französische Revolution und insbesondere die Erklärung der Menschenrechte wird im 19. Jahrhundert eine Ausweitung des Wahlrechts erkämpft, so dass alle erwachsenen Männer wählen dürfen; in Frankreich und der Schweiz wird dies 1848 erreicht, im Norddeutschen Bund 1867, in Großbritannien erst 1918.

Das Wahlrecht der Frauen ist später erkämpft worden, zunächst offenbar im Pazifik, auf den Pitcairn- und Cookinseln, in Neuseeland (1893) und Australien (1902), dann in Finnland (1906), in der Sowjetunion (1917), in Österreich (1918), in Deutschland und Aserbaidschan (1919), in Frankreich (1944), in der Schweiz 1971 und in Liechtenstein 1984.

In Ländern wie den USA ist das Wahlrecht fast bis in die Gegenwart von rassistischen Ausschlüssen gekennzeichnet, obschon seit 1870 der 15. Verfassungszusatz jeden derartigen Ausschluss vom Wahlrecht untersagt. »Native Americans« wurden 1924 zu Bürgern erklärt, erhielten aber erst 1962 das Wahlrecht. Bis 1952 verwehrte der »Chinese Exclusion Act« asiatischen Einwanderern die zivilen Rechte (der »Anarchist Exclusion Act« galt ebenso lange); die »Jim Crowe Gesetze« wurden 1965 abgeschafft. In Südafrika fand, nach der Apartheid, 1994 die erste allgemeine und freie Wahl statt. In den französischen Kolonien wurden die Mitbestimmungsmöglichkeiten für die nichtweiße Bevölkerung bis mindestens 1952 eingeschränkt. In Kanada wurde das Wahlrecht für sog. »Inder«, »Chinesen« und »Japaner« erst 1949 und für »Inuit« und »Indian-Status«-Bürger:innen erst 1962 effektiv. In Dänemark erhielten die Inuit 1953 die Bürgerrechte. In Australien erhielten die ursprünglichen Einwohner (»Aborigines«) erst spät das vollständige Wahlrecht, nach verschiedenen Ausweitungs-Etappen (1962, 1967, 1977), effektiv 1983.

Ausschlüsse vom Wahlrecht aufgrund der Religion reichen ebenfalls bis in die jüngere Vergangenheit. So erhielt der jüdische Bevölkerungsteil meist erst verspätet im 18. und 19. Jahrhundert das Wahlrecht (einen Auftakt bildete 1752 der »Jewish Naturalization Act« in Großbritannien), was ihm an vielen Stellen (Nazi-Deutschland …) im 20. Jahrhundert wieder entzogen wurde. In England und den Vereinigten Staaten erhielten Katholiken erst im 19. Jahrhundert die gleichen Rechte. In Kanada erhielten religiöse Minderheiten wie die Mennoniten, Hutterer und Duchoborzen (»Doukhobors«) 1955 das Wahlrecht.

Durch die Zeiten besteht eine Kluft zwischen dem ›Wahl-Volk‹ und der Bevölkerung; diese Unterscheidung ist von Segregationen, Ausschlüssen und blinden Flecken durchzogen. Noch heute erfolgen Ausschlüsse vom Wahlrecht aufgrund von Alter, geistigen Fähigkeiten, Kriminalregistern, Nations- und Spezieszugehörigkeit und vermutlich auch aufgrund von Sektionen, für die wir weder eine Wahrnehmungsfähigkeit noch einen Namen haben. Der Prozess der Emanzipation ist auch in dieser Hinsicht sicher nicht abgeschlossen.

Während also auf der einen Seite noch immer Kämpfe darum ausgefochten werden, wer überhaupt das Recht erhält, abzustimmen, ist auf der anderen Seite der Status des Wahlvolkes bei den Wahlen selbst demokratietheoretisch nicht minder problematisch, denn einerseits werden die Wahlverfahren und Kandidat:innenlisten dem Wahlvolk vorgesetzt (ihm steht die Wahl der Wahl nicht offen) und andererseits resultiert aus dem Ergebnis einer Personenwahl nicht notwendig eine Legitimierung (unter anderem weil denkbar ist, dass eine Person zwar mit relativer Mehrheit gewählt wird, aber eine große Mehrheit, deren Stimmen auf andere Optionen gestreut sind, auf keinen Fall diese Person gewählt hätte oder weil nur eine Minderheit tatsächlich zur Wahl gehen konnte).

Die Beschränkung der Volkssouveränität auf die Wahl von Repräsentant:innen des Volkes ist nicht zuletzt in der begrifflichen Konfusion der Demokratie mit der Republik begründet. Während beide für Montesquieu noch weitgehend synonym waren, plädieren Jefferson und Madison um 1775 für eine Republik, aber gegen eine Demokratie, da letztere auf einen engen Raum beschränkt sei und nur eine Republik sich beliebig weit ausdehnen könne.[8] Die amerikanischen Verfassungsväter, die eine reine Demokratie ablehnten, entschieden sich daher für eine gemischte Regierungsform. Man kann hierin den Einfluss John Lockes erkennen: Aus aristokratischen Elementen setzt sich der Senat und die Kontrolle durch Gouverneure zusammen. Für diese gemischte Regierungsform, in der die gewählten Repräsentanten die Macht des Volkes ausüben, erfindet Alexander Hamilton 1777 den Ausdruck ›repräsentative Demokratie‹.[9] Die dahinter liegende Vorstellung von Repräsentation ist diejenige, dass die Repräsentant:innen keine (etwa durch ›cahiers de doléance‹) gebundenen (imperativen) Mandatsträger sind, sondern eine Miniaturfassung des Volkes, wenn nicht sogar die eigentliche Inkarnation des Volkes, wie es der französische Ballhausschwur behauptet. Akte dieses versammelten, auf sein Wesen reduzierten und sichtbar gemachten Volkes sind dann Akte der Volkssouveränität. Die Begründung für diese Vorstellung lautet, dass das Volk nur in seiner Versammlung, nur durch die Repräsentation eines und eins ist und ein Subjekt wird, das souverän agierten kann. Nur in der Nationalversammlung existiert die Nation. Doch wird hier das demokratische Volk, auf das sich Theorien der Volkssouveränität berufen, mit der Repräsentation einer Nation problematisch in eins gesetzt.

Gegen dieses Prinzip der Repräsentation hatte zuvor Rousseau eingewendet, dass die Regeln, nach denen eine solche Repräsentation erfolgt, nicht von den Repräsentanten selbst erlassen werden können – weshalb der Ballhausschwur später auch als Staatsstreich kritisiert wurde – und dass (zumindest) die Grundgesetze von allen Bürgern per Abstimmung direkt und einvernehmlich zu verabschieden seien.[10]

Diese Einsicht ist von fundamentaler Bedeutung: Eine Verfassung als Grundlage eines freiheitlichen Zusammenlebens muss von allen in einer freien Entscheidung einzeln und kollektiv angenommen werden. Das Modell des Gesellschaftsvertrages lässt an dieser Stelle zwei Optionen zu: entweder einen kollektiven Akt, bei dem einvernehmlich (oder mit einem hohen Quorum) die gemeinsamen Gesetze ratifiziert werden – diese Option wird überall dort gewählt, wo Verfassungen und Verfassungsänderungen durch Referenden ratifiziert werden – oder ein Modell der Assoziation oder des Vereins, der individuelle Beitritt zu einem Vertragswerk. Doch auch dieser müsste explizit geschehen. Für eine freie Gesellschaft ist beides erforderlich: die individuelle Zustimmung und die Ratifizierung durch alle. Alle gemeinsam und alle je einzeln müssen die Grundregeln explizit akzeptieren, denen sie sich unterwerfen. Dies impliziert allerdings, über die gerade genannten Optionen hinaus, dass sie nicht nur über die Verfassung abstimmen, sondern sie auch im Einzelnen nachvollziehen und insgesamt verstehen können. Mehr noch, es impliziert, dass sie den Prozess des Zustandekommens dieses zur Abstimmung gestellten Vorschlags nachvollziehen und gutheißen können. Um dies zu gewährleisten, liegt es nahe, dass alle Abstimmenden bereits zuvor an der Ausarbeitung und vorbereitenden Beratung der Gesetze teilnehmen können. In jedem Fall muss es einen performativen Akt der Zustimmung zu diesem Verfassungsvorschlag geben, der nicht bereits die Geltung dieser Verfassung zur Voraussetzung hat, der sich also nicht bereits auf Bestimmungen dieser Verfassung beruft.

Dem könnte nicht nur aufgrund der historischen Analyse konkreter Fälle von Verfassungsgebung entgegengehalten werden, dass diese nie in einer *Tabula-rasa*-Situation stattfindet, sondern dass immer schon Regeln vorliegen, die die Basis für die Ausarbeitung weiterer Regeln bilden oder als vorläufige pragmatisch genutzt werden. Wer das Recht hat, an einem Referendum teilzunehmen, und wie dieses Referendum, beispielsweise mit Blick auf den Punkt der Artikulation, ausgestaltet wird, ist bereits geregelt. Wenn auf Regeln mit einer zumindest lokalhistorischen Geltung Bezug genommen wird, die die Voraussetzung dafür bilden, dass dergleichen überhaupt stattfinden kann, so nicht, weil diese Regeln eine höhere oder historisch fundierte Legitimität besäßen, sondern weil dieses Vorgehen von allen zumindest stillschweigend akzeptiert wird.

Keinesfalls reicht für die Geltung einer Verfassung, dass sie gilt oder bislang noch nicht angefochten wurde, und auch nicht die vage Unterstellung, dass alle ohnehin vernünftigerweise hätten zustimmen müssen oder dass sie in irgendeiner Weise unter dieser Verfassung gelebt und mitgemacht haben und insofern beteiligt waren und deshalb auch als Normautor:innen gelten könnten. Denn derlei oft gehörte Legitimationsstrategien gälten auch für alle, die in einer Diktatur zu leben gezwungen sind. Die Neuordnung und Veränderung eines Regelgefüges kann nach Maßgabe dieser schon etablierten Regeln erfolgen, nicht aber der Akt des Sich-Regeln-Gebens oder der (Neu-)Gründung. Die Regeln der Neugründung müssen aus dem Begriff der Autonomie entwickelt werden. Denn es kann nicht nur darum gehen, eine freiwillige Knechtschaft oder Unterwerfung unter existierende Regeln zu organisieren.

Eine Reflexion auf die Rechte vor dem Recht findet sich bereits in der Idee der Naturrechte und in der frühen vertragstheoretischen Autonomiekonzeption. Pufendorf zufolge steht die Setzung von Rechtsordnungen und Normen im Widerspruch zur Naturordnung, denn Gesetze und Normen sind Obrigkeitsverhältnisse, Anordnungen, Verpflichtungen, die nicht durch Schöpfung, sondern durch Setzung (impositio) den natürlichen Merkmalen hinzugefügt werden.[11] Die Vorstellung von natürlichen Rechten kann Maximen für legitime Rechtssetzung enthalten. So schreibt Pufendorf: »Weil alle Menschen auf natürliche Weise eine gleiche Freiheit flankieren, ist es ungerecht, sie unter was auch immer zu unterwerfen, ohne daß sie dem zugestimmt hätten, sei es ausdrücklich, sei es stillschweigend [...]. Auf welche Weise auch immer: die Übereinkunft muß notwendig begleitet werden von der Zustimmung, ausdrücklich oder stillschweigend, von allen, und von jedem einzelnen [...].«[12] Hier findet sich bereits ein Hinweis auf den Gedanken, dass es nicht ausreichend wäre, wenn jede/r Einzelne eine Art Beitrittsformular ausgefüllt hätte; vielmehr müssen auch alle insgesamt zustimmen und die Gruppe als solche muss sich selbst performativ konstituieren. Eine stillschweigende Zustimmung muss dabei als solche erkennbar sein, denn, wie Pufendorf einräumt, wenn jemand sich am selben Ort befunden, aber nicht zugestimmt hat, so bleibt er außerhalb der entstehenden Gesellschaft, und es besteht keine Obligation, ihren Regeln zu folgen. Rousseau hält dem entgegen, stille Zustimmung reklamierten Tyranneien für sich. Ein Volk müsse sich versammeln und in voller Freiheit artikulieren dürfen.[13]

Fest steht: Wenn ich an Personenwahlen teilnehme, und sei es auch für die Delegiertenwahlen zur Ausarbeitung und Verabschiedung einer Verfassung, so habe ich dadurch der Verfassung noch nicht zugestimmt. Den Verfasser:innen des deutschen Grundgesetzes und denjenigen, die es 1990 modifiziert haben, war bewusst, dass dieses einer solchen Legitimation nach wie vor entbehrt, worauf dessen Artikel 146 hinweist, der »eine freie Entscheidung« für eine Verfassung fordert[14] und zugleich deutlich macht, dass es eine solche für das Grundgesetz noch nicht gab.

Fest steht auch: Ein verfassungsgebender Akt kann nicht von einer Generation allen kommenden oktroyiert werden. Für existierende Verfassungen gilt deshalb: Das durch eine Konstitution entstehende Kollektiv müsste, worauf Rousseau ebenso hinweist, in regelmäßigen Abständen das Regelwerk erneut zur Disposition stellen und ggf. verwerfen.[15] Das konstituierte muss wieder in das konstituierende Kollektiv aufgelöst werden, wenn es nicht zu einem intertemporalen Aufzwingen kommen soll. Die Temporalität der Konstituierung umgreift die verfasste Zeit zwangsläufig; die (temporale) Selbstbegrenzung ist als äußerster Akt der Autonomie der Verfassung selbst eingeschrieben.

Das Vererben der Verfassung ist aus autonomietheoretischer Sicht ebenso wenig überzeugend wie das Vererben der Staatsbürgerschaft (qua Bluts- oder Territorialrecht). Die Regeln, nach denen man lebt, sollten nicht wie ein Schicksal achselzuckend akzeptiert werden. Wenn vermieden werden muss, dass Menschen ohne rechtlichen Schutz dastehen, und in diesem Sinne allen Neugeborenen kosmopolitische Grundrechte (Kants »Weltbürgerrecht«) zukommen müssen, so ist dies innerhalb des Geltungsbereiches einer demokratischen Verfassung (ob dies nun territorial festgelegt wird oder anderweitig) zu gewährleisten. Des Weiteren wäre zu überlegen, ob nicht ein zweiter Schritt erforderlich wäre, durch den jemand Bürger:in, Teil einer Polis, einer politischen Gemeinschaft wird und deren Regeln explizit für sich annimmt. Denn dies folgt ebenfalls aus der Vertragstheorie: Der Akt des Zusammenschlusses oder später des Beitritts muss bewusst, frei und verantwortlich erfolgen. Ein solcher Akt muss vollzogen werden und kann nicht, wie zur Zeit, an biologische Tatsachen wie die Geburt oder das Erreichen der Volljährigkeit geknüpft werden, wohl aber an andere Bedingungen, wie zum Beispiel Kenntnisse der Regeln und die explizite Erklärung der Übereinstimmung damit.[16] Es gibt Gründe, die gegen eine Überprüfung von Kenntnissen etc. sprechen, nämlich dass sie zu Exklusionen und Manipulationen führen könnten, aber analog leuchtet es genauso wenig ein, dass Personalausweise und Pässe zu beantragen sind und dass andere Regeln für Immigrant:innen beim Erwerb der Staatsbürgerschaft gelten als für Inländer:innen.

Niemand kann sich aussuchen, in welche Familie er geboren wird, welches die ökonomischen Verhältnisse sind und welche Überzeugungen in diesem Kontext vorherrschen. Aber niemand darf gezwungen werden, in diesen Umständen zu verbleiben, es darf auch von niemandem erwartet werden, diese gutzuheißen. Jedem Menschen muss es freistehen, sein Leben ändern zu wollen und sich auszusuchen, mit wem er zusammenleben, wen er lieben, wie er produzieren und an was er glauben möchte.

Es muss deshalb ebenso ein Exodus-Recht geben wie ein Recht auf Prüfung der Anwartschaft und ein Recht auf Gründung einer neuen Gesellschaft (auf einem anderen Territorium). Aus ersterem folgt nicht nur ein Auswanderungs-, sondern auch ein kosmopolitisches Asyl- bzw. Aufenthalts-Recht. Aus zweiterem das Recht der Abspaltung oder Neugründung.

Analog gilt für Kollektive, dass auch diesen keine Verfassung von früheren Generationen aufgezwungen werden darf, weshalb sie ihre Geltung zeitlich zu befristen haben. Wenn die Idee der Geltung einer Verfassung räumliche Grenzen impliziert, dann ebenso temporale. Keine Verfassung kann ewige Geltung beanspruchen. Vernünftigerweise muss sich jede zum Ziel setzen, den Weg zu einer besseren Verfassung zu ebnen.

Von der Verfassungsform als dem Vertrag, zu dem jede/r Gesellschafter/in ihre Zustimmung geben muss, unterscheidet Rousseau die Regierungsform, die der Verwaltung des Gemeinwesens dient und deren Beschlüsse daher auch durch die Mehrheitsregel herbeigeführt werden können. Aus dieser Einsicht folgt, dass alle sehr wohl beschließen können, ihre Entscheidungsmacht an einen kleinen Haufen Parlamentarier:innen oder an Einzelne zu übertragen; aber das zumindest müssen sie alle tun.

Rousseau, wie zuvor Montesquieu, verbindet die Demokratie mit einer Ämtervergabe nach Losentscheid. Im Unterschied dazu besitzen Wahlen für ihn stets ein aristokratisches Moment. Noch in seiner Rede vom 4. März 1801 wird Pierre Louis Roederer daran erinnern, dass das, was inzwischen repräsentative Demokratie heiße, von Rousseau noch elektive Aristokratie genannt worden sei: »Aristocratie élective, démocratie représentative sont donc une seule et même chose.«[17] Im Kontext der Französischen Revolution stellt sich so die bereits bei Abbé Sieyès aufgeworfene Frage, ob und wie eine repräsentative Regierungsform auch die unmittelbare Mitwirkung aller beinhalten kann. Falls die Bürger ihre Rechte lieber Abgeordneten übertrügen, die eine repräsentative Regierung bildeten, könne Frankreich, so folgert Sieyès im September 1789, keine Demokratie sein.[18]

Gegenüber der Macht der Repräsentanten kann sich ein Volk in der repräsentativen Demokratie nur durch freie Meinungsäußerung und die Freiheit der Feder verteidigen. Die Öffentlichkeit der Vernunft offeriert den Gesetzgebern eine Orientierung, eine Richtschnur, um Gesetze zu verabschieden, »als sie aus dem vereinigten Willen eines ganzen Volks haben entspringen können«[19], wie Kant suggeriert. Die kollektive Zustimmung bleibt ein Postulat[20] oder wird als vermittelt durch die Personenwahlen präsumiert.

Die radikale Kritik an Wahlen und Abstimmungen, bei denen jedes Individuum eine gleichwertige Stimme abgibt, findet in dieser Auseinandersetzung wenig Gehör. Nur vereinzelt, wie bei Pierre-Joseph Proudhon Mitte des 19. Jahrhunderts, wird die Idee der gewählten Repräsentanten als Abstraktion eines realen Verständigungsprozesses zurückgewiesen.[21] Für ihn führt die »allgemeine Wahl« (suffrage universel) in der Kompromissformel einer repräsentativen Demokratie lediglich zur Parzellierung und Atomisierung des Volkes. Proudhon fordert daher eine wahre Demokratie, die mit ihrer Diversität von Äußerungsformen, deren Einheit das Föderationsprinzip bilde, »die Lösung des Sozialen Problems« darstelle.[22] Für diese Kritik der demokratischen Repräsentation – ihrer strukturellen Nähe zur elektiven Aristokratie sowie ihrer Formatierung des Meinungsbildungsprozesses – im Namen der »wahren Demokratie« gibt es innerhalb der liberalen Demokratietheorie bis heute keine befriedigende Antwort. Um die Diversität der Äußerungsformen vernetzen und bündeln zu können, wäre eine Aggregationsregel zu finden, die nicht schon bestimmte Positionen, Optionen oder Äußerungsformen privilegiert und die weitgehend neutral und ermöglichend hinsichtlich des Status der Äußerung ist. Zunächst unterstreicht dieser Ansatz jedoch die Notwendigkeit, dass die Unterschiede zur Fähigkeit der Artikulation in einem Prozess der Assoziation berücksichtigt werden. Die Konsequenz kann nur sein, auf ein System der Abstimmung zu sinnen, das den Marginalisierten und Deprivilegierten zugewandt ist und ihnen zuerst das Rederecht einräumt. Der Zugang zu Rednertribünen, zu Mikrofonen, zu Reichweitenverstärkern, zu Medien, zu Netzwerken darf nicht als gegeben vorausgesetzt werden.

Die Differenzen zwischen dem demokratischen und republikanischen Verständnis der modernen politischen Form sollen seit Kant durch den Fokus auf die Frage der Verfahren gelöst werden – durch die Integration der Öffentlichkeit.[23] Die Institutionalisierung deliberativer Prozeduren zur Herausbildung eines kollektiven Willens gilt hier als Kennzeichen der Demokratisierung.[24] Habermas kritisiert zwar, dass »der Strukturwandel der bürgerlichen Öffentlichkeit für die formaldemokratischen Einrichtungen und Prozeduren Anwendungsbedingungen [schafft], unter denen die Staatsbürger inmitten einer an sich politischen Gesellschaft den Status von Passivbürgern mit Recht auf Akklamationsverweigerung einnehmen.«[25] Er hält jedoch ein System dann für hinreichend legitimiert, wenn das Postulat, die kritische Öffentlichkeit könne sich hinreichend geltend machen, aufrechterhalten werden kann und deshalb die notwendige Rückbindung von Entscheidungen an die rational diskutierende öffentliche Meinung *prinzipiell* gewährleistet ist.[26]

Forderungen nach Partizipation laufen ins Leere, wenn diese auf ein konsequenzloses Dabeisein im politisch-kulturellen Betrieb reduziert wird, wie Castoriadis einwendet: »Aber es reicht nicht, nur zu wiederholen: Partizipation, Partizipation. Die Frage ist: Warum zum Teufel sollten sich die Bürger beteiligen? [...] Damit Menschen sich beteiligen, müssen sie die ständig überprüfte Gewissheit haben, dass ihre Teilnahme oder Enthaltung einen Unterschied machen wird. Und das ist nur möglich, wenn sie sich an tatsächlichen Entscheidungen beteiligen, die ihr Leben betreffen.«[27] Bei der Vernetzung der Diversität möglicher Äußerungsformen kommt es darauf an, dass diese insgesamt und einzeln wirksam werden und ihre Wirksamkeit selbst erfassen und überprüfen können. Das wichtigste Kriterium der effektiven Beteiligung an Entscheidungsverfahren ist deshalb, dass jede Teilnahme oder Enthaltung einen spürbaren, nachweisbaren Unterschied macht und dazu beitragen könnte, eine Entscheidung zu verhindern.

An diesem Kriterium für reale Partizipation gemessen scheinen nicht nur viele neuere Formate der Bürgerbeteiligung, sondern auch die in vielen Theorien betonte Möglichkeit, sich mit Argumenten, Petitionen oder auch Protesten an Prozessen der Beratung und öffentlichen Meinungsbildung beteiligen zu können, unzureichend. Wenn sich Entscheidungsblöcke, Mehrheitsverhältnisse, Verfahren de facto nie ändern, gibt es wenig Grund, von Partizipation zu sprechen, wenn sie auch formal gegeben ist.

In der Linie von Habermas nehmen die meisten ›normativen Demokratietheorien‹ völlig unbegründet das Institutionengefüge, in dem wir leben, zum Ausgangspunkt, um einzelne Aspekte, beispielsweise den Ausschluss oder die Benachteiligung bestimmter sozialer Gruppen, zu kritisieren.[28] Aufbauend auf Habermas' Idee einer Demokratisierung durch Deliberation und öffentliche Kommunikation moniert auch Axel Honneth, die staatliche Gewährung von individuellen Rechten der freien Meinungsäußerung und der politischen Teilnahme reiche angesichts der Vielzahl von Hindernissen nicht aus, die einer faktischen Einbeziehung in die Praktiken der Willensbildung entgegen stünden.[29] Um gegen diese Hindernisse anzugehen, fordert Honneth über Rechtsgarantien hinaus »die Existenz eines schichtübergreifenden, allgemeinen Kommunikationsraumes«, der sich dem zivilgesellschaftlichen Engagement öffnet.[30]

Die bloße Diskussion und Akklamation von Machthabern durch das Volk, sei es körperlich anwesend oder massenmedial repräsentiert, stellt keinen vernünftigen Legitimationsakt dar. Aber auch die Tatsache, dass das Volk zwischen verschiedenen Kandidat:innen auswählt, macht aus einer Wahl noch keinen demokratischen Akt – das zeigt nicht nur die Wahl des zu begnadigenden Verbrechers Barabbas in der Bibel, ebenso geschah es im Sowjetsystem und ist auch heute bei manipulierten Vereinswahlen nicht unüblich. Die Tatsache, dass in einem System Personenwahlen durchgeführt werden und dass alle, die gleichberechtigte Akteure in diesem System sind, zwischen verschiedenen Alternativen (für oder gegen eine Person, zwischen verschiedenen Personen) abstimmen dürfen, reicht also nicht hin, hier von einem demokratischen Verfahren zu sprechen. Es ist demokratietheoretisch unzureichend, einen Einfluss der öffentlichen Diskussion auf die politischen Entscheidungen zu stipulieren, wenn die effektive Entscheidungsbeteiligung dem Volk auch über längere Fristen vorenthalten wird.

3.1.1 Das Volk entscheidet

Ein Volk ist dann souverän, wenn alle Macht von ihm ausgeht, insbesondere die verfassunggebende Gewalt, wenn das Volk also über der Verfassung und dem Staat steht. Volkssouveränität meint nicht, dass sich diejenigen, an die es womöglich einen Teil seiner Macht delegiert – Machthaber wie Könige oder Präsidenten –, als Diener des Volkes gerieren sollen. Nur das Volk kann sich eine Verfassung, Gesetze und Regeln geben und es kann diese jederzeit ändern oder ablegen; es muss sich allerdings keine Verfassung geben, um demokratisch agieren zu können. Verfassungen sind keine Voraussetzung für Demokratie. Das Volk kann zur Wahrung dieser Verfassung einen Staat einrichten, es kann diesen aber auch abschaffen. Daraus folgt, dass weder die Gesetze und Bestimmungen der Verfassung noch die Grenzen und Einrichtungen des Staates die Identität des Volkes oder die Regeln der Zugehörigkeit zu diesem ursprünglich festlegen können.

Das Volk der Volkssouveränität ist ein »fiktiver Begriff«, wie Ingeborg Mauss ausführt, der sich erst vom Bürgerschaftsgedanken der Französischen Revolution abgrenzen musste, denn »erst in der völligen Abstraktion von allen inhaltlichen Momenten ist ein enttraditionalisierter, postkonventioneller Volksbegriff gewonnen, der sich mit einer pluralisierten und multikulturellen Gesellschaft verträgt. Die klassische Idee der Unteilbarkeit der Volkssouveränität verweist unter diesem Aspekt nicht auf ein mystisches Kollektivsubjekt, sondern enthält die schlichte Forderung, daß Souveränität ausschließlich denen zukomme, die von Entscheidungen selbst betroffen sind […].«[31] Welche Forderung steckt in diesem Begriff, was genau ist mit Souveränität gemeint, wenn sie sich nicht nur in konstituierender Gewalt, sondern allgemein in Entscheidungen ausdrückt? Welche Art von Betroffenheit qualifiziert zur Partizipation an der Entscheidung? Denn scheinbar sind hier menschliche Akteure gemeint, die jetzt entscheiden, aber von den Konsequenzen ihrer Entscheidung zukünftig betroffen sein werden. Genau genommen sagt Mauss jedoch nicht, dass das Betroffensein von den Konsequenzen einer Entscheidung zur Mitwirkung an derselben qualifiziert, denn das würde sowohl räumlich als auch zeitlich fast jede größere politische Entscheidung sprengen. Es sind beispielsweise von der in Europa getroffenen Entscheidung, Kohle abzubauen und zur Gewinnung von Strom zu verfeuern, sowohl Menschen auf anderen Kontinenten als auch zukünftige Menschen betroffen. Vielmehr muss ihre Definition so verstanden werden, dass diejenigen, die von der Entscheidung im Sinne einer Handlungsobligation betroffen sind, an dieser zu beteiligen sind.

Die Obligation, im Sinne des Beschlusses zu handeln, kann als typisches Kennzeichen kollektiver Entscheidungen gelten. Wie schon Hobbes, Rousseau und Kant bemerkten, wäre es ein logischer Widerspruch, wenn ich mir selbst eine Handlungsobligation auferlegte. Denn ich kann mich nicht selbst verpflichten, da es ausreicht, dass ich als Verpflichtender die Verpflichtung aufhebe, die mich als Verpflichteter behindert. Ich kann jedoch zusammen mit allen anderen mich und alle anderen verpflichten.[32] Alle diejenigen, denen es zukommt, sich und andere durch eine gemeinsam getroffene Entscheidung zu einer bestimmten Handlung zu verpflichten, sind Teil des Volkes.

Wie nun aber kommt dieses Volk zu Stande, wie formiert es sich? Der politische Begriff ›Volk‹ kann weder auf Verwandtschaftsverhältnisse (Ethnizität) noch auf Geburts- oder Wohnorte (Territorialität) zurückgeführt werden. Die Polis definiert Aristoteles als »Gemeinschaft [koinonia] von Bürgern [politai] hinsichtlich einer Staatsverfassung [politeia]«. Zugleich stellt er fest, dass niemand nur deshalb zum Bürger eine Polis wird, weil er seinen Wohnsitz in einem bestimmten Gebiet hat.[33] Die Polis erscheint also – anders als moderne Staaten – nicht an ein Territorium gebunden. In der athenischen Demokratie herrschte die Auffassung vor, die Polis sei identisch mit dem Demos.[34] Aber wer zählt zum Demos? Eine quasi biologisch-ethnische Auffassung scheint auf den ersten Blick erst mit den Reformen des Kleisthenes zusammenzuhängen, der die Mitgliedschaft im Demos erblich machte. Das Natalitätsprinzip führt sofort zu dem Problem der Grade und Anteile. Perikles' Bürgerrechtsgesetz von 451 machte das Recht zur Teilnahme an der Volksversammlung sogar von beiderseitiger athenischer Elternschaft abhängig. Parallel existierte allerdings noch die eingeschränkte Option der Einbürgerung.[35] Frauen (obwohl verwandt), Metöken (obschon dort wohnhaft) und Sklaven blieb der Status der politai verwehrt. Nach dieser Auffassung der aristotelischen Definition wäre der Demos eine Art Großfamilie, die sich, wo auch immer sie lebt, eine ihr gemäße politische Ordnung gibt. Eine andere, plausiblere Auffassung würde allerdings die Zugehörigkeit zu einer Gemeinschaft nicht von Verwandtschaftsgraden oder Wohnorten abhängig machen, sondern ausschließlich von der Bindung an die jeweilige Verfassung. Der Satz von Aristoteles ist dann so zu verstehen, dass die Bürgergemeinschaft durch den Akt der Verfassungsgebung bzw. von der Bindung an gemeinsame Regeln definiert wird.

Wer jedoch sind diejenigen, die sich – Mauss' Einsicht gemäß – unter der Fiktion der Zusammengehörigkeit als souveränes Volk gerieren und eine gemeinsame Ordnung geben? Wenn die Bürgergemeinschaft in Athen politisch begrenzt wurde, heißt das nicht, dass jede Form der Teilnahme am öffentlichen Leben durch andere Gruppen komplett unterbunden wurde. Fremde sind in der Volksversammlung verboten, dürfen aber zuschauen. Frauen, Kinder und Sklaven sind überwiegend ausgeschlossen vom öffentlichen Leben, können jedoch als präsent in Zeremonien und im Theater[36] gelten. Die Teilnahme am öffentlichen Leben und das Recht, an der politischen Entscheidung mitzuwirken, sind offenbar getrennt zu betrachten, wenn auch das eine auf das andere einwirkt. Strikter noch sind Formen der Mitwirkung an politischen Entscheidungen zu unterscheiden von dem Recht, sie effektiv zu treffen. Alle Arten von Beeinflussung, Einflüsterung, Bestechung, Verführung, Überzeugung, Intrige und Manipulation sind Weisen der Mitwirkung, die gerade in autokratischen Staaten ihre Wirkung entfalten. Auch diejenigen, die einem Diktator ein fatales Dekret zur Unterschrift reichen, wirken an einer Entscheidung mit. Auf der anderen Seite verlassen sich diejenigen, die ein Recht zur Entscheidung haben und es ausüben, sei es nun in Diktaturen oder in Republiken, oft auch auf die Mitwirkung von solchen, die nicht effektiv mitentscheiden, allein schon zu Zwecken der Information und Legitimation.

Die Mitwirkung an politischen Entscheidungen hatten in Athen beispielsweise diejenigen Sklaven, die an der Durchführung der Ratssitzungen beteiligt waren, die Auslosung der Richter und die Auszählung der Stimmen überwachten, die Finanzverwaltung durchführten oder die Texte des Staatsarchivs ordneten und konservierten oder die Gesetze mit Polizeigewalt durchsetzten.[37]

Das Recht, politische Entscheidungen effektiv zu treffen, übten, anders als heute, alle Bürger Athens aus. Wie noch näher zu erörtern sein wird, ist mit der These, dass alle diejenigen, die das Recht hatten, in der Volksversammlung zu sein und abzustimmen, diese Abstimmung effektiv getroffen haben (ob sie nun präsent waren und für das Resultat abgestimmt haben oder nicht), nicht die Behauptung verknüpft, dass diese Entscheidungsträger nicht beeinflusst, manipuliert oder instrumentalisiert wurden. Das Recht, an einer Entscheidung mitzuwirken, haben etwa auch diejenigen, die zuschauen dürfen, die gehört werden können oder müssen oder diejenigen, die Funktionen bei der Organisation der Versammlung haben (z. B. Ordner, Sekretäre). Doch nur derjenige, der eine Entscheidung effektiv trifft, ist für sie verantwortlich. Selbst wenn er bestochen oder verführt wurde. Selbst wenn nur ein kleiner Teil der Bürger bei einer Volksversammlung zugegen war und abgestimmt hat, galt die Entscheidung doch zu Recht als »beschlossen vom Volk«.

Dieses Volk der Demokratie stellt in der Antike eine Minderheit dar: Es wird geschätzt, dass im demokratischen Athen ca. 30.000 Bürger das Recht zu entscheiden hatten, bei einer Bevölkerung von insgesamt über 400.000 Personen.[38]

Als es im Jahre 411 v. Chr. nach der erfolglosen sizilianischen Expedition der reichen Oberklasse mit Terrormitteln gelang, die Demokratie abzuschaffen und eine Oligarchie unter dem »Rat der 400« zu errichten, beharrte die vor Samos lagernde Flotte auf der Demokratie; die Soldaten insistierten, sie seien das Volk von Athen und erkennten die Diktatur der 400 nicht an.[39] Dass hier eine Gruppe für sich in Anspruch nimmt, das (wahre) Volk zu sein, eine Volksversammlung (ekklesia) abzuhalten und für das Ganze zu sprechen, verdeutlicht, dass ›Volk‹ auch hier letztlich weder ethnisch noch territorial verstanden wird, sondern eng verknüpft ist mit der Volksversammlung, der Ekklesia, deren Beschlüsse mit der

Formel eingeleitet wurden »Edoxe toi demoi.« / »Beschlossen vom Volk.«.

Diesem Begriff des Volkes der Volksversammlung steht der Begriff des ›gewöhnlichen Volkes‹ entgegen (ebenfalls demos), der abschätzig gemeint war. In diesem Sinne diffamierten Kritiker die Demokratie als Herrschaft der Armen, der Habenichtse (aporoi).[40] In der Demokratie herrschen dieser Auffassung zufolge die Vielen (to plethos). Sie sind hier in der Mehrheit (hoi polloi).

Gegenüber der Auffassung, die unter ›Volk‹ diejenigen fasst, denen gleiche Partizipationsrechte an kollektiven Entscheidungen zukommen, bezieht sich die Behauptung, das Volk sei der Haufen der vielen Habenichtse, auf keine rechtliche Norm, sondern auf eine soziale Differenz. Sie fragt danach, wer von der Demokratie profitiert. Die Demokratie ist, so besehen, ein Projekt für die Besitzlosen, für die Rechtlosen, für die Unerzogenen, für diejenigen, die nichts beizutragen haben und keine Steuern zahlen. Die für die Demokratie charakteristische Einführung des Tagegeldes (ekklesiastikos misthos) schafft, bei gleichen Rechten, eine höhere Beteiligungsmöglichkeit für »alle«, und auch die Ärmsten, die Anteillosen, die Entrechteten.[41]

Aus Sicht Herbert Marcuses verdeckt der Begriff der Volkssouveränität geradezu das Substrat der Geächteten und Außenseiter, der Ausgebeuteten und rassistisch Verfolgten, derjenigen, die sich zusammenrotten und ohne Schutz auf die Straße gehen, die Opfer von Gesetz und Ordnung, die Hoffnungslosen, deren Opposition das System von außen trifft.[42]

Beide Auffassungen sind zutreffend und müssen im Begriff ›Demokratie‹ zusammen gedacht werden. Das Volk der Demokratie entsteht aus der Versammlung. Dieser geht eine Ahnung voraus: ein Zustand der Entrechtung, aber auch ein Larvensubjekt. Bevor sie sich konstituieren und eine Identität entwickeln, werden die Vielen, die sich versammeln, von der *Antizipation einer Entscheidung* geleitet. Nur die Möglichkeit einer solchen Antizipation macht aus der Flucht vor oppressiven Verhältnissen die Vorbereitung einer Änderung der Verhältnisse.

Zum Volk werden alle diejenigen zählen, die irgendwann gleichberechtigt eine Entscheidung treffen, von der sie alle selbst betroffen sein werden. Und das Volk sind die Vielen, die (zu) wenig haben, die Prekären, die der Gewalt Ausgelieferten. Das Volk der Demokratie sind »alle«, vor allem aber »die Anteillosen.« Wenn das Volk durch die Fiktion des Volkes zu sich gebracht wird, wenn es nichts als die Gleichheit ist, die die Vielen, die sich zusammenfinden, aneinanderbindet, dann muss das, wodurch sie zu Gleichen werden, von einer Voraussetzung (Hypothese, Fiktion) zu einer Wirklichkeit werden; es muss auch weiterqualifiziert werden, damit die Gleichheit zwischen ihnen besser wird und nicht nur in der Unterwerfung (unter die selbstgegebene Regel) besteht. Wenn es diejenigen sind, die (noch) keinen Anteil an der Gemeinschaft haben, die keine Rechte haben, die nichts beizusteuern haben außer ihrer Gleichheit, die zugleich innen sind und außen, wenn es diese sind, die das Substrat der Demokratie ausmachen, dann folgt daraus, dass es eines der wichtigsten Zukunftsvorhaben des konstituierten Volkes der Demokratie ist, sich erneut und erweitert nach neuen Regeln zu konstituieren.

3.1.2 Die Rechtlosen entscheiden

Zweifellos macht Demokratie, tendenziell und im Unterschied zur Monarchie, zur Aristokratie und anderen Formen der Ochlokratie, Politik im Interesse derjenigen, die über keinen Besitz verfügen und auch rechtlich deprivilegiert sind. Sie ist ein soziales Projekt. Für Jacques Rancière beginnt die Demokratie deshalb mit der Abschaffung der Möglichkeit, Schuldner zu versklaven.[43] Er leitet daraus eine Dynamik der Aufstände und der Ausweitung ab, so dass Demokratie nichts anderes als das Ereignis ist, durch das diejenigen, die bislang ausgeschlossen waren, sich eine Sichtbarkeit und eine Stimme erkämpfen. Denn arm in diesem politischen Sinne sind vor allem diejenigen, die keinen Zugang zum politischen Raum haben.

Unterschlägt aber diese Auffassung von »politischer Armut« nicht die reale, existenzbedrohende ökonomische und soziale Basis des Menschseins? Hunger ist fürchterlicher als politische Unterdrückung. Dennoch gibt es gute Gründe, die politische Armut für essenzieller als die soziale zu halten. Claude Lefort zufolge sind die eigenen Wirkkräfte des Ökonomischen und Sozialen nicht zu leugnen; sie sind elementar und in vieler Hinsicht autark, aber doch abhängig: Soziale Organisationen sind einschließlich ihrer Prinzipien und Symbole nicht einfach gegeben, sondern werden erst auf der politischen Bühne sichtbar gemacht[44] und ausgehandelt.[45] Kriege, Spannungen und latente Konflikte werden durch diese Übertragung oft pazifiziert.[46] Die Eigenständigkeit der politischen Bühne etabliert aber keine permanente Trennung von sozialem und politischem Volk. Denn die politische Repräsentation ist ambivalent und auf eine auch sozial definierte Öffentlichkeit bezogen. Mittels politischer Reden, Rituale und Symbole können sich Personen politische Macht aneignen, doch bleiben Politiker:innen gefangen zwischen der Öffentlichkeit und ihrer Rolle.[47]

Entscheidend ist dabei die Prozeduralisierung und Sequenzialisierung sowohl der Konflikte als auch der Machtverhältnisse. Die Macht wandert von Hand zu Hand, sie verflüssigt sich und wird vor allem in ihrer Dauer wirksam: »Der revolutionäre und unvergleichliche Zug der Demokratie ist es, daß hier der Ort der Macht ein leerer Ort wird […]. Das Wesentliche ist, daß er es den Regierenden verbietet, sich die Macht anzueignen und sie zu verkörpern. Seine Ausübung ist der Prozedur eines periodischen Neu-Ins-Spiel-Bringens unterworfen. Es ist schließlich ein regulierter Wettbewerb, dessen Bedingungen auf permanente Weise bewahrt sind. Dieses Phänomen impliziert eine Institutionalisierung des Konfliktes.«[48] Diese vorläufige Institutionalisierung impliziert eine eigene Temporalität und Realität.

Die Ausübung von Macht ist von der Zeitlichkeit ihrer Reproduktion ebenso abhängig wie von der Fragilität und dem Schwanken des kollektiven Willens[49] und doch nur in der Dauer wirksam. Im Unterschied zu allen anderen politischen Systemen sind Demokratien durch eine radikale Unbestimmtheit (»indétermination«) charakterisiert; sie stellen aus, dass das Symbolische, die Repräsentation niemals mit dem Realen zusammenfallen wird.[50] Die zeitliche Begrenzung und Strukturierung ist deshalb aber kein Ausdruck des Zweifels oder des Relativismus und erst Recht keine Repräsentation des Scheiterns, sondern bezogen auf die Bedingungen der Darstellung der zugrunde liegenden Prinzipien und Zielvorstellungen. Das bedeutet für Lefort eine besondere Abhängigkeit der Demokratie vom Staat: Der Staat schützt die gesellschaftlichen Leitprinzipien davor, vollständig realisiert zu werden. Je gleichberechtigter oder souveräner das Volk wurde, desto abhängiger war es von einem immer weiter wachsenden Staat, dem die Aufgabe zufiel, die Interessen freier und gleicher Individuen zu repräsentieren.[51]

Demokratie ist aus dieser Warte deshalb erstens durch die negative Operation, den Platz der Macht vakant zu lassen, gekennzeichnet und zweitens durch die Errichtung eines Gleichberechtigung garantierenden Staates.[52] Der Staat ist der Gesellschaft in ihrer Diversität entfremdet, weil er der Repräsentation eines abstrakten Gleichheitsideals verfolgt. Soziale Ungleichheit wäre, so lautet Leforts zentrales Argument, ohne eine staatliche Referenz auf eine formale Gleichheit nicht einmal wahrnehmbar.[53] Nur durch die Bezugnahme auf die staatlich repräsentierte formale Gleichheit können sich Gruppen von ihrer Ungleichbehandlung emanzipieren: Arbeiter, Schwarze, Frauen, Homosexuelle benötigten die staatlich garantierten Rechte und die Arenen des Rechts zur Durchsetzung ihrer Gleichheitsforderungen. Immer neue Ansprüche tauchen auf, weil das abstrakte Prinzip, das Ideal der Gleichheit, nie vollständig verwirklicht werden kann. Demokratie ist für Lefort in diesem Sinne ein offenes Projekt.[54]

Gleichberechtigungsforderungen können sich auf Rechte und in Stein gemeißelte Prinzipien berufen. Vielleicht kann man sogar sagen, dass nur das Auftauchen der Demokratie das Ausmaß der Ungleichbehandlung und Unterdrückung in allen (anderen) politischen Formationen der Antike sichtbar und die Demokratie selbst im Namen der Demokratie kritisierbar gemacht hat.

Weil er im demokratischen Staat vor allem eine Instanz zur Sichtbarmachtung und Garantie der Gleichberechtigung sieht, stimmt Lefort daher einer Kritik an der mangelnden Aktualisierung der Volkssouveränität nicht zu: Die Elimination aller Formen von Herrschaft oder ›formaler‹ Demokratie würde nicht zur totalen Freiheit oder wirklichen Demokratie führen, sondern vielmehr zur totalen Herrschaft.[55] Demokratie lebt aus Leforts Sicht vielmehr von konkurrierenden Repräsentationen in Justiz, Wissenschaft, Gewerkschaften, aber auch in der Kunst.[56] Eine pluralistische demokratische Gesellschaft benötigt eine Vielzahl politischer Institutionen und Bühnen (Parlamente, Räte, öffentliche Debatten), auf denen die Probleme unter Rekurs auf abstrakte Prinzipien ausgefochten werden können, die sicherstellen, dass diese Konflikte legitim erscheinen, dargestellt und repräsentiert werden können.[57] Unbestimmtheit versteht Lefort im Wesentlichen präsentistisch.

Leforts Vervielfältigungsstrategie nährt einerseits den Zweifel an den etablierten Formen der Volkssouveränität, weil hier die Zahl an die Stelle der Substanz tritt.[58] Andererseits wird durch sie indirekt deutlich, dass Lefort kein Kriterium aufbieten kann, um zwischen einem barocken Staat in permanentem Interregnum und einer Demokratie unterscheiden zu können und die Offenheit als Zielvorstellung und nicht nur als Korrektiv zu durchdenken. Weder führt die Repräsentation von Gleichheitsnormen auf die Dauer zu einer entsprechend geänderten sozialen Wirklichkeit, noch kann dieser Ansatz erklären, wie neue, anders gelagerte Gleichheitsforderungen, gerade von solchen, die von der staatlichen Repräsentation ausgegrenzt oder unterdrückt werden, artikuliert und durch andere Institutionen geschützt werden könnten.

Das soziale Gefüge und das öffentliche Leben sind aus dieser Warte nicht vorgängig, sondern lediglich Korrelate historischer politischer Prozesse. Je nach politischem System wurden demzufolge andere Gesellschaften und andere Ausschlüsse produziert; doch anders als Lefort suggeriert, könnten diese Varianten hinsichtlich der Freiheitsspielräume differenziert werden. Ist Demokratie folglich die Öffnung der Bürgerversammlung (demos 1) auf die bislang von der politischen Macht Ausgeschlossenen, die Anteillosen, die Unqualifizierten hin (demos 2)? Nein, denn das übersieht, dass diese soziale Gruppe nicht präexistent ist, sondern erst durch die Politik, durch die Selbstkonstitution des demos aufgrund der dabei zugrunde gelegten Gleichheitsprinzipien hervorgebracht wird – das Produkt einer politischen Diskriminierung. Und doch reartikuliert sich in diesem Volk (demos 2) das Begehren, die Sozialität und das Vor-Recht der Bevölkerung – die Realität des Lebens auf diesem Planeten, unabhängig von (nicht vor oder nach) dessen Aufteilung in Staatsterritorien. Dieses Vor-Recht ist die Antizipation eines Zustandes, der nicht mehr durch die Grenzziehungen des positives Rechts geregelt werden muss.

Der Widerspruch zwischen dem Substantiellen und dem Formalen lässt sich nicht auflösen, indem man ihn in den Widerspruch von Politik und Sozialität, von Volk und Bevölkerung übersetzt.

3.1.3 Die Bevölkerung entscheidet

Bevölkerung ist Michel Foucault zufolge ein Term, der die Masse der in einem staatlichen Territorium permanent oder vorübergehend Ansässigen bezeichnet. Von einer Politik, die die Bevölkerung erfasst, verwaltet und nutzbar macht, ist im 18. und 19. Jahrhundert zunehmend die Rede. Es ist die Zeit einsetzender Fürsorge für die biologischen Prozesse, die die Menschen als Gattung betreffen, die Zeit öffentlicher Hygiene, die Zeit der Messung und Regulierung der Geburten- und Sterberate, der Definition von Leben und Tod, der Durchsetzung von Körpernormen. In all dem zeichnet sich die Geburt der Biopolitik ab. Biopolitik richtet sich auf die Erhaltung, Verwaltung und Steigerung des Lebens der Bevölkerung und operiert deshalb mit Zäsuren zwischen erwünschtem und unerwünschtem Leben. Das Zeitalter der Biopolitik produziert mit diesen Zäsuren und Sektionen immer wieder Staatsrassismus.[59] Dabei ist die Bevölkerung das primäre Objekt, das der Staatsapparat mit Techniken des Regierens bemisst, bewirtschaftet und produktiv macht, indem sie das Unproduktive einhegt oder ausscheidet.

In der Nachfolge Foucaults haben Michael Hart und Antonio Negri diesem Begriff der Bevölkerung zusammen mit dem der Biopolitik eine revolutionäre Ausrichtung gegeben. Für sie stellt die Vielheit der Bevölkerung nicht nur das verwaltete Leben dar: Die Bevölkerung ist eine Menge, ein Netzwerk von Singularitäten, eine irreduzible Vielfalt. Die heutigen Bevölkerungen leben auf der Grundlage einer nachindustriellen Produktionsweise. Denn die jetzt dominierende Arbeit ist immateriell, sie wird durch Wissen und Kommunikation bestimmt. Menschenströme und Schwärme sind der Ausdruck für Hardt/Negris Hoffnung, dass der »General Intellect« (Marx), der sich durch die unzähligen Knotenpunkte der Netzwerkgesellschaft bildet, in eine politische Transformation umschlägt. Ein Schwarm wäre eine Form der revolutionären Vielheit (»Multitude«), die Hardt/Negri in den Unterschied zum »Volk« setzen: »Das Volk ist eins. Die Bevölkerung ist zwar aus zahlreichen verschiedenen Individuen und Klassen zusammengesetzt, doch im Volk sind diese gesellschaftlichen Unterschiede zu einer Identität synthetisiert oder darauf reduziert. Die Multitude hingegen ist nicht einheitlich, sondern bleibt plural und vielfältig. […] Die

Multitude setzt sich aus einer Reihe von *Singularitäten* zusammen – und unter Singularität verstehen wir hier ein gesellschaftliches Subjekt, dessen Differenz sich nicht auf Gleichheit zurückführen lässt, eine Differenz also, die in der Verschiedenheit bestehen bleibt. [...] Die Multitude ist ein Unterschiede aufweisendes, vielfältiges soziales Subjekt, dessen Konstitution und Handeln nicht auf Identität oder Einheit (und noch weniger auf Indifferenz) beruht, sondern darauf, was ihm gemeinsam ist.«[60] Dieses Subjekt wird nicht durch Abstammung, Territorialität oder Staatlichkeit begrenzt, sondern in einem globalen Kommunikations- und Produktionsnetzwerk hervorgebracht, dessen es sich nur zu bedienen bräuchte, um die Herrschaftsverhältnisse zu ändern und die Ansprüche und Ausgrenzungen des Volkes zu überwinden, und dessen es sich doch bereits täglich bedient, um punktuelle Gemeinsamkeiten affektiv, kommunikativ und kommerzialisierbar hervorzubringen.

Auch Paolo Virno sieht den Gegensatz von Bevölkerung (multitudo) und Volk als konstitutiv an: Seit im 17. Jahrhundert der Begriff der Multitudo, der Vielen, dem Begriff des Volkes entgegengesetzt worden sei, bezeichne jener eine Existenzform pluraler Singularitäten, die im öffentlichen Raum und im kollektiven Handeln fortbesteht, ohne sich in der Einheit des Volkes aufzulösen. Für Hobbes ist die Multitudo der Naturzustand, dem er die Einheit des Volkes unter der staatlichen Souveränität entgegenhält.[61] Das Volk unterscheidet sich folglich von der »Vielheit« ebenso wie vom »Kollektiv« (im Gegensatz zum Individuum). Das Volk stellt das konstituierte politische Subjekt des Staates dar, die Vielheit aber das konstituierende politische Subjekt (eingelassen in immaterielle Produktion).

Während die Begriffe Volk und Bürgerschaft konstituierte politische Organisationen implizieren, ist, Arendt zufolge, die Bevölkerung auf der anderen Seite zu unterscheiden von der Masse und vom Mob. »Der Mob setzt sich zusammen aus allen Deklassierten. In ihm sind alle Klassen der Gesellschaft vertreten. Er ist das Volk in seiner Karikatur und wird deshalb so leicht mit ihm verwechselt. Kämpft das Volk in allen großen Revolutionen um die Führung der Nation, so schreit der Mob in allen Aufständen nach dem starken Mann, der ihn führen kann. Der Mob kann nicht wählen, er kann nur akklamieren oder steinigen. Daher verlangten seine Führer schon damals jene plebiszitäre Republik, mit der moderne Diktatoren so vorzügliche Erfahrungen gemacht haben. Der Mob haßte die Gesellschaft, aus der er ausgeschlossen, und das Parlament, in dem er nicht vertreten war.«[62] Arendt meint hier nicht die Plebs oder den Pöbel.[63] Aus ihrer Sicht ist Antisemitismus in vielen Fällen das, was den Mob auf die Straße treibt.[64]

Vom Mob unterscheidet Arendt die Masse. Die Masse der Akteure steigert exponentiell die Macht des einzelnen Akteurs. Jede Aktion des einzelnen Akteurs steigert die Macht der Masse. Wenn also Volkssouveränität auf der Macht der Masse beruht, so wird sie mit jede/m/r zur Versammlung Hinzutretenden erhöht. Die Macht beruht auf der Versammlung von Akteuren. Jegliche Gewalt hingegen muss die Macht, die aus dieser Versammlung hervorgeht, zerstören. Die Tyrannei zeichnet sich durch das Prinzip der Isolierung, durch die systematische Verbreitung gegenseitiger Furcht und allseitigen Misstrauens aus. Sie verhindert aktiv die Entstehung autonomer Versammlungsmacht innerhalb des gesamten politischen Bereichs und unterwirft die Macht der Herrschaft Einzelner.[65] Die Gewalt eines Einzelnen kann eine Masse dazu zwingen, auch ohne Überredung Befehle auszuführen; ihre Macht wird schlichte Ohnmacht.

Seit Canetti ist klar, dass Massen in unterschiedlichen Formen und Aggregatzuständen auftreten. Im Unterschied dazu können viele zerstreute Einzelne einen ebenso homogenen wie pluralen, über diverse Punkte verknüpften Teil der Bevölkerung bilden. Nach dem Ersten Weltkrieg nahm beispielsweise die Zahl der Flüchtlinge und Staatenlosen, die von keinem Staat repräsentiert wurden und »die sogenannten Menschenrechte verloren hatten«, enorm zu. Diese Menschen wurden von Demokratien und tyrannischen Regimen gleichermaßen als »Abschaum« behandelt und als politische Experimentiermasse, als Menschenmaterial verschoben. Diese Minderheiten lebten außerhalb des Rechts oder unter Ausnahmegesetzen. Ihr Zustand findet seinen Ausdruck im Lager[66], dem Raum der Entrechtung. Arbeitslosigkeit, Vertreibung, Heimatlosigkeit führen auch in parlamentarischen Demokratien zu jenen »totalitären Tendenzen«, Menschen als überflüssiges Material zu behandeln.[67]

Die Rechtlosen sind ohne Schutz[68], weil sie nicht ins Raster der Nationalstaatlichkeit passen. Der Verlust der Rechte meint auch den Verlust der Relevanz und damit der Realität des Gesprochenen; es ist ein Verlust der Sprache, nicht der physischen Kapazität, sondern der Fähigkeit, das Zusammenleben durch Sprechen und nicht durch Gewalt zu regeln. Nationalstaatlichkeit produziert an seinen Grenzen, aber auch unterhalb seiner Institutionen Sprachlosigkeit. Die Sprachlosen zeigen Reaktionen, äußern Geräusche. Sie werden wie »lebende Leichname« behandelt. Selbst wenn diese in den Massenmedien vorgeführt werden, ändert dies nichts an ihrem Schicksal. Auch Narrenfreiheit macht die Menschen mundtot, unfähig zur Politik.[69]

Arendts Kritik der Menschenrechte setzt an diesem Punkt an. Die vollständige Rechtlosigkeit, in die Staatenlose, Migrant:innen, Asylsuchende, Ausländer:innen geraten, so dass sie sich nur auf die Menschenrechte berufen können, ist zugleich ein Produkt der Erklärung der Menschenrechte.

Denn das Problem der Menschenrechte ist nicht nur, dass sie in den Rechtssystemen nicht über dieselbe Autorität verfügen wie etwa Eigentumsrechte. Vielmehr weist Arendt darauf hin, dass die Konstruktion eines »Menschen überhaupt«, eines abstrakten universellen Menschen, der Ausgangspunkt dieses Rechts ist; und weil diese Konstruktion an der pluralen Existenz der Menschen – als Mann und Frau, als jung und alt, geboren, ungeboren, arm, reich, von unterschiedlichster Gestalt und Kultur – völlig vorbeigeht, ja diese konkrete Existenz geradezu ausschließt, ist die einzige Erfüllungsform des universellen Menschen das Staatsvolk. »Nur die emanzipierte Souveränität des Volkswillens, und zwar des Willens des eigenen Volkes, schien imstande, die Menschenrechte zu verwirklichen. Insofern die Französische Revolution die Menschheit als eine Familie von Nationen begriff, richtete sich der Begriff des Menschen, der den Menschenrechten zugrunde lag, nach dem Volk und nicht nach dem Individuum.«[70]

So ist der Staat einerseits eine Instanz des Schutzes, an der sich Emanzipationsbestrebungen ausrichten können, und andererseits, als Nationalstaat, eine Institution der Entmenschung. Nationale Gesetze verteidigen nur das Recht derjenigen, die bereits Teil dieses Volkes sind. Das Menschsein steht in einer prekären Begründungsbeziehung zum politischen Status des Menschen: Der Mensch als Gattungswesen ist Grundlage des Rechts, diese Gattung tritt aber nur in Form biologistischer, wenn nicht rassistischer Fiktionen in Erscheinung, so dass der einzelne, konkrete Mensch außerhalb einer Bindung an ein Volk, an eine Gemeinschaft, in seiner Zugehörigkeit zur Gattung fraglich wird. Wer keine Geburtsurkunde und keinen Pass vorzeigen kann, wird von modernen Staaten nicht als Mensch anerkannt. Rechtlosigkeit ist daher ein Resultat des Ausschlusses des konkreten, einzelnen Menschen aus der biologisch fundierten Annahme eines Gattungsmenschen, der als einziger Träger von Rechten der Erklärung der Menschenrechte zugrunde liegt.

Diese Untersuchungen zur Entstehung der Rechtlosigkeit aus den Phänomenen der Staatenlosigkeit und der Migration bilden den Hintergrund für Arendts Überzeugung, das Handelnkönnen in der Gemeinschaft und das Sprechenkönnen in der Interaktion seien prekäre Grundbedingung der Entfaltung des Menschseins. Denn wenn meine Äußerungen überhört werden, wenn meine Meinung kein Gewicht hat, wenn meine Handlungen nirgends von Belang sind, wenn das, was ich will, keine Relevanz hat, so verliere ich, mit der Realität des Gesprochenen, auch die Sprache. Wenn ich nicht durch mein Handeln und Sprechen in der Lage bin, ohne Gewalt auf die Angelegenheiten des öffentlichen Lebens Einfluss zu nehmen und sie zusammen mit anderen zu regeln, dann ist meine Meinungsfreiheit eine Narrenfreiheit.[71] Des Rechtes, Rechte zu haben[72], zu sprechen und politisch zu handeln, sind aber nicht nur jene tatsächlich Entrechten beraubt, vielmehr ist auch die Bevölkerung, die einer für sie totalen Herrschaft unterworfen ist, latent ohne eine »gemeinsame Welt« des Menschseins.[73]

Die Gleichheit vor dem Gesetz, die oft beschworen wird, gilt, so ist zu befürchten, in dieser Situation nur für Privilegierte und staatlich Anerkannte. Das Recht, Rechte zu haben, wird oft abgestritten und vorenthalten, basiert aber auf der Unterstellung politischer Gleichheit, die selbst in kommunikativen Akten wie dem Befehl oder dem Fluch mitschwingt. Der Skandal der Demokratie besteht, Jacques Rancière zufolge, in der erweiternden Freilegung dieser auf einem Sinn für Beliebigkeit beruhenden Gleichheit.[74] Ihre Verfahren gewähren nicht nur allen die gleiche Chance, sie sind auch eine Feier der Beliebigen, eine Qualifizierung der Disqualifizierten.

Platon und Aristoteles erschien es gerecht, dass nur diejenigen, die etwas beizutragen haben, gemäß ihrem Beitrag Anteil am Gemeinsamen haben. »Für die Gründer der ›politischen Philosophie‹ drückt sich die Unterordnung der Tauschlogik unter das Gemeinwohl in einer ganz bestimmten Weise aus: sie ist die Unterordnung der arithmetischen Gleichheit, die den Warenaustausch und die gerichtlichen Strafen beherrscht, unter die geometrische, proportionierende Gleichheit […]. Aber dieser Übergang […] impliziert […] eine eigenartige Zählung der ›Teile‹ der Gemeinschaft. […] Die Gemeinschaftsanteile [müssen] nach dem Wert, den er der Gemeinschaft bringt, und nach dem Recht, den dieser Wert ihm gibt, [proportioniert sein].«[75]

Wenn die Mittellosen nicht mehr versklavt werden können, weil sie Teil der Gemeinschaft sind, auch wenn sie nichts weiter einbringen und beitragen, ist der Anspruch mitzubestimmen, zumindest implizit: »Durch die einfache Tatsache, in einer solchen Gemeinschaft geboren zu sein, und ganz besonders in der athenischen Polis, nachdem die Sklaverei für Schulden abgeschafft worden war, wird jeder beliebige dieser sprechenden Körper, die zur Anonymität der Arbeit und der Reproduktion vorherbestimmt sind […] unter diesem Teil der Polis, die sich Volk nennt, als Teilnehmer an den gemeinsamen Angelegenheiten als solchen gerechnet. Die schlichte Unmöglichkeit für die Oligoi, ihre Schuldner zur Sklaverei zu erniedrigen, hat sich in den Anschein einer Freiheit verwandelt, die das positive Eigentum des Volks als Teil der Gemeinschaft wäre.«[76]

Die Befreiung von der Versklavungsdrohung unterbricht den Anspruch der Oligarchie, »dass der Reichtum direkt identisch ist mit der Herrschaft«[77], weil es die arithmetische Gleichheit des Schuldens und Habens unterbricht. Diese Freiheit begründet ein leeres Eigentum.

Die Menge derjenigen, die nichts besitzen, zählt sich zum demos, obschon es keinen Anteil an der Gemeinschaft im Sinne eines Anteils am gemeinsamen Besitz hat. Aus der Freiheit von der Möglichkeit der Versklavung erwächst ein Anspruch und ein Streit um politische Freiheitsrechte.[78] Dieser Streit richtet sich immer auch auf die Art der Zählung der Teile, bevor er sich auf etwaige Rechte oder Ansprüche bezieht. »Solchermaßen wird der Demos, der Haufen der nichtigen Leute – zum großen Skandal der Guten –, zum

Volk, zur politischen Gemeinschaft der freien Athener, derjenigen, die spricht, sich zählt und bei der Versammlung entscheidet.«[79] Diese Beobachtungen verallgemeinernd hält Jacques Rancière dafür, Politik überhaupt nur die Einrichtung eines Raums zu nennen, in dem die Partei der Armen den Streit über den Anteil der Anteillosen ausficht.[80] Dieser Streit betrifft unvermeidlich die gesellschaftliche Ordnung insgesamt, und dies aus zwei Gründen:

Erstens wird die Herrschaft der Besitzenden durch eine Freiheit unterbrochen, die die Gleichheit aktualisiert, auf der die durch jene Herrschaft geprägte gesellschaftliche Ordnung beruht. Rancière geht davon aus, dass es gesellschaftliche Ordnungen lediglich deshalb gibt, »weil die einen befehlen und die anderen gehorchen. Aber um einem Befehl zu gehorchen, bedarf es mindestens zweier Dinge: man muss den Befehl verstehen, und man muss verstehen, dass man ihm gehorchen muss. Und um das zu tun, muss man bereits dem gleich sein, der einen befehligt.«[81] Wenn die Sklaven, die Armen, die Rechtlosen ihre Stimme erheben, dann stellen sie eine Gleichheit unter Beweis, auf der bereits die Unterdrückung beruhte.[82] Sobald sie die Gleichheit artikulieren, die die Befehlslogik schon unterstellt, bricht die Herrschaft zusammen oder sie muss eine Gewalt ausüben, die ihr Funktionieren ebenfalls suspendiert.

Zweitens aber stellt diese plötzliche Artikulation der Befehlsempfänger, das unverfrorene Sich-dazu-Zählen die geltende Ordnung des Sichtbaren und Sagbaren in Frage, innerhalb derer das Sprechen des einen zählt, das des anderen jedoch keine Geltung hat und nur als Lärm wahrgenommen werden kann. Diese Ordnung nennt Rancière »Aufteilung des Sinnlichen«. Er bestimmt es als »System sinnlicher Evidenzen, das zugleich die Existenz eines Gemeinsamen aufzeigt wie auch die Unterteilungen […]. Diese Verteilung der Anteile und Orte beruht auf einer Aufteilung der Räume, Zeiten und Tätigkeiten, die die Art und Weise bestimmt, wie ein Gemeinsames sich der Teilhabe öffnet, und wie die einen und die anderen daran teilhaben. Der Staatsbürger, sagt Aristoteles, ist derjenige, der am Regieren und Regiertwerden teilhat. Doch dieser Teilhabe geht eine andere Form von Aufteilung voraus, die bestimmt, wer daran teilhaben kann.«[83]

Die Gleichheit der Rechte basiert auf der Möglichkeit, wahrgenommen zu werden und sich zur Geltung zu bringen. Jedem politischen System liegt eine Wahrnehmungsordnung zugrunde. Deshalb ist jeder Eingriff in die Ordnung dessen, was wahrgenommen werden kann, von eminenter politischer Bedeutung. Denn diese Wahrnehmungsordnung liegt sämtlichen Handlungs- und Artikulationsmöglichkeiten zu Grunde; und damit auch der Möglichkeit, »wir« zu sagen: »Die Aufteilung des Sinnlichen macht sichtbar, wer, je nachdem, was er tut, und je nach Zeit und Raum, in denen er etwas tut, am Gemeinsamen teilhaben kann. Eine bestimmte Betätigung legt somit fest, wer fähig oder unfähig zum Gemeinsamen ist. Sie definiert die Sichtbarkeit oder Unsichtbarkeit in einem gemeinsamen Raum und bestimmt, wer Zugang zu einer gemeinsamen Sprache hat und wer nicht, etc. Der Politik liegt mithin eine Ästhetik zugrunde […]. Die Politik bestimmt, was man sieht und was man darüber sagen kann, sie legt fest, wer fähig ist, etwas zu sehen und wer qualifiziert ist, was zu sagen, sie wirkt sich auf die Eigenschaften der Räume und die der Zeit innewohnenden Möglichkeiten aus.«[84] Diese Ästhetik kann nicht erst in diskursethischen Verfahren korrigiert werden; dies kann nur durch ästhetische Interventionen oder Arrangements gelingen.

Eine Wahrnehmungsordnung liegt der Möglichkeit, in Erscheinung zu treten und Gehör zu finden, zugrunde. Wenn Rancières Überlegungen zutreffen, wird jede Zählweise, die identifiziert, wer oder was zählt und was das Gemeinsame umfasst, von Ungezählten und Überzähligen begleitet und untergraben. Sie ist eingebettet in eine erste Ästhetik, in eine Ordnung der Sinne und der Körper. Entscheidend für eine Demokratie ist, dass es für jene möglich bleibt, diese Ordnung zu durchkreuzen und sichtbar zu werden. Aus diesem Grund wird eine Demokratie, wenn sie ein Projekt der Armen, der Vielen, der Rechtlosen sein soll, noch vor der fairen Berechnung der Stimmenanteile eine Öffnung der Aufteilung des Sinnlichen sein müssen. Die Möglichkeit des Auftritts für diejenigen, die nicht gesehen werden und keine Stimme haben, die Möglichkeit, einen Dissens mit dieser ersten Ästhetik auszufechten, ist grundlegender noch als die wiederholte Abstimmung über die Verfassung und deshalb ein zeitliches Erfordernis. Diese erneute Öffnung antizipiert einen Zustand, in dem territoriale, Sprach- und Körpergrenzen keine Einschränkung des Rechts auf Rechte mehr implizieren, einen Zustand freiwilliger Sozialität.

3.1.4 Die qualifizierte Minderheit entscheidet

Werden aber nicht Entscheidungen generell nur im kleinen Kreis der Informierten und Engagierten vorbereitet und abgesprochen, so dass der legitimatorische Rekurs auf »das Volk« im besten Falle nur eine leere Formalität, im schlimmeren eine Augenwischerei, eine Farce bleibt und »das Volk« stets nur eine Worthülse derjenigen, die für andere entscheiden?

Sinne und Körper, nicht allein Verfassungstexte, konstituieren im politischen Sinne Völker; oft dadurch, dass sie als Teil eines Apparates, einer Institution, einer staatlichen Maschinerie produziert und organisiert werden. Auch für Etienne Balibar ist das Volk der Demokratie ein Produkt innerer und äußerer, körperlicher Grenzziehungen, Praktiken und Vorstellungen: »Das Volk produzieren, heißt: als institutionelle Praxis und als Vorstellung den modernen *homo nationalis* konstituieren, [...] eine Form individueller Identität, deren ›letzte‹ Bezugsgemeinschaft der Staat und nicht die Verwandtschaft, die Klasse oder die religiöse Konfession bildet.«[85] Derart entsteht eine ausbaufähige ideologische Struktur, die Balibar ›fiktive Ethnizität‹ nennt.[86] Das Nationalvolk wird als Funktionsbedingung modernen Staatswesens produziert. Nur fiktiv, in der politischen Philosophie oder in revolutionären Gründungsdokumenten, wird »der Staat [...] durch den gemeinsamen Akt der Staatsbürger ›konstitutiert‹. Er ist im Gegenteil immer schon da als ›Maschine‹ oder (Verwaltungs-, Justiz-, Militär-, sogar ökonomischer) Apparat, das heißt als eine den sozialen Gruppen oder Individuen äußerliche materielle Gewalt, die Macht über sie ausübt.«[87]

Balibar zufolge funktioniert die liberale Demokratie allein dadurch, dass faktisch viele nicht mitbestimmen können. In ihrer nationalstaatlichen Form provoziert sie deshalb die machtlosen Staatsbürger, sich von den formal Ausgeschlossenen rassistisch abzugrenzen. Diese Verwerfungen resultieren nicht nur aus ökonomischen Strukturen oder Krisen. Rassistische Gewalt wird in liberalen Demokratien regelmäßig auftreten, sie ist Ausdruck politischer Kräfteverhältnisse, in denen, so Balibar, »Strukturlogik« und »Überdeterminierung« wirken – neben ökonomischen sind es auch nationale, religiöse, kulturelle und geschlechtliche Fronten.[88]

Dies zeigt sich vor allem in der Konstruktion von »Rassen« und Nationen in kolonisierten Gebieten. Die Folgen für eine postkoloniale Gesellschaft sind ethnische Kriege, die Stämme und Nationen gegeneinander führen, die zuvor nichts als Verwaltungseinheiten der Kolonialherren waren. Balibar nennt das einen »Rassismus ohne Rasse«, und ihm zufolge gibt es auch in den kolonisierenden Staaten eine »institutionelle Struktur des Rassismus«. Ethnische Konflikte nehmen zu in dem Maße, wie Partizipation am politischen und ökonomischen Leben für viele nicht mehr möglich erscheint: »Nicht jeder Rassismus ist ein staatlicher, offizieller Rassismus, aber jeder Rassismus ist (auch als ›Pathologie‹) in der Struktur der Institutionen und im bewussten oder unbewussten Verhältnis der Individuen und der Massen zu diesen Institutionen verankert.«[89]

In der Gegenwart zeigt sich, so Balibar weiter, das zerstörerische Werk eines kulturellen Rassismus, der Menschen nicht mehr wie der biologische über Hautfarben oder vermeintlich Körperliches, sondern wegen ihrer Zugehörigkeit zu bestimmten Kulturen oder Religionen zu disqualifizieren sucht. Gegenüber denen, die formell nicht als Staatsbürger anerkannt sind, können sich die regierten Massen darin tatsächlich als Mitherrscher begreifen. Sie wähnen sich als Staatsbürger zu rassistischer Selbstbehauptung legitimiert: »Was bedeutet diese Legitimation? Dass die Individuen, die offiziell Staatsbürger, das heißt »Souveräne«, sind, kollektiv die Herren des Staates, in Wirklichkeit aber ihm gegenüber praktisch ohnmächtig sind (der Rechte beraubt, die wirkliche Befugnisse wären), dadurch, dass sie sich hinter dem Staat verstecken, diese Ohnmacht auf die ›rassisierte(n)‹ Gruppe(n) projizieren, die auf diese Weise nicht als Staatsbürger, sondern als Untertanen des nationalen Staats konstituiert werden.«[90]

Je mehr das Volk zur Fiktion und die Volkssouveränität zur Farce wird, weil eine regierende Klasse die Macht monopolisiert, desto dringlicher müssen neue Wege der Artikulation gefunden werden, die diese Herrschaft partizipativ aufzubrechen vermögen: »In der Tat kann die Zugehörigkeit zum Gemeinwesen jeder wirklichen Souveränität entleert werden, wenn der Staat […] aus ›Volk‹ oder ›Nation‹ ein bloßes Symbol, eine ideologische Hülle macht. Dies ist insbesondere dann der Fall, wenn er direkt oder indirekt durch eine ›regierende Klasse‹ kontrolliert wird, die die Mächte von Reichtum und Wissen auf sich konzentriert. Umgekehrt tendieren die Klassenkämpfe, die Entwicklung politischer Partizipation und die Demokratisierung der öffentlichen Meinung dahin, das politische Staatsbürgertum zu konkretisieren.«[91] Europa basiert mangels einer europäischen Demokratie auf einer inneren und einer äußeren Grenze: Durch die europäische Staatsbürgerschaft sind alle Europäer in einem Land nun weniger fremd, z. B. Italiener und Spanier in Frankreich, aber die Nichteuropäer umso fremder (z. B. Algerier oder Türken). An seinen äußeren Grenzen tritt Europa militärisch den Einwandererströmen entgegen.

Eine Politik der Menschenrechte bestünde nach Balibar darin, die »égaliberté« zu verbreiten, die Gleichfreiheit, abgeleitet aus der griechischen Isonomia.[92] Er will aus dem Bürgerrecht ein Menschenrecht machen. Kosmopolitismus heißt: Jede/r ist Bürger/in, überall. Die Politik der Menschenrechte besteht in der »Erklärung« (*proclamation*). Die Erklärung der Menschenrechte weitet die Egaliberté global aus. Die Erklärung ist performativ: Sie schafft die Tatsache, die sie benennt, indem sie sie benennt.

Im Gegenzug muss diese Gleichfreiheit im Namen der Demokratie immer wieder gegen den Staat verteidigt werden: Denn jeder Staat, behauptet Balibar, ist autoritär und oligarchisch, auf Klassenprivilegien und Expertise gegründet, unter Zuhilfenahme populistischer Rhetorik. Der Staat behauptet prinzipiell, das Volk besser zu verstehen, als es selbst sich versteht. Deshalb muss, so folgert Balibar, die Demokratie anarchisch sein in dem Sinne, dass sie diejenigen, die keinen Anteil an ihr haben, ins Zentrum des politischen Raumes stellt.[93]

Solange es Staaten gibt oder geben muss, ist demokratischer Aufstand permanent notwendig – die Demokratisierung der Demokratie. »Was andererseits existiert oder was immer wieder existieren kann, ist, die Staatsbürgerschaft nicht nur zu einer Idee oder einem formellen Status zu machen, sondern zu einer Tätigkeit, die den Mitgliedern der Stadt gemeinsam ist, es sind die Kämpfe für die Demokratisierung […], mehr oder weniger aufständische Prozesse […] der Umverteilung oder Teilung von Macht, insbesondere die Fähigkeit, sich auszudrücken, seine Meinung zu äußern und eigene Interessen zu äußern.«[94] Die Staatsbürgerschaft als Tätigkeit, als Initiative, als Praxis ist ein Recht, das sich jeder Mensch selbst verleihen kann und das einem Menschen ebenso wie jedem anderen zusteht; sie ist der Bezugspunkt einer antirassistischen Gleichheitsidee. Kämpfe für Demokratisierung, Kämpfe gegen kulturellen und Staatsrassismus werden von einem (womöglich minoritären) Volk im Aufstand ausgetragen.

In parlamentarischen Demokratien ist ›Volk‹ hingegen lediglich eine Kategorie des Staatsrechts. »Durch das politische Simulakrum der Abstimmung verleiht das ›Volk‹, das aus einer Ansammlung menschlicher Atome besteht, den Gewählten die Fiktion einer Legitimität. Dies ist die ›Souveränität des Volkes‹ [...].«[95] Aus Alain Badious Sicht sollte der Begriff ›Volk‹ deshalb weder mit dieser staatsrechtlichen Fiktion verwechselt werden noch mit dem, was Meinungsumfragen, Sondagen oder auch turnusmäßige Wahlen vorzählen. Im Gegensatz zu dieser Scheinsouveränität und mit Blick auf die Geschichte der Befreiung des (vietnamesischen) Volkes[96] hält Badiou dafür, von einem Volk nur dann zu sprechen, wenn der Staat dazu fehlt. Entscheidender ist aus seiner Sicht die Frage, wo das Volk sich als politisches Subjekt artikuliert. Anders formuliert: Logisch und genealogisch geht das Volk der Organisationsform (also auch dem Staat und seinem Recht) voraus.

Dies geschieht nicht selten dort, wo sich viele Einzelne gegen die staatlich verordnete Trägheit versammeln. Die politisch in Aktion tretende Versammlung – die sich zu einem Körper zusammenschließenden Vielen – kann aus Badious Sicht durchaus in minoritären Abzweigungen mit vollem Recht von sich als »dem Volk« sprechen, wenn diese sich gegen staatliche Obrigkeit wenden: »An die Stelle der Mehrheitsrepräsentanz im Wahlprozess, die der staatlichen Trägheit des Volkes durch das juristische Mittel der Staatslegitimität Form verleiht, aber auch an die Stelle einer immer halb konsensualen, halb erzwungenen Unterwerfung unter eine despotische Autorität, tritt eine Minderheitsentscheidung, die das Wort ›Volk‹ in einer nie dagewesenen politischen Richtung aktiviert. ›Volk‹ kann wieder – in einem völlig anderen Kontext als dem der nationalen Befreiungskämpfe – das Subjekt eines politischen Prozesses bezeichnen. Dies geschieht jedoch immer in Form einer Minderheit, die erklärt, nicht dass sie das Volk repräsentiert, sondern dass sie das Volk ist, insofern es seine eigene Trägheit zerstört und sich zum Körper des politischen Neuen macht.«[97] Die Initiative zu ergreifen und sich zu Vorkämpfer:innen einer neuen Gleichheit im Vorgriff auf eine kommende Organisation zu erklären, kann dann eine vorweggenommene Legitimation darstellen, wenn diese Gleichheit sich in der Form der Initiative selbst verwirklicht und eine umfassendere Mehrheit hervorbringt.

Diese »Minderheitsentscheidung« ist aus Badious Sicht durch die Vorwegnahme und durch die Richtung des »politisch Neuen«, der Emanzipation, scharf von allen anderen politischen Mobilisierungen zu unterscheiden. Denn anders als eine selbstermächtigende Splittergruppe sei eine solche Versammlung, »durch tausend Kanäle und Handlungen ständig mit der lebendigen Volksmasse verbunden«. Wer nun allerdings »die lebendige Volksmasse« ist, im Namen derer Badiou hier spricht, wenn nicht das Staatsvolk oder die Bevölkerung oder eine soziologische Kategorie, bleibt rätselhaft. Denn er will den Begriff ›Volk‹ prinzipiell freihalten und reservieren für die inexistente Masse, heute bestehend aus den »prolétaires derniers venus«, den Immigranten; dann wäre sie aber weder im Sinne Balibars das sich aus einer Praxis bildende Volk noch eine transhistorische Substanz. Ein Volk ist aus Badious Sicht legitim im Gegensatz zum offiziellen Volk des Staatsrechts: Denn dieses »Volk ist die zufriedene Gesamtheit der Menschen der Mittelklasse, die massenhaft dafür sorgen, dass die Macht der kapitalistischen Oligarchie als demokratisch legitimiert angesehen werden kann.«[98] Doch der reine Gegensatz zum Staatsvolk reicht schwerlich aus, um »die lebendige Volksmasse« aus der auto-proklamativen Fiktion herauszuführen und greifbar und wirksam werden zu lassen.

Doch Badiou ist vorsichtig genug, nicht jede politisch motivierte Versammlung, sei sie auch laut, gewaltbereit und aufständig, in seinem Sinne mit dem antizipierten Volk in Verbindung zu bringen. Bei ihm findet sich ein klares Kriterium, eine historische Tendenz, mit Bezug auf die es möglich ist, zwischen reaktionären Inanspruchnahmen eines missverstandenen substantiellen, nämlich ethnischen, nationalstaatlichen oder faschistischen Volksbegriffs und einem antizipierenden Gebrauch zu unterscheiden: »Das Volk im Sinne einer aktiven Loslösung hält seinen Anspruch, der provisorische Körper des wahren Volkes zu sein, nur dann dauerhaft aufrecht, wenn es diesen Anspruch in den breiten Massen unaufhörlich bestätigt, indem es seine Aktivität in Richtung derjenigen entfaltet, die das träge Volk, das seiner Konfiguration durch den Staat unterworfen ist, noch von ihrer politischen Fähigkeit fernhält.«[99] Mit diesem neuen Volk, das aus der unsichtbaren, noch inexistenten Masse, vor allem der »Sans Papiers« besteht, entsteht ein Volk des »futur antérieur d'un État inexistant« und zielt auf die Abschaffung des existierendes Staates, denn »Volk ist ein Wort, das einen Wert nur in Befreiungskriegen oder in kommunistischer Politik annimmt«[100], meint Badiou. Wie sich dieses Avantgarde-Volk vor leninistischen Derapagen bewahren will, wer darin die Entscheidungen trifft (wenn nicht Lenin oder Mao) und wie sich diejenigen, die von ihrer politischen Fähigkeit ferngehalten werden, darin artikulieren oder ob die aktivistische Versammlung für sie spricht, das belässt Badiou im Unklaren. Ebenso ist die Unterstellung einer permanenten, meist passivierten Substanz der »breiten Masse«, deren unaufhörliche Bestätigung einzuholen sei, ebenso fragwürdig wie die Annahme einer Kohärenz in der Logik der Emanzipation, so dass fortschrittliche Politik sich im Kampf gegen die gegenwärtig dringlichsten Ausschlüsse zu bewähren habe – anstatt in einem Kampf gegen künftige (gravierendere) oder besser noch für eine Auflösung der Unterdrückungskontinuitäten.

Mag in seiner Kritik an liberalen Oligarchien auch mehr als ein Gran Wahrheit liegen, so berücksichtigt Badiou doch nicht, dass die von ihm kritisierten Staaten auch eine Schutzfunktion für Minderheiten und einen rechtlichen Rückhalt der Emanzipation bieten können, was in die Überlegungen zu einem »futur antérieur d'un État inexistant« einfließen sollte. Wenn staatliches Agieren – über welche Kanäle der Repräsentation, der Sondage und der Rückkoppelung an die öffentliche Meinung auch immer – dem Willen der Mehrheit der Bevölkerung entspricht, so stellt dies eine, wenn auch schwache, Legitimierung dar, über die keine aktivistische Minderheit einfach mit Berufung auf Ausgegrenzte hinweggehen kann, denn diese könnten aus guten Gründen ausgegrenzt sein. Warum kann eine politische Organisation nur mit Bezug auf reale heutige Massen »Staat machen«, und nicht mit antizipierten morgigen Menschen? Mit wem kann sie das Volk von morgen bilden? Mit der Berufung auf eine künftige Wahrheit wird sie kaum über mangelnde Unterstützung hinweg gehen können. Die Trägheit des trägen Volkes darf nicht paternalistisch als Uneigentlichkeit oder Fremdsteuerung übergangen, sondern muss ebenso als eigensinnige Artikulation aufgenommen werden wie die Tatsache, dass die »breite Masse« heute einen hohen Anteil an Reaktionären, Rassisten und Neofaschisten enthält. Die Antizipation eines inexistenten Volkes muss sich in heutigen Kämpfen bewähren, darf aber ihre Begründung nicht daraus ableiten.

Die Positionen von Balibar und Badiou verdeutlichen: Selbst wenn Repräsentant:innen legitim durch das Volk per Mehrheit gewählt werden, bedeutet dies mitnichten, dass die Volkssouveränität integral durch den Wahlvorgang ausgeübt oder repräsentiert wird oder dass die Volkssouveränität auf die Gewählten überginge oder dass es eine andere Form der Bestätigung geben könne. Das Volk bleibt unterschieden von denen, die es gewählt hat, von dem System, das in seinem Namen spricht, aber auch von sich selbst, insofern es nicht auf die Wahlfunktion als seiner einzigen Gegenwart, als seiner einzigen Artikulation oder seinen einzigen souveränen Akt reduziert werden kann. Dieses Volk ist ein lebendiges Kollektiv. Es kann in vielerlei Weise politisch handeln. Ein Volk kann ein Regime aufstellen, aber es auch vernichten. Selbst eine regulär gewählte Regierung kann subvertiert und umgeworfen werden durch eine Versammlung von Leuten, die im Namen des Volkes sprechen und »dieses ›Wir‹ verkörpern, das die legitime Macht in der Ausübung der Demokratie in den Händen hält.«[101] Die Legitimität dieser Verkörperung rührt aus einer anarchistischen Energie, aus einem revolutionären Prinzip im Inneren der Demokratie; denn ebenso wie jede Repräsentation des Volkes es von sich selbst trennt und zugleich konstituiert, ist jede neue, noch so grundlose und zahlenmäßig minoritäre Inkarnation eine mögliche legitime Erscheinungsweise des Volkes, in Konkurrenz zu Repräsentationstechniken und als Antizipation einer von konstituierenden Versammlungen ausgehenden Macht: »Die ›Wir‹, die sich versammeln, indem sie behaupten, das Volk zu sein, repräsentieren nicht das Volk: Sie konstituieren sich als Volk durch Selbstbezeichnung«, resümiert Judith Butler.[102] Sich als Volk zu konstituieren, bedeutet allerdings nicht nur, den entsprechenden politischen Sprechakt zu vollziehen. Der Begriff impliziert eine Pluralität: »Wir, das Volk«

impliziert eine Serie performativer Akte: »Niemand möchte ein Volk, das exakt dieselbe Stimme spricht.«[103]

Schon die Versammlung, nicht erst das Sprechen, ist ein performativer Akt. Es ist eine Selbstbehauptung der Körper; aus der pluralistischen Maxime folgt, dass diese Versammlung plural, rhythmisch, seriell, temporal, organisch[104] erfolgen und in ein Ensemble aus Beziehungen, Gesten, Bewegungen, die ein Gemeinsames hervorbringen, münden sollte.[105] Dies ist die kontra-faktische Präsupposition jeder Versammlung.

Gegen das Verschwindenlassen, gegen die wachsende Ungleichheit vermag es eine solche Versammlung, eine neue Gleichheit und Interdependenz zu erkämpfen.[106] Diese öffentliche Konstitution eines vielfältigen Versammlungskörpers in der politischen Architektur ist genau dann nicht reaktionär oder neofaschistisch, wenn sie sich, so Butler, gegen die Ungleichheit, die Prekarität und die Kontrolle und für ein lebbares Leben einsetzt. Aber liegt dann der Unterschied zwischen Volk und dem geballten Mob nicht doch nur in den Forderungen, in den Werten bzw. der historischen Tendenz? Er liegt wohl auch, sichtbar und wirksam, in der Weise des Sich-Versammelns. Auf einer nichtpropositionalen Ebene sieht Butler die entscheidende Weise, »die Zerbrechlichkeit und Verletzbarkeit sichtbar zu machen«, die aus ihrer Sicht »heißt ›Wir, das Volk‹ zu sagen«, im Risiko des Ausstellens prekärer Körperlichkeit; doch eben diese Geste, diese Autodesignation stünde auch reaktionären oder neofaschistischen Varianten, sich als Opfer zu stilisieren, offen. Den Unterschied macht hier eine »Politik der Gewaltlosigkeit«.[107] Und diese müsste sich in andere Richtungen als nur zur Präsenz der Masse hin entfalten.

Mit Georges Didi-Huberman können wir die Bifurkation der einen und der anderen Art der Versammlung an ihren fundamental gegensätzlichen Modi der Wahrnehmbarmachung und Sensibilisierung unterscheiden. Die eine Variante desensibilisiert und schränkt Wahrnehmung auf Stereotypen und Herrschaftsmuster ein. Sensibel machen hingegen heißt, die Symptome der Ohnmacht zugänglich zu machen, die Fehler, die Orte oder die Momente, in denen man sich als machtlos erfährt, bewusst zu machen. Durch solche Fehler aufmerksam geworden, werden wir selbst plötzlich »empfindlich gegenüber etwas, das uns bisher entgangen ist, aber uns direkt betrifft.«[108] Wer von einem sensiblen Ereignis betroffen ist oder wütend wird über eine Verletzung, oder wer seine Trauer auf die Straße trägt, beginnt damit schon einen Aufstand oder eine Demonstration, die nicht nur eine Manifestation des Hier und Jetzt ist, oder, wie Badiou es sieht, das Ergebnis einer logischen Operation, sondern voller Bezugnahmen auf ein räumliches und zeitliches Anderswo, auf Gruppen und Völker, deren Leiden und Unterdrückung hier Widerhall finden. Wenn eine Versammlung also das Ergebnis einer Sensibilisierung ist, dann führt sie ein Begehren weiter, das anderswo herrührt. Didi-Huberman denkt vor allem an vergangenes Unrecht, an Qualen der Untergegangenen.

Gegen die Strukturen moderner Sklaverei, gegen die repressive Organisation unserer infrasubjektiven und sozialen Beziehungen und gegen die »neuen Formen der Kontrolle« will Didi-Huberman (mit Adorno und Marcuse) die kritische Funktion einer solchen Imagination mobilisieren. Durch negative imaginative Formen hindurch schafft das Begehren eine Realität, eine alternative Praxis zu habituellen Formen des Dienens und der Unterwerfung. Ein solcher Aufstand der Imagination lehnt sich an untergeordnete Orte der Macht an (um Pogrome, Lynchen usw. auszuschließen). Er zeigt Solidarität mit dem Leiden der »Namenlosen«. Es handelt sich um einen *Aufstand der Imagination*, weil sie hier das Risiko eingeht, sich als solche zu zeigen (anstatt nur heimlich einen unterdrückenden Zustand der Dinge abzulehnen) und den Horizont für eine umfassendere, bisher nicht kalkulierbare Gleichheit zu öffnen. Der Aufstand der Imagination führt zu neuen Punkten, Rhythmen und Vektoren der Assoziationen und des Gebrauchs der Körper. Doch diese Empfindlichkeit, so könnten wir ergänzen, kann durchaus auch eine Wirkkraft in ein zukünftiges Anderswo entfalten.

Die Kategorie ›Volk‹ wird in diesem Diskurs (von Balibar zu Didi-Huberman) als nationalstaatliche Fiktion begriffen und konterkariert mit der Menge, die sich für die Vielen, die Anteillosen, die Noch-nicht-Wahrnehmbaren im Rahmen eines radikaldemokratischen Projektes einsetzt und mit ihnen für eine umfassendere Gleichheit kämpft. Anders als die staatstechnische Fiktion ›Volk‹ bildet diese Menge, zusammen mit anderen, in den Versammlungen, die dieses Projekt in die Tat umsetzen, ein zunächst körperliches ›Wir‹, bevor es ein sprachliches ›Wir‹ artikuliert.

Die Relationierung, Kontaktaufnahme und Versammlung unterhalb kommunikativer Akte implizieren einen politischen Einsatz des Körpers. Solches körperliches Handeln setzt ein reflexives Bewusstsein von der eigenen körperlichen Integrität voraus. Auch muss ein Bewusstsein davon existieren, eine neue Organisationsform zu bilden und dann dieser Versammlungskörper zu sein, um handeln zu können. Wenn Körper als das Elementare des Politischen begriffen werden, so geschieht dies, weil dadurch eine unverzichtbare Erfahrungseinheit bezeichnet wird. In einem gewissen Sinne ist eine solche Identität unvermeidlich die Voraussetzung des Handelnkönnens und damit der Freiheit. Eine persönliche Identität ist deshalb ebenso wenig wie eine Wir-Identität prinzipiell abzulehnen, weil sie nicht notwendigerweise illegitime Abschließungen transportiert und nationalistisch, rassistisch, patriarchal etc. agiert. Die berechtigte Kritik an Substanz- und Funktionskategorien wird diesen und ähnlichen Ansätzen ersetzt durch Überlegungen zu Intensitäten und strategischen Gebräuchen im Übergang.

Ein Beispiel für die Überwindung von Substanzkategorien ist die Geschlechtsidentität. Die Differenzierung des Geschlechts ist von der modernen Wissenschaft als ein epigenetisches Phänomen beschrieben worden: Die vom genetischen Geschlecht ausgehende genitale Geschlechtsdetermination vollzieht sich stets unter dem kontingenten Einfluss interner (Hormone) und externer Faktoren (Ernährung, Temperatur, Sozialität). Folglich bestimmt das genetische Geschlecht nicht absolut das genitale Geschlecht, und dieses bestimmt nur in Abhängigkeit von Praktiken und Habitus das soziale Geschlecht (Gender).[109] Die Masken, in denen sich Rollen- und Geschlechterverständnisse materialisieren, verbergen nur variable Intensitäten, die der Erfindung neuer Subjektivitäten entsprechen (LGBTIQ+).[110]

Dies kann, mit Paul B. Preciado gesprochen, dazu führen, neue Einteilungen von Identitäten als Ausdruck von Spaltung, Hierarchie und Herrschaft abzulehnen und vielmehr Sexuierung als einen Prozess der Variation oder als eine endlose Bewegung der Singularisierung und Pluralisierung der Identitäten zu feiern.[111] Das wäre für viele politische Identitäten ein zu erkämpfendes Programm. Doch lässt sich mit Tristan Garcia einwenden, dass das

Fehlen von Kategorien dann selbst zu einer Kategorie wird. Die Ablehnung der Norm gerät zur Norm: »Und die Norm (...) ist die Intensität als ›Reine Differenz‹.«[112] Analog warnt Garcia vor den Tücken des strategischen Gebrauchs falscher Kategorien (etwa rassistischer Kategorien im Antirassismus): »Der strategische Gebrauch, der darin besteht, den Rassismus gegen diejenigen zu wenden, die ihn praktiziert haben (indem man die weiße Hauptfarbe desjenigen verdeutlicht, der behauptet, farblos zu sein), kann allmählich den Eindruck erwecken, diese Strategie beruhe auf einer Realität. Dies ist eine Art von Regel beim Gebrauch des ›Wir‹: Da es sich auf einer Folie, einer über seine Objekte gelegten Bildschicht einschreibt, gilt es schließlich stets als das Objekt selbst, und die Vorstellung erhält sich nie lange als reine Vorstellung, sie erscheint am Ende immer in die Realität eingeschrieben.«[113] Die bloße Entlarvung oder auch die Dekonstruktion derartiger Kategorien hilft nur bedingt weiter.[114]

Garcia könnte entgegnet werden, dass die zur Norm gerinnende Durchkreuzung einer Kategorie immer noch wesentlich freier und offener ist als jedwede vermeintlich natürliche Kategorie. Ein Ausweg aus dem Dilemma kann, auch in Anlehnung an Garcias realistische Perspektive, darin bestehen, jede Grenzziehung, aus der ein »Wir« hervorgeht, einem dynamischen Prinzip unterzuordnen, durch das jede beliebige Gruppe ihre Intensität aufrecht erhält, ihre eigenen Bindungen stärkt und dennoch Elastizität bewahrt.[115] Weil bei Garcia[116] – ähnlich wie zuvor bei Derrida – die Gefahr besteht, sich innerhalb gegenwärtiger aporetischer Kategorien am Übergang und am Vorläufigen festzuhalten und dieses zu betonen, anstatt dessen, was erstrebt wird, ist trotz dieser multiplen Dynamik eine Antizipation herauszuarbeiten, eine Ausrichtung des dynamischen Prinzips auf ein egalitäreres Wir.

Denn bereits Derrida hat vergeblich versucht, die notwendige Verräumlichung von Freiheit und Recht und die daraus resultierende Begrenzung der Zahl der Abstimmungsberechtigten mit einem kosmopolitischen und »unbedingten« Prinzip zu konterkarieren: »[...] Man wird niemals beweisen können, ob im Mehrheitswahlrecht mehr Demokratie liegt als in der sogenannten Verhältniswahl; beide Arten der Abstimmung sind demokratisch und schützen zugleich ihren demokratischen Charakter durch

Ausschließung [...]. Denn die Herrschaft des demos, die Macht der Demokratie verlangt im Namen der allgemeinen Gleichheit, daß nicht nur die stärkste Kraft der größeren Zahl, die Mehrheit [majorité] der als erwachsen [majeur] geltenden Bürger, sondern auch die Schwäche der Schwachen, der Minderjährigen, Minderheiten, Armen und all derer repräsentiert wird, die überall auf der Welt in ihrer Not eine legitimerweise unbegrenzte Ausweitung dieser sogenannten Menschenrechte verlangen.«[117] Wenn es genügt, dieses Verlangen zu repräsentieren, anstatt die Repräsentation, die die Ausweitung der Rechte verhindert, abzuschaffen und umzuwandeln in eine gerechtere Praxis, sind wir dem Kosmopolitismus noch kein Stück näher gekommen, und dem Zoopolitismus erst Recht nicht. Gleichwohl enthält Derridas Forderung die Einsicht in die Vorläufigkeit des Entscheidens: Jede Anwendung eines demokratischen Entscheidungsarrangements artikuliert eine partikulare Macht und zusätzlich das, was ihr fehlt, was übergangen und ausgegrenzt wurde; sie artikuliert dadurch zugleich die Notwendigkeit ihrer Überschreitung und die Verwirklichung einer noch zukünftigen allgemeinen Gleichheit.

3.1.5 Die Expertise entscheidet

Zur Erreichung vernünftiger politischer Ziele wie auch zum Schutz des Staates, des Rechts, der Minderheiten usw. erscheint es vielen ratsam, die Entscheidung denjenigen zu delegieren, die dafür ausgebildet und darauf spezialisiert sind. Die Personenwahl in repräsentativen Demokratien lässt eine Auswahl nach beliebigen Kriterien oder Präferenzmustern zu, nicht nur diejenige nach Kompetenz. Repräsentant:innen sollen tendenziell sogar die Bevölkerung widerspiegeln, weshalb oft moniert wird, dass sich unter ihnen so viele Jurist:innen finden. Dabei ist diese vermeintlich höhere Kenntnis des Rechts und seiner rationalen Anwendung keineswegs Ausweis politischer Kompetenz: Die Kontrolle der Verfassungsgemäßheit von Gesetzen und Dekreten überließ die antike Demokratie einem Verfahren namens Graphé paranomon und konnte ebenso gut von juristischen Laien durchgeführt werden.[118] Im demokratischen Athen wurde ein Teil der öffentlichen Expertise an Sklaven übertragen: die Archive, die Finanzverwaltung einschließlich der Überprüfung der Gelder, die Verwaltung der Opfergaben, die offizielle Schriftführung. Von 410 bis 404 v. Chr. hatten die Athener eine Kommission eingesetzt mit der Aufgabe, alle Gesetze der Stadt zusammenzutragen, zu überprüfen und erneut zu publizieren, die angeleitet wurde von Nikomachos, der es, Lydias zufolge, auf diese Weise vom Sklaven zum Bürger, vom Armen zum Reichen, vom Schreiberling zum Legislator gebracht habe.[119] Dieser Staatsschreiber, Sohn eines Sklaven, war, so Paulin Ismard, der einzige Experte im athenischen Recht, den die klassische Epoche gekannt hat.[120]

In der Moderne ist der Einfluss von Rechtsexpert:innen kaum zu überschätzen. Ein politisches Organ, das über Kooption mit einer Elite von Jurist:innen besetzt wird, ist das Verfassungsgericht. Die Macht von Verfassungsgerichten ist das Musterbeispiel für die expertokratischen Tendenzen gegenwärtiger repräsentativer Demokratien. Oft sind endgültige Grundsatzentscheidungen nur von den Verfassungsgerichten zu erwarten, die diese aufgrund ihrer höheren Einsicht in »das Recht«, in den Sinn der Verfassungsordnung und in die Kohärenz der Rechtsprechung treffen. Die höchstrichterlichen Entscheidungen dienen nicht nur zur Klärung aktueller Streitfragen, sondern können auch Gesetzgebungen anmahnen und langfristige politische Leitlinien festlegen.

Verfassungsgerichte sind gehalten, einstimmig zu entscheiden, und dort, wo das nicht möglich ist, möglichst viele Stimmen in der Entscheidung zu vereinen. Eine Mehrheit, die sich schlicht immer gegen eine Minderheit der Richter:innen durchsetzte, wäre der Legitimität der Gerichte abträglich. Abweichende Meinungen können ebenso publiziert werden wie Stimmverhältnisse, doch Fraktions- oder Parteibildungen sind zu vermeiden. Letztlich muss das Gericht mit einer Stimme sprechen. Verfassungsgerichte gelten aufgrund dieser Regeln als wichtige Foren der Kontrolle und der Mäßigung. Doch ihr hohes Ansehen konfligiert mit ihrer mangelnden demokratischen Legitimität[121] – sind doch hohe Gerichte genealogisch und systematisch besehen Institutionen des absolutistischen Staates.

John Rawls geht deshalb zunächst von der Feststellung aus, dass es in den Wissenschaften keine höheren Instanzen gebe, sondern

»jeder autonom[,] aber verantwortlich ist.« An keine übergeordnete Wahrheit oder Autorität kann die Aufgabe delegiert werden, Theorien und Hypothesen im Lichte des Beweismaterials nach öffentlich anerkannten Grundsätzen selbst zu beurteilen. Zwar können maßgebliche Werke dabei behilflich sein und Standards angeben, aber diese fassen den Konsens vieler Personen zusammen, die jeweils für sich selbst entscheiden. Das Fehlen einer endgültigen Entscheidungsinstanz und damit einer offiziellen Auslegung, die alle akzeptieren müssen, sei kein Grund für Verwirrung, meint Rawls, sondern vielmehr eine Voraussetzung für theoretischen Fortschritt: »Gleiche, die vernünftige Grundsätze akzeptieren und anwenden, brauchen keinen etablierten Vorgesetzten zu haben. Auf die Frage, wer soll entscheiden? lautet die Antwort: Alle entscheiden, jeder berät sich mit sich selbst, und mit Vernunft, Mitgefühl und Glück klappt das oft genug.«[122]

Wenn es eine Instanz wie »das Recht« gäbe, das höhere Ausbildung und scharfe Intelligenz genauer zu erfassen und zu interpretieren vermöchte, wäre es denkbar, die Entscheidung über Maßnahmen und Gesetze solchen Personen zu überlassen, die ausgewiesene Expert:innen in diesen Feld sind. Damit wären Expert:innen, ähnlich wie bei dem von Platon oft bemühten Beispiel des Arztes, vornehmlich in der Lage, aus dem Recht das jeweils Anzuwendende zu deduzieren. Doch das Recht besteht aus nichts anderem als den Regeln, die sich alle selbst geben und die sie kategorisch genauso gut verstehen wie irgendjemand anderes.

Wenn deshalb keine offizielle höhere Instanz die Richtigkeit einer Interpretation oder gar einer Entscheidung verbürgen kann und alle lediglich aufgrund einer inneren Deliberation entscheiden können, auch die Expert:innen, dann ist erstens kein Gesetz legitim, das nicht auf der Basis einer solchen überlegten Entscheidung aller getroffen wird, und zweitens keine andere Rechtsauslegung demokratisch als diejenige durch die öffentliche Vernunft, wie in der Wissenschaft, das heißt durch alle oder durch ausgeloste Laien. Denn im Gegenzug kann auch kein Verweis auf höhere Institutionen oder vermeintliche rechtswissenschaftliche Autoritäten den Einzelnen die Verantwortung abnehmen. »In einer demokratischen Gesellschaft wird also anerkannt, dass jeder Bürger für seine Auslegung der Grundsätze der Gerechtigkeit und für sein

Verhalten im Lichte dieser Grundsätze verantwortlich ist. Es kann keine rechtlich oder gesellschaftlich anerkannte Auslegung dieser Grundsätze geben, die wir immer moralisch akzeptieren müssen, auch nicht, wenn sie von einem obersten Gericht gegeben wird [...]. Auch wenn das Gericht bei der Entscheidung eines bestimmten Falles das letzte Wort hat, ist es nicht immun gegen starke politische Einflüsse, die eine Revision seiner Auslegung der Verfassung erzwingen können. Das Gericht vertritt seine Lehre durch Vernunft und Argumente; seine Verfassungsauffassung muss, wenn sie Bestand haben soll, den größten Teil der Bürger von ihrer Richtigkeit überzeugen. Die letzte Instanz ist nicht das Gericht, nicht die Exekutive, nicht die Legislative, sondern die Wählerschaft in ihrer Gesamtheit. Die zivilrechtlich ungehorsame Berufung ist ein besonderer Weg zu dieser Instanz.«[123]

Ziviler Ungehorsam kann auch eine Form der Anklage des Verfassungsgerichts gegenüber allen Bürger:innen sein. Gewaltmittel gegen diesen anzuwenden, hält Rawls für fragwürdig und besonders begründungsbedürftig.[124] Recht ist, so fasst Rawls diese Auffassung an anderer Stelle zusammen, eine Artikulation des Volkes: »Die Verfassung ist nicht das, was das Verfassungsgericht über sie sagt. Vielmehr ist sie das, was das Volk, indem es durch die anderen Zweige der Staatsgewalt im Einklang mit der Verfassung handelt, dem Gericht letzten Endes über die Verfassung zu sagen erlaubt.«[125]

Der Verfassungsdogmatismus bzw. Konstitutionalismus ist eine konträre, heute dominante Theorie, die behauptet, dass Regierungsgewalt nicht auf dem kollektiven Willen, sondern auf der Einhaltung abstrakter Normen der »öffentlichen Vernunft« beruht. Überall auf der Welt werden nach diesen vermeintlichen konstitutionellen Grundsätzen die Regierungspraktiken gestaltet und legitimiert. Der Konstitutionalismus propagiert, dass sozialer Fortschritt nicht durch Politik, Wahlmehrheiten und gesetzgeberisches Handeln, sondern durch Expertise, in diesem Fall durch innovative richterliche Auslegung erreicht wird. Der Aufstieg des Konstitutionalismus, der oft mit der modernen Demokratie gleichgesetzt wird, trägt jedoch, so wendet Martin Loughlin ein, in Wirklichkeit zu ihrem Niedergang bei.[126]

Auch Jürgen Habermas ist durchaus nicht entgangen, dass Urteile oft den Charakter von Grundsatzentscheidungen annehmen, weil die Gerichte – bis hin zum Verfassungsgericht – interpretieren: »Immerhin soll die richtige Interpretation ›gefunden‹, nämlich in ›rationaler Argumentation‹ [...] erarbeitet werden. Andere Formulierungen, die dem Verfassungsgericht die Funktion der Rechtsfortbildung durch ›schöpferische Rechtsfindung‹ zuschreiben, deuten allerdings auf ein problematisches Selbstverständnis des Gerichts hin.«[127] Demzufolge sind aus Habermas' Sicht alle Rechtfertigungen von Verfassungsgerichtsbarkeit hinfällig, die die Frage offen lassen, »ob der unvermeidliche Rekurs auf solche Hintergrundnormen dem Verfassungsgericht nicht doch die Tür für eine politisch inspirierte ›Rechtsschöpfung‹ öffnet, die nach der Logik der Gewaltenteilung dem demokratischen Gesetzgeber vorbehalten bleiben muß.«[128] Die Verfassungsgerichtsbarkeit wird dann tendenziell verfassungswidrig: »Das Verfassungsgericht verwandelt sich dadurch, daß es sich von der Idee der Verwirklichung verfassungsrechtlich vorgegebener materialer Werte leiten läßt, in eine autoritäre Instanz.«[129] Das bundesdeutsche Verfassungsgericht hat dies durch seine »Wertordnungslehre«, die das methodologische Selbstverständnis des Gerichts festlegt, getan, fügt Habermas hinzu. Abgesehen von der Auswahl der Richter:innen, die weltweit ein Dilemma repräsentativer Demokratie offenlegt, weil hier in der Regel nichts als Parteienproporz obsiegt, ist der Fall des deutschen Verfassungsgerichtes geeignet, um zu zeigen, wie sich ein Kontrollgremium selbst als Herrschaftsinstanz etabliert, weil es keiner Kontrolle unterliegt.

Die Kooption der Experten durch andere Experten, durch die sich nicht nur die Auswahl der Experten im Bereich der Wissenschaft, sondern auch der Parteienpolitik auszeichnet, transformiert die Demokratie in einen bürokratischen Apparat, der sich für alles zuständig glaubt und immer verantwortungsloser agiert. Das darin deutlich werdende Dilemma der Expertokratie bringt ein Satz von Castoriadis auf den Punkt: »Der richtige Beurteiler von Spezialisten ist nicht etwa ein weiterer Spezialist, sondern der Benutzer.«[130] Zudem: Was das bestmögliche verfügbare Wissen ist, kann nicht nur durch eine wie auch immer zu ermittelnde Bestandsaufnahme festgestellt werden, sondern nur in Abgleich mit der zukünftigen Entwicklung, durch die experimentelle Ahnung eines anderen Wissens, das sich erst durch das Ausscheren aus dem zeitgenössischen Paradigma erschließt.

3.1.6 Kooperatives Entscheiden (Menschen und andere)

Diese Kritik an der Expertokratie bringt eine antiplatonische Position in der politischen Philosophie zum Ausdruck: Eine politische Ordnung überzeugt nicht deshalb, weil sie vermeintlich höhere Einsichten in die Ordnung des Wissens durchsetzt, sondern weil sie die Interessen und Fähigkeiten derjenigen Wesen koordiniert, deren Lebensmöglichkeiten sich in dem Moment verbessern, indem sie diese Ordnung selbst mitgestalten können. Denn Wissensordnungen sind abhängig von Wissensbeständen, von Methoden, von Lern- und Vermittlungsformen, von Paradigmen, von historischen Aprioris, von Medien, von Architekturen und sind deshalb nicht nur von Veränderungen, Verästelungen und Erweiterungen gekennzeichnet, sondern voneinander durch revolutionäre Brüche getrennt.[131]

Eine Ordnung muss nicht zwangsläufig den Charakter eines Herrschaftsinstrumentes annehmen, wenn sie als Struktur innerhalb einer Selbstorganisation aufgefasst und entwickelt wird. Zu den Benutzer:innen einer politischen Ordnung zählen dabei nicht nur diejenigen, von denen sie erdacht und erlassen wurde, sondern auch diejenigen, die sie ausgrenzt, unterdrückt oder vernichtet, wie auch diejenigen, die durch sie erst möglich werden.

Jede politische Ordnung hat in diesem Sinne Auswirkungen auf nichthumane Lebensformen, deren Benutzung auch Formen der Aneignung, Umnutzung, Subversion und Widerstand umfasst.[132] Das Selbstverständnis des Menschen als vernunft- und sprachgeleitetes Subjekt ist eines, das sich mit der Herrschaft über das Tier bildet. Menschliche Herrschaft benötigt das Tier als Gattung. Im Gegenzug erfasst der Tierbegriff immer all diejenigen, die nicht herrschen (können), diejenigen, die mit antrainierten Reflexen, aus Furcht oder in freiwilligem Gehorsam Befehlen Folge leisten.

Das *zoon politikon*, das *animal rationale*, das Tier, das sich für klug hält (*Homo sapiens*), behauptet seine spezifische Differenz, indem es Gattungen und Normen produziert und Abweichungen ausrottet.

Menschen genießen Rechte, vor allem das Recht auf körperliche Unversehrtheit, sodass sie nicht getötet, versklavt, ihren Familien entrissen und ausgebeutet werden dürfen. Diese Exklusivität des

Rechte-Habens wird von den Theoretikern der Tierrechtsdebatte in Zweifel gezogen. Sue Donaldson und Will Kymlicka vertreten in ihrem Buch *Zoopolis*[133] die Auffassung, dass anderen Tieren diese Rechte ebenfalls zustehen, weil sie Lust und Schmerz, Befriedigung und Enttäuschung verspüren können. Sie wollen Haustieren Staatsbürgerrechte, Zwischenbereichstieren wie Mäusen, Ratten, Spatzen, Waschbären oder Füchsen den Einwohnerstatus ähnlich Ausländern und den in der Wildnis lebenden Tieren den Status territorialer Souveräne zuerkennen.

Ihre grundsätzliche Forderung, Tiere als Personen anzuerkennen, stützen sie auf die These, »allen mit Bewußtsein bzw. Empfindungsvermögen begabten Lebewesen« sollten Schutzrechte zukommen, »einerlei ob Mensch oder Tier. Ein bewusstes/empfindungsfähiges Wesen gilt als Selbst.«[134] Mit dem Kriterium des Empfindungsvermögens, das die Basis für subjektives Erleben abgibt, stellen sich Donaldson und Kymlicka auch gegen solche Tierrechts-Theoretiker, die eine höhere Schwelle kognitiver Komplexität für das Rechte-Haben voraussetzen, die Erinnerungsvermögen und Selbstbewusstsein umfasst, und sich deshalb in ihren Forderungen auf höhere Tiere beschränken. Doch auch Donaldson und Kymlicka sehen die Fähigkeit, Schmerz, Leid, Furcht oder Lust zu erleben, nur bei Tieren mit Gehirn instanziiert.[135] Christine Korsgaard[136] und Bernd Ladwig[137] fordern erweiterte Rechte auf der Basis von Eigenschaften, die die höheren Tiere mit Menschen teilen. Während diese Befürworter von Tierrechten ihren Gegnern gerne Speziezismus vorwerfen, basierend auf der Hegemonie gattungstypischer Eigenschaften, sind sie doch selbst nicht davor gefeit, aus der Tatsache, dass Tiere über Nerven und meist auch über Gehirne verfügen, abzuleiten, dass hierin eine Leidensfähigkeit gründe, die Tieren ein Selbst verleihe, aufgrund dessen sie aus dem Status der schützenswerten Sache heraus und in die Kategorie der jedenfalls potenziellen Subjekte hineinrückten.

Diese Ableitung läuft allerdings ebenso in die Falle des Speziezismus, denn leidensfähige »Mitgeschöpfe«, wenngleich nicht aufgrund von Nerven, sind Pflanzen durchaus auch, weshalb es denn auch Forderungen nach Pflanzenrechten gibt.[138] Pflanzen empfinden, wenn auch ohne zentrales Nervensystem, Zu- und Abneigungen, Lust und Unlust, bilden einen Sinn für ihr Selbst aus und passen sich individuell an, kommunizieren individuell mit anderen Pflanzen und mit Tieren (über Duftstoffe und Farben), haben ein artikuliertes Interesse an körperlicher Unversehrtheit, Fortpflanzung und Geselligkeit. Wenn es nicht die bloße Empfindungsfähigkeit, sondern die Artikulation von Schmerz ist, die ein Selbst begründet, sind Kunstwerke womöglich ebenso Kandidaten der Zuerkennung von Staatsbürgerschaft. Die Frage der Empfindungsfähigkeit verlagert die Möglichkeit zur Bildung pluraler Kollektive auf die Frage nach Ästhetik und Anästhetik, nach Sensibilität und Taubheit, auf Analogiebildungen zum menschlichen Körper.[139]

Anstatt nun die Konsequenzlogik durch Analogieschlüsse auf neue, soziologisch verwaltbare Identitäten auszuweiten, gälte es, mit Adorno, Platz zu machen und Membrane zu entwickeln für das Nichtidentische, für andere Körper, für Anderes als Körper, das Divergente, das Diffuse, das, was erst wird. Es gälte zu versuchen, so zu leben, dass man glauben darf, eine gute Pflanze, ein guter Fluß, ein gutes Mikroklima gewesen zu sein.

Wie muss also eine Politik jenseits des Mensch-Tier-Pflanze-Speziezismus, jenseits des Rassismus, jenseits der Entrechtung aussehen? Die Dekonstruktion der Person-Sache- (oder der Kultur/Natur-)Differenz oder eine Ablehnung der Theorie subjektiver Rechte lassen die Frage unbeantwortet, auf was sich »unveräußerliche Rechte« bzw. das Recht auf Rechte stützen kennen.

Ist die Empfindungsfähigkeit von Lust und Schmerz als Basis eines Selbst denn tatsächlich Ausgangspunkt und Grundlage politischer Artikulation und Assoziierung? Ist es nicht vielmehr das Vermögen eines wie auch immer beschaffenen Individuums, mit anderen gemeinsam zu handeln? Wir können, so scheint es, nur dann eine politische und rechtliche Praxis ausbilden, wenn es uns gelingt, uns zu versammeln, mit anderen zu assoziieren, und wir können uns erst mit anderen zusammenschließen, wenn diese anderen und wir in der Lage sind, zu kooperieren und, mehr noch, gemeinsame Ziele zu verfolgen. Es muss jedoch keine explizite Verständigung erfolgen, solange ein offensichtlicher, impliziter Konsens erzielt werden kann.

Von hier aus sollten wir also die Frage angehen, was – unabhängig von einer vermeintlichen Gattungszugehörigkeit – plurale Subjekte konstituiert. Meine These wäre: Es ist die Fähigkeit dazu,

Formen der Kooperation einzugehen, Ziele zu identifizieren und diese gemeinsam zu verfolgen.[140]

Zusammen Handeln in diesem Sinne ist nicht identisch mit dem koordinierten Verhalten, das Schwärme, Roboter oder, auf andere Weise, Menschen mit ihren Haustieren an den Tag legen. Auch das korrekte Befolgen gemeinsamer Regeln wäre nicht hinreichend. Mit jemandem, der in einer außergewöhnlichen Situation nicht in der Lage ist, in Absprache mit anderen abzuweichen von dem, was die Regeln (z. B. die Straßenverkehrsordnung) vorschreiben, möchten viele verständlicherweise kein Team bilden. Kooperation impliziert zudem Freiwilligkeit.

Zusammen Handeln heißt, dass viele Verschiedene etwas tun, das sie alleine nicht tun können und sie auch nicht als viele Verschiedene tun können, sondern nur gemeinsam. Dabei ist die Gemeinschaft nicht vorausgesetzt, sondern sie entsteht durchaus auch in agonalen Verbindungen, wie dort, wo man gegeneinander spielt oder Sport betreibt, gemeinsam musiziert, tanzt, Theater spielt oder einen Palast stürmt.

Der Ausdruck ›Kollektiv‹ hat gegenüber den Begriffen ›Gemeinschaft‹ und ›Gesellschaft‹ auch hier den Vorteil, informelle Verbindungen zu erlauben, konkrete Instanzen des Zusammenhandelns zu benennen und die divergenten Streuungen von Singularitäten mit Infrastrukturen der Sammlung und Kontaktaufnahme lediglich anzureichern. Die sich assoziierenden, kollektive Intentionen ausbildenden Singularitäten bleiben trotz des Zusammenseins im Handeln plural, different. Es muss nicht mehr vorausgesetzt werden als die Fähigkeit zur Interaktion. Die Verschiedenartigkeit von Eigenschaften dieser Singularitäten bildet den Ausgangspunkt der Verknüpfung von Kollektiven und ist also auch bei der Suche nach den Qualifikationen zu bedenken, die etwas oder jemand (Pflanze, Tier, Mensch) einzeln oder als Gruppe erfüllen muss, um mit anderen handeln zu können. Der Art dieses Handeln muss ein Zusammenführendes, wenn nicht Gemeinsames eignen. Das Teilen von Absichten reicht dazu nicht aus. Nicht: Ich gehe spazieren und du auch, oder wir stehen beide am Fließband und am Ende kommt ein Auto dabei heraus. Sondern: Wir spielen Schach oder Volleyball, wir unterhalten uns, wir unterstützen einander.[141] Es ist eine geteilte, plurale, praktische Vernunft.

Diese Vernunft ist etwas, das voraussetzungslos allen (vorerst: allen Menschen) zugesprochen werden muss; nicht (nur), weil sie in der Lage sind, nach Gründen zu handeln (oder ein Tun zu unterlassen) und diese Gründe auszuweisen, sondern weil sie die Verschiedenartigkeit von Gründen zum Ausgangspunkt eines gemeinsamen Handelns machen können, indem sie sich über ihre eigenen Gründe hinwegsetzen. Dies wäre ein sichtbarer Anhaltspunkt dafür, dass etwas in der Lage ist, nicht nur intentional zu agieren, sondern sein Handeln zu reflektieren und an weitergehenden Bestimmungen auszurichten. Jemand disqualifiziert sich, der taub und vernunftlos agiert, d.h. weder einen Sinn für den Schmerz oder für die anders geartete Sensibilität der anderen aufbringt noch in der Lage ist, seine eigenen Gründe zugunsten der Kooperation mit anderen zurückzustellen. Umgekehrt qualifiziert sich ein nichthumanes Lebewesen, wenn es diese Kooperationskriterien erfüllt. Nur dadurch werden Gruppen gebildet, die mehr sind als Bündelungen von Egoismen; nur dadurch werden Gruppen in die Lage versetzt, kollektive Intentionen auszubilden und sie koordiniert zu realisieren. Die singulären Akteure, aus denen sie bestehen, nehmen dann nicht nur das eigene Verständnis des gemeinsamen Plans auf und vermögen es praktisch umzusetzen, sondern sie räumen alternative Verständnisse und Umsetzungsinterpretationen grundsätzlich als Funktionen des Gelingens ein.

Die Pluralität praktischer Vernünfte, die sich in Kooperationen artikuliert, soll entscheiden. Wenn sich plurale politische Subjekte kaum durch abstrakte Einsicht, sondern ausgelöst von einem Affekt, von dem Willen zur Intervention oder von dem Gespür für die erst aus der Gemeinsamkeit erwachsende Macht, durch kommunikative Assoziation konstituieren, so können bei dieser Konstitution nur dadurch singuläre, individuelle, kaum zu versprachlichende Belange zur Geltung kommen, wenn die Praxis, die durch diese Subjektkonstitution ermöglicht wird, ebenso wie die Konstitution selbst, plural ist: Alle tun Verschiedenes, reden Verschiedenes und zielen dennoch und genau deshalb auf ein Gemeinsames.[142] Sie entwickeln ein Bewusstsein für eine gegenseitige Verpflichtung und artikulieren dieses durch ihre aufeinander bezogenen Handlungen.

Dieses Zusammenhandeln kann eine auf der Ebene von Wahrnehmungen, Sinnen und Körperlichkeit fundierte Gegenseitigkeit etablieren, die geeignet ist, das frühneuzeitliche Vertragsmodell über eine voraussetzungsvolle Subjektivität hinaus zu öffnen und ästhetisch zu grundieren.

Grundsätzlich lässt sich zusammenfassen:

1) Das kollektive Subjekt, »das Volk«, existiert nicht vor der Selbstinstitution, das heißt den gemeinsamen Regeln, dem Raum intersubjektiver Freiheit, der durch den Prozess der Versammlung und den Akt der Verfassung konstituiert wird.
2) Formen der Koordination, der Kooperation, der Kommunikation, die in der pluralen Versammlung gebildet werden, sind Voraussetzung sowohl vertragsähnlicher Artikulationen von Gleichheit wie auch der Möglichkeit politischer Institution.
3) Im Hinblick auf gelingende Sozialität ist die Forderung aufrecht zu erhalten, dass Regeln nur dann für ein mündiges Individuum gelten, wenn es ihnen explizit zugestimmt hat.
4) Zu den sozialen Voraussetzungen der individuellen Zustimmung zählen Vermögen wie: Regeln verstehen, Versprechen geben können, Verpflichtungen befolgen können, zustimmen können, mitfühlen können, aber auch: Protest, Vorschläge, Wünsche nach Ausnahmeregelungen artikulieren können.
5) Das kollektive Subjekt, »Volk«, ist geprägt von dem Prozess der Herausbildung einer »Wir«-Perspektive, die sich entscheidend im Gelingen des Zusammenhandelns manifestiert.
6) ›Volk‹ ist kein Substanzbegriff, keine Erweiterung des Stamms oder der Familie oder der »Völkerschaft«/Ethnie. Nichts, in das man hinein geboren wird, sondern was man sich wählt. Mein Volk sind diejenigen, denen ich mich anschließe, mit denen ich mich zusammenschließe und die mich zu dem (jemandem) werden lassen, der ich sein will.
7) Alle diejenigen sollen entscheiden, die das Resultat der Entscheidung umsetzen wollen.

Im Falle einer gemeinschaftlichen Regel sind dies alle, die sich an diese Regel binden wollen und können. Im Falle politischer Entscheidungen: der demos, das Volk, die Versammlung aller Bürger:innen. Die Entscheidungen aller Bürger:innen sind der Öffentlichkeit vorzulegen und diese (gebildet aus den Beliebigen) soll die Möglichkeit der Kritik, wenn nicht gar entscheidender Interventionen erhalten (Theatrokratie). Dort, wo es nur halbwegs sinnvoll und machbar erscheint, ist diese Öffentlichkeit auszudehnen auf nichthumane Aktanten, um die Interessen aller von diesen kollektiven Entscheidungen betroffenen leidens- und artikulationsfähigen Lebendigen berücksichtigen zu können. Dazu ist eine Ausweitung der Deliberationsarenen um ästhetische Membrane erforderlich. Die Möglichkeit der Kontestation, aber auch der Ausweitung und Hinzufügung ist gebunden an die Fähigkeit zur Empfindung, zur Artikulation und zur Kooperation. Derartige Fähigkeiten können durch bessere politische Organisationsformen überhaupt erst entstehen. Eine zeitliche Erweiterung des Entscheidungs- und Kooperationshorizontes kann zudem sicherstellen, dass nicht lediglich zugunsten aktueller Interessen und auf der Basis gegenwärtiger Bedingungen räsoniert wird. Dies wird sich antizipativ im gemeinsamen Werk niederschlagen, wenn es nicht schon im Moment der Fertigstellung wie eine Oktroyierung überkommener Herrschaftsverhältnisse wirken soll.

3.2 Wie wird entschieden?

Eine kollektive Entscheidungsregel ist eine Regel, die eine Handlung für alle Mitglieder einer Gruppe verbindlich macht. Die Einhaltung dieser Entscheidungsregel bezweckt, dass Entscheidungen erzeugt werden können, die alle Mitglieder des Kollektivs verpflichten und binden, sogar diejenigen, die gegen die getroffene Entscheidung waren. Die Spaltung oder Auflösung der Gruppe sind in der Regel keine Option oder ziehen gravierende Konsequenzen nach sich (Isolation, Ausstieg, Emigration).

Eine Entscheidungsregel im engeren Sinne findet ihre Anwendung in einer Entscheidungsprozedur. Die Wahl und Gestaltung einer solchen Regel hängt mit den vorhergehenden und folgenden Sequenzen zusammen. Entscheidungen gehen auf eine (veranlassende) Situation zurück und schaffen wiederum eine neue, die bestenfalls der Zielvorstellung entspricht. In diesem Rahmen lassen sich verschiedene Sequenzen unterscheiden: die Krise, die Beratung, die Aushandlung, die Beschlussfassung (etwa durch einen

Abstimmungsakt, die Auszählung, die Feststellung und Verkündung des Ergebnisses), die Obligation, die Verwirklichung (des Handlungsziels), die Wirkung (die Erreichung des Zwecks und die Reaktionen darauf). Die Ausgestaltungen dieser Sequenzen sind agonal und kontingent, denn es gibt immer mehrere Optionen, um von einem Punkt des Entscheidungsverlaufs zu einem nächsten zu gelangen. Schon die Beschreibung der Ausgangssituation ist meist strittig: Worin genau die Krise oder das Problem oder das Verlangen besteht, das zur Entscheidung drängt, welche Worte oder Bilder gewählt und welche Sachverhalte erwähnt und welche als nicht dazugehörig abgetan werden, kann Gegenstand erbitterter Kontroversen sein. Eine Krise kann sowohl durch ein drängendes Problem oder eine drohende Katastrophe als auch durch ein Begehren oder eine Hoffnung ausgelöst werden. Sobald eine geteilte Situationsbeschreibung vorliegt, kann eine Beratung erfolgen. Wenn die Beratung ein Ergebnis hat, so muss danach noch die Beschlussfassung hinsichtlich der Handlungsobligation erfolgen und schließlich die Handlung. Meist ist nicht die Durchführung dieser Handlung selbst das, was die Entscheidung bewirken will, sondern sie ist erst verwirklicht, wenn auch die Konsequenzen der Handlung der Entscheidungsintention entsprechen (bspw. das, was die Sprechakttheorie Perlokution nennt). Wenn meine Freunde und ich zusammen ein Essen kochen, die Ergebnisse unserer Bemühungen zwar dem Rezept entsprechen und appetitlich aussehen, aus irgendeinem Grund aber ungenießbar sind, nicht satt machen oder Allergien auslösen, so ist der Zweck der Handlung nicht erreicht.

Die Entscheidungsprozedur kann von verschiedenen Techniken angeleitet sein, die Regeln implementieren. Zu diesen Entscheidungsprozeduren zählen beispielsweise der Streit, das Schlichten, das Durchsetzen einer Ordnung, das Ausrechnen des Gebotenen bzw. Nützlichen, die aleatorische, dezisionistische Setzung, aber auch das Aushandeln und Kompromisse finden, das Kooptieren, die Akklamation, die Abstimmung, das Losen, die Rotation, die Wahl oder auch die Abstimmung mit den Füßen (Abgang, Flucht).

Abstimmungen und Akklamationen können als Präferenzaggregationsmechanismen bezeichnet werden: der erste ist numerisch, der zweite akustisch. Im zweiten Fall, der Akklamation, kann sich die Intensität von Vorlieben bemerkbar machen: Hundert Menschen, die eine intensive Vorliebe haben, zählen hier mehr als zweihundert, deren Vorlieben schwach sind.

Die Artikulation der Zustimmung oder Ablehnung einer Option innerhalb einer Versammlung kann auf sehr unterschiedliche Weise erfolgen und durchaus nicht in den vorgesehenen Bahnen verlaufen. Ebenso kann eine Abstimmung informell oder improvisiert erfolgen und sich doch als gültig und tragfähig erweisen. Was das deliberative Paradigma tendenziell ausblendet: Es bestehen wichtige Unterschiede zwischen der Artikulation eines Dafür oder Dagegen und einer Abstimmung. Denn die erstere sendet lediglich ein kommunikatives und soziales Signal, das zweite verbindet den systematischen Ausdruck eines Beitrags mit einem Engagement und einer Irreversibilität.[143]

Bei der Abstimmung kann man grundsätzlich zwischen mehreren Regeln der Aggregation wählen, von der Einstimmigkeit über die einfache, relative oder absolute Mehrheit zu Präferenzwahlverfahren und zur Pluralität und Rekursion mehrerer Wahldurchgänge.

Das Resultat von Wahlen und Abstimmungen hängt auch von der verwendeten Aggregationsregel ab. So können verschiedene Aggregationsverfahren bei identischen (individuellen) Präferenzen höchst unterschiedliche Wahlergebnisse zur Folge haben. Zum Beispiel kann bei einer Wahl mit mehr als zwei Kandidat:innen die Kandidatur, die bei einer Wahl mit relativer Mehrheit siegreich ist, bei einer paarweisen Präferenz-Wahlmethode (Condorcet-Methode) gegen alle anderen verlieren und somit den letzten Platz belegen. Die Feststellung und Verkündung des Abstimmungsergebnisses ist wiederum eine nachgelagerte Sequenz mit eigenen Spielräumen und Tücken.

Für die Beschreibung und Analyse von Entscheidungsprozeduren ist es wichtig zu beachten, wie jeweils zwei Logiken ineinandergreifen: das Ereignen und das Herstellen. Denn auch wenn wir bei einem Fußballspiel sagen: »Die Entscheidung fällt in der 90. Minute«, wie bei einem Würfelwurf, so wird diese Entscheidung doch auch in kleinen Anteilen hergestellt, während andererseits der Satz »Im Ministerrat wird eine Entscheidung getroffen« durchaus auch implizieren kann, dass nicht im Vorhinein feststeht, ob sie tatsächlich getroffen wird, wie sie ausfällt und wann sie Gültigkeit erlangt.

Grund und Zweck einer Entscheidung konfligieren oft aufgrund dieser zwei inhärenten Logiken. Wir tun etwas aus einem Grund, dazu setzen wir uns Ziele, aber der Zweck der Handlung ist das, um dessentwillen eine Handlung stattfindet. Gründe können mich veranlassen, zu handeln und damit ein Ziel anzustreben; sie umfassen Ursachen und Begründungen. Der Zweck ist das, was ich mit meinem Tun erreichen will. Oft besteht eine Kluft zwischen den Gründen, dem durchführbaren Handlungsziel und dem damit Bezweckten. In Schillers Drama bezweckt Wilhelm Tell, seinen Sohn und sich zu befreien, indem er diesem mit dem Pfeil den Apfel vom Kopf schießt, was das unmittelbare Ziel seiner Handlung ist. Das Erreichen des Ziels kann seine Handlung bewirken, die Erreichung des darüberhinausgehenden Zwecks hängt jedoch auch von anderem ab, in diesem Fall davon, dass Landvogt Hermann Gessler sein Wort hält. Die Erreichung des Zwecks kann völlig unterschiedliche Vorgänge involvieren, von denen mindestens einige, meist aber nicht alle vom Tun oder Unterlassen derjenigen abhängen, die ihn verfolgen. Jede Handlung hat ein Außen.

Wenn es ein wesentliches Ziel von Entscheidungen ist, die Zukunft zu kontrollieren, dann sollten Kontrollfreaks gewarnt sein, dass dies letztlich nie gelingen kann, auch wenn »alles nach Plan läuft«: Je weiter in die Zukunft eine jeweilige Entscheidung zielt, desto unabwägbarer ist das, was sie tatsächlich bewirkt. Jede Entscheidung ändert den Lauf der Dinge. *Entscheidung und Ereignis spielen in jeder Phase gegeneinander.*

In Entscheidungsprozeduren finden sich hinsichtlich dieser Änderung drei Sequenzen: 1. sich einer Entscheidung nähern (was durch inhaltliche Fortschritte oder formelle Begrenzungen erreicht werden kann); 2. die Zäsur, die ein Vorher und Nachher festlegt und darin – auch wenn die Entscheidung später wiederholt oder modifiziert wird – einen point of no return, sowie 3. die Selbstobligation einer Handlungsnorm. Das »Treffen« oder »Fällen« von Entscheidungen meint dabei jeweils zugleich den Akt und Aufwand des Durchlaufens dieser Sequenzen wie auch das Ereignis (die Zäsur) und die performative Evidenz, die meist im Vollzug der entsprechenden Handlung zur Erscheinung kommt.

Obschon diese Vollzüge Rekursionen, Zitate, Anweisungen, Methoden und symbolische Formelemente integrieren mögen, sind sie doch keine Automatismen, sondern singulär. Eine Entscheidung ist keine rein logische Operation nach Regeln des Schließens, weil sie immer interpretativen Spielraum, ein Moment der Aufführung und einen Ausgriff auf Unwägbares und Unverfügbares enthält. Die Singularität des Entscheidens geht in Serien und Wiederholungen nicht verloren, im Gegenteil: Das Archiv ist auch hier der Hintergrund und die Modifikation des Äußerungsereignisses.[144] Die Singularität macht sich zudem geltend durch die jeweilige Rhythmisierung, in der sich Phasen der Bedächtigkeit mit überraschenden Tempowechseln und Beschleunigungen abwechseln können. Die dann erreichte Zäsur beutet nicht nur eine symbolische Grenze, eine Markierung von Zuständen (Vor/Während/Nach) oder das Ritual einer Wandlung; sie ist oft, über die jeweiligen abgewogenen Gründe hinaus, der Ausgangspunkt der jeweiligen Motivation: Wir handeln dann, weil wir uns so oder so entschieden haben.

Das Entscheiden kann deshalb Momente der Wahl (ich wähle x) und des Urteilens (ich urteile, dass y) enthalten, es bringt jedoch im Regelfall auch eine zusätzliche, orientierende Kraft hervor. Das Ergebnis des Entscheidens ist, dass wir x tun, und zwar nicht nur, weil x zu tun gut und richtig ist, sondern (auch oder vor allem) weil wir uns für x entschieden haben. Die Tatsache des Sich-entschieden-Habens fügt der Realität einen Handlungsgrund hinzu.

Ob überhaupt die Möglichkeit zu einer Entscheidung gegeben ist, kann nicht ausschließlich in Analogie zur Willensfreiheit oder zur Wahlmöglichkeit diskutiert werden. Denn selbst wenn diese Fähigkeiten gegeben sind, könnte eine Entscheidung dennoch unmöglich sein.

Unmöglichkeiten des Entscheidens:

a) Es gibt nichts zu entscheiden;
b) ein Subjekt des Entscheidens fehlt aktuell;
c) es ist zu früh/zu spät, um zu entscheiden;
d) wegen der Rahmen des Entscheidbaren: außerhalb: Unbekanntes, nicht Änderbares; innerhalb: nicht durch Willen, durch Aktion Beeinflussbares/Herstellbares;
e) keine Methode verfügbar für gewünschtes Resultat (z. B. Ich kann das nicht selbst auf diese Weise entscheiden);
f) Blockade bei tiefem Dissens bzw. absolutem Kräftegleichgewicht.

Mit Blick auf die Ausgangssituation kann es eine Entscheidung sein, die Entscheidung zu verschieben oder nicht zu handeln. Dies ist, weil eine Entscheidung vorliegt, zu unterscheiden von Fällen der Prokrastination oder der Willensschwäche (bzw. Akrasia). Die Entscheidung impliziert hier nicht nur eine für das Subjekt begründete Klarheit und mit ihr verbunden spezifische Artikulationen, sondern auch die zusätzliche Handlungsmotivation der Entscheidung. In vielen Modellen werden Entscheidungen als eine Auswahl von Zielen nach dem Muster einer Weggabelung konzeptualisiert. Doch das Spezifische von Entscheidungen wird wesentlich deutlicher in den Fällen, wo es zu einer »Metabasis« (Cassirer) oder »Transzendenz« (Marcuse) kommt, wie etwa im Fall einer Revolution.

In jeder Entscheidungsprozedur können neue Gründe zur Geltung kommen und die Verhältnisse zum Tanzen gebracht werden. Existentielle Gewissheiten werden (in wie geringem Maße auch immer) suspendiert, denn das Ergebnis steht nicht vollständig fest. Gerade bei existentiellen Entscheidungen drängen Emotionen und unklare Ahnungen hervor, eine andere Rationalität zeichnet sich dort ab, wo zunächst Willensschwäche und Irrationalität das klare Handlungsschema und die Intentionen blockierten.[145] Neue Gründe erfordern einen Sprung aus den Bahnungen der gewohnten, eingeübten Handlungsrationalität. Die oft aus dem Auftauchen neuer, unklarer Gründe resultierende Qual der Unentschiedenheit kann zwar nicht nur durch besseres Räsonnement, sondern auch mit Gewalt beendet werden, aber weil Entscheidungen sowohl herbeigeführt werden als auch fallen, kann kein einzelner Gewaltakt sicherstellen, was als Ergebnis (zum Beispiel eines Streites) gelten wird. Wenn eine Entscheidung neue Gründe zur Geltung bringt und in einer Handlung manifestiert, so ähnelt dies (wie mikroskopisch auch immer) Revolutionen: Es sind impulsive und zugleich überlegte Schritte über das hinaus, was bisher gangbar schien. Jede solcher Revolutionen vollzieht sich innen und außen.

Um eine individuelle Entscheidung treffen zu können, muss es quasi zu einer Ich-Dissoziation kommen, bei der nicht nur verschiedene Handlungshypothesen, sondern auch verschiedene Ich-Entwürfe miteinander konkurrieren. Ähnlich enthält auch die kollektive Entscheidung eine Prozedur der De-Subjektivierung und der Rekonstitution. Entscheidungen stellen (in der Wiederholung der Subjektivierung) ein neues Können her, sie sind Re-Subjektivierungen. In dem Maße, wie wir es lernen, uns zu entscheiden, werden wir deshalb auf lange Sicht autonomer, einzeln wie kollektiv.

Im Prozess dieses Autonomwerdens entwickelt sich die immer vorauszusetzende Entscheidungsfähigkeit weiter und wird gestärkt zu dem, was man *Entscheidungskraft* (analog der Urteilskraft) nennen könnte. Die Entscheidungskraft greift den Impuls, der aus der Unfreiheit, aus der Krise, aus dem Begehren resultiert, auf und versteht es, schnell und sicher im Sinne des besten Räsonnements zu entscheiden. Die Entscheidungstechnik mag dabei Formalismen und Rituale zur Verfügung stellen, aber auch diese erfordern, der Singularität der Situation gemäß, eine Fähigkeit zur Improvisation, zur Interpretation, zur Inkorporierung. Mithilfe der Entscheidungstechnik können Mittel, Ziele und Zwecke differenziert und aufeinander abgestimmt werden. In Abhängigkeit von der jeweiligen Subjektivierung können rückblickend Entscheidungen neu bewertet werden; je nachdem, ob die Entscheidung etwas getroffen hat und das gewünschte Resultat eingetreten ist oder das Gegenteil, spricht man den Entscheidungen Erfolg oder Misserfolg zu und bewertet sie entweder als gute, richtige, nützliche, kluge, hilfreiche, weiterführende, treffende Entscheidungen oder als fehlgeleitete, schlechte, irrwitzige, törichte, irrationale, kurz als Fehlentscheidungen. Die Reflexion auf die Mittel unterstreicht noch einmal den Unterschied zwischen Auswahl (choix) und Entscheidung (décision): Die Entscheidung ist das, was nach einer Beratung folgt, einen Beschluss fasst und ihn ausführt.

Eine Entscheidung, die unüberlegt, durch Zwang oder nur zufällig getroffen wurde, könnte zwar vom Gesichtspunkt der gleichen Beteiligung als legitim angesehen werden. Doch wird man fordern, dass die Entscheidung einen Beschluss enthält, der auf Überlegung, Abwägen und vernünftiger Auswahl basiert. Die deliberative Demokratietheorie hat deshalb hervorgehoben, dass das wichtigste Kriterium für die Legitimation einer Entscheidung die Qualität der in sie eingeflossenen Beratschlagungsvorgänge ist.[146] Aus demokratietheoretischer Sicht ist die *Qualität der Entscheidungsprozeduren* von noch größerer Bedeutung. Diese Prozedur bestimmt, wie ein Beratungsergebnis festgestellt und verwirklicht wird.

Entscheidungsprozeduren unterscheiden sich hinsichtlich ihrer freiheitlichen Qualitäten. Entscheidungen, an denen die Teilnahme freiwillig ist, können aufgrund der Art, wie die eine Option von bestimmten Kräften forciert wird oder keine andere Option zur Wahl zugelassen wird, als erzwungen erlebt werden. Entscheidungen, die nicht im Ergebnis, sondern im Verfahren als den eigenen Grundüberzeugungen widersprechend aufgefasst werden, entfalten kaum Bindungskraft.

Entsprechend sollte die aus dem Beschluss hervorgehende Obligation freiwillig und aus Überzeugung übernommen werden können – selbst von denjenigen, die womöglich anderer Ansicht waren. Auch ist es unverzichtbar zu klären, dass es für eine Außenseiterposition möglich sein wird, nicht nur argumentative Inputs zu leisten, sondern sich in der Entscheidung durchzusetzen. Dazu genügen ideale Standards der Deliberation nicht, denn bei bestimmten Entscheidungsverfahren, zum Beispiel mit Fraktionszwang, verliert das Beratungsergebnis schnell an Bedeutung. Wenn sich, aus welchen Gründen auch immer, an den Mehrheitsverhältnissen nie etwas ändert, nimmt die Bindungskraft der Obligation ebenfalls ab. Zumindest auf lange Sicht muss jede Partizipation nicht nur hoffen dürfen, sondern – jedenfalls minimal – erleben, dass sie sich in Realitäten niederschlägt.

Des Weiteren ist zu erläutern, welches die Standards sind, an denen die Korrektheit der Entscheidung bemessen werden, wenn die Überprüfungen der Verfassungsgemäßheit oder des übergeordneten Rechts (Verbrechen gegen die Menschlichkeit) stets nur präsentisch konzipiert sind. Und schließlich ist sicherzustellen, dass es bereits bei der Ausführung Reflexionsschleifen gibt, so dass grundlegende und weitreichende Entscheidungen rechtzeitig korrigiert werden können. Nicht der Triumph des besseren Argumentes, sondern der gemeinsame, faire und vernünftige Beschluss enthält eine Erfahrung von Freiheit, die über diesen hinaus trägt.

3.2.1 Konsens

Wenn sich nach eingehender Beratung ein Vorschlag als der überzeugendste herausstellt und alle mit seiner Umsetzung einverstanden sind, so scheint dies hinsichtlich der Legitimität und der rationalen Akzeptabilität auf den ersten Blick begrüßenswert. Das Erzielen eines Konsenses war in der Antike vielleicht nur ein Ideal, aber es war das einzig theoretisch fundierte Abstimmungsziel.[147] In der athenischen Volksversammlung stimmten die anwesenden Bürger durch einfaches Handaufheben nach kontroverser Diskussion über Anträge ab. Alle Stimmen hatten das gleiche Gewicht. Der Vorgang der Abstimmung gliederte sich in zwei Phasen: Zunächst wurden die Ja-Stimmen ermittelt und dann in einem zweiten Durchgang die Nein-Stimmen. Dem zuvor ausgelosten Vorsitzenden oblag es, gemeinsam mit dem geschäftsführenden Ausschuss des Rates (Boulé), die Mehrheit zu schätzen. Wenn die Schätzung nicht eindeutig ausfiel oder ein einzelner Bürger einen formellen Protest gegen das vom Vorsitzenden verkündete Ergebnis einlegte, musste die Abstimmung wiederholt werden. Eine Zählung der Stimmen fand allerdings auch in diesem Fall nicht statt. Generell ging die Antike wohl davon aus, dass klare Mehrheiten zu erzielen waren, die durch Schätzung schnell und eindeutig ermittelt werden konnten.[148] Es handelte sich also – in der Volksversammlung – um keine Auszählung und Aggregierung individueller Präferenzen, sondern um die durch Körpermassierung artikulierte Überzeugung, dass »in den Vielen das Ganze ist«, wie Herodot einmal sagte.[149] Eine de facto Mehrheit galt hier als Hinweis darauf, was alle wollen sollten, als Symbol eines anzunehmenden Konsenses.

Die Übereinstimmung aller erscheint für diejenigen Entscheidungen einzig legitim, die alle (in gleichem Maße und grundsätzlich) beanspruchen und binden. Wenn jegliche verfügbaren Informationen eingeholt und jegliche Aspekte erwogen wurden und dann eine Lösung klar und distinkt vor Augen steht und alle überzeugt, so ist dies sicher das erstrebenswerteste Ergebnis einer Beratung. Die Forderung nach vollständiger Übereinstimmung hat allerdings auch eine blockierende Wirkung, da sie nur in Fällen erreichbar scheint, in denen die Zahl der Entscheidungsträger eher gering ist, eine Lösungsorientierung vorherrscht und kein grundsätzlicher Dissens herrscht.

In den Vereinigten Staaten ist bei bestimmten Gesetzesvorschlägen die einhellige Zustimmung der zwei Kongresshäuser und des Präsidenten erforderlich. Hier hat das Einstimmigkeitsprinzip die klassische Funktion, voreilige Entscheidungen zu vermeiden, die durch verzerrende Emotionen, Fehlinformation oder gezielte Beeinflussung motiviert sind. Mit zunehmender Anzahl von Entscheidungsträgern nimmt die Schwierigkeit, alle zu überzeugen, zu und führt oft zur Unmöglichkeit, etwas anderes als die Aufrechterhaltung des Status quo zu entscheiden.

Für dieses Dilemma gibt es zwei Auswege: Eine Weise, am Konsensprinzip festzuhalten, die Entscheidung nicht zu blockieren und doch Dissens zum Ausdruck zu bringen, ist es, sich der Stimme zu enthalten oder der Abstimmung fernzubleiben.[150] Als eine schwache Form der Einstimmigkeit kann zweitens die Regel der qualifizierten Mehrheit angesehen werden, die einem hohen Quorum entspricht (beispielsweise eine Zweidrittelmehrheit). Doch diese beiden Optionen verdeutlichen jeweils, dass es kein tatsächlicher Konsens ist, der vorherrscht.

Eine vielleicht noch weiter verbreitete Weise der Herstellung eines Konsenses, die diesen offensichtlichen Widerspruch vermeidet, folgt der »Regel der Nicht-Opposition« bzw. des impliziten oder anscheinenden Konsenses: Hier wird entweder ein erster Vorschlag direkt dadurch angenommen, dass niemand etwas anderes vorschlägt und alle sofort diesen Vorschlag befolgen, oder im Laufe einer Versammlung wird von einem/r Teilnehmer/in (meist mit einer gewissen Autorität in der jeweiligen Gruppe) nach einer mehr oder weniger langen Diskussion ein Entscheidungsvorschlag unterbreitet, der, wenn er auf keinen Widerspruch stößt, als angenommen gilt.[151] Dieser Konsenstypus ist sehr verbreitet, denn er ist oft leichter herzustellen als derjenige, der eine explizite Zustimmung in einem formellen Verfahren erfordert. Die Zustimmung ist vorhanden, wird minimal artikuliert, zumindest als Willen, den Vorschlag zu unterstützen, wird aber nicht ausgezählt. Die tatsächliche Stimmenversteilung, auch Intensitäten, interne Spannungen und mögliche Gegensätze, können auf diese Weise allerdings nicht explizit gemacht werden.

Wenn kein Vorschlag in dieser Weise angenommen wird, gehen viele Gremien zur Abstimmung über. Dennoch liegt auch in der »Nicht-Opposition« ein Gran Expressivität und Performanz: Alle Teilnehmer können in der Regel in einem Moment der Stille und der Spannung, der von allen aufmerksam beobachtet wird, feststellen, dass Schweigen herrscht und keine Opposition gegen den eingebrachten Vorschlag artikuliert wird.[152] Oft spielt in diesen Momenten zudem die Beobachtung der Körpersprache, der Gestik und Mimik eine große Rolle. Aufgrund dieses Momentes kann hier tatsächlich von einer Entscheidung gesprochen werden, die nicht vorläge, wenn die Teilnehmer:innen dieses Entscheidungsprozesses sich nicht gegenseitig wahrnehmen könnten.

Weil aber sowohl die Stimme derjenigen, die den Vorschlag formuliert, als auch die Stimme derjenigen, die mit ihrem eventuellen Veto den Vorschlag zu Fall bringt, bei diesem Entscheidungsverfahren ein effektiv viel größeres Gewicht haben, ist die Regel der Nicht-Opposition weniger egalitär als der Mehrheitsentscheid.[153]

Bei einer mündlichen Abstimmung ist »die Stimme« für die Umstehenden in der Regel wahrnehmbar und quasi öffentlich. Es gab auch Bemühungen, Oralität und Geheimhaltung zu kombinieren.[154] Wenn bei geheimen Abstimmungen externer Druck auf die Wähler:innen fast wegfällt, ist die korrekte Durchführung und Auszählung umso schwieriger zu kontrollieren, und alle Arten von Zwischenfällen und Manipulationen können das Ergebnis verzerren. Eine Abstimmung ist nur unter Idealbedingungen exakter.

Am Beispiel des impliziten Konsenses lässt sich nicht nur verdeutlichen, dass nicht jeder Konsens eine explizite formelle Einstimmigkeit verlangt, sondern auch, dass die Art des Konsenses je eigene Arten der Bindung erzeugt. Denn es kann unterschieden werden zwischen dem mentalen Konsens – eine Übereinstimmung von Überzeugungen, geistigen Zuständen, Intentionen, Affekten und dergleichen – und dem performativen Konsens, der auf kommunikativen Akten und Interaktionen beruht. Letzterer kann das Ergebnis von Aushandlungen und Kompromissen sein, in denen die Differenzen artikuliert und bewahrt werden.

Ein impliziter Konsens wird ohne Abstimmungsverfahren erzielt, aber oft auch ohne explizite Beratung, ohne den kommunikativen Austausch von Vorschlägen und Argumenten. Das Erreichen einer Übereinstimmung wird durch das Fehlen von Widerspruch offenbar. Dabei ist es denkbar, aber nicht erforderlich, dass alle Präferenzen oder Interessen artikuliert werden. Die reale Interessenverteilung und die Intensität der Übereinstimmung bleiben prinzipiell unbekannt, anders als bei der Einstimmigkeit. Hier werden alle Stimmen abgegeben und ausgezählt und genau dies erweist die Legitimität einer Entscheidung.

Die Aggregation individueller Akte der Akzeptanz macht es möglich, quantitativ das Erreichen der Entscheidung festzustellen. Während im Fall des Konsenses die Logik der Übereinkunft das Geschehen bestimmt, ist im Fall der Einstimmigkeit die Logik expliziter Zustimmung vorherrschend.[155] Wenn Teilnehmerinnen an einer konsensorientierten Gruppenentscheidung einen Vorschlag als Entscheidung der Gruppe gelten lassen und die Entscheidung als gemeinsame akzeptieren, so kann es dabei durchaus vorkommen, dass sie je individuell eine andere Ansicht vertreten oder einen anderen Vorschlag präferiert hätten oder indifferent sind und gar keine Position einnehmen. Während bei der Einstimmigkeit das Ende der Beratung festgestellt und die Abstimmung eingeleitet wird, auch wenn Einzelne sich indifferent anschließen oder kurz davon sind, ihre Meinung zu ändern, existiert eine solche Lücke beim stillen Konsens nicht, sondern der Austausch von Argumenten und die Herstellung des Konsenses sind kontinuierlich.[156]

Sollten wir deshalb so lange Beraten und Argumentieren, bis wir politisch einer Meinung sind? Stellt sich unter idealen Bedingungen früher oder später ein rationaler und nicht durch Erschöpfung erwirkter Konsens ein? Oder ist Demokratie nur von einem tieferen Verständnis der Spaltung, der Agonalität, der Grenzen und der Fundamentlosigkeit her zu verstehen? Was aber wäre dann ein vernünftiger Grund für eine Entscheidung angesichts nicht nur der Pluralität, sondern des tiefen Dissenses und der Agonalität? Sind Konsens und Demokratie Widersprüche?

Jürgen Habermas steht für die Überzeugung ein, dass aus einer idealen Beratungssituation im Vertrauen auf die Kraft des besseren Argumentes irgendwann ein Konsens hervorgehen wird. Diesen zu erarbeiten ist für ihn der Grund für jedes Gespräch und die Aufgabe der epistemischen Demokratie. Im Gegenteil dazu ist ein Konsens für Chantal Mouffe immer nur Ausdruck einer Hegemonie. Ein Konsens kann aus dieser Warte nicht anders erzielt werden als durch das mehr oder minder gewaltvolle Auswischen der Heterogenität und durch die Inszenierung eines Partikularen als Allgemeines. Mit Hegemonie wird im Anschluss an Antonio Gramsci ein Typus von Herrschaft bezeichnet, »der im Wesentlichen auf der Fähigkeit basiert, eigene Interessen als gesellschaftliche Allgemeininteressen zu definieren und durchzusetzen«.[157] Gramscis Beispiele sind die Übersetzung weltanschaulicher Auffassungen in das, was sich »gesunder Menschenverstand« nennt, oder auch die Überhöhung individuell agierender Intellektueller und Parteien zu »öffentlichen Intellektuellen« und Repräsentanten. Der Gewinn kultureller Hegemonie, die von Alltagskultur, Pop und Folklore bis hin zu wissenschaftlichen Ritualen und Aberglauben reicht, schafft nach Gramsci erst die Möglichkeit von politischer Herrschaft.[158]

Wenn aber Konsens nur der Ausdruck einseitiger Macht und Gewalt ist, der offiziell als gemeinsame Substanz präsentiert wird, muss der Versuch unternommen werden, die Sehnsucht nach einer Gemeinschaft, die sich von solchen Präsentationen gefangen nehmen lässt, durch die Vorzüge bloßer Gemeinschaftlichkeit zu ersetzen. Chantal Mouffe schwebt vor, die Lefort'sche Forderung, das Zentrum der Macht in der Demokratie müsse leer bleiben, mit der Idee der Gemeinschaft zu verbinden. Sie schlägt die Konzeption eines Modus der politischen Assoziation vor, der kein substanzielles gemeinsames Gutes postuliert, und doch die Idee einer Gemeinschaftlichkeit impliziert.[159] Bei Rawls und Habermas seien die liberalen Grundprinzipien einer inhaltlichen Auseinandersetzung entzogen[160]; sie müssten hingegen den zentralen politischen Ort der Auseinandersetzung innerhalb demokratischer Gesellschaften darstellen. Dies betreffe nicht nur die Interpretation und Handhabung von Regeln, sondern auch die notwendigen Ausgrenzungsakte.

Mouffes agonistischer Pluralismus präsupponiert ein konstitutives Außen, ein Äußeres der Gemeinschaft, welches die Bedingung ihrer Möglichkeit ist[161], und verteidigt im Inneren gleichwohl ein Maximum an Pluralismus, so dass die Rechte von möglichst heterogenen Gruppen respektiert werden, ohne den grundlegenden Rahmen, die Institutionen und konstitutiven Praktiken der politischen Gemeinschaft zu zerstören.[162] Aus ihrer Sicht ist Demokratie durch die Bearbeitung grundlegender Dissense und Konflikte gekennzeichnet. Uneinigkeit sei unvermeidlich; die Versöhnung rivalisierender Positionen könne nur partiell und vorübergehend sein.[163] Mouffes Verständnis von radikaler Demokratie behauptet die Unmöglichkeit einer endgültigen Verwirklichung der Demokratie. Es geht davon aus, dass die unlösbare Spannung zwischen den Prinzipien der Gleichheit und der Freiheit die grundlegende Voraussetzung für die Bewahrung der Unbestimmtheit und Unentscheidbarkeit darstellt, welche für die moderne Demokratie konstitutiv ist. [164] In diesen dekonstruktiv-aporetischen Grundton muss man nicht einstimmen und doch ist daran signifikant, dass er das Prozesshaft-Unabgeschlossene unterstreicht, das in vielen Theorien als wesentlich für die Demokratie gesetzt wird und das sich in demokratischen Entscheidungsarrangements folglich niederschlagen sollte. Dennoch es ist nicht ersichtlich, warum es sich um eine prinzipielle Unmöglichkeit, eine unlösbare Spannung handeln sollte, denn vieles muss auch in einer agonistischen Demokratie eindeutig bestimmt und unstrittig sein. Aus der theoretischen Spannung entsteht eine praktische Schwierigkeit, die hier von Mouffe fast in den Rang einer Norm erhoben wird, so als dürfe es in einer Demokratie gar nicht erst den Versuch geben, Einigkeit herzustellen.

Gleichwohl ist die Einsicht triftig: Politik besteht im Austragen von Konflikten. Keine vorauszusetzende Gemeinschaftlichkeit kann die Demokratie abstützen; nur politisches Handeln erzeugt eine Subjektivität, die die Regeln des zivilen Zusammenlebens und der Demokratie achtet und als Teil der eigenen Identität voraussetzt.[165] In der gegenseitigen Bezugnahme und Anerkennung der Pluralität wird aus Antagonismen die der Demokratie eigene Agonalität.[166] Radikale Demokratie bedeutet dann, dass die Prinzipien der demokratischen Revolution – Freiheit und Gleichheit – auf weitere soziale Sphären ausgeweitet und vertieft werden und das ›Wir‹ umfassender konstruiert wird, als ein ›Wir‹ im Kontext von Diversität und Konflikt. Vorläufige Formen der Übereinstimmung können aus Mouffes Sicht durchaus erzielt werden, basieren jedoch notwendigerweise auf Akten der Ausschließung.[167]

Um dieser Einsicht in die Vorläufigkeit gerecht zu werden und um oppressiven Hegemoniebildungen entgegenzuwirken, kann die Demokratie nicht erst beim Austarieren eines konsensfähigen Vorschlages oder bei der Suche nach dem besseren Argument ansetzen, weil darin womöglich schon gravierende Ausschließungs- und Hegemonie-Effekte greifen. Sie muss vielmehr darauf ausgerichtet sein, die Bedingungen für einen möglichst weitgehenden rationalen Konsens zu schaffen; sie muss sich dafür einsetzen, das Potenzial der Antagonismen in den sozialen Beziehungen zu entschärfen. Dies erfordert die Schaffung von Institutionen, die Antagonismen in Wettbewerbe verwandeln und zugleich das Artikulieren und Austragen von Konflikten gestatten – das Zählen der Stimmen beendet erst diese Kämpfe.[168]

Eine solche Integration des Dissenses impliziert eine normativ genauere Ausrichtung des politischen Projekts der Demokratie auf eine friedliche und rationale Auflösung von Konflikten und Machtasymmetrien[169] und keine Bescheidenheit, keinen Verzicht auf ein vermeintlich allzu hehres Ideal.

Weder ein rational deliberativer Konsens noch auch eine kommunitaristische Beschwörung des Zusammenlebens sind deshalb geeignet, das demokratische ›Wir‹ richtig zu analysieren, solange sie das Zusammenleben ontologisch fassen, dessen pluralistisch-konfliktuöses Wesen verkennen und den Leidenschaften keinen Platz einräumen.[170] Wenn Unterscheidungen auch die Basis demokratischer Identität bilden und Ausschlüsse daher vielleicht unvermeidlich sind, bleiben pluralismus- und dissenskompatible Wir-Formen dennoch denkbar.[171]

Dennoch ist einzuwenden, dass die Unterscheidungen und auch die Gegensätze von Wir und Ihr sicherlich nicht so konstitutiv sind, wie Mouffe, Carl Schmitt folgend, annimmt. Einer Einsicht von Michael Hardt und Antonio Negri zufolge sollte die Demokratie nicht mehr als Herrschaft der Vielen im Gegensatz zu den Wenigen oder dem Einen definiert werden, da sie keine Grenzen mehr habe. Dieser Gedanke des demokratischen Wir als der Vielen ist nicht exklusiv und nicht territorial begrenzt: es sind unzählige Viele, überall. Es ist die Herrschaft von Jedem, weshalb sie mit Spinoza auch »absolut« genannt werden kann[172]: eine Herrschaft von Allen durch Alle.[173]

Hardt/Negri antizipieren eine aus neuen Formen der Kommunikation, aus der Netzwerkbildung, aus der verteilten Intelligenz entstehende und um den Globus verteilte Vielheit, deren Autonomie und Fähigkeit zur Selbstorganisation jede Notwendigkeit einer Souveränität verbannt – nicht nur Staatsapparate, sondern alle Autoritäten, die mit Gewalt regieren. Diese Vielheit ermöglicht das »Projekt des Aufbaus einer neuen Macht«. »Die Revolution zielt somit darauf ab, neue Formen gesellschaftlichen Lebens zu erzeugen. Das impliziert eine neue Form politischer Entscheidungsfindung. Auf dem biopolitischen Terrain sind das Wissen und der Wille, derer es für eine Entscheidung bedarf, sozusagen in das historische Sein eingebettet, sodass die Entscheidungsfindung stets performativ ist und zur realen, anthropologischen Verwandlung des beteiligten Subjekts führt, oder – wie Jean-Luc Nancy es formuliert – zur ontologischen Transformation der Bedingungen der Entscheidungsfindung als solcher.«[174] Diese Transformation der Subjektivierungsbedingungen ist revolutionär in einem demokratischen Sinne, weil sie nicht neue Macht- oder Eigentumsdistributionen, sondern offene Prozesse der Einigung anstößt, in denen Veränderungen und historische Anpassungen der Artikulationsformate stattfinden.

Die Aufgabe der Entscheidungsfindung ist es deshalb weniger, eine inhaltliche Einigung zu erzielen, als vielmehr mit dem Ereignis der Zusammensetzung der Vielheit eine performative Kraft, eine emanzipatorische Bewegung anzustoßen.

> »Demokratische Entscheidungsfindung macht aus den parallelen Kämpfen der Identitäten eine aufrührerische Intersektion, ein revolutionäres Ereignis, das die Singularitäten zu einer Multitude zusammensetzt. Diese Definition ist richtig, aber auch erschreckend naiv [...]. Dissens ist der alltägliche, normale Zustand revolutionärer Bewegungen. Aufgabe demokratischer Entscheidungsfindung ist es deshalb nicht nur, den Weg zur Befreiung zu weisen, sondern auch für eine Struktur zu sorgen, mit deren Hilfe sich die (oftmals profanen und nervtötenden) Konflikte innerhalb der Multitude lösen lassen. Wir müssen danach fragen, wie sich demokratische Entscheidungsfindung so organisieren lässt, dass sie die Herausbildung der Multitude und den Prozess der Revolution unablässig vorantreibt. Wenn wir von Intersektionen sprechen, die zur Herausbildung der Multitude beitragen, so denken wir dabei an etwas anderes als das, was üblicherweise als Bündnis oder Koalition gilt. Die Multitude entsteht aus der Begegnung von Singularitäten im Gemeinsamen [...]. Bündnisse und Koalitionen können niemals über die feststehenden, nach Emanzipation

strebenden Identitäten, aus denen sie bestehen, hinausgelangen. Der Prozess der Artikulation, der bei aufrührerischen Intersektionen in Gang gesetzt wird, koppelt nicht einfach die Identitäten wie die Glieder einer Kette aneinander, sondern verändert die Singularitäten in einem Befreiungsprozess, der das Gemeinsame zwischen ihnen erzeugt. Bei dieser Artikulation handelt es sich um einen ontologischen Prozess, der das gesellschaftliche Sein im Zuge der Entstehung der Multitude transformiert.«[175]

Die demokratische Assoziation soll demnach die singulären Identitäten zum Ausgangspunkt nehmen, aber letztlich durch die Erzeugung eines neuen befreiten Gemeinsamen transformieren. Dabei übernimmt ein intelligentes Entscheidungsarrangement die Aufgabe der politischen Avantgarde: Es muss durch die Ausweitung der Intersektionen und die Vernetzung der Artikulationsmöglichkeiten den globalen Prozess der Befreiung weiterentwickeln. Demokratie ist aus dieser Warte eine sowohl revolutionäre als auch nachhaltige Weise der Organisation dieser Artikulationen, denn Artikulation und Komposition sind nicht vom einmaligen *archaisch* konstitutiven Ereignis, sondern von der Dauer eines Prozesses her zu konzipieren: »Demokratische Entscheidung muss diesen Prozess der Artikulation und Komposition lenken und am Laufen halten.«[176]

3.2.2 Losverfahren

Ein Ausgangspunkt eines solchen Entscheidungsarrangements wäre das Losverfahren. Noch 1680 definiert Richelets Wörterbuch: »Demokratie: Volksregierung. Staat des Volkes. Regierungsform, bei der die Ämter durch das Los vergeben werden.«[177]

Historisch gesehen ist diese Verbindung zwischen Demokratie und Losentscheid weder originär noch zwingend: Die Ilias erwähnt eine Aufteilung der Erde zwischen Zeus, Hades und Poseidon durch das Los.[178] Das Alte Testament erwähnt Losentscheide, die den göttlichen Willen offenbaren, ebenso wie solche, die der bloßen Aufteilung von Gütern dienen. Im antiken Griechenland findet sich der Losentscheid schon in vordemokratischer Zeit: Aristoteles zufolge sahen die 621 v. Chr. von Drakon erlassenen Gesetze vor, dass 401 Männer den Rat bilden, »ausgelost aus denen, die politische Rechte besaßen [...,] und keiner durfte zweimal dasselbe Amt bekleiden, bevor es nicht alle anderen durchlaufen hatten.«[179]

Das Losverfahren wird dennoch in vielen antiken Schriften als charakteristisch für die Demokratie beschrieben.[180] So heißt es bei Aristoteles: »So gilt es, will ich sagen, für demokratisch, daß die Besetzung der Ämter durch das Los geschieht, und für oligarchisch, daß sie durch Wahl erfolgt, und wieder für demokratisch, daß für den Eintritt in die Ämter kein Zensus, und für oligarchisch, daß ein Zensus erfordert wird.«[181]

Die Auslosung bleibt in den Republiken präsent, in den Komitien des römischen Volkes[182], in den italienischen Stadtrepubliken des Mittelalters und der Renaissance bei der Auswahl der Magistraturen, in Venedig sogar bis 1797, aber auch in Spanien (Aragon, Kastilien). Das grundstürzend Neue der amerikanischen und der französischen Republiken des ausgehenden 18. Jahrhunderts war also, wie Bernard Manin unterstreicht, dass sie auf das Losverfahren verzichteten, und es ist erstaunlich, dass dies ohne jede Debatte vonstatten ging.[183]

Denn schon Platon nennt das Losverfahren die gerechteste Verteilung von Machtpositionen unter Gleichen.[184] Hier wird die Macht des einen über den anderen durch die Abwesenheit einer Überlegenheit gerechtfertigt. Rancière kommentiert diesen Sachverhalt wie folgt: »Demokratie bedeutet in erster Linie dies: eine anarchische ›Regierung‹, die auf nichts anderem beruht als auf dem Fehlen jeglicher Berechtigung zum Regieren [...]. Wenn das Losverfahren in unseren ›Demokratien‹ jedem ernsthaften Prinzip der Regierungsauswahl zu widersprechen scheint, dann haben wir gleichzeitig vergessen, was Demokratie bedeutet und welcher Art von ›Natur‹ das Losverfahren entgegenwirken sollte.«[185]

Nur die Verteilung der Ämter durch das Los kann verhindern, dass die Macht in den Händen derer liegt, die sie gewollt und erobert haben. Platon und Aristoteles hätten, so Rancière weiter, deutlich gemacht, dass die Besseren, von denen sie sprechen, einfach die Reicheren sind, dass die Aristokratie also eine Oligarchie, eine Regierung der Reichen ist: »Die Macht des Volkes ist nicht die Macht der versammelten Bevölkerung, die seiner Mehrheit oder die der Arbeiterklasse. Sie ist einfach nur die Macht, die denjenigen eigen ist, die weder zum Regieren bestimmt sind, noch zum Regiertwerden [...]. Der Skandal der Demokratie und des Losverfahrens als ihrem Wesen ist die Enthüllung, dass dieser Titel nur das Fehlen jedes Titels sein kann, dass die Regierung der Gesellschaften in letzter Instanz nur auf ihrer eigenen Kontingenz begründet sein kann.«[186] Demokratie ist das Aufzeigen der Abwesenheit genetischer oder erworbener Überlegenheit, von substanziellen Machtgründen. Demokratie entspricht der Forderung, dass jede/r Beliebige nur in dem Maße beherrscht werden kann, wie er/sie herrscht. Deshalb ist es wichtig, dass niemand, der ein Amt hat, ein Machtinteresse verfolgt. Das Losverfahren dient einerseits einer egalitären Verteilung offizieller Ämter, andererseits der Durchsetzung einer nicht interessens- und erfahrungsbasierten Rationalität.

Gelost wurde in der Antike zunächst aus einem verdeckt gehaltenen Gefäß, das mit schwarzen und weißen Bohnen gefüllt war, aus denen jeder Kandidat jeweils eine Bohne zog. Das Bohnenlos wurde durch eine Losmaschine abgelöst, das Kleroterion. »Mehr als 2.000 Bürger verbrachten an ungefähr 200 Tagen im Jahr mindestens eine Stunde lang mit dem Spielen dieses Spieles, auf dessen Beschreibung der ›Staat der Athener‹ vier ganze Kapitel (63–66) verwendet. Darüber hinaus stoßen wir überall in der athenischen Verfassung auf Spuren gleichermaßen komplizierter und zeitraubender Verfahren [...].«[187] Gestützt auf antike Quellen nennt Mogens H. Hansen zwei Zwecke der Auslosung: »Sie sollte eine demokratische Prozedur sein, die jedem Bürger dieselbe Chance gab, als Richter ausgewählt zu werden, und sie sollte eine Vorkehrung gegen Bestechungsversuche darstellen [...].«[188]

Darüber hinaus sollte das Losverfahren die Macht der Magistrate mindern und verhindern, dass Ämter als Machtinstrumente oder für Komplotte missbraucht werden können. Anders als Sokrates' Kritik unterstellt[189], sollte die Auslosung gerade sicherstellen, dass niemand sich als Steuermann des Staates geriert. Und anders als Platon behauptet, unterstellt das Losverfahren genau genommen nicht, dass alle Menschen gleich sind[190], »sondern daß alle Menschen hinreichend fähig für das seien, wofür sie bestellt werden [...]. Die Auslosung stellt sicher, daß die Frage, wer welchen Posten bekommt, durch Zufall geregelt wird, während die Wahl zu Streit und letztlich zu *stasis* führt. Die Demokraten bevorzugten das Los, weil es Korruption und Parteiwesen verhinderte. Die Kritiker entgegneten mit der Behauptung, daß das Los Magistrate mit oligarchischen Sympathien hervorbringen könne, und daß das Risiko der *stasis* in Wirklichkeit noch verstärkt werde, wenn man Feinde der Verfassung unter den Magistraten habe. Wir kennen die Gegenreplik der Demokraten nicht, aber sie kann darin vermutet werden, daß sich die Kandidaten nach der Auswahl der Dokimasie unterziehen mußten, die nach 403/2 so reformiert war, daß dem Volksgericht die Möglichkeit gegeben wurde, auf der Stelle jeden zurückzuweisen, der oligarchischer Tendenzen verdächtigt wurde.«[191] Der Gefahr, dass ungeeignete oder demokratiefeindliche Bürger ausgelost wurden, begegnete die athenische Demokratie mit fünf Instrumenten.

Erstens wurden alle Kandidaten bei Amtsantritt der Dokimasie unterzogen, bei der überprüft wurde, ob sie des Amtes würdig sind, wobei sie zunächst von den Archonten befragt wurden und dann von jedem beliebigen Bürger angeschuldigt werden konnten; Zweck war vor allem, oligarchische Komplizenschaft auszuschließen.[192]

Zweitens wurden Amtsaufgaben nie an Einzelpersonen, sondern an Kollegien von insgesamt zehn Bürgern übertragen, »die sich untereinander abstimmten, berieten und die Arbeit koordinierten. Das Kollegialprinzip fungierte als eine Art interner Kontrollmechanismus und senkte zugleich die Schwelle für diejenigen, die von den Erfahrungen anderer lernen wollten.«[193]

Drittens konnte jeder Bürger zu jedem Zeitpunkt in der Volksversammlung und dann vor den Geschworenengerichten Anklage gegen Amtsinhaber wegen Dienstvergehen erheben und ihre Entlassung aus dem Amt und Strafzahlungen fordern.

Viertens erfolgte eine Überprüfung der Rechnungen durch ausgeloste Prüfer.[194]

Fünftens endete jede Amtszeit mit einer öffentlichen Rechenschaftslegung, die von Prüfern vorbereitet und vor einem Geschworenengericht verhandelt wurde (Euthynai).[195]

Die neuere Debatte um das Losverfahren zielt weniger auf die Vergabe sämtlicher Ämter durch den Zufall als vielmehr auf eine Ergänzung des Personenwahlverfahrens. Die Rückbesinnung findet vor dem Hintergrund der umfassenderen Demokratisierungsbewegungen der 60er Jahre statt[196], die den elitistischen Charakter der repräsentativen Demokratie kritisieren und das herrschende politische System mit experimentellen Verfahren transformieren wollen, allerdings zunächst nicht radikaldemokratisch, da sich die radikale Linke dieser Zeit – auch diejenigen, die wie Hannah Arendt auf eine republikanische Partizipation setzen[197] – meist auf das Rätemodell bezieht, in dem eine Generalversammlung Delegierte benennt, die in Räten zusammentreten und ihrerseits Delegierte wählen.

Anders als das Rätemodell bezieht das Losverfahren alle mit ein, unabhängig von einer vergeblichen Eignung oder persönlichen Qualitäten. Es erhebt nicht den Anspruch, irgendetwas generell besser zu entscheiden, und seine Attraktivität steigt in dem Maße, wie autoritäre Konzeptionen – von Avantgarde, Expertise oder Elite – unglaubwürdig werden.[198] Die Bestimmung einer begrenzten Gruppe von Bürger:innen, die dazu aufgerufen sind, in einem reglementierten Verfahrensrahmen zu verhandeln, widerspricht auch dem »Spontaneismus« der 1970er Jahre, der den Bürokratismus der Parteien kritisiert und in der Vollversammlung die höchste Form der Demokratie gesehen hat. Denn mit dem Losverfahren wird ein formalisierter Modus thematisiert, in dem Machtverhältnisse sich in Organisationen und Versammlungen reproduzieren und wieder aufbrechen lassen. In diesem Sinne sind Jurys, Konsenskonferenzen und Bürgerversammlungen Teil einer »deliberativen Wende« partizipativer Praktiken, weil sie den Akzent auf die Verbesserung der Qualität der Debatten durch die Integration bestmöglicher Information und vielfältiger Gesichtspunkte legen.[199] Das Projekt, das Losverfahren wieder in die Politik einzuführen, entwickeln unabhängig voneinander Peter Dienel 1969 mit den »Planungszellen« und Ned Crosby 1974 mit der »Bürgerjury«.[200] Mit der Einrichtung derartiger Foren soll unter anderem eine höhere soziale Diversität als bei partizipativen Ansätzen erreicht werden, die auf Freiwilligkeit basieren.[201] Eine Bürgerjury gibt in der Regel eine beratende Stellungnahme ab. Sie verkörpert so die öffentliche Meinung, »die sich aber von der, die in Umfragen gemessen wird, dadurch unterscheidet, dass sie ›aufgeklärt‹ ist.«[202]

Viele solche Formate der Bürgerbeteiligung sind seither durchgeführt worden. Exemplarisch seien zwei genannt: 2004 wurde in der kanadischen Provinz British Columbia eine »Citizens' Assembly« mit 161 Mitgliedern per Los eingerichtet, die über ein neues Wahlgesetz zu befinden hatte, weil in Kanada noch immer das britische Wahlsystem galt, das strikt nach dem relativen Mehrheitsprinzip verfährt und also nur einen Repräsentanten pro Wahlkreis wählt, mit der absehbaren Folge, dass Frauen, Immigranten, Minoritäten und Menschen aus nicht politikaffinen Berufen äußerst selten gewählt werden.[203] Die Citizens' Assembly erarbeitete einen Vorschlag: ein Präferenzwahlsystem mit mehreren Wahlkreisen, in denen jede/r Wähler/in einen Stimmzettel abgibt, auf dem er/sie die Kandidaten einstuft. Die Präferenz- oder Ranglistenwahl erlaubt mehrere Gewinner:innen und stellt gemäß der Verhältnismäßigkeit einen Konsens her, weil alle Stimmabgaben zu einer Repräsentation führen. Dieser Reformvorschlag wurde von den Wähler:innen in einem Referendum knapp abgelehnt.

2013 wurde in Irland die »Convention on the Constitution« mit 99 Mitgliedern (darunter 33 Politiker:innen) ausgelost, die Expert:innen anhörten und auch Rat von nicht anwesenden Bürger:innen annahm. Die Beschlüsse der Convention wurden beiden Kammern des irischen Parlaments und dann der Regierung vorgelegt. Nach deren Zustimmung konnte der Vorschlag durch ein Referendum angenommen werden und Gesetzeskraft erhalten. Am 22. Mai 2015 stimmte die irische Bevölkerung in einem nationalen Referendum mit gut 62 Prozent einer Verfassungsänderung zu, die die gleichgeschlechtliche Ehe möglich machte. »Das Referendum fand statt, nachdem die Constitutional Convention sich 2013 mit 79 % der Stimmen dafür ausgesprochen hatte, die Verfassung in diesem Sinne zu ändern [...]. Es war das weltweit erste Mal in der Neuzeit, dass eine Beratung von ausgelosten Bürgern zu einer Verfassungsänderung führte.«[204] Für das Losverfahren, das heute meist in kleineren Foren, in ausgelosten Miniatur-Demokratien praktiziert wird, aber auch in größeren Skalen gedacht werden kann[205], sprechen folgende Gründe:

Das Losen stellt eine Beziehung zwischen Fairness und Gerechtigkeit her.[206] Die Fairness liegt zunächst darin, dass alle Teilnehmer:innen der Zahl nach berücksichtigt werden und dass sie die gleichen Chancen haben. Gerechtigkeit kann prozedural verstanden werden, so dass die Ziehung allen Teilnehmern die gleiche Chance gibt, oder substantiell, so dass in der Wiederholung der Ziehung jedes Los (Ding, Person oder Entscheidung) schließlich langfristig ausgewählt wird.[207] Diese Argumentationen implizieren auch, dass jede Ziehung in einem gewissen Sinne ungleich ist, da paradoxerweise die absolute Gleichheit, die eine Aufteilung in gleiche Teile mit sich bringen würde, durch eine Chancengleichheit ersetzt wird, da unter Umständen am Ende einige der Kandidat:innen das zu Teilende erhalten und andere nichts.

Die Ziehung ist unparteilich, verfolgt keine eigenen Ziele; sie ist neutral, frei von Leidenschaften, Manipulationen und sekundären Effekten. Der Kontrollverlust im Moment der Ziehung führt zu einer hohen Verfahrensautonomie. Weder schlechte noch gute Gründe beeinflussen die Wahl. Die Akteure gewinnen ebenso wenig durch eine strategische Position, die ihre tatsächlichen Präferenzen verbirgt, wie durch geäußerte Präferenzen.

Die Unvorhersehbarkeit macht strategische Berechnungen des Verfahrens viel schwieriger und minimiert die Anreize für Korruption und Manipulationen zur Beeinflussung des Ergebnisses. Eine Losziehung erscheint ceteris paribus schneller, einfacher und ökonomischer als ein Untersuchungs-, Aushandlungs- oder Abstimmungsverfahren. Es gibt eine hohe Treffsicherheit und Eindeutigkeit des Ergebnisses.

Die Ziehung führt konsequent zu einer Rotation der Posten oder Güter, so dass sie als Mittel der Verteilungsgerechtigkeit und gegen die Monopolisierung der Macht angesehen werden kann. Die durch eine wiederholte Ziehung verursachte Rotation hat auch zur Folge, dass die Anreize zur Verschwörung oder Korruption verringert werden. Die Wirkung intriganter Mittel wird temporal entkräftet. Wenn konsequent ausgelost wird, kann keine Gruppe sich politische Macht dauerhaft aneignen.

Die Ziehung kann als Mittel zur Auswahl einer Diversitätsprobe bzw. eines Mikrokosmos eingesetzt werden, der im Namen der Gemeinschaft opinieren, bewerten, beurteilen und möglicherweise entscheiden kann, wenn nicht alle Mitglieder derselben an der Beratung teilnehmen können und wenn die soziale Heterogenität es verbietet zu glauben, dass alle Individuen austauschbar sind oder durch nur einen Repräsentanten vertreten werden können.[208] Dadurch kann die Auslosung einen Effekt der symbolischen oder realen Inklusion haben und die Werte der repräsentativen Demokratie besser einlösen als die Personenwahl.

Wer ausgelost wird, muss später Rechenschaft ablegen und liefert sich dem Urteil der anderen aus. Die Auslosung ist niemandes Verdienst oder Verantwortung. Es beseitigt deshalb erstens das Anspruchsdenken, das sich aus der Wahl oder der Auswahl nach Verdienst einstellen könnte, und zweitens die Abhängigkeit gegenüber Wählern oder Sponsoren und führt deshalb zu größerer Neutralität in der Ausführung der Aufgaben.

Wer ausgelost wird, gibt sich größere Mühe.[209] Verborgene Talente werden entdeckt, Fähigkeiten von Ruhigeren werden eingebracht. Bei Nichtwahl ist kein Gesichtsverlust zu befürchten.

Bei Sachfragen erlaubt das Losen eine Entscheidungsentlastung, z. B. bei Entscheidungen über Leben oder Tod; es reduziert die emotionalen Kosten und das Zögern angesichts rationaler Unentscheidbarkeit.[210] Bei verschiedenen Vorschlägen, die gleichermaßen plausibel sind und kaum argumentativ differenziert werden können, ist einzig vom Losentscheid sowohl Fairness als auch eine von allen akzeptierte Dezision zu erwarten.

Das Losverfahren mobilisiert bei Sach- und Personenfragen unter Umständen eine Kreativitätsreserve.[211] In Kollektiven führt das Losen zu einer produktiven Stabilität durch Konfliktvermeidung, Chancengleichheit, Versachlichung (insofern Personalisierungen unwichtiger werden). In Situationen der Unbestimmtheit, Ungewissheit, Gleichgültigkeit, Inkommensurabilität zeigt das Losen die Grenzen der Rationalität bzw. eine Rationalität zweiter Ordnung.[212] Ausgeloste Bürgerforen verbreitern nicht nur Partizipationsmöglichkeiten: Durch neue Verfahren der Entscheidungsfindung, der Einbindung von Expertisen und der Ermächtigung von Betroffenen sind sie »Schulen der Demokratie.«[213]

Eine aleatorische Demokratietheorie könnte, Hubertus Buchstein gemäß, eine Brücke schlagen zwischen dem partizipativen und dem epistemischen Demokratiemodell[214], indem es die Partizipation erhöht, die Chancen für eine faire Repräsentation maximiert und durch Informiertheit und soziale Heterogenität die deliberative Qualität steigert, was zu einem besseren Urteil führt.

Als demokratietheoretischer Einwand gegen das Losen kann die Beobachtung gelten, dass eine auf Auslosung fußende Bürgerjury ihrerseits wieder ein Zufallsergebnis produzieren kann, weniger überzeugende Begründungen liefert und somit auch an Berechtigung einbüßt. Der Hauptunterschied zwischen der repräsentativen und der direkten Demokratie, behauptet Bernard Manin, liegt ausschließlich an der Art der Selektion der regierenden Organe und nicht an der begrenzten Anzahl ihrer Mitglieder. Was die Repräsentation definiert, ist nicht, dass eine kleine Zahl von Individuen anstatt des Volkes regiert, sondern dass sie ausschließlich durch die Personenwahl bestimmt worden sind, während es bei der direkten Demokratie hauptsächlich durch das Los geschieht.[215] Das Losverfahren sei keine Prozedur der Legitimation, sondern nur der Auswahl und Verteilung. »Die Wahl hingegen bewirkt zweierlei: Sie wählt die Amtsinhaber aus, legitimiert aber gleichzeitig ihre Macht und schafft bei den Ernennern ein Gefühl der Obligation und des Engagements gegenüber den von ihnen Ernannten [...]. Es ist diese Auffassung von der Grundlage der Legitimität und der politischen Obligation, die dazu geführt hat, dass das Losverfahren in den Hintergrund getreten ist und die Wahl triumphiert.«[216]

Nicht nur im Sport gibt es Sachfragen, die, auch aus Zeitgründen, am besten per Los oder Würfelwurf entschieden werden können. Wenn für die verschiedenen Optionen keine oder nur gleichrangige Gründe angeführt werden können oder alle Stimmen exakt gleich verteilt sind, kann das Auslosen von allen als faire und zeitsparende Prozedur akzeptiert werden. Eine implizite Maxime des Losens scheint zu sein, dass die Gründe etwa gleich viel wiegen oder eine indifferente Haltung zu Gründen geboten ist, wenn alles, was erforderlich ist, nur in der Performanz des Entscheidens liegt, eines Entscheidens, das nicht wiederum persönlicher Willkür überantwortet wird, sondern der Veranstaltung einer objektiven, indifferenten, spielerischen Vernunft. Sie leistet vor allem dies: Subjektive Interessen, Intrigen und Macht laufen, jedenfalls für einen Moment lang, ins Leere.

So wird durch das Losen ein bestehendes Machtgefüge subvertiert, eine auch epistemische Öffnung erreicht und wenigstens längerfristig jeder Beteiligten die Chance eingeräumt, die fragliche Funktion zu übernehmen. Es markiert in jedem Wurf eine Vorläufigkeit der jeweiligen Konstellation, diminuiert den Anspruch der Gegenwart im Rahmen als Serie, in der Dauer konzipierten Macht und unterstellt, dass zumindest im weiteren Verlauf des Prozesses die zunächst kontrafaktisch unterstellte gleiche Befähigung nicht nur prinzipiell vorliegt, sondern tatsächlich zukünftig hergestellt ist.

3.2.3 Mehrheitsentscheidung

In der Gefallenenrede, die Thukydides Perikles in den Mund legt, bestimmt dieser die athenische Staatsverfassung etwas überraschend als eine, die nicht auf allen Schultern ruht, sondern von der Mehrheit getragen wird.[217] Dahinter könnte die Einsicht stehen, dass ein Konsens auch die Feinde der Demokratie, die Feinde der Freiheit umfassen müsste. In diesem Sinne wäre die Demokratie die Herrschaft der Vielen, der Mehrheit, aber eben nicht aller. Oder es liegt darin die Behauptung, dass zwar nicht alle, aber doch die meisten sich an den Entscheidungen beteiligen und im Laufe ihres Lebens verantwortliche politische Positionen übernehmen. In diesem Sinne wäre die Demokratie damals dem Ideal, dass die Beherrschten auch die Herrscher sind, immerhin nahegekommen. Perikles' Satz wäre dann eine pragmatische Konzession.

Viele Jahrhunderte später greift Thomas Hobbes die antike Auffassung auf, dass in einer Demokratie die Mehrheit der Versammelten den Willen aller impliziere.[218] Dieses Implikationsverhältnis ist aus seiner Sicht keine bloße Konvention, sondern eine Vernunftnotwendigkeit; denn auf keine andere Weise ließe sich eine Gesellschaft gründen in einer Vielheit (multitude) von Menschen, deren Ideen und Intentionen so sehr untereinander differieren.[219] Wer sich dem entziehen und diesen Gründungspakt nicht mitvollziehen will, kann ausscheren. Daher rührt eine erste einstimmige, stillschweigende Vereinbarung darin, die Mehrheitsentscheidung zugrunde zu legen.

Sobald sich Menschen versammeln mit dem Ziel, einen Staat zu errichten, schreibt Hobbes in *De Cive*, bilden sie allein durch die Tatsache, dass sie sich versammeln, eine Demokratie: Sobald sie sich freiwillig versammelt haben, unterstellten sie, dass sie durch Mehrheitsentscheidungen verbunden seien. Allein dieses konstituiere eine Demokratie.[220]

Sich an das zu halten und all dem zu gehorchen, was die Mehrheit oder der Großteil derjenigen, denen es gefalle, sich zu einem bestimmten Zeitpunkt an einem bestimmten Ort zu treffen, beschließe und befehle, dies mache das Sein der Demokratie aus, schreibt er schon in den *Elements of Law*.[221] Wenn die Versammlung zu verschiedenen Zeiten und an verschiedenen Orten stattfinde, so sei das dasselbe wie eine bloße Versammlung von Fraktionen oder gar keine Versammlung. Es gibt also dann »kein Démos mehr, das heißt kein Volk, sondern nur eine verstreute Vielheit (multitude), der keine Handlung und kein Recht zugeschrieben werden kann. Zwei Schritte sind also erforderlich um eine Demokratie zu errichten: der erste (das Ankündigen einer Versammlung) konstituiert ein Volk, der zweite (die Mehrheit der Abstimmungen) konstituiert to kratos, das heißt die Macht.«[222]

Ein politisches Volk gelangt demzufolge in die Existenz als politischer Körper einfach dadurch, dass sich Individuen versammeln und die Mehrheitsregel anwenden. Dies setzt Hobbes hier wie eine Naturgegebenheit. Im *Leviathan* spricht Hobbes allerdings von einer »stillschweigenden Konvention«, der sich jeder unterworfen habe, ob er sich nun hinterher in der Mehrheit oder in der Minderheit befinde. Hier ist die einvernehmliche Entscheidung, sich der Mehrheitsregel zu unterwerfen, der letzte Akt der einzelnen Individuen, weil der kollektive Wille erst in dem Moment entsteht, in dem ein Repräsentant den Individuen eine Form verleiht und den Staat verkörpert – im *Leviathan* geht die Einheit des Volkes erst aus der souveränen Repräsentation hervor.[223] In den *Elements of Law* und in *De Cive* hingegen sind andere Regierungsformen wie Monarchie oder Aristokratie nur auf der Grundlage einer ursprünglicheren Demokratie denkbar: Nur wenn die Demokratie – etwa weil die Mitglieder der Versammlung müde oder überfordert damit sind, sich um das öffentlichen Wohl zu kümmern, weil sie zu weit weg wohnen oder sich lieber um ihre privaten Belange kümmern wollen – jemandem oder einer Gruppe – »aufgrund ihres Namens oder irgendwelcher anderen Charakteristika« – die souveräne Macht durch einen Mehrheitsbeschluss überträgt, ist diese legitim.[224] Dieser Gedanke Hobbes' weist auf, dass es Gründe geben mag, einer Demokratie andere politische Organisations- und Entscheidungsformen vorzuziehen, doch usurpiert ein nicht vollständig demokratisches System die Volkssouveränität, wenn es einen solchen Rücktritt des Volkes von der Regierungsverantwortung nicht explizit gab. Dann aber, so Hobbes weiter, könnte keine weitere Versammlung, kein Aufstand und keine Meuterei diese Übertragung der Souveränität, auch bei einem einstimmigen Beschluss, wieder rückgängig machen.[225]

Die Mehrheitsentscheidung könnte ein Ausdruck schierer Gewalt sein: Die Mehrheit drückt die Minderheit an die Wand; die Mehrheitsentscheidung ersetzte dann lediglich den militanten Konflikt. Doch aus Hobbes' Sicht wird sie von einer Art ausgleichender Physik geleitet, durch die an der Basis der Mehrheitsentscheidung ein Konsens aufgedeckt werden kann: Hobbes rechnet vor, dass eine positive von einer negativen Stimme gewissermaßen annulliert werde. Wenn nun bei einer Versammlung die negative Option über eine Stimme mehr verfügt, so werden die positiven Stimmen durch die negativen eliminiert; es bleibt als einzige die negative, die für alle spricht.[226] Die Stimmen, die die Mehrheit der Minderheit voraushat, drücken folglich den Konsens aus. Nach Hobbes kann die Mehrheitsregel genau deshalb eine legitime, mit einer Obligation verbundene Entscheidung einer Gruppe sein, weil jede/r an der Entscheidung Teilnehmende akzeptieren muss, dass alle hinsichtlich der Entscheidung gleich sind und deshalb jede Stimme gleich zählt und dass darüber hinaus diejenige/n Stimme/n, die letztlich auf der Waage der Stimmen den Ausschlag geben, eine höhere moralische Legitimität besitzen.[227]

Hobbes setzt hier die Mehrheitsregel als einziges Entscheidungsverfahren für Versammlungsdemokratien (zumindest als Konvention) bereits voraus und übergeht damit eine Aporie, die sich bei ihm in der zeitlichen Sequenz auflöst: Vor der ersten Abstimmung, die ein Volk konstituiert, liegt die Versammlung, als Bewegung, die nicht einberufen oder befohlen, sondern von dem je individuellen Vorsatz und durch die Bewegung geäußerten Konsens getragen wird, sich der Versammlung zu unterstellen.

Ähnliche Gedanken finden sich wenig später bei John Locke, der die Unabdingbarkeit der Zustimmung jedes Einzelnen zur Bildung einer Gesellschaft unterstreicht, ohne doch zu spezifizieren, wie genau diese Zustimmung gegeben wird, wenn nicht dadurch, sich dem Mehrheitsverfahren zu unterwerfen: »Men being, as has been said, by nature all free, equal and independent, no man can be put out of his estate and subjected to the political power of another without his own consent. The only way whereby anyone […] puts on the bonds of civil society is by agreeing with other men to join and unite into a community […]. When any number of men have so consented to make one community or government, they are thereby presently incorporated, and make one body politic, wherein the majority have a right to act and conclude the rest.«[228] Locke sieht Entscheidungen der Mehrheit dort, wo kein anderes Verfahren durch positive Gesetze festgelegt wurde, als Äquivalent der Entscheidungen des Ganzen, »as having by the law of nature and reason the power of the whole.«[229] Als Begründung dafür gibt Locke an, dass wenn die Zustimmung jedes Einzelnen zum gemeinschaftlichen Handeln erforderlich ist und diese Zustimmung enthalten ist in jedem einzelnen Votum und dieses also darauf gerichtet ist, dass das Kollektiv handlungsfähig ist, so ist jeder Einzelne letztlich gebunden an dieses Einvernehmen und das Einverständnis mit der Mehrheitsregel und muss sich letztlich in die Richtung, die von der Mehrheit als der größeren Kraft vorgegeben wird, mitbewegen. Die Mehrheitsentscheidung ist aus Lockes Sicht deshalb kein Ausdruck eines fundamentalen Dissenses, sondern die pragmatische Annäherung an den Konsens.[230]

Gleichwohl verspricht sie, wenn sie bloß ein pragmatisches Zustimmungserfordernis darstellt, keine besseren Resultate als andere denkbare Prozeduren und wird von keiner höheren Rationalität geleitet; sie ist für Locke vor allem ein faires, auf Gleichheit basierendes Verfahren. Über die Gleichheit im Sinne einer Reziprozität des Vertragsverhältnisses geht das Engagement in demokratischen Staaten Locke zufolge gleichwohl hinaus; denn hier ist jeder gehalten, sich den Beschlüssen der Volksversammlung zu unterwerfen und das öffentlich Wohl über die eigenen Partikularinteressen zu stellen – allerdings nur, sofern er zuvor ausdrücklich diesem Entscheidungsverfahren zugestimmt und sich nicht vorbehalten hat, sich nur an diejenigen Entscheidungen zu halten, denen er selbst ausdrücklich zugestimmt hat. Die Mehrheitsentscheidung ist auch hier eine Konvention, die jede/r Teilnehmer/in einer Versammlung stillschweigend akzeptiert, um nicht über die Entscheidungsprozedur entscheiden zu müssen; und auch damit das gemeinschaftliche

Handeln angesichts dringender Notwendigkeiten nicht von einer einzelnen Gegenstimme verunmöglicht wird.[231]

Doch womöglich ist die Mehrheitsentscheidung nicht nur fairer und aus pragmatischen Gründen akzeptabel. Schon Aristoteles hat der Mehrheitsregel attestiert, anderen Entscheidungsverfahren epistemisch überlegen zu sein, weil die Aggregation der Ansichten, Einschätzungen und Talente aller selbst einer Elite überlegen sein müssten.[232] Im 18. Jahrhundert haben Condorcet und Borda statistische Argumente zugunsten der Rationalität der Zahl vorgebracht. Condorcet untersucht in seiner berühmten Untersuchung Wahlwahrscheinlichkeiten und Auszählungsverfahren und stellt anschließend eine Abstimmungsmethode vor. Bei der Condorcet-Methode legen die Wähler:innen ihre Präferenzen im Vergleich zweier Optionen oder in einer Liste von Optionen bzw. Kandidaten fest. Daraufhin wird für ein Wahlkollektiv dadurch die absolute Präferenz ermittelt, dass ausgewertet wird, wie oft eine Option höher bewertet wurde als ihre Kontrahentin.

Ebenso berühmt wurde Condorcets Jury-Theorem. Dieses setzt voraus, dass eine Gruppe eine Mehrheitsentscheidung treffen möchte, eines der beiden Ergebnisse der Abstimmung korrekt ist und jede/r Wähler/in eine unabhängige Wahrscheinlichkeit p hat, für die richtige Entscheidung zu stimmen. Das Ergebnis hängt davon ab, ob p größer oder kleiner als 1/2 ist. Wenn p größer als 50 Prozent ist (jede/r Wähler/in stimmt mit größerer Wahrscheinlichkeit richtig), erhöht das Hinzufügen weiterer Wähler:innen die Wahrscheinlichkeit, dass die Mehrheitsentscheidung korrekt ist. Im Grenzfall nähert sich die Wahrscheinlichkeit, dass die Mehrheit richtig stimmt, 100 Prozent an. Wenn hingegen p kleiner als 50 Prozent ist (jede/r Wähler/in wird eher falsch wählen), dann macht das Hinzufügen weiterer Wähler:innen die Sache noch schlimmer: Die optimale Jury besteht aus einer einzigen Wählerin.[233] Bei Borda wird eine gestufte Anzahl von Punkten auf eine höhere Anzahl von Alternativen verteilt und das Höchstplatzierte ausgewählt – wie beim European Song Contest.[234] Aus diesen probabilistischen Überlegungen folgt, dass es nur dann sinnvoll ist (mit einer Vielheit) abzustimmen, wenn überhaupt eine gute Chance besteht, das Richtige zu treffen. Wenn also abgestimmt wird, weil unterstellt werden kann, dass es eher wahrscheinlich ist, dass die Abstimmenden das Richtige treffen, dann erhöht das Hinzuziehen weiterer Personen die Wahrscheinlichkeit, dass das Richtige getroffen wird. Auch unabhängig von diesem Kalkül kann geschlossen werden, dass, jedenfalls solange es den Abstimmungsprozess nicht verkompliziert, die Hinzuziehung anderer Perspektiven, Intelligenzen, Erfahrungen und Wissensformen eine Weise der Rationalisierung ist.

Allerdings wird die Mehrheitsentscheidung nicht nur in demokratischen Kontexten angewendet. Samuel Pufendorf hat in *Das Recht der Natur und des Volkes* auf das Problem aufmerksam gemacht, dass sich in jedem nichtmonarchischen Regime die Frage stellt, wie ein souveräner Wille erkannt werden kann und wie eine Gefolgschaft und eine Bereitschaft, zu handeln, organisiert werden können, die für alle Mitglieder der Gruppe verbindlich sind – sowohl für diejenigen, die sich mit der Entscheidung identifizieren, als auch diejenigen, die das nicht tun. Es bedarf, mit anderen Worten, eines Mechanismus zur Bündelung der Willenserklärungen, der es ermöglicht, von einem gemeinsamen Willen zu sprechen, wenn nicht gar von einem allgemeinen Willen, der obligatorisch ist und also jedem aufgezwungen werden kann.

Für Pufendorf ist die Mehrheitsregel ein solcher Mechanismus, der sich in allen nichtmonarchischen Systemen findet, besonders in einer Aristokratie. Unter diesem Gesichtspunkt ist die Mehrheitsregel an sich nicht mit dem demokratischen Regime verbunden. Typisch für die Demokratie wäre Pufendorf zufolge nicht der Entscheidungsmechanismus, sondern nur das Prinzip der Partizipation und die Regel der Inklusion.

Für die Mehrheitsregel spricht, dass sie eine größtmögliche Konvergenz des je individuellen und des kollektiven Willens ermöglicht. Zugleich stellt sie die Divergenz der Meinungen und die Pluralität der Gruppe dar. Gegen die Mehrheitsregel spricht, dass Gruppen, die nicht nur punktuell, sondern stetig in der Minderheit sind, unterdrückt werden.[235]

Der politische Liberalismus entsteht auch mit der Kritik an dieser Gefahr einer Machtasymmetrie. Gegen die »Tyrannie der Mehrheit« setzt er die Minderheitenrechte und die subjektiven Rechte. Benjamin Constant schreibt 1806 aus der Erfahrung der französischen Revolution: »Der Irrtum derjenigen, die in gutem Glauben an ihre Freiheitsliebe der Volkssouveränität eine grenzenlose Macht zugestanden haben, rührt daher, wie sich ihre Vorstellungen in der Politik gebildet haben. Sie sahen in der Geschichte eine kleine Anzahl von Menschen oder sogar nur einen einzigen, der im Besitz einer immensen Macht war, die viel Schaden anrichtete; aber ihr Zorn richtete sich gegen die Besitzer der Macht, nicht gegen die Macht selbst. Anstatt sie zu zerstören, dachten sie nur daran, sie zu verschieben. In einer Gesellschaft, die auf der Souveränität des Volkes beruht, steht es sicher keinem Individuum, keiner Klasse zu, den Rest seinem eigenen Willen zu unterwerfen; aber es ist nicht wahr, dass die gesamte Gesellschaft eine grenzenlose Souveränität über ihre Mitglieder besitzt.«[236]

Die Macht der Mehrheit wird aber nicht nur durch die Rechte der Minderheit begrenzt, sondern auch durch die Grenzen der Gerechtigkeit und der Vernunft, die diejenigen schützt, die nicht einmal Minderheitenrechte genießen. Tocqueville sieht deshalb zwei Grenzen der Macht der Mehrheit: im Menschenrecht und in den subjektiven Rechten:

»Aber auch die Mehrheit selbst ist nicht allmächtig. Über ihr stehen in der moralischen Welt die Menschlichkeit, die Gerechtigkeit und die Vernunft; in der politischen Welt die erworbenen Rechte. Die Mehrheit erkennt diese beiden Schranken an [...].«[237] Er spricht sich deshalb für eine Kontrolle der parlamentarischen Mehrheit durch die Gerichte aus: »Innerhalb ihrer Grenzen bildet die Befugnis der amerikanischen Gerichte, über die Verfassungswidrigkeit von Gesetzen zu entscheiden, noch immer eine der mächtigsten Schranken, die je gegen die Tyrannei der politischen Versammlungen errichtet worden sind.«[238] Diese zwei Grenzen der Mehrheitsmacht sind deshalb nicht absolut, es handelt sich nicht um ein übergeordnetes Recht, sondern um Grundbedingungen, auf denen die Möglichkeit jeder einzelnen Entscheidung beruht: Menschheit, Vernunft und subjektive Rechte stehen für etwas, das eine momentane Machtkonstellation nicht zerstören darf. Die Vernunft, die das Verfassungsgericht zur Geltung bringt, ist diejenige einer Kohärenz des Rechtssystems, keine darüber liegende. Eine dritte Grenze der Macht müsste deshalb die Zeit bilden: nicht nur jetzt artikulationsfähige Minderheiten, Bedingungen, politische Welten sind zu schützen, nicht nur eine aktuell vernünftig wirkende Kohärenz des Rechts sollte hergestellt, sondern die kosmopolitische Vernunft gehört werden: Keiner Zeit steht es zu, den Rest (der Zeiten) dem eigenen Willen zu unterwerfen.

Wie die Gerichte zusammen gesetzt sein müssen, um eine Verteidigung der Verfassungsgemäßheit von Gesetzen zu gewährleisten, untersucht Tocqueville nicht. Die Mehrheiten in den Parlamenten werden, der Idee nach, gebildet durch die Mehrheiten von Wähler:innen. Das Mehrheitswahlrecht, das die liberale Theorie mit der Demokratie identifiziert, ist zunächst ein Prinzip der Entscheidung bei der Personenwahl. Gemeint ist: Die Wahlberechtigten wählen in freier und geheimer Wahl per einfacher Mehrheit Repräsentant:innen. Diese versammeln sich im Parlament und entscheiden dort ihrerseits per Mehrheitsentscheid (konkret: durch Handheben, durch Stimmkarten, »Hammelsprung« oder ähnliches) Sachfragen, für die sie prinzipiell keine gesonderte Kompetenz oder Expertise aufbringen müssen.

Die Qualifikation eines/r Parlamentarier/s/in besteht darin, eine Mehrheit von Wähler:innen zu einem bestimmten Zeitpunkt für sich mobilisiert zu haben – nicht mehr und nicht weniger. Wahlengewinnenkönnen mag durchaus eine entscheidende Qualifikation darstellen, zumal sie indirekt auf die Fähigkeit verweist, Allianzen zu schließen, Mehrheiten zu bilden, Macht aufzubauen; sie ist aber sicher kein Ausweis irgendeiner Sachkompetenz.

Es gibt verschiedene Arten der mehrheitsbasierten Entscheidungsfindung, darunter einfache Mehrheitsentscheidungen, qualifizierte Mehrheitsentscheidungen und relative Mehrheitsentscheidungen. Eine einfache Mehrheitsentscheidung bedeutet, dass die Option mit den meisten Stimmen gewinnt. Dies kann in vielen Situationen eine schnelle und effektive Methode sein, um Entscheidungen zu treffen. Es kann jedoch auch dazu führen, dass bestimmte Gruppen oder Minderheiten ignoriert werden, da ihre Meinung nicht ausreichend berücksichtigt wird.

Um dies zu vermeiden, kann eine qualifizierte Mehrheitsentscheidung verwendet werden, bei der eine bestimmte Schwelle für die Zustimmung erforderlich ist, um eine Entscheidung zu treffen. Zum Beispiel könnte eine qualifizierte Mehrheit von 75 Prozent der Stimmen erforderlich sein, um einen Vorschlag zu genehmigen, der von besonderer Tragweite für alle Gruppenmitglieder ist. Diese Methode kann dazu beitragen, dass alle Mitglieder der

Gruppe einbezogen werden und die Entscheidung fairer oder jedenfalls integrativer ist.

Eine relative Mehrheitsentscheidung wird getroffen, wenn die Option mit den meisten Stimmen im Verhältnis zu den anderen Optionen gewinnt. Zum Beispiel könnte eine Option, die 30 Prozent der Stimmen erhält, gewinnen, wenn die zweithöchste Option nur 25 Prozent der Stimmen erhält. Dies kann jedoch zu einer verzerrten Entscheidung führen, da die Option, die von den meisten Mitgliedern abgelehnt wird, immer noch gewinnen kann.

Die Mehrheitsentscheidung spaltet die Gruppe in mindestens zwei Lager. Dass es nichtsdestotrotz als gemeinsame Entscheidung der Gruppe akzeptiert wird, unterstellt der Gruppe die Fähigkeit, diese Spaltung zu überwinden. Wieso sollte eine Minderheit das von der Mehrheit Favorisierte als Ausdruck des kollektiven Willens ansehen?

Jeremy Waldron schreibt Locke die Auffassung zu, dass dieser Transfer an Bedingungen geknüpft ist, dass also eine Minderheit nur unter Einhaltung dieser Bedingungen den Beschluss akzeptieren muss. Ein Mehrheitsbeschluss ist demzufolge nicht bindend, wenn er sich als nicht mehr sachgerecht erweist. Waldron betont: Wenn ich zustimme, Teil einer Organisation zu sein, um Ziele zu verfolgen, X und Y, dann kann ich nicht an die Entscheidung dieser Organisation gebunden sein, ein ganz anderes Z-Ziel zu fördern.[239] Zustimmung und Befolgung sind nicht automatisch fällig. Drei Merkmale unterscheidet Waldron bei der Absicherung der Mehrheitsregel:

1) Im Grundsatz wird die Zustimmung zum Mehrheitsbeschluss mit der Festlegung der prozeduralen Regeln erteilt, aber die tatsächliche Zustimmung wird nicht ein für alle Mal erteilt, sondern nur mit jeder Entscheidung;
2) diese tatsächliche Einwilligung wird aus Gründen erteilt;
3) diese Gründe beziehen sich auf die Zwecke der Entscheidung und ihr Verhältnis zu der sozialen Einrichtung oder Institution, für die die Entscheidung getroffen wird.

Anders formuliert: Die Minderheit muss zustimmen, solange die Entscheidung weder die Art der Gruppe noch das erstrebte kollektive Plus gefährdet. Wenn aber die Entscheidung die Sicherheit der Personen oder Güter gefährdet, um derentwillen diese in eine Gesellschaft eingetreten sind, so verliert sie ihre Geltung.[240]

Wenn eine mehrheitliche Entscheidung auch nicht den Willen Aller im Sinne Rousseaus widerspiegelt, so ist sie doch legitim, wenn sie aus einer beratenden Diskussion hervorgegangen ist, an der sich alle beteiligt haben. Wie Bernard Manin unterstreicht, ist die Legitimation erstens auf die Tatsache der Beratung selbst und zweitens auf deren zeitliche Struktur gegründet: »Es ist der Prozess der Willensbildung, der dem Ergebnis seine Legitimität verleiht, nicht die bereits gebildeten Willen [...]. Die Stimmenauszählung gibt Aufschluss darüber, welche Lösung sich durchgesetzt hat, d. h. die Zustimmung der meisten Menschen gefunden hat. Die Zustimmung der größten Zahl spiegelt die überlegene Stärke eines Arguments im Vergleich zu den anderen wider [...]. Wenn man die Dimension der Zeit und die erzieherischen Effekte wiederholter Deliberation berücksichtigt, macht es dieser Prozess wahrscheinlicher, dass vernünftige Ergebnisse zustande kommen.«[241] Die Kraft, die Dauer und die Wiederholung einer Argumentation entscheiden. Es können dennoch rein rhetorische oder performative Elemente ausschlaggebend gewesen sein. Emotionales und Affektives geht in das Urteil ein. Diese Kraft ist nicht identisch mit Habermas' zwanglosem Zwang des besseren Argumentes; die Akzeptanz durch die Mehrheit ist streng genommen kein Ausweis von Rationalität. Aber die Entscheidung ist in den Vielen verankert und in ausreichender Zeit diskutiert worden.

Dies verweist auf eine Spaltung: Zur Begründung der Mehrheitsregel kann ein Prinzip der Entscheidung und ein Prinzip der Legitimität unterschieden werden. Die Mehrheitsregel hat zuerst den Vorteil der systematischen und eindeutigen Auswahl einer Option, dann, wenn eine Entscheidung notwendig ist, um die betreffende soziale Einheit zu erhalten. Legitimität wird dem Verfahren durch die Möglichkeit, sich an der Beratung zu beteiligen, verliehen, wie auch durch das gleiche (und nicht null betragende) Gewicht aller Stimmen. Zudem verleiht die Mehrheitsregel der Minderheit einen positiven Status, denn ihre Argumente werden gehört und erwogen, sie zeigt eine Alternative zu der von der Mehrheit vertretenen Position auf, wird im Ergebnis als solche angezeigt und verdeutlicht, dass in der Zukunft die Minderheitsmeinung zur Mehrheitsmeinung werden könnte. Diese Perspektive der Dynamik und der Reiteration der Entscheidung rechtfertigt das Mehrheitsprinzip gegenüber dem starren Konsens.

Zudem, wie Didier Mineur hervorhebt, ist die Gewichtung der Stimmen hier gerecht: »Die Einstimmigkeit verleiht einer einzigen abweichenden Stimme ein größeres Gewicht als allen anderen Stimmen; eine qualifizierte Mehrheit, z. B. 75 %, verleiht jeder Stimme, die für die eine Option ist, eineinhalb Mal so viel Gewicht wie jeder Stimme, die für die andere Option ist; eine Lotterie oder ein Losverfahren verleiht jeder Option das gleiche Gewicht, aber nicht dem Willen der Wähler, da diese Verfahren die Verteilung der Stimmen nicht berücksichtigen und eine Option, für die sich niemand ausspricht, gewinnen könnte. Die Tatsache, dass jede Stimme das gleiche Gewicht wie alle anderen Stimmen hat, verleiht jedem den gleichen Einfluss auf die Entscheidung.«[242]

Bei dieser Rechtfertigung darf nicht übersehen werden, dass jede Stimme nur dadurch zur Entscheidung beiträgt, dass sie sich an andere anschließt und Stimmenblöcke bildet. Wenn es mehr Optionen als Abstimmende gäbe und niemand von seiner Eintrittsauffassung abwiche, könnte keine kollektive Entscheidung zustande kommen. Mehrheitsbildung hängt deshalb ganz wesentlich davon ab, dass überhaupt Personen bereit sind, sich überzeugen zu lassen und am Ende eine Meinung zu vertreten, die anfangs noch nicht ihre war. Ein Haufen Starrköpfe könnte nur unter dem Diktat einer Einheitsmeinung zu einer Entscheidung gelangen. Die Bildung oder Änderung der eigenen Meinung ist ebenso wie die Argumentation ein Beitrag zum Aushandeln des Gemeinsamen. Die Bereitschaft, zuzuhören und Argumente sorgsam zu prüfen und abzuwägen, machen eine angemessene Zeitstruktur erforderlich. Müssen auch aussichtslose Kandidaten und abseitige Meinungen gehört werden? Auch diejenigen, die dann überstimmt werden, haben prinzipiell gleichen Anteil an der kollektiven Entscheidung: »Deshalb ist die Entscheidung, die durch eine Abstimmung getroffen wird, eine kollektive Entscheidung [...]. Fairness besteht nicht darin, dass jeder die gleiche Chance hat, dass sein Wunsch durchgesetzt und somit erfüllt wird, sondern darin, dass jeder gleichermaßen zur Bildung einer per Definition kollektiven Entscheidung beiträgt.«[243]

Mehrheitsentscheidungen implizieren jedoch vier grundsätzliche Schwierigkeiten:

1) Zweifel an der Fähigkeit, die Präferenzen der Wähler genau auszudrücken und wirklich den Willen der Mehrheit durchzusetzen. Abgesehen von den Risiken der Manipulation (Stimmenzählung, Wahlcomputermanipulation, gekaufte Stimmen etc.) und den Ungerechtigkeiten, die sie darstellen, bedroht auch die Unbestimmtheit ihrer Inhalte die Konsistenz von Mehrheitsentscheidungen. Das, was per Mehrheitsentscheid gewählt wird, könnte dem, was die Mehrheit will, lediglich ähnlich sein, aber nicht genau entsprechen. Es könnte eine andere Alternative geben, die dem Mehrheitswillen wesentlich genauer entspräche, aber nicht zur Abstimmung stand.
2) Zweifel daran, dass die Mehrheit der Abstimmenden tatsächlich den Willen der Mehrheit der Abstimmungsberechtigen und von der Entscheidung Betroffenen ausdrückt. Wenn die Mehrheit der Stimmberechtigten aus Frustrations- oder anderen Gründen der Abstimmung fernbleibt, resultiert daraus die Möglichkeit, dass eine Minderheit die Abstimmungsergebnisse dominiert. Stehen drei Optionen zur Wahl, von denen zwei sich stark ähneln, so kann es sein, dass die unähnliche bzw. extreme Option mit geringem Abstand die Mehrheit erringt, obschon die Mehrheit der Versammlung zu entweder der einen oder der anderen moderaten Position tendierte. Wenn eine kleine Gruppe innerhalb der größeren Gruppe über eine bestimmte Angelegenheit besonders gut informiert ist oder eine stärkere Meinung hat, kann dies dazu führen, dass die Entscheidung zugunsten ihrer Interessen fällt, anstatt im besten Interesse der gesamten Gruppe artikuliert zu werden.
3) Zweifel an der Identität von Abstimmungsergebnis und Mehrheitswillen. Hat sich eine Versammlung zwischen mehr als zwei Optionen zu entscheiden, so können strategische Erwägungen Wähler:innen dazu bringen, nicht für die Position stimmen, die sie eigentlich einnehmen, sondern ihre Stimme einer Optionen mit vermeintlich höheren Gewinnchancen zu geben. Die Präferenzen der Mehrheit bleiben insofern unbestimmt, als das Ergebnis lediglich Eigenarten der verwendeten Verfahren ausdrückt. Bei gleichen Optionen und Mehrheits-

verhältnissen führen die verwendeten Entscheidungsverfahren (Mehrheitsprinzip, Condorcet-Regel, Borda-Methode etc.), zu unterschiedlichen Ergebnissen.

4) Zweifel an der Berücksichtigung der Existenzrechte der Minderheit. Die Mehrheit ist tyrannisch, wenn sie die politische Macht ihres Vorteils nutzt, um Entscheidungen zu treffen, die bestimmte Minderheiten (religiös, linguistisch, ethnisch) oder bestimmte Verhaltensweisen, die als abweichend gelten – wie etwa Homosexualität –, unterdrücken. Die Aufteilung eines Kollektivs in die Mehrheit und die Minderheit(en) birgt große Gefahren, nicht nur für die (Existenz der) Minderheiten, sondern auch für die kollektiven Handlungserfolge.

Olivier Christin hat in diesem Sinne die Versuche der Schweizerischen Eidgenossenschaft der 1520er Jahren untersucht, das Schisma zwischen Katholiken und Reformierten dadurch zu entschärfen, dass sie die Landgemeinden selbst per Mehrheit die Religion bestimmen ließ. Zu religiösen und ähnlichen Fragen, so schließt Christin, beinhaltet das Mehrheitsverfahren die Wiederkehr von Zwang unter dem Deckmantel der Freiheit. Denn die schiere Möglichkeit des Wählens stellt zunächst zwar einen Sieg der Protestanten dar, der aber unterminiert wird durch das sofortige Verbot der Ausübung ihrer Religion durch die katholische Mehrheit. Die Verteidigung religiöser Toleranz wird in der Tat der erste Schritt in Richtung der allgemeineren liberalen Idee sein, dass manche Entscheidungen zu persönlich sind, um sie anderen zu überlassen, und dass jeder Versuch der politischen Macht, die persönliche Überzeugung zu ersetzen, selbst wenn er sich auf die Stimmen einer Mehrheit der Bürger:innen stützen kann, ipso facto einen Machtmissbrauch darstellen.[244]

Das Mittel der Volksabstimmung ist dabei durchaus nicht zu verwechseln mit direkter Demokratie.[245] Die Volksabstimmung ist ein die Personenwahl ergänzendes Verfahren der repräsentativen Demokratie. Volksabstimmungen präsentieren den Wahlberechtigten eine Ja/Nein-Option und stellen das Ergebnis aufgrund des Mehrheitsprinzips fest. Es ist des Öfteren bemerkt worden, dass die Sachbezogenheit bei Volksabstimmungen auch abhängig davon ist, wie oft diese Methode angewendet wird.

In der Schweiz, wo oft mehrere Abstimmungen pro Jahr vorgelegt werden, ist davon auszugehen, dass das Votum tatsächlich der vorgelegten Frage gilt. Ist dies selten der Fall, besteht die Gefahr, dass sich an den Referenden allgemeine Befindlichkeiten oder Ressentiments entladen, so beispielsweise bei den Referenden über den EU-Vertrag oder beim britischen Referendum über den Verbleib in der EU. Das Argument, das Volk werde bei Volksabstimmungen mit der Komplexität der Sachfragen überfordert, gilt ebenso für das Parlament bei Parlamentsabstimmungen oder gilt nicht. Die Reduzierung auf eine binäre Option verhindert das Sondieren und Aushandeln weiterer Optionen und ggf. Kompromisse; es fördert zugleich eine Spaltung und womöglich Radikalisierung. So begannen nicht wenige Kriege der jüngeren Zeit (Jugoslawien, Süd-Sudan, Ukraine) mit Referenden.[246]

Zur Ermittlung und Durchsetzung eines Mehrheitswillens existiert nicht nur dasjenige Verfahren, eine Pluralität zwischen zwei Optionen wählen zu lassen, da dieses den Extremen höhere Chancen einräumt. Eine Reihe von alternativen Entscheidungsarrangements versprechen, die oben genannten Schwierigkeiten zu beheben. Aus der von Balinski und Laraki vorgeschlagenen Methode des Mehrheitsurteils anstelle der Mehrheitsregel z. B. ginge eine ganz andere politische Landschaft hervor.[247] Ihr aus Condorcets und Bordas Verfahren abgeleitetes »Majority Judgment« besteht darin, dass jede/r Wähler/in für eine Mehrzahl von Wahloptionen bzw. Kandidat:innen Bewertungen mit einem Prädikat aus einer vorgegebenen Auswahl abgibt. Aus diesen Bewertungen wird dann mathematisch eine Mehrheitsnote aggregiert. Von diesen Noten und den relativen Gewichtungen wird schließlich das Ranking der Kandidat:innen abgeleitet. Das Mehrheitsurteil-Verfahren erstellt abschließend eine Reihung der Optionen oder Kandidaturen anhand des Querschnitts der erhaltenen Bewertungen und präsentiert dies als Resultat. Der Gegensatz zu den Ergebnissen der Stimmenmehrheit ist spektakulär: Berechnet man die Ergebnisse der französischen Präsidentschaftswahl von 2012 nach der Mehrheitsurteil-Methode, bleibt zwar immer noch François Holland Sieger, aber François Bayrou rangiert in zweiter Position und Marine Le Pen rutscht vom dritten auf den achten Rang, weil fast 54 Prozent der Wähler sagen, sie sei ungenügend.

Um gegenüber dem Sperreffekt durch Traditionen verfestigter Mehrheiten auch kreativen Minderheitsvoten eine Chance einzuräumen, schlägt Ben Saunders einen systematischen Vergleich der Vor- und Nachteile der Mehrheitsregel und der stimmgewichteten Auslosung (Lotterie-Abstimmung) vor. Sein Hauptargument ist, dass die Mehrheitsregel dem Losverfahren nicht systematisch überlegen sei und dass die Wahl zwischen der einen oder anderen Methode oder auch die Kombination der Verfügbaren von Fall zu Fall überprüft werden solle. Ausgangspunkt seiner Argumentation ist der Fall der permanent unterlegenen und irgendwann auch unterdrückten Minderheit. Im Hintergrund dieser Überlegungen steht die Überzeugung, dass Gruppenentscheidungen von den Prinzipien der fairen Aufteilung bzw. der fairen Berücksichtigung und Durchsetzung individueller Interessen beherrscht sind.[248] Alle Individuen, meint Saunders, die an einer kollektiven Entscheidung teilnehmen, sollten eine akzeptable Chance haben, irgendwann zur Mehrheit zu gehören. Diese Chance erhöht sich mit dem Verfahren der gewichteten Auslosung, das Saunders entwickelt hat.

Bei diesem Verfahren stimmen die Teilnehmer nach einer Beratung darüber ab, welche Optionen sie selbst für vorrangig halten. Die erzielten Punktzahlen legen die Wahrscheinlichkeiten fest, die mit diesen Optionen oder Kandidaten verbunden werden. Daraufhin wird eine gewichtete Auslosung durchgeführt. Vorausgesetzt, dass sie mindestens eine Stimme erhalten hat, kann also jede Option, wenn sie ausgelost wird, gewählt werden, aber ihre Chancen, die endgültige Entscheidung zu werden, sind proportional zu dem Anteil der Stimmen, die sie erhalten hat. Dieses Verfahren verspricht eine gerechtere Aufteilung, ähnlich der Rotation.

Die Chancen, dass alle individuellen Präferenzen berücksichtigt werden, steigen insgesamt tatsächlich mit dieser Methode gegenüber der reinen Mehrheitsregel. So wäre es allerdings auch eher denkbar, dass Positionen, die bei heutigen Wahlen über Generationen hinweg unterliegen oder gar nicht erst ins Parlament einziehen, ausgelost würden.

Die Erfolgsaussichten von Wahlminderheiten, deren Positionen vom größten Teil der Bevölkerung stark abgelehnt werden, steigen, damit jedoch ebenfalls die Aussichten verfassungswidriger, extremistischer Positionen. Ben Saunders erwägt eine Reihe von

Absicherungen gegen diese Fälle, die zum Teil bereits im antiken Losverfahren eingesetzt wurden: Stärkung der verfassungsmäßigen Kontrolle, Auferlegung einer Mindestabstimmungsgrenze für die Teilnahme an der Endphase der Auslosung und ähnliches, aber er weigert sich, die Wahl aus einem anderen Blickwinkel zu betrachten als dem einer gerechte Teilhabe der Wähler:innen an der Möglichkeit, ihre Präferenz zu benennen und durchzusetzen.[249] Folgt jedoch aus der höheren Wahrscheinlichkeit, dass sie den Mehrheitswillen korrekt abbildet, bereits, dass die gewichtete Auslosung solchen Verfahren vorzuziehen ist, die auf die Kraft der Gründe setzen?

Epistemische Demokratietheorien[250] fordern zur Entscheidung für oder gegen ein Entscheidungsverfahren einen verfahrensunabhängigen Standard der Korrektheit. Ein solcher Standard könnte das Ziel einer Organisation sein (wie bei Waldron), der Allgemeinwille, das allgemeine Interesse, das Gemeingut/Gemeinwohl, die Wahrheit, das Richtige, das Gute. Gemessen woran sollte sonst ein Argument einem anderen vorzuziehen sein? Ein solcher Standard erscheint den epistemischen Demokratietheorien als ein notwendiges Postulat jeder Auseinandersetzung, jeder Argumentation: Deliberation setzt voraus, dass Richtigkeit und Impartialität existieren und dass man wissen kann, was die richtige oder unparteiliche Entscheidung ist. Wenn ich für A argumentiere, dann unterstelle ich, dass A richtiger ist als andere verglichene Optionen. Wenn es eine solche kontrafaktische Unterstellung jeder Argumentation und a fortiori jeder Entscheidung gibt, dann reicht das Kriterium der Fairness für die Auswahl des Entscheidungsarrangements nicht hin: Demokratische Entscheidungen sind nur dann legitim und letztlich auch bindend (besitzen Autorität), wenn sie epistemisch zumindest minimal überzeugen.

Hélène Landemore zufolge steigt der epistemische Wert demokratischer Entscheidungen mit der Injektion kognitiver Diversität. Dem Parlamentarismus hält sie deshalb vor, undemokratisch zu sein, insofern hier (soziologisch gesehen) keine kognitive Diversität vorliegt. Dieser politische Kognitivismus kann entweder kulturalistisch (kulturrelativ) interpretiert werden, oder absolut. Als demokratietheoretischer Wert leistet er allerdings kaum, was Landemore verspricht, weil er ein heutigen Verhältnissen unterstelltes kontingentes Quantum an Diversität, das weder prinzipiell vorausgesetzt noch kultiviert oder konserviert werden kann, zur Basis und zum Maßstab epistemischer Legitimität macht.

Wenn richtige politische Entscheidungen diejenigen sind, die sich auf ein kulturell gegebenes Set von Werten beziehen, so wäre der Standard der Korrektheit ein vom jeweiligen kulturhistorischen Kontext abhängiger und niemals universell. Rawls hat entsprechend seine frühere »Theory of Justice« revidiert und gesagt, diese sei »nur für uns« (westliche Liberale) die beste Theorie.

Eine gegenteilige Auffassung vertreten diejenigen, die sagen, dass es universelle Standards moralischer Richtigkeit gebe, wie etwa die Vermeidung von Hunger, Kriegen, Genoziden und anderen Katastrophen. Landemore wendet ein, dass kein derartiges Ziel ohne Benachteiligungen und Kosten auf Seiten relevanter anderer Gruppen erreicht werden könne: »eine politische Entscheidung wäre immer dann richtig, wenn sie das Wohlergehen mindestens einer Person verbessert, ohne das Wohlergehen einer anderen Person zu beeinträchtigen. Das Kriterium der Pareto-Optimalität leidet jedoch unter der Schwierigkeit, dass in der Praxis fast keine politische Entscheidung [diese] Eigenschaft hat […]. Ein vielleicht weniger anspruchsvoller Standard könnte der Standard der Effizienz sein, wie er vom klassischen Utilitarismus definiert wird, bei dem eine Entscheidung, die zu einem gewissen Gewinn für die Gesellschaft als Ganzes führt, auch dann gut sein kann, wenn sie dabei einigen Menschen schadet.«[251]

Auch wenn Wahrheitsansprüche stets bestritten werden können und lokalen, historisch fragwürdigen Kontexten geschuldet sein mögen, schließen Debatten das Ringen um Wahrheit ein. Das Ergebnis dieser Debatte erzwingt allerdings nicht die Wahrheit selbst, sondern die Dynamik der Debatte: »In diesem Sinne müssen Wahrheitsansprüche in einem demokratischen Kontext die Möglichkeit einer Debatte nicht ausschließen. Wenn einer der Gründe, warum wir die Demokratie befürworten, in dem liegt, was wir für die Kraft der ›demokratischen Vernunft‹ halten, dann sollten wir uns als Teile eines größeren Bildes betrachten und Behauptungen auf der Grundlage der Annahme aufstellen, dass unsere Ansichten nur teilweise richtig sind […]. Die Wahrheit ist niemals von sich aus zwingend, nicht einmal die mathematische Wahrheit.«[252]

Wie Arendt und der spätere John Rawls ist Landemore der Auffassung, dass starke Wahrheitsansprüche in der Politik Intoleranz hervorbringen.[253] Tiefe Uneinigkeit sei nicht durch überwölbende Universalien zu überwinden. Die Vernunft eines Rechtssystems zeichnet sich dadurch aus, dass sie auf unumstößliche metaphysische Annahmen zugunsten eines politischen Rahmens der Aushandlung verzichtet. Wer den Pluralismus denken und verteidigen wolle, so schließt Landemore, habe tatsächlich Gründe, das Vokabular des Wahren zu meiden, und stattdessen lieber vom »Richtigen« (Habermas) oder vom »Vernünftigen« (Rawls) zu sprechen.

Für Landemore folgt aus diesen Erwägungen, dass die Mehrheitsregel die Demokratie nicht nur fairer aufgrund der gleichen Verteilung von Stimmanteilen und Chancen macht. Sie sei nicht nur ein Notbehelf, wenn die Zeit fehlt, um einen Konsens zu finden; vielmehr müsse sie aufgefasst werden als ein Mittel, individuelle imperfekte Einschätzungen in exakte kollektive Voraussagen zu transformieren, wenn sie mit einer vorausgehenden deliberativen Phase verbunden sei, bei der die Wahloptionen ausformuliert würden und ein effizientes epistemisches System aufgebaut werde, um eine begründete Entscheidung zu treffen.[254] Neben dem Jury-Theorem von Condorcet führt Landemore zwei weitere Argumente zur Verteidigung der Mehrheitsregel ins Feld, nämlich die erwähnte »kognitive Diversität« und das »Wunder der Aggregation«.

Das »Wunder der Aggregation« nennt Landemore die Situation, in der eine Gruppe eine Entscheidung zu treffen hat und nur ein kleiner Teil der Gruppe die korrekte Antwort kennt. Weil alle anderen raten müssen und sich ihre Antworten mit hoher Wahrscheinlichkeit gleich auf die möglichen Optionen verteilen (zum Beispiel in einem Labyrinth nach rechts oder nach links gehen), wird die Entscheidung mit hoher Wahrscheinlichkeit von denjenigen bestimmt, die die richtige Antwort wissen.[255]

3.2.4 Personenwahl

Im demokratischen Athen wurden wichtige Ämter auch nach Qualifikation vergeben. Diese Personenwahlen (archairesia) fanden jährlich in der Volksversammlung statt. Üblicherweise schlug ein Bürger einen anderen als Kandidaten vor, der sich daraufhin vorstellte[256]; man konnte aber auch in absentia gewählt werden. Unter den Kandidaten wurde per Handerheben gewählt[257], wobei üblicherweise das Ergebnis geschätzt wurde. Dies betraf circa 100 Magistrate, insbesondere die Kommandeure der Streitkräfte (Strategen), diejenigen, die für die Ausbildung der Epheben zuständig waren, die Finanzaufsicht, die Aufseher der Wasserversorgung.[258]

Ein weiteres und heute unverständlicherweise nicht mehr genutztes Instrument der Personenwahl war der Ostrakismus. Basierend auf einem Gesetz, das Kleisthenes eingeführt hatte, stimmte jedes Jahr die Volksversammlung durch Handerheben darüber ab, ob sie einen Ostrakismos wollte. Insofern dies der Fall war, warf zwei Monate später an einer Absperrung auf der Agora jeder Bürger eine Scherbe in ein Behältnis, auf der er den Namen desjenigen eingekratzt hatte, den er verbannt wissen wollte. Die Scherben wurden gezählt und wenn mindestens 6000 Scherben abgegeben waren, musste die Person, deren Name am häufigsten auftrat (das heißt also mit relativer Mehrheit), innerhalb von 10 Tagen für 10 Jahre in die Verbannung gehen, nicht als Strafe und ohne Verlust des Bürgerstatus oder des Eigentums.[259] Sinnvoll eingesetzt könnte dies ein Instrument gegen intrigante oder zu mächtige Personen darstellen.

Das mittelalterliche Kirchenrecht entwickelte eine kuriose Theorie der Stimmenbewertung, die Abstimmungen bei Kongregationen allein im Fall von Personenwahlen vorsah und bei der für gewöhnlich die Mehrheit die Entscheidung treffen sollte. Die Personenwahl als einziger Abstimmungs- und Legitimationsmodus, wie moderne Demokratien ihn im Augenblick praktizieren, entsteht in diesen klerikalen Zusammenhängen; und diese Genealogie ist aufschlussreich, denn sie zeigt, was der (meist implizite) Standard ist, an dem sich Personenwahlen ausrichten. Denn den Versammlungen werden hier grundsätzlich keine Sachfragen zur Entscheidung vorgelegt; es geht ausschließlich um die Wahl des nächsten Abtes, Bischofs oder Papstes, als Ausrichtung des Ganzen, angeleitet vom Heiligen Geist.

Die Regel 64 des Benedikt von Nursia (geschrieben um 540 n. Chr.) sieht vor, dass ein Abt von der ganzen Gemeinschaft gewählt wird oder von dem kleineren Teil der Mönche, der sich durch ein weiseres Urteil auszeichnet. Der Kanon 24 des IV. Laterankonzils (1215) differenziert drei Arten von Wahlen: 1. die kommunale Inspiration, wobei der Konsens durch Akklamation festgelegt wird; 2. die Wahl durch Kompromiss, der durch ein einstimmig dafür delegiertes Komitee zu finden war, und 3. die »via scrutinii«. Diese erklärt denjenigen nach der Auszählung der Stimmen als gewählt, der die Zustimmung aller gefunden hat, oder der Mehrzahl [des Domkapitels] oder der Qualifiziertesten.[260]

Diese Kombination von »Maior et Sanior Pars«, des größeren und des vernünftigeren Teils, ist bedeutsam, denn sie zeigt, dass selbst dort, wo bei einer Abstimmung alle eine Stimme haben, noch nicht ausgemacht ist, wie die Stimmen gewichtet werden, und dass gegenüber der strikten Gleichheit die stärkere Gewichtung der Stimmen der klerikalen Eliten mit deren besserer Gesundheit oder Vernunft (»sanior«) gerechtfertigt wurde. In den mittelalterlichen Schriften wird ein Zusammenklang der zahlenmäßigen Mehrheit und der Elite, kein möglicher Widerspruch zwischen beiden konstruiert.[261]

Eine Minderheit wahrt eine gewisse Chance, eine absurde Entscheidung rückgängig zu machen. Diese kleinere Gruppe kann sich im Vorhinein Eigenschaften zuschreiben. Die Stimmen werden in diesem Fall nicht gezählt, sondern gewogen: Sie werden nach dem Ansehen und der Autorität des Wählenden gewogen, nach seinen Fähigkeiten, seinen moralischen Qualitäten (pietas), der Reinheit der Motive seines Eifers (bonus zelus) und der Fairness seines Urteils (aequitas). Diese Qualitäten sollen in der Lage sein, der ganzen Gruppe eine gute Entscheidung nahezulegen. Die besonderen Qualitäten dieser besonderen Entscheidungsträger zeigen sich meist an demonstrierter Gelehrigkeit, Alter, Kultur, hierarchischer Position usw.

Die Auszählung der Mehrheit bestimmt dabei erst seit dem 13. Jahrhundert die Wahl, zuvor war sie lediglich ein Moment der Entscheidungsfindung, der immer noch den Versuch der Herstellung der Einstimmigkeit (durch Zustimmung der Minderheit) und die Einholung der Zustimmung der Eliten nach sich zog. Von der Minderheit wurde erwartet, dass sie sich dem Mehrheitsbeschluss beugt, so als habe die Mehrheit (besser) antizipiert, was die Gesamtheit wolle, um so ex post die Einstimmigkeit herzustellen. Auf die Wahl selbst folgte der Akt der Deklaration. Doch es fehlte noch eine Stoppregel, die festlegte, wer die Entscheidenden sind, wann die Wahl durchgeführt ist, was das Ergebnis der Wahl ist (so dass es keinen Anlass zu Interpretationen oder Disput bietet) und wer dies feststellt.

Diese Genealogie des Mehrheitsentscheids (aus der Wahl der Äbte, Bischöfe und Päpste zwischen dem 6. und 13. Jahrhundert)[262] zeigt Bewegungen entlang zweier Leitlinien, die unverzichtbar waren und doch im Konflikt zueinander standen, nämlich erstens den Grundsatz »Quod omnes tangit, ab omnibus tractari et approbari debet« / »Was alle betrifft, muss von allen erörtert und approbiert werden« und andererseits das institutionelle Selbsterhaltungsprinzip, demzufolge für das Weiterbestehen kirchlicher Institutionen die Qualität der ausgewählten Person entscheidend ist. Um eine Übereinstimmung von Zahl und Qualität zu erreichen, hat die Kirche ein eindrucksvolles kombinatorisches Raffinement aufbieten müssen und dabei weniger die Entscheidungsregeln präzisiert und differenziert als immer neue Elemente einer Evaluations-Kasuistik aufgeboten, wenn es galt, eine Wahl im Sinne der kirchlichen Autoritäten als legitim anzuerkennen.

Eine bekannte Kritik des Mehrheitsentscheides – am Beispiel einer versuchten Ausgrenzung vermeintlich kommunistischer Hochschullehrer:innen der Universität von Kalifornien im Jahr 1950 – unter Berufung auf den »Sanior Pars« stammt von Ernst Kantorowicz.[263] Sie stellt implizit eine Frage: Kann eine einfache Mehrheit eine das Leben einer Minderheit gravierend beeinträchtigende Entscheidung rechtmäßig durchsetzen? Diese Infragestellung der Idee der bedingungslosen Gültigkeit der Mehrheitsregel stützt Kantorowicz auf zwei Argumente: Erstens ist ein Beschlussfassungsorgan – ein Parlament oder hier der Regentenrat – in zwei fast gleiche Teile teilbar (was praktisch sehr oft geschieht), bis zu dem Punkt, an dem Mehrheiten so gering und ephemer sind, dass die Entscheidungen bei aufeinanderfolgenden Sitzungen je nach Stimmung in die eine oder andere Richtung gehen und je nach Anwesenheit und Abwesenheit von Mitgliedern von beiden Seiten divergent ausfallen können. Zweitens kann sich die Entscheidungsfrage qualifizieren und weiterentwickeln. Das, was dann zur Abstimmung steht, ist nicht mehr dasselbe wie am Anfang.

Kantorowicz folgert, dass eine gespaltene punktuell zu Mehrheiten versammelte Gruppe nicht die Macht hat, für alle zu sprechen. Zweitens ist die Wiederholung einer Entscheidung besser als das Festhalten am einmal Beschlossenen. Drittens darf die Mehrheit nicht die Revision ihrer Entscheidung unterbinden.

Die Minderheit muss nicht alle Beschlüsse befolgen. Aus Kantorowicz' Argument folgt zum einen, dass knappe Mehrheitsentscheidungen, die zur Konsequenz haben, dass die Minderheit ihrer Existenzgrundlage oder jedenfalls der Bedingungen, weiter an der Versammlung teilzunehmen und in der Zukunft ggf. die Mehrheit zu stellen, beraubt wird, nicht legitim sind. Zweitens sind widersprüchliche Entscheidungen nicht legitim und auch nicht bindend, wenn sie jedenfalls zum Teil auf An- oder Abwesenheit beruhen, wenn also die gestrige Minderheit, jetzt die Mehrheit des Tages, systematisch die bereits getroffene Mehrheitsentscheidung aushebelt. Oder andersherum, wenn eine zufällige Mehrheit per Beschluss jedwede Korrektur an dem Entscheidungsergebnis ausschließt.

Man könnte dem noch die Abwägung hinzufügen, dass eine Mehrheit eine ausreichende Stimmenzahl (ein genügend hohes Quorum) binden sollte. Wenn also eine Versammlung nominell aus 100 Personen besteht, aber nur 3 von diesen anwesend sind, kann eine 2/3 Mehrheit (bei einem Stimmenverhältnis von 2:1) nicht als ausreichend legitim für einen bindenden Beschluss angesehen werden.

Quoren werden meist für Sachentscheidungen gefordert; besonders hoch sind sie im Fall von Verfassungsänderungen, selten bei Personenwahlen. Die Unterordnung von Sachentscheidungen unter Personenwahlen wird seit Sieyès so begründet: Da alle Bürger das Gesetz gleichermaßen befolgen müssen, haben sie das Recht, auch zu seiner Entstehung beizutragen, und da dies nicht inhaltlich geschehen muss und außerdem dieser Beitrag bei einer repräsentativen Regierung nicht direkt sein kann, müssen alle in der Lage sein, diejenigen zu wählen, die die Gesetze vorlegen und von denen sie am Ende ihres Mandats Rechenschaft einfordern können. Nach diesem Räsonnement wäre also die Mehrheit, die eine bestimmte Anzahl von Personen für die Ausarbeitung und Verabschiedung von Gesetzen auswählt, indirekt an der Wahl dieser Gesetze beteiligt. Sieyès zufolge hätte die Mehrheit der Bürger:innen folglich im Moment der parlamentarischen Abstimmung auch die Gesetze legitimiert.

In den personenbezogenen Wahlen wird, wie Bernard Manin formuliert, eine Entscheidungstechnik mit einem Legitimationsmodus verbunden. Doch dieses Räsonnement überzeugt nicht.

1) Die »demokratische Fiktion« des legitimierenden Volkes läuft tendenziell auf Formen des Cäsarismus hinaus.[264]
2) Es gibt keine Bindung der Abgeordneten, weder an Inhalte noch an den Akt der Verabschiedung. Zudem legen Wahlkreisdefinitionen und Auszählungsverfahren unterschiedliche Stimmengewichtungen fest, so dass Parlamentarier:innen mit sehr unterschiedlich vielen Stimmen gewählt werden und nicht alle, die gewählt haben, auch parlamentarisch vertreten sind. Auch insofern besitzt die Mehrheitsentscheidung eine epistemische Blindheit.
3) Neben der epistemischen Blindheit liegt ein weiteres Problem in der Legitimation. Denn hinsichtlich der Hobbes'schen Vorstellung, dass die Mehrheit einem Konsens gleichkomme, ist es nicht unerheblich, ob bei einer Beteiligung von 100 Prozent 99 Prozent für einen Vorschlag gestimmt haben oder ob bei einer Beteiligung von nur 20 Prozent und 7 Vorschlägen die Majorität bei 14,01 Prozent lag.
4) Die Qualitäten, die eingesetzt werden, um sich bei Personenwahlen durchzusetzen, divergieren von denjenigen der Eignung für die Ausarbeitung und Verabschiedung von Gesetzen.
5) Schließlich eignet auch der weisesten Mehrheit eine Macht, die »ostrazisiert« oder zumindest periodisch suspendiert werden müsste, um tyrannischen Tendenzen entgegenzutreten.

3.2.5 Alternative Abstimmungsverfahren

Das »Parlement de Paris«, im Prinzip die oberste Justizbehörde Frankreichs im Ancien Régime, hatte die Aufgabe, vom König bzw. der königlichen Regierung erlassene Gesetze zu »registrieren«, zu veröffentlichen und dadurch gültig zu machen. Es konnte, wenn ihm diese vorgelegt wurden, Bedenken und Einspruch artikulieren und damit den König zu einer Veränderung bewegen, mindestens aber den Vorgang verlangsamen, wenn nicht, im Namen der Interessen des Königreiches oder aus Respekt vor den vorherigen Gesetzen, blockieren. Die Richter aller Kammern versammelten sich als »Compagnie« bzw. »Parlement«. Nachdem zwei Vertreter jeweils die Pro- und Contra-Gründe vorgetragen hatten, hatte jedes Mitglied (120–180 Personen) in strikter Reihenfolge jeweils einmal die Möglichkeit, seine Meinung (»avis«) kundzutun (»opiner«), wobei dies begleitet sein konnte von einem Vorschlag für einen Beschluss (»arrêt«). Es konnte mehrere Durchläufe geben, mit dem Versuch, die Anzahl der Vorschläge zu reduzieren, indem diejenigen, deren Vorschläge wenig Zustimmung gefunden hatten, gebeten wurden, sich aussichtsreicheren Vorschlägen anzuschließen.

Bei diesem Verfahren ist die Möglichkeit, seine Meinung zu äußern, gleich verteilt, inhaltlich relativ offen und wenig formatiert. Denn bei einer formalen Abstimmung wäre die Stimmabgabe vom Kommentar getrennt. Die reine Stimmabgabe ist ein diskreter Ausdruck, der weder Gründe noch Intensitäten wiedergibt. Die Bedeutung formaler Stimmabgabe ist zuvor systematisch festgelegt.[265] Im Parlement de Paris hingegen wird durch den Austausch von Meinungen – von Gründen und Intensitäten – eine Übereinstimmung erzielt.

Ein anderes alternatives Abstimmungsarrangement findet sich im Zirkuspavillion des Palais Royal. Dort traf sich 1790 wöchentlich die »Assemblée fédérative des Amis de la Vérité« und inszenierte eine Alternativversion der Assemblée Nationale, mit vier- bis fünftausend Teilnehmern, »ohne die weiblichen Zuschauer zu zählen, mit denen die Galerien des Zirkus gefüllt waren.«[266] In vergleichsweise unreglementierter Weise werden hier Argumente, Beteiligungsformen und Prozessregeln ausprobiert. Hier waren, Camille Demoulins zufolge, die Zuschauer immer so aktiv und laut wie das notorisch rebellische Theater-*Parterre*; Zuschauer, die immer bereit waren, auszupfeifen und auszubuhen, aber auch zu loben und zu jubilieren.

Bei den »Amis de la Véritié« im Palais Royal, so behauptete jedenfalls Desmoulins, gab es keine formale Differenzierung zwischen Akteuren und Zuschauern, wie man sie in der Assemblée Nationale und selbst noch in den Assemblées Primaires fand. Im Palais Royal müsse man nicht den Präsidenten um das Rederecht bitten und dann zwei Stunden lang darauf warten. Hier trage man seinen Vorschlag vor und wenn er Unterstützung finde, so stelle sich der Redner auf einen Stuhl. Wenn er Applaus finde, so schreibe er seinen Vorschlag auf und trage ihn weiter. Wenn er abgelehnt und ausgepfiffen werde, so ziehe er einfach weiter.[267]

Ein drittes Beispiel für eine alternative Weiterentwicklung des Mehrheitsprinzips findet sich im Rat der Europäischen Gemeinschaft. Dieser hat offenbar ein Entscheidungsverfahren entwickelt, bei dem ohne eine Abstimmung eine qualifizierte Mehrheit gefunden wird, und zwar durch Aushandlungen und Konsultationen, die die Ratspräsidentschaft jeweils vertraulich durchführt.[268]

3.3 Antizipationen – woraufhin wird entschieden?

Weil Entscheidungsarrangements darauf ausgelegt sind, Stimmen zu bündeln und mehrheitsfähige Überzeugungen zu generieren, setzen sich im Beschlussvorgang die einen gegen die anderen nicht nur aus Vernunftgründen durch. Mehrheiten kommen affektiv zustande oder werden organisiert, sie werden überzeugt, gedrängt oder genötigt. Es ist nicht auszuschließen, dass geeignetere Kandidat:innen übergangen werden oder bessere Vorschläge noch nicht einmal artikuliert werden können, obwohl sie sich schon im nächsten Moment als die weiseren herausstellen werden. Was tun, wenn eine irrationale Entscheidung getroffen wurde?

Mündig ist, Adorno zufolge, wer Widerspruch äußern und Widerstand leisten kann bei Fehlentscheidungen.[269] Mündig ist zudem nur, wer zur Selbstkritik fähig ist, Verantwortung übernimmt und im Zweifelsfall eigene Fehler korrigiert. Dies wäre die rückwärtsgewandte Sicht.

Nach vorne gerichtet impliziert Mündigkeit die Fähigkeit, vorwegzunehmen, wie eine Handlung vollzogen wird, so dass sie ihren Zweck erreicht, und ob die Umsetzung des eigenen Entschlusses aus der eigenen Sicht (und aus der Sicht der Pluralität anzunehmender Anderer) überhaupt (dann noch) wünschenswert ist.[270] Zur Mündigkeit zählt auch die Fähigkeit, über die Beschränkungen der Gegenwart hinauszudenken, Initiative zu ergreifen und eine Entwicklung hin zum Besseren anzustoßen.

Wer ist unmündig? Alle, sagt Kant, die es nicht vermögen, sich ihres eigenen Verstandes ohne Leitung eines anderen zu bedienen. Ihnen mangelt es an Mut und Entschlusskraft. Es ist bequem, unmündig zu bleiben. »Ich habe nicht nötig zu denken, wenn ich nur bezahlen kann.«[271] Dass der Schritt zur Mündigkeit gefährlich wirkt, dafür sorgen die selbsternannten Vormünder. Die Unmündigen bleiben lieber im Gängelwagen und lernen die Freiheit des Handelns nicht. Sie wissen sich nicht zu entschließen. Dass es so bleibt, dafür sorgen auch Verfahrensregeln. »Satzungen und Formeln, diese mechanischen Werkzeuge eines [...] Mißbrauchs seiner Naturgaben, sind die Fußschellen einer immerwährenden Unmündigkeit.«[272] Dennoch darf sich keine Versammlung selbsternannter Vormünder vertraglich untereinander verpflichten und dadurch eine unaufhörliche Obervormundschaft über das Volk errichten oder gar über die kommenden Zeitalter verewigen. »Das wäre ein Verbrechen wider die menschliche Natur [...]. Und die Nachkommen sind also vollkommen dazu berechtigt, jene Beschlüsse [...] zu verwerfen. Der Probierstein alles dessen, was über ein Volk als Gesetz beschlossen werden kann, liegt in der Frage: ob ein Volk sich selbst wohl ein solches Gesetz auferlegen könnte?«[273] Warum verlassen die Menschen nicht den Gängelwagen, wenden sich von Satzungen und Formeln ab? Kants Kriterium ist radikal anzuwenden. Aber anders als bei Kant nicht im Konjunktiv: Nur solche Gesetze haben Gültigkeit, die das Volk sich de facto selbst auferlegt hat; jede Generation muss erneut prüfen, ob die Gesetze weiter Bestand haben sollen. Es gibt eine Reihe von Erklärungen, was das Volk davon abhält, seinen Mangel an Entschlusskraft zu beheben – die selbsternannten Vormünder, die Formeln, der Kapitalismus, die Kulturindustrie, die falschen Bedürfnisse, das Tauschprinzip, die Bürokratie, auch die Angst, dass wenn alle entscheiden, im Unterschied zu wenigen oder einem, nur törichte oder mörderische Entscheidungen die Folge wären. Der zweite Aspekt, den Kant nennt, gilt es ebenso umzusetzen: Mündig ist nur, wer in der Lage ist, Beschlüsse und Gesetze, die in der Vergangenheit, womöglich von früheren Generationen, gefällt worden sind, als Gängelung zu erkennen und zu verwerfen. Zwar wäre niemand mündig zu nennen, der nicht auch vertrauen könnte, dies sollte jedoch aus Gründen erfolgen und nicht zu freiwilliger Unterwerfung führen.

Eine auf Kapitalkonzentration, Ausbeutung und paternalistischer Herrschaft basierende Gesellschaft wird nur so lange weiter funktionieren, wie systematisch Verantwortung delegiert wird. Gerade die Verantwortung für Grundsätzliches, auch die Verantwortung gegenüber der Herausforderung zu bestimmen, was ein Leben zu führen bedeutet, auf welche Ziele das Leben auszurichten lohnt, wird nur allzu gerne an die wiederholte Einsetzung der Herrschaftsordnung durch das System der Institutionen abgegeben.[274]

Die aus freiwilliger Knechtschaft folgende Heteronomie und Autoritätshörigkeit hat einige politische Systemwechsel überdauert. Bemerkungen Adornos aufgreifend wären Beobachtungen an der demokratischen Fassade, am Menschenrechtsornament, an den ausgetauschten Flaggen vor den gleichen Institutionen anzustellen. In seiner *Erziehung zur Mündigkeit* heißt es weiter, die Demokratie habe sich nicht derart eingebürgert, »daß sie die Menschen wirklich als ihre eigene Sache erfahren, sich selbst als Subjekte der politischen Prozesse wissen. Sie wird als ein System unter anderen empfunden, so wie wenn man auf einer Musterkarte die Wahl hätte [...] nicht aber als identisch mit dem Volk selber, als Ausdruck seiner Mündigkeit [...]. Man macht aus der eigenen Unreife eine Ideologie [...].«[275] Und doch warnt Adorno im nächsten Schritt davor, dies Unvermögen zu subjektivieren, weil es doch an den Verhältnissen liege[276]– die gesellschaftliche Reproduktion psychotischer Halbbildung, die »den Berührungen [ausweicht], die etwas von ihrer Fragwürdigkeit zutage fördern könnten« –, weshalb es »am Ende keine wahrhafte politische Spontaneität mehr« gibt.[277] Es wäre nun genauso wenig überzeugend, eine Änderung der Verhältnisse abzuwarten, wie gegen die Ideologisierung der eigenen Unreife eine massenhafte Zwangserziehung zur Mündigkeit zu setzen. Die *Freilegung wahrhafter politischer Spontaneität* ist nicht das Resultat, sondern die Voraussetzung einer Abschaffung sich reproduzierender Herrschaftsverhältnisse. Die Freilegung fängt dort an, wo sich die Freiheit selbst in Kraft setzt: Freiheit muss ausprobiert und praktiziert werden, sie muss sich selbst einsetzen.[278] Wo ist der Ort dafür?

Die meisten alltäglichen Entschlusssituationen ähneln denen im Labyrinth: Es gibt einen Ausgangspunkt und einen Zielpunkt, die vordefiniert wurden; es gibt Wahrscheinlichkeitserwägungen,

Neigungen, aber im Grunde stellt jede Entscheidung eine Überforderung dar, weil es keinen tieferen Grund gibt, das eine oder das andere zu wählen. Wie ein Labyrinth ist der Alltag gebaut: Die Menschen darin sollen funktionieren und nichts in Frage stellen. Die Ziele sind schon da, dazwischen liegen andere Räume, andere gesellschaftliche Positionen. Viele scheuen sich, eigene Ziele zu setzen, erst recht solche außerhalb der vorgesehenen Bahnen. Die Krisen des Lebens bestehen darin, existentielle Entscheidungen auf einmal nicht mehr delegieren zu können.

Die Einbildungskraft wird überwältigt von der Simulation des Könnens. Anstatt zu hoffen und zu träumen, drücken die Subjekte die Knöpfe, die zu drücken sie ausgebildet wurden und die ihnen unmittelbare Gratifikation verschaffen. Doch die Unmündigkeit ist eine Selbstentmündigung: Die Subjekte sind darin ausgebildet, ihre besten Optionen in Sekundenbruchteilen auszuwählen, aber die Möglichkeit, selbst zu denken, etwas auszuprobieren und das Recht, autonome Entscheidungen zu treffen, schlicht nicht wahrzunehmen, obschon es niemand strenggenommen vorenthalten kann. Nichts könnte sie aufhalten.

Freiwillige Knechtschaft bedeutet in diesem Zusammenhang: Unterwerfung unter Führung und Herrschaft nicht aufgrund von Zwang, Not oder Gewalt, sondern aufgrund von Bequemlichkeit, Gewohnheit und Faszination. Subjektivierung bedeutet eine Internalisierung der Beherrschung, die Ausbildung eines regulierten Körpers, die Eingewöhnung in ein Können, das Leben in einer funkelnden Architektonik, in der die Grundentscheidungen immer schon getroffen sind.

Jede Gewohnheit folgt Bahnungen. Nur dort, wo es Architekturen gibt, können Menschen sich überhaupt planvoll bewegen, ihre Bewegungen koordinieren und an Symbolen, Traditionen und höherem Sinn ausrichten. Gewohnheit ist die Internalisierung und Bestätigung dieser Architekturen. Ihnen wohnt ein eigentümlicher Zwang zum Funktionieren inne, dem man sich durch Bewegung kaum entziehen kann. Von der Landschaft bis in den kleinsten Apparat internalisieren wir den Zwang, die Setzung, das Angebot als eigene Begierde und folgen – motorisch, affektiv, emotional – dem, was für uns vorprogrammiert wurde.[279] Die politische Architektur stellt ein Zusammen her und stellt es zugleich dar. Sie hat die

Kraft, dieses Zusammensein unausweichlich erscheinen zu lassen und indirekt zu erzwingen, kann es jedoch auch, als Wert, zu Bewusstsein bringen. Sie gibt eine Orientierung vor, die das Denken nur schwerlich überwinden kann. Politische Architekturen geben eine Ordnung vor, als habe diese immer schon existiert, als sei sie notwendig und deshalb der Entscheidung entzogen.

Die Herrschaft der Wenigen wird nur durch die Ausnutzung einer Planungs- und Steuerungsfähigkeit möglich, welche auf dieser Architektonik der Macht beruht. Aus der umfassenden Technik zur Initiierung, Sichtbarmachung und Berechnung von Bewegung geht die Polizierung des Raumes hervor. Die Architektonik der Macht spiegelt Spielräume und Optionen. Jede Bewegung in ihr, die ihrer Vorordnung folgt, bestätigen die Wirksamkeit und Legitimität dieser Architektonik. Weil Menschen in ihr wohnen und sie zum Ausgangspunkt ihrer Selbststeuerung nehmen, denken sie nicht über sie nach, reagieren auf sie als symbolische Ordnung, nicht als Herrschaftssystem und legen ein von den Dingen konditioniertes Verhalten an den Tag, anstatt Ressourcen des Anfangens freizulegen.

Diese Unterwerfung unter die gebaute Herrschaft rührt dabei auch aus einem Mangel eigener Vorstellungskraft. Wer sollte während dieser Immersion in eine überwältigend bunte Funktionswelt den Mut aufbringen, selbst entscheiden zu wollen, wenn die Kraft zur Imagination und zum Verfolgen eigener, weniger attraktiver Möglichkeiten nicht entwickelt ist?

Autonomie wird in dem Maße unmöglich, wie Menschen von der direkten Entscheidung über grundsätzliche, sie betreffende politische Fragen effektiv ausgeschlossen werden oder sie meiden und – wie ihre lokalen Lebenszusammenhänge – von weit entfernten, ihrerseits unzugänglichen Kräften kontrolliert werden können.[280] Sie wird erst recht unmöglich, wenn sie die Fähigkeit zu eigenen Entscheidungen verlieren oder gar nicht erst ausbilden. Diese Fähigkeit verkümmert, wenn sämtliche Imaginationen auf die Reproduktion des Bestehenden, Beherrschenden fixiert sind und neue Ziele nicht in Betracht gezogen werden. Wie nun die Faszinationskraft der Unbeherrschtheit steigern?

Verstreute, zunächst unbedeutend wirkende, fast zufällig entstehende, quasi-revolutionäre Ereignisse können kontrollierende

Räume sprengen: Umnutzungen, Überschreitungen, Neugründungen. Sie sind nicht als kommunikatives Aushandeln innerhalb fest gefügter sozialer Strukturen zu verstehen, sondern als körperliches Öffnen eben dieser architektonischen Strukturen, die Subjekte von politischen Entscheidungsprozessen fernhalten; schon kleinste Impulse der Öffnung bergen dieses transformative Potential, weil sie dasjenige zur Geltung bringen, das in der gegebenen Ordnung der Sinne nicht vorkommen darf. Doch auf einmal wirkt dieses nicht bedrohlich, sondern befreiend. Dieses körperliche Sprengen der Architektonik ist eine erste eigene Entscheidung – das Setzen eigener Zwecke gegen materielle Kräfte, Notwendigkeiten, Scheinordnungen.

Eine solche Entscheidung wirkt womöglich irrational, gewaltvoll und blind, könnte aber auch verstanden werden als eine das eigene Leben beeinflussende und ausrichtende Wahl – keine Auswahl, sondern die Wahl, dieser Mensch, so ein Mensch, ein Mensch zu sein. Nicht jede Handlung manifestiert eine vorhergehende Überlegung oder eine eigenwillige Auswahl zwischen Alternativen. Wohl aber impliziert, einer antiken Gedankenfigur zufolge, jedes Handeln und Auswählen eine grundlegende Ausrichtung auf das Gute im Leben, eine Entscheidung, aus der Entscheidungsfähigkeit und Entschiedenheit überhaupt erst hervorgehen.

Gemeint ist die Theorie der Hairesis. Platon bezeichnet damit eine Urwahl, die sich bei jedem Menschen auf alle Inkarnationen, Verantwortlichkeiten und Entscheidungen des späteren Lebens auswirkt: die Lebensweise.[281] In der Stoa bedeutet Hairesis die Wahl, durch die ich mich auf mein natürliches Ziel ausrichte, die Orientierung meiner Strebungskräfte und Zuneigungen.[282] Mit dem Begriff Prohairesis bezeichnet Aristoteles eine fundamentale Wahl, die sich im Laufe der Zeit entfaltet.

In diesen Theoremen lassen sich Versuche erkennen, das Ausschlaggebende aller einzelnen Entscheidungen einer grundsätzlicheren Wahl zuzuordnen, durch die erst Ziele in temporaler Distanz und eine Entscheidungsfähigkeit durch die Grundlegung der Möglichkeit zur Ausbildung und Fixierung temporal distanter Absichten in die Welt kommen: die Art, sich auf die Welt zu beziehen, in ihrem Werden. Diese Entscheidungsfähigkeit kommt in dem Moment in die Welt, in dem ein Subjekt nicht nur willentlich etwas tut und auf dieses Tun reflektiert, sondern versucht, dieses Tun abhängig zu machen von der eigenen Festlegung spezifischer Kontexte, Assoziationsweisen, Normen und Werte, von einer modifizierbaren zeitlichen Kohärenz; in dem Moment, da es sich eigene Ziele setzt und diese bewertet, in dem Moment, da es das Tun als Teil eines Prozesses begreift, der etwas längerfristig Vernünftiges bewirken kann.

Für Aristoteles ist die Prohairesis ein selbstgesetztes Prinzip (arché) und damit das Prinzip menschlichen Handelns, insofern es spontan, vernünftig und verantwortlich ist. Prohairesis vereint das Denken und das Streben im Hinblick auf ein Ziel. Sie setzt die Phronesis (Klugheit) als Urteilsfähigkeit und die Bouleusis (Überlegung) ins Werk – als Blick für das Kontingente bzw. als die Fähigkeit, das, was anders sein kann und was wir technisch oder poetisch (poieton) bewirken können, zu erfassen (im Gegensatz zum theoretischen Intellekt als dem Sitz des Wissens, das auf das Notwendige zielt).

Diese individualethischen Überlegungen zur Fähigkeit des Überlegens, Urteilens, Motivierens und Handelns zielen auf die Passage zwischen einer zwar ›freiwilligen‹ (ekón), weil von innen geleiteten, aber unreflektiert durchgeführten Handlung einerseits und andererseits einer Handlung, die auf einer erwägenden Beratung, einer Prohairesis beruht. Die Verschmelzung von Überlegungen und Antrieben, aus der eine Handlung entsteht, kann im ersten Fall durchaus das Resultat einer Beeinflussung, einer Manipulation (»nudging«)[283] oder einer suggestiven Architektur sein. Im zweiten Fall nur ist die auf vernünftiger Überlegung beruhende Entscheidung, die auch die Verantwortung für die gewählten Mittel einbezieht, die Wirkursache der Handlung. Nur in diesem Fall ist die Person verantwortlich für die Handlung; d. h. nicht nur, weil eine Tätigkeit freiwillig vollzogen wurde, können wir nach Aristoteles sagen, dass sie eigentlich handelt, und auch nicht dann, wenn irgendwie erst überlegt und dann gehandelt wird: Eine Person handelt frei und verantwortlich ausschließlich dann, wenn sie mit Prohairesis *entscheidet*.[284]

Für Aristoteles ist das erstrebte, unbewegte Objekt Initiator der Bewegung. Es wird von der Vernunft als einem Zeitsinn erfasst, die sich die Strebekräfte unterordnen muss, welche oft am Gegenwärtigen als dem Lustvollen hängen. Das erstrebte Objekt ist bereits in der Vorstellung gegeben, weshalb Aristoteles auch von einer Kreisbewegung spricht.[285] Ohne den unbewegten Beweger verliert diese Vernunft ihre Ausrichtung. Die Vorstellung eines erst werdenden, zukünftigen Zwecks, der die Handlung leiten könnte, kommt für Aristoteles nicht in Frage.

Prohairesis kann im Griechischen allerdings auch »politische Einrichtung« oder »Regierungsform« heißen, und so lohnt es sich, die Frage, wie kollektiv entschieden werden soll, an der politischen Einrichtung einer Prohairesis, an den Arrangements zur Einrichtung einer Entscheidungsfähigkeit zu schulen, die kollektives Denken und Streben im Hinblick auf ein vernünftiges Ziel vereint und die Wahl der Mittel leiten können.

Verantwortlich wäre ein Kollektiv folglich nicht für bloß freiwillig durchgeführte Handlungen, sondern nur, wenn es diese Handlungen auf der Basis vernünftiger Überlegungen und mit Blick auf die Zukunft entschieden hat. Ein solches Verständnis einer grundlegenden Wahl, die Individuen und Kollektive treffen, findet sich auch bei Herbert Marcuse: »Die Weise, in der eine Gesellschaft das Leben ihrer Mitglieder organisiert, schließt eine ursprüngliche Wahl zwischen geschichtlichen Alternativen ein [...]. Die Wahl selbst ergibt sich aus dem Spiel der herrschenden Interessen. Sie antizipiert besondere Weisen, Mensch und Natur zu verändern [...]. Sie ist ein ›Entwurf‹ von Verwirklichung unter anderen. {Fußnote 2: Der Terminus ›Entwurf‹ (Projekt) hebt das Element von Freiheit und Verantwortung in der geschichtlichen Determination hervor: er verknüpft Autonomie und Kontingenz}.«[286] Die grundlegende Wahl bestimmt durch die Antizipation durchführbarer Veränderungen die Art der Verwirklichung.

Marcuses Überlegung zum Zusammenhang von Wahl und Entwurf führt zu der Frage, wie beide verknüpft sind und wann Menschen zu eigenen Entwürfen in der Lage sind. Entwürfe sind nur möglich, wenn das, was auf es zukommen und durch Handlung verändert werden kann, von einem Subjekt als zukünftig vorstrukturiert ist. Die grundlegende Wahl impliziert also die Wahl eines *Antizipationsschemas.* Das Antizipationsschema prägt eine Lebensweise. Es ist auch dasjenige, was Handlungen auf zukünftige Ziele ausrichtet.

Jede Lebensweise ist gekennzeichnet durch die Art, wie sie dem, was geschieht und ihr widerfährt, zuvorkommt, sich darauf vorbereitet, es flieht oder ihm begegnet, wie sie begehrt, erstrebt, erwartet. Was geschehen kann, ist abhängig nicht nur von der Struktur, sondern auch von der Ausrichtung der Wahrnehmung. Zu dieser Ausrichtung zählt die Lenkung der Aufmerksamkeit, doch darüber hinaus auch die reflektierte Vorbereitung der Qualitäten, in denen sich etwas für ein Lebewesen materialisiert. Sie beeinflussen die Weise, wie etwas stattfinden kann (auch das Unvermeidliche), wie auch das, was als Zukunft überhaupt in den Blick genommen wird.

Antizipationen und Entwürfe beruhen auf der Fähigkeit zum Denken, Wahrnehmen wie auch zum Zulassen und Versinnlichen des zeitlich Anderen. Die »Prolepsis«, von der Epikur spricht und die aus der Überlagerung vieler Bilder ein schematisches Vorbild synthetisiert, das die richtige Auffassung des typischen Gepräges einer Sache vor Augen führt und als Vorgriff und Vorwegnahme zur Voraussetzung sinnvollen Suchens und Auffindens eingesetzt wird, – eine »im Geist vorweggenommene Information über eine Sache, ohne die man nichts erkennen, untersuchen und erörtern kann«[287] –, ist nicht angeboren und starr, sondern ändert sich mit den Wahrnehmungen von Zeitlichem. Bilder und Reize bringen Prägungen hervor, die im Erinnerungs- und Reflexionsvermögen die Anlage und Organisation (systasis) zu Antriebsmustern und Impulsen, zur Hoffnung auf Erfreuliches oder zur Auslösung von Ängsten ausprägen.[288] Diese Prägungen sind fähig, diese oder jene Impulse hervorzubringen, noch bevor ein Reiz eintrifft. Sie beeinflussen, wie ein Ereignis geschieht.

Wenn Kant unter Antizipation die (raumzeitlichen) Bestimmungen der Gestalt und der Größe von Erscheinungen fasst und im engeren Sinne den Vorgriff auf die Materialität des Empfindens einer Empfindung überhaupt, bestimmt er sie zwar als apriorische Festlegungen der Art, wie ein mögliches Reales beschaffen sein muss, um empfunden werden zu können, und wie diese Qualität empfunden wird, nämlich als Grad einer intensiven kontinuierlichen Größe[289], aber er wahrt zugleich die Idee spontaner Aktualisierung (beispielsweise der Aufmerksamkeit)[290] und einer Epigenese derart, dass sich die Qualitäten des Empfindens und der Schematisierung des Realen trotz ihrer Apriorizität mit der Weise des Bestimmens ebenso wie mit den Materien der Wahrnehmung ändern können. An anderer Stelle spricht Kant vom Vorhersehungsvermögen (Praevisio), das »die Bedingung aller möglichen Praxis und der Zwecke ist, worauf der Mensch den Gebrauch seiner Kräfte bezieht. Alles Begehren enthält ein (zweifelhaftes oder gewisses) Voraussehen dessen, was durch diese möglich ist.«[291] Dieses Vorhersehungsvermögen wird als Wahrsagen, Weissagen und Vorhersagen praktiziert, mit kulturhistorisch unterschiedlichen Verfahren und anhand ebenso verschiedener Zeichen, wobei Kant sich besonders von prognostischen Zeichen verspricht, kausale Folgebeziehungen zu künftigen Weltbegebenheiten »vorherverkündigen« zu können.[292]

Antizipationen sind Verhaltensweisen, die sich von den Erfahrungen der Vergangenheit oder von Reizen und Impulsen der Gegenwart lösen, um auf die Zukunft vorzugreifen. »Ein antizipatorisches System ist ein System, in dem die gegenwärtige Veränderung des Zustands von zukünftigen Umständen abhängt und nicht nur von der Gegenwart oder der Vergangenheit.«[293] Die Blume blüht, um die Biene anzulocken, die Spinne webt ihr Netz, weil sie Beute erwartet. Das meiste Verhalten ist nicht nur eine Antwort auf Anstöße und Reizungen, sondern folgt Erwartungen, Vermutungen und Vorhersagen, beispielsweise bei der Nahrungssuche.

Die Fähigkeit zur Antizipation ist vielleicht das deutlichste Kennzeichen intelligenten Verhaltens gegenüber bloßen Dispositionen in kausalen Konnexionen und bloßen Wahrnehmungen (Aristoteles hält dafür, dass Würmer nur wahrnehmen, aber nicht imaginieren, und deshalb auch nicht irren können).[294] Allerdings sind die konditionierten Reflexe der pawlowschen Hunde ebenfalls Antizipationen. Antizipationen basieren meist auf der Verarbeitung von Erfahrungen und doch geht die entsprechende Leistung über diejenige des Erinnerns und Wahrnehmens hinaus. Erwartungen sind erst dann möglich, wenn an dem Erfahrenen etwas Verallgemeinerungsfähiges und Regelartiges ausgemacht wird, das sich auf mögliche Situationen übertragen und zeitlich verlängern lässt.

Antizipationen werden meist antrainiert und eingewöhnt, sie müssen jedoch spontan eingesetzt werden. Auch die Prädiktionssysteme, die Menschen jeweils zur Verfügung stehen, sind in der Regel konditioniert oder zumindest habitualisiert, müssen jedoch durch eine Übertragungsleistung aktiviert werden. Einzelne Antizipationen entsprechen einer habituellen Ausrichtung. Nur in Ausnahmesituationen werden zusätzliche Anstrengung unternommen, um das Handeln auf etwas anderes als Gewohnheit zu gründen. Und auch der Versuch, aus dem Gewohnten auszuscheren, weil es sich als inadäquat erwiesen hat, bleibt meist in Routinen der Nonkonventionalität hängen. Oder es kommt die Beratung durch eine ritualisierte Zukunftsexpertise ins Spiel, wie sie Astrologie, Religion oder wissenschaftliche Prognosen bieten mögen.

Da kollektives Handeln nicht nur ein Aggregat individuellen Tuns ist, sondern eigene Modalitäten und Möglichkeiten enthält, sind auch kollektive Antizipationen nicht einfach Summierungen oder Aushandlungen individueller Erwartungen. Kollektives Wohnen und kollektive Gewohnheiten prägen Habitus und Horizonte. Ein erster Schritt, um kollektives Antizipieren ändern zu können, wird dort vollzogen, wo die Zeit, in der sich kollektives Handeln entfaltet, untersucht wird. Es müssen Hypothesen entwickelt werden, welche Verhaltensmodalitäten das, was geworden ist, und das, was geschehen wird, trennen können. Und wenn entsprechend deutlich wird: Etwas anderes könnte geschehen, wenn das fragliche Kollektiv sich anders verhielte und zu bestimmten Zeitpunkten anders agierte, so kommen die Parameter und Faktoren zum Vorschein, von denen abhängt, worin sich die Zukunft von der Gegenwart unterscheiden wird und wie sich jene beeinflussen lässt. Sodann muss eine Zeitkonzeption instituiert werden. Wenn es beispielsweise gilt, gemeinsam Essen zuzubereiten, können die einzelnen Aufgaben und Handlungsschritte nur dadurch definiert, verteilt und durchgeführt werden, dass alle eine geteilte, hinreichend klare Vorstellung davon haben, was das Handlungsziel ist und welche Handgriffe und Zutaten dazu in welcher Abfolge und bis wann erforderlich sind.

Die Ausbildung der kollektiven Antizipation bildet die Grundlage für eine freie kollektive Handlung. Auf dieser Basis unterbricht das Handeln das Ursache-Wirkungs-Gefüge und verändert den Lauf der Welt, insofern durch Akteure Neues in die Welt kommt, sie aber auch die Vergangenheit verstehend bearbeiten, distanzieren, entmachten können. »Nun aber ereignet sich der freie Akt in der Zeit, die verfließt, und nicht in der verflossenen Zeit.«[295] Und dies bedeutet unter anderem, dass Antizipationen nicht nur die Antwort auf das Vergangene und das Ziel des Handelns formulieren, sondern mit der Form des Agierens die Zeit selbst ausprägen: Der Akt ist Impuls innerhalb einer Dauer, und diese Dauer wird wahrnehmbar gemacht und gestaltet durch die Antizipation einer Kohärenz der verschiedenen Impulse, Vollzüge und Reaktionen. Kollektive Antizipationen disponieren Akteure dazu, Handlungen zu vollziehen, die als zusammenhängend und frei erlebt werden.

Die Antizipationsweise ist durch die Modalitäten der sie begleitenden Affekte und Emotionen (durch Begehren, Hoffnungen, Befürchtungen, Zweifel) gekennzeichnet, aber auch durch die Art, wie Imagination, Spontanität und Zeitkonzeption zusammenspielen. Sie kann angeleitet werden durch die Verarbeitung vergangener Ereignisse, durch Einschätzungen, die auf Erfahrung und Wissen beruhen, durch eine erlernte Weise der Verbindung und der Synthese. Wäre sie aber lediglich eine konditionierte Reaktion, hätte kein Lebewesen eine Chance, unregelmäßige oder neue Herausforderungen zu überstehen.

Antizipation ist deshalb ein wesentlicher Ausdruck von Spontaneität, eine Vorbereitung nicht nur auf die Mannigfaltigkeit sinnlicher Eindrücke, sondern auch des Verhaltens dazu, eine Vorbereitung, die auch rekurrente Ereignisse anders aufnimmt. Zusammen mit der Imagination – die ebenfalls spontan agiert – kann es der motorischen und perzeptiven Spontaneität gelingen, nicht nur Widerfahrnissen bewusst zu begegnen, sondern auch Veränderungen im Lauf der Dinge allein schon durch die Änderung der Aufmerksamkeit zu bewirken. Dieses Zusammenspiel zwischen dem, was wir uns vorstellen können und erwarten, mit dem, was wir tun wollen, wozu unsere Kräfte reichen und wonach wir streben, kann dazu führen, Handlungssequenzen einzuleiten, die nicht (ausschließlich) durch vergangene und erwartbare künftige Ereignisse veranlasst werden, sondern von dem, was wir wünschen oder für richtig halten. Auf dieser Basis der Entscheidbarkeit und Handlungsfähigkeit steht schließlich die Ausrichtung einer Handlungssequenz nach einer vernünftig begründeten und selbstgesetzten Regel.

Sinn des Überlegens ist es zu prüfen, ob das, was wir zu tun beabsichtigen, seine Zwecke erreicht, ob wir geeignet dafür sind, ob die Mittel verantwortet werden können, ob dieser Zweck anderen gegenüber verantwortet werden kann, ob es einer vernünftigen Regel entspricht, was die Folgen unseren Tuns für uns und für andere sind, wann und wie wir die Schritte bei der Durchführung dieses Vorhabens jeweils beginnen, miteinander korrelieren und beenden.

Grundlage der vernünftigen Entscheidung ist die Imagination dessen, was wird. Die Imagination, der Sinn für das Mögliche wird einer Zeitauffassung entsprechend eingesetzt. Diese Imagination zeichnet aus dem Wirklichen, aus dem Erfahrenen und dem Wahrnehmbaren Entwicklungslinien oder denkbare Variantenbildungen möglicher Szenarien ins Künftige, einer Konzeption des Werdens gemäß. Wenn wir antizipieren, stellen wir uns vor, was sein könnte, und versehen diese Vorstellungen mit einem zeitlichen Index. Eine solche Vorstellung muss also nicht nur möglich, sondern vor allem zukünftig möglich sein. Nun gibt es verschiedene Zeitkonzeptionen und mit ihnen verschiedene Erwartungshorizonte.

Eine Zukunft, die nicht einfach das Bild einer graduellen Veränderung in gewohntem Tempo und gewohnter Richtung fortspinnt, stellt eine spezielle Herausforderung für den Möglichkeitssinn dar. Was überhaupt möglich erscheint, ist dies vielleicht nur unter gegenwärtigen Bedingungen. Etwas anderes könnte möglich werden und die gegenwärtigen Bedingungen disrumpieren. Nur die Gewohnheit lässt uns glauben, dass sich die gegenwärtigen Bedingungen nicht oder handhabbar ändern oder dass Bedingungen vorhanden sein werden, die für unser Vorhaben erforderlich sind. Wieso sollte dies in der Zukunft der Fall sein? Was sonst? Hierzu reichen die gewohnten Vorstellungen möglicher Welten nicht aus; vielmehr werden neben Extrapolationen mehrdimensionaler Entwicklungstendenzen Antizipationen unterschiedlichster Arten von Aufspaltungen, Umformungen und Abbrüchen erforderlich. Die Form kontinuierlicher Entwicklung ist mit der Fiktion einer Fraktur und der Denkbarkeit des Anderswerdens zu kontrastieren.

Aus diesen Imaginationen entwickeln wir intelligente Handlungspläne: Um das Bestehende bewusst ändern zu können, müssen wir vorgreifend Situationen ausmalen, die wir der faktischen Situation entgegenhalten, um sie beurteilbar zu machen, und die wir nur dadurch als zukünftige denken, dass wir Bedingungen und Ereignisse hinzufügen, die nicht aus dem Gegenwärtigen ableitbar sind. Um sie als künftige denken zu können, müssen wir dem

Vorstellungsbild eine Form geben, die einer imaginativ erweiterten Zeitkonzeption entspricht. Die Antizipation ergänzt die Imagination eines möglichen Zustandes dann um eine denkbare Zeitlinie, um neuartige Sequenzen oder eine zeitliche Kluft dorthin.[296] Sie fungiert dann nicht einfach als die Erwartung, die gewissermaßen den Horizont des demnächst Geschehenden überblickt und nach hinten schiebt; in der Kombination mit der Imagination entsteht vielmehr eine Vorstellungen von Abfolgen, Brüchen und Veränderungen, von Bahnungen und Schwellen, von Radien der Verwirklichung, von Grenzübergängen, und eine Ahnung erreichbarer Ziele, die allerdings im gegebenen Lauf der Dinge verfehlt würden. Die Antizipation muss das, was gerade wirklich wird, das, was demnächst auf uns zukommt, und das, was noch nicht absehbar ist, in Sequenzen unterteilen und mögliche Bifukrations- und Ereignisstellen in die Zeitlinie einfügen. Auf der Basis von Vorbegriffen, Schematisierungen und Vorzeichnungen leiten wir aus der Vorstellung eines zukünftigen Zustandes, der ohne unser Zutun eintreten wird, alternativer Sequenzen und Szenarien, die wir uns ausmalen, Handlungsprogramme ab, die jenen erwartbaren Zustand entweder verhindern oder affirmieren und dadurch eine andere Situation herbeiführen werden. Eine alternative Vorstellung, die Antizipation eines mehr oder minder wahrscheinlichen Ereignisses, wird zum Grund der Handlung. Dieser Handlungsgrund, nämlich das Ziel bzw. der Inhalt der Antizipation, ist noch nicht eingetreten; sein Eintreten wird vorweggenommen, die faktische Begründung steht insofern noch aus, als die Form der Antizipation eine Ahnung, eine Mutmaßung, eine Vorausberechnung, eine Konjektur, eine kontrafaktische Unterstellung bleibt. Weil die geplante Handlung in Bezug zu dem steht, was sich ereignen oder verhindert werden soll, beginnt mit der Antizipation die Materialisierung des erst fiktiven Grundes. Daraus entstehen zwei bekannte Paradoxien: Eine Vorhersage greift performativ in das Geschehen ein (eklatant bei der self-fullfilling prophecy). Maßnahmen, die zur Verhinderung des von der Prognose Vorhergesagten ergriffen werden, tragen dazu bei, dass die Prognose nicht zutrifft, und falsifizieren sie (je erfolgreicher die Prognose, desto falscher).

Wenn nur dort entschieden wird, wo zugleich eine Offenheit und eine Notwendigkeit, eine Zwangslage und eine Uneindeutigkeit vorherrscht und Wissen nicht ausreicht, dann bedarf es einer alternativen Antizipation, um aus dem, was zur Entscheidung drängt, und der Ahnung des Bevorstehenden herauszukommen. Damit die Antizipation Alternativen suchen kann zu dem, was befürchtet wird, was vermieden oder verbessert werden soll, muss eine Zeitform in Anschlag gebracht werden, die die Einfügung hinreichender Gründe, Impulse oder zumindest Verhaltensweisen zum Unvermeidlichen zulässt.

Wenn alle Vorhersehungsfähigkeit nur darin bestünde, Kausalbeziehungen vorausberechnen zu können und in eine Abfolge zu fügen, so änderte diese Einsicht in das, was unweigerlich geschehen wird, zwar den Horizont der Gegenwart, aber erreichte nicht die Zeitkonstellation, in der das, was geschehen muss, geschehen wird. Es muss eine Fähigkeit hinzutreten, diese Konstellation in den Blick zu nehmen. Dazu hilft es, hypothetische Geschwindigkeiten und Relationen zu erfinden, um zu einer entsprechend veränderten Zielsituation zu gelangen und das Gesamtbild einer Dauer zu imaginieren (den Film und die Situation nach Ablauf des Films).

Handlungen sind Anfänge und setzen die Möglichkeit voraus, über das jetzt schon Wirkende und Wirkliche hinauszugelangen und etwas Neues hinzuzufügen. Die Entscheidungsfähigkeit involviert die Ausbildung eines Sinnes für Kontingenzen und für rein Vorstellbares, für vergangene, gegenwärtige und zukünftige Möglichkeiten, für zeitliche Bruchstücke und Inseln. Entscheidungen sind keine Schlussfolgerungen und keine Programmierungen, die nur vordergründig einen Weg auswählen und die Zukunft festlegen. Jede Entscheidung impliziert Vorläufigkeit und Rekursivität, eine Bezugnahme zugleich auf die Unvordenklichkeit, die Wünschbarkeit und die Erwirkbarkeit von Zukunft wie auch auf die Kluft, die das schon Wirkliche vom nur Möglichen und vom erst Möglich-Werdenden trennt. Gerade kollektive Entscheidungen sind Ausweitungen von Handlungsmöglichkeiten und von Verantwortlichkeit (Zurechnungsfähigkeit, Zuständigkeit, folgenbasierte Legitimation) über derartige Klüfte und Bruchstellen hinweg.

Sie implizieren die Ausbildung einer Antizipationsfähigkeit, die ein kollektives Zeitmuster entwirft, eines, das aus der Verschränkung verschiedener Zeitobjekte generiert wird und eine zeitliche Orientierung für die ganze Gruppe vorgibt.

Die äußerst raren Phänomene, in denen Menschen sich versammeln, miteinander sprechen und gemeinsam eine Obligation bzw. Norm für die Zukunft produzieren, an die alle sich sodann zu halten haben, basieren auf architektonischen Infrastrukturen und freiheitlichen Praktiken, die nicht selbstverständlich sind. Den meisten Dekreten, Befehlen, Handlungsanweisungen, Verhaltensnormen liegen im strengen Sinne keine kollektive Entscheidungen zu Grunde. Ohne Versammlungsorte und die Fähigkeit, aufeinander – als Fremde – zuzugehen, wird es zu keinem freien Zusammenschluss kommen.

Das kollektive Entscheiden ist deshalb auch zu unterscheiden von der kollektiven Handlungskoordination, die beispielsweise in einer Behörde, in einem Unternehmensverband oder auf dem Spielfeld geschieht, und auch von einer kollektiven Äußerung von Präferenzen oder Aversionen, wie sie ebenso durch massenhafte Kaufentscheidungen oder beim Boykott artikuliert werden.

Die kollektive, reflektierte Herstellung einer Handlungsverpflichtung, die für alle daran Beteiligten gilt, hat kulturhistorisch sehr unterschiedliche Ausprägungen. Von der architektonischen Infrastruktur über die Kommunikationsmittel und kognitiven Ressourcen bis zur Art, einmal getroffene Entscheidungen zu verkünden und umzusetzen, sind unterschiedliche Lösungen gefunden worden, die das, was als kollektive Entscheidung gilt, beeinflussen und implementieren. Wie erheblich diese architektonischen und medialen Voraussetzungen und Rahmungen sind, lässt sich daran erkennen, dass ohne sie ebenso wenig eine Versammlung stattfinden könnte wie eine Prognose des zu Erwartenden. Das Ineinandergreifen der Architekturen, der Infrastrukturen und der Ausgestaltung von Verfahren der Beratung und des Beschlusses lässt sich an der Tatsache ablesen, dass die Beratung über unterschiedliche Medien (präsentische Versammlung, Videokonferenz) und die Verwendung verschiedener Entscheidungsregeln bei der gleichen Ausgangssituation und bei einer gleichen Verteilung von Präferenzen und individuellen Interessen zu diametral unterschiedlichen Resultaten führen können, allein schon deshalb, weil die Möglichkeiten zur gegenseitigen Wahrnehmung und Artikulation, aber auch zu kollektiven Antizipationen jeweils andere sind. Ideal scheint zunächst ein architektonisches und mediales Arrangement, das das Resultat bestenfalls nicht präjudiziert und zugleich möglichst integrativ, praktikabel und zielführend ist.

Innerhalb dieses Arrangements wird eine Zukunft, die durch eine gemeinsame Handlung angestrebt werden kann, kollektiv vorstellbar. Ein Entscheidungsarrangement beantwortet in einem kollektiven Prozess implizit die Frage, ob individuelle Präferenzen die Entscheidung überhaupt beeinflussen sollen oder nicht. Und, wenn ja, wie diese Präferenzen aggregiert werden sollen. Präferenzaggregationen müssen – anders als Social-Choice-Theorien glauben – durchaus nicht im Zentrum kollektiver Entscheidungen stehen.[297] Wichtiger ist die gemeinsame Überzeugung, die eine Weile lang Bestand haben muss. Gemeinsam ist vor allem eine Vorstellung der Dauer, die verschiedene Sequenzen synthetisiert. Keine Abstimmung kann dies ersetzen. Denn es besteht systematisch eine Kluft zwischen der Auszählung und Addition der Stimmen, dem zahlenmäßigen Resultat und dem, was dann als akzeptabler Ausdruck des gemeinsamen Willens gilt: »Die Zahl ist ohne normative Kraft.«[298]

Weil die Legitimität nicht aus der Anzahl abgeleitet werden kann, wie Seyla Benhabib hervorhebt, sondern aus der Überzeugungskraft rührt, die eine Schlussfolgerung als Ergebnis einer Beratung für eine Mehrheit entfaltet, bleibt diese Schlussfolgerung nur so lange gültig, bis eine andere Gruppe bessere Gründe für die Anfechtung der Schlussfolgerung vorbringt.[299] Die Überzeugungskraft generiert eine kollektive Dauer. Der Kern der Entscheidung wäre dieser Einsicht zufolge eine Art Block gewordene Überzeugungskraft, die plastisch bleiben muss, um sich zeitlich zu erstrecken. Der Beschluss, der auf der Basis von Überlegungen und Beratungen getroffen wird, unterscheidet sich darin von einer momentan geäußerten Absicht, dass er einen reflektierten, sich selbst überprüfenden Handlungszusammenhang zeitigt.[300]

Kollektive Entscheidungen fallen unter die praktische Rationalität; es geht dabei um die Behebung eines Problems und um die Antwort auf die Frage: Was sollen wir tun? Praktische Überlegungen, die Beratung und Ausformulierung einer gemeinsamen Intention, führen zu Handlungen, die, wie aufgeteilt und koordiniert auch immer, gemeinsam durchgeführt werden: eine zeitliche Assoziation. Der Schluss, der aus Überlegungen und Beratungen im Rahmen praktischer Rationalität gezogen wird, ist also keine Absicht, sondern eine gemeinsame Zeit der Handlung.[301]

Dass ein Kollektiv eine Entscheidung gefällt hat, erkennt man also nicht daran, dass eine Entscheidung deklariert wurde, sondern dass dieses Kollektiv bestimmte Handlungen initiiert. Der Übergang vom Gedanken zum Urteil und von diesem zur Handlung, der Umschlagspunkt zwischen der Formulierung des Wunsches und der willensbestimmten Durchführung körperlicher Aktion macht Entscheidungen aus und unterscheidet sie von bloßen Impulsen, Dispositionen oder Willensakten einerseits und bloßen Überlegungen, theoretischen Schlussfolgerungen oder Plänen andererseits. Sie eliminieren andere Optionen ebenso wie weitere Überlegungen oder Zögern; sie antizipieren Handlungen und leiten diese ein. Handlungen lösen Veränderungen in der Gegenwart und der Zukunft aus. Es ist vor allem die Antizipation eines Zeitmusters, in dem die einzelnen Taten einander entsprechen und sich dem gemeinsamen Ziel annähern, durch das sich eine kollektive Handlung von einer Aggregation individueller Akte unterscheidet.

Wenn bei einem Fußballspiel die Entscheidung im Elfmeterschießen fällt, dann ist das keine kollektive Entscheidung, sondern das Resultat des Spielverlaufs. Die Entscheidung, zusammen 90 Minuten gegeneinander zu spielen, ist eine kollektive Entscheidung. Wenn eine Gruppe von Soldaten beschließt, den Umhang des Gottessohns per Würfelwurf zu verteilen, anstatt ihn zu zerschneiden, dann handeln sie die Verteilung individuell aus, und die Akzeptanz des Würfelwurfs ist vergleichbar dem Preis, den man bereit ist zu zahlen, wenn man etwas kauft. Wenn eine Gruppe in einem Restaurant aus einer Menükarte auswählt und eine Bestellung aufgibt, dann stellt diese Auswahl keine kollektive Entscheidung dar. Wenn dieselbe Gruppe darüber abstimmt, wer die Rechnung bezahlen soll, so ist dies ein Scherz und keine Entscheidung, solange niemand bereit ist, die Rechnung zu zahlen. Eine Entscheidung fällt eine Person, die sich für jemand anderes engagiert, obschon sie dadurch nur Schwierigkeiten zu erwarten hat.

Die Aufteilung von Anteilen bzw. die Aggregation von Präferenzen einerseits und Entscheidungen andererseits differieren vor allem darin, dass bei ersterem der Ausgangspunkt das individuelle Interesse ist, bei zweiterem der kollektive Wille. Bei ersterem geht es um den Ausgleich zwischen verschiedenen individuellen Interessen und Präferenzen, bei zweiterem geht es um die Performativität des Kollektivs. Ein plakatives Beispiel dafür ist eine Gruppe, die gemeinsam eine Pizza bestellt. Im ersten Fall würde die Gruppe versuchen, diejenige Pizza zu bestellen, die den Wünschen der Einzelnen möglichst entspricht. Wäre dieselbe Gruppe aber ein aus Gourmets bestehender Club, der die Pizza des Monats kürt, so käme es nicht auf die individuellen Geschmäcker und den Appetit an, sondern auf eine für das Kollektiv repräsentative Pizza. Der Gourmetclub, nicht die Ansammlung von Individuen hat die Pizza prämiert. Obwohl sie möglicherweise mit Verhandlungen oder Aktivitäten des Teilens verbunden ist, drückt sich in der kollektiven Entscheidung der Vorrang des Kollektivs aus, dem die von den Akteuren getroffene Entscheidung zugeschrieben wird. Präferenzen, Aktionen und Akteure unterscheiden sich in beiden Fällen deutlich voneinander. [302]

Eine Entscheidung enthält aber nicht nur die Absicht, etwas zu tun, sondern auch das Ins-Werk-Setzen, die Umsetzung. Ich habe mich zu etwas entschlossen, wenn ich dies dann auch tue.[303] In gewissem Sinne verbindet sich die Rationalität des Entschlusses mit der Spontaneität und der Emotion.

Die kollektive Entscheidung, die eine Handlung zeitigt, wird in dieser Emotion und Eigenzeit erlebt und ist zu unterscheiden von der gemeinsamen Beantwortung der Frage, wem wieviel zukommen soll (faire Aufteilung), was wie sehr gefällt oder wer welche Aufgabe übernehmen soll (Auswahl) und wer sich wofür ausspricht (Abstimmung). Distributionen, Auswählvorgänge und Deklarationsaggregate können Elemente von Entscheidungen sein, kommen jedoch auch unabhängig von tatsächlichen Entscheidungen vor. Entscheidungen sind tatsächlich, sie sind performativ: Sie bringen eine Wirklichkeit hervor.

Nun könnte man meinen, kollektive Entscheidungen würden vor allem durch Verhandlungen und Wahlen hervorgebracht. Verhandlungen und Wahlen zeitigen Ergebnisse. Anders als eine bindende Entscheidung sind diese jedoch interpretationsoffen und können angefochten und vor der Ausführung rückgängig gemacht werden. Entscheidungen sind eindeutig, denn sie manifestieren sich in Handlungen.

Die Situation der Aushandlung, der Aufteilung, und diejenige der kollektiven Entscheidung unterscheiden sich nicht nur in ihren Modi der Realisierung, sondern auch hinsichtlich der Akteure und der Regeln: Bei einer Aufteilung und bei einer Aushandlung agiert eine Pluralität von Individuen, bei einer Entscheidung ein Kollektiv. Die Regeln einer Aufteilung bestimmen den Proporz der Anteile, bei der Aushandlung sind es Bedrohungen und Versprechen, bei der Entscheidung die Stoppregeln. Das avisierte Resultat einer Aufteilung ist es, ein Gut für alle, die einen Anspruch darauf haben, zufriedenstellend zu teilen; eine Verhandlung zielt auf eine Vereinbarung oder Aufteilung der Handlungen; eine Entscheidung bestimmt die zu erfüllende Handlungslinie.

Entscheidungen basieren auf einer Beratung, drücken eine Intention für eine zukünftige Handlung aus und veranlassen (binden die Kräfte für) diese Handlung. Dabei kann eine Auswahl getroffen werden oder eine Affirmation des Unvermeidlichen, beides wäre nur ein Moment der Entscheidung. Entscheidungen sind normativ und bindend. Wählen nimmt eine Selektion verschiedener Optionen vor, während der Akt der Entscheidung ein Urteil, eine Trennung und Zäsur, eine zeitliche Bestimmung vornimmt.

Kollektive Entscheidungen werden oft entlang eingeübter Praktiken und traditioneller Regeln ausgeführt. Diese Regeln legen fest, wer das Recht hat, an der Entscheidung mitzuwirken; sie legen den Ort und den Ablauf fest, die räumliche Disposition, die Öffentlichkeit der Akte, das Recht zur Einberufung und zum Vorschlag, die initialen Akte, die Organisation der Debatte, die Formierung der Optionen, über die sich die Teilnehmer aussprechen, die Art, wie Meinungen, Kritik und Zustimmung ausgedrückt werden können, und schließlich die Regeln, um die Diskussion zu beenden und eine Entscheidung herbeizuführen. Diese Praktiken und Regeln zeichnen den Verlauf einer Entscheidung vor, legen ihn aber nicht fest. Ebenso wie Entscheidungen ohne fixe, präformatierte Verlaufsvorzeichnungen denkbar sind, wäre auch dort, wo diese eingehalten werden und nichts Unvorhergesehenes geschieht, stets ein anderer Verlauf denkbar, insofern es sich überhaupt um eine Entscheidung handelt.

Im Verlauf der Entscheidung ist zu deliberieren sowohl über das, was von den Akteuren abhängt, als auch das, was in Zukunft das

Unbestimmte und Veränderliche sein wird, auf das sich die Handlungen richten. Während das Ungewisse die Kenntnis der Ereignisse und kausalen Relationen unterstellt und lediglich die Chancen ihres Auftretens nicht feststehen und das Unwahrscheinliche unterstellt, dass wir über eine vollständige Liste der möglichen Ereignisse verfügen und die Wahrscheinlichkeit ihres Auftretens kalkulieren können, verweist das Unbestimmte[304] auf eine Situation, bei der die Ereignisse, die Abstände und die kausalen Relationen, die in der Folge einer Handlung auftreten, nicht (vollständig) bekannt sein können. Diese Situation kann nur imaginiert werden.[305] Argumentationen werden dazu verwendet, die Handlungsziele in einer solchen imaginären Situation gegeneinander abzuwägen und ein Urteil zu fällen.

Der Zweck der Beratung besteht darin, sich die Zeit zu nehmen, um der Wahrheit oder jedenfalls der besten Option auf die Spur zu kommen und einen Blick in die Zeit jenseits des Erwartbaren zu werfen. Mit einer durch Beratung vorbereiteten Entscheidung soll eine kollektive Handlung herbeigeführt werden, der es gelingt, ein Stück der Zukunft zu kontrollieren und damit in den erwartbaren Verlauf einzugreifen. Die Intelligenz einer Handlung basiert auf der genauen Antizipation, die nur die Beratung leisten kann. Eine Entscheidung ist nicht nur das Ergebnis einer Beratung und auch nicht nur die Formulierung eines gemeinschaftlichen Wunsches oder Vorhabens, sondern ein Tun-Sollen, eine von allen unmittelbar anzuwendende Norm, die Probe auf die Richtigkeit der Überlegungen. Es liegt deshalb in der Natur dieser Überlegungen, dass sie irgendwann enden, weil ihre Wahrheit sich erst erweisen wird.

Oft wird die Beendigung der Überlegungen von einem Zeitmangel diktiert. Auch absoluter Zeitmangel kann eine Stoppregel sein, wenn er als solcher geltend gemacht wird. Idealiter wäre die Stoppregel der deliberativen Demokratietheorie der Moment, in dem sich ein Argument mit zwanglosem Zwang als das beste herausgestellt hat bzw. in dem alle Teilnehmer:innen wissen, was zu tun ist.

Stoppregeln führen in der Regel kein abruptes Ende der Beratungen herbei, sondern über mehrere Ebenen und Schleusen auf einen Punkt zu, bei dem das Ergebnis der Beratung fixiert wird. Sie bestehen insofern aus organisierten und sequenzierten Handlungsschemata, die von der Eröffnung zur Schlussphase die Beratung gliedern und es ermöglichen, die Beiträge der Teilnehmer zu einem vorher (mehr oder minder) festgelegten Zeitpunkt, und ohne dass dieses zuvor feststünde, in ein erkennbares und von allen akzeptiertes Urteil zu integrieren. Eine Entscheidung beendet die Beratung, wenn sie gleichzeitig eine Verpflichtung erzeugt, die Beratung eine Weile lang nicht wieder aufzunehmen und den Inhalt der Entscheidung umzusetzen: eine Verpflichtung zur Dauer. Stoppregeln sind normative, konstitutive Regeln, die die Bestimmung des Beratungsergebnisses und des Handlungsauftrages auf unzweideutige Weise aus den Beiträgen der Teilnehmerinnen und Teilnehmer generieren, ohne nennenswerten Einfluss durch die Umwelt des Kollektivs. Insofern die Entscheidung im Kollektiv getroffen werden soll, müssen sie garantieren, dass die Möglichkeiten der Beteiligung an der Entscheidung fair verteilt sind und eine Weile andauern. Werden sie in der richtigen Weise befolgt, dienen sie als Vektor bei der Formierung einer Obligation. Darüber hinaus müssen sie dem Resultat Autorität verleihen.[306]

Dazu legen sie die möglichen Beiträge der Teilnehmer:innen in Hinsicht auf die kollektive Entscheidung fest, ebenso wie die Sequenzen, die von der Eröffnung über die Präzisierung der Handlungsoption(en) bis zum Schluss reichen, und sie legen die Kriterien fest, nach denen ein für alle erkennbares und verstehbares Resultat als Ergebnis präsentiert wird. Sie sind normativ, weil nur ihre Befolgung zu einer legitimen Entscheidung führt.[307] So legt die Stoppregel für Mehrheitsentscheidungen sechs Sequenzen fest: Fixierung der Optionen, Deliberation, Abstimmungsakt, Anwendung einer numerischen Regel, Verkündung des Ergebnisses, Ausführung des Beschlusses.

Die Prozessualität der Entscheidung hat zum Zweck, einen (möglichst rationalen) Einfluss auf Vergangenheit und Zukunft zu generieren, eine kollektive Dauer zu gestalten und das, was geschieht, zu kontrollieren. Eine Entscheidung ist also dann erfolgt, wenn in Zukunft eine Weile lang das geschieht, von dem man aufgrund von gemeinsamen Überlegungen wollte, dass es geschehen werde. Wenn etwas bereits geschieht und die Überlegungen dazu führen, dass es geschehen soll, so ist das Resultat dieser Überlegungen eine Zustimmung, die ebenfalls, wenngleich in anderer Weise, das Geschehen beeinflusst. Es kann sich durchaus um die Affirmation, Fortsetzung oder Wiederaufnahme einer Praxis handeln. Der Zäsur, die die Entscheidung darstellen soll, entspricht eine Latenz bzw. die potenzielle Suspendierung einer Praxis für den Zeitraum der Deliberation. Entscheidungen beziehen sich deshalb nur auf Verläufe bzw. Praktiken, die unterbrochen und verändert werden können, und sie zählen selbst zu diesen. Sie sind allerdings nicht nur Suspendierungen, Markierungen, Abtrennungen, Einschnitte, sondern performativ: sie bewirken etwas Zukünftiges, indem sie sich in Kraft setzen.

Eine Entscheidung ist lediglich dann kollektiv, wenn sie nicht von einer Autorität oder herrschenden Gruppe durchgesetzt oder vorgeschrieben wurde, sondern abhängig vom Beitrag aller Teilnehmer:innen ist, auch wenn diese nicht dasselbe Gewicht besitzen. Wenn alle, die sich beraten, zu einer konstituierten sozialen Einheit gehören, wenn die Deliberation die Rationalität der Abwägung befördert und wenn sie sich darüber hinaus als Gleiche versammeln, dann rührt die normative Bindung bzw. die Obligation nicht nur aus der Anzahl der Stimmen und auch nicht nur aus Überzeugungskraft, sondern darüber hinaus noch aus der Tatsache, dass die favorisierte Option mit Sorge um die Zwecke dieser sozialen Einheit aller Beratenden ausgewählt wurde.[308]

Die schließlich getroffene Entscheidung ist für alle verbindlich, auch für diejenigen, die sie nicht favorisiert haben. Eine temporale Obligation tritt hinzu: Von allen kann erwartet werden, dass sie daran mitwirken, diese Entscheidung umzusetzen – so lange, bis sie revidiert oder ersetzt wird. Es gibt eine gemeinsame Zeit der Verwirklichung und Verantwortung; ein wichtiger Grund für alle, eine Entscheidung zu akzeptieren, liegt also in ihrer jedenfalls möglichen Befristung.

Eine Entscheidung als eine gegenseitige Verpflichtung, etwas in Zukunft zu tun, ähnelt einem Versprechen. Ein Versprechen kann einseitig sein: Ich verspreche dir, etwas zu tun. Eine Entscheidung ist wie ein gegenseitiges Versprechen: Durch die Entscheidung haben wir uns gegenseitig verpflichtet, etwas zu tun. Eine kollektive Entscheidung resultiert in der Koordination mehrerer Individuen, um gemeinsam ein Verhalten, eine Wahl, eine Auswahl zwischen mehreren Optionen oder eine neue Handlungsform zu bestimmen, die sie nicht getrennt festlegen können.[309]

Eine genuin kollektive Entscheidung ist, anders als ein privater Vertrag oder eine Verhandlung, aus Sicht Philippe Urfalinos nicht in einer zufälligen Ansammlung, sondern nur innerhalb einer sozialen Institution möglich. Sie ist entsprechend an die Prozesse und zeitlichen Rhythmen, aber auch an den Bestand dieser Institution gebunden. Wird die Institution liquidiert, verfällt das gegenseitige Versprechen, wenn auch die Akteure, die sich durch die Entscheidung gebunden hatten, persistieren.

Urfalino setzt diese Sozialität als gegeben voraus. Die Deliberations- und Stoppregeln kennzeichnen diese Sozialität; sie werden von ihr lediglich angewendet. Liegt aber der Formierung von Kollektiven nicht auch eine Entscheidung zu Grunde, mehr noch, geht ihr nicht eine ebenso verstreute wie proto-kollektive Entscheidung voraus? Jede Versammlungsbewegung ist schließlich Ausdruck einer Suche, Ausdruck von Lebendigkeit, und ermöglicht andere Relationen. Sie unterstellt, dass es neue Formen der Kooperation geben könnte, und sondiert diese so lange, bis sich die Versammlung als solche begreift.

Urfalino hält entgegen, dass keine Auto-Institution, kein originärer Pakt möglich sei. Vielmehr könne eine kollektive Entscheidung nur durch eine institutionalisierte Sozialität getroffen werden, deren Entstehung auf geteilten sozialen Praktiken beruhe: auf einer gemeinsame Sprache, gemeinsamen Denkkategorien, gemeinsamen Gewohnheiten, auf einem etablierten Gebrauch von Beratungspraktiken und bestimmten zur Verfügung stehenden Entscheidungsregeln.[310] Doch welche Voraussetzungen auch immer gegeben sein müssen: aus einer zufälligen Menge von Menschen, aus einer Vielheit wird nur dann eine Totalität, ein verfasstes Kollektiv, wenn es durch einen performativen Akt zu einer solchen Entität erklärt und transformiert wird; und dieser Akt kann entweder eine (heteronome) Deklaration bzw. ein Befehl oder Ähnliches sein oder eine freie Assoziation, die sich zu einer solchen Einheit erklärt. Dies könnte durch einen Pakt geschehen (wie bei dem »Mayflower Compact«, 1620) oder durch einen Schwur (wie im Jeu de Paume, 1789) oder durch wiederholte Annäherungen. Dennoch wäre auch hier die Frage, nach welcher Regel sich die Beteiligten darauf einigen, diesen oder jenen Akt zu vollziehen (zu schwören oder einen Vertrag zu unterzeichnen, beispielsweise).

Vielleicht können wir sagen, dass jede kollektive Entscheidung, neben dem jeweiligen sachlichen Ziel, insofern sie die Möglichkeit des Entscheidenkönnens und damit auch der Selbstkorrektur nicht zerstören darf, immer auch auf die (erneuerte) Assoziationen von Freien und Gleichen und das Auffinden von Gründen zielt. Die fundamentale Aporie besteht wiederum darin, dass ein Beschlussverfahren bereits gegeben sein muss, um entscheiden zu können.

Wie entscheiden wir über das Entscheidungsverfahren?

Hier scheint es mir sinnvoll, eine Argumentationsstrategie weiterzuverfolgen, die von den beiden Düsseldorfern Karl-Otto Apel und Jürgen Habermas erarbeitet wurde und auf das Apriori jeder Argumentation zielt. Sie wird aus der Reflexion auf die Bedingungen der Möglichkeit und Gültigkeit des gegenseitigen Verstehens gewonnen[311], die hier erweitert werden können um die Bedingungen der Möglichkeit von Versammlungen und Entscheidungen.

Damit eine Dispersion von Akteuren zusammentreten und sich dazu entschließen kann, ein Kollektiv zu bilden, müssen eine Reihe von Grundannahmen gelten. Bei diesem Zusammentreten muss keineswegs Einigkeit herrschen, wohl aber ein Mindestlevel an Respekt, Verständnis und Freiwilligkeit.

Wer auch immer eine Versammlung von Menschen initiiert oder sich auf eine erst entstehende Gruppierung hinbewegt, will durch eine Variation von Verdichtung und Rhythmus, von Nähe und Distanz die intersubjektiven Voraussetzungen direkter körperlicher und verbaler Interaktion schaffen. Bei einer Versammlung ist von einer Intensivierung der Präsenz auszugehen, von einer Öffnung von Kontaktoptionen und von der daraus resultierenden Möglichkeit, spontan andere Relationen, Formen der Kooperation und der Artikulation auszubilden. Wer auch immer sich auf eine Versammlung einlässt – und sei es auch, um sich zu streiten oder seine negativen Emotionen zu artikulieren –, unterstellt, dass in der Versammlung eine Konfrontation mit spontanen, artikulationsfähigen, sensitiven und verletzlichen (menschlichen) Körpern stattfindet. Jede Versammlung bietet deshalb allen Teilnehmenden eine so zuvor nicht gegebene Möglichkeit des Kennenlernens, der Kooperation, der Auseinandersetzung und der Verständigung. Damit ein kommunikativer Akt im Rahmen einer Versammlung vollzogen werden kann, müssen diese Bedingungen gegeben und im Prinzip von allen Teilnehmenden anerkannt sein.

Hier setzt die diskurstheoretische Argumentation an: Wer auch immer sich auf einen Diskurs einlässt und zu argumentieren beginnt, muss sich auf den Zweck der Verständigung einlassen und auf pragmatische Voraussetzungen, die für das Sprachspiel des Argumentierens konstitutiv sind. Wenn es gilt, in einer Diskussion zu einem vernünftigen Ergebnis zu kommen, darf niemand, der einen relevanten Beitrag leisten könnte, ausgeschlossen werden; allen wird die gleiche Chance gegeben, sich zur Sache zu äußern; Täuschung, Illusion und falsche Rede müssen ausgeschlossen sein. Und schließlich muss die Kommunikation frei sein von »Restriktionen, die verhindern, dass das bessere Argument zum Zuge kommt und den Ausgang der Diskussion bestimmt.«[312] Warum »muss«? Sonst wäre es keine (vernünftige) Diskussion. Diese Überlegungen zum Diskurs sind an der philosophischen Argumentation geschult und zielen bekanntlich, in einer idealen Kommunikationssituation, auf den zwanglosen Zwang des besseren Argumentes.

Nun sind auch Entscheidungsverfahren aus den oben genannten Gründen zwar eingebettet in Diskurse und eingeleitet von Argumentationstechniken, haben aber, wie wir gesehen haben, noch andere Möglichkeits- und Gültigkeitsbedingungen und oft auch sehr andere reale Settings. Entscheidungen enden nicht dann, wenn sich ein Konsens über die Wahrheit oder wenigstens beste Option einstellt, sondern wenn das Beratungsergebnis in einer entsprechenden Handlung ausgeführt wird. Sie beginnen, noch bevor der erste Satz geäußert wird, mit der Formierung einer Versammlung.

Der Begriff Kollektiv impliziert eine punktuelle, transitorische, nichtnotwendige Ansammlung, aus der ein Zusammenschluss erfolgen kann. Wenn von Kollektiven die Rede ist, kann eine Hierarchie impliziert sein (Leitung, Administration), ebenfalls jedoch eine Gleichheitsebene, die stärker ist als Privilegien oder Diversitäten. Was Kollektive auszeichnet und deren Zusammenschluss motiviert ist die dadurch gewonnene Fähigkeit zur kollektiven Aktion. Die Ansammlung geschieht an einem Ort, der die gegenseitige Bezugnahme von Vielen ermöglicht.[313]

Die Ansammlung konstituiert ein Kollektiv in einem ersten Schritt, in einem zweiten kann es sich dann Regeln geben. Hannah

Arendt unterstrich, dass aus Revolutionen konstituierte Kollektive hervorgehen. Der Ausdruck Ansammlung meint bereits, ähnlich wie die Gruppierung, eine Bewegung, von einer Verstreuung hin auf eine relativ stabile räumliche und zeitliche Verdichtung und Ordnung.

Kollektive sind freie Assoziationen. Die Vielen finden und organisieren sich; jedoch nur, insofern es gelingt, vor der Organisation und dem ›organlosen Körper‹ des Kollektivs, der bereits eine Versammlung ist, die Streuung und die Versammlungsbewegung als Antizipation einer Entscheidung zu denken. In der Ästhetik des Zwischenraums und der entstehenden Intersubjektivität müssen die Maximen der Assoziation aufgefunden werden. Diese Antizipation enthält, im Sinne einer informalen Demokratie, die Akzeptanz eines Entscheidungsmodus, der keine Regeln, keine ausgezählte Abstimmung und keinen artikulierten Konsens erfordert, sondern lediglich eine minimal artikulierte Nicht-Opposition, das Ausbleiben massiver Einsprüche gegen die Divergenzen, Unvereinbarkeiten und Widersprüche, die einem Prozess der Einigung vorhergehen: das informelle Zugeständnis, das eigene durch das andere freilegen, verstärken, negieren oder transformieren zu lassen. Judith Butler zufolge liegt in der körperlichen Zusammenkommen im öffentlichen Raum, noch vor und unterhalb gemeinsamer Gesten und deklarativer sprachlicher Akte, das Sichtbar-, Hörbar- und Fühlbarmachen einer Versammlung, die Vorform der Volkssouveränität, indem sie die Bedingungen der körperlichen Verwundbarkeit und politischen Exponiertheit ans Licht bringen, die Bedingungen der Netzwerke, Umwelten und Infrastrukturen, von denen menschliches Leben abhängt, wie auch die Bedingungen der Möglichkeit, ein lebbares Leben mit anderen zu führen.[314]

Die Versammlungsfreiheit ist deshalb die »Grundvoraussetzung von Politik selbst«, ein »anarchistisches Intervall« oder permanentes »Prinzip der Revolution […], das demokratischen Ordnungen innewohnt«.[315] Dabei sind Versammlungen zeitlich und räumlich zu denken: differenziell und sequenziell, versammelnd und streuend. Sie bauen in einem eigenen Tempo zeitliche Muster der Serialisierung und Koordination auf.[316]

Um nun die sich bei Versammlungen entfaltenden Beteiligungs-, Beratungs- und Entscheidungsprozeduren vergleichend und bewertend in den Blick nehmen zu können, liegt es nahe, die notwendigen Präsuppositionen jedweden Argumentierens zunächst um Vorschläge zu einer idealen Beratungsprozedur ergänzen, die Joshua Cohen, Jürgen Habermas[317] und andere ausformuliert haben. Hier finden sich für die ideale kollektive Beratungen folgende Postulate:

1) Die Beratungen vollziehen sich in argumentativer Form, durch den Austausch von Informationen und Gründen zwischen Parteien, die Vorschläge einbringen und kritisch prüfen.
2) Die Beratungen sind inklusiv und öffentlich. Im Prinzip darf niemand ausgeschlossen werden. Alle von den Beschlüssen möglicherweise Betroffenen haben gleiche Chancen des Zugangs und der Teilnahme.
3) Die Beratungen sind frei von externen Zwängen. Die Teilnehmer:innen sind insofern souverän, als sie einzig an die Kommunikationsvoraussetzungen und Verfahrensregeln der Argumentation gebunden sind.
4) Die Beratungen sind auch frei von internen Zwängen, die die Gleichstellung der Teilnehmer:innen beeinträchtigen können. Jede/r hat die gleichen Chancen, gehört zu werden, Themen einzubringen, Beiträge zu leisten, Vorschläge zu machen und zu kritisieren. Ja-/Nein-Stellungnahmen sind allein motiviert durch den zwanglosen Zwang des besseren Arguments.
5) Beratungen zielen allgemein auf ein rational motiviertes Einverständnis und können im Prinzip fortgesetzt oder revidiert werden. Politische Beratungen müssen mit Rücksicht auf Entscheidungszwänge durch Beschluss beendet werden können. Mehrheitsmeinungen gelten als vorläufige, fallibele, aber vernünftige Grundlage einer gemeinsamen Praxis.
6) Beratungen erstrecken sich auf sämtliche Materien, die im gleichmäßigen Interesse aller geregelt werden können. Relevant sind vor allem Fragen der Ungleichverteilung jener Ressourcen, von denen die faktische Wahrnehmung gleicher Teilnahmerechte abhängt.
7) Politische Beratungen erstrecken sich auch auf die Interpretation von Bedürfnissen und die Veränderungen von Präferenzen.

Die Grundbedingungen der Beratung und Argumentation, von denen Habermas zu Recht sagt, dass sie im Prinzip alle diejenigen unterstellen und akzeptieren, die sich auf argumentative Diskurse einlassen, wie auch die Postulate einer idealen Beratungssituation finden allerdings ihre Begrenzung an einer fehlenden Unterscheidung der Arten von Argumentationen. Geht es um wissenschaftliche Streitfragen, können wir zugestehen, dass, alle erforderlichen Hilfsmittel sowie unbegrenzte Zeit vorausgesetzt, am Ende der Beratung eine Einigung über das beste Argument stehen mag. Allerdings muss auch dann irgendjemand, idealerweise das deliberierende Kollektiv, feststellen, dass ein Ergebnis erzielt worden ist und worin es genau besteht.

Der Zweck der Beratung besteht hier darin, sich die Zeit zu nehmen, um der Wahrheit auf die Spur zu kommen. Doch bei einer politischen Entscheidung geht es um praktische Rationalität: Es soll eine kollektive Handlung herbeigeführt werden, um einen Bereich der Zukunft zu kontrollieren.

Was also fehlt, ist eine Abgrenzung derartiger Wahrheitsfragen von im engeren Sinne politischen Entscheidungen. Denn diese werden nicht allein von dem Beratungsverfahren präjudiziert. Vielmehr müssen eigene Unterscheidungen und Normen in Betracht gezogen werden, die aus anderen temporalen Konstellationen herrühren, in die diese Argumentationen eingelassen sind. Über das Argumentieren und Beraten hinaus erfordert eine Entscheidung entsprechend ergänzte Stoppregeln. Wenn die Zukunft, die kontrolliert werden soll, näher rückt, muss rechtzeitig eine entsprechende Entscheidung getroffen worden sein.

Dass die Aufzählung der Deliberationsbedingungen in dieser Hinsicht nicht ausreichend sein kann, wird daran deutlich, dass sich sofort zusätzliche Erwägungen aufdrängen:

a) Gleiche Teilnahmechancen können nur dann gewährleistet werden, wenn die Kommunikationsstruktur/-technik weder die Deliberation noch deren Ergebnis präjudiziert. Sinnliche Rationalität und Dissens sind als Prinzipien der Öffnung und des Minderheitenvorbehalts in die Prozedur zu integrieren.
b) Neben dem Konsens und dem Mehrheitsentscheid wäre eine konstruktive Agonalität als Ergebnis ebenso denkbar wie die Suche nach neuen Modellen der Entscheidung.

c) Bei politischen Entscheidungen ist erheblich, ob alle tatsächlich mitgewirkt haben, nicht nur, dass sie prinzipiell allen offen stehen.
d) Die Festlegung gilt im Namen der Gruppe, ist aber bestimmt von und hat Auswirkungen auf deren Umwelt. Diese ist also in die Überlegungen mit einzubeziehen. Insofern ist eine politische Entscheidung nie nur eine Festlegung dessen, was ab jetzt für die jeweilige Gruppe bzw. das jeweilige System gelten soll.
e) Das Kriterium, wer als Betroffene/r bzw. als Öffentlichkeit einer Beschlussfassung gilt, muss offengelegt werden und prinzipiell anfechtbar bleiben.
f) Die Beratungen und die Beschlussfassung sollen nicht mehr Zeit in Anspruch nehmen als notwendig. Sie sind die Einleitung für eine Handlung und müssen deshalb auch zeitlich so gestaltet sein, dass sie zu dieser Handlung führen und diese nicht blockieren oder verunmöglichen.

Habermas ist der Auffassung, seine Argumentationsregeln beträfen sowohl theoretisch-empirische wie moralisch praktische[318] Fragen. Es geht ihm um »diskursive Wahrheitsvergewisserung« auch dort, wo »›in letzter Instanz‹ schlagende Evidenzen und zwingende Argumente fehlen.«[319] Für im engeren Sinne politische Entscheidungen erweist sich sein Ansatz als unzureichend, weil er sich letztlich auf einen – rationale Akzeptabilität postulierenden und objektive Richtigkeit antizipierenden – Konsens verlässt: »Die auf die Darstellungsfunktion der Sprache zugeschnittenen Regeln ermöglichen eine Referenz auf Gegenstände und einen Bezug zu Sachverhalten, über deren Existenz oder Bestehen nicht lokale Gewohnheiten entscheiden, sondern die als objektiv unterstellte Welt selbst. Sprecher können nicht über etwas in der Welt kommunizieren, wenn nicht zugleich die als objektiv unterstellte Welt selbst mit ihnen ›kommuniziert‹.«[320] Gedacht ist dabei aber nicht an eine Korrespondenz mit den Objekten. Vielmehr ist es gerade der aus einer pluralen Intersubjektivität abgeleitete Geltungsanspruch, der diesen Konsens gegenüber dem monologischen Besserwissen verlässlicher, weil kritisierbar macht.

Deswegen reicht, aus Habermas' Sicht, Robert Brandoms Kosmopolitismus nicht aus, der nur eine Pluralität von dialogunfähigen Wir-Sagern kennt.[321] Habermas hält dem zurecht entgegen, Brandom verfehle aufgrund seines objektivistischen Individualismus die Pointe sprachlicher Verständigung: »Die praktische Notwendigkeit, Handlungspläne zu koordinieren, verleiht jedenfalls der Erwartung der Kommunikationsteilnehmer, dass die Adressaten zu ihren eigenen Geltungsansprüchen Stellung nehmen, erst ein klares Profil. Diese erwarten eine affirmative oder ablehnende Reaktion, die als Antwort zählt, weil nur die intersubjektive Anerkennung kritisierbarer Geltungsansprüche die Art von Gemeinsamkeit erzeugt, auf die sich für beide Seiten verlässliche interaktionsfolgenrelevante Verbindlichkeiten gründen lassen [...]. Darum kann die öffentliche Autorität eines unter Bedingungen des Neinsagenkönnens diskursiv erzielten Konsenses letztlich nicht durch die private Einsicht des besserwissenden Einzelnen substituiert werden. Als Ansprüche auf unbedingte Geltung weisen sie aber über jedes faktisch erzielte Einverständnis hinaus. Was hier und heute als rational akzeptiert wird, kann sich unter besseren epistemischen Bedingungen, vor einem anderen Publikum und gegenüber künftigen Einwänden als falsch herausstellen.«[322] Diese zeitliche Maxime weist meines Erachtens nicht nur auf die Beachtung möglicher Kritisierbarkeit, Falsifizierbarkeit und Revidierbarkeit hin, sondern auch darauf, dass jede kollektive Entscheidung mitwirkt (und dies nicht nur kontrafaktisch unterstellt) an der Etablierung und Reartikulation einer zeitlich strukturierten öffentlichen Sphäre, in der das Verhältnis von objektiver Welt, Kommunikation und Handlungen austariert wird.

Die Koordination von Handlungsplänen ist ein erster Schritt, der impliziert, dass alle an dieser Koordination Teilnehmenden die Perspektiven und Äußerungen der anderen in ihrer Heterogenität grundsätzlich respektieren, Kritik an der eigenen Position akzeptieren und die Handlungsfähigkeit aller im Blick haben. Da bereits die Koordination aus einer Vielzahl von Interaktionen resultiert und als geteiltes Handlungsmuster eine Intersubjektivität etabliert, impliziert dies die Bereitschaft, interaktionfolgenrelevante Verbindlichkeiten zu etablieren, denn ohne diese bleibt die Koordination eine impraktikable Streitsache und müsste von einer höheren Autorität durchgesetzt werden. Weil im Moment der Versammlung und der Koordination eine solche Autorität nicht gegeben ist, kann die Gleichheit der Beziehungen zur Koordination nur durch gemeinsame Standards und Obligationen gewahrt bleiben. Nun müssen solche Verbindlichkeiten nicht notwendig im Konsens erzielt werden. Ein wichtiger Zwischenschritt ist die Kooperation, für die ebenfalls noch keine kollektive Entscheidung, nicht einmal im Sinne eines stillen Konsenses erforderlich ist. Während es bei der Koordination lediglich auf die rationale Anordnung und Synchronisierung ankommt, zielen bei einer Kooperation verschiedene Akteure auf die arbeitsteilige Erledigung eines gemeinsamen Werkes. Dabei schließt der Begriff der Kooperation weder ein explizit geteiltes Handlungsziel noch die Entscheidung dafür, etwas gemeinsam zu tun, mit ein. Bienen und Blumen kooperieren miteinander, ebenso Marktteilnehmer, ohne gemeinsam etwas zu entscheiden und bei partiell fast entgegengesetzten Handlungszielen. Dennoch ist Kooperationsfähigkeit erforderlich, will man zu einer kollektiven Entscheidung kommen.

Es geht wohl zu weit, mit Hobbes zu unterstellen, dass die Mehrheitsentscheidung von allen, die sich versammeln, implizit vorausgesetzt und akzeptiert wird. Wer auch immer mit anderen zu einer kollektiven Entscheidung zusammentritt, unterstellt jedoch, dass es einen provisorischen stillschweigenden Konsens darüber gibt, dass eine gemeinsame, konsensuelle Entscheidung über die Entscheidungsregeln möglich wäre, die explizit nicht darzustellen ist, und dass dennoch eine Versammlung stattfindet. Dieser Konsens muss auch vor jedem Disput unterstellt werden. Zweitens wird postuliert, dass niemand per se (auch diejenigen nicht, die unter Umständen die Versammlung einberufen haben) ein Vorrecht hat, weil es sich um eine freie Assoziation handelt. Drittens, dass erste Vorschläge im Rahmen eines informellen Verfahrens anzuhören und gegebenenfalls per stillem Konsens oder auf unterschiedlichste explizite Weise zu akzeptieren sind, bevor über Abstimmungsverfahren abgestimmt werden kann.

Eine kollektive Entscheidung geht dann über die Kooperation, über die intersubjektive Anerkennung kritisierbarer Geltungsansprüche und über das Postulat eines Konsenses hinaus. Denn sie prozessiert eine für alle geltende Obligation und ein gemeinsames Handlungsziel heraus. Durch Obligation und Kollektivaktion differiert die Entscheidung von der Kooperation. Der erste gemeinsame Akt könnte darin bestehen, sich gemeinsame, explizite Entscheidungsregeln zu geben. Der unbedingte Geltungsanspruch der Entscheidung ist mit der rationalen Akzeptabilität verknüpft: Die öffentliche Autorität eines Deliberationsergebnisses rührt daher, dass Gründe angegeben werden, um davon auszugehen, dass die Einigung kein Kartenhaus von Kompromissen ist und auch nicht nur etwas, das aufgrund der Technizität eines Verfahrens wie der Mehrheitsregel entschieden wurde, sondern etwas, das Bestand hat, auch weil es Freiheit und Gleichheit in der Kooperation verwirklicht und zudem in Zukunft überzeugen wird. Folglich schwindet diese Autorität und die Bindung des postulierten Konsenses, wenn dies nicht mehr der Fall ist. Gegenüber dem postulierten stillschweigenden Konsens ist die herausprozessierte gemeinsame Obligation von Zeichen der Zustimmung abhängig. Diese Zustimmung hat einen dynamischen temporalen Index. Erstens ist eine kollektive Entscheidung zumindest minimal explizit, so dass eine höheres persönliches Engagement bei der Verwirklichung zu erwarten ist. Zweitens sind gerade bei einer politischen Entscheidung die Teilnehmer so lange an die Entscheidung gebunden, bis sie durch eine folgende abgelöst wird. Drittens wird die rationale Akzeptabilität hier von vorneherein flankiert von Evaluationen der tatsächlichen Interaktionsfolgen.

Wann immer wir uns mithin auf eine politische Entscheidung einlassen, akzeptieren wir nolens volens bestimmte intersubjektive Regeln des Argumentierens, der Deliberation und auch solche des kollektiven Entscheidens. Wer immer zu einer kollektiven Entscheidung zusammentritt, akzeptiert, dass sie aus einer Pluralität gebildet wird und dass alle, die sich an diese Entscheidung halten sollen, Entscheidungsfähigkeit haben und dass sie deshalb gemeinsam so getroffen werden muss, dass die daraus folgende gemeinsame Handlung von allen durchgeführt wird; darüber hinaus akzeptiert man, dass die Interaktionsfolgen sich ebenso wie mögliches besseres Wissen auf eine Korrektur der Entscheidung auswirken können müssen, so dass die Entscheidung dergestalt zu treffen ist, dass die Entscheidungsfähigkeit weiterhin erhalten bleibt. Das impliziert wiederum, dass die Grundregeln, nach denen sich ein Kollektiv konstituiert und Regeln gibt, vor allem die Kritik-, Entscheidungs- und Handlungsfähigkeit aller einzelnen wie auch des Kollektivs erhalten müssen. Sinnvollerweise antizipiert die Entscheidung Zeitpunkte, an denen kollektiv überprüft wird, ob bessere epistemische Bedingungen eingetreten sind, die den herrschenden Handlungsplan falsifizieren.

Politisches Entscheiden soll Bedingungen herstellen und sichern, so dass alle so leben können, wie sie wollen, auch um sich in ihrer Pluralität weiter einbringen zu können. Des Weiteren erfordern diese Regeln politischen Entscheidens die Anerkennung einer räumlich-zeitlichen Konfiguration, die das Jeweilige überschreitet.

Die Regeln politischer Entscheidungen müssen im Kontrast zur idealen Kommunikationssituation der Diskursethik deshalb erstens die ästhetische Frage spezifizieren, was als körperliche Präsenz, was als Äußerung, was als Handlung und was als deren Relation zählt (von wem? – Subjekt, Intersubjekt), und zweitens die realistische Frage, wie Sachverhalte (Dinge, Ökosysteme, Energie, Hyperobjekte etc.) jenseits des Radius unserer Verfügung, unabhängig von Fürsprechern, unabhängig von Verwaltbarkeit und Machbarkeit, zur Geltung kommen können (Raum), sowie drittens das ökologische Problem, in welchem Zeitraum und für welche Dauer entschieden wird (Zeit). Es geht also um eine Konfiguration von Intersubjektivität in einer räumlichen und zeitlichen Öffentlichkeit.

Um diese Öffentlichkeit und die Rolle der Dinge darin besser zu verstehen, können wir mit Bruno Latour davon ausgehen, dass das »Zweikammersystem«, das wissenschaftliche Entdeckungen (Natur, Wahrheit) und politische Entscheidungen (Gerechtigkeit, Mehrheit) trennt, zu überwinden ist: Denn einerseits sind politische Fragen stets sachbezogen (erfordern also Kenntnis) und andererseits sind wissenschaftliche Entscheidungen stets von Machtallianzen gekennzeichnet. Um die Öffentlichkeit der Dinge in die Politik einzubeziehen, weil sie immer schon Aktanten bzw. Mithandelnde sind, müssen wir, Latours Einsichten zufolge, zwei Grundunterscheidungen überwinden, die jenes Zweikammersystem prägen: die Unterscheidung von Menschen und Dingen als die von handelnden Subjekten und passiven Objekten und die Unterscheidung von Politik und Natur als der Unterscheidung zwischen Rhetorik (Mehrheitsentscheidung) und Wahrheit (Demonstration).

Die Dinge, so das Argument, können auch in den empirischen Wissenschaften nur durch Performanzen, Allianzen und Evidenzialisierungen gewusst werden – wie sie sich verhalten, ist auch in Experimenten prinzipiell kontingent, weshalb ihnen der Status des Aktanten ebenso gebührt wie humanen Subjekten. Eine Dingpolitik im Sinne Latours bestünde darin, Prozesse der Entscheidungsfindung (das Abwägen von Argumenten) und Prozesse der Erfahrbarmachung und Entdeckung (das experimentelle Produzieren von Fakten und Evidenzen) aufeinander abzustimmen und ineinander zu verflechten. Latour fordert eine Methodenvielfalt und eine neue Rhetorik, um beispielsweise hinsichtlich des Klimas die Interdependenz von Naturphänomen, politischer Entscheidung und experimenteller Forschung aufeinander abzustimmen.

Latours Akteur-Netzwerk-Theorie sagt nicht, dass die Aktanten (beispielsweise die Mikroben in der Kontroverse zwischen Pouchet und Pasteur) lediglich sozial konstruiert sind, sondern dass die Entdeckung und das Verhalten dieser Aktanten ebenso abhängig vom Experimentalaufbau sind wie dieser von ihnen.[323] Theorien, Instrumente, Objekte und Wissenschaftler sind an der Produktion wissenschaftlicher Wahrheiten gleichermaßen beteiligt.[324] Zeichen und Objekte unterscheiden sich dadurch, dass letztere – ob erkannt oder nicht – eingreifen und den Lauf der Dinge ändern.[325] Natur und Gesellschaft sollen gleich fragwürdig und gleich gewiss behandelt werden. Streitfragen hängen folglich ab von den »Assemblagen« – von den Experimenten, Repräsentationen und Entscheidungstechniken.[326]

Bislang traten Experimente, Repräsentationen und Entscheidungstechniken in separierten Kontexten auf. Latours Assemblagen wollen sie zu einer neuen Art Parlament verbinden: »Mit dem, was wir eine ›objektorientierte Demokratie‹ nennen wollen, soll diese Schieflage eines Großteils der politischen Philosophie ausgeglichen werden, das heißt, es sollen zwei verschiedene Bedeutungen des Wortes Repräsentation zusammengebracht werden […]. [Im ersten] Falle wird eine Repräsentation für getreu gehalten, wenn die richtigen Verfahrensweisen befolgt wurden. Die zweite, wohlbekannt in Wissenschaft und Technik, präsentiert oder vielmehr repräsentiert, was der Gegenstand, um den es geht, für die Augen und Ohren derjenigen ist, die um ihn versammelt sind.«[327] Latour plädiert einerseits dafür, das, worüber debattiert werden soll, ins Zentrum der Debatte zu bringen[328], auch wenn dies bedeutet, komplizierte, Beweise liefernde Apparaturen in die Versammlung zu bringen[329], schlägt aber andererseits anstatt eines tatsächlichen Parlamentes der Dinge eine neue Rhetorik vor und andere Formen der Repräsentation. Seine Lösung liegt in einer beglaubigten und rückgebundenen Stellvertretung. Die Dinge sprechen in seinem Parlament nicht selbst.

Auch sieht Latour, ähnlich wie Lefort, die Lösung in einer Vervielfältigung der Arenen: »Wissenschaftliche Laboratorien, technische Institutionen, Marktplätze, Kirchen und Tempel, Finanzhandelsplätze, Internetforen, ökologische Kontroversen – die Form des Museums nicht zu vergessen, in dem wir alle diese membra disjecta versammeln – sind nur einige der Foren und Agoras, in denen wir sprechen, wählen, entscheiden, in denen über uns entschieden wird, in denen wir etwas beweisen oder von etwas überzeugt werden. Jedes dieser Foren hat seine eigene Architektur, seine eigene Technologie der Rede, seinen komplexen Apparat von Verfahrensweisen, seine Definition von Freiheit und Herrschaft, seine Weisen, die Betroffenen – und sogar noch wichtiger die Nicht-Betroffenen – und was sie betrifft, zusammenzubringen, hat seine zweckdienliche Weise, die Debatte zu beenden und zu einer Entscheidung zu gelangen. Warum sie nicht alle miteinander vergleichbar machen?«[330] Doch wie aus dem reinen Vergleich ein vereinheitlichtes politisches Programm, eine Assemblage, die zum kollektiven Handeln fähig wäre, werden kann, bleibt eine Aufgabe der Zukunft.

Den Klimawandel nennt Latour »ein Experiment von und mit uns allen«. Es ist weder ein rein naturwissenschaftliches noch ein rein politisches Thema: Klimawandel gibt es nicht ohne politisch-ökonomische Entscheidungen; es ist kein reines Naturobjekt. Er kann aber auch nicht ohne wissenschaftliche Instrumentarien gemessen, beschrieben und gestoppt werden. Wie kann man nun die verschiedenen Assemblagen und Versammlungen aufeinander beziehen? Wer spricht – mit welcher Berechtigung – für das Klima? Kann das Klima selbst im »Parlament der Dinge« sprechen? Dies hängt von einer Fläche der Gemeinsamkeit ab, nicht zuletzt von der Etablierung gemeinsamer, gleicher und konvertierbarer Maße (Metrologie) wie von einer »Kaskade der Inskriptionen«, die jedoch zurückverfolgbar bleibt auf »das Ding«, um das es geht, in diesem Fall das Klima.[331]

Aus Sicht Latours ist es nicht zuletzt eine (auf der Basis von Inskriptionsketten, von Zeichenverarbeitung, von Verdeutlichungen betriebene) Konkurrenz der Präsentationstechniken, welche in sachbezogenen Debatten den Ausschlag gibt.[332] Dabei ist die Ersetzung des Sprechens durch Instrumente entscheidend. Die Möglichkeit, neue Forschungen überhaupt durchzuführen, und die Durchsetzungskraft ihrer Resultate wird weniger von der sprachlichen Rationalität ihrer Ausformulierungen bedingt als von den konkreten Netzwerken, die diese Arbeit unterstützen. Das, was in einem jeweiligen »Beweistheater« geschieht, ist für Latour ereignishaft.[333] Ein Experiment, das nur Artefakte produziert, taugt nicht viel; epistemisch haltbar sind solche Experimente, die es den unabhängig vom Experimentalaufbau existierenden nichthumanen Akteuren ermöglichen, sich direkt, und sei es mithilfe von Apparaten oder Sensibilisierungen, wahrnehmbar zu machen. Gleichwohl gilt: Der Wille der Aneignung von Dingen durch Wissen ist ein einschränkender Modus der Begegnung und des Austausches.[334] Die Dinge werden in experimentellen Settings epistemisch funktionalisiert. In einer anderen, nämlich ästhetischen Art Assemblage können wir unbestimmte, nicht funktionalisierte Dinge erahnen, erspüren, wenn auch nicht wissen.

Deshalb gilt es, Entscheidungsarrangements experimentell weiterzuentwickeln (über Latours »Parlament der Dinge« hinaus), um die Dinge, das Lebendige, die Energie, das Ungeborene, das Zukünftige nicht nur durch Vertretungsverhältnisse, sondern auf seine Weise zur Sprache zu bringen, so dass sowohl Wahrheitsfähigkeit und Kritisierbarkeit gewährleistet werden.

Wann, warum und woraufhin wird entschieden?

Wenn im antiken Athen jedes Jahr die grundlegenden Gesetze erneut verabschiedet wurden[335], wenn Rousseau in regelmäßigen Abständen einen neuen Beschluss über den Gesellschaftsvertrag für erforderlich hält und wenn es generell ein Kennzeichen von Demokratien ist, dass Ämter nur für kurze Fristen vergeben werden, so lässt sich daran ersehen, dass der Verlauf der Zeit selbst ein Grund ist, erneute konstituierende Versammlungen zu veranlassen. Ohne die Befristung und Überprüfung von Entscheidungsprozessen und Geltungszeiträumen wäre Demokratie nur die Gedenkveranstaltung eines mythischen Gründungsmoments.

Der Sinn von Befristungen und Rotationen erschließt sich nur denen, die die Annahme teilen, dass der Verlauf der Zeit relevante Veränderungen mit sich bringen wird. Darüber hinaus können die Emergenz neuer politischer Konstellationen und Ideen, politische Ereignisse, Umweltkatastrophen oder humanitärer Krisen zu kollektiven Entscheidungen über Grundregeln der Machtverteilung veranlassen. Es kann die Beobachtung sein, dass der Kreis derjenigen, die mitentscheiden dürfen, falsch gezogen wurde. Oder schlicht die Tatsache, dass wir erst in der wiederholenden Überprüfung feststellen, ob wir richtig liegen, und dass wir nur dann frei sind, wenn wir unsere Entscheidung prinzipiell falsifizieren können.

Wenn wir dafür halten, dass Gesetze und Richtlinien einer Gesellschaft nur dadurch autorisiert werden können, dass alle Bürger:innen an ihrer Beschlussfassung teilnehmen – in der Regel einschließlich der Möglichkeit zur Abstimmung –, dann reicht es nicht aus, nur davon auszugehen, dass diese Partizipation sich darin erschöpft, dass sie sich hinreichend im öffentlichen Raum hätte artikulieren können. Oder dass ihre Gründe, einschließlich der Beweise und der Dinge, über die gestritten wird, der Untersuchung offenstehen. Hier ist Skepsis und Widerstand angebracht gegenüber der angeblichen demokratischen Begründung durch *hypothetische Autorisierung*, der zufolge die tatsächlichen Gesetze und Politiken legitimiert sind, wenn sie in einer unterstellten Diskurssituation auf Konsens »treffen könnten«. Vielmehr kommt es darauf an, dass sie tatsächlich von den betroffenen Subjekten an einem realen Zeitpunkt autorisiert werden (und zwar so, dass jede Artikulation einen Unterschied macht und das Ergebnis beeinflusst), so dass davon auszugehen ist, dass die Entscheidungen legitim und rational ein Problem lösen können. Und dass sie, bei einem späteren Stand der Dinge, Einspruch erheben können. Die Autorisierung muss für alle gleich und doch auch für alle singulär angemessen erfolgen. Und sie muss in überschaubaren Fristen wiederholt werden.

Davon zu unterscheiden ist die grundlegendere Frage, wie jede/r Akteur/in verpflichtet wird, sich (normalerweise) an kollektive Entscheidungen zu halten. Hier kann man eine normative (nicht tatsächliche) Zustimmung unterstellen, wenn eine (hypothetische oder kategorische) Regelung jenseits vernünftiger Meinungsverschiedenheiten läge.

Neben der Autorisierung und der Obligation spielen die epistemischen Vorzüge verschiedener Entscheidungsarrangements eine Rolle, denn auch diese müssten allen vernünftigen oder »qualifizierten« Standpunkten gegenüber als vorteilhaft nachgewiesen werden können, wie auch die Kriterien, aufgrund derer Resultate der Entscheidung und ihre Begründungen akzeptiert werden sollen.

Hinsichtlich dieser epistemischen Qualifikation von Entscheidungsarrangements gilt es daran zu erinnern, dass niemand einer nicht demokratischen Methode zustimmen muss und dass demokratische Methoden gewählt werden sollten, nicht weil sie unfehlbar sind, sondern weil keine anderen epistemisch so überzeugend sind wie diese und weil diese sich zudem einem öffentlichen und anfechtbaren Nachweis rationaler Akzeptabilität stellen.[336] Zweitens ist aufgewiesen worden, dass die Art der Deliberation die Methode der Bewertung von Resultaten beeinflussen kann[337], so dass die angestrebte Art der Handlung und der Zweck Einfluss auf die Wahl der Methode haben sollten. Drittens fließen in die meisten politischen Entscheidungen verschiedene Vorentscheidungen und Arrangements mit ein. Die höhere Kunst des Entscheidens besteht somit darin, eine methodisch gestützte Vergleichbarkeit und zielführende Strukturierung und Gewichtung der Beiträge zu vereinbaren.

Wenn Einigkeit darüber besteht, dass die Beachtung idealer Diskursbedingungen[338] bei der Beratung die Chancen für ein vernünftiges Ergebnis erhöht, so ist an dieser Stelle die Differenz[339] zwischen Beratungsverfahren und Entscheidungsverfahren zu schärfen. Hinsichtlich der Bedingungen zur Weiterentwicklung und Beurteilung von Entscheidungsverfahren ist die Unterscheidung zwischen Autorisierung, Obligation und epistemischem Wert hilfreich. Wenn der erste Faktor (Autorisierung) auf Gerechtigkeit beruht, der zweite auf Vernunft (»jenseits vernünftiger Meinungsverschiedenheiten«), dann hat der »epistemische Wert« in diesem Fall einen zeitlichen Aspekt (»was sich als richtig erweisen wird«).

Wer auch immer sich auf ein politisches Entscheidungsarrangement einlässt, kann erwarten, dass diese drei Aspekte kohärent verknüpft werden, so dass das, was zur Obligation bzw. zur Norm wird, das Ergebnis einer Beratung und Autorisierung ist und sich zudem in der konsekutiven Handlung als richtig erweisen wird. Wenn wir uns bei einer Debatte im Kreis drehen und am Ende *eine impraktikable Norm auslosen*, hätten wir wenig Anlass, unser Verhalten auch in der weiteren Zukunft davon leiten zu lassen. Selbst wenn eine wundersame Rechenmaschine uns eine Lösung vorschlägt, die sich als tragfähig, ja perfekt erweisen wird, die aber nicht das Ergebnis unseres eigenen Vernunftschlusses ist, wir den Vorschlag also nicht aus einer gemeinsamen Überlegung zu unserem Handlungsgrund gemacht haben, sind wir nicht (in derselben Weise) verantwortlich und letztlich auch nicht gebunden.

Neben Autorisierung, Obligation und epistemischem Wert zählt der Modus der Antizipation zu dem, was bei der Gestaltung eines Entscheidungsarrangements zu berücksichtigen ist. Denn es muss so angelegt sein, dass es erstens auf die Herausforderung der Unvorhersehbarkeit des Geschehens antwortet, das ein Handeln erforderlich macht, dass zweitens denjenigen eine Artikulationsmöglichkeit in der Entscheidung eröffnen wird, die noch nicht an ihr teilnehmen können, aber doch von ihr betroffen sein werden, und dass drittens die Auswirkungen der Entscheidungen diese korrigieren können (Rekursion, Kritisierbarkeit), vor allem durch die Erhaltung der Möglichkeit des Widerspruchs und eines Grans Unvorherbestimmtheit. Denn wenn wir mit einer grandiosen kollektiven Handlung die ganze verbleibende Zukunft unter Kontrolle brächten, die Handlung also notwendig ohne Antwort und Korrekturmöglichkeit bliebe, so hätte uns diese Handlung der Freiheit beraubt und wäre also streng genommen keine. Wenn wir nur die Möglichkeit sehen, unseren Plan eisern zu verfolgen, werden wir an Unvorhergesehenem scheitern. Wenn wir die Wirkung unserer Taten unter- oder überschätzen, scheitern wir, auch wenn wir alles richtig gemacht haben.

Dieser vierte Aspekt, die kollektive Antizipation, unterstreicht, dass Entscheidungen grundsätzlich anderes sind als faire Spielregeln, Navigationssysteme oder vernünftige Problemlösungen. Sie unterscheiden sich auch darin, dass sie konstitutiv eine gemeinsame Zeitfläche projizieren, auf der sich die Dauer der Handlungsfolgen entfaltet, Herausforderungen auftauchen und Antwortmöglichkeit gesucht werden.

Wenn dies schon immer galt, so verschärft sich die Situation in dem Maße, wie menschliche Handlungsmacht Wirkungen über viele Generationen hinweg zeitigt oder gar die Lebensbedingungen auf dem Planeten insgesamt zerstört.

Bei Kant hieß es noch: »Was ich also zu tun habe, damit mein Wollen sittlich gut sei, darzu brauche ich gar keine weit ausholende Scharfsinnigkeit. Unerfahren in Ansehung des Weltlaufs, unfähig, auf alle sich eräugnende Vorfälle desselben gefaßt zu sein, frage ich mich nur: Kannst du auch wollen, daß deine Maxime ein allgemeines Gesetz werde? wo nicht, so ist sie verwerflich […].«[340] Dieses Entscheiden erfordert nur eine »Kenntnis des Hier und Jetzt«. Die Reichweite einer Aktion lag im Horizont der Gegenwart, in der Zeitgenossenschaft einer geteilten Lebensspanne. Der Rekurs auf die verfügbaren Kenntnisse bestimmen auch die Gliederung und den Diskurs des präsentistischen Regierungsdispositivs, das nach dem Abbau modernistischer Zukunftsorientierung die Verwaltung der Gegenwart zum Programm macht. Weil in diesem Horizont die Ziele nahe liegen und Umstände weitgehend kontrolliert werden können, erlaubt die Voraussicht eine fast beliebige Zielsetzung und individuelle Zurechenbarkeit.[341] Der Abschluss der Handlung erfolgt in überschaubarem Rahmen. »Das ›gut‹ oder ›schlecht‹ der Handlung ist völlig entschieden innerhalb dieses kurzfristigen Zusammenhangs […]. Niemand wurde verantwortlich gehalten für die unbeabsichtigten späteren Wirkungen […]. Der kurze Arm menschlicher Macht verlangte keinen langen Arm vorhersagenden Wissens.«[342] Nun aber ist es erforderlich, nicht nur den gesamten Erdkreis, sondern auch die entferntere Zukunft in die Voraussicht einzubeziehen und ein Vorwissen von der kausalen Reichweite von Handlungen auszubilden, deren Abschluss sich über viele Generationen erstrecken kann. Für Hans Jonas erzeugen präzedenzlose Situationen und die ferne Zukunft, die »Kluft zwischen Kraft des Vorherwissens und Macht des Tuns«,[343] ein neues ethisches Problem. Handlungen können sich nun nicht mehr (ausschließlich) an dem von Kant aufgestellten Imperativ ausrichten, der sich auf eine Verallgemeinerbarkeit in der Gegenwart bezog. Aus einer Heuristik der Furcht heraus und an voraussehbaren Verirrungen und Verzerrungen der Menschen orientiert fordert Jonas, so zu handeln, dass die Wirkungen der Handlungen nicht die Bedingungen der künftigen Möglichkeit echten menschlichen Lebens auf Erden zerstören.[344] »Der neue Imperativ ruft eine andere Einstimmigkeit an: nicht die des Aktes mit sich selbst, sondern die seiner schließlichen Wirkungen mit dem Fortbestand menschlicher Aktivität in der Zukunft […]. Dies nun fügt dem moralischen Kalkül den Zeithorizont hinzu, der in der logischen Augenblicksoperation des kantischen Imperativs gänzlich fehlt: extrapoliert der letztere in eine immer-gegenwärtige Ordnung abstrakter Kompatibilität, so extrapoliert unser Imperativ in eine berechenbare wirkliche Zukunft als die unabgeschlossene Dimension unserer Verantwortlichkeit.«[345]

Ganz unabhängig von der räumlichen und zeitlichen Reichweite technischer Mittel geht es Jonas dabei nicht nur um die Sicherung des Fortbestandes der Gattung Mensch auf dem Planeten Erde und die Ansprüche der Ungeborenen, sondern auch darum, das eigene Recht der Biosphäre bzw. die Achtung der ›Zwecke an sich selbst‹ der Natur durchzusetzen[346] und »den Horizont der Möglichkeit offenzuhalten.«[347]

Diese Änderung der Orientierung betrifft auch das Handeln im Nahbereich und macht es erforderlich, die vorausdenkenden Vorstellungen für alle Formen kollektiven Handelns verantwortungsvoll und nachhaltig weiterzuentwickeln und reflektiert in der Entscheidung leitend werden zu lassen. Der kantische Imperativ integriert eine Antizipation des beherrschbaren Nahbereichs, der Jonas'sche Imperativ konzipiert die Antizipation der berechenbaren Zukunft als Heuristik der Furcht und will dadurch die Handlung verbinden mit einer als Pflicht anerkannten »Sorge um ein anderes Sein.«[348]

Jonas arretiert die Antizipation auf eine anthropozentrische, punktuelle und adventistische (die nächste Gegenwart fokussierenden) Perspektive. Eine Heuristik der Furcht verbleibt im Präsens verwurzelt. Sie basiert auf der Annahme permanenter Bedingungen, kohärenter Beurteilbarkeit und kontinuierlicher Entwicklungen, so dass die Gründe der Furcht benannt werden könnten und die wirkliche Zukunft berechenbar bliebe.

Beides muss ergänzt werden durch eine zeitökologische Antizipation, die futurische Dimensionen integriert, welche in keinem Wahrscheinlichkeitskalkül, in keiner kontinuierlichen Extrapolation und keiner ethischen Kasuistik berechnet werden können.

Dieses Futurische muss vielmehr vor dem Hintergrund von Unbestimmtheit und Diskontinuität imaginiert werden. Diese Antizipation veranlasst dazu, rationales Urteilen nicht mehr an der Kohärenz (mit vergangenen Urteilen) auszurichten, sondern, angesichts der Möglichkeit von Diskontinuitäten, Rissen, Verschiebungen, Emergenzen im Gefüge der Gründe, an der Fähigkeit zum Begreifen des Jeweiligen, Singulären, Inkommensurablen.

Entscheidungen sind Akte der Freiheit. Sie setzen auch eine Befreiung der Antizipation voraus. Diese Befreiung umfasst soziale Bedingungen, aber auch die Ausbildung eines Sinnes für Kontingenzen und künftige Möglichkeiten. Wenn die Antizipation gefangen ist im Mangel des Gegebenen, in Herrschaftsstrukturen, in der eingerichteten Welt, fehlt ihr mit der Kraft transzendenter Imagination der Sinn für das, was eine Entscheidung leisten soll: Selbstbestimmung. Nur vordergründig wählen Entscheidungen einen schon vorhandenen Weg aus. Entscheidungen werden gefällt, um einen bestimmten Bereich der Zukunft erreichbar zu machen und dadurch zugleich das Selbst, das sich entscheidet, zu verändern. Wahrscheinlichkeitsrechnungen, Szenarien, Prognosen mögen in das Abwägen einfließen, das der Entscheidung vorausgeht; doch notwendig ist die Entscheidung nur dort, wo damit zu rechnen ist, dass die Zukunft sich nicht lediglich aus schon bekannten Fällen, Variablen und Typen zusammensetzt und das Selbst aus dem, was es war und gegenwärtig festhält, heraushebt.

Entscheidungen bestehen nicht ausschließlich in geplanten Änderungen des Laufs der Dinge, sondern ebenso in der Arbeit an einer Selbstveränderung, indem sie auf dieses Selbst (wie wir geworden sind, was wir sind) Bezug nehmen, es überprüfen und neu entwerfen; sie implizieren deshalb neben Vorläufigkeit und Rekursivität auch eine Antizipation des Selbst, das wir durch die Entscheidung werden, eine Reflexion auf das Selbst als Operator und Objekt dieser Veränderung, eine Bezugnahme zugleich auf die Erwirkbarkeit, die Unvordenklichkeit und die Wünschbarkeit von Zukunft.

Auch hier kann die utopische Methode – keine »utopische Spekulation«[349] – helfen, die Beschränkung auf gegenwärtige oder vermeintlich überhistorische Bedingungen zu lösen. Zunächst sind zur Vervollständigung der Tendenz, die sich in historischen und gegenwärtigen Spuren und Latenzen abzeichnet, spekulative oder »futurologische« Verfahren angeraten.[350] Doch diese Verfahren bleiben beschränkt auf die Projektion des heute möglich Erscheinenden. Um Krisen, Katastrophen, radikale Veränderungen ebenfalls mit reflektieren zu können, sind eine transzendente Imagination und ein konzeptueller Sprung erforderlich, der das, was gesucht wird oder gemacht werden soll, aus seinem Begriff heraushebt und etwas einbezieht, das bislang kategoriell ausgeschlossen war. Eine ökologische Antizipation integriert futurische, erst werdende Möglichkeiten. Dies erlaubt, bereits im Prozess des Entscheidens etwas Freies und Erstrebenswertes zu gewinnen, mehr als nur etwas, das im Rahmen herrschender Rationalität gemacht werden soll. Ein Vorbild für die Anwendung dieser Methode, die zugleich eine geschichtliche Kontextualisierung ist, liefert Marcuse mit seinem Argument gegen Freuds These, Kultur und Zivilisation beruhten zwangsläufig auf der Unterwerfung der Natur und der Unterdrückung menschlicher Triebe. Marcuse hält dem bekanntlich entgegen, der Widerspruch zwischen Realitäts- und Lustprinzip existiere nur in einer spezifischen historischen Organisation. Folglich, so insistiert Marcuse, wenn auch der intensivere Fortschritt bislang mit größerer Unfreiheit, Beherrschung und Vernichtung einhergehe, sei doch dadurch die Denkbarkeit einer Kultur ohne Unterdrückung nicht widerlegt.[351] Analog dazu ist gegenüber dem präsentistischen Regierungsdispositiv einzuwenden, dass nur weil bislang die Organisation des Zusammenlebens einzig durch die Herrschaft gegenwärtiger oligarchischer Interessen über die Menschen und die Ausgrenzung und Vernichtung des Nichthumanen konzipiert wurde, dadurch noch nicht die Möglichkeit einer Kultur gemeinsamen Entscheidens widerlegt ist – einhergehend mit der Freiheit, sich in seiner eigenen Zeit und doch zusammen zu entfalten.

Aus dem bislang Untersuchten können deshalb bereits an dieser Stelle konkrete Forderungen an ein wahrhaft demokratisches Entscheidungsarrangement abgeleitet werden.

1) Weil keine Instanz (nicht einmal »das Volk«), kein Wissen, kein Verfahren als immer und überall anderen Alternativen hinsichtlich der Legitimität, Rationalität und Zukunftsfähig-

keit überlegen ausgewiesen werden kann, muss zuerst und immer wieder in einem kollektiven Prozess erfunden und ausgehandelt werden, wer auf welche Weise entscheidet; deshalb sind die Erprobung, die Kritik und die Weiterentwicklung von Entscheidungsverfahren als konstitutiv für die Demokratie anzusehen.

2) Ausgangspunkt ist die Versammlung, und darin die freie Assoziation. Die Freiheit dieses Zusammenschlusses liegt zunächst in der Spontaneität und Imagination der Relationsbildungen, die in der Differenz zu ererbten, angeborenen, unvermeidlichen oder oktroyierten menschlichen Beziehungen auch als Freiheit von … erlebt wird; aus der freien Assoziation entsteht andererseits eine Freiheit zu …, eine soziale Freiheit.[352] Schon vor dieser Möglichkeit, gemeinsam etwas Qualitativ Neues zu beginnen, liegt eine Freiheit in der Assoziation selbst, als eine Verbindung mit Anderem, Möglichem, eventuell Werdendem, als eine Möglichkeit freien Zusammenhandelns.

3) Ziel ist politische Freiheit. Politische Freiheit ist aufzufassen als das Nichtregiertwerden und zugleich die Selbstbestimmung in allen Bereichen des Zusammenlebens. Überall dort, wo ein Subjekt von eigentlicher politischer Betätigung ausgeschlossen ist, überall, wo es vorgegebenen herrschenden moralischen, körperlichen, sexuellen, geschlechtlichen, religiösen, kulturellen Normen und ökonomischen Zwängen genügen muss, um handlungsfähig zu bleiben, kann von Freiheit nicht die Rede sein.

4) Die Selbstbestimmung betrifft das individuelle und das kollektive Selbst und muss deshalb als ein Prozess der Entscheidung vollzogen werden, der das Selbstverhältnis in beiden Hinsichten neu erfährt und begreift. Eine politisch bedeutsame Entscheidung ist nur eine, durch die sich ein kollektives politisches Subjekt formiert, indem es sich auf Regeln des Zusammenlebens festlegt, deren Verwirklichung dazu beitragen, dass alles Lebendige ein (je individuell) freies Leben führen kann. Das kollektive Entscheidenkönnen genügt nur dann der Bedingung des Nichtregiertwerdens, wenn die Art der Artikulation, der Inhalt und die Form des Beitrags nicht präformatiert sind, sondern situationsadäquat gestaltet werden

können, so dass das Entscheidungsarrangement bis zuletzt und auch im Nachhinein Spielräume der Abweichung, der Kontestation, des Rückzugs und der Nichtbeteiligung offenhält.

5) Kriterium der Teilnahme ist die Motivation zur Gestaltung eines Zusammenlebens verbunden mit Empfindungsfähigkeit, Fähigkeit zum Mitfühlen, Fähigkeit zur Artikulation, Fähigkeit zur Kooperation.
6) Die Grundregeln eines solchen Arrangements müssen auf Konsens, Mehrheitsentscheidungen und Losverfahren anwendbar sein und Weiterentwicklungen anleiten.
7) Sie müssen die Rückkehr zur initialen Situation, zur Selbstinstitution ermöglichen.
8) Die Vorbereitungen müssen für alle Teilnehmer:innen transparent sein.
9) Jede/r nimmt an den Beratungen teil. Wo das nicht möglich ist, muss das Ergebnis für alle vollständig nachvollziehbar und anfechtbar sein.
10) Eine gleiche Beteiligung am entscheidenden Akt muss ebenso gewährleistet sein wie ein möglichst sachdienliches Abstimmungsverfahren.
11) Die Anteil- und Rechtlosen haben bei dem gewählten Verfahren einen Vorteil gegenüber allen anderen denkbaren Verfahren.
12) Die Beteiligung muss effektiv sein. Bei der Vernetzung der Vielfalt möglicher Ausdrucksformen ist es wichtig, dass diese insgesamt und einzeln wirksam sind und ihre jeweilige Wirksamkeit selbst erfassen können. Das wichtigste Kriterium für eine effektive Beteiligung an Entscheidungsverfahren ist daher, dass jede Beteiligung oder Enthaltung einen spürbaren und nachweisbaren Unterschied macht und dazu beitragen kann, eine Entscheidung zu verhindern.
13) Das Entscheidungsarrangement enthält Sequenzen der Ausweitung auf das Publikum – Elemente der Theatrokratie.
14) Des Weiteren folgt aus (5) die Offenheit gegenüber dem Nichtmenschlichen, eine Öffnung auf andere Aktanten ebenso wie auf Objekte, die zur Entscheidung stehen. Deshalb muss das Entscheidungsarrangement diesen experimentell eine ad-

äquate, direkte Artikulationsmöglichkeit einräumen und sich kooperationsoffen erweisen.

15) Zum Entscheidungsarrangement zählen nicht nur Regeln, sondern auch Architekturen und mediale Infrastrukturen: architektonische Bedingungen der Assoziation, Sichtbarkeit und gegenseitigen Wahrnehmungen der Verständigung, der Abstimmung und der Öffnung; architektonische Bedingungen der zeitlichen Struktur und der Antizipation.

16) Das Entscheidungsarrangement sollte einen Ausgleich zwischen präsentischem Wissen, Interessen und Intentionen einerseits und Zukunftsfähigkeit andererseits finden: durch dekomponierbare Verwirklichungsmuster, durch zeitliche Begrenzung, durch eine erweiterte Antizipation.

4. Zeitliche Qualitäten der Demokratie

»Vom Standpunkt einer höhern ökonomischen Gesellschaftsformation wird das Privateigentum einzelner Individuen am Erdball ganz so abgeschmackt erscheinen, wie das Privateigentum eines Menschen an einem andern Menschen. Selbst eine ganze Gesellschaft, eine Nation, ja alle gleichzeitigen Gesellschaften zusammengenommen, sind nicht Eigentümer der Erde. Sie sind nur ihre Besitzer, ihre Nutznießer, und haben sie […] den nachfolgenden Generationen verbessert zu hinterlassen.«[1]

Karl Marx

4.1 Die Zeit demokratischer Entscheidungsprozesse

Politik steht unter dem Diktat des Präsentismus. Eine zukunftsfähige Demokratietheorie muss dieses hinter sich lassen und den Verschränkungen anderer räumlicher und zeitlicher Dimensionen des Entscheidens genauere Beachtung schenken. Dass unser Handeln Konsequenzen auf der anderen Seite des Globus hat, lernen wir täglich. Gerade die zeitlichen Verschränkungen lösen gravierendste politische Krisen aus, weil sie in präsentistischen Planungsprozessen übergangen werden, könnten jedoch sehr unterschiedlich gestaltet werden. Erst dann wird die Zukünftigkeit, aus der Ereignisse rühren, zum Ausgangspunkt unserer Verantwortung werden können.

4.1.1 Zeitarchitektur

Die individuelle und die kollektive Orientierung an der Zeit erfolgen in Abhängigkeit von Medien, Infrastrukturen und Architekturen. Sie prägen das, was als Gegenwart gilt, was an ihren Rändern geschieht und wie sie wahrgenommen wird. Der Horizont der Lebenswelt wird von architektonischen Maßnahmen festgelegt und strukturiert. Die Praktiken der Erinnerung und Aufbewahrung, des Vergessens und der Verdrängung, des Hoffens, des Wünschens und der Furcht basieren ebenso wie die sie begleitenden Emotionen und Affekte auf diesen Strukturen der Wahrnehmung und Erfahrung von Zeit, die erst mit der Gründung, Einrichtung und Gliederung von Lebensformen möglich werden. Die diachrone und synchrone Bezugnahme auf andere Zeitpunkte wie auch die Koordination von Handlungen sind ohne solche Architekturen nicht denkbar.

Dass Menschen sich versammeln, miteinander sprechen, ein kollektives Gedächtnis aufbauen, mit denselben Ereignissen konfrontiert sind, gemeinsam Probleme lösen oder eine Obligation bzw. Norm produzieren, an die alle sich sodann zu halten haben, basiert ebenfalls auf architektonischen Infrastrukturen, die nicht selbstverständlich sind.

Demokratie setzt geeignete Architekturen voraus. Dieser – gerade für Entscheidungsarrangements einschlägige – Umstand ist selten gründlich bedacht worden, obschon er oft Gegenstand politischer Auseinandersetzungen gewesen ist. Die Versammlung freier Menschen zum politischen Diskurs setzt Infrastrukturen und Räume voraus. Ohne deren Beitrag kann es keine geregelte Auseinandersetzung, keine Beratung und keine Beschlussfassung geben. Offenkundig wäre ohne Parlamente keine »parlamentarische Demokratie« möglich. Das Fehlen eigens dafür errichteter Versammlungsräume für alle Bürger:innen zeigt an, dass Demokratie nach wie vor ein Suchbegriff ist.

Wer fragt, warum es heutzutage fast ausschließlich parlamentarische Demokratien gibt, erhält in der Regel zur Antwort, dass angesichts der langen Distanzen und der enormen Größe des Volkes unmöglich alle Bürger:innen eines modernen Staates auf der Agora präsent sein können. Dies ist ein architektonisches Argument. Einerseits unterstellt es, dass politische Entscheidungen (ausschließlich) in einem Parlament getroffen werden können; es macht andererseits deutlich, dass das Parlament nur ein Ersatz für die direkte Partizipation ist. Parlamente sind in der Regel nach außen hin abgeschlossen. Sie filtern, wer Zutritt erhält. Wie könnte ein Parlament aussehen, das allen offensteht? Inwiefern wiegt die gelungene Parlamentsarchitektur die Abwesenheit der Bevölkerungsmehrheit auf? Welche verunmöglicht, welche fördert deliberative Verfahren? Im Hinblick auf die Parlamentsarchitektur sind mindestens drei Ebenen zu unterscheiden, nämlich a) die Versammlungskapazität, b) die Gliederung, Anordnung und Ausgestaltung der Parlamentsräume und c) das Ausmaß der Zugänglichkeit und der Transparenz dieser Entscheidungsprozesse für Außenseiter, Beobachter und zufällige Passanten.

Betrachtet man hinsichtlich dieser Aspekte die Parlamentsbauten vor dem 18. Jahrhundert, so lässt sich schematisch eine Abfolge beobachten, die vom offenen Versammlungsplatz hin zum geschlossenen Saal führt, von der Pnyx in Athen, über das Forum Romanum und die Curia des Senates, bis zur umgebauten Kapelle von Westminster in London und schließlich zum modernen Parlamentsbau. Der Grundtyp des modernen Parlamentsgebäudes, der sich während der Französischen Revolution herauskristallisiert, ahmt kurioserweise die Form des anatomischen Theaters nach, das Jacques Gondoin 1766 bis 1771 in Paris für die École de Chirurgie errichtet hat.[2]

Die Architektur der Parlamente entscheidet in ähnlichem Maße wie die Verfassung über die Möglichkeit politischen Handelns. Im Parlament finden die entscheidenden Debatten und Abstimmungen statt, und zwar so, wie es der Architektur entspricht. Vom Parlamentsbau hängt ab, wie viele Personen an der Debatte teilnehmen können. Über ihre Anzahl und ihre Stellung zueinander legt die Architektur mögliche Wahrnehmungs- und Handlungsmuster fest. So bestimmt die Disposition des Parlamentes, ob die Parlamentarier:innen sich gegenseitig überhaupt verstehen, so dass Einigkeit entstehen kann. Sie legt mögliche Entscheidungsprozeduren fest. Sie privilegiert die Sitzplätze der Regierung. Parlamente werden gebaut, um einigen ideale Bedingungen des Debattierens einzuräumen und um alle anderen draußen zu halten. Wer bis wohin Zutritt hat, beispielsweise in den Lobbys, ist bis heute umstritten.

Die Architektur legt fest, wer sprechen und worüber gesprochen werden kann. Sie präfiguriert einen normalen Besucherkörper, ermöglicht die Benutzung bestimmter Medien und schließt andere aus. Auch legt sie fest, was es heißt, eine Position einzunehmen und als Subjekt in Erscheinung zu treten. Nur, wenn es Sitzplätze gibt, und erst, wenn jedem Abgeordneten ein Platz zugeordnet ist, können sich Fraktionen und Gruppen ausbilden. Die Parteienlandschaft ist bekanntlich eine Konsequenz der Sitzordnung.

Schließlich legt die Struktur des Parlamentes fest, wessen Stimme zählt. Dies wird räumlich konfiguriert. In den eher kreisförmigen Versammlungssälen war es möglich und sinnvoll, dass jeder von seinem Platz aus sprach und alle einander gleich gut sehen. Sobald es aber eine Rednertribüne gibt, ist nur das, was dort gesprochen wird, legitime Rede. Alles andere ist bloßes Geräusch.

Kaum weniger als die Gesetze bestimmen Architekturen folglich die politische Praxis und die Möglichkeiten politischer Partizipation. Durch bestimmte architektonische Entscheidungen kann der Kreis der Entscheidungsträger ausgeweitet oder klein gehalten werden. Ein Versammlungssaal modelliert die parlamentarische Aktivität. Die architektonische Gestaltung der Interaktionsformen hat die Transformation dessen, was Demokratie heißt, seit der Antike entscheidend beeinflusst.

Konnten in der Athener Pnyx noch bis zu 24.000 Menschen an der Debatte teilnehmen, so basiert seit 1800 die ›parlamentarische Demokratie‹ auf Parlamentsgebäuden, die 350 bis 750 Abgeordneten Platz bieten. Gleichgültig, ob im Bundeshaus in Bern, im Berliner Reichstag oder im Kapitol von Washington, die Anzahl der Repräsentant:innen ergibt sich nicht aus der Größe der Bevölkerung oder aus einem statistischen Mittel der vermeintlichen politischen Elite, sondern schlicht aus der typischen Anzahl der Sitzplätze dieses Theatermodells.

Architekturen unterscheiden sich allerdings nicht nur hinsichtlich der räumlichen, sondern auch der zeitlichen Infrastruktur: Zu welchen Tageszeiten und wie lange getagt werden kann, mit welchen Zeiten die Versammlung in Verbindung steht, welche Erinnerungen und welche Voraussichten sie gestattet, welche Ereignisse sie bedingt und vor welchen schützt, ist wiederum abhängig von architektonischen Akten. Sie konfigurieren spezifische Arten von Präsenz, von Absenz und von Werden.

Die Möglichkeiten, sich zu erinnern, sich zu vergewissern oder etwas zu verwinden, sind von architektonisch konfigurierten Radien ebenso beeinflusst wie die Möglichkeiten, zu begehren, zu hoffen, zu versprechen und zukünftige Handlungen zu planen.

Sie konfigurieren kollektive Wahrnehmungen, Bewegungen und Handlungsweisen.

Allein schon deshalb bedingen Architekturen auch außerhalb der staatlichen Gebäude und politischen Versammlungsräume in vielerlei Hinsicht die politische Praxis: Aufenthalte, Zugänge, Sichtbarkeit, Möglichkeiten der Artikulation und der Begegnung sind in hohem Maße abhängig von architektonischen Variablen. Die Veränderungen der Wohnformen und der Produktionsorte zeigen oft eine in dieser Hinsicht parallele Entwicklung.

Die Bedeutung der Architektur für die medialen Infrastrukturen wird oft übersehen. Deren Distribution, Vernetzung, Zugänglichkeit und Operabilität ist eingebettet in Architekturen. Gerade wegen der Faszinationskraft der Medientechniken müssen deren reale und symbolische Grundlagen in die Analyse einbezogen werden. In Zeiten der ersten Interneteuphorie ist behauptet worden, die Schwierigkeit der Versammlungsarchitektur ließe sich mit Mitteln elektronischer Kommunikation überwinden.[3] Digitale Technologien machen Versammlungs-, Koordinations- und Abstimmungsbemühungen schneller. In kürzerer Zeit können mehr Menschen mobilisiert und miteinander verknüpft werden.

Die flüssige Demokratietheorie (»liquid democracy«) setzt in diesem Sinne auf die direkte Partizipation in Echtzeit und ohne intermediäre Instanzen, durch den umfassenden Einsatz digitaler Technologie und sozialer Medien. Sie sollen es möglich machen, Bürger:innen eine aktive und kontinuierliche Beteiligung an Beratungsprozessen anzubieten und direkte Entscheidungen in einem kollektiven Rahmen zu treffen; zentral für dieses Vorhaben sind Online-Plattformen, die eine breite Palette von kommunikativen Akten anbieten und gleichzeitig moderierte Diskussionen und Deliberationen fördern.

Die flüssige Demokratietheorie betont die durch digitale Techniken erhöhte Transparenz und Partizipation, da die Bürger:innen nicht nur das Recht, ihre Meinung zu äußern, sondern auch Zugang zu Informationen haben sollten, die für politische Entscheidungen relevant sind. Dies wird diesem Ansatz zufolge auf egalitärer Basis vor allem durch die digitale Technologie ermöglicht. Doch nicht nur die erforderliche apparative Basis, auch die unterschiedlichen Nutzungsmöglichkeiten gefährden die Legitimität: Wie kann sichergestellt werden, dass die Entscheidungen, die durch die Bürger:innen getroffen werden, auch tatsächlich dem Willen der Mehrheit entsprechen und nicht von bestimmten Gruppen oder Interessen dominiert werden? Deshalb steht der flüssigen Demokratietheorie die Befürchtung entgegen, dass der verstärkte Einsatz digitaler Medien den Oligarchen nutzt, die diese Techniken ohnehin dominieren, und all diejenigen Stimmen übergeht oder ausgrenzt, die zu diesen Techniken keinen adäquaten Zugang haben. Die flüssige Demokratie, so steht zu befürchten, kann nur oberflächliche, manageriale und inkonsequente Veränderungen innerhalb des bestehenden Systems ermöglichen, keine radikale Umgestaltung der Gesellschaft. Zudem besteht die Gefahr, dass eine solche Verflüssigung der Demokratie die kollektive Aktion fragmentiert und schwächt, indem sie die Entscheidungsfindung auf individuelle Präferenzen und Meinungen reduziert.

Die frühen Hoffnungen auf eine »e-democracy« sind in den letzten Jahren der Befürchtung gewichen, dass mit dem Internet immer neue und umfassendere Überwachungs- und Manipulationsmöglichkeiten in die Welt gekommen sind. Damit einher gehen Veränderungen der medialen Umwelt und der Medienpraxis, die die Möglichkeiten rationalisierender Deliberation eher untergraben als befördern. Ein neuer, digitaler Herrschaftsapparat gefährdet die Demokratie. Kommunikations- und Handlungsweisen, die zur Verfügung stehenden Formen des Zusammenlebens, all dies scheint nun, von den groben architektonischen Strukturen bis zum Pixel, berechnet, kommodifiziert und kontrolliert werden zu können. Doch dieser Prozess ist, wie sich zeigen wird, abhängig von bestimmten architektonischen Grundentscheidungen.

Architekturen schaffen die Voraussetzungen und materiellen Begründungen medialer Infrastrukturen.[4] Sie errichten (für den Menschen) das, worin sich Materie verdichtet, ausrichtet und bestimmte Kräfte und Wirkungen entfaltet. Die technischen Milieus und Umgebungen medialer Strukturen variieren stark, nicht nur abhängig von der technischen Entwicklung, sondern vor allem hinsichtlich der damit verknüpften sozialen Funktionen. Moderne Architekturen erzeugen Infrastrukturen, erfinden Affordanzen, apparative Umwelten und Alltagsästhetiken und bestimmen so eine Realität, in der sich Kräfte, Körper, Wahrnehmungen, Bewegungen, Kognitionen entwickeln, die aber auch ganz anders konzipiert werden könnten, wenn/so dass sich die politischen Rahmenbedingungen ändern.

Wahre Demokratie wird von heutigen Architekturen und Medien geradezu verhindert. Deshalb ist zu überlegen, welche architektonischen und medialen Infrastrukturen eine kommende demokratische Lebensform erfordert. Wer Demokratie nicht nur an einem Ort, dem Parlament, verwirklichen will, muss für geeignete architektonische Bedingungen der Formierung und der Assoziation ausgehend von Wohn- und Lebensformen bis hin zu Versammlungsräumen in ihrer Verschränkung mit Medien der Deliberation und Techniken der Entscheidung sorgen. Dies impliziert eine zur Umwelt offene politische Öffentlichkeit: Orte der politischen Auseinandersetzung für alle und jede(n); Möglichkeiten des Rückzugs, der Reflexion der Information; Offenheit für Überprüfung und Kritik. Wahre Demokratie kann nur auf Entscheidungsarrangements florieren, die allen offenstehen, vor allem auch solchen, die nicht schon anerkannt und berechtigt sind; sie basiert auf der Entwicklung neuer Wahrnehmungsweisen und Zusammenschlüsse.

Dies betrifft heute vor allem die Architektur der Zeit. Denn die Ausschlüsse von Entscheidungen und Entrechtungen werden durch räumliche und zeitliche Grenzziehungen verursacht. Heutige Herrschaft erfolgt vor allem durch die Steuerung der Zeit.

Zeit wird gezählt und gedeutet. Die Sichtbarmachung und die Imagination, die Messung und die Anzeige, die Symbolisierung und die Institutionalisierung von Zeit werden architektonisch aufeinander bezogen. Einerseits spiegeln die Techniken der Zeitmessung die Weisen des Zusammenlebens, der Produktion, des Handelns und Denkens, in denen sie vorkommen und angewendet werden, andererseits können gesellschaftliche Umbrüche aus einem neuen Verständnis von Zeit, aus einer neuen Art der Berechnung derselben rühren. Uhren und Kalender zeigen Zeit zugleich als Zahl und als Wert, als Naturvorgang und als soziales Ereignis. Die Berechnung, die Erfahrung und die Deutung von Zeit sind miteinander verflochten.

Diese Verflochtenheit kann architektonisch moduliert werden. Architekturen der Zeit haben sich mit der Erfindung und Verbreitung von Sonnenuhren, dann mit der Einführung von Kalendern, mit der Orientierung der Städte auf Turmuhren hin oder mit der Verbreitung von Zeitschaltkreisen im Zusammenhang mit der Konstruktion der Eisenbahn herausgebildet[5] und damit unterschiedliche Modi der Zeitwahrnehmung eingeräumt.

Hinter dem Zählen und Deuten von Zeit stehen zwei Zeitinstitutionen, die »logische« und die »imaginäre«.[6] Die als logisch instituierte Zeit ist die metrische Zeit, die Unterwerfung der Zeit unter ein Maß, die Zeit, die über Kreisbewegungen in physikalischen Maschinen gezählt wird. Die imaginäre Zeitinstitution erlaubt es, einzelnen Zeitpunkten, Ereignissen, Verläufen oder Perioden Bedeutung zu verleihen; es ist die Zeit der Festtage, der Lebensabschnitte, der Zeitalter, der Geschichte. Beide Zeiten unterhalten ein Verhältnis wechselseitiger Implikation. So verdoppeln oder verstärken beispielsweise die Untergliederungen der imaginären Zeit die numerischen Markierungen der kalendarischen Zeit. Jeder gemessene Zeitpunkt, jedes Datum ist deshalb nicht bloß ein wiederholtes Ereignis, sondern Ausdruck einer Weltordnung, wie sie von der betreffenden Gesellschaft imaginiert worden ist.

Die Gründung, die das eine auf das andere bezieht, ist nicht nur ein konkretes Arrangement, das die physikalische mit der individuellen und der sozialen Realität vermittelt, sondern die Errichtung einer Zeitordnung. Periodisierungen von Zeit und soziale Rhythmisierungen, Messtechniken und kulturelle Ereignisse, Uhren und Lebensformen werden durch Architekturen aufeinander abgestimmt und beherrscht.

Architekturen machen Bewegungen berechenbar, ordnen dem getakteten Ablauf von Bewegungen einen Wert zu und koordinieren diese. Aus der architektonischen Dimensionierung resultiert die numerische Konvertibilität der Zeit. Diese *Architektonik der Zeit* schafft einen Zeitraum und damit einen kollektiven Horizont des Handelns und Befehlens. Schon die antiken Gnomoi sind nicht einfach nur Sonnenuhren, sondern auch Instrumente zur Ausrichtung der Straßen und Siedlungen; sie sind Maschinen zur Taktung des sozialen Lebens. Sie ermöglichen eine Planung des Zukünftigen ebenso wie eine Berechnung des Vergangenen. Raumplanung, Zeitkonstruktion und kosmische Orientierung sind seit der Antike integrale Bestandteile der Architektur, und die Architektur verschaltet auf diese Weise das Kosmologische mit dem Sozialen;

die reale Zeit mit der subjektiven. Aufgrund von Architekturen sind menschliche Bewegungen planbar und zeitlich beherrschbar; in den Städten entsteht eine auf Zeit- und Raumkoordinaten und die Artikulation von Positionen und Zielen aufbauende Kultur. Der standardisierte Geschehensablauf, eine aus diskreten additiven Teilen aufgebaute Sequenz, eine Zählung von Rekursionen, ist Voraussetzung der Subjektivierung; nur so können Handlungen orientiert und Ereignisse verglichen werden; nur so können Subjekte sich im Abgleich mit diesen koordinieren; nur so zeigt sich in der Wiederholung ein Können.

Diese Architektonik der Zeit beeinflusst in hohem Maße, wann und warum Zeit überhaupt (kulturell und politisch) zählt. Das Zeitbewusstsein ist abhängig von den Zeiten, die eine Sprache ausdrücken kann; doch noch unterhalb der Grammatik ist es abhängig von eingewöhnten Abläufen, von den kulturellen Grenzziehungen und Horizontbildungen der Erfahrung, die auf Architektur beruhen.

Beides, die Erfahrbarkeit und die Ausdrückbarkeit, ist geprägt von der Architektonik. Gesten, Sätze und Uhren artikulieren Aktualität, verweisen auf Abwesendes, verbinden Jetztpunkte. Eine Aktualität wird als ein berechneter Jetztpunkt aufgefasst, innerhalb einer möglichen Gesamtmenge. Trotz ihres Ursprunges im Erlebnis singulärer Augenblicke wird Zeit meist nur in dieser abgeleiteten Form erfahren, nämlich als Verknüpfung der Jetztpunkte, als Chronologie, als veröffentlichte Zeit, die aus der Verräumlichung herausgelesen und in ein verfügbares Datum umgewandelt wird. Durch die Datierung der *Aktualität* lernt eine Gesellschaft, mit der Zeit zu rechnen[7] und sie zuzuteilen.

Die Weltzeit bindet die Datierung an kosmisches oder physikalisches Geschehen, an beobachterunabhängige, regelmäßige, rekursive Abläufe, muss aber doch jeweils »gegenwärtigt« werden.[8] Das Gegenwärtigen ist ein Akt, der das, was wird oder vergeht, auf den Horizont der Zeitlichkeit, auf die Präsenz hin entwirft.[9] Die Möglichkeit, die (kosmische, physikalische) Bewegung und die Zeitzählung aufeinander zu beziehen, wird seit Anaximander durch einfache und exakt reproduzierbare Strukturen freigelegt.

Zu der Einrichtung der Welt in ein System aus Punkten, Linien, Kurven, Flächen und Kreisbahnen sowie zu dem Begriff von Zeit, der einem Urteil, d.h. einer Syntheseleistung entspricht, muss neben einem (zählenden) Apparat noch ein (regulierendes) Modell hinzukommen, das dem, was gezählt wird, einen Sinn verleiht. Nur innerhalb eines solchen Modells, wie der Archè des Anaximander[10], können die Ergebnisse dieser Zählung verkündet und verstanden werden, nur mithilfe dieses Modells kann Zeit sozial verbindlich sein und die »Herrschaft der Uhren« beginnen. Nur innerhalb eines solchen Modells gibt es ein Jetzt, das zahlenförmig ausgedrückt werden kann. Die Bemessung, als Teil einer solchen Interpretation, und die Deklaration, als Bezugnahme auf ein soziales Geschehen, sind Bestandteile dieses Herrschaftsgefüges.

Für alle sichtbar verkörpert eine Sonnenuhr die Prinzipien einer durch Gestalt- und Distanzrelationen gebannten Bewegung, durch die sich die Dauer in den Dimensionen der Zeit verstetigt und in Zahlen konvertibel erscheint. Die Orientierung in der Zeit ist nun jedem Beliebigen möglich. Die Uhr veröffentlicht die Zeit. Ein System von Uhren erschafft die Möglichkeit, Herrschaft durch Zeit auszuüben.

Architektonik kann man diejenige historisch dominante Weise der Architektur nennen, die die Welt berechenbar und beherrschbar machen will, indem sie die Wirklichkeit dem Plan, die Körper der Zahl, die Bewegungen der zeitlichen Steuerung unterwirft. Die Zeitordnung wird hier nicht aus Zeitlichem abgeleitet, sondern im Gegenteil: dieses wird so eingerichtet, dass es die vorausgesetzte Ordnung bestätigt.

Die Architektonik der Zeit schafft einen Zeitraum, einen kollektiven Horizont des Handelns und Befehlens. Raumplanung, Zeitkonstruktion und kosmische Orientierung greifen hier ineinander. Im Mittelalter entsteht eine strikte Koordination der Weltzeit und der Lebenszeit.[11] »Computus«,[12] Glocke und Astrolabium dienen dazu, natürliche, religiös-kulturelle und ökonomisch-soziale Daten aufeinander zu beziehen. In den Städten floriert eine auf Zeit- und Raumkoordinaten und die Artikulation von Positionen und Zielen aufbauende Kultur. Die Uhrentürme im Zentrum der republikanischen Städte sind Instrumente zur Selbstbestimmung, aber auch Herrschaftszeichen; sie exponieren das Gleichmaß, mit dem sich die politische Gemeinschaft der kosmischen Ordnung unterstellt, und zugleich das Gesetz, das die Bedingung der Möglichkeit der Anerkennung von etwas vorgibt. Konkret dienen Uhren zur Vorgabe einer sozialen Ordnung, zur Ausrichtung der Straßen und Siedlungen,[13] zur Bemessung von Leben, von Arbeit und Freizeit. Sie sind Maschinen zur Taktung des sozialen Lebens und ermöglichen eine Planung des Zukünftigen ebenso wie eine Berechnung des Vergangenen.

Uhren und Kalender werden zur sozialen Koordination verwendet; sie sind das wichtigste »Muster der individuellen Selbstkontrolle, dem entsprechenden Selbstzwang zu wissen, wie spät es ist.«[14] Menschen lernen, das eigene Verhalten und Empfinden an der sozialen Institution der Zeit auszurichten und sich entsprechend zeitlich zu steuern. Sie müssen sich in die Aktualität fügen. Erinnerung werden an Zeit repräsentierenden und kommunizierenden sozialen Institutionen ausgerichtet; Historiker:innen verwalten die vergangenen Zeiten; Uhren rücken ins Zentrum des sozialen Lebens.

Unabhängig vom Sonnenauf- und -untergang werden alle Stunden durch die öffentlichen Uhrwerke gleich lang; das Leben wird minutiös getaktet. Die Uhr symbolisiert Autonomie gegenüber der Natur, aber auch soziale Autonomie. Sie bedeutet eine Integration der technischen Welt und zeigt zugleich die Abschließung gegenüber der universellen und der fremden, der eigenen Macht entzogenen Zeitlichkeit an.[15] Die Ambivalenz dieses Autonomiegewinns liegt auf der Hand: nicht die Eigenzeit, sondern die soziale Ordnung als solche zählt. Zugleich geben die Uhren Impulse: Mittels der öffentlichen Zeit können Menschen Ereignisse vergleichen und sich im Abgleich mit diesen koordinieren, sie werden von dieser Zeit zu Handlungen aufgefordert. Es gibt nun einen öffentlichen Zeitraum und folglich auch eine Umwelt dieses Zeitraums.

Diese zeitliche Umwelt ist von Weisen des Zählens und Wertens ausgegrenzt und geprägt von den Interaktionen mit dem Kollektiv, dessen Umwelt sie ist, bleibt aber unabhängig und unbestimmt. Dort verläuft die Zeit nicht systematisch, in der Ordnung des Nacheinander, in Linien und Radien, sondern dispers und diffus.

Die Spuren und Auswirkungen von Ereignissen, die archiviert in der Vergangenheit liegen, bilden zeitlogisch gesehen eine Basis, von der aus ein Kollektiv agiert, motiviert von den Dringlichkeiten der Gegenwart. In zeitlicher Hinsicht ist die Umwelt des Gegenwartsfeldes besonders bedeutsam. Damit ist der Radius gemeint, den das Kollektiv jetzt erreichen kann, und das Milieu, innerhalb dessen aktuelle Verhältnisse und Ereignisse das Leben des Kollektivs beeinflussen. Dieses Feld erstreckt sich ins Kommende und ins Vergangene. Es enthält die Erfahrungen aus der Vergangenheit und die daraus resultierenden Hoffnungen und Befürchtungen.

Die Konfiguration des Gegenwartsfeldes hängt nun nicht nur von dem Medium ab, in dem wahrgenommen und beobachtet wird[16], sondern auch von der lateralen Konfiguration, von Dispersion, Synchronizität, Simultanität und Latenz der zeitlichen Umwelt.

Ein Beispiel für die politische Bedeutung einer derartigen Konfiguration liefert die Französische Revolution. Hier wurde eine Architektur der Zeit ersonnen, durch die jegliche Bewegung im öffentlichen Raum zugleich Ausdruck universeller Gleichheit und Verwirklichung der Freiheit werden sollte. Dieses Vorhaben steht im Kontext der Rationalisierung der Maßsysteme. Gemeinsame, konvertible Maße sollten die Zeit und den Raum neu vermessen und dadurch Maßsysteme der Freiheit und Gleichheit etablieren. Nicht nur der ungehinderte Verkehr und die universelle Verständigung der freien und gleichen Individuen waren davon abhängig, sondern auch die rationale Verwaltung des Territoriums und der Geschichte. Zuvor hatte die Vielzahl heterogener Maßsysteme des Ancien Régime die Bildung einer nationalen Einheit und die Umsetzung weitreichender politischer Ziele aus Sicht der Revolutionäre verhindert. Die neue Architektur der Zeit verbindet das Maß mit der Bedeutung, die Uhr mit dem Kalender, und zwar weltweit. Es sollte kein zeitliches Außen mehr geben.

Die »Agence temporaire des poids et mesures« unter dem Mathematiker Gaspard Monge verkündete das Ende der Unordnung in den Maßsystemen. Feudale und territoriale Trennungen hätten ihre Spuren in den Maßen und Gewichten hinterlassen.[17] Wichtigstes Element der Schaffung eines revolutionären Zeit-Raums war die Einführung des Meters als Grundeinheit des Längenmaßes. Das Meter wurde als der einmillionste Teil eines Viertels des Meridians berechnet; dann aber auch als Ur-Meter vergegenständlicht. Durch das Metermaß partizipiert jede/r Nutzer/in an der mathematischen Einhegung des Erdballs. Alle anderen Maße wurden nach dem Dezimalsystem aus dieser invariablen Grundeinheit abgeleitet. Die neuen Maße und Gewichte waren Symbole einer Revolutionsaxiomatik, die auch der Ungleichheit unter den Menschen den Boden entziehen sollten. Um die Jahre der Freiheit zu vermessen, wurde zudem eine neue Zeitrechnung eingeführt: der republikanische Kalender.

Nach dem neuen Maßsystem erstellte geographische Raster sollten durch Monumente auf die reale Fläche der Republik projiziert und mit planetar ausgerichteten Verkehrsachsen verbunden werden. Frankreich wäre zu einer gebauten Karte geworden, auf der die Schnittpunkte zwischen den Erdkreisen ablesbar sind.[18]

Die Bürgerschaft würde über diese Verschaltung des Territoriums mit den planetaren Revolutionen exakt getaktet, an den Staat gebunden, der Norm unterworfen und zur Selbststeuerung angehalten. Da jede Regung eines Individuums dann zugleich eine Internalisierung des republikanischen Kalenders bedeutet, verwirklicht diese Architektur das revolutionäre Programm, dessen fortschreitende Erfüllung des Naturgesetzes jederzeit überprüfbar ist und von jedem Schritt bestätigt wird.[19]

Nun dreht sich die Erde nicht in der für die Revolution notwendigen exakten Geschwindigkeit, sie hat keine reine Kugelform, sie rotiert nicht mit demselben Gleichmaß um sich selbst wie um die Sonne, an vielen Stellen kollidiert die offizielle Zeit mit dem Stand der Sonne. Schwere Erdbeben, gewaltige Vulkanausbrüche und Konvektionsströme flüssigen Gesteins im Erdmantel, die von der Anziehungskraft des Mondes verursachten Gezeiten der Meere, selbst kleine Ereignisse wie das Fallen der Blätter im Herbst können die Erde bremsen und eine Änderung der Tageslänge bewirken. Nicht nur Schaltjahre, sondern auch Schaltsekunden müssen mittlerweile vom Internationalen Büro für Gewichte und Maße manuell eingefügt werden, um Bewegung, Zahl und Bedeutung wieder kohärent zu machen.

Selbst wenn jenes revolutionäre Vorhaben gescheitert ist, bleiben doch, auch ohne den revolutionären Kalender, Elemente dieser Zeitarchitektur die Basis moderner Politik, nicht zuletzt durch die Idee einer Weltzeit, einer globalen Synchronisierung. Verglichen mit einer theokratischen Zeitkonzeption, die sich an der göttlichen Ewigkeit, am Erscheinen und der Wiederkehr Gottes oder an der

Verwirklichung des göttlichen Planes orientiert, oder mit einer monarchischen Zeitkonzeption, bei der es dem Herrscher vorbehalten war, die Zeit zu kennen und zu verkünden, ist schon die republikanische Ausstellung des gemeinsamen Maßes und der Möglichkeit für jede/n Einzelne/n, sich in der Zeitordnung zu orientieren und einen eigenen Weg zu gehen, mit der Vorstellung verknüpft, dass die Wahl eines Zeitmaßes und die Errichtung eines von diesem abgeleiteten Zeitraums politische Akte sind, die weder auf Willkür noch auf Praktikabilitätserwägungen beruhen, sondern auf einer Vernunft, die individuelle Freiheit durch die Schaffung von Regelmäßigkeit und Berechenbarkeit garantieren will.

Noch ist jeder Meter und jeder Schritt die Bestätigung dieser kulturellen Grenzarchitektur – in der Wissenschaft und Politik, die Notwendigkeit exakter Naturvermessung und die Freiheit der Selbststeuerung innerhalb eines architektonischen Systems aufeinander bezogen werden. Das abgestimmte, getaktete Vollziehen räumlich entfernter Handlungen (Synchronizität), die Beobachtung paralleler Ereignisse (Simultanität), die Felder dessen, was noch oder schon wirkt, aber nicht bewusst wahrgenommen wird (Latenz), wird von historisch je unterschiedlichen zeitlichen Infrastrukturen ermöglicht. Das Denken in Richtungen, die Benutzung eines als sinnvoll festgelegten gemeinsamen Maßes und das Leben in Zeitzonen sind ebenso Grundtatsachen unserer heutigen politischen Architektur wie der Ausschluss desjenigen, das sich nicht mit der dominanten Zählung erfassen lässt.

4.1.2 Zeitliche Entscheidungsstrukturen

Architekturen beeinflussen die Regeln zur zeitlichen Strukturierung politischer Entscheidungen; sie beeinflussen die Geschwindigkeiten, die Reihenfolge und die Dauer des Entscheidens; sie legen die intendierbaren politischen Handlungen fest und stellen die zeitlichen Instrumente zur Verfügung, mit denen diese Regeln implementiert werden. In der Antike beispielsweise wurde die Klepsydra, eine Wasseruhr, zur Bemessung von Redezeiten, insbesondere vor Gericht, eingesetzt. Die Gerechtigkeitsvorstellung, die hinter dieser Art des Gerichtsprozesses steht, hängt von der Verfügbarkeit derartiger Uhren ab. Uhrenbau ist deshalb schon von Vitruv als eine der wichtigen Sparten der Architektur diskutiert worden. Jede Versammlung, jede Parlamentssitzung erfordert präzise zeitliche Koordination, um die Vereinbarungen des Datums, zum zeitlichen Programm, zur Tagesordnung, zu den Rednerzeiten etc. einhalten zu können. Daraus leitet sich eine zeitliche Gerechtigkeitsforderung ab: einer jeden soll die ihr gemäße Zeit zuteilwerden.

Vor allem wird die Zeit für die Entscheidungen von diesen Architekturen begrenzt und strukturiert. Die Zeit, die für die Entscheidung zur Verfügung steht, muss in ein Verhältnis gesetzt werden zu der Zeit, über die entschieden wird. Neben all dem, was Katastrophen fernhält, bietet Architektur auch Orte des Diskurses und Zeit zum Überlegen. Hier spielen Infrastrukturen der Erinnerung, des Wissens und der Voraussicht eine Rolle, dort muss der Entscheidungsprozess sequenziert werden. Die Begrenzung der Redezeiten ist abhängig von der Zahl der Teilnehmer, der Art der Teilnahme und dem Modus der Interaktion. Wenn jedem/r gleich viel Zeit zu sprechen zur Verfügung stehen soll, können drei Stunden Beratungszeit bei 20 Teilnehmern in jeweils 9 Redeminuten unterteilt werden; bei 5000 Teilnehmern wären es 2 Sekunden.[20] Eine Zeit der Partizipation für alle einzurichten, kann auch durch Rotation gelingen: In einer festgelegten oder zufälligen Reihenfolge werden alle einmal ein verantwortliches Amt übernehmen. Demokratie, heißt es, verleiht Regierungsmacht nur zeitweise. Zeitliche Begrenzungen zählen deshalb zu den wichtigsten Mitteln zur Sicherung des demokratischen Charakters eines Gemeinwesens. Sie müssen architektonisch vorbereitet werden.

Zeitarchitekturen definieren und lenken demokratische Prozesse, Praktiken und Machtartikulationen. Institutionen haben jeweils eigene temporale Infrastrukturen, zwischen denen sich die Subjekte bewegen und die sie synthetisieren müssen; dies gelingt auch in Abhängigkeit von sprachlichen Institutionen der Zeit, die eingebettet sind in Netzwerke von Orten.

Hinsichtlich ihres Zeitbezuges unterscheiden sich entsprechend die Arten der Rede: Aristoteles zufolge sind diejenigen, die in einer Volksversammlung sitzen, Urteilende über zukünftige Tatsachen, diejenigen, die in einem Gericht sitzen, Urteilende über vergangene Tatsachen, und bei der Festrede wird Gegenwärtiges gelobt oder getadelt. Die drei Arten des Diskurses sind der deliberative, der judikative und der epideiktische. Beratende Reden müssen deshalb allgemeine Thesen über Möglichkeit und Unmöglichkeit enthalten, ob etwas sein wird oder nicht; die Gerichtsrede darüber, ob etwas geschehen ist oder nicht.[21] Dem entspricht ein hinsichtlich der zeitlichen Ordnung gestuftes Verhältnis der drei Gewalten, nämlich der Legislative, der Judikative und der Exekutive.[22]

Dabei geht es nicht nur um die Strukturierung, sondern auch um Zeit als Ressource. Zeit wird benötigt, damit die Bürger:innen potenziell gleichberechtigt am politischen Prozess teilhaben und ein angemessenes Urteilsvermögen ausbilden können. Die Zeit, die Bürger:innen für eine demokratische Beteiligung zur Verfügung steht, ist ein politisches Kapital. Der Zeitbedarf der gleichberechtigten Integration und der kollektiven Autonomie machen einen Teil der politischen Freiheit aus. Die Qualität einer Demokratie, könnte man sagen, bemisst sich auch an der Zeit, die sie ihren Bürger:innen für politische Partizipation einräumt,[23] und an der Zeit, die sie frei gestalten können.

Es gibt langsamere und schnellere Formen der demokratischen Beteiligung, punktuelle und über die Lebenszeit hinausreichende, je nachdem wie anspruchsvoll oder wie machtgestützt ihr spezifischer Beitrag zur Erfüllung der demokratischen Aufgaben ist. Mehrere Dekaden übergreifende Projekte setzen Zeitstrukturen in die Welt, die alle Initiativen lähmen. Kürzere Zeithorizonte schaffen hingegen Anreize, sich auf Kosten einer langfristig verantwortungsvollen Politik an punktuellen Wahlentscheidungen zu orientieren. Regierungen und Mehrheiten passen ihre Politik an die Erwartung kurzfristiger Reaktionen an und vernachlässigen tendenziell dringende politische Probleme, die langfristige Lösungen erfordern und hohe Kosten verursachen.[24] Unvorhersehbare Ereignisse und Entwicklungen, die als Krisenphänomene begriffen oder gestaltet werden, unterbrechen dennoch diese eingespielten Routinen, geben einen neuen Rhythmus für die Entscheidungsfindung vor, der sowohl durch externe Schocks als auch durch interne politische Logiken demokratischer Systeme bestimmt wird, und üben Zeitdruck aus.[25]

Im strategischen Verhalten zwischen derartigen Ereignissen einerseits und den politischen Routinen andererseits gründet zeitliche Macht:[26] Strategische Verzögerungen können auch ein wichtiges Mittel in Machtkämpfen werden. Da Demokratien heute systematisch zugunsten der Gegenwart voreingenommen sind, neigen sie dazu, für die Zukunft mitzuentscheiden und die Rechte zukünftiger Souveräne zu beeinträchtigen; und doch kann keine Volksmehrheit dauerhaft autoritative Entscheidungen treffen.[27]

Künftige Mehrheiten müssen in der Lage sein, neue politische Richtungen einzuschlagen und andere Entscheidungen zu treffen als frühere Mehrheiten. Irreversible Auswirkungen von Entscheidungen, die die politischen Entscheidungen künftiger Generationen stark einschränken, haben eine zweifelhafte demokratische Legitimität. Neben dieser Plastizitätsanforderung tragen auch die Zeit der angemessenen Beratung und die Dauer der Entscheidung zu ihrer Legitimität bei. Denn Ergebnisse können von denjenigen erheblich beeinflusst werden, die die Zeitpläne, Tagesordnungen und Redefolgen kontrollieren.

Abhängig vom jeweiligen Zeitkapital entwickeln sich potenziell zeitbezogene Strategien, die sich sowohl im zeitliche Raster regulärer Verfahren niederschlagen als auch in deren instrumenteller Nutzung.[28] Da die strategische Beeinflussung von Timing, Sequenzierung und Zeitplanung innerhalb einer Zeitarchitektur potenzielle Auswirkungen auf die Agenda und das Ergebnis der Entscheidungsfindung haben kann, zählt das Zeitkapital zu den wichtigsten Machtfaktoren.[29] Daraus folgt das Ideal unbegrenzter Diskurszeit, um die Effekte dieser Zeitstrategien zugunsten einer möglichst rationalen Entscheidung auszuschalten. Einige Demokratietheoretiker halten dem entgegen, dass Beratungsprozesse aus pragmatischen Gründen durch Abstimmungen unterbrochen werden müssen, weil Entscheidungen auch ohne Konsens in einem angemessenen Zeitrahmen getroffen werden müssen.[30] Wenn immer wieder erreichte Zwischenergebnisse aufgeweicht und in Frage gestellt werden oder die Beratung sich endlos im Kreis zu drehen scheint, kann dies Auswirkungen auf die Akzeptanz des Ergebnisses haben. Ein gutes Ergebnis in möglichst kurzer Zeit zu erreichen, kann zudem als rationale Eigenschaft deliberativer Entscheidungsarrangements gelten.

Da sowohl eine Beratung ohne Ende und ohne Ergebnis ebenso wenig sinnvoll erscheint wie ein zu hastig getroffener Entschluss und da eine richtige, aber zum falschen Zeitpunkt getroffene Entscheidung ebenso wenig zielführend ist wie eine Situation, in der zwischen Beratung, Beschluss und Umsetzung große zeitliche Lücken klaffen, lässt sich schlussfolgern, dass die Legitimation einer Entscheidung auch von ihrer zeitlichen Strukturiertheit und Kohärenz abhängt.

4.1.3 Zukunftsfähige Entscheidungsarrangements

Zwecke setzen, Ziele definieren, Schritte planen, gemeinsame Anstrengungen unternehmen ist ebenso wie eine Auseinandersetzung mit dem, was als Gegenwart das Gemeinsame veranlasst, von Entscheidungsarrangements abhängig. Viele Arrangements sind dazu angetan, dass Entscheidungen sich auf die Vergangenheit beziehen (auf ein Nicht-mehr oder ein Endlich-wieder) oder dass sie sich nach einem Kalender in vorgesehenen Bahnen wiederholen. Es entspricht einer eher seltenen Ausrichtung, Entscheidungen auf die Einführung von etwas gänzlich Neuem richten zu können.

Diese Möglichkeit wird durch Techniken eher verbaut als eröffnet. Sie zielen auf die Wiederholung von Entscheidungen und die Vergleichbarkeit von Serien. Die zeitliche Infrastruktur politischer Existenz entgleitet, wird verdeckt, ungreifbar. In dieser Lage wird es fast unmöglich, selbst zu bestimmen, welche architektonischen und medialen Infrastrukturen eine kommende demokratische Lebensform erfordert. Doch mehr denn je hängt das Überleben von zukunftsfähigen Entscheidungsarrangements ab. Zukunftsfähig ist ein Arrangement dann, wenn es nicht nur auf die Zukunft gerichtet ist und sich als fähig erweist, mit einer koordinierten Handlung dort einen Zeitraum zu beeinflussen, sondern wenn es sich auch angesichts gewandelter Bedingungen, Aussichten und Vernünfte als tragfähig und überzeugend erweisen wird.

4.1.3.1 *Pluralität, Inkommensurabilität, Diskontinuität*

Ähnlich wie die Identität einer Person bestehen bleibt, auch wenn die Moleküle, aus denen der Körper dieser Person besteht, komplett ausgetauscht sind, auch wenn alle Körperteile ersetzt wurden oder das Bewusstsein kaum mehr gegenwärtig ist, bleibt die Identität einer politischen Institution bestehen, auch wenn die Individuen, aus denen sie besteht bzw. die in ihr organisiert sind, wechseln oder ihre örtliche Materialisierung defekt ist. Eine solche Identität ist gedacht, weite Zeiträume zu überdauern, und erfüllt dabei weniger eine Funktion nach innen, wo sie durchaus umstritten sein mag, sondern vor allem nach außen, in einer weiteren Umgebung und Dauer, für die auch die Zuschreibung von Verantwortlichkeiten wichtig ist. Sie wird in der Regel architektonisch organisiert, über ortsbezogene Zuschreibungen wie den »festen Wohnsitz«, adäquate Gebäude oder Markierungen im urbanen Geflecht. So stellt das Parlamentsgebäude eine Kontinuität der Adressierbarkeit innerhalb der Fluktuationen parlamentarischer Systeme aus. Intern eröffnet diese funktionale Identität die Möglichkeit, Entscheidungen zu reiterieren, zu vertagen, wiedervorzulegen, zu modifizieren, zu ersetzen. Politische Institution binden eine Vielzahl von Positionen, Erfahrungen, Intelligenzen und Perspektiven und regulieren deren Austausch. In dem Maße, wie sich die Zusammensetzung und Ausrichtung ändert, kann eine Abschaffung und Neukonstituierung geboten sein. Pluralität ist jedoch nicht nur synchron, sondern auch diachron zu denken. Nicht nur die Zugehörigkeit zu verschiedenen Generationen in einem Parlament bringen unterschiedliche Interessen gegeneinander in Stellung. Auch über die Intelligenzen und Perspektiven der Abwesenden kann nicht ohne weiteres hinweggegangen werden; es gibt quasi vertragliche Bindungen über die Generationen hinweg, auch mit denjenigen, die nicht mehr (Testament) oder noch nicht (Lebensbedingung) leben. Und diese Bindungen werden auch architektonisch vermittelt.

Ein wichtiger Aspekt der Architektur eines Entscheidungsarrangements ist deshalb eine zureichende Affordanz für Pluralität. Ähnlich wie in demokratischen Entscheidungen nicht nur die Vielzahl konkurrierender Optionen, die Mindermeinung und das Unterlegene an bestimmten Punkten sichtbar gemacht wird, sondern auch eine Öffnung zum Außen, zum Ausgegrenzten, zum Beliebigen, zur Öffentlichkeit vollzogen wird, ist die Sichtbarmachung konkurrierender, apräsenter Perspektiven und unterlegener Zeiten ebenso erforderlich wie die Ausweitung auf Zeiten jenseits des Horizonts unserer Lebenswelt.

Das Gegen-den-Strich-Bürsten unserer Projekte durch die historisch-materialistische Sondierung des Untergegangenen im Sinne Walter Benjamins muss ebenso in die andere zeitliche Richtung gedacht werden. Es erfordert dialektische Bilder der Zukunft, die diese nicht nur als einen Ort des Interesses ausmalen, da dies, analog zu Benjamin, nur eine Beute im Triumphzug der Sieger darstellt. Vielmehr gälte es, auch die verdrängten, bekämpften, verunmöglichten Zukünfte sichtbar zu machen. Die dialektischen Bilder sollten nicht nur das Zusammentreffen von Zukunft und Gegenwart, sondern auch die Antwortmöglichkeit, den möglichen Widerspruch, die vollständige zeitlogische Negation, artikulieren.

Wenn alle politischen Probleme nach einer gründlichen Beratung und einem klugen Entschluss zu lösen wären, zum Beispiel durch kollektiven Selbstmord des Menschengeschlechts, was eine Befreiung großer Teile dieses versklavten Planeten zur Folge haben dürfte, dann entbehrt dieser Entschluss doch der Legitimität, die daher rührt, dass er die Chance der Überprüfung der Triftigkeit, eine Antwort und also die Möglichkeit zu wissen, ob es die richtige Entscheidung war und ob sie durchgeführt wurde, ausschließt. Wenn jede Entscheidung einen Zustand des Zuvor und des Danach dergestalt definiert, dass die Zeit nicht zurückgedreht werden und der Zustand davor nicht wieder hergestellt werden kann und wenn schon aufgrund dieses hinzugefügten Neuen die Zukunft nicht vollständig auf gegenwärtige Faktoren reduziert werden kann, lässt ein geeignetes Entscheidungsarrangement trotz dieser temporalen Inkommensurabilität dennoch Kritik, Reparaturen, Rekursionen, Dekompositionen und Neuausrichtungen zu. Jedes kollektive Handeln muss auf der Grundlage zeitlicher Intersubjektivität konzipiert werden.

Zur architektonisch flankierten Prozessualität der Entscheidung zählt die Beendigung der Beratung und die Kontrolle dessen, was geschehen soll. Es ist mithin eine Erwartung sowohl der rationalen Akzeptabilität wie auch der Legitimität, dass das, worauf sich die Beteiligten geeinigt haben, Bestand hat, weil es in die Zukunft übertragbar ist und dort überzeugen wird. Die Übersetzung in die Zukunft wird oft genug auf die Durchsetzung des Plans gegen alle Widerstände, auf die minutiöse Implementierung oder eine Wiederholung des Selben festgelegt, sie könnte sich aber ebenso auf andere Artikulationen, Ansprüche und Interpretationen einlassen. Die Beständigkeit von Entscheidungen erfordert Nachhaltigkeit; doch diese ist weder im Sinne der Permanenz, noch der Kontinuität, noch des Präsentismus zu begreifen. Es ist ein normativer Aspekt gelungener zeitlicher Übersetzung, dass sie den Zweck und nicht das Ziel verfolgen, so dass aus der Temporalität kollektiver Entscheidungen folgt: Sie antizipieren Handlungen, leiten diese ein und machen sie (plural, anders) beantwortbar.

Die Architektur demokratischer Entscheidungsarrangements zielt folglich darauf, die Zukunft so präzise wie möglich zu antizipieren und diese Antizipation zugleich korrigierbar und beantwortbar zu halten. Damit eine Entscheidung getroffen werden kann, sollte klar sein, was geschehen wird, wenn keine Entscheidung getroffen wird, und was geschehen wird, sobald die zur Entscheidung stehenden Maßnahmen ergriffen werden, wie auch auf das, was geschehen wird, wenn die Maßnahmen unzureichend umgesetzt werden oder etwas dazwischenkommt. Eine Entscheidung ist entsprechend erst dann erfolgt, wenn in Zukunft eine Weile lang das geschieht, von dem man aufgrund von gemeinsamen Überlegungen wollte, dass es geschehen werde.

Dies geschieht nur dann, wenn nicht nur das Absehbare, sondern auch das Nichtabsehbare an diesem Werden mitwirkt. Entscheidungen sind keine Schlussfolgerungen und keine Programmierungen, die nur vordergründig einen Weg auswählen und die Zukunft festlegen. Die Zukunft wird nicht produziert. Jede Entscheidung impliziert Vorläufigkeit und Rekursivität, eine Bezugnahme auf mehrere Zukünfte. Gerade kollektive Entscheidungen zielen auf die Überschreitung des Gegebenen, die Erwirkung von Handlungsmöglichkeiten, die nur durch die Kollektivbildung gegeben sind, und die Ausweitung von Verantwortlichkeit (Zurechnungsfähigkeit, Zuständigkeit, folgenbasierte Legitimation) durch Koordinierungen heterogener Zukunftsentwürfe. Diese dafür erforderliche räumlich-zeitliche Konfiguration, die das Jeweilige überschreiten, bildet ein Apriori politischen Entscheidens. Denn sie definiert erstens, was als Äußerung, was als Handlung und was als deren Relation zählt, und zweitens, wie Sachverhalte jenseits des Radius unserer Verfügung, unabhängig von Fürsprechern, unabhängig von Verwaltbarkeit und Machbarkeit, zur Geltung kommen können (Raum), und drittens, in welchem Zeitraum, für welche Zeiten, für welches Zeitliche entschieden wird (Zeit). Von dieser Konfiguration von Intersubjektivität in einer räumlichen und zeitlichen Öffentlichkeit hängt ab, ob es möglich ist, eine Entscheidung auch über Widrigkeiten, Transformationen und Diskontinuitäten hinweg Wirklichkeit werden zu lassen.

4.1.3.2 *Versprechen mit Rückkoppelung: Imagination, Kritisierbarkeit und Verantwortung*

Wenn eine Wandergruppe weiß, wohin sie will und welcher der beste Weg dorthin ist, trifft sie keine Entscheidung, sie wählt aus und legt sich fest. Auch Kreuzungen und Gabelungen zwingen sie zu keiner Entscheidung. Eine Entscheidung trifft sie (wie bereits oben erläutert) überhaupt nur dann, wenn das Ziel und der Zweck nicht schon feststehen und wenn es der Beratung, des Abwägens von Antizipationen und der Urteilsfindung bedarf.

Dieses Quäntchen Unsicherheit und Argumentieren mit Wahrscheinlichkeiten und Zielvorstellungen, das eine Besonderheit allen Entscheidens bildet, impliziert, dass alle Entscheidungen, auch solche, die durch den Zwang des besseren Argumentes unter idealen Bedingungen getroffen werden, unter Irrtumsvorbehalt stehen, allein schon deshalb, weil die Beschreibung und Benennung des Unsicheren und bloß Wahrscheinlichen anfällig für Fehler und Verzerrungen sind und weil Konjekturen über mögliche Verläufe auf Imaginationen basieren und über Gewissheiten hinausgehen. Deshalb kann eine Entscheidung, die den Entscheidenden ab sofort die Grundlage für Kritik und weiteres Entscheiden entzieht, nur ein Extremfall sein. Die fixe Idee einer letztgültigen Entscheidung, die alles klärt, damit aber nicht nur alle weiteren Überlegungen und Zweifel, sondern auch die Möglichkeit von Revisionen abbricht, ähnelt dem Drücken auf den roten Knopf, der alles Leben beendet. Sie steht zudem unter Inkonsistenzvorbehalt, weil sich herausstellen könnte, dass die Entscheidung nichts ändert oder dass das, was eintritt, völlig unabhängig von der Entscheidung eintritt. Oder dass die Entscheidung das Kollektiv in die falsche Zeit, in eine vergangene Zukunft, in eine Vorzeit oder einen Zeitstaub transportiert hat. Sie steht unter dem Vorbehalt der verkürzten

Imagination, die nicht in der Lage war, sich die Entstehung neuer Möglichkeiten auszumalen.

Das Problem der Endgültigkeit, der Selbstbehauptung oder möglicher Rekursivität stellt sich für kollektive Entscheidungen anders dar als für individuelle: Die Gründe, einen Verein aufzulösen, sind völlig anderer Natur als diejenigen, die dazu führen mögen, sein Leben zu beenden. Aber auch hier gilt es abzuwägen: Perduranz ist nicht alles. Wenn es beispielsweise durchaus plausibel gewesen sein mag, nach zwei Weltkriegen Deutschland nicht wieder aufleben oder besser noch verrecken zu lassen, so hätte doch mit dem Verschwinden eines deutschen Staates von der Landkarte womöglich auch der Gedanke einer kollektiven Verantwortung (der Haftung, der Sühne, der Aufarbeitung, der Reparation) keine Adresse mehr gefunden. Andererseits wird kaum jemand bestreiten wollen, dass es richtig ist, faschistische Parteien und deren kaschierte Nachfolgeorganisationen zu verbieten, auch wenn damit die Möglichkeit, diese zur Verantwortung zu ziehen, nicht mehr gegeben ist. Eine Grundbedingung kapitalistischer Wirtschaft ist die Errichtung juristischer Personen mit begrenzter Haftung. Jede, die schon einmal erlebt hat, wie Wirtschaftsakteure sich durch die Liquidierung ihrer Firmen aus der Verantwortung stehlen können, wird das Weiterbestehen einer umfänglichen Haftung begrüßen. Andererseits ist die Möglichkeit der Entschuldung auch für Privathaushalte – in Verlängerung des Versklavungsverbotes, das Rancière als Ausgangsbedingungen der Demokratie unterstreicht – eine wichtige Errungenschaft. Generell: Die Unterstellung, gute politische Ordnungen zeichneten sich durch Perduranz aus, konfligiert mit dem Anspruch auf Selbstgesetzgebung, der – wenn hypothetische Zustimmung als unzureichend ausgeschlossen werden kann[31] – individuelle oder kollektive Akte der Wiederholung und Korrektur und damit immer wieder Momente, in denen das Ganze zur Disposition steht und Diskontinuitäten eingetragen werden, fordert.

Aus diesen Überlegungen lässt sich folgern, dass anders als für menschliche Individuen bei Kollektiven überhaupt die Möglichkeit besteht, Identitäten und Institutionen abzuschaffen, ohne dass dies notwendigerweise eine Existenzbedrohung für Lebewesen darstellt, wie andererseits auch die Möglichkeit einer Existenz unabhängig von menschlichen Lebenszyklen und über Zeitklüfte hinweg. So können prinzipiell Handlungsziele mehrgenerational verfolgt und gesichert werden. Zudem macht der Gedanke, konkrete Verantwortung für Taten zu übernehmen, die man selbst nicht entschieden hat, nur durch solche Institutionalisierung Sinn. Dies impliziert entsprechende Zeitinstitutionen.

Nun wäre es denkbar – und es ist historisch oft vorgekommen –, dass diejenigen, die im Namen eines multigenerational konzipierten Kollektivs aktuell eine Entscheidung treffen, die Zukunftsdimension und entsprechende institutionelle Verpflichtungen bewusst oder unbewusst ausblenden. Die aktuelle Zusammensetzung eines Kollektivs könnte beschließen, alle (natürlichen) Ressourcen zu verbrauchen, das Kollektiv zudem hoffnungslos zu verschulden oder in fatale zukünftige Zwangslagen zu manövrieren, auch wenn dies gegen die Grundregeln dieses Kollektivs verstieße, und es könnte dies mit dem Argument verteidigen, keine Alternative zu haben, oder stärker, dass keine Grundregel sie zur Fortpflanzung verpflichtet und im Übrigen die Zeiträume des Fortbestehenmüssens nicht numerisch festgelegt seien oder dass man ein frühes erfülltes Ende einem langwierigen Darben vorziehe. Dem kann kaum nur mit Verweis auf den Regelbruch (denn die Regeln verlieren ihre Gültigkeit mit dem Ende des Kollektivs) oder auf Mangel an Fairness den möglichen Zukünftigen gegenüber entgegnet werden, denn die Mitglieder des Kollektivs könnten behaupten, es sei nie die Zukunft anderer, sondern nur ihre eigene gemeint gewesen. Wenn Interventionen von außerhalb das Kollektiv an diesem Beschluss hindern wollten, könnte die intrinsische Motivation wohl nur durch das Argument beeinflusst werden, dass hinsichtlich der letztgültigen Durchführung des Beschlusses eben noch erhebliche Unsicherheiten bestehen blieben, wenn niemand (mehr) existiert, der dafür Sorge trägt. Bei einer politischen Entscheidung kommt hinzu, dass die Unwägbarkeiten des gleichzeitigen und zukünftigen Verhaltens anderer politischer Akteure (Architekturen, Zeiten) mit in die Überlegungen einzubeziehen sind.

Es ist keineswegs so, dass einzig das Räsonnement demokratischer Kollektive sich de facto durch die Übernahme von Verantwortung für zukünftige Generationen auszeichnete.[32] Kriege und Intrigen der Frühen Neuzeit wurden auch ausgefochten, um Thronansprüche der folgenden Generation zu sichern. Wenn es aber richtig ist, dass für Demokratien eine theatrokratische Dimension wesentlich ist, der gemäß Nichtbürger:innen gehört werden sollen, wenn ihnen nicht gar Entscheidungen überlassen werden, so ist davon auszugehen, dass es für demokratisches Entscheiden konstitutiv ist, die Stimmen derjenigen, die nicht jetzt präsentisch in der Versammlung zugegen sind, einfließen zu lassen.

In einer wahren Demokratie setzt die Autonomie aller Einzelnen Reflexivität und Verantwortung sowie die Einsicht voraus, dass sie wie alle anderen zu demselben Planeten gehören, dass ihr Schicksal deshalb solidarisch mit demjenigen aller anderen, außerhalb, früher, jetzt und zukünftig Lebenden, ist. Wenn sie aber gerade zusammen mit den früher und jetzt lebenden Mitmenschen diesen Planeten zerstören[33], so steht dies nicht nur im Widerspruch zu den Interessen ihrer Kindeskinder oder ihrer Spezies. Denn dies ist gravierender noch als die private Aneignung gesellschaftlicher Produktionsmittel und die Monopolisierung sämtlicher Arbeitszeitwerte: der Verbrauch aller Reproduktionsmittel; so als hätte eine Familie über Nacht sämtliche Vorräte einer ganzen Stadt verzehrt und diese dann auch noch von der Außenwelt abgeschnitten. Was ist in solch einer Situation zu tun? Die Stadt könnte sich immer noch entscheiden.

Eine Entscheidung als eine gegenseitige Verpflichtung, etwas in Zukunft zu tun, ähnelt einem Versprechen. Ein Versprechen kann einseitig sein: Ich verspreche dir, etwas zu tun. Eine Entscheidung ist wie ein gegenseitiges Versprechen: Durch die Entscheidung haben wir uns gegenseitig verpflichtet, etwas zu tun. Neben anderem impliziert dies auch eine Synchronisierung der Erwartung, jedenfalls an diesem Punkt. Der Akt der Entscheidung bezieht sich auf einen antizipierbaren Horizont. Was in einer zeitlichen Ferne liegt, die außerhalb verlässlicher Vorhersehbarkeit und praktischer Erreichbarkeit liegt, kann keine Handlung binden. Ein Versprechen muss vollzogen werden (können) und ist an eine (zumindest implizite, mit der Assoziation verbundene) Deklaration gebunden (»Ich werde mich an die kollektiven Entscheidungen halten.«). Eine Deklaration, die das Versprechen einer Handlung in der Vergangenheit oder in einer unerreichbaren Zukunft enthält, wird als Fiktion oder Ideal, aber nicht als Entscheidung zu werten sein. Der Radius des Vorhersehbaren und derjenige des praktisch Erreichbaren klaffen oft genug weit auseinander; doch ist dies nicht immer bewusst. Beispielsweise können wir den Eindruck haben, angesichts der großen Bedrohungen der Zukunft nur unzureichend kleine Schritte gehen zu können, doch ist womöglich die Reichweite dessen, was wir mit unseren Taten anrichten, viel größer als wir es Vorhersehen konnten. Verträge sind, mehr noch als Versprechen, Verpflichtungen. Sie werden in der Regel zeitlich versetzt ratifiziert, so dass es denkbar ist, einseitig bereits zu verpflichten und anderen die Beitrittsoption offen zu halten. So kann ich angesichts einer Bedrohung für uns meinerseits alles Notwendige einleiten, auch wenn du noch nicht in der Lage warst zuzustimmen und wir die Bedrohung nur gemeinsam abwenden können.

Bei politischen Entscheidungen ist ein solches Versprechen aus rationalen Erwägungen explizit zeitlich limitiert: Ich verspreche, mich bis auf Weiteres daran zu halten. Alles andere wäre weder mit der Freiheit kompatibel noch mit der Wahrscheinlichkeit, dass eine Änderung der Situation oder neue Informationen eine Modifikation der Entscheidung notwendig machen können.

Hier stellt sich ein zweifacher Rückkoppelungseffekt ein: Erstens muss jede/r schon im Vorhinein, gewissermaßen in Vorwegnahme der Tatsache einer gemeinsamen Entscheidung, sein/ihr Verhalten auf die Reziprozität und prinzipielle Gleichheit aller Beteiligten hin ausrichten (Streit darf nicht desaströs werden; eine Minderheit zu übergehen oder zu übervorteilen, ist auf längere Sicht töricht). Von niemandem kann gesagt werden, er liege in einer gegebenen Entscheidungssituation definitiv falsch, insofern jenseits der Konjekturen die Wahrheitsbedingungen erst in Zukunft vollständig gegeben sein werden.

Zweitens kann das Versprechen, sich an gemeinsame Beschlüsse zu halten, genau dann von allen erwartet werden, wenn für alle, auch für eine (radikale oder bislang schweigende) Minderheit, die Möglichkeit erhalten bleibt, zu gegebener Zeit die Richtigkeit ihrer Position zu erweisen und die Entscheidung zu revidieren. Wenn ich nicht davon ausgehen könnte, dass die anderen, mit denen zusammen ich eine Entscheidung fällen will, in der Lage sind, rational zu agieren und angesichts besserer Argumente ihre Position zu ändern, wird die Entscheidung nur das Ergebnis von Manipulationen sein können, nicht von vernünftigen Überlegungen, was für alle Beteiligten, die sich schließlich alle irren können, keine gute Option wäre.

Keine Informationsfilter und keine Entscheidungstechniken dürfen das Fällen einer besseren Entscheidung verhindern. Das gilt auch in zeitlicher Hinsicht: Sollten im Nachhinein Gründe auftauchen, die zu einem anderen Abstimmungsergebnis führen könnten, so haben alle, die in diese Entscheidung involviert sind, ein Interesse daran, sie zu erfahren. Das bedeutet nicht, dass die Entscheidung zum erforderlichen früheren Zeitpunkt nicht getroffen werden sollte.

Alle, die an einer kollektiven Entscheidung mitwirken, haben, nicht nur weil sie auch das eigene Leben betreffen kann, sondern weil sie mit dem eigenen Namen und der eigenen Verantwortung verbunden ist, Grund dafür Sorge zu tragen, dass diese Entscheidung konsequent durchgeführt wird, aber zugleich stets kritisierbar bleibt. Jede Entscheidung setzt eine irreversible Zäsur, aber Entscheidungen nur bereuen zu müssen und nicht ändern, reparieren oder ausgleichen zu können, sollte deshalb vermieden werden. Eine Entscheidung zu treffen, heißt dann vor allem, Verantwortung zu übernehmen für Handlungen, deren Erfolg nicht absehbar ist.

Dies impliziert zumindest vier Einsichten: Nämlich erstens, dass jede Entscheidung, auch bei eindeutiger Fakten-, Bewertungs- und Informationslage, ein Urteil enthält und deshalb unterschiedlich hätte ausfallen können und zumindest insofern Ausdruck gestalterischer Freiheit ist; zweitens, dass sie, weil sie in einer (gegenseitigen) Handlungsverpflichtung für eine absehbare Zukunft resultiert, in beschränktem Maße immer reversibel bleibt (nichts ist vollständig reversibel) – aus dieser Überlegung folgt, dass eine »Entscheidung auf Leben und Tod« im Grunde keine Entscheidung ist, wenn die Möglichkeit einer Wiederaufnahme des Entscheidungsprozesses durch »Endgültigkeit« ausgeschlossen ist, sondern ein Abbruch der Entscheidbarkeit. Drittens folgt aus dieser Annahme, dass die Entscheidung transparent sein sollte in dem Sinne, dass die Gründe für andere, die (noch) nicht daran beteiligt waren, zumindest im Nachhinein einsehbar sein sollten, so dass sie von außen, durch die Öffentlichkeit, kritisierbar sind. Und viertens, dass sie, angesichts des Unberechenbaren und Unverfügbaren, das Entscheidungen je auch kennzeichnet, möglichst auf der Grundlage dialektischer Imaginationen und plastischer Antwortfähigkeit getroffen werden sollte, wenn davon auszugehen ist, dass schlichte Fortschreibungen des Gewesenen und Gegenwärtigen fast mit Notwendigkeit fehlgehen müssen. In einer ausweglosen Lage könnte dies bedeuten, bis zuletzt ein Beispiel zu hinterlassen für einen besseren Neuanfang; denn dieser ist logisch nicht auszuschließen.

4.1.3.3 *Plastizität der Zeit*

Diese plastischen Prozesse implizieren ein anderes Verständnis von Zeit als dasjenige von Kreisen, Spiralen, unendlichen Linien oder eines Pfades, die sich an Knotenpunkten zu verschiedenen Optionen aufgabelt, denn es sollte Streuungen, Rekursionen, Elastizität – abhängig von der Menge und Art synchroner Ereignisse – und Diskontinuitäten (Zäsuren, Endgültigkeiten, Irruptionen) inhärieren. Wenn Entscheidungen als Gestaltung der Zeit innerhalb langfristiger Prozesse so konzipiert werden, dass zukünftige Kritisierbarkeit, Veränderbarkeit und Verantwortbarkeit gewährleistet sind, dann impliziert dies eine Zeitstruktur, die von den Prädeterminationslinien und Kreisläufen deutlich abweichen kann.

Beide, die gemessene und die erlebte Zeit, verlaufen darin nicht unabhängig von Geschehnissen, Impulsen, Akten, Sequenzen und Architekturen. Sie können unterschiedliche Gestalten annehmen, in denen sie anders gedacht, gezählt und erlebt werden und jeweils spezifische Voraussetzungen der Entwicklung, des Handelns und der Veränderung abgeben. Zeitliches kann chaotisch sein, emergent, es kann stillstehen oder zerfasern oder versickern. Es gibt folglich Intermittenzen, Metamorphosen und Metabolismen der Zeit. Doch die wesentliche Eigenschaft der Zeit als Ressource ist ihre hohe Gestaltbarkeit: die Möglichkeit, sie zu formen, sie auszudehnen oder zu verringern, sie zu falten, zu vervielfältigen oder zu durchbrechen.

Voraussetzung dafür, seine Zeit beeinflussen, die Zeit als formbar auffassen oder ihr gar eine Form geben zu können, ist, dass die Abhängigkeit der Zeitordnung von Energien und Materialisierungen wahrgenommen wird. Die Möglichkeit von Entscheidungen beruht auf einer Struktur des Zeitlichen, innerhalb derer Kräfte und Zeitobjekte den Verlauf »der Zeit« ähnlich beeinflussen können wie räumliche Gestaltungen ›den Raum‹.

Die Strukturen des Zeitlichen, das Husserl »Zeitobjekt« nennt (sein Beispiel sind Melodien), können verstanden werden als Vorlagen oder Affordanzen für Zeitsynthesen, die wahrnehmende Subjekte zu vollziehen haben. In ihnen findet sich das Vorher und Nachher, das Sukzessive und das Simultane, das Anwesende und das Abwesende, das Gewesene und das Bevorstehende, in diversesten Relationen. Zeitliches kann in entkoppelten Auftrittsvarianten, sowohl als Punkt, als energetisches Chaos, als Strecke wie auch als Kreisbewegung, Gegenstand menschlicher Weltgestaltung werden.

Objekte können als Affordanzen für Zeitpraktiken gestaltet werden. Objektive zeitliche Strukturen können rigide oder flexibel sein, sie können eine Zeiterfahrung diktieren, wie das Metronom oder die Uhr, oder eine Umgebung schaffen, einen Parcours, in dem das, was »die Zeit« gewesen sein wird, in jedem Durchlauf anders zusammengesetzt wird. Sie bieten Möglichkeiten zu individuellen und kollektiven Zeitsynthesen. Das soziale Leben wird durch diese Objekte an bestimmte Abläufe, Rhythmen und Zeiterfahrungen gebunden. Dies gilt für die Strukturen von Alltag und Festtag, für Rituale, Kalender, für Orte des Gedenkens und Techniken der Vorausschau, für Narrationen, für Rechtsprozesse und Gefängnisse wie für Schulen und Universitäten.

Auch soziale Gebilde wie die Demokratie können in ihrer temporalen Infrastruktur starr und persistent oder dynamisch und veränderlich ausgestaltet werden. Demokratie kann plastisch und zukunftsoffen bleiben, indem sie keines ihrer Instrumente, keine ihrer Institutionen als Essenz des Demokratischen hypostasiert. Tradierte Entscheidungsverfahren und Organisationsformen dürfen nicht mit dem Kern der Demokratie verwechselt werden. Die Demokratie kennzeichnet vielmehr eine Reihe von herrschaftskritischen Erfindungen – wie beispielsweise den Ostraktismos oder die Überprüfung der Rechtmäßigkeit von Gesetzen (Graphé paranomon). Die Reihe der Erfindungen, die die Demokratie als Lebensform ausmachen, als »bedingungslose Anerkennung der Tatsache, dass alle Menschen gleich sind«[34], ist keineswegs geschlossen. Gegen die nationalistische, identitäre oder präsentistische Abschließung, die stets eine Gefahr des instituierten Demos bleibt, hat die Demokratie in ihrem Ursprung schon Gegenmittel gefunden. Vor allem: die Bresche für die Öffentlichkeit. Doch in Zukunft werden gegen diese und andere Gefahren womöglich andere Entscheidungsverfahren oder Organisationsformen erforderlich. Bei den Kämpfen um materielle Teilhabe geht es auch darum, Zeit zu haben, es geht um die temporalen Mittel zur Freiheit, frei sein zu können, es geht um Zeit als Zuflucht und Schutz, es geht um eine Idee von Gleichheit, die allen in ihrem Sein und Werden unterschiedslos eingeräumt wird und sich an Singulärem und an Ausnahmen bewährt, es geht darum, die gleiche Zeit zu haben, und besser noch: die Zeit, die alles Lebendige für sich und andere braucht. Und es geht um die Zeit der Anderen, um die Außenseite unseres wahrnehmbaren, berechenbaren, kommunikativen Zeitraums: das Nebulöse, das Staubige, das Animalische, das Florale, das noch Ungewordene, Ungeborene, Zukünftige – sie bilden Außenseiten der präsentischen Abschließung.

Um diese Zeiten, von denen und mit denen wir leben, zur Geltung zu bringen, braucht es immer wieder demokratische Revolutionen. Genauer, viele minoritäre mikropolitische Revolutionen. Politische Subjekte bestimmen sie sich darin selbst neu im Verhältnis zu dem, was sie füreinander werden können. Die Suche nach neuen Formen der Assoziation führt hin zu einer Öffnung auf ihr zeitliches Draußen. Erst ein neues politisches System, das diesen Praktiken der Autonomie gerecht wird, kann gegenüber dem, was ihm geschieht, Plastizität erlangen.[35] Die Grundlagen und Nachbarschaften, die Interdependenzen, Emergenzen und unsystematischen temporalen Vielheiten werden zu Bezugspunkten der Selbstbegrenzung. Kosmopolitismus heißt auch hier: die Integration der Perspektiven derjenigen, die nicht dazu gehören. Denn die Perspektiven derjenigen, die jetzt eine Entscheidung fällen, sind prinzipiell unvollständig. Deshalb muss der Kreis derjenigen, die Beschlüssen fassen, für Vergangenheiten, Umwelten, Zukünfte aufnahmefähig und veränderlich bleiben, müssen andere zeitliche Perspektiven integriert werden. Adäquate Assoziationsformen sollten in der Lage sein, auf Veränderungen zu reagieren und sich angesichts neuer Herausforderungen angemessen neu zu konstituieren. Das impliziert eine Verpflichtung zur plastischen Selbstbestimmung.

4.2 Zeittheoretische Implikationen der Autonomie

Autonomie hat nie lediglich bedeutet durchzusetzen, was ich jetzt gerade punktuell will; noch ausschließlich zur Grundlage meines Handelns zu machen, was immer und überall gilt. Autonomisierung vollzieht sich unter anderem deshalb in einem zeitlich offenen Prozess und für jedes Individuum anders, weil sie in Situationen eingelassen ist und auf diese mit der Neubestimmung des Selbst antwortet.

4.2.1 Futurität: die Leerstelle zwischen Zeit- und Ereignisphilosophie

Deshalb reicht es nicht aus, nur den einzelnen Sequenzen des Entscheidens eine Gestalt zu geben, die dem Jeweiligen gerecht wird; vielmehr ist auch das Davor und Danach, das, was nicht verantwortungsvoll beeinflusst werden kann, wie auch das, was die Akteure über sich selbst noch nicht wissen können, in diese Gestaltung zu integrieren. Denn aus diesen Zeitfluchten rühren Abnutzungen, Krisen, Katastrophen und neue Optionen.

Aber schon jenen Sequenzen – sich beraten, Präferenzen und Handlungsoptionen erwägen, einen Plan machen, ein Handlungsziel formulieren, einen Beschluss fassen, die Handlung ausführen – stehen auch in Routinefällen Probleme gegenüber, die überhaupt nur aufgrund ihrer Plötzlichkeit, Neuartigkeit und Dringlichkeit eine Entscheidung erforderlich und schwierig machen.[36]

Ereignisse

Ereignisse durchkreuzen unsere Planungen, unsere Versprechen, unsere Programme. Sie nötigen uns zu Sondierungen eines unbekannten Terrains, zu anderen Assoziationen und Konjekturen, zu neuen Entscheidungen. Woher rühren derartige Ereignisse, wie lässt sich ihre Plötzlichkeit und Neuartigkeit zeitphilosophisch erklären? Sicher liegt ihr Überraschendes vor allem an Erwartungen, Hoffnungen, Wünschen und Befürchtungen. Diese speisen sich vor allem aus den Erfahrungen, die in der Vergangenheit gesammelt wurden, aus heutigem Wissen und aus den Fähigkeiten zu extrapolieren, vorherzusehen, vorauszuberechnen. Und doch geschieht etwas, real, unabhängig von Wahrnehmungen und subjektiven Zuständen.

Wenn Antizipationen von plötzlich eintretenden Ereignissen durchkreuzt werden, die Kollektive nicht für möglich gehalten hätten, so liegt dies nicht nur an jenen subjektiven Bezugnahmen und unzureichender Imagination, denn es entspricht dem Begriff des Ereignisses, dass ihm als Realem etwas Unvorhersehbares eignet. Träte nur ein, was sich lange angekündigt hat, so gäbe es streng genommen keine Ereignisse mehr. Ereignisse sind plötzlich da. Sie erzeugen eine unvergleichliche Präsenz. Zeitlogisch ist davon auszugehen, dass sich Ereignisse anders anbahnen als Vorkommnisse, die vorausberechnet werden können. Vorkommnisse stehen nicht nur in einer kausalen, sondern auch in einem durch Denkgewohnheiten stabilisierten Zusammenhang mit der Gegenwart.

Wenn Ereignisse aus einem Noch-Nicht in ein Jetzt rücken, bricht nicht (notwendigerweise) die Kausalkette, sondern der Rahmen des Gewohnten und Erwartbaren und das Gefüge der Dinge. Dies ist nicht rein subjektiv zu deuten: Es gibt offensichtlich unterschiedliche Bahnen und Geschwindigkeiten der Realisierung, konterkariert von Diskontinuitäten, Zersplitterungen und Emergenzen. Wie auch immer derartige Ereignisse erklärt werden, mit Lukrez als »Clinamen« oder mit Prigogine/Stengers als »Paradox der Zeit«[37], keine physikalische Theorie kann ausschließen, dass sich plötzlich etwas manifestiert, das bislang nicht beobachtet oder abgeleitet werden konnte oder dass die Relation der Dinge sich ändert.

Auf der Basis bisheriger Erfahrungen erstellt, erweisen sich handlungsleitende Vorhersagen gegenüber Ereignissen als unzureichend. Solche Vorhersagen sehen in der Zukunft prinzipiell nur berechenbare, wenngleich unklare Verlängerungen von Gegenwart. Doch diesen methodischen Präsentismus gilt es zu überwinden, denn er wird weder Ereignissen noch dem Wesen der Zukünftigkeit gerecht. Wenn Ereignisse etwas anderes sind als bekannte Verlaufs-Alternativen einer sich aufspaltenden Zeit, dann ändert ihr Auftreten nicht nur die Gegenwart (und die Vergangenheit), sondern wirkt auch in die Zukunft.

Im Unterschied zu Veranstaltungen und Vorkommnissen sind Ereignisse singulär, nicht herstellbar, überraschend und neuartig.

Denken, Wahrnehmen und Handeln haben sich hinsichtlich des richtig verstandenen Ereignisses anders auszurichten als in Kategorien der Berechnung, der Prognose und der Produktion. Ereignisse kann man nicht (vollständig) kalkulieren (sonst wären es Vorkommnisse), nicht vorhersehen (sonst eignete ihnen keine Plötzlichkeit), nicht herstellen (sie wären sonst keine Widerfahrnisse, sondern Veranstaltungen). Sie sind auch nicht zu verwechseln mit den Sensationen und Geschehnissen, die erst dadurch in die Welt kommen, dass sie präsentiert werden oder dass über sie berichtet wird. Ereignisse sind real, auch wenn niemand sie bemerkt.

Die Architektonik umfasst all diejenigen Verfahren, die die Gegenwart stabilisieren, sie sicher, berechenbar, kontrollierbar machen, so dass es nur Vorkommnisse und steuerbare Verläufe gibt. Solange die Architektonik, die Infrastrukturen und die Technik funktionieren, werden Schocks und Aufreger nur simuliert und fabriziert. Ereignisse können inszeniert und veranstaltet werden, auch als Suggestionen von Freiheit, Exzess und Unvorhersehbarkeit, ihr Reales wird im Rahmen planbarer Veranstaltungen in die Latenz verschoben. Pannen, Unfälle und Katastrophen zeigen das verborgene Gesicht dieser Veranstaltungen: reale Ereignisse der Technik.

Um nicht von einem realen Ereignis überrascht zu werden (das womöglich schon längst geschehen ist), ist es notwendig, die möglichen Auftrittsformen und Medien, in denen es überraschen kann, zu durchdenken, die seine Singularität und seine Andersartigkeit zumindest mitbedingen. Die spezifische modale Logik, die die Zukunft von Vergangenheit und Gegenwart unterscheidet und in der die Aspekte der Irruption, der Irrealität und der Imagination bedeutsam sind, könnte zum Ausgangspunkt einer neuen Zeitarchitektur werden.

In den meisten philosophischen Konzeptionen des Ereignisses, insbesondere in der analytischen Prägung[38], wird der Begriff des Ereignisses synonym mit dem des Vorkommnisses verwendet. Vorkommnisse haben aber keinen Ausnahmecharakter; es sind alle die (alltäglichen) Dinge, die geschehen. Ereignisse werden in diesen Ansätzen als reale, objektive und partikular identifizierbare Entitäten begriffen. Es scheint ihnen unstrittig, dass Ereignisse in der Absicht, Veränderungen in der Welt zu bewirken, intentional durch Subjekte herbeigeführt werden können. Doch die Frage, wie metaphysische Identitätskriterien von Ereignissen bestimmt werden sollen, lässt sehr divergente Antworten zu.[39] Die drei prominentesten Ansätze der analytischen Ereignisphilosophie gehen auf Jaegwon Kim, Donald Davidson und David Lewis zurück.[40] Für Kim sind Ereignisse Instanziierungen von Eigenschaften. Davidson versucht, Ereignisse über ihre Ursachen und Wirkungen zu erfassen, und folgt Quine in einem Ansatz, der Ereignisse anhand ihrer raumzeitlichen Position individuiert. Für Lewis schließlich ist ein Ereignis keine Wirkung, sondern Eigenschaft einer raumzeitlichen Region. In der Diskussion dieser Ansätze wird zwar nicht zwischen Ereignis und Geschehnis bzw. Vorkommnis differenziert, wohl aber zwischen Ereignis und Objekt. Objekte existieren, Ereignisse hingegen finden statt.[41] Diese Unterscheidung unterstreicht zeitliche Qualitäten. Während Objekten vergleichsweise eindeutige räumliche, dafür aber nur vage zeitliche Grenzen zugeschrieben werden können, trifft für Ereignisse das Gegenteil zu: Ereignisse können räumlich zusammen bestehen, Objekte nicht.[42] Objekte können sich bewegen, Ereignisse nicht[43]. Objekte bestehen in der Zeit fort, Ereignisse hingegen kommen in der Zeit vor und nehmen Zeit ein. Auch sie können zeitlich fortbestehen, allerdings nur dadurch, dass sie sich über verschiedene Zeitpunkte hinweg in verschiedene Phasen unterteilen lassen.[44]

Die Unterscheidung Objekt/Ereignis ist jedoch von Seiten des Ereignisses in Frage gestellt worden: Prozesse als unzerlegbare Ereignisse aufzufassen, hieße, dass auch Ereignisse als in sich kontinuierliche, in der Zeit fortbestehende Entitäten verstanden werden können. Ereignisse supervenieren über die Elemente, die an ihnen teilhaben.[45] Diese Unterscheidung betrifft jedoch nicht nur ihre Konstitution: Ereignisse werden spezifisch wahrgenommen und kognitiv verarbeitet. Bestimmte Verbformen verweisen auf bestimmte Ereignistypen. In dieser Linie sind anspruchsvolle linguistische und zeitlogische Theorien entwickelt worden, die sich letztlich aber nur auf grammatische Strukturen und die sprachliche Repräsentierbarkeit von Ereignissen beziehen. Dagegen lässt sich einwenden, dass aus sprachlichen Unterscheidungen keine ontologischen Kategorisierungen ableitbar sind. Innerhalb der ontologischen Diskussion sind Ereignisse von Tatsachen abgegrenzt worden, die sich durch Abstraktheit und Zeitlosigkeit auszeichnen. Jedem Ereignis könnte eine Tatsache zugeordnet werden – die Tatsache des Stattfindens des Ereignisses, wobei Tatsache und Ereignis kategorial unterschieden wären.[46] Die wichtige Frage, ob Ereignisse Veränderung umfassen müssen, ist durchaus umstritten.[47] Statische Ereignisse wären von Zuständen kaum zu unterscheiden. Eine Ausnahme wäre vielleicht das Ereignis des Stillstands. Es ist konstitutiv für Handlungen (durchaus auch passive, wie das Unterlassen), dass sie Veränderungen herbeiführen. Handlungen können als Ursachen von Ereignissen beschrieben werden. Manche Autoren ziehen es vor, Handlungen als Relationen zwischen Akteuren und Ereignissen, im Sinne eines »Herbeiführen von« oder eines »Zusehen, dass« zu bestimmen.[48] Ereignisse können auch als negative Ereignisse in Form »negativer Handlungen« auftreten.[49]

Für die Neukonzeption von Entscheidungsarrangements und Antizipationen gilt es deshalb die Frage zu klären, wie Ereignisse im Verhältnis zu Zeiten zu verstehen sind. Eine plausible These besagt, dass Ereignisse lediglich Zeiten mit Beschreibungen darstellen, d.h. Zeitpunkte oder Intervalle, für die bestimmte Aussagen zutreffen, da Ereignisse wahrgenommen werden könnten, Zeiten jedoch nicht. Man braucht jedoch nicht nur eine Zeit, um Ereignisse zu verstehen, sondern auch Ereignisse, damit Zeit kein leerer Begriff ist: »Ohne eine Ontologie von Ereignissen wird es kein Verstehen von Zeit geben.«[50] Insbesondere wird es kein adäquates Verständnis der Zukunft geben. Das Zeitliche geht der Zeitordnung voraus, es ist ihr nicht zu unterwerfen.

Es sind durchaus, etwa bei Whitehead, schon Versuche unternommen worden, das Ereignis als ontologische Grundkategorie zu begreifen, aus der dann Zeitpunkte oder -intervalle als abgeleitete Entitäten (bei Whitehead: simultane Ereignisse) gefolgert werden könnten. Analog ist versucht worden, Zeit auf Relationen zwischen Ereignissen zurückzuführen. Auch modale und mereologische Varianten solcher Ansätze liegen vor.[51] Sie denken das Ereignis jedoch fast ausschließlich als messbare Wirkung, Geschehnis oder Zeitpunkt und übersehen dabei wesentlich disruptive Qualitäten von Ereignissen.

Dies ist in der phänomenologischen Tradition nicht der Fall, die daher auch zu anderen zeitphilosophischen Implikationen führt.

Der Begriff des Ereignisses wird in Martin Heideggers Spätwerk entwickelt. Das Sein wird nun vom Ereignis her verstanden, ist diesem nicht vorgängig. Das Ereignis erzeugt Präsenz und entzieht sich zugleich.[52] Das zeitphilosophische Denken der Phänomenologie fortführend ist in unserem Kontext insbesondere Claude Romanos Ereignisphänomenologie einschlägig. Denn Romano arbeitet die spezifische Temporalität des Ereignisses heraus: Konstitutiv für Ereignisse ist aus seiner Sicht das Plötzliche, das Überraschende. Jedes Ereignis ist singulär und existiert – ähnlich einem Blitz – gleichsam aus sich selbst heraus. Es schafft damit in einem phänomenologisch-hermeneutischen Sinne eine neue Welt und einen neuen Horizont an Möglichkeiten.[53] Ereignisse sind originär und konstitutiv unbestimmt, sie sind außergewöhnlich und neuartig, sie gehen jeder Erwartung voraus und durchkreuzen sie, weil diese immer auf eine bestimmte Sache gerichtet ist. Fraglich ist, ob diese phänomenologische Konzeption auch dort überzeugen kann, wo es um menschengemachte Ereignisse geht. Ebenso erscheint es wenig überzeugend, Katastrophen auf dieser Basis zu analysieren.

Vorkommnisse sind etwas, das im Horizont der Lebenswelt anwesend ist und auf das Akteure treffen oder auch nicht. Es sind reguläre oder irreguläre Geschehnisse, Dinge, die vorkommen, die eventuell nicht bemerkt werden und mit denen vielleicht niemand gerechnet hat. Im Unterschied zu Widerfahrnissen werden sie keine Sensationen, nichts, was erst durch die Rezeption konstituiert würde. Etwas widerfährt jemandem, aber etwas ereignet sich. Während das Vorkommnis im Bereich der Erfahrbarkeit, in der Anwesenheit liegt, gilt das für das Ereignis nicht notwendigerweise. Doch damit sich etwas ereignet kann, muss, wie Heidegger sagt, das »Zuspiel« der historischen Festlegung überwunden werden und sich ein Zeit-Raum öffnen.[54]

Für Alain Badiou sind Ereignisse kontingente Elemente, die in einer Menge nicht vorkommen können, Ununterscheidbarkeiten, die in einer Situation unerkannt bleiben, bis sie, erzwungen, zur Präsentation kommen und denkbar werden. Ereignisse brechen wie aus dem Nichts in messbare Strukturen ein, es sind radikale Neuerungen, die zunächst unwirklich oder unnatürlich wirken, dann aber die Gewissheiten ins Wanken bringen, Paradigmen verändern und neue Denkmöglichkeiten eröffnen. Ereignisse sind seltene Zäsuren, nicht ableitbar, die Situationen aufladen mit Potentialität. Sie lösen Sequenzen des Wandels in einer als unendlich postulierten Zeitordnung an.[55] Es erweist sich bei Ereignissen erst durch Benennung, durch Prozeduren der Fortschreibung, durch Substanzialisierung, ob sie einen Moment der Wahrheit ausgelöst haben werden. Aufgrund von Ereignissen der Subjektivierung kann der Lauf der Zeit verändert werden.

Die Zeit wird in diesen ebenso wie in lebensphilosophischen Ansätzen unter dem Paradigma der Kontinuität gedacht.[56] Hierfür steht beispielsweise bei Bergson (durée) und bei James (Stream of Thought) nicht zuletzt die philosophische Denkfigur des *Fließens* als Form der Zeit. Durch diese Orientierung am *Paradigma der Kontinuität* verlieren diese zeitphilosophischen Positionen eine Form der Zukunft als Futurität aus dem Blick, die gerade aus dem diskontinuierlichen Eintreten und der radikalen Kontingenz des Ereignisses heraus entstehen kann. Alles Lebendige ist ereignishaft – durch seine Natalität, durch seine Anfänglichkeit, seinen Elan und seinen Eigensinn, durch die Ausrichtung an Antizipationen und den Antwortcharakter seines Agierens, durch die Geschichten, die es zeitigt.

Von hier aus ist es möglich, Ereignisse nicht nur aus der Perspektive subjektiven Erlebens, abhängig vom Erwartungshorizont zu begreifen, sondern zeitlogisch zu bestimmen als Zeitliches, das in keiner Relation der Gleichzeitigkeit oder Abfolge steht und sich dennoch manifestiert, das also aus der Zeitordnung springt und dennoch, auf eigene Weise, präsent wird.

Der Begriff der Zukunft

Das Paradigma der Kontinuität war zunächst durchaus eine Errungenschaft, die die Errichtung dessen ermöglicht hat, was wir Architektonik genannt haben. Die antiken Philosophien begriffen die Zeit als Verlauf und Übergang nach dem Vorbild der planetarischen Kreisbahnen. Für sie ist das Zeitliche, das Sterbliche, das Werden und Vergehen stets nur ein Abglanz, ein, so Platon, »nach der Zahl (in bestimmten Maßen) fortschreitendes Abbild der in Einheit beharrenden Ewigkeit.«[57] Auch für Aristoteles ist die Zeit ein Maß der Veränderung innerhalb einer Bewegung (kinesis), ein Jetztpunkt, der zwischen dem Davor und Danach liegt, von der messenden Seele artikuliert.[58] Die Zeit misst hier eine zyklische Bewegung. Die abstrakten Begriffe ›Vergangenheit‹, ›Gegenwart‹ und ›Zukunft‹ sind Mitte des 18. Jahrhunderts gebildet worden.[59]

Das Zeitalter der Aufklärung entwickelt die Idee wahrscheinlicher Verläufe, möglicher Welten, berechenbarer Ereignisse. Es ist das Zeitalter der Versicherungen, der »Polizey«, der Prognosen, der Institutionen der Vorsorge, der öffentlichen Wohlfahrt und der privaten Verantwortung. Für Condorcet stellen die Fortschritte des menschlichen Geistes bis in die Gegenwart den Beweis dafür dar, dass es möglich ist, »die Ereignisse der Zukunft mit großer Wahrscheinlichkeit vorauszusehen.« Dieses Wissen macht es möglich, die weiteren Fortschritte »zu steuern und zu beschleunigen.«[60] Immanuel Kant hatte bereits zuvor die Kreisläufe der Planeten und Sterne mit der Idee eines Zwecks der menschlichen Natur verbunden. Der Zweck dieser Natur liegt für ihn in der Herstellung eines allgemeinen weltbürgerlichen Zustandes. Der Fortschritt dorthin kann, nach Kant, nicht nur mit Sicherheit erwartet, sondern sogar durch eigene vernünftige Taten und manche »Revolutionen der Umbildung« schneller herbeigeführt werden.[61] Noch 1798 glaubt Kant dies »auch ohne Sehergeist, vorhersagen zu können.«[62]

Moderne Zeitphilosophie

In der Folge ist in der modernen Zeitphilosophie diskutiert worden, ob die Zeit als ein geschlossener Kreis zu konzipieren ist oder als eine oder gar mehrere unendliche Linien, ob sie ein leerer Behälter ist, in dem die Objekte oder Ereignisse platziert sind, oder abhängig von den zeitlichen Beziehungen, in denen die Objekte und Ereignisse sich zueinander entfalten. Wie sich der Fluss der Zeit, die Ausdehnung der Gegenwart und die Relation verschiedener Zeiten konzipieren lassen[63] und ob es eine erfahrbare Realität verschiedener Zeiten und entsprechend eine Darstellbarkeit der Zukunft gibt[64], soll nicht nur mental (psychologisch), sondern real (physikalisch) plausibel sein.

Im Anschluss an McTaggarts berühmte Unterscheidungen zwischen subjektiver (›vergangen‹, ›gegenwärtig‹ oder ›zukünftig‹) und objektiver (›früher‹, ›später‹ oder ›gleichzeitig‹) Bezugnahme auf zeitliche Ereignisse behaupten viele zeitgenössische Ontologien der Zeit, dass sich Veränderungen nur im Rahmen von Früher/Später-

Relationen explizieren lassen, zumal das Zeitmaß selbst relativ ist und es keine absolute Gleichzeitigkeit geben kann.[65] Aus dieser Sicht wäre es falsch zu sagen, dass die Zeit wirklich vergeht (»passage of time«). Wenn die Zeit mit den Objekten und Ereignissen verginge, müsste es eine Rate des Vergehens, eine Geschwindigkeit der Zeit geben. Wie schnell aber vergeht die Zeit? »Eine Stunde pro Stunde« zum Beispiel wäre keine rationale Antwort. Aus Sicht dieser Theorien sind Ereignisse zeitlose Tatsachen (»tenseless facts«). Jedes Ereignis nimmt einen unverrückbaren Platz in der Zeitreihe ein, der unabhängig von einem Beobachter ist. Ereignisse sind gemäß dieser Auffassung gleich real, auch wenn sie von jetzt aus betrachtet in der Vergangenheit, Gegenwart oder Zukunft liegen. Diesem Eternalismus gegenüber vertritt der Präsentismus die Ansicht, dass nur vorhandene Objekte existieren, wobei die zeitliche Existenz *jetzt* vorhandener Dinge im Gegensatz zur räumlichen Anwesenheit *hier* vorhandener Dinge steht. Sokrates und zukünftige Raumstationen existieren aus dieser Warte nicht.[66] Einer dritten Theorie zufolge existieren nur Objekte, die entweder in der Vergangenheit oder in der Gegenwart sind, aber nicht Objekte, die zukünftig erst entstehen. Nach dieser Auffassung, die auch *Growing-block*-Theorie« genannt wird, nimmt das Universum immer an Größe zu, da mehr und mehr Ereignisse, immer mehr Dinge, immer mehr Tatsachen hinzukommen.[67] In allen drei Varianten der Zeitontologie wird Veränderung konzipiert als das Ereignis, dass ein Ding durch Ortswechsel, durch Bewegung anfängt zu existieren, ein anderes wird und zuletzt aufhört zu existieren. Seine Kontinuität besteht darin, dass es sich über die Zeit hinweg ähnlich bleibt; die einzelnen Abschnitte des sich in der Zeit verändernden Gegenstandes werden dabei oft mit dem Bild des Raum-Zeit-Wurms (»*spacetime worm*«) bezeichnet. Dieser Raum-Zeit-Wurm ist das, was die Identität des Gegenstandes ausmacht (Perdurantismus). Wenn sich die Dinge lediglich in unterschiedlicher Geschwindigkeit verändern, so gäbe es nichts radikal Neues; der Modus der Veränderung wäre in Richtung auf Zukunft und Vergangenheit berechenbar.

Und doch sind, gleichgültig ob das Universum als dreidimensional, vierdimensional oder zeitlich n-dimensional aufgefasst wird[68], die zeitlichen Relata asymmetrisch angeordnet. Kausalität hat eine objektive Richtung. Auch sind Vergangenheit und Zukunft zwei subjektive Randzonen der Gegenwart, deren Umfang durch Akte der Erinnerung und Erwartung, durch Gedächtnis, kreative Imagination und Antizipation moduliert wird, wie es auf sehr unterschiedliche Weise von Augustinus bis zu Bergson und Husserl behauptet worden ist, was die Welt dann aber objektiv ändert.

Edmund Husserl beschreibt mit dem Begriff des Zeitfeldes[69] den Horizont, in dem die drei Zeitmodi Vergangenheit, Gegenwart und Zukunft ineinander übergehen. Nach Husserl wird das Zeitfeld von einem Zeitbewusstsein gebildet, das, von einer »Urimpression« angestoßen, ein Gedächtnis ausbildet (Retention) und auf dessen Basis eine Erwartung (Protention). Was auch immer diese Impressionen sind, zu Melodien, zu Zeitlichem, werden sie Husserl zufolge erst im Bewußtsein.

»Das originäre Zeitfeld ist offenbar begrenzt, genau wie bei der Wahrnehmung [...]. Das Zeitfeld [hat] immer dieselbe Extension. Es verschiebt sich gleichsam über die wahrgenommene und frisch erinnerte Bewegung und ihre objektive Zeit, ähnlich wie das Gesichtsfeld über den objektiven Raum.«[70] Zur Protention gehört wesentlich die Erfüllung des Erwarteten, die selbst dann gegeben ist, wenn das Erwartete ausbleibt und Unerwartetes eintritt oder vollständige Absenz vorliegt, wie im Falle von Pausen oder Stille. Protentionen sind also stets auf Erfüllung des Zukünftigen angelegt, auch wenn dessen Bestimmung offenbleibt. Denn Protentionen sind immer aus Erfahrungen abgeleitet und Muster der Zeitschematisierung.[71]

Husserl weiß von den Protentionen nur, dass sie den Horizont wiedererinnerter Ereignisse bilden.[72] Seiner Phänomenologie zufolge taucht der ursprüngliche Eindruck (›Urimpression‹) nachträglich in der reflektierenden Objektivation auf; das Jetzt wird retentional modifiziert vergegenwärtigt. Die erinnernde Präsentifikation bzw. Repräsentation bildet hier die Struktur, in der die Gegenwart überhaupt Gestalt gewinnt. Sie läuft als Ursprung der Gegenwart der Wahrnehmung voraus und prägt deren protentionale Schemata. Mit der Urimpression und deren retentionaler Modifikation wird das Schema von Protentionen auf die Bestätigung der Gegenwart festgelegt. Diese spaltet sich auf in Impression und Repräsentation. Kreative Vorwegnahme und spontane Vorgriffe sind hier nicht vorgesehen. Letztlich, so ist hier zu bemerken, geht in Husserls Zeitanalyse die Zukunft verloren.

Diese Unfähigkeit, schon den gegenwärtigen Augenblick zu erfassen, die Präsenz des Präsens, wird Derrida zur Kritik an der Metaphysik der Anwesenheit und zur Leugnung einer Autonomie der Gegenwart führen. Für ihn ist das unmittelbare Jetzt umgekehrt in der retentionalen Modifikation fundiert, der Ursprung der Gegenwart liegt in der Spur.[73]

Anders als oft gemutmaßt bleibt auch Henri Bergsons Theorie der Zeit von der Vergangenheit bestimmt, obwohl sie angetreten war, mit dem Begriff der Dauer die unvorhersehbare Veränderung und das ununterbrochene Hervorquellen des Neuen zu erklären.[74] Das radikale Neue und die Unvorhersehbarkeit habe die Philosophie nicht denken können, die Sukzession habe sie wie eine verfehlte Koexistenz behandelt, die Dauer wie einen Entzug von Ewigkeit. Diesen Fehler haben nicht nur diejenigen Philosophen gemacht, für die alles nur eine Verkettung von Ursachen und Wirkungen sei. Selbst diejenigen, die an einen freien Willen glaubten, hätten diesen auf eine Auswahl zwischen vorherbestimmten Möglichkeiten reduziert: »Sie geben also immer noch zu, dass alles gegeben ist, auch wenn sie sich dessen nicht bewusst sind. Sie scheinen keine Vorstellung von einer Handlung zu haben, die völlig neu ist (zumindest von innen heraus) und die in keiner Weise, nicht einmal als reines Potenzial, vor ihrer Ausführung existiert. Dies ist jedoch die freie Handlung. Aber um sie so zu sehen, wie auch um sich jede Schöpfung, Neuheit oder Unvorhersehbarkeit vorzustellen, muss man sich in die reine Dauer zurückversetzen.«[75] Hannah Arendt, die diese Passage zitiert, kommentiert: »Daß die Annahme oder das Postulat der Freiheit so wenig einleuchtet, liegt an unserer äußeren Erfahrung in der Welt der Erscheinungen, in der wir ja tatsächlich, entgegen Kant, nur selten eine neue Reihe anfangen […]. (Unsere meisten Handlungen werden durch Gewohnheiten bereitgestellt, genau wie viele unserer alltäglichen Urteile durch Vorurteile).«[76] Und Christoph Menke ergänzt: »Denn das gewohnheitsmäßige Handeln ist als eine Fortsetzung definiert. Das bestimmt seine Form; es ist eine weitere Anwendung eines durch Gewöhnung gebildeten Könnens. Es ist daher nicht – im ›absoluten‹ Sinn – spontan […]. Spontan im absoluten Sinn ist daher nur ein Akt, mein

Aufstehen von meinem Stuhl, wenn er ein Handeln ohne Können oder über alles Können hinaus ist. Das wahrhaft freie, im absoluten Sinn spontane Handeln ist mehr, ja anders als Handeln: Spontan ist ein Handeln über das Handelnkönnen hinaus. Das ist die Freiheitsidee eines anderen Anfangens: die Freiheit des Neuanfangens.«[77] So besehen ist das freie Handeln nur ein bewusster Bruch mit der Gewohnheit, ein Rückgang ins Nichtkönnen und zugleich ein erneuter Vollzug, vielleicht ausgelöst durch eine Erfahrung der Faszination. Doch die Kreativität des freien Handelns bleibt auch in diesen Konzeptionen negativ bestimmt von der vorausliegenden Gewöhnung und Disziplinierung. Es gälte deshalb, auch das Woraufhin des freien Handelns in den Blick zu nehmen.

Gegenwart beschreibt Bergson grundsätzlich als aktualisierte Vergangenheit, und Neuigkeit ist für ihn eine Eigenschaft des Erlebens von Dauer.[78] Der Umfang der Gegenwart wird auch dieser Theorie zufolge vom Gedächtnis bestimmt. Neue Ereignisse sind Phänomene einer konstruierten Rückschau. Die Vergangenheit umrahmt dieses Gedenken als Virtualität. Die Realität nennt Bergson die »Kontinuität des Werdens«[79], und die Zukunft kommt bei ihm wie bei allen, die sich auf ihn berufen, merkwürdig reduziert nur als Wiederholung in Betracht. So stellt Deleuze, Bergson folgend, fest, das Vergangene sei dem Gegenwärtigen zeitgenössisch und die Idee dieser Zeitgenossenschaft (contemporanéité) der Gegenwart (présent) und der Vergangenheit (passé) habe zur Konsequenz, dass unsere gesamte Vergangenheit mit jeder Gegenwart virtuell koexistiere.[80] Während sich das vermeintlich Mögliche durch Ähnlichkeit und Limitierung realisiere, aktualisiere sich das Virtuelle durch Differenz, Divergenz und Kreation. Das Virtuelle erschaffe Linien der Differenzierung, um sich zu aktualisieren. Deleuze setzt zum einen voraus, dass sich die virtuellen Multiplizitäten des Vergangenen durch kreative Differenzierung aktualisieren können. Sie können jedoch keine Diskontinuitäten, geschweige denn genuin heterogene neue Realitäten erwirken. Zum Zweiten erklärt Deleuze hier mit Bergson die Neuigkeit als Effekt der Rekombination aus einer wuchernden, aber bereits gegebenen Menge von Alternativen.[81] Sicher, das Argument ist klug: Allein durch die Wiederholung desselben kommt etwas Neues in die Welt, nämlich die Wiederholung. Aber die Auftrittsmöglichkeiten des Neuen erschöpfen sich nicht in der Verschiebung dessen, was bereits durch das Vergangene festgelegt wurde. Das Neue muss in keiner Kontinuität stehen, sondern kann, prinzipiell, zusammenhangslose Neuartigkeit sein. Möglichkeiten können ebenso plötzlich entstehen, wie sie zunichte gemacht werden können; sie können sich strukturemergent entwickeln oder geschaffen werden. Nicht alles Zeitliche wird durch subjektive zeitliche Ordnungen erfasst. Zudem stehen kreativen Prozessen auch solche Weisen der Realisierung offen, die sich nicht nur durch Differenzierung voneinander abheben, sondern durch eine *Ästhetik der Diskontinuität*, durch die Eröffnung des Neuartigen.

Der Vorrang der Zukunft

Denken, Spüren und Handeln erfolgen in nicht komplementärer Weise hinsichtlich der Vergangenheit oder der Zukunft. Wir sind erleichtert über die Linderung von Schmerzen und fürchten zukünftiges Leid. Deshalb sind folgende Annahmen weit verbreitet: Die Gegenwart wird von der Vergangenheit konkret und kausal bestimmt und nicht von der Zukunft. Und Handlungen verursachen zukünftige Ereignisse, aber keine Vergangen (Retro-Kausation).[82] Es gibt prinzipiell mehr Wissen über die Vergangenheit als über die Zukunft. Es ist möglich, sich Gewissheit über Geschehnisse zu verschaffen, aber nicht über das Bevorstehende. Die Zukunft ist veränderbar, die Vergangenheit nicht (oder nicht ebenso sehr). Wäre Veränderung nur örtlich oder gäbe es nur rasenden Stillstand und keine Erneuerung, entstünde zwar der Eindruck, dass die Zeit fließt, aber nicht, dass sie vergeht. Wenn die objektiven Bewegungsgesetze aus der Vergangenheit die Zukunft vollständig bestimmten und erkannt werden könnten, gäbe es keine spontane Handlung, und Revolution wären schlichte Vorkommnisse, die irgendwann eintreten, wenn die Zeit soweit ist, ähnlich wie Naturkatastrophen. Diese Annahmen können durchaus bestritten werden, sie sind für Konzeptionen kollektiven freien Entscheidens und Handelns unumgänglich. Genauer: Ohne die Annahme einer genuin offenen Zukunft lässt sich die Spontaneität, künftige Effektivität und Verantwortbarkeit des Handelns nicht erklären.

Zwar war schon in den religiösen Zeitkonzeptionen, die das Erscheinen Gottes am Ende der Zeit (messianisch, chiliastisch oder apokalyptisch) erwarteten, eine Priorität der Zukunft gegenüber den anderen Zeitformen implizit, doch war diese Zukunft nicht offen, sondern nur das erwartbare, letzte Ereignis, der Abschluss dessen, was einmal begonnen wurde. Ähnlich wie bei Heideggers ›Vorlauf zum Tode‹[83] oder bei Levinas' Unterscheidung zwischen der ungewissen Zukunft des Todes und der Intersubjektivität, die uns überfällt und sich unserer bemächtigt (›*avenir authentique*‹) einersesits, und der erwartbaren Zukunft (›*présent de l'avenir*‹)[84] andererseits schmuggelt sich die Versicherung eines unvermeidlichen und benennbaren Endes immer wieder in die Ungewissheit des Wie und Wann. Selbst gegenüber Blochs Unterscheidung zwischen der unechten Zukunft der regelmäßigen Wiederholung und der echten Zukunft, die ich aus dem Zusammenspiel von Tendenz und Latenz erkennen kann[85], muss eingewendet werden, dass sie das genuin Neue und Offene nicht denken und sich entsprechend nicht vorstellen kann, dass Ereignisse dazu imstande sind, jede Tendenz zu durchbrechen und jede Latenz abzulenken oder aufzulösen.

Diese reine Ungewissheit der Zukunft, die uns aus unerwarteter Richtung mit Ereignissen überfällt, für die wir keine Namen haben, könnten wir Futurität nennen. Rein zukünftig ist das, von dem ungewiss ist, ob und wann es geschehen wird; unkenntlich, was es ist. Als Emergenz tritt sie in die Gegenwart nicht notwendig und als solche temporal noch ungesichert ein. Die Futurität der Zukunft macht sich in dieser Realisierung als unterschieden von reinen Fiktionen, von alternativen, kontrafaktischen Welten, von bloßer Denkbarkeit bemerkbar. Um beim Realisieren das, was es noch nicht geben kann, als solches (negativ) bestimmen und konkretisieren zu können, ist ein Ausgriff auf Futurität erforderlich: Futurität ist das, was sich hinter dem auf uns Zukommenden, von dessen Gewissheit und Unvermeidlichkeit verdeckt, abzeichnet und entzieht. Diese offene, diffuse Streuung jenseits des Horizonts und an seinem Nullpunkt ist die Grundvoraussetzung des freien Handelns. Spontaneität und Bewirkung von etwas Anfänglichem sind nur denkbar in Bezugnahme auf die Futurität.

Nur wenn die Zukunft jedenfalls partiell durch die Vergangenheit nicht vollständig bestimmt wird, kann durch Handeln etwas verursacht und bewirkt werden, so dass dafür das handelnde Subjekt verantwortlich ist. In jeder Handlung gibt es eine Bestimmung oder Veranlassung durch Vergangenes und jede Handlung ist auch eingelassen in kausale, materielle Verhältnisse. Doch der Begriff der Handlung impliziert eine spontane Veränderung des Laufs der Dinge. Die Unbestimmtheit geht über das planvoll Ausführbare systematisch hinaus: Zwar impliziert der Begriff der freien Handlung die spontane Verursachung von etwas Zukünftigem, in gewissem Sinne muss aber offenbleiben, ob das so Verursachte wirklich eintritt, damit das Handeln tatsächlich frei ist (dies kann die Unterscheidung von Handlungsziel und Handlungszweck ausdrücken). Denn sonst wäre das Handeln wieder nur das Relais in einer Kausalitätskette. Auch Entscheidungen werden erst durch Ereignisse verwirklicht.[86] Etwas Zukünftiges muss hinzutreten (eine günstige Konstellation von Bedingungen), damit das Beabsichtigte eintritt. Freies Handeln erfordert Futurität.

Wir sollten deswegen einen Begriff der Zukunft entwickeln, der dem Ereignis, dem radikal Neuen, das die Zukunft bergen mag, einen theoretisch adäquaten Stellenwert einräumt. Diese *Futurität* hätte nicht vorausberechnet, aus der Tendenz extrapoliert oder erahnt werden können. Futurität konfrontiert uns mit etwas, für das wir noch keinen Sinn und keine Kategorien haben. Etwas, dessen Art es noch nicht geben konnte. Etwas, das in uns oder im Anderswo entsteht.

Futurität ist die Dimension, die das Zeitliche zeitigt. Sie kann von diesem aus nur negativ bestimmt werden: als das Unsichtbare, aus dem das Zukommende heraustritt, als das, was von unseren zeitlichen Aspekten nicht organisiert werden kann, als das Werden des Zeitlichen jenseits seiner Erscheinung, das durch unsere Zeitsynthesen noch nicht erfasst werden kann. Futurität kann folglich erstens verstanden werden als die andere Seite dessen, was in Verlängerung der Gegenwart auf uns zukommt, als das Noumenon jedes Zeitlichen, als die Tiefenstruktur der Ereignisse, die sich einstellen und die bewusst wahrgenommen werden können. Zweitens bezeichnet Futurität die Latenz, aus der das Reale und Plötzliche von Ereignissen rührt. Sie ist deshalb nicht nur die Tiefenstruktur der Ereignisse jenseits unseres zeitlichen Horizontes, sondern zugleich auch der blinde Fleck oder die zeitliche Lücke, aus der das radikal Neue sich plötzlich einstellt, ohne dass es möglich gewesen wäre, es kommen zu sehen. Drittens bezeichnet Futurität das dynamische Multiversum der Unmöglichkeiten, die Bruchstelle für die Irruption von etwas ganz Anderem, ein neues System, eine neue Art von Energie und Materie, eine inkommensurable Intelligenz, die Möglichkeit der Emergenz, die Ermöglichung durch Kreativität.

Zukünftigkeit wird folglich nicht durch die Semantik futurischer Kontingenz erschlossen. Wenn eingestanden wird, dass in Zukunft Dinge entstehen oder erschaffen werden, die nicht in der Vergangenheit verursacht wurden, und dass nicht physikalisch vorherbestimmt ist, in welchem Zustand sich die Erde in 50.000 Jahren befindet, hält man doch bestimmte Rahmungen für gegeben: eine gleichbleibende Geschwindigkeit der Selbstveränderung der Zeit, linienförmige Dimensionen, Lichtgeschwindigkeit pro Kilometer, die Rotation der Planeten, die Abfolge der Tage, Monate und Jahre und so fort. Dies ist zwar hochwahrscheinlich, aber doch bezweifelbar. Vielleicht ändert sich die Zeit in Sprüngen; vielleicht lässt sich das Zeitliche nicht ordnen. Entweder, weil das Universum ein einziges Chaos ist, das man unter gar keine strengen Naturgesetze zwingen kann[87], oder nur partiell, oder weil es Bereiche des Universums gibt, die davon nicht erfasst werden, oder weil die bisherigen Entwicklungslinien das, was geschehen wird, nicht mit Notwendigkeit beschreiben, sondern nur mit einer für gewiss gehaltenen Wahrscheinlichkeit.

Dennoch wird in der aktuellen Zeittheorie meist immer noch eine kontinuierliche Linie unterstellt: diese Zeitlinie lässt die Geschehnisse in messbaren Abschnitten auseinander hervorgehen, sie bemisst die Zeit, die vergeht, und setzt dabei die Geschwindigkeit, in der sich dieser Wandel vollzieht, voraus. Selbst dort, wo die (eschatologische) Möglichkeit eingeräumt wird, dass die Zeit endet, weil ihr dabei keine ontologische Verpflichtung gegenüber zukünftigen Dingen im Weg steht[88] oder weil die Zukunft nicht nur im Hinblick darauf offen ist, wie sie sich entfalten wird, sondern auch im Hinblick darauf, ob sie sich entfalten wird, ist mit Zeit die Chronologie der Abfolge von Geschehnissen gemeint.

Jedes Bifurkations- oder Wachstumsmodell, das quasi abzählbare und vorausbestimmbare Ereignispunkte als im Möglichkeitshorizont der Zukunft vor uns liegend annimmt und davon ausgeht, dass das Zukünftige umso deutlicher wird, je näher es an uns heranrückt, und dass die Welt früher oder später einen bestimmteren Zustand annimmt, kann das Hereinbrechen eines Ereignisses, das quasi über Nacht alles ändert, theoretisch nicht angemessen erfassen. Dies gilt auch noch für Ross Cameron, der gleichwohl »genuine openness« anmahnt.[89] Denn eine radikale Offenheit beträfe nicht nur die Möglichkeit, dass ein letzter Tag anbricht und die Geschichte endet[90], sondern auch, dass nach dem ersten Urknall gleich morgen ein zweiter Urknall über die Welt hereinbricht, der alle Verläufe und Gesetze ändert, oder dass alles Materielle plötzlich emergente zeitliche Eigenschaften entwickelt, die zuvor nicht erahnt werden konnten, dass jede Bewegung aberratisch springt oder dass es Lücken, Falten und Kontraktionen in der Zeit gibt. Mangels fixer Alternativen können keine gewissen Aussagen über das rein Futurische getroffen werden, auch nicht hinsichtlich der Kontingenz zukünftiger Ereignisse. Es entzieht sich der epistemischen Ordnung.

Die Frage ist mit Bezug auf die Offenheit der Zukunft also weniger, ob Aussagen über zukünftige Ereignisse wahr oder falsch sein können, und welche metaphysische Konzeption ihnen am besten entspricht, sondern vielmehr wie diese noumenalen Zeiten überhaupt in unsere Überlegungen einbezogen werden können. Wäre es nur die Unbestimmtheit oder die fehlende Tatsächlichkeit, durch die sich Zukunft auszeichnete, bliebe unklar, inwiefern sich futurische Kontingenz in Aussagen von präsentischen kontingenten Aussagen spezifisch unterschiede: Was ist das Futurische der Kontingenz, wenn nicht die Tatsache, dass auch die Wahrheit, Falschheit und Nichtnotwendigkeit aufgrund der Ungewissheit des Eintretens eines entscheidenden Ereignisses nicht determiniert werden und es auch kein begriffliches Bewusstsein davon geben kann? Die Integration der Futurität stellt die Zeitkonzeption vor die Aufgabe, auch das Gegenüber, das zeitlich Andere, Abgewandte, Unbeobachtbare in die Überlegungen einzubeziehen.

Um eine adäquatere Vorstellung von der Zukunft entwickeln zu können, gilt es deshalb, das Verhältnis der gewissen und der ungewissen (aber erahnbaren) Zukunft zur Futurität zu klären. Dies lässt sich durch eine Bestimmung des Verhältnisses von Vorstellungskraft und Antizipation erläutern. Dieses sollte besonders hinsichtlich der Verursachung durch Handlungen durchdacht werden. Denn diese Öffnung des Horizonts, die Futurität, ist eine Grundvoraussetzung freien Handelns. Spontaneität und Bewirkung von etwas Anfänglichem sind nur denkbar in Bezugnahme auf die Futurität. Futurität eignet nicht nur dem, das uns plötzlich geschieht, sondern auch dem Diesseits der Vorstellung, der Quelle des Denkens, das Zeitliches ordnet.

Auch wenn Futurität als unbekannter Faktor in die Reflexionen über das, was geschehen soll, mit einbezogen wird, macht dies die Zukunft nicht gewisser. Die Zukunft wird prinzipiell immer noch aus einer Richtung eintreten, die von blinden Flecken verschattet wurde. Die Ausbildung eines Bewusstseins für Futurität macht die Zukunft nicht leichter erahnbar oder plastischer vorstellbar, aber führt den Dialog, die Reziprozität, die Plastizität ein.

Die Frage ist deshalb eher, wie Akteure mit dieser konstitutiven Andersartigkeit und Unvollständigkeit umgehen. Zukunft ist eine Forschungslücke. Bisher hat man sich der Zukunft als Ort des Fortschritts, Schauplatz der Katastrophe oder als Unvermeidlichkeit des eigenen Todes vergewissert. Damit hat man sie zur unmittelbar bevorstehenden, zur nächsten Gegenwart herabgemildert. Die Zukunft enthält auch das, was hinter dem liegt, was gewiss auf uns zukommt. Die Unbestimmtheit der Zukunft erhöht sich nicht mit dem chronologischen Abstand. Aus dem Zusammenspiel der Elemente der Gegenwart und der Vergangenheit können sich nicht nur kontinuierlich neue entwickeln (nach Evolutionsgesetzen), sondern spontan neue Elemente, Strukturen, Modi oder Qualitäten herausbilden oder hinzutreten, können Systeme aufbrechen und in anderes übergehen. Beides (Offenheit, Emergenz, Ruptur) mag man bestreiten und lediglich von beobachterunabhängigen Früher/Später-Relationen ausgehen; doch letztlich ist kein metaphysischer Zeitblock, kein Determinismus, keine Kausalität und kein Fatalismus vor der Irruption der Zukunft sicher: Denn auch das Gegenteil der Emergenz mag geschehen, blitzartige Unterbrechungen oder Zerstörung durch ein anderes System. Die Entdeckungen von schwarzen Löchern und dunkler Materie waren sicher nicht die letzten, die vermeintliche physikalische Gewissheiten durchkreuzen. Wenn nichts mehr geschieht oder wenn die Zeit nicht in Linien oder Kreisen verläuft, sondern zersplittert, verliert auch die Vergangenheit ihren Sinn und ihre Substanz. Was auch immer in künftigen Zeiten weiter besteht oder mit Sicherheit geschehen wird: Die Zukunft lässt sich nicht, wie Uhrzeiten oder Bewegungskurven, (mit Gewissheit) vorausberechnen. Es ist fraglich, ob man sie überhaupt und in welcher Weise sinnvoll imaginieren, konzipieren, berechnen, sichern und gestalten kann. Diese Fraglichkeit allerdings kann Bestandteil eines Entscheidungsarrangements werden.

Zeittheoretisch ist folglich zu unterscheiden zwischen der subjektiven Kategorie der *Zeit als Ordnung* (der Simultanität und der Sukzession) und der realen Zeit. In dieser geschieht Zeitliches. Dieses *Zeitliche* kann verstanden werden als Manifestation von Zeit, sei es in Phänomenen der Lebendigkeit und der Dauer (Bergson), sei es in Form von Zeitobjekten (z. B. Musik), Zeit-Bildern (Deleuze) oder anderen ästhetischen Eigenzeiten, sei es in Form sozialer oder natürlicher Ereignisse, Aberrationen, chaotischer Streuung, Splitterung. Diesem Zeitlichen als Manifestation stehen *negative Zeiten* entgegen: Auflösungen, Diffusionen, Dekompositionen, Abwesenheiten.

Wenn das Zeitliche sich in Zeitordnungen oder außerhalb manifestiert, umgeben, unterbrochen und umgeben von negativen Zeiten, dann ist diese Systematik zu konturieren mit dem Postulat anderer Zeiten. Unter diesem Begriff der *Heterochronie* wären Gegenzeiten (Spiegelungen, Faltungen, Inversionen), andere Ordnungen, anderes Zeitliches, andere Verläufe zu imaginieren. Innerhalb einer Zeitordnung lassen sich Vorvergangenheit, Vergangenheit, Gegenwart, Aktualität, vergangene Zukunft, Künftigkeit, Zukunft und Futurität und andere Zeitformen differenzieren. Da selbst der Begriff der Ewigkeit eine Negation inhäriert, müssen diese Konstellationen darüber hinaus noch um die Begriffe der *Vorzeitlicheit* und der *Nachzeitlichkeit* erweitert werden. Das, worin sich diese zeitliche Differenzierung und Verschränkung abspielt, das, woraus Zeitliches entsteht und worin Veränderung stattfindet, kann *Tiefenzeit* genannt werden.

Wenn wir beim Planen einer Handlung nach der *Zukunft des Ereignisses* fragen, d. h. nach einer offenen und unberechenbaren Zukunft als Futurität, die durch Ereignisse freigesetzt werden kann, dann wird zugleich eine andere, bislang unerforschte Seite von Ereignissen freigelegt, da diese bisher im Rahmen philosophischer Theorien als »reines Präsens« aufgefasst wurden. Die Frage richtet dann die Aufmerksamkeit auf das, was gegeben sein muss, damit Ereignisse auftreten können: auf die Voraussetzungen, Verlaufsformen und Wirkungsweisen von Ereignissen. Darüber hinaus lenkt sie den Blick auf das Werden von Ereignissen, auf das, woher es rührt, dass ein Ereignis sich ereignet, und auf die möglichen Eigenschaften von Ereignissen, die sich nicht verwirklichen oder die das, was sich präsentiert, begleiten und stützen.

Es gilt, Zukunft neu zu denken: als eine zeitliche Dimension der Offenheit, der Diskontinuität und der Unbestimmtheit. (1) Diese liegt jenseits oder am Nullpunkt des Horizonts dessen, was auf uns zukommt, was imaginiert, vorausberechnet, gewusst, erhofft oder gefürchtet werden kann, weil es die Wahrscheinlichkeiten und Alternativen, die aus Wissbarem, Gewesenem abgeleitet werden können, durchbricht und übersteigt. Sie wird durch diesen Horizont vorgezeichnet, aber nicht bestimmt. Insofern besteht die jeweilige Futurität in einer negativen Relation zu diesem Horizont. (2) Wenn niemand mit Gewissheit davon ausgehen kann, dass im Jahre 2440 über Paris die Sonne aufgeht, und doch auch niemand einen Schritt tun kann, ohne von einer gesetzmäßigen Kontinuität auszugehen, dann ist zu fragen, welche Art von Denken, Wahrnehmen und Verhalten zugleich planen und sich zu dieser Futurität in Beziehung setzen kann. Es ist ein Denken, dass die temporale Infrastruktur um eine Leerstelle ergänzt. (3) Zugleich gilt es, traditionelle Medien der Antizipation und Techniken der Prognose mithilfe des Futuritätsbegriffs präziser zu beschreiben und zu kritisieren und um neue Formen der Imagination zu ergänzen. (4) Und schließlich gilt es, dem präsentistischen Paradigma, den daraus abgeleiteten Ideologien der Herstellung und Kontrolle von Zukunft und insbesondere dem neuzeitlichen Konzept von Technik kritisch mit einem neuen Verständnis der Zeit-Ökologie entgegenzutreten, um auch dem Realen der Futurität, das unabhängig von unserer Beziehung auf sie wird und wirkt, gerecht zu werden.

4.2.2 Freies Handeln und offene Zukunft, Selbstinstitution als Prozess

Bestimmte Körpervorgänge kontrollieren wir nicht (das Schlagen des Herzens, das Feuern der Neuronen), andere lernen wir zu kontrollieren. So groß der Bereich der Machbarkeit auch werden mag, notwendig unterstellt das menschliche Machen, dass bestimmte Bedingungen gegeben sind (Energie, Herzschlag) oder bestimmte Vorgänge sich einstellen (Verbindung von Denken und Körperimpuls, Kraftübertragung), die Menschen nicht (eigens) herstellen können, um eine bestimmte Handlung vollziehen zu können. Es gibt also eine Art situativer Disposition oder Affordanz, die jedem Anfangen vorausgeht, und ein Realisierungsfeld.

Wenn wir uns bewegen oder irgendetwas tun, geschieht das nicht immer mit Absicht. Ein nicht vorhersehbares Verhalten, ein Entwickeln und ein Ins-Spiel-Bringen bestimmter Eigenschaften, Dispositionen oder Effekte in spezifischen Konstellationen kann nicht nur Lebewesen, sondern allen Dingen, einschließlich Quarks, Atomen oder Galaxien zugesprochen werden. Agentialität erklärt allerdings ein Verhalten in Zusammenhängen, kein Anfangen. Wenn eine Spinne sich über den Tisch bewegt, so stellt dies, als kontrollierte, zielgerichtete Bewegung, eine Aktivität dar. Um nun von einer freiwilligen Handlung zu sprechen, ist es eine elementare Anforderung, dass das Handeln einen Wunsch oder ein Begehren aufgreift, mit dem sich das handelnde Subjekt identifiziert[91], aufgrund von Überlegungen. Der Wunsch zielt auf eine Zukunft, auch wenn diese sehr kurzfristig bevorsteht. Anders als das bloße Verhalten, das in der Gegenwart spielt, zielt das Anfangen nicht nur auf eine Zukunft, sondern erschafft eine, indem es etwas Neues beginnt.

Das Handeln muss nicht gekonnt sein, denn das ist es im ersten Vollzug nie, aber es darf nicht nur unterlaufen, es darf kein bloßer Fehler oder Zufall sein. Handeln unterscheidet sich auch darin von bloßem Verhalten, von willkürlichem oder beiläufigem Tun und von zielgerichteten Aktivitäten. Jemand ist dann die handelnde Urheberin eines Ereignisses, wenn sie dies absichtlich getan hat.[92] Mit Absicht kann nicht nur eine willensmäßige Identifikation gemeint sein, sondern auch eine ausführungsfixierende Antizipation. Eine weitere, oft allzu rasch übergangene Bedingung ist die körperliche Realisierung.

Die Urheberin des Ereignisses muss dieses nicht nur gewollt, sondern auch als zukünftige Wirkung vorhergesehen und selbst (wie auch immer körperlich) ausgelöst haben, damit ihr dies als Handeln zugerechnet werden kann. Drittens muss dieses Handeln etwas auslösen, das nicht ohnehin geschehen wäre. Das Älterwerden meines Körpers, welches eben dieser vollzieht, kann von mir bejaht und gewollt werden, wird mir aber kaum als Handlung zugeschrieben (es sei denn, ich beschleunige oder verlangsame natürliche Prozesse). Wenn Handeln also von Erinnerungen, Ahnungen oder Wünschen angestoßen wird und an Absichten geknüpft ist, wenn es spontan ist (nicht vollständig von außen verursacht, konditioniert, eingewöhnt oder erzwungen, sondern genuin aus einem Impuls des handelnden Körpers rührt), wenn es sich durch eine entweder kontrollierte oder experimentell kreative Körperbewegung vollzieht und die Erreichung eines Handlungszieles anstrebt, so dass die entsprechende Intention die körperliche Ausführung stets begleitet[93], so lassen sich Handlungen als Synthesen von Vergangenheit, Gegenwart und Zukunft beschreiben. Ich kann nicht beabsichtigen, gestern zu schreiben. In jeder Form des Handelns und Unterlassens liegt eine Sorge um die Zukunft, auch wenn die Motivation sich auf die Vergangenheit bezieht (»nie wieder«) und kein konkreter Plan verfolgt wird. Vorhabe, Absicht und Plan reichen aber nicht hin, damit sich etwas ändert. Wenn ich mir fest vornehme, jetzt zu schreiben, aber ich schreibe nicht, dann war das eine Vorhabe, es fehlte aber die Kraft des Handlungswillens.[94] Die Rationalität dieser Handlung hängt nicht nur an ihrer inneren Konsistenz und ihrer Übereinstimmung mit weiteren Überzeugungen eines Agenten oder an der Kohärenz von Mittel und Zweck, sondern auch an der Analyse der konkreten Situation und ihrer Dynamik, des Handlungswillens und der Handlungsfähigkeit. Subjektive und objektive Zeitfaktoren prägen ebenso die zeitliche Form, die die Einheit der Handlung ausmacht. Und schließlich muss die Zukunft geeignet für die verfolgte Absicht sein.

Wenn das, was ich erzielen will, auch ohne mein Zutun passiert oder erst zu einem von mir nicht beabsichtigten Zeitpunkt geschieht, so ist mein Handeln fragwürdig und ggf. nicht zu verantworten.

Handlungen können gewollt und ohne sichtbaren Zwang ausgeführt werden und sind doch oft das Ergebnis subtiler Manipulationen, Drogen, Krankheiten oder kollektivpsychologischer Wallungen. Wenn ich will, dass jemand anderes etwas ausführt, dann bleibt dies entweder ein Wunsch oder es gelingt mir, den anderen zu veranlassen, etwas zu tun. Es ist umstritten, welcher Grad an Beeinflussung sich noch mit dem Konzept der freien Handlung vereinbaren lässt. Wenn eine Handlung frei genannt wird, impliziert das nicht notwendigerweise, dass eine Alternative zu ihr bestanden hätte und anders hätten gehandelt werden können. Die freie Wahl einer Option ist nicht dasjenige, was eine Handlung zu einer freien Handlung macht.[95] Aber auch die Unterstellung, ein freier Wille hätte diese Handlung affirmiert, macht diese noch nicht frei, denn der Wille allein handelt nicht. Die Intention muss tätig werden, muss sich verkörpern und Energie auslösen, um eine Veränderung zu veranlassen (mindestens im Verhältnis zum Unvermeidlichen).

Handlungen implizieren folglich ein Tun (oder Unterlassen), durch das Veränderungen hinsichtlich eines beabsichtigen zukünftigen Realisierungsfeldes entstehen. Die Veränderung entsteht nicht allein durch das Tun. Ein Ereignis wird durch die körperliche Ausführung einer Handlung ausgelöst oder veranlasst.[96] Das Ereignis bewirkt die Veränderung. Jeder Aktant, ob nun Mensch oder nicht, verändert Situationen, aber nur Handlungen bewirken dies durch beabsichtigte Ereignisse. Wenn ich schweige oder ostentativ nicht eingreife, kann dies durchaus als Ereignis gewertet werden, doch dieses Ereignis geht über das, was ich tue oder nicht tue (nicht sprechen) hinaus und schließt Aspekte der Situation ein, in der mein Unterlassen auffällt.

Handelnde Subjekte sind in ihre Umwelt körperlich eingebunden. Handlungen antworten auf Situationen, die sie ermöglichen und beeinflussen. Sie sind dabei nicht zwangsläufig als ein Regelbefolgen zu analysieren, sie können mit Michel de Certeau als Praxis der Gewöhnung, der Benutzung und des Gebrauchs (wie Gehen oder Lesen), aber auch als Improvisationen beschrieben werden, denen ein kreatives und subversives Potential eignet. Hier unterläuft dieses Tun ebenfalls nicht, sondern ist absichtsvoll ausgeführt und antwortet damit oft genug konkreten Situationen und voraufgegangenen Handlungen anderer, ist selbst eingebettet in Netzwerke der Realisierung, die eine andere Zukunft herbeiführen sollen. Das Handeln ist eingelassen in Situationen, in materielle und atmosphärische Zusammenhänge, in Milieus der Kräfte, der Ernährung und der Abnutzung, aber auch in eine zeitliche Architektur, die eine Abgrenzung der Vergangenheit und eine Zwecksetzung in der Zukunft erlaubt. Der entscheidende Punkt ist also weder allein die Intention noch die Ausführung, sondern die spontane Herbeiführung einer Veränderung des Laufs der Dinge; keine Kausalkette, sondern die spezifische zeitliche Form des Anfangens, das dem Handeln eigen ist, und das die Zeiten miteinander verknüpft. Handlungen überhaupt und freie Handlungen unterscheiden sich durch den Grad an Spontaneität, an Kreativität und an Selbstveränderung, durch die Situationen, in denen sie eingesetzt wie auch durch die Zwecke, zu denen sie ausgeführt werden.

Subjekte sammeln Wissen über die Interrelation vergangener, gegenwärtiger und bevorstehender Handlungen und haben aufgrund praktischer Überlegungen konkrete Erwartungen an ihre Handlungen, nämlich vor allem, dass sie dazu führen, ihre Absichten zu erfüllen[97], aber auch, dass sie weitere Handlungen zeitigen. Weil es eine einzelne, isolierte Handlung nicht geben kann, stehen Handlungen immer in Gefügen mit Antwortcharakter, bei denen Akteure aus sich heraus gehen, durch das intersubjektive Geschehen verändert werden, sich dadurch selbst bestimmen und anderen eben dieses auch ermöglichen. Je mehr dies in die Zwecksetzung einer Handlung einfließt, desto freier erscheint sie.

Interaktionen sind der Ausgangspunkt einzelner Handlungsvollzüge ebenso wie Intersubjektivität und Zwischenleiblichkeit den Gebrauch des eigenen Leibes erst ermöglichen und strukturieren.[98] Es wäre unlogisch davon auszugehen, dass sich das kollektive Subjekt erst in der Handlung konstituiert oder dass es lediglich in der geteilten Planung und Koordination individueller Handlungsvollzüge bestünde. Hannah Arendts Einsicht zufolge ist der gemeinsame Raum des Handelns, in dem sich Menschen als freie und gleiche begegnen, Voraussetzung jeder individuellen Aktion. Er entsteht in der Begegnung und hält sich in der Interaktion. Als Voraussetzungen der Intersubjektivität bilden sie eine spontane, plastische, zeitliche Form. Begegnungen und Interaktionen müssen vorausgesetzt werden, damit sich ein Kollektivsubjekt bilden kann.

Akzeptiert man auch Institutionen als Akteure kollektiven Handelns, so wird dort ebenfalls Handeln nicht ohne vorauszusetzende Räume, individuelle körperliche Vollzüge, erwirkte Situationsänderungen und zeitliche Formen zu konzipieren sein. Wenn die zeitliche Form erst durch Interaktionen gestiftet und von diesen gestaltet wird, dann impliziert dies eine Absage an alle Geschichtsdetermination und Fortschrittsgewissheit zugunsten einer Neukonzeption revolutionärer Praxis.

Ansätze dazu lassen sich bereits bei Walter Benjamin und Ernst Bloch finden. Ersterer schreibt in seinen fortschrittskritischen geschichtsphilosophischen Thesen: »Die Geschichte ist Gegenstand einer Konstruktion, deren Ort nicht die homogene und leere Zeit, sondern die von Jetztzeit erfüllte bildet [...]. Das Bewußtsein, das Kontinuum der Geschichte aufzusprengen, ist den revolutionären Klassen im Augenblick ihrer Aktion eigentümlich. Die Große Revolution führte einen neuen Kalender ein. Der Tag, mit dem ein Kalender einsetzt, fungiert als ein historischer Zeitraffer [...]. Die Kalender zählen die Zeit also nicht wie Uhren.«[99] Walter Benjamin bringt auch an anderen Stellen Herrschaft mit der Bestimmung eines Zeitverlaufs in Zusammenhang und sieht das Aufsprengen dieser Zeit, eine Veränderung der zeitlichen Form, als entscheidendes Moment revolutionären Handelns. Damit kritisiert er zugleich die servile Einordnung der Massen in den Apparat, das Vertrauen in die technische Entwicklung, die nur Fortschritte der Naturbeherrschung bringt, und die Idee eines selbsttätigen Fortschritts. Aber bei Benjamin bleibt jene revolutionäre Chance Teil einer (vorherbestimmten) historischen Entwicklung (die er hier als Heliotropismus oder Messianismus bezeichnet wird). Die Chance erscheint ihm offenkundig bedeutsamer als der Erfolg, sie besteht im Bewusstsein, eine sich bietende Handlungsmöglichkeit ergreifen zu können und einen Anfang inmitten des Fortlaufenden und sich Wiederholenden zu bewirken.

Ernst Bloch stellt heraus, dass das Bewusstsein des Menschen nicht nur das Produkt seines gesellschaftlichen Seins ist. Es kann dieses durch Wünsche, Hoffnungen, durch Staunen und Ahnungen übersteigen. Es ist mit einer Art Überschuss ausgestattet, der sich in Utopien, in der Musik und in den Tagträumen zeigt. Blochs Überlegungen zur »im Jetzt treibenden Latenz«[100] zielen darauf ab, im dem, was das bewusst gemachte Erlebnis vom immersiven Erleben einer jeweiligen Situation unterscheidet, eine jeweilige, mögliche Zukunft, die das Jetzt kennzeichnet, auszumachen. Das Dunkel des Latenten wird folglich interpretiert als Fehlen, beispielsweise als Mangel, den der Mensch in der Gesellschaft empfindet. Es sind unrealisierte Möglichkeiten, deren Fehlen Menschen motiviert, etwas auf den Weg zu bringen, um das Noch-Nicht-Haben in ein Haben, das Noch-Nicht-Sein in ein Sein und das Noch-Nicht-Bewusste in ein Bewusstes umzuwandeln.[101]

Die Zukunft als das Werdende ist für Bloch dem Gegenwärtigen und dem Vergangenen vorgeordnet; sie ist quasi älter, geht der Vergangenheit voraus und kann deshalb durch Extrapolationen aus dem, was bisher realisiert wurde, nicht ermessen werden.

Ohne Änderung und Neuerung durch Handlungen wäre eine so verstandene Zukunft chaotisch. Bloch will einen Begriff der Praxis entwickeln, der diese gegenüber der Theorie emanzipiert und seine Eigengesetzlichkeit und Logik herausstellt. Doch die Praxis wird von Bloch verdächtigt, »anarchistisch isolierte Aktion« zu bleiben, wenn sie sich nicht einer »Freiheit mit Fahrplan«, einer objektiven Tendenz zuordnet. Revolutionär ist Spontaneität dann, wenn sie nicht nur die realisierende Kraft des Eingreifens aufbringt, um ein Mögliches zu verwirklichen oder eine neue Möglichkeit herzustellen, sondern wenn ihr die subjektive Antizipation des zu Realisierenden gelingt.[102] Jedoch traut Bloch letztlich weder den neuen Möglichkeiten noch der Kontingenz oder den Antizipationen, sondern ordnet die Unterbrechungen dem »dialektisch-prozeßgeladenen relative[n] Kontinuum«[103] zu. Dieses Zeitschema soll die Richtung und Richtigkeit der Antizipation verbürgen.

Wenn jedoch revolutionäres Handeln als freier und spontaner Eingriff in den Lauf der Welt gelten soll, der etwas verwirklicht, das ohne dieses mutige und engagierte Tun nicht erreicht worden wäre, ein Aufsprengen des Zeitgehäuses, dann muss die politische Praxis radikal mit dem Zeitregime des ökonomistischen Geschichtsdeterminismus brechen, den der orthodoxe, Staat gewordene Marxismus verfochten hat.[104]

Dem versucht Bloch auf dialektische Weise Rechnung zu tragen: Wenn er auch nicht auf die Unterstellung einer universalhistorischen Richtung verzichten mag, stellt er doch die divergierenden Ungleichzeitigkeiten (in denen sich oft reaktionäre politische Verhaltensweisen einnisten) in Bezug auf den jeweils möglichen Fortschritt heraus. Die »reaktionären Kulturkreistheorien« verkennten, dass alle Kulturen denselben dialektischen Gesetzen in ihrer Entwicklung unterworfen sind.

Die Einsicht in die relative Eigenständigkeit von Überbauphänomenen gegenüber dem Entwicklungstempo der Produktivkräfte dürfe nicht dazu führen, den Fortschrittsbegriff zugunsten von »Lebensrhythmen« von Kulturräumen zu kassieren.[105] Die Zeitlinie des Fortschritts kann im Rückgriff auf ästhetisch erprobte Verfahren verbreitert, wenn nicht aufgesprengt werden.[106] Bloch spricht hier auch von einem dynamischen »Multiversum.«[107] Ein solches topisiertes Multiversum der Kulturgeschichte zu erarbeiten – ohne »europäisierende Vergewaltigung« außereuropäischer Kulturen und gerade angesichts der antikolonialen Befreiungsbewegungen in Afrika und Asien, die einen polyrhythmischen und polyphonen Verlauf des Fortschritts denkbar werden lassen[108] –, auf der Basis der Vielheiten und Ungleichzeitigkeiten, wäre ein Beitrag zu einem selbstkritischen Konzept des Fortschritts.[109]

Genau besehen ersetzt Blochs Marxismus die menschliche Praxis durch technische Praktiken. Er wird eine bürokratische Ideologie, denn »wenn es ein geschichtliches Absolutes Wissen gibt, hat das autonome Handeln der Menschen keinen Sinn mehr, sondern kann allenfalls als Verkleidung der List der Vernunft dienen. Wer über dieses Absolute Wissen verfügt, braucht nur noch über die wirksamsten und schnellsten Mittel zur Erreichung des Ziels zu entscheiden. Die politische Aktion wird folglich zu einer technischen [...]. Die Umgehung des Alltäglichen und Konkreten zugunsten einer Beschwörung der Zukunft, die vom Sinn der Geschichte garantiert wird; die Anbetung der kapitalistischen ›Effizienz‹ und ›Rationalisierung‹, die Betonung der Entwicklung der Produktivkräfte, die alles übrige dominieren soll – all diese Aspekte der bürokratischen Ideologie [...] ergeben sich unmittelbar aus dem Objektivismus und Fortschrittsdenken des Marxismus.«[110] Solange die Vorstellung von Gesetzen des historischen Materialismus vorherrscht, erscheint es als zwangsläufig, dass die kapitalistische durch die nächste Produktionsweise überwunden wird. Dabei läge die Überwindung exakt in der Befreiung vom ökonomistischen Zwang.

Die Menschen erscheinen als beherrscht von der Vergangenheit, das mögliche Neue gerät auch dem Marxismus nur zur Wiederholung.[111] Das Gewimmel der Erscheinungen, die Strahlung der Veränderlichkeit und der Wirbel der Einzigartigkeiten sollen auf Identität, Berechenbarkeit und Austauschbarkeit zurückgeführt werden. Dadurch übergeht die marxistische Geschichtskonzeption immer wieder die Ereignishaftigkeit der Zeit. Castoriadis plädiert deshalb für eine Zeittheorie, die mit der alltäglichen Erfahrung, aber auch mit einem anspruchsvollen Begriff revolutionären Handelns kompatibel ist. »Zeit ist für [die marxistische Geschichtstheorie] nicht mehr das, was die unmittelbarste Erfahrung ebenso lehrt wie die tiefgründigste Reflexion: ständiges Ausschwitzen von Neuem durch die Poren des Seins, wobei sich selbst das unberührt gebliebene Identische wandelt. Stattdessen betrachtet sie die Zeit als neutrales Verlaufsmedium, als abstrakte Bedingung sukzessiver Koexistenz, als Instrument zur Ordnung des Vergangenen und Künftigen, das sich ideell immer schon selbst vorangegangen ist [...]. Doch der zentrale Gedanke der Revolution ist doch gerade, dass die Menschheit noch eine wirkliche Zukunft vor sich habe und dass diese nicht bloß gedacht, sondern *gemacht* werden muss.«[112] Das Makrosubjekt Geschichte verhindert Revolutionen. Die marxistische Geschichtsphilosophie kennt keine genuine Zukunft.

Über Benjamin und Bloch hinaus muss deshalb der Begriff der Zeit in der Weise neu gefasst werden, dass sie nicht bloß Verlaufsmedium, hier und dort aufgesprengt, sondern plastische Masse und Milieu des Handelns ist und sich am Beispiel revolutionärer Praxis bewähren kann.[113] Eine revolutionäre Praxis grenzt sich auf der einen Seite von unbewusstem reflexhaften Tun ebenso ab wie auf der anderen Seite von rein rationaler Tätigkeit. Bei dieser ist jede praktische Frage beantwortbar, wenn es genügend Wissen darüber gibt. Das Wissen kompensiert in diesem Fall die dem Verwirklichungsprozess eigene Ungewissheit. Es wird in diesen rationalen Tätigkeiten reduziert zur bloßen Schlussfolgerung, die sich aus Argumenten ableiten lässt und mit Gewissheit zum Erfolg führt. Sie beschränken sich darauf, in der Realität für die angestrebten Ziele Mittel zu finden oder Ursachen zu schaffen, die das Eintreten der angestrebten Ziele erzwingen.

Eine solche schlussfolgernde Tätigkeit ist die Technik.[114] Durch Techniken lässt sich Zeitliches produzieren, ordnen und beherrschen. Katastrophen können durch sorgsame Planung und perfekte Technik vermieden, verschoben oder ausgesperrt werden. Vorsorge, Versicherung, permanentes Lernen, Steuerung der Energien, Rationalisierung der Lust, Steigerung der Produktivität, Disziplinierung, Sicherheitstechnik, Formatierung der Kommunikation, der Staat als Klinik, Verwaltung des Lebens und des Todes: wir tun viel dafür, dass uns nichts geschieht.

Oft genug jedoch produzieren unsere Techniken zur Vermeidung von Katastrophen noch größere. Offensichtlich ist dies bei Waffen und Verteidigungssystemen der Fall – es gab mehrere Dutzend kritische Situationen, auch Unfälle mit Atomwaffen. Stanislaw Petrow verhinderte womöglich einen Atomkrieg, weil er am 26. September 1983 als leitender Offizier in der Kommandozentrale der sowjetischen Satellitenüberwachung einen vom System gemeldeten Atomraketen-Angriff der USA auf die UdSSR als Fehlalarm einstufte und weitere Bestätigung abwartete, anstatt sofort einen nuklearen Vergeltungsangriff auszulösen. Das Atomwaffenarsenal heutiger Staaten könnte sämtliches Leben auf der Erde mehrfach auslöschen. Atomunfälle haben bereits Landstriche unbewohnbar gemacht. Zwar ist es gelungen, genügend Energie zu erzeugen, dafür hinterlassen dieselben Techniken eine permanente Gefahr und jahrtausendelang strahlenden Atommüll. Es ist weitgehend gelungen, Hungersnöte und den Kältetod abzuhalten, dafür leben wir aber bald auf einem kargen, geplünderten und überhitzten Planeten. In dem Maße, wie es gelingt, Leben planbar zu machen und Krankheiten zu besiegen, fusionieren Körper und Maschinen.

Im Jahr 1798 sagte Thomas Malthus voraus, dass die Menschheit die Erde so stark überbevölkern werde, dass sie schließlich verhungern müsste.[115] Sein Argument: In der Natur gebe es nur eine begrenzte Menge an Nährstoffen für den Anbau von Kulturpflanzen und eine begrenzte Menge an Ackerland. Das exponentielle Bevölkerungswachstum der Menschheit werde die Fortschritte in der Agrartechnologie zunichte machen. Kriege und Hungersnöte wären die unvermeidliche Folge. Natürlich gibt es viele Beispiele für Gesellschaften, die sich aus Sackgassen befreien konnten. Die Verbreitung von Kohleheizungen im London des 13. Jahrhunderts hat bereits zu großflächiger Abholzung und extremer Luftverschmutzung geführt. Vom 5. bis 9. Dezember 1952 verdichteten sich die Abgase aus Kohleheizungen und Autos in London zu einer tödlichen Wolke, bei der Zehntausende wegen Atemproblemen behandelt werden mussten und mindestens 4000 Menschen starben (»The Great Smog«). Doch gibt es London noch heute. Mit der Industrialisierung und der Bevölkerungsexplosion nahm auch die Menge des Pferdemistes auf den Straßen zu. Faule Gerüche, Parasiten und Infektionen breiteten sich aus; tote Pferde säumten die Straßen. In den 1890er Jahren gab es eine Pferdemistkrise. Es schien, als sei die städtische Zivilisation dem Untergang geweiht. Und dann kam das Automobil. Diese Beispiele zeigen jedoch nicht, dass es auch dieses Mal gut ausgehen wird. Denn es gibt viele Gegenbeispiele: Die erhabene Maya-Zivilisation ging vor allem wegen der anthropogenen Zerstörung ihrer Umwelt und der Erschöpfung ihrer Ressourcen unter; die Region erlebte Mitte des 11. Jahrhunderts eine selbstverschuldete Megadürre. Dasselbe geschah den Ureinwohnern der Osterinseln.[116] Technik macht es möglich, immer mehr Phänomene in Raum und Zeit unter lokale Kontrolle zu bringen. Gleichzeitig hat die Menschheit lernen müssen, dass die Beherrschung der Natur früher oder später zu schädlichen und irreversiblen Auswirkungen führen kann. Katastrophen lassen sich nicht nur technisch verhindern, sondern auch durch andere Handlungen, durch eine Veränderung der Lebensweise.

In Abgrenzung zur bloßen Tätigkeit und zum gekonnten Herstellen zeichnet sich Handeln aus durch andere intersubjektive, räumliche und zeitliche Bezugnahmen. Das Entscheidende ist nicht vorhersehbar, weil es aus dem Verhältnis zwischen verschiedenen Handelnden entsteht, in einer Wechselseitigkeit, die mit einem Ursache-Wirkungs-Denken nicht erfasst werden kann. Im Kern vollzieht sich jedes Handeln in einem Bereich ohne Gewissheit, als Entwurf:

»Praxis nennen wir dasjenige Handeln, worin der oder die anderen als autonome Wesen angesehen und als wesentlicher Faktor bei der Entfaltung ihrer eigenen Autonomie betrachtet werden

[…]. Praxis ist, was die Entwicklung der Autonomie bezweckt und dazu die Autonomie benützt […]. Die Praxis läßt sich nicht auf ein Zweck-Mittel-Schema zurückführen. Das Zweck-Mittel-Schema ist vielmehr gerade ein Kennzeichen technischer Tätigkeit, denn nur diese hat es mit einem wirklichen Zweck zu tun, einem Zweck [fin], der ein Ziel [fin] ist […]. In der Praxis steht die Autonomie der anderen jedoch nicht erst am Ende, sondern […] am Anfang; sie ist alles andere als ein Endziel […]. Was angestrebt wird (die Entwicklung der Autonomie) steht in einer inneren Beziehung zu dem, womit es angestrebt wird (der Ausübung dieser Autonomie). Beides sind Momente eines einzigen Prozesses. Zwar steht die Praxis in einem konkreten Zusammenhang, der sie bedingt; zwar muß sie das konkrete Netz von Kausalbeziehungen in Rechnung stellen, die ihr Gebiet durchqueren. Trotzdem kann die Praxis bei der Wahl ihrer Wirkungsweise niemals bloß einem Kalkül folgen – […,] weil ein solches per definitionem den entscheidenden Faktor außer acht läßt: die Autonomie.«[117] Freies Handeln ist deshalb nicht ausschließlich spontan, tastend, improvisiert, sondern durchaus absichtsvoll und reflektiert. Diese Absicht stützt sich auf Wissen, auf Bekanntes und Erprobtes, auf Routinen und Rituale. Weil es sich nicht um ein Herstellen oder technisches Vollziehen handelt, muss die Prognose fragmentarisch und das handlungsleitende Wissen vorläufig bleiben[118], aber ihr Einsatz kann überlegt und umsichtig geschehen.

Trotz dieses Widerfahrnischarakters gehen freie Handlungen, konstitutiv, über das Bekannte und Berechenbare ebenso hinaus wie über die Reaktionsmuster, weil sie jedes Mal in der Auseinandersetzung mit der Wirklichkeit einen Einsatzpunkt für Autonomie darstellen und Autonomie befördern. Gegenstand der Praxis ist die Auseinandersetzung mit dem Neuen, das im Wirklichwerden geschieht.[119] Dieses freie Handeln erschöpft sich deshalb nie in der Umsetzung eines Programms, einer Ankündigung oder eines Bauplanes, sondern bleibt in sich selbst Entwurf: »Der Entwurf ist das Element der Praxis und überhaupt aller Aktivitäten […]. Der Entwurf ist die Absicht einer Veränderung des Realen, geleitet von einer Vorstellung vom Sinn dieser Veränderung, orientiert an den tatsächlichen Bedingungen und bestrebt, eine Aktivität in Gang zu setzen. Man darf ›Entwurf‹ nicht mit ›Plan‹ verwechseln. Der Plan entspricht dem technischen Moment einer Tätigkeit, sobald die Bedingungen, Ziele und Mittel ›exakt‹ bestimmbar sind und bestimmt sind. Von einem Plan kann außerdem erst die Rede sein, wenn ein hinreichendes Wissen über das betreffende Gebiet verfügbar ist, um Mittel und Zwecke gegenseitig ins Benehmen zu setzen.«[120] Der Entwurf materialisiert einen Sinn und eine Orientierung, die über das jeweilige Handlungsresultat hinausgehen. Zeit wird anders erfahrbar als in den Schranken des geordneten Ablaufs und der Produktion. Die Entwurfs-Zeit ist umfassender als die Plan-Zeit.

In zeittheoretischer Hinsicht ist deshalb exemplarisch an der antiken Demokratie, trotz ihrer Begrenzungen, dass sie sich aus dem Gesetz der Wiederholung und der Unterordnung unter etablierte Glaubenssysteme löst, indem sie ihre Tradition und ihre eigene Instituiertheit in Frage stellt und auf explizite Weise die eigenen Grundgesetze in einer öffentlichen Aktivität neu entwirft und transformiert.[121]

Damit dieses öffentliche politische Handeln sich entfaltet, ist nicht nur ein öffentlicher Raum, sondern ebenso die Schaffung einer öffentlichen Zeit erforderlich. Dies geschieht nicht allein durch die Etablierung repetitiver zeitlicher Strukturen, sondern substanziell öffentlich erst dann, wenn es einem Kollektiv über die Wiederholung hinaus gelingt, sich zu den Ereignissen der Vergangenheit so zu verhalten, dass es sich auf eine explizit gewünschte Zukunft hin entwirft.[122]

Wichtiger als das öffentliche Erzählen der Geschichten und Befragen der »wahren Ursachen« der Ereignisse wird das Aufzählen dessen, was erreicht und gelungen ist, weil es eine Perspektive eröffnet auf die Gegenwart und über diese hinaus. Diese Perspektive öffnet sich kreativen Aktivitäten und einer Zukunft, die weder Fatalität ist noch zu erfüllendes Programm.[123]

Jede Loslösung von der Tradition bedeutet auch die Gefahr der Hybris, der Selbstüberschätzung, der Selbstausdehnung. Hier setzt nun eine wichtige Neuausrichtung des Autonomiegedankens ein. Denn insofern Autonomie auf das Leben der anderen bezogen und von diesem abhängig ist, darf sie nicht als absolute Selbstsetzung oder Souveränität missverstanden werden.

Die wichtigste Weise bewusster Selbsterschaffung ist deshalb die Selbstbegrenzung (»autolimitation«)[124]. Diese Selbstbegrenzung ist eine ökologisch-zeitliche Figur. Das Risiko der zeitlichen Loslösung rührt nicht aus Bedrohungen oder äußeren Ereignissen, sondern aus dem Wesen der Freiheit, die auch eine Befreiung von zeitlichen Bedingungen impliziert.[125] Die Autonomie ist eine Selbstbegrenzung auf der Ebene intrasozialer Verhaltensregeln, aber auch in den Regeln, die wir in unserem Verhalten gegenüber der Umwelt annehmen.[126] Die zeitliche Selbstbegrenzung strukturiert das eigene Verhalten, die Eingriffe und Wirkungen, die Intra- und Interaktionen, sie lässt oder gibt der Umwelt ihre Zeit (des Wachstums, der Regeneration, des Selbstwerdens etc.). Ein wichtiger Aspekt der Freiheit besteht also in der entschiedenen temporalen Selbstbegrenzung. Autonomie als Selbstbegrenzung macht das eigene Handeln umso wirkungsvoller, je mehr es anderes Handeln ermöglicht.

Selbstinstitution als Prozess

Als oberster Maßstab dieser Selbstbegrenzung gilt im Rahmen demokratischer Entscheidungen die Gleichheit. Die Gleichheitsnorm sollte dabei, wie gesehen, auch auf die Bedürfnisse derjenigen erweitert werden, die darauf (noch) keinen Anspruch geltend machen können. Entscheidungsarrangements ziehen ihre Legitimation nicht aus der kontrafaktischen Unterstellung prinzipieller Gleichberechtigung, sondern als Einübungen politischer Gleichheit.[127]

Entscheidungsverfahren, denen die Herstellung von Gleichheit auf einer temporalen Achse eingeschrieben ist, wie die Rotation oder das Losverfahren, sind Teil eines politischen Prozesses der Autonomisierung.[128] Diese Realität politischer Gleichheit soll nicht an einem fernen Zeitpunkt Wirklichkeit sein, sondern bereits in einer überschaubaren zeitlichen Erstreckung erfahrbar werden. Der Verweis auf diese Erstreckung und auf das notwendig immer noch Ausstehende der Autonomie ist dabei nicht kompensatorisch, als falsche Entschuldigung, gemeint, sondern so, dass die Gleichheit durch zeitlichen Ausgleich hergestellt wird, aber zu keinem Zeitpunkt voll verwirklicht ist und auch in der Summe noch defizitär bleibt.

Diese konkrete Annäherung an die Verwirklichung der Gleichheit setzt singuläre Akte der Antizipation wie auch eines kreativen Umgangs mit der Erinnerung in der kollektiven Entscheidungsfindung voraus. Revolutionäre Praxis wurzelt in der Phantasie. Mit

Blick auf das Ausstehende sind es Umdeutungen und Neuansichten des Gewesenen, Ahnungen anderer Zeitformen, die in Planungen, in prospektiven Akten, in der Fühlung des Anrückenden,[129] in Inkubationen, Inspirationen und Modellversuchen Substanz gewinnen.[130]

An der Basis dieser kreativen Prozesse ist die Einbildungskraft nicht erst die Fähigkeit, Dinge oder Beziehungen zu gegenwärtigen, die nicht (mehr) in der Wahrnehmung gegeben sind, sondern auch die Fähigkeit, solche zu ersinnen, die nie gegenwärtig sein könnten, weil sie nur möglich sind, oder neue Formate der Präsens, neue Möglichkeiten zu ersinnen oder Weisen der Ermöglichung. Wenn der Anteil der produktiven Einbildungskraft selbst in dem vorausgesetzt werden kann, was wir sehen, um erkennen zu können, – worauf Kant mit seinem Begriff des Schematismus hinweist[131] –, so kann diese Produktivität mehr als ein Schema hervorbringen und entsprechend veränderte Wahrnehmungen und Kognitionen testen. Die Imagination agiert spontan und produktiv, das heißt, sie entwirft Gestalten, Figuren und Schemata.

Nur eine produktive Aufmerksamkeit im Unterschied zur reproduzierenden Erinnerung und zur lediglich fixierenden Beobachtung führt zum diesem Noch-Nicht.[132] Während das Nicht-mehr-Bewusste, das Vergessene, prinzipiell erschlossen werden kann, bleibt die Zukunft obskur, abhängig vom Horizont der erreichten Zeit; das Latente ist nur »tendenzhaft artikulierbar«. An keinem Muster, an keinem Apriori muss sich die Phantasie hier festhalten. »Objektive Phantasie ist das Organ realer Möglichkeit.«[133] Die Ahnung wird schöpferisch, wenn sie sich mit der Phantasie des objektiv Möglichen verbindet; sie wird revolutionär, indem sie sich verkörpert.

Das Reale wird den Körper affizieren, kann aber weder die Intensität der Präsentation noch die Form seiner Repräsentation in der Wahrnehmung und im Erleben vollständig bestimmen. Über den Anstoß und die Zielrichtung durch den Affekt legt die Psyche eine Verbildlichung.[134] Diese psychische Fähigkeit zur spontanen Bildproduktion wirkt mit der Sinnlichkeit so zusammen, dass sie einen Eindruck formt.[135] Das, worin diese Bildungskraft wirkt, ist Sinnlichkeit, sinnliches Material, Körperlichkeit, abhängig vom Sich Exponieren, von der Fähigkeit zum eigenständigen Gebrauch der Sinne sowie von der Fähigkeit, etwas in seiner unbestimmten Eigenart als solches zu erfassen und in Hinsicht auf etwas darzustellen.

Die Verfeinerung und Differenzierung der Sensibilität erschließt der Einbildungskraft Quellen der Selbstbestimmung, insofern diese auch auf die Wahrnehmung ihrer spontanen Vollzüge in der Realität angewiesen ist.[136] Der Strom der Vorstellungen, der Affekte und der Verkörperungen wird durch diese Sensibilisierungen zu internen Figur/Grund-Verschiebungen ebenso veranlasst wie zu einem Sich-Verändern der Denkstrukturen.[137] Die Vorstellung ist zugleich die Präsentation von etwas als Differenziertes, das auf etwas Wahrgenommenes verweist wie auch auf das Wahrnehmende, und interne Relationsbildung (zwischen Vorstellungen oder Sensationen). Die Abfolge von aufeinander verweisenden und auseinander hervorgehenden Vorstellungen läuft als Verkörperung nicht nur in der Zeit ab, sondern »schöpft« Zeit.[138]

Dieses Zeitschöpfen gilt es als einen Vorgang zu begreifen, der das Bilden, das Denken und die Selbstveränderung umfasst. »Der Vorstellungsstrom ist Selbstveränderung, vollzieht sich als unaufhörliches Auftauchen von Anderem in der und durch die Setzung/Vor-Stellung [*position*] von Bildern und Figuren. Diese Verbildlichung entwickelt, schafft und aktualisiert erst, was der reflexiven Analyse nachträglich als Bedingung ihrer eigenen Möglichkeit erscheint: Verzeitlichung, Verräumlichung, Differenzierung, Anderswerden […]. Denken heißt notwendig immer auch: Vorstellungen (Figuren, Schemata, Wortbilder) in Bewegung Setzen, in bestimmten Richtungen und nach bestimmten Regeln […].«[139]

Während einerseits die Vorstellung die Möglichkeit der Wahrnehmung von etwas bedingt und sich spontan, ohne von diesem Etwas verursacht worden zu sein, bildet, lässt sie sich andererseits nicht machen, produzieren, intentional steuern, sondern geht diesem Produzieren und Steuern schon voraus. Sie ist das, was die Gegenwart des Subjekts erzeugt: »Die Vorstellung ist fortwährendes Anwesendseinlassen, unaufhörliches Fließen, in und mit dem alles gegeben ist, was es auch sei. Sie gehört nicht zum Subjekt, sie *ist* das Subjekt […]. Sie macht, daß es stets, auch wenn wir ›an nichts denken‹, jenes dichte und kontinuierliche Strömen gibt, das wir sind. Sie ist das, wodurch wir selbst uns gegenwärtig sind, auch wenn uns etwas gegenwärtig ist, was nicht bloß wir sind [...]; weshalb unsere Selbstgegenwart immer nur die Gegenwart von etwas sein kann, das nicht einfach wir sind.«[140] Dem, von dem aus und dem gegenüber diese Gegenwärtigung geschieht, diesem Nullpunkt des Denkens, eignet folglich ebenso Futurität.

Wenn Gegenwart auf der einen Seite vom Strömen der Vorstellungen herrührt, ist dieses Strömen auf der anderen Seite doch verschränkt mit dem Empfinden von Gegenwart, das von unserer Stellung in der Welt herrührt, vor allem Denken. Diese Selbstempfindung des Wahrnehmenden in der Wahrnehmung, der Träger der Einheit von Innen und Außen, das Scharnier der Verschränkung von Selbst und Anderem hängt ab von Möglichkeiten, die nicht nur solche des Körpers sind.[141] Wie der Körper strukturiert ist und sich strukturiert, ist nicht (ausschließlich) physikalisch oder biologisch festgeschrieben, sondern abhängig von Verkörperungsprozessen des Imaginären.[142]

Die radikale Imagination bringt diese beiden Quellen der Gegenwärtigung – das Vorstellen und Selbstempfinden – zusammen und transzendiert doch, als freie Assoziation von etwas mit Anderem, Möglichem, eventuell Werdendem, zugleich diese Verkörperung. Als Medium des Wahrnehmens und der Selbstbestimmung bildet dieses radikal Imaginäre die Möglichkeit der Autonomie.[143] Schöpfung ist in diesem Sinne keine Injektion neuer, eigener Materie, sondern dreierlei: eine Perspektivveränderung, eine Schaffung neuer Relationen, eine Veränderung des (Verhältnisses zu sich) selbst.[144] Die freie Schöpfung, das Sprudeln jener Quelle, wird angestoßen und »mitbestimmt von dem, was sie sich als Objekt vorgibt«.[145] Sie wird vor allem angestoßen durch Zeitobjekte und zeitliche Figuren.

Diese lösen oft Faszination aus, sie bannen und fesseln die Einbildungskraft. Fremdbestimmt werden wir von Verhaltens-, Denk- und Sprechweisen, die nicht unsere eigenen und wiederum Einflüsterungseffekte einer repressiven Gesellschaftsstruktur sind.[146] Es sind auch zeitliche Schemata, die unsere Vorstellungskraft, unsere Wahrnehmungen und Denkweisen beherrschen und an Herrschaftsapparate koppeln.[147]

Unser Denken und Erfahren der Zeit gleicht sich, gelenkt durch die Architektonik des Alltags, den Regeln der Tauschgesellschaft an. Diese setzt die Reproduktion der Selbigkeit durch und funktioniert dort, wo auf der Basis von Symbolisierung und Begrifflichkeit operierende Vorstellungen und Stereotypen am Werke sind, die oft als solche nicht mehr durchschaut werden.[148] In der Heteronomie hält sich das Subjekt für etwas, was es nicht ist, es spricht nicht[149], sondern wird (vom herrschenden Diskurs) gesprochen, es lebt nicht sein Leben, nicht seine Zeit, sondern eine fremdbestimmte, weil es sie innerhalb der Architektonik, nach vorgegebenen Figuren, Mustern und Schemata geordnet, auf fabrizierte Ereignisse bezogen, synthetisiert. Diese Beherrschung durch heteronome Imaginationen der Zeit zu durchleuchten, auf ihre Herkunft, ihre Realität und ihre Wahrheit zu beziehen, ist demnach eine Arbeit, die man *Autonomisierung* nennen könnte.[150] Autonomie ist nicht das Resultat eines Aktes oder ein einmal erreichter Zustand, sondern ein Prozess.[151] Noch unterhalb des Diskurses richtet sich die Autonomisierung auf die Gestalten und Schemata, die das Vorstellen steuern; nicht zuletzt auch auf die Zeit, die mich beherrscht; die meinen Körper eintaktet, mich synchronisiert und die Zeitsynthesen der Gesellschaftsordnung entsprechend vollziehen lässt.

Die Konturen einer Situation offenbaren Nischen in der Zeit überall dort, wo Objekte wahrgenommen werden, die aus der Zeit gefallen sind, sich in sich selbst verändern oder keine rigide Anwesenheit besetzen, sondern Übergänge, Differenzierungen und Unbestimmtheit insinuieren oder Objekte, die eine starke Eigenzeit ausstrahlen. Radikale Imagination sollte demzufolge verstanden werden als der Vorgang, in den Dingen etwas zu sehen, was sie (noch) nicht (mehr) sind, genauer: als Imagination von Gestalten, Formen und Bildern, die sich zur Subversion der Zeitordnung verdichten. Anders als Habermas vermutet[152], handelt es sich dabei nicht um »jene seltenen historischen Augenblicke« der Institution von Gesellschaften, die sich anschließend nur mehr »funktional ausdifferenzieren« müssen; vielmehr ist diese Imagination ein Erfordernis autonomen Handelns. Der konstituierende imaginative Akt ist zu jeder Zeit erneut zu vollziehen, um über die Genealogie der Gegenwart – ihr so oder so Gewordensein aus diesen und jenen Gründen – hinaus und zu den eigenen Gründen und zu einer eigenen Zeit (Anwesenheit, Lebendigkeit, Gegenwart im Werden, in der Zukunft) zu kommen.

Dies setzt allerdings innerhalb der Imagination nicht nur prognostische Fähigkeiten – der Weiterberechnung von Folgebeziehungen auf der Grundlage bisheriger Erfahrungen – voraus, sondern erfordert darüber hinaus die Ausbildung einer intuitiven Fähigkeit, das heißt eines Zulassens der Wahrnehmung von inkommensurablem Realen oder nur Möglichem, sowie die Fähigkeit zur Erfindung von Bildern, Figuren und Schemata, zu Neuperspektivierungen. So löst sich die Imagination nicht nur aus der historischen Konditionierung, sondern auch aus der Beherrschung durch die gegenwärtige Zeitordnung. Zu den Qualitäten der Freiheit zählt deshalb vor allem der (zeitlich) freie Vollzug des Denkens.

Dieses Prinzip kann auf die Ebene der Kollektive übertragen werden: Autonome Gesellschaften sind solche, die sich selbst transparent instaurieren und bestimmen. Diese Bestimmung umfasst vor allem die Möglichkeit, effektiv die Gesetze und die Grundlagen der Gesetze zu befragen. Sie ist also in einer permanenten Bewegung der expliziten »Auto-Institution«[153], die zugleich Entwurf und Selbstbegrenzung ist. Autonomisierung vollzieht sich vor allem durch die Zeitimagination. Wenn Autonomie als Prozess gedacht wird, ist die wichtigste soziale Institution das Imaginäre der Zeit.[154]

Die temporale Autonomisierung durchläuft in diesem Sinne einen analogen Prozess zu dem »Wo es war, soll Ich werden.« der Psychoanalyse: Aus dem »Es geschieht mir« wird das »Ich geschehe, ich ereigne mich.« Meine Zeit muss den Platz der Zeit des Anderen einnehmen, einer fremden Zeit, die in mir war und mich beherrscht hat: die nun aus mir wirkt. Was gefordert ist, ist also nicht nur ein Akt der Aneignung und Anerkennung, sondern eine temporale Assoziation, die zugleich Begrenzung und Öffnung ist. Die Form der gemeinsamen Zeit darf nicht diktiert werden und sollte auch nicht die Zukunft von der Möglichkeit freier Assoziation ausschließen. »Man wird einfach ins Leben gesetzt und bekommt das Gesetz vorgesetzt, ohne jede weitere Diskussion. Was ich will, ist genau das Gegenteil: mein Leben selbst gestalten, mich in meinem Leben entfalten, wenn möglich Leben geben. Das Gesetz soll mir nicht einfach vorgegeben werden, ich will es mir selbst geben.«[155] Entsprechend wird man auch bei kollektiver Selbstinstitution zu formulieren haben: Wir geben uns Zeit, wir sind diese Zeit, in der wir gemeinsam denken, die Zeit, die wir imaginieren, zählen und erzählen, der wir Bedeutung geben, die Zeit, die wir begrenzen, und die Zeit, die wir weiter geben.

Jede kollektive Entscheidung lässt sich deshalb auf eine Situation ein, die von mindestens vier temporalen Feldern (und deren Energien) bestimmt wird, nämlich a) die heteronome Zeit, die bestimmende, unterwerfende Zeit; b) die Krise, das heißt, die Zeit, die zu zerreißen droht und zur Entscheidung drängt (wieviel Zeit bis zur Entscheidung); c) der zeitliche Horizont der Umsetzung der Entscheidung und d) die Umwelt dieser Zeit (das, was wir nicht wahrnehmen und/oder nicht ändern können). Daraus ergibt sich für die Entscheidungssituation die Maxime, dass möglichst so gehandelt werden muss, dass die Bewirkung des Handlungsziels überschaut und verantwortet werden kann und eine Korrektur möglich bleibt.

Zur handlungsleitenden Antizipation zählt deshalb auch eine Einschätzung der Bedeutung der Entscheidung für jeden sichtbaren Zeitpunkt sowie für die nicht intendierten Handlungsfolgen jenseits des absehbaren Korrekturhorizonts.

So verstanden ist autonomisierende Praxis ein Engagement und eine Verantwortung gegenüber einem zukünftigen Anderen – auch gegenüber einem Nichtmenschlichen, Animalischen, Dinglichen, Scheinhaften, Immateriellen – und nicht nur die Zurechnung von Anteilen an einem kontrafaktisch als jetzt vorhanden postulierten Gemeinsamen.[156] Sie ist eine Selbstbegrenzung und zugleich eine Vorlage, Anregung und Eröffnung von Lebens- und Handlungsmöglichkeiten für andere.

4.2.3 Freie Zeit

Es zählt zu den Qualitäten der Freiheit, dass sie gefühlt und erlebt wird, wie auch, dass Bewegungen, Begehren, Wünsche, Sexualität, Wohnorte, Lebensformen, Ressourcen, Arbeit, Ernährungsweisen, Begegnungsräume, Ziele eigenen Initiativen offen stehen oder frei gewählt und gestaltet werden können. Ebenso zählt zu den Qualitäten der Freiheit, nicht von der Vergangenheit belastet oder gefangen zu sein, sich auf seine Gegenwart einlassen zu können, genügend Zeit zu haben, Zeit gestalten und Zeit schenken zu können; Zeit, sich um sich selbst und um andere zu sorgen, Zeit für politisches Handeln.

Eine Qualität kollektiven Handelns liegt darin, durch das Zusammenleben und das Kooperieren Zeit für sich zu gewinnen und sich eine gemeinsame Zeit zu erschließen; die gemeinsamen Handlungen können es erreichen, Probleme zu bewältigen oder Hoffnungen zu erfüllen und dadurch in eine neue, freiere Zeit einzutreten. Durch kollektives Handeln kann es gelingen, den Krisen der Zeit nicht länger ausgeliefert zu sein und zugleich den Horizont zu öffnen, so dass auch die Zukunft nicht eingehegt, kontrolliert, unterworfen oder bewirtschaftet wird, bevor sie sich überhaupt verwirklichen konnte. Eine neue Qualität der Freiheit wird erreicht dann, wenn es gelingt, weder von der Zeitordnung beherrscht zu werden noch das Zeitliche zurichtend zu beherrschen – eine Anarchie der Zeit, die dem Lebendigen die Freiheit einräumt, sich in seiner eigenen Zeit und doch zusammen zu entfalten.

Welche Architektur ermöglicht es, das Eigenzeitliche zur Geltung kommen zu lassen? Die Zeitarchitektur etabliert eine Aufteilung der Zeiten: ein Feld der Gegenwart und damit den Rahmen der Erfahrungswelt, die die Akteure einer Gesellschaft miteinander teilen, ein Feld der Aktualität, das die Abfolge der messbaren Jetzt-Punkte präsentiert, ein Feld der Vergangenheit, das von ersteren abhängt oder mit ihnen bricht, und ein Feld, in dem die Gegenwart durch diese Bruchlinien diese oder jene Zukunft ermöglicht. Die Zeitarchitektur zieht Trennlinien zwischen dem Wirklichen, dem Möglichen und dem Unmöglichen, dem Notwendigen, dem Wahrscheinlichen und dem Kontingenten. Sie erstellt dadurch einen Rahmen, innerhalb dessen einerseits Geschehnisse identifiziert und miteinander verbunden werden und andererseits Subjekte, Dinge und Situationen als in einer gemeinsamen Zeit koexistierend wahrgenommen werden können; dieser Rahmen vermittelt einen Sinn für die Realität oder Irrealität von Phänomenen, für das, was es heißt, zu leben und zu handeln. Sie liefert damit zugleich die Modalitäten, denen gemäß sich Ereignisse manifestieren, zugleich gibt sie ein für alle gleiches Zeitmaß vor.

Damit bestimmt die Zeitarchitektur, was Zeit für eine Gesellschaft ist, was es heißt, in seiner Zeit zu leben, sie zu teilen oder über keine Zeit zu verfügen. Sie verknüpft die Tendenzen, die durch die Art der Beziehungen von Gleichzeitigkeit und Abfolge von Geschehnissen entstehen, mit den Fähigkeiten, in diese handelnd einzugreifen. Im Kern ist diese Verbindung zwischen Möglichkeit und Fähigkeit eine architektonische Aufteilung der Zeiten, die der Ausprägung der Sinnlichkeit und der Körperlichkeit zugrunde liegt.[157] So ist für die Zeitarchitektonik der Gegenwart eine doppelte Hierarchie kennzeichnend: eine Privilegierung bestimmter Gegenwarten bzw. Zonen der Gegenwart, so dass diese den Takt angeben und das, was dort geschieht, zählt, während die übrigen Gegenwarten nachgeordnet und irrelevant sind; und zweitens eine Hierarchie der Lebensformen und der ihnen innewohnenden Möglichkeiten, Zeit zu leben.

In dieser Zeithierarchie stehen sich zwei Klassen gegenüber: auf der einen Seite diejenigen, die über die Zeit der Ereignisse, des Handelns und der Zwecke verfügen; diejenigen, die in der Zeit der Muße und des Wissens leben, diejenigen, die Zeit haben und deshalb aktive Menschen genannt werden. Ihnen steht die Klasse derjenigen gegenüber, die in der Gegenwart der Dinge leben, die bloß passieren, in der sich wiederholenden Zeit der Produktion und Reproduktion des Lebens, die im Fehlen der Zeit leben und deshalb passiv genannt werden. Auf diese Weise verknüpft die Zeitarchitektur die kausale Logik der Abfolge sozialer Ereignisse, die erzählt werden können, mit der Aufteilung von Zeiten und Räumen, Tätigkeiten und Fähigkeiten, mit der Anhäufung und Enteignung von Zeit. Das Gefangensein in der sich wiederholenden Zeit bedeutet deshalb genauer: keine Zukunft zu haben. Deshalb käme es bei einer Neuaufteilung der Zeiten nicht nur auf einen Zugang zum Handlungsfeld der Gegenwart an. Es geht nicht nur um mehr Freizeit, um mehr Muße, die den unproduktiven Klassen eigen ist. Vielmehr zählt es zu den *Qualitäten der Freiheit*, sich handelnd eine Zukunft zu erschließen.

Intelligentes Verhalten ist nicht nur reaktiv, sondern antizipativ. Dies gilt nicht nur für Menschen: Es ist typisch für biologische Systeme, dass sie mit Voraussagemodellen operieren. Diese sind Abstraktionen und Ableitungen von bisherigen Erfahrungen[158] und doch nicht auf die Musterwiederholung festgelegt. Ein Gedächtnis allein reicht nicht aus, um die nächste Herausforderung zu bewältigen. Es muss eine Fähigkeit hinzukommen, die nicht nur empfindet, registriert und das Erlebte verarbeitet, sondern die auf das, was geschehen wird, vorbereitet, die Aufmerksamkeit ausrichtet und die Erwartung steuert.

Herbert Marcuse geht davon aus, dass der Kern menschlicher Praktiken in ihrem Entwurfscharakter liegt. Die zeitliche Struktur dieser Entwürfe thematisiert Marcuse jedoch nicht. In die Entwürfe gehen, Marcuse zufolge, verschiedene »individuelle Agentien und Schichten der Erfahrung« ein; sie leiten alltägliche ebenso wie philosophische Denkweisen und vermitteln zwischen einem kollektiven Subjekt und der gemeinsamen Welt.[159] Jeder Weise des Entwerfens liegt eine Wahl zugrunde, die ein Moment der Freiheit gegenüber der historischen und physischen Bedingtheit impliziert.[160] Weil unsere Welt technologisch bedingt ist und der »technologische Zusammenhang« im Vorhinein die Form bestimmt, »unter der die Objekte erscheinen«[161], und immer stärker die politischen Institutionen beherrscht, braucht es den erneuten »Einbruch der Freiheit«, um eine neue »Idee der Vernunft« zu entwickeln und entsprechen eine »neue Technik.«[162]

Diese befreite Vernunft und die neue, daraus abgeleitete Technik würden »die Kunst des Lebens befördern«, indem sie von dem ausgehen, was wissenschaftliche Rationalität einst enthielt, aber zugunsten einer Eingliederung in das Universum der Herrschaft abtrennte: nämlich eine ästhetische Vernunft, das freie Spiel, den Übermut der Einbildungskraft, die Phantasie der Umgestaltung. Die Wiedereingliederung des Ästhetischen in die Vernunft hätte deshalb wesentlich die Befreiung zu einem anderen Bewusstsein der Diskrepanz zwischen Wirklichem und Möglichem[163] zur Folge. Das Mögliche könnte umfassender und nicht nur als Voraussetzung, Bedingung oder Ableitung des Gewesenen und Wirklichen imaginiert werden; die Möglichkeiten der Umgestaltung würden entsprechend ins Nichtvorstellbare, Nichtberechenbare, Noch-nicht-Wirkliche ausgreifen. Eine solche Technik wäre vor allem die Befreiung der Zeit.

Die Freiheit dieser Zeit, so ließen sich Marcuses Überlegungen fortführen, bestünde in einer Transzendenz der Bedingungen der Wirklichkeit der Zeit. Das verantwortliche kollektive Handeln schlüge um in eine neue Qualität der Freiheit. Wenn davon auszugehen ist, dass es unmögliche, mögliche ebenso wie wirkliche Zeiten gibt, dass es wirkliches Zeitliches gibt, welches von aktuellen Zeitsynthesen der zugrunde gelegten Zeitordnung wegen nicht erfasst wird, und die Übergänge dazwischen auch von Zeitorganen wie dem Gedächtnis und der Antizipation, aber auch von Architekturen, Techniken und Handlungen abhängen, so folgt daraus, dass freie Zeit nicht (ausschließlich, wie Marx annimmt) in ihrem Gegensatz zur Arbeitszeit und in einer anderen Weise der Produktion[164] bedingt ist, da sie damit einer wirksameren sozialen Kontrolle unterworfen bliebe und auch nicht allein im Gegensatz zur Befreiung von Not und Zwang und Herrschaft[165] stünde.

Vielmehr rührt die Freiheit aus einer anderen Weise der Verwirklichung. Bislang verwirklicht sich Zeit als Geschichte. Die Art der Verwirklichung wird gegenwärtig von den Rahmungen der Architektonik und der von ihr projizierten Chronologie bedingt. Sie manifestiert sich in Form von Geschehnissen und Taten, die von entsprechenden Institutionen als Aktualität gemessen, verkündet und kommemoriert werden, obschon dies nur die Perspektive der zeitakkumulierenden Klasse widerspiegelt. Im Rahmen der Architektonik wird die Verwirklichung der Zeit als Geschichte ausgewiesen, als das, was die Vernunft bedingt, was die metaphysischen Fragen leitet und verändert, und als Abfolgebeziehung, die uns nötigt, Kontingenz im Rahmen einer Tendenz, entsprechend dem Gesetz der Sequenzbildung entlang einer Linie, als Nachordnung, als Existenz-infolge-von, zu postulieren. Doch dieses Postulat ist weder notwendig noch überzeugend. Anstatt dessen wäre die Freiheit der Zeit *zuerst* als Befreiung von ›der Geschichte‹, von der Unterjochung unter die historische Kontroll-Form, als Befreiung vom Schema der Abfolgebeziehungen zu konzipieren; sodann als freie Zeit. Zeit könnte sich unabhängig von der dominanten Zeitordnung verwirklichen.

›Geschichte‹ (als Makrosubjekt) ist eine Ideologie des 19. Jahrhunderts. Die Zeit in den Gegensatz zur Geschichte (oder zur ›Evolution‹) zu bringen, erscheint auch heute noch unsinnig, wenn nicht undenkbar. Dies zur Aufgabe für ein verändertes Denken und sogar für eine revolutionäre Technik zu machen, darin liegt eine Provokation, die von Marcuses Überlegungen ausgeht. Es ist der Versuch, nicht nur das Morgen (die Folgen und die Nachfolgenden) zum Bezugspunkt der Planung zu machen, sondern ebenso das Übermorgen (das Neuartige, die Unabsehbaren).

Die Sorge um ein Mehr an Sicherheit und eine längere Dauer muss durch einen Kampf um Herrschaftsfreiheit begrenzt werden. Wenn das Wirkliche, das Berechenbare und das Beherrschenwollen nicht länger die Vektoren der Antizipation bestimmen, sondern sie ebenso im freien Spiel und in der Phantasie fundiert sind, wird für die Technik das Stellen der Gegenwart und das Fixieren der Funktionen nicht mehr im Vordergrund stehen. Mit dem Begriff der Wirklichkeit und der Gegenwart ändert sich, ausgehend von einer befreiten Zeitkonzeption, der Begriff technischen Agierens. Anstatt eines »Angriffs auf die Umwelt« und einer »Unterjochung und Umgestaltung der Natur«[166] zu etwas Geschichtlichem, anstatt einer Unterwerfung unter als absolut vorgestellte Zwecke im Rahmen einer Chronologie wäre die neue, den Qualitäten der Freiheit gewidmete Technik in der Lage, nicht nur im Feld der Gegenwart (Protention, Retention) einzugreifen, technische Rationalität durchzusetzen und Endursachen in technische Möglichkeiten zu überführen, sondern sich, mit ästhetischer Vernunft, von neuen Möglichkeiten, jenseits der Tendenz, von Ereignissen, von nichtkausalen Energien und der Gewinnung zeitlicher Ressourcen anziehen zu lassen. Gefordert ist eine Technik, die nicht die Schließung und Beherrschbarkeit des Raumes, sondern die Plastizität der Zeit zum Ausgangspunkt nimmt. Während das moderne Paradigma der Technik darauf ausgerichtet ist, alle Phänomene in einem synchronen Kontrollraum anzuordnen, das zeitlich Andere auszuschließen und nur Verbesserungen des Gleichen im Sinne noch umfassenderer Beherrschung als Weiterentwicklung zuzulassen, würde eine neue Zeittechnik diese Grenzen durchlässig machen, sie würde sich dem Heterochronen öffnen und es möglichst integrieren; es wäre eine Technik des Übergangs, der Selbstveränderung, der Öffnung.

Eine solche Technik kann nur auf einer ebenso veränderten Weise des Antizipierens basieren. Dieses radikale Antizipieren ist aus der historischen Bedingtheit zu lösen und wird nicht länger von der Abfolgebeziehung und dem fixierenden Zeitsubjekt beherrscht, damit Freiheit eine neue zeitliche Qualität gewinnt. Dazu wird es um ein radikal Imaginäres erweitert, das nicht in Assoziationsketten operiert, sondern freies Assoziieren von Zeiten erprobt.

Freie Assoziationen von Zeiten brechen aus den Abfolge- und Unterordnungsbeziehungen aus. Abfolgebeziehungen beherrschen als Wahn, als Denkzwang, als Assoziationskette, als Klischee, als Konditionierung oder Disziplinierung, als kausales Erklärungsmuster das Denken. Sich davon zu lösen, heißt, das Schema, in dem das eine als dem anderen nachfolgend (und durch die Nachfolge determiniert) oder immer zeitgleich auftretend aufgefasst wird, mit anderen zeitlichen Auffassungsweisen zu subvertieren. Freie Assoziationen unterliegen auch nicht den hierarchischen Ordnungen, die seit Aristoteles als Assoziationsgesetze gelten, sondern können Zusammenhangloses (ohne räumliche, zeitliche Kontiguitäts- oder Unähnlichkeitsbeziehung) zueinander in ein singuläres Verhältnis setzen. Sie können keiner Ordnung unterliegende und in diesem Sinne unbeherrschte Zeitpunkte, ein zeitliches Anderswo avisieren oder andere zeitliche Relationen (außer Simultanität und Sukzession) erkunden. Es wäre eine Übertragung der utopischen Methode auf die Uchronie.

Freie Assoziationen manifestieren sich gelegentlich in der Rekonstruktion von Antizipationen zu Handlungen, die uns unerklärlich erscheinen. Solche handlungsleitenden Antizipationen sind zwar ebenfalls von der Rationalität des Wirklichen und den realen Möglichkeiten eingeschränkt, transzendieren diese jedoch.[167] Sie können den jeweiligen Horizont, das Paradigma, das historische Apriori durchlöchern. Allerdings nur dann, wenn sie sich nicht darauf beschränken, in kitschige alternative Welten auszuweichen.

In diesen Versuchen freier Assoziation zeigt sich die politische Bedeutung antizipativer Transzendenz des Wirklichen. Denn die Differenz zwischen alternativen und transzendenten Möglichkeiten liegt Marcuse zufolge darin, dass nur letztere eine bestimmte Negation, eine Wahl und eine Freiheit mobilisieren: »Die Transzendenz der bestehenden Bedingungen (von Denken und Handeln) setzt Transzendenz innerhalb dieser Bedingungen voraus. Diese negative Freiheit – das heißt Freiheit von der bedrückenden und ideologischen Macht der gegebenen Tatsachen – ist das Apriori der historischen Dialektik; sie ist das Element der Wahl und der Entscheidung in der geschichtlichen Determination und gegen sie. Keine der gegebenen Alternativen ist von sich aus bestimmte

Negation, wofern und solange sie nicht bewußt ergriffen wird, um die Macht unerträglicher Bedingungen zu brechen und rationalere, logischere Bedingungen zu erreichen, die von den jetzt herrschenden ermöglicht werden.«[168] Die Entscheidung, die jede freie, genuin kollektive Handlung leitet, ist eine gegen die historische Bedingtheit und gegen den Zwang zu vorgegebenen Alternativen. Der Bruch mit den unerträglichen Bedingungen der Gegenwart »würde die Möglichkeit einer wesentlich neuen menschlichen Wirklichkeit eröffnen – nämlich eines Daseins in freier Zeit auf der Basis befriedigter Lebensbedürfnisse.«[169] Und doch enthält der Bruch allein, auch das Abschaffen unterdrückender und verhindernder Strukturen, noch keine bessere Möglichkeit. Die Befreiung aus den Zwängen repressiver Kultur und aus den Zeitapparaten der Tauschgesellschaft mag zu dem kurzfristig befriedenden Gefühl führen, auf einmal viel Zeit zu haben. Aber dies ist ein vermeintlicher Reichtum, solange es eine leere, wertlose Zeit ist. Die Abschaffung und Befreiung muss vervollständigt werden durch utopische Zeitimaginationen.

Denn was wäre das: freie Zeit? Was ist diese Befreiung der Zeit, von der Marcuse spricht, wenn man sie zusammen mit der von ihm beschworenen »Transzendenz« denkt? Er meint eine Zeit, die »frei für die Kunst des Lebens«[170] ist. Es ist eine nicht vorherbestimmte Zeit, eine Zeit der Selbstbestimmung, eine Zeit, die dieses Leben selbst schöpft, gestaltet und teilt. Eine Ästhetik der Eigenzeit.[171] Mehr noch: die Zeit, die frei wird für die Gestaltung des Lebens mit anderen; eine freie Assoziation der Zeiten.

Dies ändert die Ansprüche an das, was Handeln heißen wird. Handlungen werden beschrieben einerseits als Kontrolle der Zukunft, insofern sie das bewirken, was intendiert war, und es gegen das setzen, was ohne eigenes Zutun geschehen wäre, und andererseits als das Unvorhersehbare schlechthin, weil sie keine konditionierten Reflexe, sondern Anfänge sind und ihrerseits spontane Reaktionen herausfordern. Diese Handlungsoptionen und Selbstverhältnisse werden innerhalb der Architektonik durch zeitliche Horizonte und Infrastrukturen vorkonstruiert, erhalten jedoch (stets, als solche) eine Elastizität (wie minimal auch immer) und bestehen wesentlich in der Fähigkeit, sich nicht (davon) beherrschen zu lassen. Diese Fähigkeit wird meist übersehen. Sie erhält sich jedoch unterhalb der Zeitsubjektivierung.[172] Denken und Verhalten sind von jenen Vorgaben der Zeiterfahrung und des Zeitbewusstseins abhängig. Die Möglichkeit einer Änderung von Zeitstrukturen besteht jedoch weiterhin und enthält ein Potential zu tiefgreifenden Veränderungen der Modi des Denkens, Erlebens und Handelns.

Eine Weise der Änderung liegt in der Suspension subjektiver Fähigkeiten[173]: eine reflexive Rückkehr in das Vorzeitliche, eine Wiederholung der zeitlichen Disziplinierung kann selbstbestimmt geschehen. Diese wiederholende Aneignung verbliebe jedoch innerhalb der architektonisch eingeräumten Fähigkeiten.

Der Idee, die Zeitsubjektivierung zu wiederholen und nunmehr selbstbestimmt mit Handlungen die Zukunft zu kontrollieren, steht die Tatsache gegenüber, dass diese Zeit weiterhin jedwede Handlung als ein natürliches, oft biologisches Faktum wie auch als soziale Konstruktion bedingt und Handelnde sich gerade im reflexiven Vollzug als von diesen Zeiten (der natürlichen, der sozialen) beherrscht erfahren.

Zeit wirkt innerhalb der Architektonik als Instrument der Beherrschung. Sie ist eine architektonisch oktroyierte Ordnung und wird als Vorstruktur gelingenden Handelns in Anspruch genommen. Struktur und Bedeutung der Zeit, Takt, Rhythmus, Perspektiven, Horizonte und Nachbarschaften werden durch die Sozialisation internalisiert, habitualisiert und im gekonnten Handeln aktiviert. Wiederholendes Handeln bestätigt unweigerlich diese Architektonik. Die Zeitsubjektivierung innerhalb der Architektonik gewöhnt Menschen daran, das, was geschieht, nach asymmetrischen Zeitstrukturen zu ordnen, um es wahrnehmen, erkennen und behandeln zu können. In diesen Zeitstrukturen werden individuelle Lebensentwürfe und soziale und politische Erfordernisse koordiniert und nach den Erfordernissen der Beherrschung integriert.[174] Diese Integration, das zeitliche Passen, ist innerhalb der Architektonik der Lohn für Leistung, für zielgenaues Handeln. Diese sozial-zeitlichen Strukturen gliedern 1. den Rhythmus und die Periodizität von Ereignissen, 2. die Geschwindigkeit von Prozessen und Veränderungen, 3. die interne und externe Synchronisation, 4. die Dauer von Handlungen, Ereignissen und Zuständen, 5. deren Sequenz, 6. die zeitliche Reichweite, 7. das zur Verfügung stehende

Zeitvolumen, 8. die Operationsgeschwindigkeit und 9. die zeitliche Relationierung.[175] Gemessen an diesen architektonischen Zeitmustern werden individuelle Zeitpraktiken als gesellschaftlich gültige konstituiert. Beliebiges Nacheinander, Sukzessionen mehr oder minder linearer Zeitfolge verwandeln Subjekte in die Modi der Zeitordnung (Vergangenheit, Gegenwart, Zukunft). »Wir vollziehen uns selbst, indem wir Zeit vollziehen, und wir vollziehen Zeit, indem wir ihre Dimensionen ausloten oder, wie man im Blick auf die elementarste Form des Selbstvollzugs menschlichen Daseins zu sagen pflegt, ihre Modi synthetisieren.«[176] Auch der Rhythmus, die Geschwindigkeit, die Dauer und die Sequenzen kollektiver Aktivitäten hängen, um anerkannt und beantwortet werden zu können, von institutionalisierten Zeitmodi und politischen Synchronisierungen ab.

Individuelles und kollektives Handelnkönnen bauen auf der Verschaltung und Internalisierung dieser Zeitstrukturen auf. Strikte zeitliche Regulierung ist ein Motor individueller und kollektiver Disziplinierungsprozesse.[177] In Schulen, Fabriken und Gefängnissen wird die Verfügung über die eigene Zeit in dem Maße systematisch entzogen, wie das Handeln in der sozialen Zeit erlernt wird. Die Wiederholung erstattet diese eigene Zeit jedoch nicht zurück.

Der Rückgang ins Vorsubjektive und ins Spiel enthält Potentiale des Widerstands, aber nicht der Veränderung. Die Verweigerung des Funktionierens lässt die Apparate in Kraft. Das Schießen auf Turmuhren zeitigt keine Revolution.[178] Das, was Freizeit genannt wird, muss zur Reproduktion der Arbeitskraft verwendet werden. Doch nicht einmal diejenigen, die keiner Erwerbsarbeit nachgehen müssen, wissen über die eigene Zeit zu verfügen und sie zu gestalten; sie agieren schlicht in einem anderen ökomischen Register. Die herrschenden Zeitstrukturen fungieren nach ökonomischen Geschichtspunkten: Knappheit, Tausch, Vermehrung, Verteilung, Verbrauch. Machtzentren entstehen durch die Akkumulation von Zeit. Zeitstrukturen bilden kognitive und habituelle Normen, die Individuen internalisieren und ebenfalls dort affirmieren, wo sie in alternative Varianten eintauchen.

Subjekte bilden Zeitsynthesen, um wahrnehmen, aber auch, um handeln zu können. Ob ich genügend Zeit finde, wie ich meine Zeit verbringe, wie ich mich in ihr befinde und zu ihr verhalte, ist eine ethische und politische Frage, weshalb sich die Suche nach Alternativen durch die Geschichte zieht. Die individuellen Zeitaktionen finden auf mindestens drei Ebenen statt: auf einer Alltagsebene, auf der Ebene der Lebenszeit und auf einer übergreifenden Zeitebene (Generation, Epoche, Weltzeit, Sakralzeit): »Diese drei Zeitebenen und die damit verbundenen Zeithorizonte bestimmen in ihrem Zusammenspiel erst das ›In-der-Zeit-Sein‹ eines Akteurs.«[179] Jede Zeitsynthese enthält eine Antwort auf die Frage, wie die Modi der Zeit und die Ebenen der Zeit aufeinander zu beziehen sind. Wer die Zeitsynthese nicht nach dem vorgegebenen Schema vollzieht, riskiert, aus der Zeit zu fallen.

Michael Theunissen zufolge versuchen wir mit den Zeitsynthesen, nicht nur Lebenszeit und Weltzeit zu synchronisieren, sondern über die einzelnen Momente das Ganze des Lebens in eine Form zu bringen: »Zeitvollzug und Selbstvollzug sind zwei Seiten desselben Vorgangs […]. Lebenszeit war anfänglich mit dem Wort aion gemeint. Das Wort aion nahm später die Bedeutung einer Ewigkeit an, die selbst als Lebenszeit galt, als das im Einen bleibende Leben Gottes. Zugleich galt diese Ewigkeit als Ursprung menschlicher Lebenszeit. Sollte daran etwas sein, so wäre der Grund dafür, daß der Vollzug der Zeit der Selbstvollzug menschlicher Subjekte sein kann, in der aionischen Ewigkeit zu suchen.«[180] Unter den Bedingungen der Herrschaft der Zeit kündigt sich in der Langeweile, so Theunissen weiter, das »Leiden an der Zeit [an], das wir pathologisch nennen.«[181]

Ursache vieler Psychosen sei der Schwund der Kraft, durch die das Subjekt sein Leben organisiert: eine Deformation des Zeitbewusstseins. Depression ist ein Zurückbleiben in der Zeit, eine Akzeleration der Zeit geschieht in der Manie. Die Herrschaft der Zeit kommt durch den Abbau der Gegenmacht des Subjekts ungehindert zur Geltung: »Unterworfen sind wir der Herrschaft der Zeit grundsätzlich alle. In Psychosen werden wir ihr nur ausgeliefert.«[182] Psychopathologien verdeutlichen die Herrschaft der Zeit, ohne die es das (neuzeitliche) Subjekt nicht gäbe. Sie sind durch einen Schwund an Lebenskraft gekennzeichnet, durch Ohnmacht, durch das Nicht-mehr-handeln-Können. Depressionen und Schizophrenien sind, Theunissens Studie zufolge, unterschiedliche Weisen des Leidens an der Zeit. Depressiven Menschen zerfällt Zeit in ihre an

Uhren ablesbaren Einheiten. Sie erleben sich als ausgeliefert an die endlose Wiederkehr des Gleichen. Projektiv stellen hingegen Schizophrene die Zeit still, sie versuchen den Kreislauf der Zeiteinheiten zu unterbrechen. Weil sie die Zeit als ›gefrorene Ewigkeit‹ erleben, bemächtigt sich ihrer ein Kontrollzwang, Grübelzwang oder Zählzwang. Theunissen analysiert dies als einen Übergriff der Vergangenheit auf die Zukunft, einen Verschluss des Zukunftshorizontes. Aufgrund dieser verschlossenen Zukunft gibt es für die Zeitpathologie unter dieser Herrschaft der Zeit im Grunde auch keine Gegenwart, in der etwas wirklich begegnen könnte.[183] Diese Beobachtung gäbe Anlass, über kollektive Psychopathologien zu spekulieren, über die schizophrene Verfasstheit des zeitgenössischen Regimes. Wie pathologisch auch immer: Individuelle und kollektive Subjektivität bestehen in dem Versuch, es dem Makrosubjekt Geschichte gleich zu tun und ein kohärentes, erzählbares Ganzes von Ereignisketten zu generieren und zu steuern.

Totale zeitliche Heteronomie ist für kollektive Akteure dann gegeben, wenn sie das, was geschieht, nicht mehr handelnd beeinflussen oder verändern können (Fatalismus, Determinismus, »Alles läuft nach Plan.«). Der Versuch, Geschichte zu machen, die Gegenwart als Ereignis zu erleben, und der Versuch, Wissen über die Zukunft zu sammeln, zumindest über den Bereich, der über die Gegenwart hinausragt und dessen wahrscheinliche Abläufe sich abzuzeichnen beginnen, sind Ausbruchsversuche aus dieser (empfundenen) Heteronomie. Sie stellen jedoch die Herrschaft der gegenwärtigen Zeitordnung nicht grundsätzlich in Frage.

Wissen über die Zukunft kann sich auf das stützen, was sich nicht ändern kann oder auf das, was immer schon so gewesen ist und höchstwahrscheinlich auch so bleibt. Eine ausschließlich auf dieses Wissen gestützte Antizipation muss in einen pathologischen Zustand münden. Denn wenn ich all das weiß, kenne ich nur diejenigen Aspekte, in denen die Zukunft der Vergangenheit und Gegenwart ähnelt oder gleich ist, nicht das genuin Zukünftige.

Was bedeutet dies für eine demokratische Zeitpolitik? Typisch modern ist die Erwartung, »dass die Zukunft anders sein wird als die Vergangenheit, dass die gesellschaftliche Entwicklung in dieser Zukunft zu verstehen und politisch-demokratisch zu steuern oder zu gestalten ist und dass die normativen Maßstäbe oder Zielvorgaben für diese Gestaltung entweder schon bereitstehen oder zumindest im Modus der kollektiven politischen Übereinkunft – wenngleich revisionsoffen – festgelegt werden können. Demokratische Politik im Verständnis der Moderne hat daher ein unmittelbares Korrelat in einer ›verzeitlichten‹ Geschichtsauffassung […].«[184] Die Zeitstrukturen der politischen Beratung, Entscheidungsfindung und -implementierung erscheinen der Moderne als eingelassen in ökonomische und soziale Prozesse und werden deren Entwicklungstempo angepasst. Moderne demokratische Politik muss entsprechend schnell und flexibel reagieren können, muss kollektive Interessen rechtzeitig aggregieren und artikulieren, in Programme und Zieloptionen umsetzen und in die Exekutive bringen. Gleichzeitig soll moderne politische Zeitgestaltung Erwartungssicherheit und Planbarkeit trotz Flexibilität und Veränderbarkeit bieten.

Ähnlich wie bei Individuen entsteht aufgrund ihrer pathologischen ökonomischen und sozialen Taktgeber auch in der Politik die Gefahr, die sozialen Sphären nicht mehr synchronisieren zu können; politische Schizophrenie oder Depression wären regelmäßig die Folge. Umso fataler, dass »die Reichweite unserer Entscheidungen […] in dem Maße zu steigen [scheinen], wie die Zeitressourcen, sie zu treffen, schwinden.«[185]

Weil nun politische Entscheidungen Veränderungen in der weiteren Zukunft bewirken, die auf der Grundlage aktueller Wissensstände und, getrieben von ökonomischen Prozessen, von den Heutigen für das Morgen und Übermorgen gefällt werden, ist eine Überprüfung nicht nur der Handlungsziele, sondern auch der weiteren Folgen der Umsetzung derselben geboten. Denn die Legitimität von Entscheidungen nimmt mit der Reichweite der Folgen ab. »Wenn politische Entscheidungen gravierende, langfristig irreversible Konsequenzen haben, wird die Entscheidungsgrundlage fragwürdig.«[186] Eine Zeitordnung, die in dieser Situation das begründete Entscheiden überschauen und festlegen soll, muss verantwortbare Handlungen effektiv begrenzen. Sie muss zeitliche Relationen neu konzipieren.

Was heißt dann »die eigene Zeit gestalten« für ein demokratisches Kollektiv? Es könnte erstens wie bislang bedeuten, Geschichte zu machen: eine Serie von Ereignissen produzieren, der Zeit eine Form geben, diejenige, in der das Kollektiv gewohnheitsmäßig Zeitsynthesen vollzieht, in der es den übergreifenden zeitlichen Zusammenhang sinnvoll gestaltet, sich der eigenen zeitlichen Wirksamkeit versichert und sich die Zukunft aneignet. Ein souveränes Agieren in der Zeit. Eine Akkumulation von Zeit in den Händen weniger. Zweitens könnte es aber auch bedeuten, eine freie Zeit zu erschaffen, deren Form auf der Basis der Intersubjektivität und der freien Assoziation eine Öffnung für das Nichtidentische der Zeit enthält und plastisch bleibt.

Weil das kollektive Agieren ebenso von räumlichen, wie von zeitlichen Strukturen durchzogen, wie in Relation zu Äußerem gesetzt wird, ist es rationaler, in Kontakt mit diesem Äußeren zu kommen und es bestmöglich zu integrieren, als es mythisch auszugrenzen oder kapitalistisch zu kolonisieren. Trotz aller technischer Ausdehnung und Befestigung der Gegenwart wird es immer ein Äußeres der verwirklichten Zeit geben, eine zeitliche Umwelt, die nicht systematisierbar sein wird; sogar innerhalb des Systems der Gegenwart wird ein solches zeitliches Draußen unweigerlich durch jede Handlung produziert. Eine aus der Handlung generierte Struktur und Form sind ebenso notwendig zur Konstitution von Handlungen wie eine Relation zu dem, worin die Handlung stattfindet, auch wenn dieses ausgeblendet, unterworfen oder vernichtet wird. Im Vollzug und der Verwirklichung jeder Handlung ereignet sich dieses Äußere durch den Übergang in etwas Nichteigenes und damit der Vorgriff auf eine freie Zeit. Diesen Übergang bedingen erstens Materialisierungen, zweitens die Differenz zwischen Zeitlichem und Zeitmessung (nicht nur bei Synchronisierungen) und drittens intertemporale Relationen, Figuren der Intraaktion[187], intersubjektive Imaginationen, Bemessungen, Geschwindigkeiten und Bedeutungszuweisungen. Im Einzelnen kann eine Aufmerksamkeit für diese Übergänge Kollektive dazu veranlassen, eine situative Zeitkonzeption zu entwickeln und vorherrschend werden zu lassen, die auf äußere Impulse reagiert, es kann bedeuten, der Zeit mehr oder weniger Gewicht zu geben oder verschiedene Ereignishorizonte zu konstellieren, die Generierung und Allokation von Zeitressourcen zu steuern und spezifische Zeitfiguren in Handlungsfolgen entstehen zu lassen.

Ein Begriff, der sich für die Analyse dieser Perspektiven eignet, ist derjenige der »Chronopolitik«: Paul Virilio bezeichnete damit zwar nur diejenigen Verfahren, durch die Zeit in eine verwaltbare Ressource verwandelt und als Ressource ständig verknappt wird[188], doch eine Chronopolitik kann neben diesen Dimensionen zeitökonomischer Beherrschung auch die Perspektive der Befreiung aufnehmen. Die Herrschaft durch Zeitstrategien (Antreiben, Beschleunigen, Wartenlassen, Hinhalten, Zuvorkommen, Verzögern; Befristung, Rhythmisierung, Variation) gelingt vor allem, weil die Möglichkeiten dazu in Herrschaftssystemen asymmetrisch verteilt sind; es ist die Herrschaft der zeitakkumulierenden Klasse. Chronopolitik gibt es allerdings auch in zeitlichen Gegenstrategien (bspw. Streik) oder im Ausbruch aus dem Zyklus von Produktion und Reproduktion, in Aufständen, die in einen (Klassen-)Kampf um die Zeit münden.

Politische Kämpfe um die Gestaltung und Verteilung der Zeit bewegen sich zwischen konträren Erfordernissen: Fokussierung und Streuung, Singularisierung und Serialisierung, Synchronisierung und Dechronisierung. Einerseits muss jede Handlung aus sich selbst erklärt und verantwortet werden können, andererseits stehen Handlungen immer in einem Geflecht, in einer Serie und sind nur als Handlungsfolgen verstehbar und sinnvoll. Einerseits scheinen Zurechnungsfähigkeit und Verantwortbarkeit, Stabilität und Vorhersehbarkeit, das Ineinandergreifen von Tätigkeiten und die Möglichkeit der Koordination durch Zeitrechnung notwendige Bedingungen verantwortlichen Handelns zu sein. Auf der anderen Seite ist eine vollständige Vorherbestimmung und Synchronisierung, eine Unterordnung unter die Chronologie, eine komplette temporale Determination, die Unterstellung sämtlicher Sequenzen unter einen Befehl, eine Zukunft, die vollständig gemacht, kontinuierlich und berechenbar wäre, ein geschlossener, totalitärer und erstickender Zustand.

Gefordert ist folglich eine dialektische, auf negativen Antizipationen und imaginativen Techniken aufbauende, neue Chronopolitik. Zeitliche Autonomie bedeutete bislang die Möglichkeit zur Verfolgung selbstbestimmter Projekte durch plangemäße Einwirkung auf die Umwelt und die Kontrolle der Veränderungsprozesse unter der Voraussetzung genügender sozialer und natürlicher Zeitressourcen, der Stabilität von Handlungsbedingungen und der Zeitkonstanz als Identität des Zeitobjekts in wechselnden Situationen.[189] Dem stellt sich nun eine andere Auffassung zeitlicher Autonomie entgegen. Eine dialektische Chronopolitik wird die Planbarkeit und Plastizität, die Fokussierung und die Integration anderer temporaler Perspektiven miteinander vermitteln.

Denn jede Handlung impliziert mehrere zukünftige Zeithorizonte: das Handlungsziel, die unmittelbaren Akte, die vollzogen werden müssen, um dieses Ziel zu erreichen, die Handlung als Zeitform, die absehbaren Konsequenzen der Erreichung und des Verfehlens des Handlungsziels, die unabsehbaren weiteren Konsequenzen der Handlung und die spontanen Wirkungen und Reaktionen, die sie dort provoziert, wo sie auftritt und wohin sie wirkt, unvorhergesehene Ereignisse und die entsprechenden Rückwirkungen in der Zeit. Ein Handeln erfolgt vielleicht aufgrund von etwas, das (in der Vergangenheit) zugestoßen ist, oder weil etwas in der Gegenwart verstört oder fehlt, aber weder diese noch jene kann das Handeln beeinflussen, sondern nur die Zukunft, da der Vollzug der Handlung, wie minimal auch immer, temporal von der Vorhabe differiert. Diese Zukünfte ziehen ihre Kräfte zusammen als das Andere, das der eigenen Zeit der Handlung entgegentritt und auf das sie einwirken will. Die Zukünfte kommen der Eigenzeit des Handelns aus verschiedenen Richtungen und Distanzen entgegen. Sie erfüllen das Handeln, so dass es stattgefunden haben wird, oder lassen es scheitern.

Das Zukünftige ist als Wirkung der Handlung nicht nur Produkt, sondern zugleich unabsehbarer Erfüllungspunkt; es ist auch eine Herausforderung zur Beantwortung durch weitere Handlungen. Dieses Handlungsresultat mit all seinen Effekten und Verzweigungen zu kennen und weitgehend zu beherrschen, kann nur für sich wiederholende Handlungen und Ereignisse gelingen. Diese Diskrepanz zwischen Handeln und Wissen hat Auswirkungen auf die Art und Weise, wie die Verantwortung für künftige Auswirkungen wahrgenommen werden kann.

Das moderne Streben nach Wissen über eine konkrete Zukunft und die Bemühungen, diesen Bereich des Noch-nicht-Seins zu imaginieren und beurteilbar zu machen, stehen in einem Zusammenhang mit Aktivitäten, die versuchen, das individuelle Agieren einzubinden in die Zeitakkumulation und die Kolonisierung der Zukunft. Prognose, Planung und Beherrschung sind ineinander verzahnt. Fehlerfrei erkenne ich eine Zukunft, die vollständig leer ist, bei der ich nichts übersehen kann und die keine Widerstände bietet. In vielen soziokulturellen Aktivitäten der Moderne wird die Zukunft als tabula rasa postuliert, als leeres, zu besetzendes und zu kontrollierendes Gebiet. Das ideologische Projekt einer vollständigen Beherrschung der Zeit blendet dabei aus, dass es sich bereits um die Zukunft von jemandem oder etwas handelt und dass die souveräne Kontrolle der Zeit einer Enteignung gleichkommt.

Die vermeintlich leere Zukunft wird kommodifiziert, ausgebeutet, verschmutzt und unlebbar gemacht. Für Adam / Groves ist das eine Art temporaler Kolonialismus.[190] Die Vorstellung, dass die Zukunft bereits belebt und bewohnt ist, von allen möglichen Arten und Lebensweisen, und eben keine Zeitlandschaft der unbegrenzten Möglichkeiten darstellt, nichts, das erst von uns entdeckt würde oder das ausschließlich aus unseren Akten entstünde, ist nicht nur eine theoretische Implikation postkolonialen Denkens, sondern auch der Erfahrung geschuldet, dass heute fast alle Zukunft bereits besetzt, verbraucht und geplündert ist, dass sie bereits vorprogrammiert ist und kaum Spielräume enthält oder dass sie ohnehin nur mehr Katastrophen birgt.[191]

Begehren, Wünsche und Hoffnungen zielen ebenso wie Ängste, Sorgen und Schmerzen auf die Zukunft. Sie wollen erfüllt oder beendet werden. Es gibt zwar »self fulfilling prophecies«; allgemein bewirkt aber Hoffen oder Fürchten nichts in der Zukunft, sondern nur die Intention, etwas mit Bezug auf das Erhoffte oder Befürchtete zu unternehmen. Jede Handlung zeitigt unumkehrbare Folgen. Eine vorwärts gerichtete Weise des Umgangs damit ist das Versprechen der Verantwortungsübernahme, die rückwärtsgewandte ist die Vergebung. Während durch das Versprechen die Gegenwart dialogisch erweitert wird, kann die Vergebung das Fortdauern der Schuld unterbrechen und damit die Vergangenheit in einem bestimmten Punkt beenden. Hannah Arendt hat betont, Vergebung diene dazu, die Taten der Vergangenheit ungeschehen zu machen. Ohne Vergebung, ohne Befreiung von den Folgen für das, was wir getan haben, wäre unsere Handlungsfähigkeit gleichsam auf eine einzige Tat beschränkt, von der wir uns niemals erholen könnten.[192] Für ein Versprechen, das wir weder je einlösen noch zurücknehmen könnten, gälte das gleiche.

Während ein Versprechen sich an jemanden in der Gegenwart wendet, ihm anbietet, in der Zukunft die Erfüllung des Versprechens zu messen, und mit dieser Obligation ein soziales Band in die Zukunft knüpft, beantwortet die Vergebung einer Tat eine andere Beurteilung der Vergangenheit in der Gegenwart und streckt auch in jene zeitliche Richtung gewissermaßen die Hand aus. Je weitgreifender und aufwendiger die sozialen Projekte, desto höher steigt die Unsicherheit und der Verlust der Kontrolle; unausweichlich werden die Akteure zunehmend verantwortlich für Handlungsfolgen, die sie nicht abschätzen können. Adam/Groves insistieren, dass wir – rückblickend auf die Umwelt- und Ressourcenzerstörung vergangener Generationen – eine demütige, selbstbegrenzende »Position erhöhter Fürsorge und Sorge« einnehmen müssen.[193] Sie schlagen eine Politik der Sorge vor, die ähnlich wie die Entscheidungen, die Eltern für ihre Kinder treffen, irreversibel, folgenschwer und nicht auf der Basis eines Wissens, sondern nur auf der Basis von Fürsorge zu treffen sind – »the restoration of temporally extended relations of care to the public realm.«[194] Nun unterstellt der Ausdruck der »Restauration« ähnlich wie der der Reparatur, dass irgendwann einmal alles in Ordnung war. Zudem zeigt der Vergleich mit der Fürsorge bei Kindern und Alten, dass diese Sorge nur potenziell bekannten Wesen auf der Basis reziproker Personalität zukommen kann. Ergänzt werden muss dieser Gedanke deshalb um die radikalökologische Sorge um das, was wir nicht kennen, nicht richtig erkennen oder was uns ganz unähnlich ist; etwas, dem wir nicht verpflichtet sind, um das wir uns nicht angemessen sorgen können und demgegenüber wir dennoch Verantwortung tragen.

Die Basis politischer Entscheidungen kann deshalb weder eine Expertise bilden noch ein Repräsentations- oder Vormundschaftsverhältnis, sondern nur die freie Beratschlagung über das Richtige und Gerechte[195], und das Engagement für das Zukünftige.

4.3 Für eine Ökologie der Zukunft

4.3.1 Zeitregime

In der Moderne entstehen, prädominant in Gestalt von Architekturen, Zeitregime, die das biologische, soziale und kulturelle Leben dominieren. Der Begriff Zeitregime bezeichnet die gesellschaftliche Strukturierung, Homogenisierung, Technisierung und Performanz von Zeit. Zeitregime dienen zur Koordination, Synchronisation und Bedeutungszuschreibung sozialer Prozesse.[196] Ein Zeitregime sichert der Zählung von Zeit eine politische Bedeutung und bewirkt eine Unterwerfung unter die Zeit.[197] Es impliziert zeitliche Subjektivierungstechniken, Produktions- und Reproduktionstechniken und eine Organisation von Macht und Herrschaft im Modus der Zeit.

Das moderne Zeitregime ist zugleich durch die Extension (Synchronisierung großer Territorien), durch die Division (immer kleinere Zeiteinheiten) und die Intensivierung der Zeit (Verdichtung, Beschleunigung) gekennzeichnet. Die koordinierten Uhrwerke werden über die Eisenbahnnetze und die telegrafischen Linien zu Zeitsystemen verknüpft. Die Architektur baut Netzwerke der Zeit, um die Erfahrung zu systematisieren. Durch die flächendeckende Distribution von Maschinen zur Berechnung, Aufzeichnung und Verteilung von Zeit und die zunehmende Abhängigkeit der Arbeit von diesen Maschinen gelingt es bis zum Ende des 19. Jahrhunderts, Menschen und Maschinen zu vertakten. Von der Landwirtschaft, über die Taktung der Reproduktion des Lebendigen, bis zur Fabrikation biologischer Maschinen werden seither Zeit und Natur verkoppelt und jederzeit in Kapital konvertierbar gehalten. Die Materialkulturen der Zeit werden Extensions-, Distributions- und Aufführungsprogrammen unterworfen, die dazu führten, weltweite Netzwerke und Standards der Zeit zu etablieren und von wenigen Punkten aus beherrschbar zu machen.

Der Zusammenhang von Machttechnik und Zeitorganisation ist deshalb ein wichtiger Teilaspekt der von Michel Foucault analysierten Disziplinargesellschaften.[198] Die Intensivierung wird vor allem durch die Individualisierung der Zeit, durch das Trainieren des Körpers als Uhrwerk, durch portable, mit dem Körper verbundene, anzeigende und messende Uhren, durch Implantate, durch eine Fusion von Uhr und Körper erreicht. Die Uhr wird jetzt eine Institution, die das bestimmt, was seit dem 18. Jahrhundert »Gegenwart« heißt. Diese Gegenwart wird das Eichmaß moderner Gesellschaften. Aufgrund der gesellschaftlichen Distribution und Vernetzung von Uhren kann es gelingen, Ereignisse zu planen und erfolgreich durchzuführen, Produktionsprozesse zu koordinieren und gesellschaftliches Leben effizient und zielgerichtet zu organisieren, zu strukturieren oder zu unterbrechen. Partizipation an der synchronisierten Gegenwart ist vital. Wer aus dieser Gegenwart herausfällt, verliert seine Rechte, seine Teilhabe. Dies zeigt sich nicht erst in den Extremfällen der Lager, der Vernichtung, der Folter, der Verelendung, der Entmenschlichung. Dies zeigt sich bereits in der alltäglichen Taktung des Lebens der Pflanzen und Tiere, deren Massenaufzucht und Tötung. Das minutiös geplante Ineinandergreifen der Fließbandproduktion von Fleisch in den Schlachthöfen und der neuen, am Hochhausbau orientierten Stadtplanung von Chicago beispielsweise ist gut belegt.[199] Koordinierte Bewegungen, zunehmende Geschwindigkeit und messbarer Fortschritt werden immer kleinteiliger miteinander verzahnt. Vom Flugverkehr bis zur modernen Küche erweist sich die Funktionalität und Effizienz von Architekturen am Zeitgewinn, d.h. an ihrer Ausrichtung an der linearen Zeitkonzeption. Der Taktung und Beschleunigung entspricht auf der anderen Seite die Ausgrenzung und Tötung. Das Zeitregime ist damit zugleich auch ein Herrschaftsinstrument, das der Disziplinierung sozialer Akteure dient.

Die Pünktlichkeit strukturiert nun jeden Meter des täglichen Lebens. Die Wohnungen werden mit großen Uhren fast im Stile von Hausaltären dekoriert. Haushaltsabläufe, das ganze Interieur des bürgerlichen Lebens spiegelt die Labore, Büros und Fabriken. Das Tragen von Armbanduhren verbreitete sich, und damit kommen die Zeitobjekte immer näher an den menschlichen Körper.[200]

Das moderne Subjekt plant seine Zukunft, evaluiert seine Vergangenheit und erlebt seine Gegenwart immer im Hinblick auf das zeitliche Maß, das die Uhr bereitstellt. Die technischen Medien des Uhrenzeitalters verkünden die Aktualität, sie fixieren und vermessen das Jetzt und grenzen es von der Vergangenheit und Zukunft ab. Dabei sind die Messung und die Verkündung der Zeit, die Zeitvorgabe und die Ausrichtung nach der Zeit im modernen Zeitregime prinzipiell hierarchisch strukturiert.

Kennzeichnend für die Moderne ist die Einrichtung zentraler, meist staatlicher Agenturen zur Zeitmessung und Zeitverkündung, die den jeweiligen Gesellschaften den Takt vorgeben. Sie sind ihrerseits eingebunden in eine internationale Zeitordnung, für deren hierarchische, koloniale Struktur exemplarisch die auf den Nullmeridian im englischen Greenwich hin ausgerichtete Weltzeit stehen kann (ab 1928 die »Universal Time« und ab 1972 die Internationale Atomzeit), deren Messung und Verkündung jeweils vom Bureau International des Poids et Mesures koordiniert wird. Die Weltzeit, die Unterwerfung des ganzen Planeten unter eine von wenigen erfundene und kontrollierte Taktung und die Einrichtung einer Technik, die von kürzesten atomaren Prozessen bis hin zu astronomischen Messungen und Langzeitplänen alles miteinander verschaltet, ist der ultimative Ausdruck des modernen Zeitregimes.

In den letzten Jahrzehnten sind allerdings neue technische, mediale und kulturelle Institutionen auf den Plan getreten, die diese Situation und damit die Fügung von »logischer« und »imaginärer« Zeit radikal verändern.

Wir stehen nun vor einem neuen medientechnisch bedingten Zeitumbruch: Zeitwächter und Zentraluhren werden abgelöst von selbstregulierenden Netzwerken. Die Grenzen der Zeitzonen verlieren ihren Schwellencharakter. Zweifelsohne bleibt die Uhr und die von ihr organisierte chronologische Dauer nach wie vor eine wesentliche Institution für die Zeiterfahrung des Subjekts, aber diese Zeiterfahrung wird medial zunehmend neu konturiert und von anderen Strukturen dominiert. Im Zusammenhang mit dieser neuen Konturierung spielen die Allgegenwärtigkeit[201], die Verfügbarkeit, die Dispersion von Gleichzeitigkeiten und das Serielle eine besondere Rolle.

Auf der Ebene der Zeitmessung treten an die Stelle der »Master/Slave«-Logik universeller Synchronisationssysteme nun zunehmend differentielle Adjustierungslogiken. Das monochrone Signal, dem alles unterzuordnen ist, verliert dabei an Bedeutung gegenüber komplexen Abstimmungs- und Angleichungsprozessen, die Positionen als Differenzen kalkulieren und daraus polychrone Rhythmen generieren. Wichtiger als Atomuhren, Lichtgeschwindigkeit und Gleichschaltung werden nun modulierbare Sequenzen, serielle Präsentationen und ostentative Akte relativer Synchronisierung.

Vom kleinsten Apparat bis zu kulturellen Dispositiven ändert sich die temporale Architektur. Differenzbildung durch Wiederholung ist nicht nur die Basis neuer Zeitmessverfahren, sondern auch die zentrale Figur temporaler Bedeutungserzeugung[202] – sie ist das Muster der Serie ebenso wie des Loops, des Zitats ebenso wie des Samplings, des Recyclings ebenso wie des Reenactments. Nicht einmalige Ereignisse, eingetragen in eine übergeordnete Zeitleiste – die Uhr zur Ankündigung der Nachrichten im Fernsehen, der in »die Geschichte« eingeordnete Zeitpunkt als Nachweis historischer Gesetze –, sondern die Abruf- und Verknüpfbarkeit zeitlicher Sequenzen werden von den Oberflächen der Apparate herausgestellt. Die kolonialen Anmaßungen, wie sie noch hinter Institutionen wie der »Greenwich Mean Time« und der »Universal Time« standen, werden nun durch die mehrschichtige Koordination von Zeitsystemen vermieden, auf der Ebene der Weltzeit ebenso wie auf der Ebene der Politik, der Kultur und der Geschichte. Schauplätze des Aushandelns und Abgleichens von Jetztpunkten und Bewegungsmustern sind vor allem die diversen Kommunikationsplattformen des Internets. Gegenwartsfelder werden nicht von Uhren, sondern von kommunikativer Intensität definiert. Die Festlegung der Aktualität geschieht nicht mehr durch die Planetenrotation, die Schwingungen von Quarz oder die Polarisierung von Atomen, sondern durch rekursive Rechner-Operationen, durch kollektive Bezugnahmen und Vergleiche, durch die Relationierung und Berechnung von Signalgeschwindigkeiten. Die Distribution und Frequenz des Signalaustausches wird zur Basis zeitlicher Koordination.

Durch derartige neue Zeittechniken ändert sich die Konfiguration der Zeitmodi: Die Vergangenheit wird tendenziell in die Gegenwart verlängert, die Zukunft in der Gegenwart berechnet, bewertet und verkauft. Während auf der archivarischen Seite immer abgelegenere Schichten der Vergangenheit erschlossen und global verfügbar gemacht werden können und das Vergangene nicht vergeht (unter anderem, weil, wie es heißt, die künstliche Intelligenz nichts vergisst), geschieht auf der Seite der Präsentationsmedien nichts genuin Neues, nur eine Variation bereits verfügbarer Informationen (und systeminterner Störungen). Prognosen, lernfähige Systeme und die Programmierung möglicher Verläufe greifen ineinander. Was einst offene Zukunft hieß, ist nun bereits Teil eines Produktionskreislaufs, Teil der Gegenwartskybernetik.

Dies zeigt sich unter anderem an der Finanzialisierung der Wirtschaft: Das Finanzmarktkapital wurde in dem Maße bestimmender, wie es sich vom Goldstandard und der Realwirtschaft gelöst hat und vor allem durch Kredite[203], Optionen, Terminkontrakte und andere Finanzinstrumente oder durch virtuelle Währungen geschöpft wird: durch das Verkaufen von Zukünftigem. Ein weiteres Beispiel ist die Ökonomisierung, der Verbrauch bzw. die Vernichtung von Ressourcen zukünftigen Lebens in einer wuchernden vielschichtigen Gegenwart.

Das aus Protentionen und Retentionen aufgebaute Zeitfeld, das Husserl beschrieb[204], verliert mit den Grenzen zu Vergangenheit und Zukunft tendenziell seine linearen Konturen. Dies liegt nicht nur an der Bedeutungszuweisung und Nutzung der Zeit. Vielmehr hat sich mit den Techniken der Sichtbarmachung, Zählung und Zuordnung gewissermaßen auch die Ontologie der Zeit verschoben: Die Zeit ist nun, anders als im modernen Zeitregime, keine durchgehende Linie[205] mehr, keine geordnete Abfolge von Ereignissen, keine Zunahme von Fakten. Vielmehr geht sie über in ein Netz koordinierter Gleichzeitigkeiten, in ein polychrones Feld simultaner Präsentationen. Wir leben zusehends in einem technisch generierten »Blockuniversum«[206] – alle Ereignisse bleiben präsent, sie sind nur unterschiedlich weit voneinander entfernt, in Früher/Später-Relationen. Die neuen Zeittechniken modulieren diese Ausweitung der Zeit und prägen sie als kollektive Erfahrung.

4.3.2 Netzwerkzeit

Der medientechnische Kern dieser radikalen Veränderung ist die Synchronisierung durch eine netzwerkartige Zeitkoordination. Sie ist die Taktgeberin der Netzwerkgesellschaft. Dieser vor allem von Manuel Castells geprägte Begriff beschreibt Gesellschaften, in denen Einheiten (Individuum, Familie, Organisation, Staat, …) eine netzwerkartige Organisationsstruktur aufweisen und über verschiedene Verbindungen mit allen anderen global verbunden sind. Der Aufbau globaler Netzwerke geschieht laut Castells über den Austausch von Information, Macht, Technik und Kapital. Die Identität aller Teilnehmer dieser Gesellschaft definiert sich über den Bezug und die Abgrenzung zu anderen Knotenpunkten. Eine solche Bestimmung unterscheidet sich von Beschreibungen von Gesellschaften, die diese als Zusammenspiel verschiedener, getrennter, funktional differenzierter Systeme auffassen, die andere Akteure in der Gesellschaft nur als Umwelt betrachten. Die Netzwerkgesellschaft ist Castells zufolge aus mehreren Schichten aufgebaut: 1. technische Infrastruktur, 2. »Lokalitäten« (geographischen Punkte, soziale Bedingungen und Einflussreichweiten), 3. Managementebene, die die Steuerung der »Ströme« durch das Netzwerk übernimmt.[207] Die Netzwerkgesellschaft basiert demnach auf einer technischen Infrastruktur, die die Lokalitäten als solche definiert und miteinander koordiniert. Diese Infrastruktur funktioniert als Netzwerk aber nur dann, wenn sie sich nach einer instituierten Zeit richtet (ohne damit schon eine Hierarchie zu implizieren). Diese neue, »logische« Zeitinstitution können wir Netzwerkzeit nennen.

Die Netzwerkzeit konkretisiert sich in Verschaltungen technischer (genauer: digital gesteuerter) Umwelten. Die aktuellen Zeittechniken, die erste Implementierungen der Netzwerkzeit darstellen, verknüpfen permanent reaktualisierte Rechner-Interrelationen in kaum wahrnehmbarer Geschwindigkeit, ohne strikt hierarchisiert oder zentral gesteuert zu sein.[208] Serien aus Datenpaketen liefern dabei Impulse für automatisierte Richtvorgänge, die als Zeitstandard für lokale digitale Sequenzen genutzt werden. Die Netzwerkzeit löst damit tendenziell die modernen Synchronisationssysteme ab.

Noch unterhalb der Zeittaktung betrifft das die Möglichkeit von Zeitpunkten und Diskontinuitäten. Ereignisse werden jetzt nicht mehr in natürlichen Prozessen detektiert und gemessen, sondern von technischen Serien, in Rekursionen, entlang abgesicherter Bahnen erzeugt. Sie sind weder flüchtig noch überraschen sie, sondern entstehen aus Rekombinationen des im Programm Angelegten. Das Zeitliche ist nun vollständig ein Produkt der Zeitordnung. Die Loslösung der Zeit vom Augenblick, vom natürlichen Ereignis, von der (durch Anfang und Ende geformten) Bewegung und der Außenzeit entspricht der umfassenden Entgrenzung der organisierten Aktualität, die mit der Organisierung einer medientechnisch konditionierten Zeitimmersion einhergeht.

Die Zeittechniken des 21. Jahrhunderts haben Wahrnehmungs- und Handlungsmodi generiert und in immer größere und umfassendere Netzwerke überführt, die auch hinsichtlich ihrer temporalen Strukturen neuartig sind. Denn diese Netzwerke unterwerfen die Rhythmen und Eigenzeiten dessen, was sie vernetzen, nicht mehr der Maßgabe einer hegemonialen Zeitordnung oder logisch-technischen Hierarchie; vielmehr stellen sie rekursive Relationen her. War schon die Orientierung an einer kosmischen Zeit, an einem zeitlichen Außen im Atomzeitalter zugunsten einer koordinierten hochpräzisen Messung von Sekundbruchteilen weitgehend aufgegeben worden, die nur noch sehr entfernt mit der Erdrotation, mit der historischen Zeit oder gar der Ewigkeit in Verbindung stand, so ist das Prinzip der neuen Wahrnehmungs- und Handlungsmodi dasjenige der Immersion in eine interaktive Apparatewelt. Der Tod ist der Moment, in dem die Apparate abgeschaltet werden. Das Leben beginnt mit der Registrierung und Verschaltung. Die Erfahrbarkeit auch der eigenen Zeit ist damit nur als Element einer reaktualisierten technischen Relation gegeben. Und dies prägt folglich auch die dominanten Wahrnehmungs- und Handlungsmodi, deren temporale Strukturen von Programmvorgaben, artifizieller Dauer und Rekursionstaktungen bedingt werden. Technik bewirkt auch die Schrumpfung der Ewigkeitsbezüge, die Miniaturisierung des kollektiven Imaginären und die Ausräumung der Futurität. Die Technisierung der Zeit virtualisiert den öffentlichen Raum und unterwirft das Handeln dem zeitlichen Kontrollmonopol.[209] Die reale wie auch die existentielle Dimension der Zeit werden von der medientechnischen Synchronisierung absorbiert. Dies lässt sich auch als eine Dynamik der Entzeitlichung beschreiben.

4.3.3 Kontrollzeit

Durch die Entwicklung von elektronischen Informations-, Steuerungs- und Kontrollsystemen kommt der Darstellung und Wahrnehmung der Entzeitlichung eine erhöhte Performativität zu. Dies wird besonders deutlich in der digitalen Videotechnik, die die weltweite Kommunikation zunehmend beherrscht. Was auf der Programmierebene mit Netzwerk-Zeit-Protokollen verknüpft wird, leistet auf der Ebene der Wahrnehmung der Video-Bildschirm. Er entgrenzt die Ereignisse mit Hilfe der Bilder und löst sie in energetische Zustände oder in Zeitströme auf. Der Videobildschirm evoziert damit eine andere Weise des Wahrnehmens und Benutzens von Bildern und somit auch des Wahrnehmens und Benutzens von Zeit. Das Videobild entsteht nicht wie das Filmbild aus unbeweglichen Einzelbildern, die durch eine mechanische Anordnung in Bewegung gesetzt und in künstlerischen Einzelfällen durch Techniken der Montage aus ihrer Abhängigkeit von der Bewegung befreit werden, so dass sie die Zeit unmittelbar darstellen[210]; vielmehr ist das Videobild ein sich ständig umformendes Profil, eine Modulation elektrischer Ströme, das Resultat der Kontraktion oder Dehnung der Zeitmaterie.[211] Videobilder sind keine Reihungen statischer Momentaufnahmen, auch keine Bildsequenzen, sondern parametrisierte Lichtströme, kontinuierliche mikroskopische Zeitimpulse, Farbspiele auf einer haptischen Oberfläche. Die über Videobilder huschenden Augenblicke sind Effekte einer Modulation elektronischer Zustände, Ausschnitte aus Strömungsrelationen, Varianten von etwas, das nur innerhalb der Technik existiert. Diese Bilder richten sich nicht an Betrachter, sondern an Benutzer, sie werden zugleich gesehen und manipuliert. Bildelemente werden vervielfältigt, umgeformt und als Bedienungselement für andere Operationen benutzt. Zugleich verschaltet der Videobildschirm die Benutzer taktil und simultan mit einer Vielzahl anderer Apparate (und weiterer Benutzer). Die Welt wird eine »24/7«[212]-Kontrollzone, die Sicherheit bieten soll vor dem Kontakt mit dem Unvertrauten, Fremden, mit einer anderen Zeit.

Heute ist Video nicht nur das verbreitetste Kommunikationsmittel, sondern zugleich eine alle möglichen Dinge und Apparate verbindende Oberfläche. Video ist zugleich Bildschirm und Kamera, Kontrollraum und Überwachungsfeld: Objekte und Geräte kommunizieren permanent untereinander, über Video-Oberflächen schaffen sie für ihre Benutzer taktil-optische Atmosphären und kontrollieren diese zugleich, da Bildfläche und Kamera fusionieren.[213] Nicht nur für die darauf basierende Videokunst, sondern selbst für das Videospiel steht die Behauptung im Raum, dass die Nutzer auf technisch induzierte Weise »vergessen, wie die Zeit vergeht«[214], und sich darüber hinaus interaktiv Zutritt zu einer Realität der Zeit im Zeit-Bild verschaffen.

Das soziale Leben ist, wie sich daran zeigt, in zunehmendem Maße nicht nur von technischen Geräten abhängig, sondern technologisch bedingt. Wir leben in, von und mit einer medientechnisch bedingten Gegenwart der Zeitmodulation. Das Zeitalter der »technologischen Bedingung«[215] verändert nicht nur mediale und soziopolitische Kontexte. Erich Hörl zufolge sind wir Teil eines technischen Makrosubjekts, das er Umwelt nennt. Hörl schreibt: »Technische Aktivität [...] ist zunächst und zumeist verteilte Handlungsmacht, gar nicht mehr zurechenbar auf die Einheit eines Akteurs, eines Subjektes, eher Ausdruck einer zerstreuten, einer [...] ökotechnologischen Subjektivität.«[216] Das Zeitempfinden der menschliche Welt ist nicht mehr bestimmt vom Licht der Sonne, von der Photosynthese der Pflanzen, von atmenden Lebewesen, sondern von Signalströmen, von Programmen, von Plattformen in unterschiedlichen Skalen, vom modulierten Leben in künstlichen Habitaten.

Die Zeit ist in medientechnische Umwelten distribuiert. Sie hat keine Dauer, sondern ist nur durch die (psychotechnische) Verschiedenartigkeit ihrer Integrationsmilieus und Präsenzfelder gekennzeichnet, denn »die kybernetische Subjektivität, die nur noch ökologisch als Integration verschiedener psychischer, kollektiver und technisch-medialer Subjektivierungsmilieus zu beschreiben ist, folgt auf die lang dauernde skripturale Subjektivität der Epoche der Schrift.«[217] Auf die Epoche der Zeitlinie folgt diejenige der Netzwerkzeit.

In zeitphilosophischer Hinsicht gälte es demzufolge, die architektonischen, medientechnischen und sozialen Implikationen dieser Entkopplung der Zeit von der Bewegung, so wie sie Bergson und Deleuze herausgestellt haben, auszuloten und noch den

Verlust der Integrität der Dauer als genuin zeitliches Phänomen zu deuten. In der heutigen Philosophie der Zeit wird darum gerungen, wie sich der Fluss der Zeit, die Geschwindigkeit, mit der die Zeit vergeht, die Ausdehnungen der Gegenwart und die Topologie verschiedener Zeiten konzipieren lassen.[218] Dies ist meines Erachtens keine ausschließlich an der theoretischen Physik auszurichtende Frage. Denn nur wenn es eine erfahrbare Realität der Zeit gibt,[219] und zwar jenseits des Raumes, kann die Frage sinnvoll gestellt werden, wie sie in ihrer eigenen Logik dargestellt und berechnet werden kann.

Die traditionelle Dreigliederung der Zeit in Vergangenheit, Gegenwart und Zukunft, die auf der Erfahrungsebene einen Lauf der Zeit (als Ordnung artikulierter Ereignisse) und eine Verlaufsform (des Wahrnehmens und Denkens) an eine kontinuierliche rekursive Bewegung koppelte, diffundiert in der Netzwerkzeit, die keine solche Verlaufsform und keine hierarchisch artikulierte Präsenz mehr postuliert. Zeit ist keine Kategorie der Dynamik mehr, des Wandels und der Ereignisse, sondern das Integral sich auf- und abbauender, miteinander kommunizierender, technisch generierter Präsenzfelder. Die Erfahrung derartiger Permanenz impliziert eine Entzeitlichung in den Subjektivierungsprozessen. Die Netzwerkzeit, von der wir sagen, dass sie die Netzwerkgesellschaft rhythmisiert, bedingt folglich eine andere erfahrbare Realität der Zeit und damit andere politische Verhaltensweisen und Machtverhältnisse als diejenigen, die für das moderne Zeitregime kennzeichnend sind. Was bedeutet es in dieser Situation, Zeit zu haben, seine Zeit selbst zu bestimmen, frei auch in zeitlicher Hinsicht zu sein, und zwar nicht nur einen Augenblick lang oder innerhalb einer apparativen Umwelt, sondern hinsichtlich der Gestaltung der eigenen Lebenszeit?

Das moderne Zeitregime zielt darauf ab, die Körper der Individuen zu disziplinieren und die Massen dadurch der Herrschaft der Zeit zu unterwerfen, dass sie die Uhr quasi internalisieren. Wie jedoch Gilles Deleuze – Gedanken Michel Foucaults aufgreifend – herausgestellt hat, leben wir nun nicht mehr in der Disziplinar-, sondern in Kontrollgesellschaft. Für unsere Analyseperspektive bedeutet dies:

An die Stelle chronologischer (Selbst-)Reflexion tritt die provisorische Modulation: weniger Selbstverortung als Interaktion; weniger die Markierung und das Durchlaufen von Grenzen mit den damit verbundenen Unterscheidungen steht nun im Vordergrund als vielmehr die Weise, in denen sich Eigenzeit-Systeme in vorläufiger Homöostase formieren, wie ihr inneres und äußeres Milieu entsteht und wie diese interagieren. Raumgrenzen und Zeitgrenzen spielen eine immer geringere Rolle. Subjekte sind nicht länger Objekte eines Zeitdiktats und einer zeitlichen Ausbeutung, sondern formieren sich in Abhängigkeit voneinander, in Rekursionen, in kontrollierten Immanenzen.

Die Kontrollgesellschaft ist ein offenes System; es basiert auf »ultra-schnellen Kontrollformen mit freiheitlichem Aussehen«[220], die jederzeit die Position eines Individuums angeben und seine Geltung als solches trotz des zugestandenen Freiraums entziehen können.

In der Kontrollgesellschaft nehmen die Akteure »die Position eines Elements in einem offenen Milieu« ein und werden »chiffrierte, deformierbare und transformierbare Figuren«[221], »Dividuen« innerhalb eines sich ständig bewegenden Flusses von Informationen und Kreislaufs von Daten, die sie in dem Maße kontrollieren, wie die entsprechenden Maschinen zur Konstitution und Darstellung von Subjektivität avancieren.

Die Kontrolle vollzieht sich nicht als Internalisierung von Normen mittels sichtbarer zeitlicher und räumlicher Strukturen, sondern dehnt sich durch flexible und modulierende Netzwerke aus. Während man sich im Disziplinarsystem stets zwischen zwei Einsperrungen befindet, organisiert die Kontrollgesellschaft Permanenz und Entzug zugleich: permanente Veränderung und präventive Chiffrierung. Kontrolle basiert auf kontinuierlicher Selbststeuerung bei gleichzeitiger Rückkopplung. Architektonisch erfordert dies eine Serialisierung und Vernetzung der Räume und Zeiten, die die disziplinären Barrieren durch die universellen Verformungen von Geltungen ersetzen. Aus Formen werden Modulationen[222].

Die Kontrollgesellschaft bildet ein eigenes Zeitregime aus: In dem, was ich Kontroll-Zeit zu nennen vorschlage, werden die Formen der Zeit durch Modulationen ersetzt und in ein System permanenter Metastabilität überführt. Die Herrschaft der Uhren weicht den vernetzten Informationsmaschinen.[223] Nicht eine Gegenwart geht in die andere über, sondern die Modulation bewirkt einen permanenten Aufschub klar konturierter Gegenwart in kontinuierlicher Variation sich auf- und abbauender Intensitäten.[224] Deleuze illustriert dies am Übergang von der Schule, die man mit dem Examen verlässt, zum Konzept der permanenten Weiterbildung, des lebenslangen Lernens, das einer kontinuierliche Kontrolle unterworfen ist. Während man in den Disziplinargesellschaften nie aufhörte anzufangen, werde man in den Kontrollgesellschaften nie mit etwas fertig. Während man das Gefängnis, die Klinik, die Fabrik verlassen konnte, sei die neue Lebensform diejenige des Unternehmens[225], des permanenten Projekts, der permanenten Kapitalisierung.

Die Zeittechniken der Netzwerkgesellschaft ermöglichen diese Formen der Kontrolle, der Imagination und der Bedeutungszuweisung. Diese neue »imaginäre« Zeitinstitution, die Kontrollzeit, ersetzt individuelle Zeitpunkte, die sich zwischen den Polen der individuellen Signatur und der »Zahl oder Registrierungsnummer, die seine Position in einer Masse angibt«[226], einstellen, durch entzeitlichende Figuren: Chiffren eines »›dividuellen‹ Kontroll-Materials«[227], »metastabile und koexistierende Zustände ein und derselben Modulation, die einem universellen Verzerrer gleicht.«[228] Metastabilität und permanenter Aufschub werden zum Fetisch. In der Kontrollzeit wird es als bedeutsam angesehen, von entzeitlichenden Zeitfiguren besessen zu sein – um zu vergessen, wie die Zeit vergeht und dass ein Überschreiten des zeitlichen Horizontes denkbar war.

Auf die wichtige moderne Erfahrung, aus dem Zeitregime ausbrechen zu können, folgt die Architektonik der Kontrollzeit, deren Verwaltungs- und Disponierungstechniken, deren Codes, Algorithmen, Prozessorgeschwindigkeiten und Übertragungsraten, aber auch Bildschirme, Tastaturen und Kabel neue Wahrnehmungsmodi und Zeitschemata induzieren. Das Zusammenspiel von perzeptiver, technischer und politischer Steuerung und Enteignung dringt in die Körper, in die Gehirne, in das Seelenleben.

Es ist spezifisch für die Architektonik der Kontrollzeit, dass sie künstliche Milieus schafft, die tendenziell durch die Netzwerkzeit koordiniert werden und abgeschlossene Permanenzen suggerieren – der Kühlschrank wird niemals leer, das Bett hat immer die gewünschte Temperatur, die Gesundheitsversorgung kennt dank der sensitiven Fasern und der Daten, die Smartwatch und Toilette liefern, sämtliche Körperzustände, Bewegungen, Affekte und Kommunikationsweisen im Vorhinein. Die Bedeutung von kollektiven Großereignissen (Festtage, Revolutionen) nimmt ab zugunsten von Mikroereignissen (kaum wahrnehmbaren Affektknäueln in Kleinstgruppen, deren massenhafte Muster tektonischen Verschiebungen auslösen). Bildschirme verknüpfen Zahl, Gestalt und Sinne. Zeit leitet sich nicht mehr von kosmischen Bewegungen ab, sondern wird eine permanente, modulierbare, haptische Lichterfahrung. Die Realzeit wird durch die Immersion ebenso erfahrbar wie virtuelle (Simulation), mögliche Zeiten (Permanenz, Zeit-Montagen) und latente Zeit (Netzwerkzeit).

Die Entwicklung dieser Architektonik basiert nur zum Teil auf einer apparativen Eigenlogik, die man eventuell unter Produktivkraftentfaltung verbuchen könnte (worauf gegen den Technikdeterminismus zu insistieren ist). Die Architektonik der Kontrollgesellschaft ist nicht auf die Entstehung bestimmter Technologien oder die Programmierung spezifischer Apparate zurückzuführen. Sie ist auch nicht nur die Stelle der Verknüpfung und Verschaltung von technischer Basis und kognitivem Überbau (wie historischer und neuer Materialismus fälschlich unterstellen), sondern das, worin diese sich entfalten und zueinander verhalten können. Die offenen, digital vernetzten Milieus, in denen sich das zeitgenössische Leben abspielt, die fließenden Umwelten aus Bildschirmen, Kameras, sensitiven Oberflächen und emotiver Energie, sind zwar nur die wahrnehmbare Seite einer Architektur der Satelliten, der Kabel, der Kommunikationsnetze, der Server, der Rechner, der selbststeuernden Apparate, der Sensoren, der Biotechnologie. Aber sie sind der Ort, an dem über die Hegemonie dieser Zeitlogiken und Zeitimaginationen entschieden wird.

Das bedeutet, dass nur ein ästhetisch raffinierter Angriff auf diese Architektonik der Kontrolle den Appeal, die Macht der neuen Zeitordnung und ihrer Antizipationstechniken brechen kann. Doch sie ist auch eine Errungenschaft: Jedenfalls können wir uns nun, auch dank der technischen Entzeitlichung, die Frage stellen, in welcher Zeit wir leben wollen. Wir brauchen Zeitarchitekturen und Entscheidungsarrangements, die den Anforderungen der Zeitökologie gerecht werden, wenn etwas anderes als Katastrophen jenseits des Horizontes auf uns warten soll.

4.3.4 Technik und Futurität

Kultur und Technik basieren auf dem Objektivieren und Bearbeiten von Raum und Zeit, von Erde, Pflanzen und Tieren. Das wilde Wuchern soll einem planbaren und übersichtlichen Bauen weichen. Die Ressourcen des Wachsens sind jedoch begrenzt. Zu den Wirkungen der Technik auf die Zeit zählt jedoch nicht nur das, was Heidegger »das Gestell« nennt. Denn die Unterwerfung des Natürlichen durch Kultur und Technik führt nicht nur zu einem bestellbaren Bestand[229], sondern zu immer totalerer Beherrschung, Reproduktion und Vernichtung; doch auch die Hypothese einer nichtunterdrückenden Kultur[230] enthält immer noch das Problem der auf gegenwärtige Bedürfnisse, Interessen und Intentionen zugeschneiderten Technik. Die Möglichkeiten dieser Kultur werden als jetzt schon erreichbare qualifiziert.

Der noch bei Marcuse mitschwingende traditionelle Begriff kennzeichnet Techniken dadurch, dass sie »den Handlungserfolg erwartbar werden lassen«[231]. Maßgeblich für die Techniken der Netzwerkgesellschaft sind Hochtechnologien, insbesondere solche, »die unsere innere und äußere Natur ›technisieren‹, ›technisch überformen‹ sowie diejenigen, die unsere medialen Handlungsumgebungen ›intelligent machen‹, ›intellektualisieren‹, d.h. mit ›autonomer‹ Problemlösekompetenz versehen.«[232] Die Bedeutung der Außenwelt, die erschlossen werden müsste, nimmt ab gegenüber einer technisierten inneren und äußeren Natur. Technik ist eine darstellende Verkörperung von Wissen um Kausalitäten und zugleich die Ausstellung der Verknüpfung derselben zur immer weiter gehenden Erreichbarkeit entfernter Räume und Zeiten vom Jetzt-Punkt aus. Technik erfüllt nie schlicht Funktionen oder ermöglicht zielgebundene Operationen, sondern stellt stets notwendig dar, dass sie es tut. Technische Apparate symbolisieren Funktionalität, Zuverlässigkeit und Erwartbarkeit, sie zeigen ihre Optionen und Steuerungsmöglichkeiten an, sie suggerieren schon vor der Benutzung, dass mit ihnen mehr möglich ist, als man zunächst sieht. Mehr noch: Ihre Darstellung greift ihrer Effektivität voraus. Jeder Apparat steuert in dieser Weise die Antizipation.

Die Zukunft vorherzusagen (wie es früher durch Praktiken der Divination versucht wurde, durch Orakel, Prophetien, Wahrsagerei, Astrologie) bedeutet, einen Blick von der jetzigen auf eine zukünftige Gegenwart zu werfen. Das kann improvisiert und punktuell geschehen. Ohne antizipatorische Techniken ist die Vorhersage und Kontrolle natürlicher Umwelten wie beispielsweise die Vorhersage von Wetterveränderungen (und längerfristige Planungen, beispielsweise in der Landwirtschaft) nicht denkbar. Kalender und astronomische Prognosen[233], Orakel[234] und Praktiken der Mantik und Prophetie[235] haben kollektive Antizipationen als Kulturtechniken etabliert. Kollektiver Glauben an die Zukunft[236], wie er sich in Erwartungen, Hoffnungen, Wünschen und Befürchtungen äußert und vielfach in Ritualen verdichtet oder in Techniken verfestigt wird, kann auch zu plötzlichen sozialen Ereignissen (wie Panik oder Massenselbstmord) führen.

Diese Antizipationen unterstellen, dass eine Zukunft zu erwarten ist, die man kennen, wahrnehmen und vorhersagen kann. Sie gerieren sich als Formen apräsentischer Wahrnehmung: ein Spüren, eine Vorahnung, eine (technische) Verkörperung. Meist erklärt man es sich als das Lesen vorausdeutender Zeichen. Deutlich ist dies bei den alten Formen, es gilt aber auch für neueste Techniken: Die prophezeite Zukunft ist prädeterminiert. Wahrsagerei versucht zu wissen, was Götter, Schicksal oder Natur für den Einzelnen und das Kollektiv bereithalten. Meist sucht das Wahrsagen nach Antworten auf konkrete Fragen darüber, was in einer bestimmten Situation oder mit einer bestimmten Person geschehen wird. Wer glaubt, dass alles, was in Zukunft geschieht, mit Notwendigkeit aufgrund von Ursachen geschieht, die in der Vergangenheit liegen, wird an Orakel, Mantik und Prophetien oder zumindest an Apparate glauben. Doch menschliche Handlungen sind nicht (vollständig) durch in der Naturordnung verankerte, vorausliegende Ursachen vorherbestimmt, denn »willentliche Bewegung schließt natürlich in sich, daß sie in unserer Verfügungsgewalt liegt und uns gehorcht, und zwar nicht ›ohne Ursache‹; denn die Ursache dafür ist die Natur selbst«, diese Ursachen, den freien Willen, für den es keine außerhalb seiner selbst liegenden vorausgehenden Ursachen gibt, Handlungen, im Wesentlichen aber die »Entscheidungsmacht« (»potestas«) ist, geschehen unvorhersehbar in der Zeit. Deshalb kann nicht einmal Apollon zukünftige Ereignisse prophezeien, »außer solchen, deren Ursachen die Natur so in sich beschlossen hält, daß sie mit Zwangsläufigkeit eintreten.«[237]

Trotz der Unmöglichkeit, die Zukunft zu kennen, müssen Akteure, um sich orientieren und rational verhalten zu können, Vorauswissen erzeugen. Dieses ist kein Wissen, das sich auf die empirische Realität bezieht, sondern so etwas wie eine faktengestützte Erwartungshaltung. Technische Apparate sind Verkörperungen solcher Haltungen. Noch vor der Möglichkeit, Entwicklungen und Fälle probabilistisch ordnen und werten zu können, liegt die Fähigkeit, auf der Basis von Erfahrungen und Imaginationen Annahmen über den zeitlichen Verlauf zu entwickeln. Technische Apparate dominieren den Verlauf, so dass das Erwartete regelmäßig eintritt. Zwei Methoden zur Untersuchung möglicher Zukünfte und zur Darstellung der zukünftigen Dynamik von Systemen können idealtypisch unterschieden werden: die Vorausschau und die Prognose.[238]

Die Vorausschau (Prophezeiung oder Vorhersage) bildet eine Tradition, in der qualitative Aussagen und Überlegungen über mögliche, plausible und bevorzugte Zukünfte generiert werden. Das Spektrum möglicher Zukünfte wird aus Vorstellungen über die relevanten Akteure, Faktoren, Ursachen, Wirkungen und Beziehungen entwickelt. Die Vorausschau generiert zugleich ein Wissen und eine Stellungnahme zu dem, was angekündigt wird. Neue Beziehungen und Diskontinuitäten können berücksichtigt werden, so dass die genaue Art und die Dauer der Entwicklung unbekannt bleiben. Die Vorausschau legt sich fest, dass etwas Bestimmbares geschehen wird.

Prognosen sind die Tradition, bei der ein Modell entwickelt wird, in dem Akteure, Faktoren und Interaktionsformen miteinander vermittelt und für quantitative Projektionen verwendet werden, um verschiedene mögliche Zukünfte und Wahrscheinlichkeiten zu ermitteln. Eine Prognose berechnet die verschiedenen Ergebnisse der Interaktionen zu verschiedenen Zeitpunkten entlang der Parameter des Modells.

Vorausschauen und Prognosen verfassen je andere Erwartungshaltungen, wobei erstere eine größere Gewissheit beanspruchen als zweitere, weshalb die erste oft mit einer Haltung des Fatalismus verbunden wird, die zweite mit einer Haltung der Vorsorge.

Die meisten Prognosemethoden sind Tendenzextrapolationen; sie sagen eine Wiederholung voraus oder folgen einer bereits erkennbaren Spur. Vorsorge, Planung und imaginative Antizipation können sich auf Fakten der Vergangenheit und auf Naturgesetze berufen, aber weil Kontingenzen und Handlungen den Lauf der Dinge ändern mögen, gibt es streng genommen kein Wissen, sondern nur Konjekturen über die Zukunft.[239] Ich weiß nicht, ob ich morgen noch leben werde, aber ich kann nicht rational handeln, wenn ich nicht davon ausgehen könnte, dass das Wesentliche gleich bleibt.

Weil die heute verbreitetste Variante der Prognose diejenige ist, verbesserte (und nicht neuartige) Technologien in das Bild einzufügen, leiden die meisten Prognosen an einem Mangel an Vorstellungskraft. Warum die weitere Zukunft ausgerechnet von verbesserter Technik bestimmt würde, wo doch die Verbesserung von Technik exakt das Kennzeichen unseres gegenwärtigen Paradigmas ist, bleibt das Verkaufsgeheimnis heutiger Auguren.

Deshalb bleiben Prognosen meist Projektionen der Gegenwart. Sie behandeln die Zukunft als gestaltbares Objekt, und das wird sie in dem Maße, wie die Performativität der Prognose zunimmt und viele Akteure ihre Erwartungen und ihr Handeln an ihr ausrichten.[240] Indem sie ihren Berechnungen durch Narrative fiktive Gewissheit und Überzeugungskraft verleihen, helfen sie Akteuren, Entscheidungen zu fällen. Unter Bedingungen radikaler Unvorhersehbarkeit strukturieren Imaginationen und Narrative über die Zukunft gemeinsame Erwartungshaltungen und gestalten die Zukunft, weil sie Verhalten motivieren. Sie ermöglichen es, kollektiv so zu handeln, als ob die Zukunft bekannt wäre, und sie fungieren als Bezugspunkt, um trotz der Unabsehbarkeit politische Entscheidungen zu rechtfertigen und zu legitimieren.[241]

Vorhersagen und Prognosen können die Erwartbarkeit von etwas in Entscheidungssituationen ausmalen und unterfüttern, denn Akteure stützen sich bei ihren Entscheidungen zwangsläufig auf fiktionale Erwartungen, auf Imaginationen zukünftiger Zustände der Welt und kausaler Beziehungen: »Unter der Bedingung grundlegender Ungewissheit können Erwartungen nie tatsächliche Voraussagen der Zukunft, sondern nur Projektionen sein, deren Wahrheitsgehalt erst zu erkennen ist, wenn die Zukunft zur Gegenwart geworden ist.«[242] Nur durch die Fähigkeit zur Fiktionsbildung können Menschen die Zukunft planen. Das Erstellen von Plänen unterstellt, dass zwischen der Gegenwart und der Zukunft kein wesentlicher Bruch liegt, sondern eine kontinuierliche, absehbare und (partiell) steuerbare Entwicklung, die in einer Narration sichtbar und nachvollziehbar gemacht werden kann. Abzusichern, dass kein Bruch entsteht und dass das Vorhergesagte tatsächlich eintritt, ist Aufgabe technischer Apparate.

Apparate erzählen die Fiktion der Technik. In Fiktionen werden alternative Zukünfte ausgemalt, geordnet und bewertet.[243] Im Bereich der Ökonomie gilt dies beispielsweise für Geld und Kredit, für die imaginierten Gewinne bei Investitionen, für die Imaginationen technologischer Innovation, für die Erzeugung von Wert durch das Aufbauen von Bedeutungen. »Prognosetechniken werden eingesetzt, um fiktionale Erwartungen zu wecken; dabei sind sie koordinierend, performativ, erfinderisch und politisch.«[244]

Während sich also die Vorausschau auf die Identifizierung denkbarer Zukünfte[245] richtet und Präferenzen und Normen in die Projektion von Verhaltensweisen einfließen lässt und während sie Spekulationen darüber anfertigt, wie die Dinge sein werden, und diese Spekulationen technisch performativ einsetzt, ist die Prognose immer ein Mittel des Orientierens und Abwägens, ein Instrument in der Politik der Erwartungen[246], ein Narrativ mit offenem Ende.

Durch die wachsende Kapazität zur Datenverarbeitung können die Prognosen immer genauere und tiefere Vorhersagen machen, tendenziell alle möglichen Optionen einer kausalen Beziehung innerhalb ihrer Modellrechnungen berücksichtigen und dabei systematisch das Spektrum von Unsicherheiten aufdecken.

Beide Methoden zielen darauf, aus der Analyse wahrscheinlicher Entwicklungen Empfehlungen für die Gestaltung von Systemen zu entwickeln, um diese möglichst robust, resilient und anpassungsfähig zu machen.[247] Die Gestaltung einer Organisation oder eines Systems muss in der Lage sein, auf Ungewissheit zu reagieren und

Frühwarnungen über sich abzeichnende Entwicklungen in Reaktionen umzusetzen.[248] Dabei ist es ihre Strategie, Unsicherheiten, Ungewissheiten und Zeiträume berechenbar und manipulierbar zu machen.

In der zeitgenössischen Szenarienplanung wird die Zukunft durch Potenziale definiert, die meist als das Überwinden wiederauftretender bekannter Krisen oder das Ausnutzen von Gelegenheiten imaginiert werden. Andere Verhaltensweisen zur Zukunft scheinen nicht von Belang. So hat Elena Esposito am Beispiel der Finanzmärkte herausgestellt, dass Zeit nicht nur Geld, sondern Geld Zeit ist, und dass heutige Kapitalinstrumente geeignet sind, die Zukunft zu neutralisieren: »In der Form von Risiko kauft man eigentlich die Zukunft, oder möchte man sie kaufen – eine Zukunft, die aus unbestimmten Möglichkeiten, aus offenen Gelegenheiten besteht, die noch nicht erkannt werden können. Im Verkehr von Risiken kauft und verkauft man die Verfügbarkeit von offenen Möglichkeiten in einer unbekannten Zukunft – die Garantie, dass wenn die Zukunft zur Gegenwart wird, man noch in der Lage sein wird, zu handeln und zu entscheiden [...]. Die Zukunft bleibt unbekannt, aber es sollte nicht mehr bedrohlich sein für diejenigen, die Modelle und ihre komplexen Formalisierungen verwenden. Die Berechnung der Volatilität, die Verwendung der Hebelwirkung, von Diversifizierungen und von hoch komplizierten hedging Techniken tragen dazu bei, Modelle aufzubauen, die versprechen, alle möglichen künftigen Entwicklungen zu berücksichtigen – und die daher eine Garantie bieten, ohne dass man wissen müsste, welcher von diesen Entwicklungen tatsächlich auftreten wird. Das Risiko bleibt natürlich trotzdem bestehen, da in der Zukunft jederzeit schädliche Ereignisse eintreten können und wir heute keine Möglichkeit haben, sie vorauszusehen. Es wird jedoch neutralisiert (nicht ausgelöscht).«[249] Sie plädiert für eine Gegenwart, die nicht versucht, die Zukunft zu kontrollieren, sondern unvorhersehbare Möglichkeiten zu generieren durch einen »Gebrauch der Technik ohne Defuturisierung.«[250]

Ist es ein anderer Technikgebrauch, der gefordert ist, eine andere Technik oder etwas anderes als Technik in unseren zentralen Zukunftsbezügen? In wissenschaftlichen Vorhersagen, so hat Bergson aufgezeigt, »bezeichnet das Symbol t nicht eine Dauer, sondern ein

Verhältnis zwischen zwei Dauern, eine gewisse Zahl von Zeiteinheiten oder schließlich, in letzter Konsequenz, eine gewisse Anzahl von Gleichzeitigkeiten; diese Gleichzeitigkeiten, diese Koinzidenzen würden immer noch in gleicher Zahl auftreten.«[251] Würde die Zeit nun in doppelter Geschwindigkeit ablaufen, würde dies nichts an der Präzision der Prognose ändern. »Allein die Intervalle, die sie voneinander trennen, wären kleiner geworden [...]. Nun sind aber diese Intervalle gerade die erlebte Dauer.«[252] Mit Bergson kann folglich die Antizipation lernen, diese Intervalle zu intuieren, die Dauer, den Elan des Lebendigen. Doch besteht die Zeit nicht nur aus Koinzidenzen und Intervallen, sondern auch aus dem, was um diese herum geschieht und ihre Beziehung verändert, unterbricht oder mit Anderem konfrontiert. Wie genau lässt sich dieses Andere in das Zeitdenken oder gar in eine Zeittechnik integrieren?

Wenn Antizipationen von plötzlich eintretenden Ereignissen durchkreuzt werden, die wir nicht für möglich gehalten hätten, so ist dies nicht nur jenen fehlerhaften subjektiven Bezugnahmen anzukreiden, denn es liegt in ihrem Begriff, dass Ereignisse sich auf andere Weise angebahnt haben als die kontinuierlich präsenten Dinge, von denen wir annehmen konnten, dass sie bleiben oder auf uns zukommen werden. Ereignisse sind real und sie sind plötzlich da. Nicht nur Formen des Werdens, sondern auch diejenigen der Unterbrechungen und der Diskontinuitäten ändern sich und werden von keiner Regel zusammengehalten. Darauf kann die Antizipation nur dialektisch reagieren.

Rein zukünftig ist das, von dem ungewiss ist, ob und wann es geschehen wird oder was es ist. Jedes Modell, das abzählbare und vorausbestimmbare Ereignispunkte als im Möglichkeitshorizont der Zukunft vor uns liegend annimmt und davon ausgeht, dass das Zukünftige einer endlichen Zahl möglicher Gabelungen entspricht, die von der Gegenwart ausgehen und umso deutlicher wird, je näher es an uns heranrückt, kann das Hereinbrechen eines Ereignisses, das quasi über Nacht alles ändert, theoretisch nicht angemessen erfassen.

Die Frage ist weniger, ob Aussagen über zukünftige Ereignisse wahr oder falsch sein können, sondern wie wir diese noumenale Zeit in unsere Überlegungen einbeziehen können. Die Zukunft ist keine unentdeckte Galaxie, sondern gewissermaßen ein zeitliches schwarzes Loch. Es führt dorthin keine prognostische Bahn, kein kausaler Prozess, keine Erwartbarkeit. Und doch können wir es negativ in unsere Antizipationen einbeziehen.

Der Begriff der Zukunft enthält nicht nur das Künftige. Die Zukunft enthält auch das, was hinter dem liegt, was gewiss auf uns zukommt und das, was sich (noch) nicht realisiert. Dies ist jedoch, wie bereits ausgeführt, in einem doppelten Sinne indeterminiert: (a) Meine Handlungen sind nur dann frei, wenn ich willentlich zukünftige Ereignisse herbeiführen kann (die nicht prädeterminiert sind); Zukunft ist der offene Horizont spontaner Handlung und spontaner Imagination; (b) die Zukunft ist emergent innerhalb einer disruptiv-dynamischen Ontologie. Die Unbestimmtheit der Zukunft erhöht sich nicht mit dem chronologischen Abstand. Aus dem Zusammenspiel der Elemente der Gegenwart und der Vergangenheit können sich nicht nur kontinuierlich neue entwickeln (nach Evolutionsgesetzen), sondern spontan neue Elemente, Strukturen, Modi oder Qualitäten herausbilden oder hinzutreten, können Systeme aufbrechen und in anderes übergehen, blitzartig unterbrochen oder durch ein anderes System zerstört werden. Diese Konturen des Übermorgen zeichnen sich hinter denen des Morgen negativ ab.

Antizipationen leiten Handlungen, können jedoch die Wahrnehmung verzerren und die Handlung in die Irre führen, gerade wenn sie die Futurität verkennen. Eine Kritik der Antizipation, die ihre Voraussetzungen, Grundlagen und Umfänge an die jeweilige Entscheidungssituation bindet, bedarf dialektischer Imaginationen der Futurität jenseits des Wahrscheinlichen.

Die typischen Entwicklungserzählungen, die von der Gewissheit vergangener Ereignisse getragen sind, vom Messianismus bis zu den objektiven Gesetzen des historischen Materialismus, haben die Zukunft des Kerns ihrer Zukünftigkeit beraubt, der darin besteht, dass das Übermorgen – im Gegensatz zum Morgen, zum Heute und zum Gestern – nicht gewusst und auch nicht bewusst herbeigeführt werden kann. Deshalb ist eine dialektische Antizipation vonnöten, die dieses unkenntliche Übermorgen in Rechnung stellt.

In seinen Untersuchungen zum Imaginären diskutiert Jean Paul Sartre die »Macht des irrealen Objektes«, die im Vorhersehen reproduziert wird und die an der »unerschöpflichen Tiefe des Realen« vorbei geht und deshalb die Kraft, die Geschmeidigkeit, die Unvorhersehbarkeit und die Tiefe realer Objekte vermissen lässt. Dieses Vorhersehen anhand irrealer Objekte ruft im eigenen Affekt einen Mangel an Rezeptivität und Leidenschaft, einen »Mangel an Sichgehenlassen, an Folgsamkeit, an Reichtum« hervor. Es gibt, so Sartre weiter, »einen kontinuierlichen Hiatus zwischen der Vorbereitung einer Aktion und der Aktion selbst. Auch wenn die reale Situation beinahe so ist, wie ich sie vorgestellt hatte, bleibt, daß sie sich im Wesen von meinen Imaginationen unterscheidet. Nicht das Ereignis überrascht mich, sondern die Veränderung des Universums.« Wer bei der Ausführung der Aktion die Augen verschließt, um nicht auf unerwartete Änderungen Rücksicht nehmen zu müssen, zieht einen imaginären Zustand (ein erkünsteltes, geronnenes, gehemmtes, scholastisches Leben, das ein Schizophrener ersehnt) der Form des Realen vor, die von uns Reaktionen verlangt, »die Unterordnung unserer Verhaltensweisen unter das Objekt, die Unerschöpflichkeit der Wahrnehmungen, ihre Unabhängigkeit, die Entwicklungsart unserer Gefühle.« Um jenen Pathologien des Imaginären zu entgehen, fordert Sartre aufgrund der Art von Unbestimmtheit und Unvorhersehbarkeit und aufgrund des Anpassungsdrucks der Gegenwart eine »reale Plastizität.«[253] Sartres Unterscheidungen verdeutlichen die Konturen einer dialektischen Antizipation.

Die Intention, Vorbereitung einer Aktion und das Vorhersehen der Ausführung involvieren in der Regel imaginative Verlängerungen eines Wissens um vergangene und gegenwärtige Zustände und Bedingungen, sie dehnen den Raum des Wissbaren durch die Konjektur variabler Kontinuität aus. Die bisherigen Antizipationstechniken sind bestimmt von diesem Willen, Veränderungen der natürlichen Umwelt mithilfe von Kalendern, Uhren, astronomischen, astrologischen oder meteorologischen Prognosen, oder gestützt auf gigantische Datenmengen und Simulationen, vorherzusagen und dadurch das Gewesene in die Zukunft zu verlängern. Hinzukommen sind seit dem Zeitalter der Biopolitik Prognosen über Schwankungen und das Wiederherstellen von Gleichgewichten, makrosoziale Entwicklungen (Bevölkerungsentwicklung, Ernährung, Wirtschaftsentwicklung etc.) und in jüngerer Zeit über individuelle biographische Verläufe. Diese durchaus funktionierenden Techniken beziehen sich auf die künftige, die schon absehbare Gegenwart und beruhen auf Konjekturen, Wahrscheinlichkeiten und Kontrollmöglichkeiten im Rahmen der Chronologie. Die Zukunft ist also innerhalb bisheriger Antizipationstechniken offen, aber nicht leer. In ihr finden sich bereits die Funktionsbedingungen des (Makro-)Subjekts.

Wenn es einer Negation dieser Antizipationen gelingt, das Futurische als das zeitliche Noumenon zu sondieren jenseits der Ereignisse, die erwartbar auf uns zukommen, als dasjenige, von dem sich das Erscheinende abgrenzt und wohin die Gründe nicht reichen, und als dasjenige, woher Ereignisse rühren, dann folgt daraus ein dialektischer Blick auf die Technik. Technik wird heute verstanden als eine Weise, Zukunft zu beherrschbar zu machen und zu gestalten, wenn nicht zu unterwerfen, auszuräumen, zu verunmöglichen. Jede Technik zeitigt jedoch Unfälle, weil nichts ewig funktioniert. Wie lassen sich Intentionen, Antizipationen und Zeittechniken so rekonfigurieren, dass sie die Futurität nicht tilgen, sondern ihre Unberechenbarkeit in die Handlungsplanung einbeziehen?

Eine dialektische Antizipationstechnik erfordert nicht nur ein neues Technikverständnis, sondern auch eine andere Architektur. Denn die Zukunft kann alles Mögliche sein – auch eine völlige Diskontinuität, eine Streuung von Ereignissen, eine Emergenz –, aber bislang wird sie in Fortsetzung der Gegenwart konstruiert. Die neue Zeit-Architektur sollte sich gleichermaßen auf Kontinuitäten, Diskontinuitäten und das temporale Draußen beziehen. Innerhalb dieser Architektur wird es denkbar, zugleich die Zukunft zu erforschen und in die Tiefenzeit vorauszuschauen, denn dies unterstellt genau genommen, dass es trotz der inhärenten Ungewissheit immer noch möglich und produktiv ist zu versuchen, etwas anderes als die Kontinuität der Zeit zu imaginieren und die mögliche Dynamik eines Systems durch Brüche und Widerfahrnisse hindurch in zukünftigen Zeiten zu deuten.

Entscheidend ist also eine radikale Veränderung der Imagination und ihrer temporalen Vektoren, um eine Technik anzuleiten, die über Vorhersagen, Prognosen und »Gestell« hinausgelangen muss, will sie nicht an ihren präsentistischen Unterstellungen scheitern.

Bei Ernst Bloch findet sich die Vision einer solchen anderen Zeittechnik. Die Psychoanalyse, die für Castoriadis ein Modell des Autonomwerdens ist, fungiert bei Bloch als Modell für eine zu entwickelnde Zeittechnik. Traumata und Latenzen können durch die Psychoanalyse bearbeitet und die Zukunft bewusst davon befreit werden. Diesem Modell folgend könnte eine Zeittechnik kollektive zeitliche Festlegungen – traumatische Festlegungen, historische Gesetze, Blockaden beim Übergang in freiere Entwicklungsstufen – beeinflussen. Anders als die jetzt dominierende Technik, die vor allem in der Überwindung der Raumgrenzen besteht, zielt diese Zeittechnik auf Substanz-Transformationen und dadurch auf die Überwindung von Zeitgrenzen – auf eine Befreiung der Zukunft. Tätige Erinnerung wie in der Psychoanalyse oder der Sozialismus als bewusste Geschichtserzeugung seien, so Bloch, Vorwegnahmen dieser Zeittechnik als Praxis des Geschichte-Prozessierens: »Die heraufziehende Philosophie [...] will die Welt nur erkennen, um sie zu verändern [...]. Die Zeit bleibt dabei das Organ, die Zeittechnik der Triumph philosophischer Konkretheit.«[254]

Die neue Zeittechnik supponiert folgerichtig nicht Zeit als kontinuierlichen Prozess oder konstanten Fluss, sondern plastisch, »in sich selbst differenziert und atomisiert«, zugleich bei Bloch aber als »Fortschrittsraum.«[255] Er wendet sich hier explizit von einem quantifizierend-chronologischen Zeitbegriff ab,[256] obschon er dessen praktische Relevanz, etwa zur Berechnung der Arbeitszeit, durchaus anerkennt.

Die philosophische Aufgabe im Rahmen dieser neuen Zeittechnik wäre nicht zuletzt die Entfaltung eines qualitativen Zeitbegriffes. Zeit wird Bloch zufolge gebildet aus pulsierenden Jetzt-Zuständen, abhängig davon, »daß etwas geschieht, und nur dort, wo etwas geschieht.«[257] Dass etwas geschieht, hängt ab von Präsentationen, von Membranen und Medien, aber auch von Ereignis-Inszenierungen. Das, was geschieht, beeinflusst ebenfalls die Formen der Zeit. Diese müssen deshalb, ähnlich wie der Raum in der neueren Physik, elastisch und gestaltbar gedacht werden.[258] Damit dies aber nicht der Modularität der Kontroll-Zeit analog realisiert wird, mit bloßen Vorkommnissen und Ereignissimulationen, sondern wirklich zu freier Zeit führt, sind Schritte über Bloch hinaus erforderlich.

Wird die Zeitqualität zum Ausgangspunkt genommen, kommen nicht nur die Fülle oder Leere individuellen Erlebens und nicht nur das Altern und die Entropie des Universums in den Blick, sondern auch der Unterschied zwischen »den prähistorischen Jahrmillionen (um von den geologischen, gar kosmologischen Milliarden noch ganz zu schweigen) und den paar Jahrtausenden Kulturgeschichte seit der neolithischen Zeit. Hier waltet nicht nur ein chronometrischer Unterschied, sondern eben einer der Dichte im Zeit-Sein selber, ein qualitativ-struktureller vor allem, kurz eine objektive Veränderlichkeit auch im Nacheinander.«[259]

Vorbilder für eine solche Differenzierung der Zeitdichte liefern Bloch zufolge Kunstformen und ästhetische Genres. So unterscheiden sich Epos und Drama vor allem durch ihre jeweilige Zeitlichkeit; die eigene Zeit der Fuge, deren Gelassenheit im schroffen Kontrast steht zum Schlag auf Schlag in der Verlaufsform der Sonate.[260] Nicht die Linearität der Zeitmetrik erschafft hier den übergeordneten Zusammenhang, sondern die chronotopische Differenzierung, die Rhythmik, das Föderieren und Zentrieren der Augenblicke. Auch Kulturen sieht Bloch als wesentlich durch Eigenzeiten differenziert. Jede Kultur enthält »eine eigene Zeit, die sich ihren einzelnen kulturellen Zeitformen mitteilt; hier braucht nur auf den fast zukunftslosen griechischen Zeitmodus und auf den zukunftsreichen christlichen hingewiesen zu werden.«[261] Zeit als abstrakt neutralen Behälter zu behaupten, indifferent gegen das, was in ihr geschehe, werde nur »aus statischem Interesse reaktionärer Art« betrieben, denn »es gibt keine Zeiten oder Zeitformen an sich. Es gibt keine diskutierbar verschiedene Metrik außerhalb des gesellschaftlichen Lebens ihrer ›Zeit‹.«[262]

Zeit sollte demzufolge nicht chronometrisch, sondern qualitativ strukturell gedacht werden, als Dichte oder als variable Verteilungsmetrik historischer Materie.[263] Die Künste zeigen, wie sich jeweils spezifische Zeitstrukturen erschaffen lassen, in denen sich die Ereignisse nicht einfach nur abspielen, sondern die der Zeit einen besonderen Modus und einen besonderen Wert geben. Bloch spricht hier auch von »Zeitfärbung.«[264] Von hier aus kann, glaubt Bloch, abhängig von der »kosmischen Umwelt«, der Fortschritt auf das Humanum bzw. das Reich der Freiheit »herausprozessiert« werden.[265] Die Künste zeigen der Zeittechnik die Möglichkeiten objektiver Veränderlichkeit. Ihre Gestaltungen der Eigenzeit suchen einen Weg zu einem zeitlichen Verständnis von Autonomie.

Dem steht vor allem die Herrschaft durch die moderne, raumbezogene Technik entgegen: »In diesem Universum liefert die Technologie auch die große Rationalisierung der Unfreiheit des Menschen und beweist die ›technische‹ Unmöglichkeit autonom zu sein, sein Leben selbst zu bestimmen. Denn diese Unfreiheit erscheint weder als irrational noch als politisch, sondern vielmehr als Unterwerfung unter den technischen Apparat, der die Bequemlichkeiten des Lebens erweitert und die Arbeitsproduktivität erhöht.«[266] Weder die historische Bedingtheit noch die gesellschaftliche Determiniertheit der Bedürfnisse, der Denk- und Handlungsweisen können jedoch absolut die Möglichkeit der Selbstbestimmung auslöschen. Dies impliziert eine Verantwortung. Ich muss aus der Zeit, die mir geschieht, die Zeit machen, die ich bin. Und diese rührt aus der Zeit, die mir fehlt und die ich nie sein werde. Die neue Zeittechnik und die ihr zugrunde liegende Imagination müssen deshalb etwas anderes sein als Tendenzinstrumente, sondern Einbeziehungen zeitlicher Alterität.

In den Künsten stehen Friktionen mit Materialität im Vordergrund, konzeptuelle Brüche, Intuitionen, die sich mehr oder minder regelgeleitet auf Singuläres, Inkommensurables, Nichtidentisches, auf Unvordenkliches richten. Die Kunst, so könnten man verknappend sagen, entwickelt ein Sensorium für das, was fehlt. Die avancierte Kunst beschränkt sich dabei nicht nur auf Differenzbildungen, auf ein Anderswerden, sondern darauf, »Dinge [zu machen], von denen wir nicht wissen, was sie sind« (Adorno)[267], auf radikale Neuartigkeit, auf freie Realisierung.

Während die zeitgenössische Kunst sich zum Ziel setzt, die Konturen der Gegenwart überhaupt erst sichtbar und begreifbar zu machen, erprobt künftige Kunst eine andere Weise des Antizipierens durch eine Modulation der Futurität. In der zeitgenössischen Kunst wird die Gegenwart als Wiederholung, als Zitat, als Reenactment in die Kontingenz und Virtualität ihres Gewordenseins gestellt. Zeitgenössische Kunstwerke zeichnet die ostentative Bezugnahme auf Geschichte aus. Oft werden deshalb die Genealogie, die kulturelle Provenienz, die soziale oder sexuelle Identität der Künstlerin als Ausweis ihres Gelingens präsentiert. Kunstwerke treten häufig als zeitgeschichtliche Dokumente und Bezeugungen auf. Dem stellt sich die künftige Kunst mit ihrem Versuch entgegen, den zeitgenössischen Immanenz-Horizont durch ästhetische Diskontinuität zu durchlöchern. Denn genuin künstlerische Praxis ist weder historische Vertiefung der Aktualität noch Vergegenwärtigung des Vergangenen. Kunst hat einen wesentlich anderen Zeitbezug, nämlich das Werden. Während die zeitgenössische Kunst auf Präsenz fokussiert, und im Zentrum daher die Inszenierung und Aufführung von Ereignissen steht, sondiert die künftige Kunst die Änderung des Möglichkeitshorizontes, in dem etwas als Ereignis auftreten kann.[268]

Hier zeigt sich eine mögliche Verschiebung dessen, was Möglichkeit bedeutet, weg vom Können, vom Potential, das sich im Akt realisiert, weg von der vorprogrammierten Funktion, die nur ausgewählt und initiiert werden muss, hin zur Eröffnung, zur Transformation, zum Auffinden anderer Weisen der Ermöglichung.

Denn Möglichkeiten sind nicht ein für alle Mal in einem Prozess der Differenzierung und der Wahl gegeben, sondern neue können entstehen und Spielräume verändern, weiten oder verschieben. Im Zentrum technischen Handelns stünden dann andere Verlaufsformen und Metamorphosen, Öffnungen von Prozessen und qualitative Übergänge, nicht mehr die Kausalkette, nicht der kontrollierte Ablauf und nicht das Herstellen eines Ergebnisses. Eine solche Zeittechnik nähme zur Gestaltung von Zeit Eigenschaften des Handelns auf, wie die Intersubjektivität, die Spontaneität, die Kreativität, das Anfangen, das Eröffnen einer Dauer oder Situierung innerhalb eines Feldes dispersiver Ereignisse.

4.3.5 Zeitökologie: Verantwortung für das Unvorhersehbare

Neben dem Zeitlichen, das wir herstellen, verwalten, verteilen, ansparen oder verausgaben, entstehen immerzu zeitliche Strukturen, Zeitobjekte, Zeiten, auf die wir keinen Zugriff haben, die wir nicht beherrschen oder beeinflussen können, nicht erobern oder abschöpfen, nicht gestalten oder vermeiden und von denen wir doch abhängig sind. Das trifft offensichtlich vor allem für die dunkle Vergangenheit zu, der wir unser jetziges Leben verdanken, es trifft aber ebenso auf simultane Entwicklungen jenseits der menschlichen Wirkungs- und Beobachtungsskalen zu, auf die Ressourcen, von denen wir leben, wie auf eine künftige Tiefenzeit, die, in ihrem ungeregelten Werden, gewissermaßen die Existenz unserer Zeitarchitektur und entsprechend das Fortbestehen der Menschheit stützt.

Dass wir eine Kenntnis dieser Außenzeiten und eine Sorge für sie entwickeln, ist die Aufgabe der Zeitökologie.[269] Sie ist kein verzichtbares Nebengebiet, insofern es der »zentrale Zweck der Umweltpolitik« ist, »die Zeitmuster der Natur gegen den Angriff der sozialen Beschleunigung zu schützen«[270] oder, allgemeiner gesagt, in eine fruchtbare Wechselbeziehung zu den zeitlichen Grundlagen, Umgebungen und Hintergründen menschlicher Lebenswelten zu treten.

Die Ressourcen, dank derer unsere Zeitarchitektur Gegenwart herstellt, sind weitgehend erschöpft, ihre Regenerationsfähigkeit ist fraglich. Wir erleben, was es heißt, auf einem geplünderten, verseuchten, überhitzten Planeten zu leben, der von modernen Menschen überfüllt und von anderen Lebensformen entvölkert ist. Zugleich sind wir blind für die zukünftigen Effekte unseres Handelns, für die Qualitäten anderer Lebensformen, die von unserer »Nachhaltigkeit« verunmöglicht werden, für den zukünftigen Wert unserer Maßstäbe und für die konkreten Möglichkeiten einer Überwindung der gegenwärtigen Ökosysteme zugunsten von künftigen, besseren, so dass wir jene als irreal abtun.

Antizipationen müssen lernen, die Latenz der Auswirkungen geplanter Handlungen ebenso zu integrieren wie die Außenseite unseres gegenwärtigen Zeitregimes. Neben dem Latenzfeld, das die eigenen Handlungen aufladen und mit sich führen kann, und den Heterochronien außerhalb der Architektonik der Gegenwart, gilt es ebenso die Tiefenzeit, in der nichts für humane Akteure Detektierbares sequenziell auftritt und sich zeitliche Muster auflösen, und mögliche andere Zeitschemata und Figuren grundsätzlich vorauszusetzen und einzuräumen. Die Zeitökologie sondiert deshalb auch die Tiefenzeit unterhalb der Verschränkungen von Simultanität und Sukzession. Will sie aber eine zukunftsfähige Form kollektiven Handelns gestalten, muss sie sich ebenso auf die Futurität richten, aus der diejenigen Ereignisse rühren, die wie aus dem Zusammenhang gerissen auftreten und Handelnde unvorbereitet treffen, und muss versuchen, deren negative Umrisse in die Antizipation zu integrieren. Vor allem, indem sie die Dimensionen der Zeit anders denkt: Weil Ereignisse niemals gemächlich von vorne herangerückt kommen, sondern uns aus einem blinden Fleck überfallen, sollte uns nicht nur an der Sicherheit, der Resilienz und der Nachhaltigkeit unseres Systems gelegen sein, sondern mindestens ebenso an einer Weiterentwicklung, an einem besseren, einem offeneren. Die Zukunft ist vieldimensional, wenn nicht gar ohne Abmessungen, Linien, Richtungen. Die Vorhersage kann, angesichts der Gewissheit bis dato unbekannter Herausforderungen in der Zukunft, nicht länger allein auf der Grundlage des empirisch Wissbaren und der Verlängerung der Zeitachse erstellt werden. Vielmehr ist eine Verschiebung der Perspektive vom Produkt als Handlungsergebnis zur Multiplizierung der Auftrittsflächen diskontinuierlichen Werdens erforderlich.[271]

Diese nicht nur dialektische, sondern ökologische Antizipation erfordert Imaginationen anderer Zeitlichkeiten, nicht überformt von vermeintlich kategorischen Zeitschemata. Sie muss über die Negation des Absehbaren hinausgehen. Bereits Castoriadis hatte unterstrichen, dass es angesichts der Bedrohung des Planeten durch den Menschen (insbesondere durch die Ökonomie der Verschwendung, die Bevölkerungszunahme und die Dominanz der technischen Wissenschaften) und der großen Ungewissheit der weiteren Evolution des terrestrischen Milieus einer neuen »Phronesis« bedarf. Das Ziel dieser neuen Einsichtsfähigkeit kann nicht allein in drakonischer Begrenzung, Steuerung oder Umstellung der Produktionsweise liegen: Die revolutionäre Kraft der Ökologie liegt in einem politischen Projekt der Änderung der herrschenden Imaginationen. Eine ökologische Kritik des Imaginären der »Entwicklung« kann dabei lediglich den Ausgangspunkt einer demokratischen Revolution bilden.[272]

Neben der Zwangsvorstellung des unvermeidlichen Fortschritts bei gleichbleibenden Produktionsverhältnissen produzieren viele soziale Transformationsprojekte nolens volens eine Beschleunigung im Kreis, letztlich einen rasenden Stillstand. Die Gefahr besteht, dass die Zukunft philosophisch, politisch oder technisch immer geschlossener wird. Auf diese Gefahr weist auch Erich Hörl hin: »Hier beginnt sich der ganze automatische Vereinnahmungsapparat der Environmentalität abzuzeichnen. Die von Derrida immer wieder diskutierte Differenz von avenir und futur – von planbarer, programmierbarer, automatisierbarer Zukunft und einem unverfügbar Kommenden – wäre hierfür essentiell. Environmentalität wäre die Verwerfung des Kommenden zugunsten der neuen metaphysischen Schließung einer total-operationalen automatischen Zukunft.«[273] Eine Weise, aus dieser Environmentalität auszubrechen zugunsten eines Bezugs auf zeitliche Umwelten und die Zukunft des Ereignisses, besteht darin, erstens das, wodurch sie überraschen, zu durchdenken und auf die Außenseite des Zeitregimes zu beziehen und zweitens die ökologische Antizipation, die das zeitlich Andere sondiert, mit einer revolutionären Neukonstitution des temporalen Horizonts zu verbinden, so dass dieses Andere weder beherrscht noch beherrscht wird.

Entsprechend sollte die neue Phronesis nicht in immer robustere Techniken der Kontrolle des Kommenden, in die Produktion von Berechenbarkeit oder in Szenarien der Resilienz investiert werden, denn auch dies führt über kurz oder lang zu Zwang, Unterdrückung und Vernichtung; wenn in der Lebenswelt keine Ereignisse, sondern nur noch Vorkommnisse geduldet werden, verwandelt sich diese in ein technisches Universum, in eine Simulation des Lebens. Vielmehr vermag eine solche Klugheit es, den zeitlichen Singularitäten und Andersartigkeiten Chancen und Berechtigungen im chronopolitischen Gefüge einzuräumen. Damit sie sich in diesem tatsächlich adäquat entfalten können und nicht von der Architektonik abgeleitet und präformatiert werden, gilt es zweitens, mögliche Realisationen, Auftrittsbedingungen und Wirkungsweisen imaginativ zu modifizieren und durchlässig zu gestalten. Eine experimentelle Imagination hätte entsprechend die Möglichkeiten von Ereignissen, Präsenz zu entfalten, zu rekonfigurieren, andere Membrane der Artikulation des Zeitlichen zu entwickeln und sich für andere Modi der Realisierung zu öffnen. Dadurch könnte eine Vertiefung des Verständnisses für nicht erzwungene zeitliche Relationen gelingen. Die Antizipation muss drittens in dem Sinne utopisch werden, als sie über eine spekulativ vervollständigte Zeit kritisch hinausgeht und auf die andersartigen Verwirklichungsbedingungen dessen aufmerksam macht, das außerhalb des präsentistischen, auf Permanenz, Kontinuität und Kohärenz geeichten Paradigmas liegt, in dem unsere Vernunft jetzt noch gefangen ist.[274]

Entlang dieser Prinzipien kann die Ökologie der Zeit weiterentwickelt werden, der neuartige demokratische Entscheidungsstrukturen zu entsprechen haben, um Demokratie offen, plastisch und lernfähig zu gestalten, über die Prinzipien der Verantwortung, der Furcht, der Sicherheit, der Resilienz, der Nachhaltigkeit hinaus, selbst fähig zu Ereignissen, für die es keinerlei Expertise, keine Beherrschung durch Wissen geben kann, fähig zu Frakturen und Neuanfängen, zugunsten einer zukunftsfähigen Lebensform.

Bislang erschien vor allem das Gedächtnis erforderlich für die Möglichkeit, gegen die Zeit zu kämpfen, denn »das Gedächtnis ist keine wirkliche Waffe, wenn es nicht in geschichtliche Aktion übertragen wird. Dann erst wird der Kampf gegen die Zeit zu einem entscheidenden Moment im Kampf gegen die Herrschaft [...]. Das Bündnis zwischen der Zeit und der Ordnung der Unterdrückung ist das eigentliche Motiv für die Anstrengungen, den Fluß der Zeit aufzuhalten.«[275] Nun führt der Versuch, die Zeit umfassender und unabhängig von Postulaten, Schematisierungen und Herrschaftsordnungen zu verstehen, zu einer Assoziation mit vielen anderen Weisen zeitlicher Konstitution. Eine ökologisch ausgerichtete Antizipation kann den Kampf gegen die Herrschaft über die Sorge um die Reparatur und die rückwirkende Gerechtigkeit hinausführen. Sie wäre dann nicht nur eine umsichtige Ahnung, sondern, als utopische, eine vorläufige Realisierung komplementärer zeitlicher Reziprozität.

Denn dieser Kampf sollte nicht nur auf Widerstand hinauslaufen und deshalb nicht ausschließlich auf die Kontingenzen des Gewordenseins, die zwanghafte Architektonik und die notwendige temporale Agonalität der Demokratie verweisen, sondern eine utopische Antizipation als Anarchie der Zukunft in jedem Moment entfalten – als dasjenige, was Autonomie ermöglicht, indem es dafür sorgt, dass die Freiheit der Zeit in alle Entscheidungen mit einfließt und eine bessere Gesellschaft, mit allen Generationen und über das Menschliche hinaus, vorbereitet.

ANMERKUNGEN

1. Einleitung

1 »*L'objectif de la politique n'est pas le bonheur, c'est la liberté. La liberté effective [...] est ce que j'appelle autonomie. L'autonomie de la collectivité, qui ne peut se réaliser que par l'auto-institution et l'autogouvernement explicites, est inconcevable sans l'autonomie effective des individues qui la composent.*« Cornelius Castoriadis, »La démocratie comme procédure et comme régime«, in: ders., *La montée de l'insignifiance. Les carrefours du labyrinthe 4*, Paris 1996, S. 274.

2 Albert Ogien / Sandra Laugier, *Das Prinzip Demokratie. Über die neuen Formen des Politischen*, Konstanz 2017, S. 12.

3 Manon Garcia, *La Conversation des Sexes. Philosophie du Consentement*, Paris 2021, S. 70ff.

4 G. E. M. Anscombe, »On Frustration of the Majority by Fulfilment of the Majority's Will«, *Analysis* Vol. 36, No. 4 (Jun., 1976), Oxford 1976, S. 161–168, hier: S. 163, S. 168.

5 Francesca Raimondi, *Die Zeit der Demokratie. Politische Freiheit nach Carl Schmitt und Hannah Arendt*, Konstanz 2014, S. 14.

6 Der ggf. ebenso fair, rechtssicher und inklusiv wäre. Dass dies von demokratischen Deliberationsprozeduren zu erwarten ist, versucht Estlund zu zeigen. Letztlich nennt er jedoch keine Kriterien für spezifisch demokratische Entscheidungsprozesse, die über die Inklusivität hinausgehen. David M. Estlund, *Democratic Authority. A philosophical framework*, Princeton 2008.

7 Jürgen Habermas, »Hat die Demokratie noch eine epistemische Dimension? Empirische Forschung und normative Theorie«, in: ders., *Ach, Europa*, Frankfurt/M. 2008, S. 140. Vgl. ders., »Drei normative Modelle der Demokratie«, in: ders., *Die Einbeziehung des Anderen*, Frankfurt/M. 1996, S. 277–292.

8 Habermas, »Hat die Demokratie noch eine epistemische Dimension? Empirische Forschung und normative Theorie«, a.a.O., S. 144.

9 Immanuel Kant, Über den Gemeinspruch, *Werkausgabe* Bd. XI, hg. v. W. Weischedel, Frankfurt/M. 1964, S. 153.

10 Noch bei John Rawls heißt es: »Our exercise of political power is fully proper only when it is exercised in accordance with a constitution the essentials of which all citizens as free and equal may reasonably be expected to endorse in the light of principles and ideals acceptable to their common human reason.« John Rawls, *Political Liberalism*, New York 1993, S. 137.

11 Immanuel Kant, Zum Ewigen Frieden, *Werkausgabe* Bd. XI, hg. v. W. Weischedel, Frankfurt/M. 1964, S. 207. Vgl. Manfred Brocker, *Kant über Rechtsstaat und Demokratie*, Wiesbaden 2006; Martin Welsch, *Anfangsgründe der Volkssouveränität. Immanuel Kants ›Staatsrecht‹ in der ›Metaphysik der Sitten‹*, Frankfurt/M. 2021, S. 356ff.

12 Jürgen Habermas, »Volkssouveränität als Verfahren. Ein normativer Begriff der Öffentlichkeit«, in: ders., *Die Moderne – ein unvollendetes Projekt*, Leipzig 1994, S. 185 und S. 211.

13 Jürgen Habermas, *Faktizität und Geltung*, Frankfurt/M. 1998, S. 373.

14 Siehe Habermas, »Hat die Demokratie noch eine epistemische Dimension? Empirische Forschung und normative Theorie«, a.a.O., S. 167.

15 Rainer Forst, *Kritik der Rechtfertigungsverhältnisse. Perspektiven einer kritischen Theorie der Politik*, Berlin 2011, S. 17, S. 31.

16 Jürgen Habermas, *Faktizität und Geltung*, Frankfurt/M. 1998, S. 373.

17 Axel Honneth, *Das Recht der Freiheit*, Berlin 2011, S. 543.

18 Emanuel Richter, *Demokratischer Symbolismus. Eine Theorie der Demokratie*, Berlin 2016, S. 14.

19 Pierre Rosanvallon, *Le peuple introuvable*, Paris 1998, S. 41f. (eigene Übersetzung)

20 Jacques Rancière, *Das Unvernehmen. Politik und Philosophie*, Frankfurt/M. 2002, S. 111; vgl. ebd., S. 122 sowie Jacques Rancière: »Demokratie und Postdemokratie«, in: ders./Alain Badiou, *Politik der Wahrheit*, Wien 1997.

21 Cristina Lafont, *Unverkürzte Demokratie. Eine Theorie deliberativer Bürgerbeteiligung*, Berlin 2021, S. 16.

22 Cristina Lafont, *Unverkürzte Demokratie*, a.a.O., S. 23, S. 41, S. 87, S. 316.

23 Cristina Lafont, *Unverkürzte Demokratie*, a.a.O., S. 16.

24 Cristina Lafont, *Unverkürzte Demokratie*, a.a.O., S. 15. Lafont führt aus: »Ich wende mich mit diesem Buch als Bürgerin an andere Bürgerinnen und Bürger, was ich weder für überflüssig noch für unzeitgemäß halte […]. Unter ›demokratischen Bürgerinnen und Bürgern‹ verstehe ich diejenigen, die sich zum Ideal der Demokratie bekennen, ganz gleich, ob sie schon in einer Demokratie leben oder nur den Wunsch danach haben. Den Begriff der Bürgerin oder des Bürgers verwende ich in diesem Sinne als eine Kurzformel, meine damit aber, wenn nicht anders angegeben, jede Person, die den Gesetzen eines Landes untersteht, ungeachtet ihres besonderen Status (beispielsweise als illegale Immigrantin oder illegaler Immigrant).« Lafont, a.a.O., S. 19. Dieser Perspektive und diesem Wortgebrauch schließe ich mich im Folgenden an.

25 Lafont, *Unverkürzte Demokratie*, S. 317.

26 G. E. M. Anscombe, On Frustration of the Majority by Fulfilment of the Majority's Will, a.a.O., S. 163.

27 Jürgen Habermas, »Kommunikative Vernunft und grenzüberschreitende Politik. Eine Replik«, in: Peter Niesen, Benjamin Herborth (Hg.), *Anarchie der kommunikativen Freiheit. Jürgen Habermas und die Theorie der*

internationalen Politik, Frankfurt/M. 2007, S. 406–459, hier S. 433. Zitiert von Lafont, *Unverkürzte Vernunft*, a.a.O., S. 319.

28 Siehe auch Lafont, a.a.O., S. 23. Die stärkere Forderung findet sich auch bei Lafont: »Kernelement des demokratischen Ideals der Selbstregierung ist [...], dass die Bürger imstande sein müssen, sich [...] als Urheber des für sie verbindlichen Rechts zu begreifen.« Lafont, *Unverkürzte Demokratie*, a.a.O., S. 390.

29 Lafont, *Unverkürzte Demokratie*, a.a.O., S. 31.

30 Lafont, *Unverkürzte Demokratie*, a.a.O., S. 31. Gemeint sind vor allem juristische Normenkontrollverfahren (S. 33).

31 Lafont, *Unverkürzte Demokratie*, a.a.O., S. 39.

32 Lafont, *Unverkürzte Demokratie*, a.a.O., S. 55. Lafonts Ausdruck ist nicht kognitiv, sondern »emotional und intellektuell« (S. 59).

33 Siehe hierzu: Dirk Setton, *Unvermögen. Die Potentialität der praktischen Vernunft*, Zürich 2012.

34 »Gegen den Zwang zur permanenten Selbstveränderung sollte nicht der Versuchung nachgegeben werden, nach einer stabilen Ordnung zu rufen, in der wieder jeder selbstidentisch an seinem Platz wäre [...]. Stattdessen wäre weiterhin ein Begriff von Selbstbestimmung zu verteidigen, der dem Moment der Distanz vom Sozialen als einem konstitutiven Moment unserer Freiheit Rechnung trägt, [...] ein Begriff von Selbstbestimmung, der die Erfahrungen des Mit-sich-uneins-Seins [...], der Entfremdung aus den gesellschaftlich gestützten Bildern des eigenen Selbst, für eine Emanzipation aus diesen Bildern nutzt.« Juliane Rebentisch, *Die Kunst der Freiheit. Zur Dialektik demokratischer Existenz*, Berlin 2012, S. 373.

35 Philip Pettit, *A Theory of Freedom. From the Psychology to the Politics of Agency*, Oxford 2001, S. 86ff.; Philip Pettit, *Gerechte Freiheit. Ein moralischer Kompass für eine komplexe Welt*, Berlin 2015, S. 13.

36 »Das gesamte Gesetzescorpus [musste] Abschnitt für Abschnitt der ersten Volksversammlung eines jeden Jahres zur Billigung vorgelegt werden.« Mogens Herman Hansen, *Die Athenische Demokratie im Zeitalter des Demosthenes*, Berlin 1995, S. 172. »In Athen stimmte die Versammlung jedes Jahr darüber ab, ob die einzelnen Teile des Gesetzbuches neu autorisiert oder überarbeitet werden sollten« Josiah Ober, *Demopolis, oder was ist Demokratie?*, Darmstadt 2017, S. 239. Douglas Macdowell, »Law-Making At Athens in the Fouth Century BC«, in: *Journal of Hellenic Studies* 95, S. 62–74.

37 Vgl. Jürgen Habermas, *Ach, Europa*, a.a.O.; Jürgen Habermas, »Volkssouveränität als Verfahren. Ein normativer Begriff der Öffentlichkeit«, in: ders., *Die Moderne – ein unvollendetes Projekt*, Leipzig 1994; Hélène Landemore, *Democratic Reason. Politics, Collective Intelligence, and the Rule of the Many*, Princeton 2017; Jon Elster, *Securities against misrule. Juries, Assemblies, Elections*, Cambridge 2013; Jean-Luc Nancy, *La vérité de la démocratie*, Paris 2008 und Jacques Rancière, *Der Hass der Demokratie*, Berlin 2010.

38 Vgl. David Van Reybrouck, *Gegen Wahlen, Warum Abstimmen nicht demokratisch ist*, Göttingen 2016, S. 46.

39 So lautet die bescheidene Definition der Demokratie bei Emanuel Richter, *Demokratischer Symbolismus. Eine Theorie der Demokratie*, Berlin 2016, S. 48. Entsprechende Einbeziehungen von beratenden Parlamenten ausgeloster Bürger:innen fordert beispielsweise David Van Reybrouck, *Gegen Wahlen: Warum Abstimmen nicht demokratisch ist*, Göttingen 2016. Dessen Vorschläge werden in Eupen/Belgien getestet. Die Bürger:innen bleiben hier im deliberativen Vorzimmer der Macht.

40 Siehe hierzu bspw. David Estlund, Helène Landemore, »The Epistemic Value of Democratic Deliberation«, in: Andre Bächtiger, John S. Dryzek, Jane Mansbridge, and Mark Warren (Hg.), *Oxford Handbook of Deliberative Democracy*, Oxford 2018, S. 113–131.

41 Vgl. zu diesen Überlegungen: Jon Elster, Stéphanie Novak (Hg.), *Majority Decisions. Principles and Practices*, Cambridge 2014.

42 Hélène Landemore, *Democratic Reason*, a.a.O., S. 1f., Vgl. Lafont, *Unverkürzte Demokratie*, a.a.O., S. 161.

43 Ein Versuch, das Wählen als Abstimmungstechnik in die Debatte um die deliberative Demokratie einzubeziehen, findet sich bei Gerry Mackie, »Deliberation and Voting Entwined«, in: Andre Bächtiger (u.a.) (Hg.), *Oxford Handbook of Deliberative Democracy*, a.a.O., S. 218–236.

44 Eva von Redecker, *Revolution für das Leben. Philosophie der neuen Protestformen*, Frankfurt/M. 2020, S. 202.

45 Albert Ogien, Sandra Laugier, *Das Prinzip Demokratie. Über die neuen Formen des Politischen*, Konstanz 2017, S. 12f.

46 Isabell Lorey, *Demokratie im Präsens. Eine Theorie der politischen Gegenwart*, Berlin 2020, S. 161.

47 Siehe Tilo Wesche, *Die Rechte der Natur. Vom Nachhaltigen Eigentum*, Berlin 2023, S. 11.

48 Eine frühe Problematisierung findet sich bei Derek Parfit, »Future Generations: Further Problems«, *Philosophy and Public Affairs*, Band 11, Nr. 2, 1982, S. 113–172. Für eine ideengeschichtliche Einordnung: Benjamin Möckel, »›What Has Posterity Ever Done For Me?‹: Future Generations, Intergenerational Justice, And The Chronopolitics Of Distant Futures«, *History And Theory*, Band 62, Nr. 4 (Dezember 2023), S. 66–85.

49 Julia Zilles, Emily Drewing, Julia Janik (Hg.), *Umkämpfte Zukunft. Zum Verhältnis von Nachhaltigkeit, Demokratie und Konflikt*, Bielefeld 2022, S. 12. Siehe auch Bernward Gesang, *Kann Demokratie Nachhaltigkeit?*, Berlin 2014.

50 Dies wäre die krude Hoffnung des technokratischen »Longtermism«. Siehe: William MacAskill, *What we owe the future, A Million Year View*, New York 2022. Jonathan White spricht sich für ein »long-term commitment« der repräsentativen Demokratie aus. Jonathan White, *In the long run. The Future as a political idea*, London 2024.

51 Bruno Latour, *Das Parlament der Dinge. Für eine politische Ökologie*, Frankfurt/M. 2001.

52 Graham Harman, *Vierfaches Objekt*, Berlin 2015, S. 20.

53 Hannah Arendt, *Die Freiheit, frei zu sein*, München 2018. Vgl. Christoph Menke, *Autonomie und Befreiung*, Berlin 2018, S. 49f.

54 Donald Davidson, *Handlung und Ereignis*, Frankfurt/M. 1985, S. 77.

55 Ernst Tugendhat, »Der Begriff der Willensfreiheit«, *Philosophische Aufsätze*, Frankfurt/M. 1992, S. 334–351, hier: S. 349.

56 Hannah Arendt, *Vita Activa oder Vom tätigen Leben*, München 1967, S. 215.

57 Hannah Arendt, *Vita Activa*, a.a.O., S. 224.

58 »Auch für nicht intendierte Handlungen sind wir gegebenenfalls verantwortlich, ebenso wie wir in bestimmten Fällen für selbstbestimmte Handlungen entschuldigt werden können, etwa wenn wir uns über die Grundlage unserer Überlegungen geirrt haben.« Beate Rössler, *Autonomie. Ein Versuch über das gelungene Leben*, Berlin 2017, S. 387.

59 Rössler, *Autonomie*, S. 395.

60 G. E. M. Anscombe, »On Frustration of the Majority by Fulfilment of the Majority's Will«, a.a.O., S. 162.

61 Zu dieser von Marcuse angedeuteten Auffassung von Qualitäten und qualitativen Veränderungen, siehe im Folgenden Kapitel 2.8 Utopische Qualitäten der Freiheit; gemeint sind nicht die besseren Chancen der Weltbürger, die Claus Dierksmeier in den Gegensatz zur quantitativen Zunahme schlechter individueller Handlungsoptionen setzt. Siehe Claus Dierksmeier, *Qualitative Freiheit. Selbstbestimmung in weltbürgerlicher Verantwortung*, Bielefeld 2016.

62 Artikel »Zukunft«, Jacob und Wilhelm Grimm, *Wörterbuch der deutschen Sprache*, Bd. 16, 1954, S. 479. Vgl. zum Folgenden, vom Verf., Art. »Zukunft«, in: Michael Gamper, Helmut Hühn, Steffen Richter (Hrsg.), *Formen der Zeit. Ein Wörterbuch der ästhetischen Eigenzeiten*, Hannover 2020, S. 484–490.

63 Siehe Lucian Hölscher, *Die Entdeckung der Zukunft*, Frankfurt/M. 1999, S. 38. Vgl. auch Christian Link, »Zukunft, Vergangenheit«, in: Karlfried Gründer, Gottfried Gabriel (Hg.), *Historisches Wörterbuch der Philosophie*, Band 12, Basel 2004, S. 1427f.

64 Immanuel Kant, »Idee zu einer Allgemeinen Geschichte in Weltbürgerlicher Absicht«, *Werkausgabe*, Band XI, Frankfurt/M. 1964, S. 46f.

65 Isabell Lorey, Demokratie im Präsens, a.a.O., S. 142.

66 Als ein erster Vertreter des Präsentismus gilt Arthur Prior, der 1970 schreibt: »the present simply *is* the real considered in relation to two species of unreality, namely the past and the future.« Arthur Prior, »The Notion of the Present« (1970), in: J. T. Fraser, F. C. Haber, and G. H. Müller (Hg.), *The Study of Time*, Berlin, Heidelberg 1972, S. 320–323, hier: S. 320.

67 Huw Price, »The Flow of Time«, in: Craig Callender (Hg), *The Oxford Handbook of Philosophy of Time*, Oxford 2011, S. 276–311, hier: S. 277; Kristie Miller, »Presentism, Eternalism, and the Growing Block«, in: Heather Dyke u. Adrian Bardon (Hg.), *A Companion to the Philosophy of Time*, Oxford 2013, S. 345–364, hier: S. 346.

68 »Le présentisme peut ainsi être un horizon ouvert ou fermé: ouvert sur toujours plus d'accélération et de mobilité, renfermé sur une survie au jour le jour et un présent stagnant. À quoi il faut encore ajouter une autre dimension de notre présent: celle du future perçu non plus comme promesse, mais comme menace – sous la forme des catastrophes […].« François Hartog, *Régimes d'historicité. Présentisme et experiences du temps*, Paris 2012, S. 17.

69 »Le slogan ›oublier le futur‹ est probablement la contribution des Sixties à un renfermement extrême sur le présent. Les utopies révolutionnaires […] devaient opérer désormais dans un horizon qui ne dépassait guère le seul cercle du présent […]. ›Tout, tout de suite‹! proclamaient les murs de Paris, en mai 1968. Avant que ne s'y écrive peu après ›No future‹ […]. Vinrent, en effet, les années 1970, les désillusions […]. Dans ce progressif envahissement de l'horizon par un présent de plus en plus gonflé, hypertrophié, il est bien clair que le rôle moteur a été joué par l'extension rapide et les exigences toujours plus grandes d'une société de consommations […].« Hartog, *Régimes d'Historicité*, a.a.O., S. 155.

70 »Ce temps coïncide aussi avec celui du chômage de masse […]. Pour le chômeur, un temps au jour le jour, sans projets possible, est un temps sans future.« Hartog, *Régimes d'Historicité*, a.a.O., S. 156.

71 »Ce que vous votez aujourd'hui, comme image de ce que vous voterez. Ce que vous avec donc déjà voté. La durée n'est réintroduite que par le biais de la série qui permet de tracer une courbe des sondages […]. Pourtant, les sondages se trompent, on l'a constaté, et le future échappe ! Là encore, on voudrait être dans une forme d'histoire a priori.« Hartog, *Régimes d'Historicité*, a.a.O., S. 159.

72 Vgl. Jacob Lund, *The Changing Constitution of the Present*, Berlin 2022, S. 104.

73 Hans Jonas, *Das Prinzip Verantwortung. Versuch einer Ethik für die technologische Zivilisation*, Frankfurt/M. 1979, S. 46. Zitiert von Hartog, *Régimes d'Historicité*, a.a.O., S. 262.

74 »Le présent se trouve en quelque sorte investi de tout le futur […]. Pour apprendre cette ›futurologie de l'avertissement‹, qui nous rend à même de reconnaitre ce ›destin qui nous dévisage depuis l'avenir‹, il appert, selon Jonas, que ›le sentiment adéquat est un mélange de peur et de culpabilité‹ […]. Du point de vue du rapport au temps, il s'agit à la fois d'un future sans futurisme et d'un présent sans présentisme […]: La responsabilité des contemporains, endettés vis-à-vis des hommes à venir, commence aujourd'hui et elle est de chaque jour […].« Hartog, *Régimes d'Historicité*, a.a.O., S. 263f.

75 Hartog verweist auf Olivier Godard (Hg.), *Le Principe de précaution dans la conduite des affaires humaines*, Paris 1997 sowie auf François Ewald, »Vers un état de précaution«, *Revue de philosophie et de sciences sociales*, Nr. 3, 2002, S. 221–231. Das Programm, umfassende neue Techniken zur Schaffung von Sicherheit angesichts künftiger Risiken zu entwickeln, verfolgt in unseren Tagen bspw. noch Toby Ord, *The Precipice, Existential Risk and the Future of Humanity*, London 2020.

76 »On regarde vers le futur, à coup sûr, mais ne se fondant sur un présent continué, sans solution de continuité ni révolution.« Hartog, *Régimes d'Historicité*, a.a.O., S. 265f.

77 Hartog, *Régimes d'Historicité*, a.a.O., S. 268.

78 Hartog, *Régimes d'Historicité*, a.a.O., S. 177.

79 Walter Benjamin, Über den Begriff der Geschichte, in: ders., Abhandlungen, *Gesammelte Schriften*, Band I.2, Frankfurt/M. 1974, S. 696.

80 Walter Benjamin, Über den Begriff der Geschichte, a.a.O., S. 696.

81 Benjamin, Über den Begriff der Geschichte, a.a.O., S. 701.

82 Benjamin, Über den Begriff der Geschichte, a.a.O., S. 701.

83 Benjamin, Über den Begriff der Geschichte, a.a.O., S. 702.

84 Benjamin, Über den Begriff der Geschichte, a.a.O., S. 703.

85 »Bekanntlich war es den Juden untersagt, der Zukunft nachzuforschen. Die Thora und das Gebet unterweisen sie dagegen im Eingedenken. Dieses entzauberte ihnen die Zukunft, der die verfallen sind, die sich bei den Wahrsagern Auskunft holen. Den Juden wurde die Zukunft aber darum doch nicht zur homogenen und leeren Zeit. Denn in ihr war jede Sekunde die kleine Pforte, durch die der Messias treten konnte.« Benjamin, Über den Begriff der Geschichte, S. 704.

86 Walter Benjamin, Abhandlungen, *Gesammelte Schriften* Bd. I.3, S. 1231 (Benjamin Archiv, Ms 1098).

87 Walter Benjamin, Abhandlungen, *Gesammelte Schriften* Bd. I.3, S. 1231 (Benjamin Archiv, Ms 1098).

88 Giorgio Agamben, »Was ist Zeitgenossenschaft«, in: ders., *Nacktheiten*, Frankfurt a. M. 2010, S. 35.

89 Michel Foucault, Theatrum Philosophicum, *Dits et Ecrits*, Edition Quatro, Paris 2001, Bd. 1, S. 951.

90 »éternité (multiple) du présent (déplacé)«. Michel Foucault, Theatrum Philosophicum, a.a.O., S. 951.

91 »Le temps, c'est ce qui se répète; et le présent […] ne cesse de revenir.« Michel Foucault, Theatrum Philosophicum, a.a.O., S. 965

92 Michel Foucault, *L'archéologie du savoir*, Paris 1969, S. 220f.

93 »La contemporanéité de plusieurs transformations ne signifie pas leur exacte coïncindence chronologique: chaque transformation peut avoir son indice particulier de ›viscosité‹ temporelle.« Michel Foucault, *L'archéologie du savoir*, Paris 1969, S. 220f., S. 228f.

94 Gilles Deleuze, *Differenz und Wiederholung*, München 1992, S. 100.

95 Jacques Derrida, *Schurken. Zwei Essays über die Vernunft*, Frankfurt/M. 2003, S. 129f.

96 Derrida, *Schurken*, a.a.O., S. 128f.

97 Jacques Derrida, *Politik der Freundschaft*, Frankfurt/M. 2002, S. 156.

98 Derrida, *Schurken*, a.a.O., S. 124.

99 Derrida, *Schurken*, a.a.O., S. 124f.

100 Derrida, *Schurken*, a.a.O., S. 120.

101 Derrida, *Schurken*, a.a.O., S. 131.

102 Jean-Luc Nancy, *Die Erfahrung der Freiheit*, Zürich 2016, S. 100–102. Nancy bezieht sich hier auf Hannah Arendt, »What Is Freedom?«, in: dies., *Between Past and Future*, New York 1961, S. 148, S. 154.

103 Lorey, *Demokratie im Präsens*, a.a.O., S. 115.

104 Lorey, *Demokratie im Präsens*, a.a.O., S. 133.

105 Lorey, *Demokratie im Präsens*, a.a.O., S. 162.

106 Lorey, *Demokratie im Präsens*, a.a.O., S. 91, S. 104.

107 Eva von Redecker, *Bleibefreiheit*, Frankfurt/M. 2023, S. 14

108 Von Redecker, *Bleibefreiheit*, Frankfurt/M. 2023, S. 16.

2. Politische Freiheit

1 Aristoteles, *Politik*, 1317a37–1317b12, Philosophische Schriften Bd. 4, übers. v. Eugen Rolfes, Hamburg 1995, S. 217.

2 Aristoteles, *Politik*, 1317b, 1318a, 1328b.

3 Aristoteles, *Politik*, 1317a40–1317b15, Philosophische Schriften, a.a.O., S. 217. Übers. mod. (LS).

4 Derrida kommentiert diese Stelle: »In diesem wie in so vielen anderen Texten von Platon und Aristoteles ist die Unterscheidung zwischen bios und zoe […] mehr als schwierig und heikel; keinesfalls entspricht sie der starren Gegenüberstellung, auf der Agamben fast seine gesamte Argumentation über Souveränität und das Biopolitische in Homo sacer aufbaut […]. Wenn diese Freiheit, zwischen eleutheria und exousia, soziale und politische Verhaltensweisen zu charakterisieren scheint – das Recht und die Fähigkeit, zu tun, was einem gut dünkt, die Entscheidungsbefugnis, über sich selbst zu bestimmen, aber auch die Erlaubnis, Möglichkeiten durchzuspielen –, so setzt sie dabei, radikaler und ursprünglicher noch, ein freies Spiel voraus, einen gewissen Spielraum von Unbestimmtheit und Unentschiedenheit im Begriff der Demokratie selbst.« Jacques Derrida, *Schurken*, a.a.O., S. 44f.

5 Siehe Christoph Menke, *Autonomie und Befreiung. Studien zu Hegel*, Berlin 2018, insb. Kapitel 6.

6 Dies zeigt mit Blick auf das kynische Modell: Michel Foucault, *Der Mut zur Wahrheit*, Berlin 2010, S. 54ff. Zu Lebensformen als Teil emanzipatori-

scher politischer Praxis, siehe: Daniel Loick, »Zur Politik von Lebensformen«, in: *WestEnd. Neue Zeitschrift für Sozialforschung*, Nr. 02, 2016, S. 149–162.

7 Platon, *Politeia*, VIII. Buch, 557b.; vgl. Michel Foucault, *Mut zur Wahrheit*, a.a.O., S. 58.

8 Derrida, *Schurken*, a.a.O., S. 46f.

9 Michel Foucault, *Der Mut zur Wahrheit*, Berlin 2010, S. 56.

10 »Denn es sind zwei Prinzipien, durch die nach allgemeiner Auffassung die Demokratie bestimmt ist, einmal dadurch, daß die Mehrheit den Souverän bildet, dann durch Freiheit. Denn Recht besteht nach dieser Auffassung in Gleichheit. Gleichheit bedeute aber, daß die Beschlüsse der Menge die oberste Autorität bilden; und Freiheit und Gleichheit sei, daß jeder tut, was er will. Daher lebt in solchen Demokratien jeder, wie es ihm gefällt, und für das, ›worauf er Lust hat‹, wie Euripides sagt. Dies ist aber eine verhängnisvolle (Einstellung). Denn man soll nicht glauben, daß ein Leben, das auf die Verfassung ausgerichtet ist, Sklaverei ist, sondern, daß es das Überleben (der Verfassung) garantiert.« Aristoteles, *Politik*, 1310a28–36, über. E. Schütrumpf, Hamburg 2012, S. 209f.

11 Aristoteles, *Nikomachische Ethik*, 1111b5.

12 Aristoteles, *Nikomachische Ethik*, 1110a13.

13 Aristoteles, *Nikomachische Ethik*, 1139a22.

14 Aristoteles, *Politik*, 1318b30; 1319a3, übers. E. Rolfes, a.a.O., S. 222.

15 Aristoteles, *Politik*, 1318b30; 1319a3, übers. E. Rolfes, a.a.O., S. 223f.

16 Aristoteles, *Politik*, 1319a20–30, übers. E. Rolfes, a.a.O., S. 224f.

17 Siehe Aristoteles, *Politik*, 1319b35, Platon, *Nomoi* 960d, 838d.

18 Platon, *Nomoi*, 698b; 700a.

19 Aristoteles, *Politik*, 1317b19–1318a10.

20 Aristoteles, *Politik*, 1291b20, 1292a19; 1291b30–1292a38; 1292b22–1292 b22, 1293a10; 1318b9–1319a30.

21 Dieser Vorschlag findet sich bei: Christoph Eucken, »Der aristotelische Demokratiebegriff«, in: Günther Patzig, *Aristoteles' ›Politik‹*, Akten des XI. Symposium Aristotelicum, Göttingen 1990, S. 280.

22 Zu Diogenes von Sinope: Diogenes Laertios 6.63; 6.98, zu Krates: Diogenes Laertios 7,4; zu Aristipp: Xenophon, *Memorabilia* II.1.13. Hierzu: Richard Sorabji, »State Power: Aristotle and Fourth Century Philosophy«, in: Günther Patzig, *Aristoteles' ›Politik‹*, Akten des XI. Symposium Aristotelicum, Göttingen 1990, S. 274–276.

23 Aristoteles, *Athenaion Politeai* 20,3; Herodot, *Historien*, 5.72.

24 Aristoteles, *Ath. Pol.* 20,4. Hier zitiert nach: Aristoteles, *Der Staat der Athener*, Stuttgart 1993, S. 51.

25 Josiah Ober, »›I besieged that man‹: Democracy's Revolutionary Start«, in: Kurt A. Raaflaub, Josiah Ober, Robert W. Wallace (Hg.), *Origins of Democracy in Ancient Greece*, Berkeley 2007, S. 83–104, hier: S. 86. Vgl. auch: Josiah Ober, *The Athenian Revolution*, Princeton 1996, S. 32–52; Brian S. Roper, *The*

history of democracy. A Marxist interpretation, London 2013, S. 21; Geoffrey E. Maurice de Ste Croix, *Class Struggle in the Ancient World*, Ithaca, New York 1981, S. 281.

26 Christian Meier, *Athen. Ein Neubeginn der Weltgeschichte*, Berlin 1993, S. 340.

27 Die Bedeutung der stoischen politischen Philosophie wurde von Andrew Erskine, *The Hellenistic Stoa, Political Thought and Action*, Cornell 1990 und Malcolm Schofield, *The Stoic Idea of the City*, Cambridge 1991, hervorgehoben. Dieser Interpretationslinie folge ich hier. Neuere Beiträge zur politischen Philosophie der Stoa stammen von Henning Ottmann, *Geschichte des politischen Denkens*, Band 1.2, Stuttgart 2001, S. 299–317; Valérie Laurand, *La Politique Stoicienne*, Paris 2005; Robert Muller, *Les Stoïciens. La liberté et l'ordre du monde*, Paris 2006; Eric Brown, »The Stoic Invention of Cosmopolitan Politics«, in: Matthias Lutz-Bachmann, Andreas Niederberger, Philipp Schink (Hg.), *Kosmopolitanismus: Zur Geschichte und Zukunft eines umstrittenen Ideals*, Weilerswist 2010, S. 9–24; Jula Wildberger, *The Stoics and the State. Theory Practice, Context*, Baden-Baden 2018. Zur Nachwirkung stoischer kosmopolitischer Ideale: Christopher Brooke, *Philosophic Pride: Stoicism and Political Thourght from Lipsius to Rousseau*, Cambridge 2012.

28 *Stoicorum Veterum Fragmenta* (SVF), Hans von Arnim, Stuttgart (1905) 1978, Band 1, Fr. 262 (= Plutarch, De Alex. virt. 329 a–b). Diderot empfiehlt diese Stelle den Königen zur Lektüre. Denis Diderot, »La Philosophie des Grecs«, Encyclopédie III, *Oeuvres Complètes*, hg. v. Lough u. Proust, Paris 1976, Bd. VII, S. 455.

29 *Stoicorum Veterum Fragmenta* 2.528; SVF 2.945. *SVF* 1.263 (= Athen. 561c). Vgl. Platon, *Politeia*, 9.590cd; Cicero, *De Republica / Der Staat*, III, 33, München 1993, S. 217; Diogenes Laertios, 7.33. Epiphanius *SVF* I.146, Stobaeus *SVF* I.266.

30 *Stoicorum Veterum Fragmenta* (SVF), a.a.O., 3.324; 3.613, 3.614; 3.315, 3.316; 3.154; Diogenes Laertius 7.88; Diogenes Laertius 7.121; DL 7.122. Vgl. Jula Wildberger, *The Stoics and The State*, a.a.O., S. 71–88.

31 Vgl. *Stoicorum Veterum Fragmenta* 3.473; Diogenes Laertius 7.121. Vgl. John M. Cooper, »Stoic Autonomy«, in: John M. Cooper, *Knowledge, Nature, and the Good. Essays on Ancient Philosophy*, Princeton 2004, S. 204–246.

32 Platon, *Politeia*, 9.590cd.

33 Siehe, mit Bezug auf eine Stelle bei Hierokles [Stobaeus 4.571,7–673,11], Anna Schriefl, *Stoische Philosophie. Eine Einführung*, Stuttgart 2019, S. 155.

34 Polybius 6.56.10.

35 Katja Vogt ist der Auffassung, die stoische Freiheit sei an ein exklusives Ideal der Weisheit gebunden. Katja Vogt, *Law, Reason and the Cosmic City. Political Philosophy in the Early Stoa*, Oxford 2008.

36 Edgar Salin, *Platon und die griechische Utopie*, München 1921, Kap. 4, Marek Winiarczyk, *Die hellenistischen Utopien*, Berlin, New York 2011; Giu-

seppe Giliberti, *Cosmopolis. Politica e diritto nella tradizione cinico-stoica*, Pesaro 2002, S. 12, S. 15–46; Gretchen Reydams-Schils, »Were the later Stoics anti-utopians«, in: Pierre Destrée, Jan Opsomer und Geert Roskam (Hg.), *Utopias in Ancient Thought*, Berlin, New York 2021, S. 199–212.

37 *SVF* 2.178 = DL 7.85/86.

38 *SVF* 3.173 = Stobaios, Ecl. II 87, 14 W. Vgl. Jean-Baptiste Gourinat, »La ›prohairesis‹ chez Épictète: Décision, Volonté, ou ›Personne Morale‹?«, *Philosophie Antique* 5 (2005) 93–134; William O. Stephens, *Stoic Ethics. Epictetus and Happiness as Freedom*, London, New York 2007, S. 16–25.

39 *SVF* 3.462.

40 Vgl. Malcolm Schofield, *The Stoic idea of the city*, Cambridge 1991, S. 91.

41 *SVF*, 1.587.

42 Chrysipp, nach Diogenes Laertios 7.87 u. 7.88. Vgl. Anthony Long / David Sedley, *Die Hellenistischen Philosophen*, Stuttgart 2006; Ricardo Salles (Hg.), *God and Cosmos in Stoicism*, Oxford 2009.

43 *SVF* 1.252, 257, 252, 256, 257, 267. 266. 268. 269. Diogenes Laertios 7, 121f; 7, 175,

44 So Katja Vogt, *Law, Reason and the Cosmic City*, a.a.O., S. 8ff.

45 Diogenes Laertios 7.121 – *SVF* 3.355.

46 Epiktet, *Was ist wahre Freiheit?*, Diatribe IV 1, hg. v. Samuel Vollenweider, Manuel Baumbach, Eva Ebel, Maximilian Forschner und Thomas Schmeller, Tübingen 2013, S. 29. Siehe auch a.a.O., S. 53.

47 Epiktet, *Was ist wahre Freiheit?*, a.a.O., S. 29.

48 Epiktet, *Was ist wahre Freiheit?*, a.a.O., S. 33.

49 Epiktet, *Was ist wahre Freiheit?*, a.a.O., S. 35.

50 Epiktet, *Was ist wahre Freiheit?*, a.a.O., S. 39.

51 Epiktet, *Was ist wahre Freiheit?*, a.a.O., S. 41. »Wissen vom Leben im Ganzen«: a.a.O., S. 53.

52 Epiktet, *Was ist wahre Freiheit?*, a.a.O., S. 41.

53 Maximilian Forschner, »Epiktets Theorie der Freiheit im Verhältnis zur klassischen stoischen Lehre«, in: Epiktet, *Was ist wahre Freiheit?*, a.a.O., S. 107.

54 Siehe *SVF* 3.173.

55 Forschner, »Epiktets Theorie der Freiheit im Verhältnis zur klassischen stoischen Lehre«, in: Epiktet, *Was ist wahre Freiheit?*, a.a.O., S. 107.

56 Ein Hinweis darauf findet sich auch bei: Philo, *Quod omnis probus liber sit*, hg. v. F. H. Colson, Cambridge/Ms. 1954, §§ 52: *τοΐς δ ' ἐλευθέροις ή εκ νόμου πάσιν ισηγορία δίδοται.*

57 Diogenes Laertios, 7.1–7.6.

58 Hier in das Sittengesetz und die Tugend; bei der mittleren und späteren Stoa das Naturgesetz.

59 Siehe Xenophon, *Memorabilia* IV, 8,11; I,2,14; Platon, *Apologie* 22 e; vgl. Walter Warnach, »Freiheit«, *Historisches Wörterbuch der Philosophie* Bd. 2, hg. v. J. Ritter u. a., Basel 1972, S. 1066.

60 Platon, *Politeia*, 611c, 621c; *Nomoi* 963a. Vgl. André Laks, »Freedom, Liberality, and Liberty in Plato's Laws«, *Social Philosophy and Policy*, Volume 24, Issue 2, July 2007, S. 130–152.

61 Platon, *Politeia*, VIII, 557a.

62 Platon, *Politeia*, VIII, 557c.

63 Platon, *Politeia*, VIII, 558c. Dass Platon hier anarchisch und bunt (»anarchos kai poikilé«) schreibt, ist ein merkwürdiger historischer Zufall, entwickelte sich die Stoa doch, lange nach Platons Tod, ausgerechnet in der anmutigen bunten Wandelhalle namens »Stoa Poikilé«.

64 Platon, *Politeia*, VIII, 562e.

65 Platon, *Politeia*, 563c, Sämtliche Werke Bd. V, Frankfurt/M. 1991, S. 635.

66 Platon, *Politeia*, 563d, Sämtliche Werke Bd. V, Frankfurt/M. 1991, S. 635.

67 Platon, *Nomoi*, 659a, 665c, 700c, 701b, 838d.

68 Platon, *Nomoi*, 701a. Sämtliche Werke Bd. IX, Frankfurt/M. 1991, S. 261.

69 Aristophanes, *Acharner*, 915; Isaios *Reden*, 5, 20.

70 Hannah Arendt, *Vita Activa*, a.a.O., S. 35, S. 65. Jürgen Habermas, *Strukturwandel der Öffentlichkeit* (1962), Frankfurt/M. 1990, S. 56. Siehe auch Tonio Hölscher, *Öffentliche Räume in frühen griechischen Städten*, Heidelberg 1998, S. 16.

71 Jürgen Habermas, »Hat die Demokratie noch eine epistemische Dimension?«, a.a.O., S. 138–191, hier: S. 139 u. S. 141.

72 Vgl. Thukydides, Der Peloponnesische Krieg, Buch 2, 37, 1–3, München 1993, S. 237 (Übers. mod. LS).

73 Thomas Hobbes, *Leviathan*, hg. v. C. B. Macpherson, Oxford 1968, Kap. 14, S. 189, Kap. 21, S. 261f.

74 Thomas Hobbes, *On the Citizen*, Cambridge 1998, S. 111.

75 Wie Harry G. Frankfurt, *Necessity, Volition, and Love*, Cambridge 1999, S. 105.

76 Philip Pettit, *A Theory of Freedom. From the Psychology to the Politics of Agency*, Oxford 2001, S. 65.

77 Philip Pettit, *A Theory of Freedom*, a.a.O., S. 70.

78 Philippe Van Parijs, *Real freedom for all: what (if anything) can justify capitalism?*, Oxford 1995, S. 12.

79 Isaiah Berlin, *Liberty*, Oxford 2002, S. 168–217. »Political liberty in this sense is simply the area within which a man can act unobstructed by others. If I am prevented by others from doing what I could otherwise do, I am to that degree unfree […]. Coercion implies the deliberate interference of other human beings within the area in which I could otherwise act. You lack political liberty or freedom only if you are prevented from attaining a goal by human beings […]. The wider the area of non-interference the wider my freedom […]. It follows that a frontier must be drawn between the area of private life and that of public authority.« Berlin, *Liberty*, a.a.O., S. 169–171. Vgl. allerdings seine Ausführungen zu Aristoteles und Zenon: *Liberty*, a.a.O., S. 287–321. Eine Kri-

tik an Berlin formuliert Castoriadis: die Freiheiten seien nicht negativ: »son exercice forme une composante de la vie sociale et politique et peut avoir [...] des effets importants sur celle-ci.« Cornelius Castoriadis, »La démocratique comme procédure et comme régime«, a.a.O., S. 285.

80 »To enjoy discursive control is to be proof against being silenced, or ignored, or refused a hearing, or denied the final say in one's own responses. It is, on the contrary, to be given a recognition as a discursive subject with a voice and an ear of one's own.« Philip Pettit, *Theory of Freedom*, a.a.O., S. 140.

81 Siehe Philip Pettit, *Gerechte Freiheit. Ein moralischer Kompass für eine komplexe Welt*, Berlin 2015, S. 57, S. 95, S. 98.

82 Petitt, *Gerechte Freiheit*, S. 19.

83 Zu seiner, an Polybius geschulten Vorstellung von gemischter Verfassung, siehe Pettit, *Gerechte Freiheit*, S. 37f.

84 Pettit, *Gerechte Freiheit*, S. 261.

85 »Das romantische Bild der Demokratie, das wahrscheinlich von Rousseau herrührt und die Vorstellung beinhaltet, dass sich das Volk in einer Versammlung selbst regiert, wird von der republikanischen Theorie mit der Begründung abgelehnt, dass es offenkundig nicht machbar ist. Neben dem Problem praktikabler Größe würde eine Versammlungsregelung das richtige Bedenken und Überdenken politischer Vorschläge gefährden [...].« Pettit, *Gerechte Freiheit*, S. 197.

86 Widerspruch gegen diese Position findet sich etwa bei Bellamy und Waldron, die darauf insistieren, dass die Selbstherrschaft erst das Recht und dessen Interpretationen hervorbringt und deshalb dem demokratischen Entscheidungsprozess untergeordnet werden müssen. Eine Tyrannei der Mehrheit könne durch prozedurale Justierungen hinreichend ausgeräumt werden. Richard Bellamy, *Political Constitutionalism. A Republican Defence of the Constitutionality of Democracy*, Cambridge 2007. Richard Bellamy, »The Republic of Reasons. Public Reasoning, Depoliticization, and Non-Domination«, in: Samantha Besson / José Luis Martí (Hrsg.), *Legal Republicanism. National and International Perspectives*, Oxford 2009, S. 102–122. Jeremy Waldron, »Judicial Review and Republican Government«, in: Christopher Wolfe (Hg.), *That Eminent Tribunal. Judicial Supremacy and the Constitution*, Princeton 2004, S. 159–180. Jeremy Waldron, »The Core of the Case Against Judicial Review«, in: *The Yale Law Review*, Nr. 115, 2006, S. 1346–1406.

87 Pettit, *Gerechte Freiheit*, a.a.O., S. 198.

88 John P. McCormick, »People and Elites in Republican Constitutions, Traditional and Modern«, in: Neil Walker / Martin Loughlin (Hrsg.), *The Paradox of Constitutionalism. Constituent Power and Constitutional Form*, Oxford 2007, S. 107–128; John P. McCormick, *Machiavellian Democracy*, Cambridge 2011, Kap. 2, 4, 6; John P. McCormick, »Republicanism and Democracy«, in: Andreas Niederberger / Philipp Schink (Hrsg.), *Republican Democracy. Liberty, Law and Politics*, Edinburgh 2013, S. 89–128.

89 Offenkundig auch in Philip Pettit, *On the People's terms. A Republican Theory and Model of Democracy*, Cambridge 2012.

90 »Le peuple assemblé, dira-t-on! Quelle chimere! C'est une chimere aujourd'hui, mais ce n'en étoit pas une il y a deux mille ans [...]. De vils escalves sourient d'un air moqueur à ce mot de liberté. Par ce qui s'est fait considérons ce qui se peut faire; je ne parlerai pas des anciennes républiques de la Grèce, mais la République romaine étoit, il me semble un grand Etat, et la ville de Rome une grande ville. Le dernier Cens donna dans Rome quatre cent mille Citoyens portans armes, et le dernier dénombrement de l'Empire plus de quatre millions de Citoyens sans compter les sujets, les étrangers, les femmes, les enfans, les esclaves. Quelle difficulté n'imagineroit-on pas d'assembler fréquemment le peule immense de cette capitale et de ses environs. Cependant il se passoit peu de semaines que le peuple romain ne fut assemble, et même plusieurs fois. Non seulement il exercoit les droit de la souverainté, mais une partie de ceux du Gouvernement [...]. Tout ce people étoit sur la place publique presque aussi souvent magistrat que Citoyen.« Jean-Jacques Rousseau, *Du contrat social*, Écrits politiques, Paris 1964, S. 425f.

91 Marcus Tullis Cicero, *De Re Publica/Der Staat*, Buch I, München 1993, S. 53.

92 Pettit, *Gerechte Freiheit*, S. 200.

93 Joseph Raz, *The Morality of Freedom*, Oxford 1986, S. 417.

94 Rainer Forst, *Kontexte der Gerechtigkeit. Politische Philosophie jenseits von Liberalismus und Kommunitarismus*, Frankfurt/M. 1994, S. 106. Politische Freiheit ist für Kant »die Befugnis, keinen äußeren Gesetzen zu gehorchen, als zu denen ich meine Beistimmung habe geben können.« Immanuel Kant, *Zum Ewigen Frieden*, Werkausgabe Bd. XI, Franfurt/M. 1991, S. 204. Friedrich Schiller kritisiert, Kants Autonomiebegriff habe »die kraftvolleste Äußerung moralischer Freiheit nur in eine rühmlichere Art von Knechtschaft verwandelt« in: Friedrich Schiller, *Anmut und Würde*, Sämtliche Werke Bd. I, München 1988, S. 466. Schiller hält dieser Selbstunterdrückung die schöne Seele entgegen, »wo Sinnlichkeit und Vernunft, Pflicht und Neigung harmoniren.« Schiller, *Anmut und Würde*, S. 468. Die äußere Herrschaft durch Kirche und Staat wird eingetauscht gegen die puritanische Freiheit dessen, der seinem Pflichtgebot gehorcht und seinen Herrn in sich trägt und sein eigener Knecht ist. G.W. F. Hegel, *Frühe Schriften* Bd. II, hg. v. Walter Jaeschke, Hamburg 2014, S. 151f.; zu dieser Kant-Kritik siehe Christoph Menke, *Autonomie und Befreiung*, S. 55 sowie Menke, *Recht und Gewalt*, Berlin 2011, S. 25–30.

95 Hannah Arendt, *Über die Revolution*, München 1965, S. 302.

96 Arendt, *Vita Activa*, S. 257.

97 Arendt, *Vita Activa*, S. 51.

98 Arendt, *Die Freiheit, frei zu sein*, a.a.O., S. 22.

99 »[Freiheit bleibt räumlich begrenzt]. Denn positive Freiheit, wie die Freiheit des Handelns und Meinens, ist nur unter gleichen möglich, und Gleichheit

selbst ist keineswegs ein universell gültiges Prinzip, sondern ist gleichfalls nur unter Einschränkungen und vor allem nur in räumlichen Grenzen anwendbar. Setzen wir diese Freiheitsräume – die wir [...] auch Erscheinungsräume nennen könnten – mit dem politischen Bereich überhaupt gleich, so stellen sie sich uns leicht unter dem Bild von Inseln in einem Meer der Notwendigkeit oder von Oasen in der Wüste zufälliger Willkür dar.« Arendt, *Über die Revolution*, a.a.O., S. 354.

100 Bei ihr »erwächst die Wirklichkeit des öffentlichen Raums aus der gleichzeitigen Anwesentheit zahlloser Aspekte und Perspektiven, in denen ein Gemeinsames sich präsentiert und für die es keinen gemeinsamen Maßstab und keinen Generalnenner je geben kann.« Siehe Hannah Arendt, *Vita Activa*, a.a.O., S. 71. Vgl. S. 35, S. 40.

101 Freiheit als Entbinden von Folgelasten, Siehe: Arendt, *Vita Activa*, S. 302ff.

102 Hannah Arendt, »Freiheit und Politik«, in: dies., *Zwischen Vergangenheit und Zukunft. Übungen im politischen Denken* I, München 1994, S. 201.

103 »La République? La Monarchie? Je ne connais que la question sociale«, verkündete Robespierre. Und Saint-Just, der anfangs die größtmögliche Begeisterung für die ›republikanischen Institutionen‹ an den Tag gelegt hatte, sollte hinzufügen: »Die Freiheit des Volkes liegt in seinem privaten Leben; niemand solle sie stören. Möge der Staat nur die Gewalt sein, welche diesen Zustand der Einfalt gegen die Gewalt selbst beschützt. Er mochte sich dessen nicht bewusst gewesen sein, aber damit war er ziemlich genau beim Credo des aufgeklärten Despotismus angelangt« Arendt, *Freiheit, frei zu sein*, a.a.O., S. 31.

104 Arendt, *Über die Revolution*, a.a.O., S. 347.

105 Arendt, *Über die Revolution*, a.a.O., S. 348.

106 Arendt, *Über die Revolution*, a.a.O., S. 359; S. 348–358. Vgl. hierzu: Oliver Marchart, »Ein revolutionärer Republikanismus – Hannah Arendt aus radikaldemokratischer Perspektive«, in: Reinhard Heil, Andreas Hetzel (Hg.): *Die unendliche Aufgabe. Kritik und Perspektiven der Demokratietheorie*, Bielefeld 2006, S.151–168.

107 Arendt, »Freiheit und Politik«, a.a.O., S. 201f.

108 Arendt, »Freiheit und Politik«, a.a.O., S. 203f.

109 Arendt, »Freiheit und Politik«, a.a.O., S. 204.

110 Arendt, »Freiheit und Politik«, a.a.O., S. 206.

111 Arendt, *Über die Revolution*, a.a.O., S. 159.

112 Arendt, »Freiheit und Politik«, a.a.O., S. 208.

113 Arendt, »Freiheit und Politik«, a.a.O., S. 208. Arendt ist an dieser Stelle merkwürdig blind für die negative Präsenz eines Begriffs politischer Freiheit in der antiken Philosophie, wenn sie schreibt: »[...] in keiner der klassischen Philosophien vor Augustinus [spielt] Freiheit eine Rolle [...]. [Freiheit] war der Inbegriff der Polis und des politischen Lebens [...]. Unsere philosophische Tradition aber [...] [wußte] mit Freiheit [...] nichts anzufangen [...].« Arendt, »Freiheit und Politik«, a.a.O., S. 211.

114 Arendt, »Freiheit und Politik«, a.a.O., S. 214.

115 Arendt, »Freiheit und Politik«, a.a.O., S. 214.

116 Arendt, »Freiheit und Politik«, a.a.O., S. 215.

117 Arendt, »Freiheit und Politik«, a.a.O., S. 215f., mit Verweis auf Montesquieu, Esprit des Lois, Buch 12, Kap. 2 und Esprit des Lois, Buch 11, Kap. 3.

118 Arendt, »Freiheit und Politik«, a.a.O., S. 216.

119 Arendt, »Freiheit und Politik«, a.a.O., S. 219.

120 Arendt, »Freiheit und Politik«, a.a.O., S. 222.

121 Arendt, »Freiheit und Politik«, a.a.O., S. 223.

122 Arendt, »Freiheit und Politik«, a.a.O., S. 224.

123 Arendt, »Freiheit und Politik«, a.a.O., S. 225. Herodot, *Geschichten*, Buch 3.3, Kap. 80–82.

124 Arendt, »Freiheit und Politik«, a.a.O., S. 225.

125 Arendt, »Über die Revolution«, a.a.O., S. 160.

126 Christoph Menke, *Kritik der Rechte*, Berlin 2015, S. 380.

127 Menke, *Kritik der Rechte*, a.a.O., S. 377.

128 Menke, *Kritik der Rechte*, a.a.O., S. 388.

129 Menke, *Kritik der Rechte*, a.a.O., S. 396.

130 »mit dem Argument, daß es dazu dient, Unterschiede an Besitz und daher an Marktmacht normativ zu invisibilisieren und dadurch Verhältnisse von kapitalistischer Ausbeutung und Zwang zu begründen.« Menke, *Kritik der Rechte*, a.a.O., S. 302.

131 Menke, *Kritik der Rechte*, a.a.O., S. 306.

132 John Rawls, *Justice as Fairness. A Restatement*, Cambridge/London 2001, S. 18.

133 Siehe Christoph Menke, »The Crisis of Liberalism, The Dialectic of Politics and Police«, in: Julia Christ, Kristina Leupold, Daniel Loick, Titus Stahl (Hg.), *Debating Critical Theory*, Lanham 2020, S. 227.

134 Christoph Menke, Autonomie und Befreiung, a.a.O., S. 19. Menke verweist hier auf Jean-Jacques Rousseau, Vom Gesellschaftsvertrag, Politische Schriften Bd. 1, Paderborn 1977, I.6., S. 73. Vgl. zur vormodernen, besonders frühneuzeitlichen Tradition, das auferlegte Gesetz der gesetzlosen Freiheit entgegen zu setzen: Jerome B. Schneewind, *The Invention of Autonomy*, Cambridge 1998.

135 Immanuel Kant, *Grundlegung zur Metaphysik der Sitten*, Werkausgabe Bd. VII, Frankfurt/M. 1990, S. 65f. u. *Die Metaphysik der Sitten*, Werkausgabe Bd. VIII, Frankfurt/M. 1991, S. 318.

136 Menke, *Autonomie und Befreiung*, Berlin 2018, S. 24f. Menke, der dies den »antiken Sinn von ›Autonomie‹« nennt, verweist hier auf Christine Korsgaard, *The Sources of Normativity*, New York 1996, S. 100 und Sebastian Rödl, »Selbstgesetzgebung«, in: Thomas Khurana / Christoph Menke (Hg.), *Paradoxien der Autonomie*, Berlin 2011, S. 91–111.

137 Friedrich Schiller, Anmut und Würde, a.a.O., S. 466.

[138] Friedrich Schlegel, »Versuch über den Republikanismus veranlaßt durch die Kantische Schrift zum ewigen Frieden« (1796), *Kritische Friedrich Schlegel Ausgabe* Bd. 7, München 1966, S. 13. Vgl. hierzu: Philipp Hölzing, *Republikanismus und Kosmopolitismus. Eine ideengeschichtliche Studie*, Frankfurt/M. 2011, S. 168ff. sowie Philipp Hölzing, *Ein Laboratorium der Moderne. Politisches Denken in Deutschland 1789–1820*, Wiesbaden 2015, S. 146–160.

[139] G.W.F. Hegel, *Frühe Schriften*, Gesammelte Werke Bd. 2, Hamburg 2014, S. 152. Menke, *Autonomie und Befreiung*, a.a.O., S. 55.

[140] Menke, *Autonomie und Befreiung*, a.a.O., S. 28.

[141] Menke, *Autonomie und Befreiung*, a.a.O., S. 41.

[142] Menke, *Autonomie und Befreiung*, a.a.O., S. 130.

[143] Menke, *Autonomie und Befreiung*, a.a.O., S. 48f.

[144] Entscheidender ist deshalb auch für Menke die Befreiung, in der ein Subjekt die Kraft der Negativität aufbringt, um die Macht der zweiten Natur (genauer: der Gewohnheit oder der sozialen Herrschaft, die sich in geistigen Strukturen als die Identität des Selbst ausgeben) aufzubrechen: »Der Akt der Befreiung ermöglicht, das heißt eröffnet die Orientierung an Gründen [...]. Ästhetisierung und Politisierung sind die beiden Grundformen der Befreiung.« Menke, *Autonomie und Befreiung*, a.a.O., S. 50.

[145] Menke, *Autonomie und Befreiung*, a.a.O., S. 52f.; »Tempus der uneinholbaren Nachträglichkeit« S. 79.

[146] Menke, *Autonomie und Befreiung*, a.a.O., S. 62, S. 75f.

[147] Menke, *Autonomie und Befreiung*, a.a.O., S. 80.

[148] Menke, *Autonomie und Befreiung*, a.a.O., S. 177f.

[149] Menke, *Autonomie und Befreiung*, a.a.O., S. 196.

[150] Menke, *Autonomie und Befreiung*, a.a.O., S. 184, S. 212, S. 132.

[151] Menke, *Autonomie und Befreiung*, a.a.O., S. 52.

[152] Theodor W. Adorno, *Negative Dialektik*, Frankfurt/M. 1966, S. 259.

[153] Adorno, Negative Dialektik, a.a.O., S. 246. Verweis auf Friedrich Engels: »Freiheit [ist] Einsicht in die Notwendigkeit.«

[154] Adorno, Negative Dialektik, a.a.O., S. 236. Er meint die Impulse, die der Wille synthetisiert; S. 237.

[155] Adorno, Negative Dialektik, a.a.O., S. 240.

[156] Siehe Adorno, Negative Dialektik, a.a.O., S. 259 u. S. 292.

[157] Adorno, Negative Dialektik, a.a.O., S. 227.

[158] Adorno, Negative Dialektik, a.a.O., S. 226.

[159] Adorno, Negative Dialektik, a.a.O., S. 228, 229. Dass dies für Adorno, vielleicht anders als für Marcuse (siehe unten), eine Art somatischer Revolution impliziert, deutet eine Stelle in den Minima Moralia an: »Nur wer es vermöchte, in der blinden somatischen Lust, die keine Intention hat und die letzte stillt, die Utopie zu bestimmen, wäre einer Idee der Wahrheit fähig, die standhielte.« Theodor W. Adorno, *Minima Moralia. Reflexionen aus dem beschädigten Leben*, Frankfurt/M. 1951, S. 72.

160 Theodor W. Adorno, *Zur Lehre der Geschichte und der Freiheit* (1964/65), Frankfurt/M. 2001, S. 294.

161 Adorno, *Zur Lehre der Geschichte und der Freiheit*, a.a.O., S. 295.

162 Adorno, *Zur Lehre der Geschichte und der Freiheit*, a.a.O., S. 298f.

163 Adorno, *Negative Dialektik*, a.a.O., S. 262.

164 Adorno, *Negative Dialektik*, a.a.O., S. 270, 272.

165 Adorno, *Negative Dialektik*, a.a.O., S. 271. Nietzsche verdanke er mehr als Hegel sagt Adorno in: Th. W. Adorno, *Probleme der Moralphilosophie* (1963), Frankfurt/M. 1996, S. 255.

166 Adorno, *Negative Dialektik*, a.a.O., S. 220.

167 Adorno, *Negative Dialektik*, a.a.O., S. 221.

168 Adorno, *Zur Lehre der Geschichte und der Freiheit*, a.a.O., S. 299f.

169 »Freiheit, die allein in der Einrichtung einer freien Gesellschaft aufginge, wird dort gesucht, wo die Einrichtung der bestehenden sie verweigert, beim je Einzelnen, der ihrer bedürfte, aber sie, so wie er einmal ist, nicht garantiert. Reflexion auf die Gesellschaft unterbleibt im ethischen Personalismus ebenso wie die auf die Person selbst. Ist diese einmal vollkommen vom Allgemeinen losgerissen, so vermag sie auch kein Allgemeines zu konstituieren; es wird dann insgeheim von bestehenden Formen der Herrschaft bezogen.« Th. W. Adorno, *Negative Dialektik*, a.a.O., S. 272f.

170 Adorno, *Probleme der Moralphilosophie*, a.a.O., S. 262.

171 Adorno, *Negative Dialektik*, a.a.O., S. 261.

172 Adorno, *Zur Lehre der Geschichte und der Freiheit*, a.a.O., S. 251, S. 252.

173 Siehe Daniel Loick, *Kritik der Souveränität*, Frankfurt/M. 2012, S. 266ff.

174 Vgl. Adorno: »[Der Prozeß der Vermenschlichung] vollzieht sich, wie Hegel es nannte, auch und gerade durch ›Entäußerung‹. Wir werden nicht dadurch freie Menschen, daß wir uns selbst, nach einer scheußlichen Phrase, als je Einzelne verwirklichen, sondern dadurch, daß wir aus uns herausgehen, zu anderen in Beziehung treten und in gewissem Sinn an sie uns aufgeben [...]. Ein Mensch [...] gelangt am Ende eher zu einer gewissen Humanität in seinem Verhältnis zu anderen Menschen als jemand, der nur, um mit sich selbst identisch zu sein – als ob diese Identität immer wünschbar wäre –, ein bösartiges, vermuffeltes Gesicht macht und habe einem von vorherein bedeutet, man sei für ihn eigentlich nicht vorhanden und habe in seine Innerlichkeit, die vielfach gar nicht existiert, nichts hineinzureden« Th. W. Adorno, *Wissenschaftliche Erfahrungen in Amerika*, Gesammelte Schriften Bd. 10.2., S. 735f. Diesen Hinweis verdanke ich Lasse Hansohm. »Die einzig wahrhafte Kraft gegen das Prinzip von Auschwitz wäre Autonomie, wenn ich den Kantischen Ausdruck verwenden darf; die Kraft zur Reflexion, zur Selbstbestimmung, zum Nichtmitmachen.« Theodor W. Adorno, *Erziehung zur Mündigkeit. Vorträge und Gespräche mit Hellmut Becker* 1959–1969, Frankfurt/M. 1970, S. 93. »Das Subjekt als produktive Einbildungskraft, reine Apperzeption, schließlich freie Tathandlung, verschlüsselt jene Tätigkeit, in der real das Leben

der Menschen sich reproduziert, und antezipiert in ihr, mit Grund, die Freiheit.« Theodor W. Adorno, *Dialektische Epilegomena*, Gesammelte Schriften Bd. 10.2, S. 754f.

175 »Die totalitäre Kirchhofsruhe, Widerpart des Friedens, enthüllt als unmäßige Übermacht des Unterdrückenden über das Unterdrückte, daß Rationalität partikular bloß sich entfaltete. Blinde Herrschaft über Natur, welche diese feindselig in sich hineinschlingt, bleibt antagonistisch in sich, nach dem Urbild des Antagonismus von Herrschenden und Beherrschten.« Theodor W. Adorno, *Soziologische Schriften*, Gesammelte Schriften Bd. 8, Frankfurt/M. 1977, S. 230f. »[Die richtige Gesellschaft] hielte weder bloß Seiendes, die Menschen Fesselndes um einer Ordnung willen fest, die solcher Fesseln nicht mehr bedürfte, sobald sie eins wäre mit den Interessen der Menschheit, noch besorgte sie weiter die blinde Bewegung, den Widerpart des ewigen Friedens, des Kantischen Ziels der Geschichte.« Adorno, *Soziologische Schriften*, a.a.O., S. 233. »Vielleicht wird die wahre Gesellschaft der Entfaltung überdrüssig und läßt aus Freiheit Möglichkeiten ungenützt, anstatt unter irrem Zwang auf fremde Sterne einzustürmen.« Adorno, *Minima Moralia*, a.a.O., S. 177.

176 Adorno, *Negative Dialektik*, a.a.O., S. 274. »Zur Notwendigkeit des Einfalls, der Spontaneität und unreglementierten Erfahrung [...]: Ein wirklicher Künstler zum Beispiel kann seine Einfälle kommandieren [...]. Es gilt, ein Organ zu entwickeln, das den Einfall ständiger Selbstkontrolle unterwirft.« Theodor W. Adorno, *Philosophische Elemente einer Theorie der Gesellschaft*, Frankfurt/M. 2008, S. 191.

177 Adorno, *Negative Dialektik*, a.a.O., S. 275.

178 Vgl. Simon Critchley, *Mystischer Anarchismus*, Berlin 2012, S. 35ff.

179 Adorno, *Negative Dialektik*, a.a.O., S. 277.

180 Adorno, *Negative Dialektik*, a.a.O., S. 218f.

181 Theodor W. Adorno, *Negative Dialektik*, a.a.O., S. 294.

182 Diese Thesen enthalten die konzessiven Bemerkungen Adornos in: Theodor W. Adorno, *Aspekte des neuen Rechtsradikalismus*, Berlin 2019, S. 38f.

183 Adorno, *Erziehung zur Mündigkeit*, a.a.O., S. 91f.

184 Martin Seel, »Drei Regeln für Utopisten«, in: ders., *Sich bestimmen lassen. Studien zur theoretischen und praktischen Philosophie*, Frankfurt/M. 2002, S. 263.

185 Franziskus van den Enden, *Vrije Politijke Stellingen*, hg. und komm. v. Wim Klever, Amsterdam 1992. Zu diesem Kontext, wenn auch ohne Würdigung des radikaldemokratischen Denkens van den Endens, vgl. Sonja Lavaert, Winfried Schröder (Hg.), *The Dutch Legacy: Radical Thinkers of the 17th Century and the Enlightenment*, Leiden 2018. Vgl. ferner Jonathan Israel, *Radical Enlightenment. Philosophy and the Making of Modernity 1650–1750*, Oxford 2001; Jonathan Israel, »The Intellectual Origins of Modern Democratic Republicanism (1660–1720)«, in: *European Journal of Political Theory*, Vol. 3, Issue 1,

2004; Wim Klever, »A New Source of Spinozism: Franciscus van den Enden«, in: *Journal of the History of Philosophy* 29, Nummer 4, 1991.

186 Vgl. hierzu Wim Klever, »Van den Enden's Opposition to De la Court's Aristocratic Republicanism and its Follow-up in Spinoza's Work«, in: *Foglio Spinoziano*: Notiziario periodico di filosofia spinoziana No 17. 5, 2001.

187 Franziskus van den Enden, *Vrije Politijke Stellingen*, a.a.O., S. 191.

188 »Anders is des volx, en alleen vrye regeeringh, de eenige, die uit haer Natuur de ghedurighe verbeeteringh toelaet, en in sich sluit.« Franziskus van den Enden, *Vrije Politijke Stellingen*, a.a.O., S. 162.

189 Franziskus van den Enden, *Vrije Politijke Stellingen*, S. 230, meine Übersetzung. Vgl. Wim Klever, »Imperium Aeternum – Spinoza's critique of Machiavelli and its source in Van den Enden«, in: *Foglio Spinoziano*: Notiziario periodico di filosofia spinoziana No 17. 5, 2001.

190 Gerrard Winstanley, *Gleichheit im Reiche der Freiheit. Sozialphilosophische Pamphlete und Traktate*, Leipzig 1983, S. 176, S. 193f., S. 207.

191 William Godwin, *An Enquiry Concerning Political Justice* (1793), Oxford 2013, S. 260ff.

192 Bakunin besteht auf freier Partnerschaft und sexueller Freiheit – »condition sine qua non of sincere morality«, Max Nettlau, *The Life of Michael Bakunin*, London 1896–1900, S. 265f.

193 Für Bakunin ist die unmittelbare Materialität des Lebens als das zugleich realste und flüchtigste, das individuelle und unwesentlichste. Vgl. Mihail Bakounine, *La Liberté*, Paris 1965, S. 74; Mihail Bakounine, *Considérations philosophiques sur le fantôme divin, sur le monde réel, et sur l'homme Oeuvres*, Bd. III, Paris 1895–1913, S. 88–90.

194 »Le contrat social doit être librement débattu, individuellement consenti, signé, manu propriâ, par tous ceux qui y participent.« Pierre Josèphe Proudhon, *L'idée de la révolution au XIXe siècle* (1852), Antony 2000, S. 134 (»Du principe de l'Autorité«). Aus Proudhons Forderung leitet Lysander Spooner die Überlegung ab, dass dieser legitimitätsgarantierende Vertrag nur diejenigen bindet, die ihn tatsächlich signiert haben. Ohne diesen performativen Akt bleibt der Gesellschaftsvertrag ein theoretisches Modell und jedes Gesetzeswerk behält den Rang eines despotischen Dekretes. Die amerikanische Konstitution, so Spooner, behauptet ihre Gültigkeit für die gesamte amerikanische Bevölkerung mit Polizeigewalt, obschon nur eine winzig kleine Gruppe von Menschen darüber debattiert und sie signiert haben. Lysander Spooner, *No treason. The constitution of No Authority*, Boston 1870.

195 Pierre Josèphe Proudhon, *Bekenntnisse eines Revolutionärs*, Reinbek 1969, S. 146.

196 Daniel Loick, *Anarchismus. Zur Einführung*, Hamburg 2017, S. 215.

197 Gustav Landauer, *Aufruf zum Sozialismus*, Berlin 1919, S. 61.

198 Arnhelm Neusüss, *Utopie. Begriff und Phänomen des Utopischen*, Frankfurt/M. 1986, S. 23; Rüdiger Graf, »Die Mentalisierung des Nirgendwo

und die Transformation der Gesellschaft. Der theoretische Utopiediskurs in Deutschland 1900–1933«, in: Wolfgang Hardtwig (Hg.), *Utopie und politische Herrschaft im Europa der Zwischenkriegszeit*, München 2003.

199 Ernst Bloch, *Geist der Utopie*, Zweite Fassung, Frankfurt/M. 1964, S. 13

200 Ernst Bloch, *Tübinger Einleitung in die Philosophie*, Frankfurt/M. 1963, S. 93–94.

201 Bloch, *Das Prinzip Hoffnung*, Band 1, Frankfurt/M. 1985, S. 178–180.

202 Bloch, Tübinger Einleitung in die Philosophie, a.a.O., S. 95.

203 Ernst Bloch, *Ästhetik des Vor-Scheins*, Bd.2, Frankfurt/M. 1974, S. 80–111.

204 Theodor W. Adorno, »Prolog zum Fernsehen«, in: ders., *Eingriffe*. Gesammelte Schriften Bd. 10.2, Frankfurt/M. 1977, S. 516.

205 Herbert Marcuse, »Theorie und Praxis«, *Konterrevolution und Revolte*, Schriften Bd. 9, Springer 2004, S. 153.

206 Herbert Marcuse, *Das Ende der Utopie. Vorträge und Diskussionen in Berlin* 1967, Frankfurt/M. 1980, S. 3.

207 Marcuse, *Das Ende der Utopie*, a.a.O., S. 3.

208 Marcuse, *Das Ende der Utopie*, a.a.O., S. 3.

209 Marcuse, *Das Ende der Utopie*, a.a.O., S. 4. Ähnlich Th. W. Adorno in: Ernst Bloch, »Etwas fehlt ... Über die Widersprüche der utopischen Sehnsucht. Ein Rundfunkgespräch mit Theodor W. Adorno«, in: Ernst Bloch, *Tendenz – Latenz – Utopie*, Frankfurt/M. 1978, S. 353; S. 358.

210 Marcuse, *Das Ende der Utopie*, a.a.O., S. 4f.

211 Marcuse, *Das Ende der Utopie*, a.a.O., S. 5.

212 Herbert Marcuse, *Der Eindimensionale Mensch*, München 1967, S. 255.

213 Marcuse, *Der Eindimensionale Mensch*, a.a.O., S. 262f.

214 Marcuse, *Das Ende der Utopie*, a.a.O., S. 6. Vgl. Theodor W. Adorno, *Vers une musique informelle, Musikalische Schriften I–III*, Gesammelte Schriften Bd. 16, Frankfurt a. M. 1978, S. 540.

215 Marcuse, *Das Ende der Utopie*, a.a.O., S. 6–7. Marcuse artikuliert hier ein Utopieverständnis, das im Hintergrund vieler sozio-kultureller Initiativen und künstlerischer Experimente in den 1960er und 70er Jahren gestanden haben mag. Im Laufe dieser Entwicklung erfährt das utopische Genre wichtige Erweiterungen – ökologische, feministische, afrofuturistische, homosexuelle u. A. Die künstlerische Entwicklung seither scheint vor allem durch den Bruch mit dieser ästhetischen Utopie gekennzeichnet. Ernest Callenbach, *Ecotopia*, Berkeley 1975; Marge Piercy, *Woman on the Edge of Time*, New York 1976. Hierzu: Erin McKenna, *The Task of Utopia. A Pragmatist and Feminist Perspective*, Lanham/Oxford 2001; Annemie Vanackere und Sarah Reimann (Hg.), *Utopie und Feminismus*, Berlin 2018. Als eine wichtige Artikulation der »Schwarzen Utopie« gilt das Werk von Samuel Delany. Siehe hierzu u. a. Alex Zamalin, *Black Utopia. The History of an Idea from Black Nationalism to Afrofuturism*, New York 2019. Als schwule Utopie gilt Rosa von Praunheims

Film »Nicht der Homosexuelle ist pervers, sondern die Situation, in der er lebt.« (1971). Auch der Comic ist als Labor queerer Utopie gedeutet worden. Charles »Zan« Christensen, *Anything That Loves. Comics beyond »Gay« and »Straight«*, Seattle 2013. José E. Munoz, *Cruising Utopia, The Then and There of Queer Futurity*, New York 2009. Sebastian Mühl zufolge steht eine Kritik am utopischen Denken unter Beibehaltung der freiheitlich-emanzipatorischen Impulse im Zentrum der Gegenwartskunst. Sebastian Mühl, *Utopien der Gegenwartskunst. Geschichte und Kritik des utopischen Denkens in der Kunst nach 1989*, Bielefeld 2020, S. 15; S. 224.

216 Vgl. Herbert Marcuse, *Der eindimensionale Mensch*, a.a.O., S. 238.

217 Francis Cheynell, *Aulicus His Dream, of the King's Sudden Coming to London*, London 1644; der erste Science-Fiction-Roman, der in einer hypothetischen Zukunft spielt: hier der Rückkehr von Charles II. auf den englischen Thron. *A Description of the Famous Kingdome of Macaria* (1642), im Umkreis von Samuel Hartlib wahrscheinlich von Gabriel Plattes verfaßt, beschreibt eine zukünftige Modellgesellschaft. Jacques Guttins (Michel de Pure zugeschriebener) Text *Epigone. Histoire du siècle futur* (1659) setzt diesen Trend fort.

218 Atemporal in dem Sinne, dass der beschriebene zukünftige Zustand als partiell unabhängig von der realen Chronologie geschildert wird: Die Entwicklung, die von der Gegenwart, in der geschrieben wird, dorthin führt, wird ausgeblendet, ebenso wie das, was auf ihn folgt. Es ist ein Zielzustand, kein Durchgangsstadium. Es ist eine fiktive Zukunft, keine, die kausal aus dem heute folgen muss. Vgl. Paul K. Alkon, *Origins of Futuristic Fiction*, Athens 1987; Walter Harry Green Armytage, *Yesterday's Tomorrows. A Historical Survey of Future Societies*, London 1968; Ignatius Frederick Clarke, *The tale of the future. From the beginning to the present day*, London 1978; Lucian Hölscher, »Der Begriff der Utopie als historische Kategorie«, in: Wilhelm Voßkamp (Hg.), *Utopieforschung. Interdisziplinäre Studien zur neuzeitlichen Utopie*, Band 1, Frankfurt/M. 1985, S. 402–418; Reinhart Koselleck, »Die Verzeitlichung der Utopie«, in: Wilhelm Voßkamp (Hg.), *Utopieforschung. Interdisziplinäre Studien zur neuzeitlichen Utopie*, Band 3, Frankfurt/M. 1985, S. 1–14.

219 Cornelius Castoriadis, *Gesellschaft als imaginäre Institution. Entwurf einer politischen Philosophie* (1975), Frankfurt/M. 1984, S. 156f.

220 Cornelius Castoriadis, »Quelle Démocratie?« (1990), in: ders., *Figures Du Pensable*, Les Carrefours Du Labyrinthe 5, Paris 1999, S. 204.

221 Cornelius Castoriadis, »Die griechische polis und die Schaffung der Demokratie«, in: Ulrich Rödel, *Autonome Gesellschaft und libertäre Demokratie*, Frankfurt/M. 1990, S. 306f.

222 Castoriadis, *Gesellschaft als imaginäre Institution*, a.a.O., S. 530.

223 Castoriadis, *Gesellschaft als imaginäre Institution*, a.a.O., S. 542.

224 Castoriadis, *Gesellschaft als imaginäre Institution*, a.a.O., S. 482.

225 Castoriadis, *Gesellschaft als imaginäre Institution*, a.a.O., S. 12. Cas-

toriadis' Definition der Demokratie und des Politischen ist von Rancière aufgegriffen worden. Siehe z.B. Castoriadis: »Discuter de la démocratie, c'est discuter de la politique […]. La véritable politique résulte d'une creation social-historique rare et fragile. Ce qui résiste nécessairement dans toute société, c'est le politique.« C. Castoriadis, *La Montée de l'insignifiance*, Paris 1996, S. 268. Rancière spricht über sein Verhältnis zu Castoriadis mit Nicolas Poirier in: ders., »Entretien avec Jacques Rancière«, in: *Le Philosophoire* Nr. 13, Frühling 2008.

226 Cornelius Castoriadis, »Die griechische polis und die Schaffung der Demokratie«, a.a.O., S. 305f.

227 Cornelius Castoriadis, »Pouvoir, politique, autonomie«, *Le Monde Morcelé. Les carrefours du labyrinth* 3, Paris 1990, S. 165.

228 »[…] le Soi ne se constitue en dehors d'un monde. Ce n'est pas le soi décontextualisé de l'intériorité, mais un Soi qui devient autonome en faisant siennes les possibilités offertes dans son étroite sphère de liberté, telle qu'elle est époqualement ouverte […]. Or, ce qui est nouveau dans le dispositif actuel de la vérité et du pouvoir, c'est sa tendance à l'homogénéité totalisatrice […]. Que puis-je faire dans une telle société isomorphe? Me constituer en tant que sujet anarchique […]. Le sujet anarchique se constitue lui-même à travers des micro-interventions dirigées contre les configurations récurrentes de sujétion et d'objectivation.« Reiner Schürmann, *Se constituer soi-même comme sujet anarchique*, Zürich 2021, S. 52, S. 58, S. 60.

229 Seyla Benhabib, *Kritik, Norm und Utopie. Die normativen Grundlagen der Kritischen Theorie*, Frankfurt/M. 1992, S. 232.

230 Jürgen Habermas, *Theorie des kommunikativen Handelns*, Bd. 2, Frankfurt/M. 1981, S. 148, S. 150.

231 »Only by rooting freedom in our interdependence rather than autonomy, in our living together rather than our separateness, in our embeddedness in Gaia rather than our apartness from nature, and above all in our power-generating capacities, will we arrive at a politics simultaneously apt to the complex constellation of our dependency on Gaia, our distinct place in Gaia and our exceptional and excessive effect on Gaia […]. It does not mean understanding our politicalness as primordially rooted in some imagined singular capacities for agency, language, morality, deliberation, communication, reason, judgment, or will; or in some hypostasized good, evil or anarchic nature; or in some imagined instinct for ruthlessness or domination or imagined incapacity to secure ourselves without the state. Rather it is that as creatures who generate powers that make histories and worlds within Gaia, and have an outsized effect on all of Gaia, our freedom must be, can only be, related to this capacity, and the curiosity, humility and responsiveness it requires.« Wendy Brown, »Rethinking Politics and Freedom in the Anthroposcene«, in: *Crisis and Critique*, hg. v. Agon Hamza & Frank Ruda, Band 9, Nr. 2, 25-11-2022, S. 42.

232 Siehe Miguel Abensour, *Pour une philosophie politique critique*, Paris 2009, S. 361. Vgl. Miguel Abensour, »Utopie: futur et/ou altérité«, *Utopiques, II. L'homme est un animal utopique,* Paris 2013, S. 227–255.

233 »Despite all its failures, disavowals, and defeats, this impulse is reborn in history, reappears, makes itself felt in the blackest catastrophe, resists as if catastrophe itself called forth new summations. The successive names of utopia are of little importance; what matters is the orientation toward what is different, the wish for the advent of a radical alterity here and now.« Miguel Abensour, »Persistent Utopia«, *Constellations* 15 (3), S. 406–421, hier: S. 407. Vgl. Miguel Abensour »Persistante Utopie«, *L'homme est un animal utopique*, a.a.O., S. 163.

234 »Essential encounters have taken place between utopia and democracy. The two in fact have proximate emancipatory projects: on the side of democracy, the establishment of a collective power, a political community whose nature is permanent struggle against the domination of the powerful; on the side of utopia, the choice of association against hierarchically structured societies based on domination. In their projects as in their application, utopia and democracy work to establish – by different paths, to be sure – a condition or situation of non-domination.« Abensour, »Persistent Utopia«, S. 417. Orig. »Persistante Utopie«, S. 183.

235 Abensour hat 1973 bei Gilles Deleuze eine ›Thése d'État‹ unter dem Titel »*Les formes de l'utopie socialiste-communiste. Essai sur le communisme critique et l'utopie*« vorgelegt. Siehe Anne Kupiec und Étienne Tassin (Hg.), *Critique de la politique: Autour de Miguel Abensour,* Paris 2006, S. 617.

236 »C'est en effet à l'epreuve de conflits multiples que la communauté politique se constitue avec pour visée de faire passer dans l'ensemble des spheres, grâce à la reduction, l'universalité démocratique, soit une experience de la liberté qui se donne comme refus de la domination, comme non-dominiation.« Miguel Abensour, *La Démocratie contre l'État, Marx et le moment machiavélien*, Paris 2004, S. 18.

237 Die Reduktion ist zugleich eine Interpretation – des sich objektiv manifestierenden politischen Subjekts – und Limitation – der Objektivation als lediglich einem unter anderen möglichen Momenten. Abensour, *La Démocratie contre l'État*, a.a.O., S. 147.

238 »La démocratie insurgeante prend naissance dans l'intuition qu'il n y a pas de vrai démocratie sans réactiver l'impulsion profonde de la démocratie contre toute forme d'arché, impulsion anarchique qui se dresse donc en priorité contre la manifestation classique de l'arché – à la fois commencement et commandement – à savoir, l'État. En ce sens, l'insurgeance est la source vive de la vraie démocratie; de même que, selon Machiavel, la lutte permanente entre la plebe et le Sénat, les tumultes de la plebe étaient la source de la liberté romaine.« Miguel Abensour, *La Démocratie contre l'État,* a.a.O., S. 19.

239 »L'État n'est pas le dernier mot du politique, son accomplissement. Tout

au contraire, il n'est est que la forme systématique, destructrice, du tous uns au nom de l'Un.« Miguel Abensour, *La Démocratie contre l'État*, a.a.O., S. 19.

240 »Dans la vraie démocratie, l'État politique diparaîtrait.« Miguel Abensour, *La Démocratie contre l'État*, a.a.O., S. 89.

241 Abensour, *La Démocratie contre l'État*, a.a.O., S. 102. »Selon Marx [...], ›la constitution est continûment reconduite [...].« A.a.O., S. 104.

242 »Marx introduit ici la question de la temporalité démocratique qu'il conçoit sous la forme de la création continue [...] entre le foyer de puissance, le fondement (le peuple réel) et son oeuvre.« *Abensour, La Démocratie contre l'État*, a.a.O., S. 104.

243 »L'énergie du demos maintienne intacte sa qualité de force vive, sa mobilité, sa plasticité et sa fluidité [...]. De là la critique de l'idée de constitution qui, au nom de la distinction entre les lois fondamentales et les lois ordinaires, prétend de manière illégitime à une permanence relative [...]. Le peuple a, en permanence, le droit inconditionnelle de se donner une nouvelle constitution.« Abensour, *La Démocratie contre l'État*, a.a.O., S. 105.

244 »Impératif de la plasticité, de flexibilité propre au vivre-ensemble démocratique«, Abensour, *La Démocratie contre l'État*, a.a.O., S. 106.

245 »[Pour la démocratie] il s'agit plutôt de rompre avec l'idée même de forme, qu'elle soit organisatrice sur le mode de la séparation ou sur le mode de l'unification.« Abensour, *La Démocratie contre l'État*, a.a.O., S. 115.

246 Abensour, *La Démocratie contre l'État*, a.a.O., S. 152

247 Abensour, *La Démocratie contre l'État*, a.a.O., S. 151f.

248 »En effet, la démocratie n'est pas tant l'accompagnement d'un processus qui entraîne la dispartion de l'État, dans un espace somme toute lisse, sans apérité, que l'institution déterminée d'un espace conflictuel, d'un espace *contre*, d'une scene agonistique sur laquelle s'affrontent les deux logiques antagonistes [...] entre l'autonomisation de l'État en tant que forme et la vie du people en tant qu'action.« Abensour, *La Démocratie contre l'État*, a.a.O., S. 149.

249 Abensour, *La Démocratie contre l'État*, a.a.O., S. 130.

250 »Le texte de Marx a le mérite d'introduire une opposition entre la démocratie et l'État politique, entre l'auto-instutition démocratique du social et le formalisme de l'état moderne.« Abensour, *La Démocratie contre l'État*, a.a.O., S. 129.

251 »À l'effondrement de la domination téléocratique qui libère l'agir du schéma finaliste répondrait la dissolution des repères de la certitude et l'indétermination quant à une finalité dernière quelle qu'elle soit. Affrontée à l'énigme du présent, la démocratie sauvage se nourrit d'une interrogation permanente relative au social, aux limites du politique, lancée qu'elle est dans une exploration dont ›les chemins ne sont pas connus d'avance« Abensour, *La Démocratie contre l'État*, a.a.O., S. 181.

252 Abensour, *La Démocratie contre l'État*, a.a.O., S. 181f.

253 Abensour, *La Démocratie contre l'État*, a.a.O., S. 184.

254 Abensour, *La Démocratie contre l'État*, a.a.O., S. 183.

255 »Épreuve de l'Être qui advient, la démocratie sauvage se loge dans le temps, accueille l'événement sans les appuis de la tradition et, ouverte à la lutte des hommes, reveille sa force instituante toujours en excès sur les forms instituées, ainsi prête à remettre en question ce qui se donne pour l'ordre établi.« Abensour, *La Démocratie contre l'État*, a.a.O., S. 186.

256 Dieser Ausdruck findet sich in Abensour, *Pour une philosophie politique critique*, a.a.O., S. 311.

257 Abensour, *Pour une philosophie politique critique*, a.a.O., S. 302.

258 »La représentation de la politique à travers le prisme unilatéral de la domination peut sans nul doute conduire au catastrophisme. En pensant l'histoire sous le signe de la répétition de la domination et de la domination de la répétition, l'histoire se présente à l'interprète comme éternelle catastrophe. Du même coup, ce dernier reste aveugle aux brèches de la liberté, ou plutôt aux moments instituants de la liberté. Moments qui dans leur succession peuvent se lire comme une histoire discontinue de la liberté, des expériences de la liberté dont les temps forts sont la démocratie grecque, la république romaine, les républiques italiennes et les grandes revolutions modernes où se mêlent pour se renforcer sentiment de révolte et désir de liberté.« Abensour, *Pour une philosophie politique critique*, a.a.O., S. 309.

259 »La liberté politique […] est l'affirmation d'un mode de coexistence, dans certaines frontières, tel que nul n'a autorité pour decider des affaires de tous, c'est-à-dire pour occupier le lieu du pouvoir.« Claude Lefort, *Ecrire: à l'épreuve du politique*, Paris 1992, S. 171.

260 Abensour, *Pour une philosophie politique critique*, a.a.O., S. 314.

261 »Rencontre de l'autre homme, l'utopie est une forme de pensée autre qu'un savoir. Penser l'utopie sous le signe de la rencontre entraîne l'ouverture ›d'un champ de recherches à peine entrevu‹, nos relations avec les hommes. La socialité […] n'est pas pensé à partir d'un élément commun aux êtres en relation, mais il s'agit d'une socialité où la rencontre est la relation avec l'autre comme tel, dans son unicité d'incomparable.« Abensour, *Pour une philosophie politique critique*, a.a.O., S. 359.

262 »Plutôt que d'oublier le temps, en l'occurence l'orientation vers le futur, il importe de subordonner, de soumettre cette orientation moderne à l'utopie-altérité, mieux, de faire de l'altérité la condition de possibilité d'un futur autre, différent de ce qui est; il importe, en accordant la priorité à l'altérité, de la laisser façonner, imprégner, colorer l'orientation vers le futur selon la logique qui lui est propre, comme si le futur devait présenter dans chacune de ses manifestations les signes de l'altérité, bref s'affirmer comme un pur future qui, grâce à la négation de l'utopie, parvient à soustraire le temps à l'emprise du même, de la répétition du même. Dans cette quête de l'altérité, il s'agit d'atteindre un tout autre temporal, c'est-à-dire un temps tout autre que le temps synchronique de Husserl, ou un temps tout autre que le temps dialectique de Marx et

de Bloch, ces deux temps figurant l'un et l'autre l'emprise du même sur l'autre.« Miguel Abensour, »Utopie: futur et/ou altérité«, *L'homme est un animal utopique*, Utopiques II, Paris 2013, S. 251.

263 Abensour, *Pour une philosophie politique critique*, a.a.O., S. 361.

264 »percée imprévisible qui vient trouer le temps historique en défi à tous les calculs, surgissement d'une autre effectivité plus effective que celle des réalistes.« Abensour, *Pour une philosophie politique critique*, a.a.O., S. 362.

265 Daniel Loick, *Anarchie – zur Einführung*, a.a.O., S. 217.

266 Richard Saage, *Utopische Profile*, Band 1, Münster 2001, S. 2.

267 Der Begriff der Mikro-Utopie ist von Nicolas Bourriaud geprägt worden. Nicholas Bourriaud, *Esthétique Relationelle*, Paris 1998, S. 6, S. 31; John Wood, *Design for Micro-Utopias. Making the Unthinkable Possible*, Aldershot 2007; Davina Cooper, *Everyday Utopias. The Conceptual Life of Promising Spaces*, Durham/London 2014; Erik Olin Wright, *Reale Utopien. Wege aus dem Kapitalismus*, Berlin 2017; Sandra Meireis, *Mikro-Utopien der Architektur*, Bielefeld 2020.

268 David Estlund, *Utopophobia. On the Limits (If Any) of Policical Philosophy*, Princeton 2020.

269 Ruth Levitas, *Utopia as Method*, Basingstoke 2013, S. XI.

270 Alexander Neupert-Doppler, *Utopie. Vom Roman zur Denkfigur*, Stuttgart 2015, S. 14.

271 Immanuel Wallerstein, *Utopistics. Historical choices of the twenty-first century*, New York 1998, S. 1.

272 Joachim Fest, »Der zerstörte Traum. Vom Ende des utopischen Zeitalters«, in: ders., *Nach dem Scheitern der Utopien. Gesammelte Essays zu Politik und Geschichte*, Reinbek 2007, S. 141–204.

273 Thomas Schölderle, *Geschichte der Utopie*, Köln/Weimar 2017, S. 163.

274 G.W.F. Hegel, *Vorlesungen über die Geschichte der Philosophie*, Sämtliche Werke, Hermann Glockner (Hg.), Bd. 18 (1924) Göttingen 1965, S. 341.

275 In diese Richtung argumentieren auch David M. Estlund, *Utopophobia*, a.a.O., und Kevin Vallier, Michael Weber (Hg.), *Political Utopias. Contemporary Debates*, Oxford 2017.

276 Zum Kosmopolitismus heute, siehe: Sheyla Benhabib, *Another Cosmopolitanism*, Oxford 2006; Arjun Appadurai, »Cosmopolitan from Below. Some Ethical Lessons from the Slums of Mumbai«, in: ders.: *The Future as Cultural Fact. Essays on the Global Condition*. New York 2013; Achille Mbembe, *Ausgang aus der langen Nacht. Versuch über ein entkolonisiertes Afrika*, Berlin 2016.

3. Antizipation, Beratung, Urteil

1 Kristian Skagen Ekeli, »Electoral Design, Sub-Majority Rules, and Representation for Future Generations«, in: Iñigo González-Ricoy and Axel Gosseries, *Institutions for future generations*, Oxford 2016, S. 214–227.

2 Corine Pelluchon, *Les Nourritures. Philosophie du corps politique*, Paris 2015; Bernd Ladwig, *Politische Philosophie der Tierrechte*, Berlin 2020; Florence Burgat, *Qu'est-ce qu'une plante? Essai sur la vie végétale*, Paris 2020.

3 Jean-Luc Nancy, *singulär plural sein*, Zürich 2004; Alain Badiou u. a., *Was ist ein Volk?*, Hamburg 2017; Tristan Garcia, *Wir*, Berlin 2018.

4 Gilles Deleuze, *Differenz und Wiederholung*, München 1992, S. 156.

5 Vgl. Jon Elster, *Securities Against Misrule. Juries, Assemblies, Elections*, Cambridge 2013. Cornelius Castoriadis, »La démocratie comme régime et comme procedure«, *La montée de l'insignifiance. Les carrefours du labyrinthe* IV, Paris 1996, S. 267–292.

6 Mit diesem Kriterium definiert Estlund die Demokratie. David M. Estlund, *Democratic Authority. A philosophical framework*, Princeton 2008, S. 38.

7 Die beispielsweise Philippe Urfalino vertritt: Philippe Urfalino, *Décider ensemble*, Paris 2021, S. 22, S. 83ff.

8 James Madison, in: *The Federalist Papers*, No. 14, hg. von Isaac Kramnick, Harmondsworth 1987, S. 141.

9 Siehe Alexander Hamilton, *The Papers of Alexander Hamilton*, Bd. I, 1768–1778, New York 1961, S. 255 (Brief an den Gouverneur Morris vom 19. Mai 1777).

10 Jean-Jacques Rousseau, *Contrat social*, Oeuvres Complètes, Bd. III, Paris 1964, S. 429 und S. 432. Konsens ist Vorraussetzung der Mehrheitsregel: »La loi de la pluralité des suffrages est elle-même un établissement de convention, et suppose au moins une fois l'unanimité.« (359) Gesetze sind aus Rousseaus Sicht vom »Volk in Person« zu beschließen. Wenn dies nicht geschieht, und lediglich Personenwahlen stattfinden, ist das Volk nicht frei: »Toute loi que le peuple en personne n'a pas ratifiée est nulle; ce n'est point une loi. Le peuple Anglois pense être libre; il se trompe fort, il ne l'est que durant l'élection des membres du Parlement; sitôt qu'ils sont élus, il est esclave, il n'est rien. Dans les courts momens de sa liberté, l'usage qu'il en fait mérite bien qu'il la perde.« (S. 429f.)

11 Samuel Pufendorf, *De Iure Naturae Et Gentium*, Lund 1672, Buch I, Kap. IV; Samluel Pufendorf, *Über die Pflicht des Menschen und des Bürgers nach dem Gesetz der Natur*, Frankfurt a. M. 1994, S. 38. Vgl. Thomas Khurana, *Das Leben der Freiheit, Form und Wirklichkeit der Autonomie*, Berlin 2017, S. 32f. Zur Vorgeschichte der Autonomie: Jerome Schneewind, *The Invention of Autonomy. A History of Modern Moral Philosophy*, Cambridge 1998.

12 Samuel Pufendorf, *De Iure Naturae et Gentium*, a.a.O., Buch III, Kap. II, § 8.

13 »A l'égard du consentement tacite par lequel on veut légitimer la Tyrannie, il est aisé de voir qu'on ne peut le présumer du plus long silence, parce qu'outre la crainte qui empêche les particuliers de protester contre un homme qui dispose de la force publique, le peuple, qui ne peut manifester sa volonté qu'en corps n'a pas le pouvoir de s'assembler pour la déclarer. Au contraire, le silence des citoyens suffit pour rejetter un chef non reconnu, il faut qu'ils parlent pour l'autoriser et qu'ils parlent en pleine liberté.« Jacques Rousseau, *Contrat Social*, a.a.O., S. 304.

14 »Dieses Grundgesetz, das nach Vollendung der Einheit und Freiheit Deutschlands für das gesamte deutsche Volk gilt, verliert seine Gültigkeit an dem Tage, an dem eine Verfassung in Kraft tritt, die von dem deutschen Volke in freier Entscheidung beschlossen worden ist.«

15 Rousseau, *Contrat Social*, a.a.O., S. 426.

16 Selbst die meisten Religionen sehen solche Initiationsriten auf der Basis von Freiwilligkeit und Überzeugung vor.

17 Comte Pierre Louis Roederer, *Oeuvres*, Bd. VII, Paris 1857, S. 140. Vgl. Aristoteles, *Politik*, 1317b, 1318a, 1328b.

18 Emmanuel Sieyès [7 septembre 1789], in: *Archives parlementaires*, 1787 à 1860, Bd. VIII, Paris 1875, S. 593f.

19 Immanuel Kant, Über den Gemeinspruch, Werkausgabe Bd. XI, hg. v. W. Weischedel, Frankfurt a. M. 1964, S. 153.

20 Vgl. John Rawls, *Political Liberalism*, New York 1993, S. 137.

21 Pierre Joseph Proudhon, »›La Démocratie‹. Solution du problème social«, in: ders.: Œuvres *Complètes*, Paris 1868, S. 47.

22 Siehe Proudhon, »Mystification du suffrage universel« (1848), »Les Confessions d'un révolutionnaire pour servir à l'histoire de la révolution de Février« (1849), »Du Principe fédératif« (1863), »Les Démocrates assermentés et les réfractaires« (1863). Hierzu vgl. Pierre Rosanvallon, *Le peuple introuvable. Histoire de la représentation démocratique en France*, Paris 1998, S. 57–63.

23 Vgl. Jürgen Habermas, »Hat die Demokratie noch eine epistemische Dimension?«, in: ders., *Ach, Europa*, Frankfurt a. M. 2008.

24 Jürgen Habermas, »Volkssouveränität als Verfahren. Ein normativer Begriff der Öffentlichkeit«, in: ders., *Die Moderne – ein unvollendetes Projekt*, Leipzig 1994, S. 185 und S. 211. Siehe Kapitel 1.

25 Jürgen Habermas, *Legitimationsprobleme im Spätkapitalismus*, Frankfurt a. M. 1973, S. 54f.

26 Jürgen Habermas, *Faktizität und Geltung*, Frankfurt a. M. 1998, S. 373.

27 »Mais il ne suffit pas de répéter: participation, participation. La question est: et pourquoi diable les citoyens participerient-ils? […] Pour que les gens participent, il faut qu'ils aient la certitude, constamment vérifiée, que leur participation ou leur abstention feront une différence. Et cela n'est possible que s'il s'agit de participer à la prise de décisions effectives, qui affectent leur vie.« Cornelius Castoriadis, »Une ›démocratie‹ sans la participation«, *Une société*

à la dérive, Paris 2005, S. 261f. Castoriadis entfaltet im Weiteren die Auffassung, dass Parizipation ausgehen muss von Orten, an denen die Menschen sich assoziieren. Der bürokratische Kapitalismus tendiere jedoch dazu, die traditionellen Orte der Assoziation zu zerstören oder in leere Schalen zu verwandeln. Ibd., S. 263.

28 Sie unterscheiden sich in ihrem unbegründeten Bezug auf das gegenwärtig Gegebene von den ›deskriptiven‹ Theorien nicht. Das gilt für so unterschiedliche Ansätze wie Giovanni Sartori, *Demokratietheorie*, Darmstadt 2006; Benjamin Barber, *Starke Demokratie. Über die Teilhabe am Politischen*, Hamburg 1994 oder Barbara Holland-Cunz, *Feministische Demokratietheorie*, Opladen 1998.

29 Axel Honneth, *Das Recht der Freiheit*, Berlin 2011, S. 539f.

30 Honneth, *Das Recht der Freiheit*, a.a.O., S. 540, S. 545.

31 Ingeborg Mauss, *Über Volkssouveräntität. Elemente einer Demokratietheorie*, Berlin 2011, S. 43.

32 Thomas Hobbes, *De Cive*, 1642, VI, 14; Jean-Jacques Rousseau, *Le Contrat Social*, 1762, I, 7; Immanuel Kant, *Metaphysik der Sitten*, 1797, I, I, § 1.

33 Aristotles, Pol 1276b1; Aristoteles, Pol 1275a7.

34 Demosthenes 3,31. Siehe Mogens Hansen, a.a.O., S. 59.

35 Mogens Hansen, a.a.O., S. 53, S. 95.

36 Mogens Hansen, a.a.O., S. 62, S. 64.

37 Paulin Ismard, *La démocratie contre les Experts. Les esclaves publics en Grèce ancienne*, Paris 2015, S. 66–76. Unter Verweis auf Aristoteles, Die Athenische Verfassung.

38 Mogens Hansen, S. 94f.

39 Thukydides, 8, 75–6; Aristoteles, Ath. Pol. 34,1; Mogens Hansen, a.a.O., S. 40.

40 Aristoteles, Pol. 1279b10–1280a5; 1291b7–8; Josiah Ober, *Mass and Elite in Democratic Athens*, Princeton 1989, S, 28, S. 195; Mogens Hansen, a.a.O., S. 117.

41 Aristoteles, Pol. 1297a35–8; 1298b17ff.

42 Herbert Marcuse, *Der Eindimensionale Mensch*, a.a.O., S. 267.

43 Jacques Rancière, *Das Unvernehmen, Politik und Philosophie*, Frankfurt a.M. 2002, S. 20.

44 Claude Lefort, *L'invention démocratique*, Paris 1994, S. 96.

45 Claude Lefort, *Les formes de l'histoire*, Paris 1978, S. 282ff.

46 »Die Teilung und der Antagonismus zwischen den Menschen […] werden durch eine Verschiebung ihrer Identifikation auf die Ebene der Macht gebannt – die Teilung und der Antagonismus finden dann eine symbolische Auflösung, in ihrem Auftreten auf einer Bühne und ihrer bildlichen Darstellung: in den offensichtlichen Spaltungen der politischen Oligarchie, in der Sitzaufteilung innerhalb der Repräsentationsorgane, im Freibleiben des Ortes des Herrschers und der regelmäßigen Infragestellung der Identität der Regie-

rung.« Claude Lefort, »Über die Demokratie«, in: Rödel, *Autonome Gesellschaft*, 1990, S. 112.

47 Claude Lefort, *Essais sur le politique*, Paris 1986, S. 168; Claude Lefort, *Écrire, À l'épreuve du politique*, Paris 1992, S. 313.

48 »En regard de ce modèle, se désigne le trait révolutionnaire et sans précédent de la démocratie. Le lieu du pouvoir devient un lieu vide. Inutile d'insister sur le détail du dispositif institionnel. L'essentiel est qu'il interdit aux gouvernants de s'approprier, de s'incorporer le pouvoir. Son exercice est soumis à la procédure d'une remise en jeu périodique. Il se fait au terme d'une compétition réglée, dont les conditions sont préservées d'une façon permanente. Ce phénomène implique une institutionnalisation du conflit.« Claude Lefort, »La question de la démocratie«, *Essais sur le politique*, Paris 1968, S. 28.

49 »(…) son exercice [du pouvoir] s'avère pris dans la temporalité de sa reproduction et subordonné au conflit des volontés collectives (…). Avec la désintrication du pouvoir, du droit et de la connaissance, s'instaure un nouveau rapport au réel (…). L'aménagement d'une scène poitique, sur laquelle se produit cette compétition, fait apparaître la division, d'une manière générale, comme constitutive de l'unité même de la société.« Lefort, *Essais sur le politique*, a.a.O., S. 29.

50 Lefort, *Essais sur le politique*, a.a.O., S. 25, S. 29, S. 215, S. 268.

51 Lefort, *Essais sur le politique*, a.a.O., S. 40; *L'invention Démocratique*, a.a.O., S. 63f., S. 67f., S. 93f., S. 153f.

52 Lefort, *Essais sur le politique*, a.a.O., S. 42f.

53 Lefort, *Les formes de l'histoire*, a.a.O., S. 134.

54 Claude Lefort, *Elements d'une critique de la bureaucratie*, Paris 1979, S. 11f.; Claude Lefort, *L'invention démocratique*, a.a.O., S. 71ff.

55 Lefort, *Les formes de l'histoire*, a.a.O., S. 303; Lefort, *L'Invention Démocratique*, a.a.O., S. 81.

56 Im Anschluß an Lefort betont Felix Trautmann: »Das freie und offene Moment des gesellschaftlichen Selbstbezugs vermag die Demokratie nur zu wahren, indem sie jede symbolische Repräsentation zugleich als eine imginäre begreift […].« Felix Trautmann, *Das Imaginäre der Demokratie. Politische Befreiung und das Rätsel der freiwilligen Knechtschaft*, Konstanz 2020, S. 383.

57 Lefort, *L'Invention Democratique*, a.a.O., S. 150ff.

58 Vgl. Lefort, *Essais sur le politique*, a.a.O., S. 30.

59 Vgl. Michel Foucault, *La naissance de la medecine sociale*, Dits et Ecrits, Edition Quarto, Bd. 2, Paris 2001, S. 209f.; vgl. auch Michel Foucault, *Die Geburt der Biopolitik. Die Geschichte der Gouvernementalität*, Bd. 2, Frankfurt a.M. 2005, S. 165ff.

60 Michael Hardt und Antonio Negri, *Multitude. Krieg und Demokratie im Empire*, Frankfurt am Main/New York 2004, S. 117f.

61 Paolo Virno, *Grammatik der Multitude*, Wien 2005, S. 26ff.

62 Hannah Arendt, *Elemente und Ursprünge totaler Herrschaft. Antisemitismus, Imperialismus, totale Herrschaft*, München 1986, S. 247.

63 Zu diesen Begriffen: Alain Brossat, *Plebs Invicta*, Berlin 2012; Frank Ruda, *Hegels Pöbel*, Konstanz 2011.

64 »Es war offenbar, daß in den Juden alles, was der Mob haßte, personifiziert war: die Gesellschaft, weil Juden in ihr nur geduldet waren, und der Staat, weil Juden seit Jahrhunderten von ihm direkt vor der Gesellschaft geschützt wurden und daher leicht mit staatlicher Macht identifiziert werden konnten.« Hannah Arendt, *Elemente und Ursprünge totaler Herrschaft*, a.a.O., S. 248.

65 S. Arendt, *Vita Activa*, a.a.O., S. 256. Arendt beruft sich hier auf Montesquieu, *Esprit des Lois*, VIII, 10.

66 »Und keine Paradoxie zeitgenössischer Politik ist von einer bittereren Ironie erfüllt als die Diskrepanz zwischen den Bemühungen wohlmeinender Idealisten, welche beharrlich Rechte als unabdingbare Menschenrechte hinstellen, deren sich nur die Bürger der blühendsten und zivilisiertesten Länder erfreuen, und die Situation der Entrechteten selbst, die sich ebenso beharrlich verschlechtert hat, bis das Internierungslager, das vor dem Zweiten Weltkrieg doch nur eine ausnahmsweise realisierte Drohung für den Staatenlosen war, zur Routinelösung des Aufenthaltsproblems der ›displaced persons‹ geworden ist.« Arendt, *Elemente und Ursprünge*, a.a.O., S. 578.

67 Es steht zu befürchten, dass Konzentrationslager auch noch in Zukunft die »Patentlösung für alle Probleme von Überbevölkerung« darstellen. Siehe Arendt, *Elemente und Ursprünge*, a.a.O., S. 942.

68 »Die Rechtlosigkeit hingegen entspringt einzig der Tatsache, daß der von ihr Befallene zu keiner irgendwie gearteten Gemeinschaft gehört. Es ist sinnlos, Gleichheit vor dem Gesetz für den zu verlangen, für den es kein Gesetz gibt [...]. Das Recht auf Leben wird erst in Frage gestellt, wenn die absolute Rechtlosigkeit – und das heißt, daß niemand sich bereit findet, Rechte für diese bestimmte Kategorie von Menschen zu garantieren – eine vollendete Tatsache ist.« Arendt, *Elemente und Ursprünge*, a.a.O., S. 612.

69 Siehe Arendt, *Elemente und Ursprünge*, a.a.O., S. 615.

70 Hannah Arendt, *Elemente und Ursprünge*, a.a.O., S. 604f.

71 Hannah Arendt, *Elemente und Ursprünge*, a.a.O., S. 613, S. 615.

72 Hannah Arendt, *Elemente und Ursprünge*, a.a.O., S. 614.

73 Siehe Hannah Arendt, *Elemente und Ursprünge*, a.a.O., S. 695.

74 Jacques Rancière, *Der Hass der Demokratie*, a.a.O., S. 51.

75 Jacques Rancière, *Das Unvernehmen. Politik und Philosophie*, Frankfurt a.M. 2002, S. 18f.

76 Rancière, *Unvernehmen*, a.a.O., S. 20.

77 Rancière, *Unvernehmen*, a.a.O., S. 21.

78 »Das Volk ist nichts anderes als die undifferenzeirte Masse derer, die keine positiven Anspruchsrechte haben – weder Reichtum noch Tugend –,

aber denen dennoch dieselbe Freiheit zuerkannt wird wie denen, die diese Anrechte besitzen. Die Leute des Volks sind in der Tat einfach frei wie die anderen. Doch aus dieser einfachen Identität mit denen, die ihnen sonst in allem überlegen sind, leiten sie ein besonderes Anrecht ab. Der Demos teilt sich als eigenen Anteil die Gleichheit zu, die allen Bürgern gehört [...]. Denn die Freiheit [...] wird gleichzeitig als die gemeinsame Tugend gezählt. Sie erlaubt dem Demos – das heißt der tatsächlichen Versammlung der Männer ohne Eigenschaften, die, wie Aristoteles sagt, ›Anteil haben an nichts‹ – sich durch eine Gleichnamigkeit mit dem Ganzen der Gesellschaft gleichzusetzen. [...]. Was [das Volk] zur Gemeinschaft beisteuert, ist eigentlich der Streit.« Rancière, *Unvernehmen*, a.a.O., S. 21.

79 Rancière, *Unvernehmen*, a.a.O., S. 22.

80 Rancière, *Unvernehmen*, a.a.O., S. 24, S. 26.

81 Rancière, *Unvernehmen*, a.a.O., S. 29.

82 »Die Politik ist zuerst der Konflikt über das Dasein einer gemeinsamen Bühne [...]. Es gibt Politik, weil diejenigen, die kein Recht dazu haben, als sprechende Wesen gezählt zu werden, sich dazuzählen [...]« Rancière, Unvernehmen, a.a.O., S. 38.

83 Jacques Rancière, *Die Aufteilung des Sinnlichen. Die Politik der Kunst und ihre Paradoxien*, Berlin 2008, S. 26.

84 Rancière, *Die Aufteilung des Sinnlichen*, a.a.O., S. 26.

85 Étienne Balibar, *Die Grenzen der Demokratie*, Berlin 1993, S. 129f.

86 Étienne Balibar, »Die Nation-Form. Geschichte und Ideologie«, in: ders., Immanuel Wallerstein, *Rasse Klasse Nation. Ambivalente Identitäten* (1988), Berlin 2019, S. 107–130.

87 Balibar, *Die Grenzen der Demokratie*, S. 90.

88 Etienne Balibar, »Vom Klassenkampf zum Kampf ohne Klassen«, in: ders., Immanuel Wallerstein, *Rasse Klasse Nation. Ambivalente Identitäten*, a.a.O., S. 190–224.

89 Balibar, *Die Grenzen der Demokratie*, a.a.O., S. 9.

90 Balibar, *Die Grenzen der Demokratie*, a.a.O., S. 69.

91 Balibar, *Die Grenzen der Demokratie*, a.a.O., S. 90.

92 Étienne Balibar, *La proposition de l'égaliberté*, Paris 2010, S. 349.

93 »C'est toujours [...] ce principe ›an-archique‹ ou de non-pouvoir paradoxalement indispensable à la constitution du pouvoir, sans lequel le pouvoir ne se distinguerait pas de l'oppression ou y retournerait inévitablement [...]. Non seulement la démocratie est un effort sans cesse à reprendre pour inclure dans l'espace politique ceux qui en ont été exclus, pour faire [...] la ›part des sans-part‹, mais il faut dire qu'il n'y a pas, en réalité, d'État qui soit par lui-même, ou par la seule forme de ses institutions, démocratique. Tout État, à des degrés certes très inégaux [...], est oligarchique et autoritaire, fondé sur des privilèges de classe ou d'expertise, le plus souvent masqués sous une rhétorique populiste ou démagogique – c'est-à-dire sur la prétention des gouvernants [...] à com-

prendre [le peuple] mieux qu'il ne se comprend lui-même.« Étienne Balibar, *La proposition de l'égaliberté*, a.a.O., S. 350.

94 »Ce qui existe, en revanche, ou ce qui peut toujours exister à nouveau, faisant de la citoyenneté non seulement une idée ou un statut formel, mais une activité commune aux membres de la cité, ce sont des luttes pour la démocratisation [...] des processus plus ou moins insurrectionnels [...] de redistribution ou de partage du pouvoir, en particulier du pouvoir de s'exprimer, de donner son avis et d'énoncer soi-même ses intérêts. En ce point va resurgir la figure anarchique de l'homme quelconque, celui qui n'est ni plus ni moins qu'un citoyen parmi d'autres au sens radicalement égalitaire du terme, et comme tel ne cherche ni à commander ni à obéir [...]. [Les idées de Rancière] mettent en cause la passivité structurelle des institutions et l'évidence invétérée des rapports de force sociales, comme la circulation des responsabilités, l'interdiction de leur cumul et le tirage au sort des gouvernants. Ce n'est certainement pas un hasard si des idées de ce genre ont été partie prenante de la plupart des grands moments de résistance populaire ou d'insurrection démocratique.« Balibar, *La proposition de l'égaliberté*, S. 350f.

95 »Par le simulacre politique du vote, le ›peuple‹, composé d'une collection d'atomes humains, confère la fiction d'une légitimité aux élus. C'est la ›souveraineté du peuple‹, et plus exactement la souveraineté du ›peuple français‹ [...]. Il est aujourd'hui clair que cette souveraineté, étant celle d'une multiplicité d'opinions inerte et atomisée, ne constitue aucun sujet politique véritable. En tant que référent juridique du processus représentatif, ›peuple‹ signifie seulement que l'État peut et doit persévérer dans son être.« Alain Badiou, »Vingt-quatre notes pour les usages du mot ›peuple‹«, in: A. Badiou, P. Bourdieu, J. Butler, G. Didi-Huberman, S. Khiari, J. Rancière, *Qu'est-ce qu'un peuple?*, Paris 2013, S. 13.

96 »C'est donc dans la rétroaction de l'inexistence d'un État que ›peuple‹ peut participer à la désignation d'un processus politique [...]. Le peuple ouvrier [...] se manifeste [...] comme une sorte d'exception immanente à l'inertie constitutionnelle désignée par l'expression ›peuple français‹.« Alain Badiou, »Vintg-quatre notes sur les usages du mot ›peuple‹«, a.a.O., S. 14, S. 15.

97 »Où l'on voit que ›peuple‹ prend ici un sens qui implique la disparition de l'État existant. Et, au-delà, la disparition de l'État lui-même, dès lors que la décision politique est entre les mains d'un nouveau peuple rassemblé sur une place, rassemblé sur place [...]. À la place de la représentation majoritaire du processus électoral, laquelle donne forme à l'inertie étatique du peuple par le biais juridique d'une légitimité de l'État; mais aussi à la place d'une soumission, toujours mi-consensuelle, mi-forcée, à une autorité despotique, nous avons un détachement minoritaire, qui active le mot ›peuple‹ selon une orientation politique sans précédent. ›Peuple‹ peut désigner à nouveau – dans un tout autre contexte que celui des luttes de libération nationale – le sujet d'un processus politique. Mais c'est toujours sous la forme d'une minorité qui

déclare, non pas qu'elle représente le peuple, mais qu'elle est le peuple en tant qu'il détruit sa propre inertie et se fait le corps de la nouveauté politique.« Badiou, »Vingt-quatre notes«, a.a.O., S. 16.

98 »Peuple est l'ensemble satisfait des gens de la classe moyenne, qui font masse pour que le pouvoir de l'oligarchie capitaliste puisse être considéré comme démocratiquement légitime.« »la classe moyenne est le peuple des oligarchies capitalistes.« Badiou, »Vingt-quatre notes«, a.a.O., S. 19.

99 Badiou, »Vingt-quatre notes«, a.a.O., S. 17. »Le peuple au sens d'un détachement actif ne soutient durablement sa prétention à être le corps provisoire du vrai peuple qu'en validant incessamment cette prétention dans les larges masses, en déployant son activité en direction de ceux que le peuple inerte, soumis à sa configuration par l'état, maintient encore éloignés de leur capacité politique.« Badiou, »Vingt-quatre notes«, a.a.O., S. 17.

100 Badiou, »Vingt-quatre notes«, a.a.O., S. 21.

101 Judith Butler, »›Nous, le peuple‹: réflexions sur la liberté de reunion«, in: A. Badiou, P. Bourdieu, J. Butler, G. Didi-Huberman, S. Khiari, J. Rancière, *Qu'est-ce qu'un peuple?*, a.a.O., S. 55.

102 Judith Butler, »›Nous, le peuple‹«, a.a.O., S. 56.

103 Butler, »›Nous, le people‹«, a.a.O., S. 59.

104 Butler, »›Nous, le people‹«, a.a.O., S. 59.

105 Butler, »›Nous, le peuple‹«, a.a.O., S. 66.

106 Butler, »›Nous, le peuple‹«, a.a.O., S. 68.

107 Judith Butler, *Die Macht der Gewaltlosigkeit. Über das Ethische im Politischen*, Berlin 2023, S. 40.

108 »L'efficacité même des images de rendre accessibles, de faire lever, non pas seulement les aspects des choses ou des états de faits, mais bien leurs ›points sensibles‹ […]. Rendre sensible serait rendre accessible les symptômes d'un peuple présent mais impuissant: rendre sensibles les failles, les lieux ou les moments à travers lesquels, se déclarant comme ›impuissance‹, les peuples affirment à la fois ce qui leur manque et ce qu'ils désirent […]. Nous-mêmes, devant ces failles ou ces symptômes, devenons tout à coup sensibles à quelque chose qui nous échappait jusque-là mais qui nous regarde directement.« Georges Didi-Huberman, »Rendre Sensible«, in: A. Badiou, u. a., *Qu'est-ce qu'un peuple?*, a.a.O., S. 106, S. 108, S. 109.

109 Siehe Judith Butler, *Körper von Gewicht. Die Diskursiven Grenzen des Geschlechts*, Frankfurt a. M. 1997, S. 21–49; Tristan Garcia, *Wir*, Berlin 2018, S. 149 f., S. 153.

110 Tristan Garcia, *Wir*, a.a.O., S. 153.

111 Paul B. Preciado, *Testo Junkie. Sex, Drogen und Biopolitik in der Ära der Pharmapornographie*, Berlin 2016, S. 11.

112 Tristan Garcia, *Wir*, a.a.O., S. 155.

113 Tristan Garcia, *Wir*, a.a.O., S. 171 f.

114 Vgl. Garcia, *Wir*, a.a.O., S. 174.

115 Vgl. Garcia, *Wir*, a.a.O., S. 227.

116 Die Übergangshaftigkeit wird dadurch zwar keine Norm, aber doch eine schlechte Verlegenheit, die sich unausweichlich gibt.

117 Jacques Derrida, *Schurken*, a.a.O., S. 58f.

118 »En effet, l'institution athénienne et les mécanismes de révision constitutionnelle diffèrent d'abord en ce que la possibilité de contester les décisions de l'Ekklesia – soit la limitation de son action – s'exerce selon une modalité semblable a celle de la prise de décision par l'assemblée. La souveraineté du peuple n'est donc limitée que par le peuple lui-même et non par une cour composée de quelques experts de la Constitution.« Philippe Urfalino, »La démocratie : nécessaire autolimitation, impossible auto-institution«, in: V. Descombes, F. Giust-Desprairies, *Imaginer l'autonomie. Castoriadis, actualité d'une pensée radicale*, Paris 2021, S. 40f.

119 Lysias, »Rede gegen Nikomachos [den Staatsschreiber – Anklage im Rechenschaftsverfahren]«, § 27, in: Lysias, *Reden*, hg. v. Ingeborg Huber, Darmstadt 2013, S. 127, S. 212–219.

120 Paulin Ismard, *La démocratie contre les experts*, a.a.O., S. 146.

121 Desweiteren wären Autoren wie Larry Kramer, Mark Tushnet und Jeremy Waldron zu nennen, die ebenso an der Legitimität der Verfassungsprüfungsorgane zweifeln. Zur Kritik am Richterlichen Prüfungsrecht bzw. an Normenkontrollverfahren (»judicial Review«), siehe u. a.: Larry Kramer, *The People Themselves. Popular Constitutionalism and Judicial Review*, Oxford 2005; Jeremy Waldron, »The Core of the Case against Judicial Review«, a.a.O., S. 1346–1406; Mark Tushnet, *Weak Courts, Strong Rights, Judicial Review and Social Welfare Rights in Comparative Constitutional Law*, Princeton 2009.

122 »Equals accepting and applying reasonable principles need have no established superior. To the question, who is to decide? The answer is: all are to decide, everyone taking counsel with himself, and with reasonableness, comity, and good fortune, it often works out well enough.« John Rawls, *A Theory of Justice*, Oxford 1999, S. 341f.

123 »In a democratic society, then, it is recognized that each citizen is responsible for his interpretation of the principles of justice and for his conduct in the light of them. There can be no legal or socially approved rendering of these principles that we are always morally bound to accept, not even when it is given by a supreme court […]. Although the court may have the last say in settling any particular case, it is not immune from powerful political influences that may force a revision of its reading of the constitution. The court presents its doctrine by reason and argument; its conception of the constitution must, if it is to endure, persuade the major part of the citizens of its soundness. The final court of appeal is not the court, nor the executive, nor the legislature, but the electorate as a whole. The civilly disobedient appeal is a special way to this body.« Rawls, *A Theory of Justice*, a.a.O., S. 342.

124 »There is no way to avoid entirely the danger of divisive strife, any more

than one can rule out the possibility of profound scientific controversy. Yet if justified civil disobedience seems to threaten civic concord, the responsibility falls not upon those who protest but upon those whose abuse of authority and power justifies such opposition. For to emply the coercive apparatus of the state in order to maintain manifestly unjust institutions is itself a form of illegitimate force that men in due course have a right to resist.« Rawls, *A Theory of Justice*, S. 342.

125 John Rawls, *Politischer Liberalismus*, Frankfurt a.M. 1998, S. 342.

126 Martin Loughlin, *Against Constitutionalism*, Cambridge, Mass. 2022, bes. Paragraph 9.

127 *Habermas, Faktizität und Geltung*, a.a.O., S. 298.

128 *Habermas, Faktizität und Geltung*, a.a.O., S. 309.

129 *Habermas, Faktizität und Geltung*, a.a.O., S. 315.

130 Cornelius Castoriadis, »Die griechische Polis und die Schaffung der Demokratie«, in: Ulrich Rödel (Hg.), *Autonome Gesellschaft und libertäre Demokratie*, Frankfurt a.M. 1990, S. 309. Vgl. »La ›polis‹ grecque et la création de la démocratie«, in: ders., *Domaines de l'homme. Les carrefours du labyrinth*, Paris 1986, S. 362.

131 Siehe Thomas Kuhn, Michel Foucault, Paul Feyerabend, Bruno Latour, Isabelle Stengers. Zuletzt: Frieder Vogelmann, *Die Wirksamkeit des Wissens. Eine politische Epistemologie*, Berlin 2022, S. 518ff.

132 »Menschen und Tiere bilden Assemblagen von Kampfgefährt:innenschaft, die zusammen Politik und Leben zu beeinflussen vermögen.« Fahim Amir, *Schwein und Zeit. Tiere, Politik Revolte*, Hamburg 2018, S. 18.

133 Sue Donaldson, Will Kymlicka, *Zoopolis. Eine politische Theorie der Tierrechte*, Berlin 2013.

134 Donaldson/Kymlicka, *Zoopolis. Eine politische Theorie der Tierrechte*, a.a.O., S. 59.

135 Siehe: Donaldson/Kymlicka, *Zoopolis. Eine politische Theorie der Tierrechte*, a.a.O., S. 62.

136 Christine M. Korsgaard, *Tiere wie wir: Warum wir moralische Pflichten gegenüber Tieren haben. Eine Ethik*, München 2021.

137 Bernd Ladwig, *Politische Philosophie der Tierrechte*, Berlin 2020, S. 114f.

138 Vgl. Eidgenössische Ethikkommission für die Biotechnologie im Ausserhumanbereich, *Die Würde der Kreatur bei Pflanzen. Die moralische Berücksichtigung von Pflanzen um ihrer selbst willen*, Bern 2008; Michael Marder, »Should Plants Have Rights?«, *The Philosopher's Magazine*, 62, 2013, S. 46–50. Stefano Mancuso, *Die Pflanzen und ihre Rechte: Eine Charta zur Erhaltung unserer Natur*, Stuttgart 2021.

139 Vgl. hierzu: Michael Marder, *Plant Thinking. A philosophy of vegetal life*, New York 2013, S. 119ff.

140 Vgl. hierzu Maurizio Lazzarato, »Die politische Form der Koordina-

tion«, online verfügbar unter http://eipcp.net/transversal/0707/lazzarato/de. Zuerst in französischer Originalfassung unter dem Titel »La forme politique de la coordination« erschienen in: *Multitudes*, Nr. 17, Paris 2004; Vgl., in einem völlig anderen Kontext stehend, Julian Nida-Rümelin, *Demokratie als Kooperation*, Frankfurt/M. 1999.

141 Diese Bemerkungen können keine ausführliche Auseinandersetzung mit Theorien des kollektiven Handelns ersetzen, die an dieser Stelle nicht geleistet werden kann. Am nächsten zu meinen Überlegungen steht in diesem Kontext die Theorie pluraler Akteure Margaret Gilberts. Siehe u. a. Margaret Gilbert, *A Theory of Political Obligation. Membership, Commitment, and the Bonds of Society*, Oxford 2006, *Joint Commitment: How We Make the Social World*, Oxford 2014. Zur Kritik an Gilbert: Francesca Raimondi, »Joint Commitment and the Practice of Democracy«, in: Hans Bernhard Schmid, Katinka Schulte-Ostermann, and Nikos Psarros (Hg.), *Concepts of Sharedness: Essays on Collective Intentionality*, Frankfurt a. M. 2008, S. 285–304. Und vor allem: Simon Herzhoff, *Politik des Miteinander*, Bielefeld 2022.

142 Die vorstehenden Überlegungen habe ich zuerst in dem Aufsatz »Menschen und Tiere. Zur Politik einer Unterscheidung« (2014) publiziert.

143 Urfalino, *Décider ensemble*, S. 216.

144 Vgl. Michel Foucault, *L'archéologie du savoir*, Paris 1969, S. 171.

145 Vgl. Dirk Setton, *Unvermögen, Die Potentialität der praktischen Vernunft*, Zürich/Berlin 2012.

146 Bernard Manin, »Volonté Générale ou délibération? Esquisse d'une théorie de la délibération politique«, *Le Débat*, Nr. 33, 1985, S. 72–94; Jon Elster, »The market and the forum: Three varieties of political theory«, in: Jon Elster and Aanund Hyland (Hg.), *Foundations of social choice theory*, Cambridge 1986, S. 103–132. Vgl. Antonio Florida, *From Participation to Deliberation. A Critical Genealogy of Deliberative Democracy*, Colchester 2017.

147 Egon Flaig (Hg.), *Genesis und Dynamiken der Mehrheitsentscheidung*, München 2013.

148 Mogens H. Hansen, »How Did the Athenian Ecclesia Vote?«, in: ders., *The Athenian Ecclesia. A Collection of Articles 1976–1983*, Kopenhagen 1983, S. 103–117.

149 Herodot 3, 80. Vgl. Elke Stein-Hölkeskamp, »Demokratie und Agonalität im klassischen Athen«, in: Egon Flaig (Hg.), a.a.O., S. 73.

150 Benjamin Sourice, *La Démocratie des places. Des Indignados à Nuit debout, vers un nouvel horizon politique*, Paris 2017, S. 97; Francesca Polletta, *Freedom Is an Endless Meeting: Democracy in Amercian Social Movements*, Chicago 2002; Christoph Haug, *Discursive Decision Making in Meetings of Global Justice Movements: Cultures and Practices*, Berlin 2010; Héloïse Nez, »Délibérer au sein d'un movement social. Ethnographie des assemblées des Indignés à Madrid«, *Participations*, Nr. 4, 2012, S. 79–102.

151 Urfalino, *Décider ensemble*, a.a.O., S. 225.

152 »Tous les participants ont pu remarquer, dans un moment de suspens précisément ressenti par tous, une absence: l'absence d'une opposition ouverte à la proposition émise.« Urfalino, *Décider ensemble*, a.a.O., S. 234.

153 Urfalino, *Décider ensemble*, a.a.O., S. 257.

154 Von einer aurikulären Wahlform in Genf berichtet: Raphaël Barat, *Les élections que fait le peuple. République de Genève, vers 1680–1707*, Genf 2018, S. 253–277. Vgl. Jon Elster (Hg.), *Secrecy and Publicity in Votes and Debates*, Cambridge 2015.

155 Zu dieser Unterscheidung: Christoph Haug, »What ls Consensus and How ls lt Achieved in Meetings? Four Types of Consensus Decision Making«, in: Joseph A. Allen, Nale Lehmann-Willenbrock, Steven G. Rogelberg (Hg.), The Cambridge Handbook of Meeting Science, Cambridge 2015, S. 569.

156 Haug, »What ls Consensus and How ls lt Achieved in Meetings ?«, a.a.O., S. 570.

157 Antonio Gramsci, *Gefängnishefte*, Band 1., 1. Heft (Originaltitel: *Quaderni del carcere*), hg. v. Wolfgang Fritz Haug, Klaus Bochmann, Hamburg 1991.

158 Ernesto Laclau, Chantal Mouffe, *Hegemonie und radikale Demokratie. Zur Dekonstruktion des Marxismus*, Wien 1991, S. 198, S. 203.

159 Chantal Mouffe, »Democratic Citizenship and the political Community«, in: Chantal Mouffe (Hg.), *Dimensions of Radical Democracy, Pluralism, Citizenship, Community*, London 1992, S. 231.

160 Chantal Mouffe, *The Democratic Paradox*, London 2000, S. 92.

161 Chantal Mouffe, »Democratic Citizenship and the political Community«, a.a.O., S. 235.

162 Chantal Mouffe, »Preface, Democratic Politics Today«, in: *Dimensions of Radical Democracy*, a.a.O., S. 3.

163 Chantal Mouffe, *The Return of the Political*, London/New York 1993, S. 113.

164 »Our understanding of radical democracy, on the contrary, postulates the very impossibility of a final realization of democracy. It affirms that the unresolvable tension between the principles of equality and liberty is the very condition for the preservation of the indeterminacy«, Mouffe, »Preface, Democratic Politics Today«, a.a.O., S. 13.

165 Mouffe, *Democratic Paradox*, a.a.O., S. 233. Oliver Marchart, *Das unmögliche Objekt*, Berlin 2013, S. 298ff.

166 Mouffe, *Democratic Paradox*, a.a.O., S. 102.

167 Chantal Mouffe, »Democratic Citizenship and the political Community«, a.a.O., S. 235.

168 Vgl. Chantal Mouffe, *Le Politique et ses enjeux. Pour une démocratie plurielle*, Paris 1994, S. 10f.

169 Mouffe, *Le Politique et ses enjeux. Pour une démocratie plurielle*, a.a.O., S. 24.

170 Siehe Mouffe, *Le Politique et ses enjeux*, a.a.O., S. 11.

171 Siehe Mouffe, *Le Politique et ses enjeux*, a.a.O., S. 13f.

172 Baruch de Spinoza, *Tractatus Politicus*, Kap. XI, § 1. Vgl. Michael Hardt, Antonio Negri, *Multitude, War and Democracy in the Age of Empire*, New York 2004, S. 240.

173 Michael Hardt, Antonio Negri, *Multitude*, a.a.O., S. 307.

174 Michael Hardt, Antonio Negri, *Commonwalth. Das Ende des Eigentums*, Frankfurt/M. 2010, S. 360. Mit Verweis auf Jean-Luc Nancy, »La décision d'existence«, in: ders., *Une pensée finie*, Paris 1990, S. 107–146.

175 Michael Hardt / Antonio Negri, *Commonwealth*, a.a.O., S. 356f.

176 Michael Hardt / Antonio Negri, *Commonwealth*, a.a.O., S. 357.

177 Dictionnaire Richelet de 1680: »*Démocratie : Gouvernement populaire. État populaire. Forme de gouvernement où les charges se donnent au sort.*«

178 Homer, *Ilias*, xv, v. 197. Siehe Cornelius Castoriadis, *Ce qui fait la Grèce. 1. D'Homère à Héraclite: séminaires 1982–1983. La création humaine II*, Paris 2004.

179 Aristoteles, *Der Staat der Athener*, 4.3, Stuttgart 1993, S. 33.

180 Herodot, *Historien* III, 80,27; Xenophon, *Memorabilia*, I,2,9; Platon, *Politeia* VIII, 561b3–5; *Nomoi* VI 757e1–758a2; Isokrates, Aréopagiticus, VII, 21–22; Aristoteles *Politik* IV, 12 1300a32; VI, 2,1317b20–22; Aristoteles, *Rhetorik* I,8. Demosthenes, *Rede gegen Boiotos* I, XXXIX, 11, Pseudo-Xenophon, *Die Verfassung der Athener. Griechisch und deutsch, Darmstadt Darmstadt 2010*, I.2, 10–12 et I.3, 1–3. Später noch: Montesquieu, *Esprit des Lois* (1748) Buch I, Kap. 1, Paris 1973, S. 7.

181 Aristoteles, *Politik*, IV.9, 1294b7–9, Hamburg 1995, S. 142.

182 Hierzu: Bernard Manin, *Principes du gouvernement représentatif*, Paris 1995, S. 70ff; Yves Sintomer, *Das Demokratische Experiment. Geschichte des Losverfahrens in der Politik von Athen bis heute*, Wiesbaden 2016, S. 54ff.

183 Manin, *Principes du gouvernement représentatif*, a.a.O., S. 63; S. 108.

184 Platon, *Nomoi*, III, 690c.

185 »Démocratie veut dire d'abord cela: un ›gouvernement‹ anarchique, fondé sur rien d'autre que l'absence de tout titre à gouverner […]. Si le tirage au sort paraît à nos ›démocraties‹ contraire à tout principe sérieux de sélection des gouvernements, c'est que nous avons oublié en même temps ce que démocratie voulait dire et quel type de ›nature‹ le tirage au sort voulait contrarier.« Jacques Rancière, *La haine de la démocratie*, Paris 2005, S. 48f.

186 »Le pouvoir du peuple n'est pas celui de la population réunie, de sa majorité ou des classes laborieuses. Il est simplement le pouvoir propre à ceux qui n'ont pas plus de titre à gouverner qu'à être gouvernés […]. Le scandale de la démocratie, et du tirage au sort qui en est l'essence, est de révéler que ce titre ne peut être que l'absence de titre, que le gouvernement des sociétés ne peut repose en dernier ressort que sur a propre contingence.« Rancière, *La haine de la démocratie*, a.a.O., S. 54.

187 Mogens Herman Hansen, *Die Athenische Demokratie im Zeitalter des Demosthenes*, a.a.O., S. 206f.

188 Hansen, *Die Athenische Demokratie*, a.a.O., S. 204; mit Bezug auf Aischines 1, 87; Demosthenes 46,26.

189 Xenophon, *Memorabilia* 1,2,9; Aristoteles, *Rhetorik* 1393b4–8. Siehe: Mogens H. Hansen, *Die Athenische Demokratie*, S. 245.

190 Platon, *Nomoi* 757b.

191 Hansen, *Die Athenische Demokratie*, a.a.O., S. 245. Mit Bezug auf Deinokrates, 3,16; Isokrates 7,23. Kritik: Isokrates 7,22–3; Dissoi Logoi Diels Kranz 90,7.

192 Hansen, *Die Athenische Demokratie*, a.a.O., S. 227.

193 Hubertus Buchstein, *Demokratie und Lotterie. Das Los als politisches Entscheidungsinstrument von der Antike bis zur EU*, Frankfurt a. M. 2009, S. 42.

194 Hansen, *Die Athenische Demokratie*, S. 229.

195 Hansen, *Die Athenische Demokratie*, S. 230f.

196 Ich paraphrasiere hier: Yves Sintomer, *Das Demokratische Experiment*, a.a.O., S. 170.

197 Carole Pateman, *Participation and Democratic Theory*, Cambridge, Mass. 1970; C. B. MacPherson, *The Life and Times of Liberal Democracy* [1977], Oxford 2011.

198 Eines der ersten Bücher, die den Gedanken des Losverfahrens in der Politik wieder aufgreifen, ist Robert A. Dahl, *After the Revolution? Authority in a Good Society*, New Haven 1970. Dann u. a.: Benjamin Barber, *Strong Democracy: Participatory Politics for a New Age*, Oakland (CA) 1984; John Burnheim, *Is Democracy Possible?*, Cambridge 1985; Ernest Callenbach / Michael Phillips, *A Citizen Legislature*, Berkeley 1985; Barbara Goodwin, *Justice by Lottery*, New York 1992.

199 Jane Mansbridge, *Beyond Adversary Democracy*, Chicago / New York 1980; Jürgen Habermas, *Theorie des kommunikativen Handelns*, Frankfurt a. M. 1981; John Rawls, *Politischer Liberalismus*, Berlin 2015; Bernard Manin, »Volonté générale ou délibeération ? Esquisse d'une théorie de la délibération politique«, *Le Débat*, Nr. 33, Januar 1985; John S. Dryzek, *Discursive Democracy. Politics, Policy and Political Science*, Cambridge 1990.

200 Peter Dienel, »Der soziale Pluralismus als planerisches Problem«, Stadt – Region – Land, Vol. 8, Aachen 1969, S. 1–8; Peter Dienel, »Techniken bürgerschaftlicher Beteiligung an Planungsprozessen«, in: *Offene Welt*, 101, Opladen 1970. Peter Dienel, *Die Planungszelle: der Bürger plant seine Umwelt*, Opladen 1978; Ned Crosby, *In Search of the Competent Citizen*, Working Paper, Plymouth 1975; Hans Luidger Dienel / Ortwin Renn, »Planning cells. A gate to »Fractal« Mediation«, in: Ortwin Renn/Thomas Webler / Peter M. Wiedemann (Hrsg.), *Fairness and Competence in Citizen Participation. Evaluating Models for Environmental Discourse*, Dordrecht 1995; Ned Crosby / Doug Nethercut, »Citizens juries. Creating a trustworthy voice of the people«,

in: John Gastil / Peter Levine (Hrsg.), *The Deliberative Democracy Handbook*, San Francisco 2005, S. 111–119.

201 Siehe Jon Elster, *Securities Against Misrule, op. cit.*; Gil Delannoi, *Le tirage au sort. Comment l'utiliser*, Paris 2019; Paul Le Fèvre, *La Démocratie, c'est vous! Pour le tirage au sort en Politique*, Paris 2019. Kritisch: Daniel Baron, *Das schwere Los der Demokratie. Chancen und Grenzen zufallsbasierter Beteiligungsverfahren*, Marburg 2014.

202 Yves Sintomer, *Das Demokratische Experiment. Geschichte des Losverfahrens in der Politik von Athen bis heute*, Wiesbaden 2016, S. 175.

203 Ron Herath, *Real Power to the People: A Novel Approach to Electoral Reform in British Columbia*, Lanham 2007; Mark Warren, Hilary Pearse (Hg.), *Designing Deliberative Democracy. The British Columbia Citizens' Assembly*, New York 2008.

204 David Van Reybrouck, *Gegen Wahlen. Warum Abstimmen nicht demokratisch ist*. Göttingen 2016, S. 134. Siehe auch: https://www.constitutionalconvention.ie

205 Siehe z. B. Gerd Grötzinger, »Weltbürgerschaft und Nationalitätslotterie«, in: Hauke Brunkhorst, *Demokratischer Experimentalismus*, Frankfurt/M. 1998, S. 175–200. Gerd Grötzinger, »Die ›Vereinigten Parlamente von Europa‹ und weitere Überlegungen zur subsidiären Demokratie«, in: Claus Offe (Hg.), *Demokratisierung der Demokratie*, Frankfurt/M. 2003, S. 211–231.

206 Barbara Goodwin, *Justice by Lottery. Sortition and Public Policy*, Chicago 1992, S. 44.

207 Barbara Goodwin, »Justice and the Lottery«, *Political Studies* 32/2, S. 90–202, hier: S. 195.

208 Yves Sintomer, »Le pouvoir au peuple: jurys citoyens, tirage au sort et démocratie participative«, *Cahiers libres*, Paris 2007, S. 138.

209 So Hubertus Buchstein, *Demokratie und Lotterie*, a.a.O., S. 58.

210 Hubertus Buchstein, *Demokratie und Lotterie*, a.a.O., S. 301.

211 Hubertus Buchstein, *Demokratie und Lotterie*, a.a.O., S. 303.

212 Jon Elster, *Solomonic Judgements. Studies in the Limitations of Rationality*, Cambridge 1989, S. 78ff.

213 David Van Reybrouck, *Gegen Wahlen*, a.a.O., S. 161.

214 Buchstein, *Demokratie und Lotterie*, S. 390.

215 Siehe Bernard Manin, *Principes du gouvernement représentatif*, a.a.O., S. 61.

216 »L'élection au contraire accomplit deux choses à la fois: elle sélectionne les titulaires des charges, mais en même temps elle légitime leur pouvoir et crée chez ceux qui ont désigné un sentiment d'obligation et d'engagement envers ceux qu'ils ont désignés […]. C'est cette conception du fondement de la légitimité et de l'obligation politique qui a entraîné l'éclipse du tirage au sort et le triomphe de l'élection.« Bernard Manin, *Principes du gouvernement représentatif*, S. 116.

[217] Vgl. Kapitel 2; Thukydides, 2, 37, 1–3. Vgl. Thukydides 5,81,2.; 8,38.3; 8,53,3; 8,89,2.

[218] Thomas Hobbes, *Elements of Law*, II.2, a.a.O., S. 228, S. 241. Vgl. Herodot 3, 80.

[219] Thomas Hobbes, *De Cive*, VI., 2., S. 168. Vgl. Didier Mineur, *Le Pouvoir de la majorité. Fondements et Limites*, Paris 2017, S. 68.

[220] Thomas Hobbes, *De Cive*, Buch VI, S. 191.

[221] Thomas Hobbes, *Elements of Law. Natural and Politik*. Buch II, Kap. 2, a.a.O., S. 242.

[222] Thomas Hobbes, *De Cive*, Buch VII, Kap. 5, a.a.O., S. 192.

[223] Thomas Hobbes, *Leviathan*, Kap. XVIII, S. 183. Vgl. Yves Charles Zarka, *La decision métaphysique de Hobbbes*, Paris 1987, S. 331. Didier Mineur, *Le Pouvoir de la majorité*, a.a.O., S. 64. Im *Leviathan*, im Gegensatz zu den *Elements of Law* und *De Cive*, wird der politische Körper erst durch den (gewählten) Repräsentanten konstituiert. Im Vertrag unterwerfen sich die Einzelnen den Handlungen und Urteilen dieses/r Repräsentanten »so, als ob es ihre eigenen wären.« (S. 179). Hier beginnt das politische Als-Ob, das die tatsächlichen Entscheidungen durch kontrafaktische Unterstellungen bzw. Postulate ersetzt.

[224] Thomas Hobbes, *De Cive*, Buch VIII, a.a.O., S. 193. *Elements of Law*, Buch II, 2,6, a.a.O., S. 244.

[225] Thomas Hobbes, *De Cive*, VI, 20, a.a.O., S. 185; *Leviathan*, Kapitel XIX, a.a.O., S. 193.

[226] Thomas Hobbes, *Leviathan*, XVI. S. 167; Vgl. Jeremy Waldron, *The Dignity of Legislation*, Cambridge 1999, S. 149.

[227] Siehe Jeremy Waldron, *The Dignity of Legislation*, a.a.O., S. 149f.; Didier Mineur, Le Pouvoir de la Majorité, a.a.O., S. 44.

[228] John Locke, *The Second Treatise of Government* § 95, hg. v. David Wooton, London 1993, S. 309f.

[229] John Locke, *The Second Treatise of Government*, a.a.O., S. 310.

[230] Locke, John Locke, *The Second Treatise of Government*, a.a.O., § 96 und § 97. Vgl. § 98. Mineur sieht hier weniger eine physikalische als eine moralische Kraft. A.a.O., S. 77, S. 81.

[231] Samuel v. Pufendorf, *Ius Naturae et Gentium*, Frankfurt a.M. 1684, Buch 7, Kap. 2, § 8, S. 968 & 7.2.15, S. 978f.

[232] Aristoteles, *Politik*, Buch III, 1281b7.

[233] »Si la probabilité de la voix de chaque votant est plus grande que ½, c'est-à-dire, s'il est plus probable qu'il jugera conformément à la verité, plus le nombre des votants augmentera, plus la probabilité de la verité de la decision sera grande: la limite de cette probabilité sera la certitude: en sorte qu'en multipliant le nombre des votants, on aura une probabilité aussi grande qu'on voudra d'avoir une décision vraie [,…]. Si au contraire la probabilité du jugement de chaque votant est au-dessous de ½, c'est-à-dire s'il est plus probable qu'il se

trompera, alors plus le nombre des votants augmentera, plus la probabilité de la verité de la décision diminuera […].« Marie Jean Antoine Nicolas Caritat, Marquis de Condorcet, *Essai sur l'application de l'analyse à la probabilité des décisions rendues à la pluralité des voix*, Paris 1785, S. XXIII.

234 Jean-Charles de Borda, »Mémoire sur les élections au scrutin«, *Histoire de l'Académie royale des sciences*, Paris 1781, S. 102, S. 657–665.

235 Lani Guinier, *The Tyranny of the Majority. Fundamental Fairness in Representative Democracy*, New York 1994.

236 »L'erreur de ceux qui, de bonne foi dans leur amour de la liberté, ont accordé à la souveraineté du peuple un pouvoir sans bornes, vient de la manière dont se sont formées leurs idées en politique. Ils ont vu dans l'histoire un petit nombre d'hommes, ou même un seul, en possession d'un pouvoir immense, qui faisait beaucoup de mal; mais leur courroux s'est dirigé contre les possesseurs du pouvoir, et non contre le pouvoir même. Au lieu de le détruire, ils n'ont songé qu'à le déplacer. Dans une société fondée sur la souveraineté du peuple, il est certain qu'il n'appartient à aucun individu, à aucune classe, de soumettre le reste à sa volonté particulière; mais il est faux que la société entière possède sur ses membres une souveraineté sans bornes.« Benjamin Constant, *Principes de politique applicables à tous les gouvernements représentatifs* (1806), Paris 1815, S. 16f. Ähnliche Äußerungen zur Tyrannei der Mehrheit finden sich bereits bei John Adams und James Madison. Elif Özmen resümiert: »Die Demokratie gibt eine Antwort auf die Frage, wer herrschen soll, wohingegen der Liberalismus darauf antwortet, wo die Grenzen jeder Herrschaft zu ziehen sind.« Elif Özmen, *Was ist Liberalismus?*, Berlin 2023, S. 15.

237 »Mais la majorité elle-même n'est pas toute-puissante. Au-dessus d'elle, dans le monde moral, se trouvent l'humanité, la justice et la raison; dans le monde politique, les droits acquis. La majorité reconnaît ces deux barrières […].« Alexis de Tocqueville, *De la démocratie en Amérique*, Bd. 2, Paris 1848, S. 385.

238 »Resserré dans ses limites, le pouvoir accordé aux tribunaux américains de prononcer sur l'inconstitutionnalité des lois, forme encore une des plus puissantes barrières qu'on ait jamais élevée contre la tyrannie des assemblées politiques.« Alexis de Tocqueville, *De la démocratie en Amérique*, Bd. 1, S. 165.

239 Jeremy Waldron, *The Dignity of Legislation*, Cambridge 1999, S. 140–141. Vgl. John Locke, *Second Treatise of Government*, § 131 und § 96.

240 Jeremy Waldron, *The Dignity of Legislation*, a.a.O., S. 140f.; unter Bezugnahme auf John Locke, *Second Treatise of Government*, § 96 und § 131.

241 »C'est le processus de formation des volontés qui confère sa légitimité au résultat, non les volontés déjà formées […]. Le déconmpte des voix permet de savoir quelle solution l'a emporté, c'est-à-dire a suscité l'adhésion du plus grand nombre. L'adhésion du plus grand nombre reflète la force supérieure d'une argumentation par rapport aux autres […]. Si l'on prend en compte la dimension du temps et les effets éducatifs de la délibération répétée, ce proces-

sus rend plus probable l'apparition de résultats raisonnables.« Bernard Manin, »Volonté générale ou délibération«, a.a.O., S. 83, S. 90, S. 93.

242 »L'unanimité donne à chaque voix dissonante un poids supérieur à celui de toutes les autres; la majorité qualifée, par exemple de 75 %, donne à chaque voix de partisan de l'une un poids une fois et demie supérieur à celui de chaque voix de partisan de l'autre; la loterie, ou le tirage au sort, donnent un poids équivalent à chacune des options en présence, mais aucun aux volontés des votants, puisque ces procédures ne tiennent aucun compte de leur répartition, et pourraient faire triompher une option en faveur de laquelle personne ne se pronconcerait. Le fait que chaque voix ait rigoureusement le même poids que toutes les autres confère à chacun la même influence sur la decision.« Didier Mineur, *Le Pouvoir de la majorité*, a.a.O., S. 330f.

243 »C'est pourquoi la décision prise au terme d'un vote est collective [...]. L'équité ne tient pas au fait que chacun a une chance égale de voir son souhait prévaloir, et donc d'obtenir satisfaction, mais au fait que chacun contribute également à la constitution d'une décision par definition collective.« Mineur, *Le Pouvoir de la majorité*, a.a.O., S. 331.

244 Olivier Christin, »Le lent triomphe du nombre. Les progrès de la décision majoritaire à l'époque moderne«, *La Vie des Idees*, Mai 2012.

245 Eine entsprechende systematische Differenzierung fehlt noch bei dem ansonsten wichtigen Buch von Gertrude Lübbe-Wolff, *Demophobie. Muss man die direkte Demokratie fürchten?*, Frankfurt a. M. 2023.

246 Peter Emerson, »The Will of the People. A Critique of (Simple or Weighted) Majority Voting«, in: *Open Journal of Political Science*, Band 7, Nr. 2, 2017, S. 315.

247 Michel Balinski, Rida Laraki, *Majority Judgment. Measuring, Ranking, and Electing*, Cambridge, Mass. 2011, S. 175ff.

248 Diese Vorannahmen diskutieren auch: Steven Brams, Alan Taylor, *Fair Division. From Cake-Cutting to Dispute Resolution*, Cambridge 1996. Pierre Moessinger, *Décisions et procédures de l'accord*, Paris 1998.

249 Ben Saunders, »Democracy, Political Equality, and Majority Rule«, *Ethics*, Bd. 121/1, Oktober 2010, S. 170–173. Mathias Risse bemerkt, dass es am Ende keinen materiellen Grund für die Bevorzugung einer dieser Alternativen Methoden gibt. Mathias Risse, »Arguing for Majority Rule«, *The Journal of Political Philosophy*, Bd. 12, Nr. 1, 2004, S. 41–64.

250 Schon Joshua Cohen, »An epistemic conception of Democracy«, *Ethics* Band 97, Nr. 1, 1986, S. 26–38 sieht in den Wahlen eine Möglichkeit, gute Entscheidungen zu generieren.

251 »a political decision would be correct whenever it improved at least one person's welfare without harming anyone else's. The criterion of Pareto optimality, however, suffers from the difficulty that in practice, almost no political decision has the property of enhancing everyone's welfare at no cost to anyone else [...]. A perhaps less exacting standard might be the standard of efficiency

as defined by classical utilitarianism, in which a decision leading to some gain for society as a whole can be good even if it harms some people in the process.« Landemore, *Democratic Reason*, a.a.O., S. 218f.

252 »In that sense, truth claims in a democratic context need not exclude the possibility of debate. In effect, if one of the reasons why we endorse democracy is because of what we believe to be the power of ›democratic reason‹, then we should consider ourselves as pieces in a larger picture and make assertions based on the assumption that our views are only partially right [...]. Truth is never coercive by itself not even mathematical truth.« Landemore, a.a.O., S. 227.

253 »To the extent that disagreement about values cannot remain private but must be managed at the collective level in the common space of public reason, Rawls proposes to apply there what he calls epistemic abstinence, substituting the notion of the reasonable for the concept of truth«. Landemore, *Democratic Reason*, a.a.O., S. 227.

254 Landemore, *Democratic Reason*, a.a.O., S. 146.

255 Landemore, *Democratic Reason*, a.a.O., S. 158.

256 Demosthenes 3, 19.

257 Aischines 3, 13.

258 Hansen, *Die Athenische Demokratie*, a.a.O., S. 165f. und S. 242–244.

259 Siehe Hansen, *Die Athenische Demokratie*, a.a.O., S. 34f.

260 Zitiert von Jean Gaudement, *Les Éclections dans l'Église latine, des orignes au xvie siècle*, Paris 1979, S. 322–327.

261 »Tout en considérant, comme Johannes Teutonicus dans une maxime célèbre du début du XIIIe siècle, que la vérité se découvre mieux au plus grand nombre qu'à un seul sage, l'immense majorité des auteurs du Moyen Âge recourt ainsi dans sa justification même de la règle majoritaire à des formulations ambiguës, qui nous semblent contradictoires. Le canon 24 du concile de Latran IV prévoit ainsi l'élection des pontifes par la *maior et sanior pars*: par le plus grand nombre et la partie la plus saine du collège électoral des cardinaux. Nulle opposition ici, car le texte dit *maior et sanior*, non *maior vel sanior*: la plus grande et la plus saine, non la plus grande ou la plus saine. Mais il laisse du même coup subsister une béance immense dans la détermination des conditions qui font l'élection légitime. Que faire si la plus saine partie n'est pas la plus nombreuse ? Et comment déterminer ce qui fait la saniorité, la qualité des plus sains ? En un mot, comment compter et peser les voix et quelle échelle donner à l'opération de pesée ?« Olivier Christin, »Le lent triomphe du nombre, Les progrès de la décision majoritaire à l'époque moderne«, *La vie des idées*, 11. Mai 2012, S. 5.

262 Vgl. Léo Moulin, »Sanior pars et maior pars. Note sur l'évolution des techniques électorales dans les orders religieux du vie au xiiie siècle«, *Revue historique de droit français et étranger*, Nr. 35, 1958, S. 367–397 und S. 491–529. Olivier Christin, *Vox Populi. Une histoire du vote avant le suffrage universel*, Paris 2014; Pierre Urfalino (Hg.), »Décider à la majorité. Pourquoi?«, *Raisons*

Politiques Band 53, Nr. 1, Paris 2014. Didier Mineur, *Le Pouvoir de la majorité. Fondements et limites*, Paris 2017.

263 Ernst H. Kantorowicz, *The Fundamental Issue. Documents and Marginal Notes on the University of California Loyalty Oath*, San Francisco 1950, S. 6. Vgl. Philippe Urfalino, »Les conditions de l'obligation majoritaire, Règle de majorité et corps deliberant«, *Raisons Politiques*, Band 53, Nr. 1, 2014, S. 139–169.

264 Vgl. Pierre Rosanvallon, *Die gute Regierung*, Berlin 2018, S. 143; sowie ders., *Demokratische Legitimität. Unparteilichkeit, Reflexivität, Nähe*, Hamburg 2010.

265 Siehe zu diesem Beispiel: Philippe Urfalino, *Décider ensemble*, S. 271–298.

266 *La bouche de fer*, No. 3, Oktober 1790, S. 17. Diese »Assemblée fédérative« muss im Kontex der »Sociétés Populaires« gesehen werden. Raymonde Monnier, *L'espace public démocratique. Essai sur l'opinion à Paris de la Révolution au Directoire*, Paris 1994, S. 64ff.

267 Camille Desmoulins, *Discours de la lanterne aux Parisiens*, Paris 1789, S. 27–49.

268 Stephanie Novak, *La Prise de decision au Conseil de l'union européenne*, Paris 2011. Vgl. Urfalino, *Décider ensemble*, a.a.O., S. 212. Vergleichbar in informeller Kreativität: Der auf Einstimmigkeit festgelegte Sicherheitsrat der Vereinten Nationen hat ab 1946 die »*nicht blockierende Enthaltung*« entwickelt. Urfalino, ibd., S. 245.

269 Theodor W. Adorno, *Erziehung zur Mündigkeit*, Frankfurt a.M. 1971, S. 145.

270 Ich variiere hier den im 1. Kapitel zitierten Gedanken von Elisabeth Anscombe, »On Frustration of the Majority by Fulfilment of the Majority's Will«, a.a.O., S. 162.

271 Immanuel Kant, »Beantwortung der Frage: Was ist Aufklärung?«, *Schriften zur Anthropologie*, Werkausgabe Bd. 11, Frankfurt a.M. 1964, S. 53.

272 Kant, »Was ist Aufklärung?«, a.a.O., S. 54.

273 Kant, »Was ist Aufklärung?«, a.a.O., S. 58.

274 Herbert Marcuse, *Triebstruktur und Gesellschaft*, a.a.O., S. 67, S. 100.

275 Theodor W. Adorno, *Erziehung zur Mündigkeit*, Frankfurt a.M. 1970, S. 15.

276 Adorno, *Erziehung zur Mündigkeit*, a.a.O., S. 16, S. 144.

277 Theodor W. Adorno, »Theorie der Halbbildung«, *Gesellschaftstheorie und Kulturkritik*, Frankfurt a.M. 1975, S. 90 u. S. 78.

278 »Ich gestehe, daß ich mich in den Ausdruck, dessen sich auch wohl kluge Männer bedienen, nicht wohl finden kann: Ein gewisses Volk (was in der Bearbeitung einer gesetzlichen Freiheit begriffen ist) ist zur Freiheit nicht reif; die Leibeigenen eines Gutseigenthümers sind zur Freiheit noch nicht reif; und so auch: die Menschen überhaupt sind zur Glaubensfreiheit noch

nicht reif. Nach einer solchen Voraussetzung aber wird die Freiheit nie eintreten; denn man kann zu dieser nicht reifen, wenn man nicht zuvor in Freiheit gesetzt worden ist (man muß frei sein, um sich seiner Kräfte in der Freiheit zweckmäßig bedienen zu können). Die ersten Versuche werden freilich roh, gemeiniglich auch mit einem beschwerlicheren und gefährlicheren Zustande verbunden sein, als da man noch unter den Befehlen, aber auch der Vorsorge anderer stand; allein man reift für die Vernunft nie anders, als durch eigene Versuche (welche machen zu dürfen, man frei sein muß).« Immanuel Kant, *Die Religion innerhalb der Grenzen der bloßen Vernunft* (1793), Werkausgabe Bd. VIII, Frankfurt a. M. 1968, S. 862.

279 »Der Schein der Selbstbestimmung (oder wenigstens Mitbestimmung) ermöglicht die Internalisierung der das System reproduzierenden Bedürfnisse (systemimmanente Bedürfnisse): Das Aufoktroyierte wird zum Angebotenen und dann zum Eignen des Individuums, zum Gewählten.« Herbert Marcuse, »Kinder des Prometheus. Thesen zu Technik und Gesellschaft«, in: *Ökologie und Gesellschaftskritik*, Nachgelassene Schriften Bd. 6, hg. v. Peter-Erwin Jansen, Springe 2009, S. 159.

280 Siehe hierzu: Sara M. Evans, Harry C. Boyte, *Free Spaces. The Sources of Democratic Change in America*, Chicago 1992. Christopher Lasch, *The Revolt of the Elites and the Betrayal of Democracy*, New York 1995.

281 Platon, *Phaedrus* 256 c; *Politeia* 2, 56, 9.

282 Vgl. Brad Inwood, *Ethics and human action in early stoicism*, Oxford 1985.

283 Richard H. Thaler, Cass Sunstein, *Nudge*, New Haven 2008, S. 6.; Alexandra Kemmerer, Christoph Möllers, Maximilian Steinbeis, Gerhard Wagner (Hg.), *Choice Architecture in Democracies. Exploring the Legitimacy of Nudging*, Baden-Baden 2016.

284 Aristoteles, *Nikomachische Ethik*, 1139a31. Vgl. Pierre Aubenque, *Der Begriff der Klugheit bei Aristoteles*, Hamburg 2007.

285 Aristoteles, *De Anima* III, 433ab, Schriften Bd. 6, Hamburg 1995, S. 83ff. Um zu heilen, reicht der Besitz der Arzneikunst nicht, »da etwas die Entscheidung darüber hat, etwas gemäß der Wissenschaft zu bewirken, nicht aber die Wissenschaft selber.«

286 Herbert Marcuse, *Der Eindimensionale Mensch*, a.a.O., S. 18. Vgl. ibd., S. 231. Kants Begriff der Antizipation als apriorische Bestimmbarkeit und Heideggers »Vor-Struktur des Verstehens« bilden sicher den Hintergrund von Marcuses Begriffsgebrauch. Siehe Immanuel Kant, *Kritik der reinen Vernunft*, B 208; Martin Heidegger, *Die Frage nach dem Ding. Zu Kants Lehre von den transzendentalen Grundsätzen*, Tübingen 1962, S. 160ff. sowie ders., *Sein und Zeit*, § 61, Gesamtausgabe Bd. 2, Tübingen 1976, S. 400ff.

287 Epikur, *Wege zum Glück*, hg. v. R. Nickel, Mannheim 2011, S. 29; Cicero, *De Natura Deorum*, I, 43; Diogenes Laertius X, 33, 52, 82. Vgl. Hans Ebeling, »Antizipation«, in: *HWPhil*, Bd. 1, S. 419.

288 Epikur, »Werkfragmente aus einem Buch über die Ursachen der menschlichen Handlungsfähigkeit«, *Briefe, Sprüche, Werkfragmente*, hg. v. H. W. Krautz, Stuttgart 1989, S. 105.

289 Immanuel Kant, *Kritik der reinen Vernunft*, Werkausgabe Band III, Frankfurt a. M. 1968, S. 209ff. Vgl. hierzu: Marco Giovanelli, *Reality and Negation. Kant's principle of anticipations of perception. An investigtion of its impact on the post-kantian debate*, Dordrecht 2011.

290 Immanuel Kant, *Kritik der reinen Vernunft*, a.a.O., S. 152.

291 Immanuel Kant, *Anthropologie in pragmatischer Hinsicht* (1798), Werkausgabe Band XII, Frankfurt a. M. 1968, S. 490f. Die Aussicht auf die Zukunft könne entweder »Ahndung (praesensio), oder Vorhererwartung (praesagitio)« sein. »Das erste deutet gleichsam einen verborgenen Sinn für das an, was nochnicht gegenwärtig ist; das zweite ein durch Reflexion über das Gesetz der Folge der Begebenheiten nach einander (das der Kausalität) erzeugtes Bewußtsein des Künftigen.« Immanuel Kant, *Anthropologie in pragmatischer Hinsicht*, a.a.O., S. 492.

292 Kant, *Anthropologie in pragmatischer Hinsicht*, a.a.O., S. 495, S. 501.

293 »[A]n anticipatory system is one in which present change of state depends upon future circumstances, rather than merely on the present or the past.« Robert Rosen, *Anticipatory Systems* (1985), New York 2012, S. V.

294 Aristoteles, *Über die Seele*, 427b–428a.

295 Henri Bergson, *Zeit und Freiheit*, Hamburg 2016, S. 193. An anderer Stelle schreibt Bergson, frei sein heiße, von sich Besitz zu nehmen und sich in die reine Dauer zu stellen. Henri Bergson, *Essai sur les données immédiates de la conscience*, Paris 1970, S. 151.

296 Für Hermann Cohen ist die Antizipation die »Grundtat« bzw. das »Charakteristikum der Zeit«. Hermann Cohen, *Logik der reinen Erkenntnis* (1922), System der Philosophie Band 1, Hildesheim 1977, S. 154.

297 In diese Richtung argumentieren, neben Philippe Urfalino, auch: Adrian Vermeule, *Mechanisms of Democracy, Institutional Design Writ Small*, New York 2007; Jon Elster, *Securities against Misrule*, a.a.O.; Melissa Schwartzberg, *Counting the Many. The Origins and Limits of Supermajority Rule*, Cambridge 2013.

298 Urfalino, *Décider ensemble*, a.a.O., S. 20.

299 Seyla Benhabib, »Toward a Deliberative model of Democratic Legitimacy«, *Democracy and Difference. Contesting the Boundaries of the political*, Princeton 1996, S. 72.

300 Aristoteles, *Nikomachische Ethik*, III.5, 1112b20.

301 Aristoteles, *Nikomachische Ethik*, III.5, 1112b20.

302 Das Pizzabeispiel stammt ursprünglich von Donald G. Saari, *Decisions and Elections. Explaining the Unexpected*, Cambridge 2001, S. 1f.; ich beziehe mich hier auf die Erweiterung bei Urfalino, *Décider ensemble*, a.a.O., S. 66ff., S. 75. Urfalino stützt sich mit der Unterscheidung zwischen einer Versamm-

lung von Individuen und einem »agent collectif« auf G. E. M. Anscombe, »On frustration of the majority«, a.a.O., S.161–168.

303 Vgl. Claude Romano, *Liberté Intérieur*, Paris 2020.

304 Aristoteles, *Nikomachische Ethik*, III,5, 1112a–b.

305 Urfalino, *Décider ensemble*, a.a.O., S. 162f.

306 Urfalino, *Décider ensemble*, a.a.O., S. 208.

307 Urfalino, *Décider ensemble*, a.a.O., S. 211.

308 Urfalino, *Décider ensemble*, a.a.O., S. 340.

309 Urfalino, *Décider ensemble*, a.a.O., S. 64.

310 »[...] La décision collective ne peut avoir lieu que dans une societé déjà donnée; elle suppose des individus déjà socialisés: Elle est rendue possible par des pratiques partagées qui la precedent: un langage commun, des categories de pensée, des habitudes communes, enfin un usage établi de pratiques de consultation et de certaines règles de decision. Par ailleurs, la decision produit des obligations, mais ne peut, d'elle-même, rien instituer.« Urfalino, *Décider ensemble*, S. 57.

311 Die klassische Formulierung bei Apel lautet: »Damit haben wir m. E. durch transzendentale Reflexion auf die Bedingungen der Möglichkeit und Gültigkeit des Verstehens so etwas wie einen Kartesianischen Punkt der Letztbegründung von Philosophie erreicht. Wer nämlich überhaupt an der philosophischen Argumentation teilnimmt, der hat die soeben angedeuteten Voraussetzungen bereits implizit als Apriori der Argumentation anerkannt, und er kann sie nicht bestreiten, ohne sich zugleich selbst die argumentative Kompetenz streitig zu machen.« Karl-Otto Apel, *Transformation der Philosophie*, Frankfurt a. M. 1973, Band 1, S. 62. Habermas entwickelt die Strategie kontrafaktischer Unterstellungen u. a. in: Jürgen Habermas, »Diskursethik – Notizen zu einem Begründungsprogramm«, *Moralbewußtsein und kommunikatives Handeln*, Frankfurt/M. 1983, Jürgen Habermas, »Was heißt Universalpragmatik?«, *Vorstudien und Ergänzungen zur Theorie kommunikativen Handelns*, Frankfurt a. M. 1984. Jürgen Habermas, »Exkurs zu den drei Wurzeln kommunikativen Handelns«, *Theorie kommunikativen Handelns* Bd. II, Frankfurt a. M. 1999, S. 97–117.

312 Jürgen Habermas, *Kommunikatives Handeln und detranszendentalisierte Vernunft*, Stuttgart 2001, S. 45.

313 Das griechische Wort für Versammlung, ekklesia, meint – ähnlich wie Theatron – die politische Volksversammlung ebenso wie den Ort. Ein Nachhall dieser Assemblage von Architektur und Interaktionsfähigkeit ist in der Doppelbedeutung von Ekklesia (Kirchengebäude und versammelte Feier-Gemeinde) in der kanonischen Definition von Thomas von Aquin zu hören: »domus in qua hoc sacramentum celebratur, Ecclesiam significat, sicut et Ecclesia nominatur.« Siehe Thomas von Aquin, *Summa Theologiae*, III, 83.3. Zu einem daran geschulten Architekturverständnis: Karsten Harries, *The ethical function of architecture*, Cambridge, Mass. 1997, S. 103ff. Martin Heidegger

leitet den Begriff »Logos« aus dem Sammeln und Lesen ab. Martin Heidegger, »Logos«, Vorträge und Aufsätze, *Gesamtausgabe*, Band 7, Frankfurt/M. 1983, S. 211ff.; M. Heidegger, Einführung in die Metaphysik (1935), *Gesamtausgabe*, Band 40, Frankfurt/M. 1983, S. 137.

314 Siehe Judith Butler, *Anmerkungen zu einer performativen Theorie der Versammlung*, Berlin 2016, S. 239, S. 61, S. 260, S. 274.

315 Butler, *Anmerkungen zu einer performativen Theorie der Versammlung*, a.a.O., S. 208, S. 212.

316 Butler, *Anmerkungen zu einer performativen Theorie der Versammlung*, a.a.O., S. 229, S. 216, S. 231.

317 In einer neueren Fassung: Jürgen Habermas, »Kommunikative Rationalität und grenzüberschreitende Politik«, in: Peter Niesen, Benjamin Herborth (Hg.), *Anarchie der kommunikativen Freiheit*, Frankfurt a.M. 2007, S. 406–459.

318 Siehe Habermas, *Detranszendentalisierte Vernunft*, a.a.O., S. 45f.

319 Habermas, *Detranszendentalisierte Vernunft*, a.a.O., S. 48.

320 Habermas, *Detranszendentalisierte Vernunft*, a.a.O., S. 76.

321 »The most cosmopolitan approach begins with a pluralist insight. When we ask, Who are we? Or What sort of thing are we? The answers can vary without competing. Each one defines a different way of saying ›we‹; each kind of ›we‹-saying defines a different community. It points to the one great Community comprising members of all particular communities – the Community of those who say ›we‹ with and to someone, whether the membrs of those different communities recognize each other or not.« Robert B. Brandom, *Making it Explicit*, Cambridge, Mass. 1994, S. 4.

322 Habermas, *Detranszendentalisierte Vernunft*, a.a.O., S. 83. Simone Dietz kommentiert diesen Perspektivwechsel: »Nicht subjektiv festgelegte Präferenzen und Handlungsziele sind für die kommunikativ Handelnden ausschlaggebend, sondern die Herstellung eines Einverständnisses mit den Kooperationspartnern, wodurch die Orientierung an gemeinsamen Zielen erst möglich wird. Mit der Voraussetzung eines prinzipiell rational begründbaren Einverständnisses legt das Modell des kommunikativen Handelns ein extrem aufwändiges und mit idealisierenden Unterstellungen belastetes Verfahren der Handlungskoordinierung zugrunde. Denn nur die Argumentation kann als rational gelten, die sich die Ansprüche einer ›idealen Sprechsituation‹ auf unbeschränkte, gleichberechtigte und chancengleiche Teilnahme am Diskurs zu eigen macht [...]. ›Verständigung wohnt als Telos der menschlichen Sprache inne‹. Kommunikatives Handeln wird damit als »Originalmodus« der Sprache ausgezeichnet [...].« Simone Dietz, »Rationalisierung, Effizienzsteigerung, Kolonialisierung: Jürgen Habermas' kritische Theorie der Moderne«, in: Ingo Pies, Walter Reese-Schäfer (Hg.), *Diagnosen der Moderne: Weber, Habermas, Hayek, Luhmann*, Berlin 2010, S. 57.

323 Bruno Latour, *Science in Action*, Cambridge 1984, S. 84.

324 Bruno Latour, *The Pasteurization of France*, Cambridge 1988, S. 9, S. 123.

325 Bruno Latour, *Der Berliner Schlüssel*, Berlin 1996, S. 55, S. 39.

326 »Man muß sagen, daß die politische Philosophie oft zum Opfer einer starken Tendenz der Objektvermeidung geworden ist. Von Hobbes bis Rawls, von Rousseau bis Habermas wurden die verschiedensten Verfahrensweisen ersonnen, um die relevanten Parteien zu versammeln, sie zu einem Vertrag zu autorisieren, ihre Repräsentativität zu kontrollieren, die idealen Gesprächsbedingungen zu erkunden, den legitimen Debattenschluß herauszufinden oder die gute Verfassung zu schreiben [...]. Seltsamerweise verstummt die politische Wissenschaft genau dann, wenn die Gegenstände, um die es geht, hereingebracht und zum Sprechen gebracht werden sollten.« Bruno Latour, *Von der Realpolitik zur Dingpolitik*, Berlin 2005, S. 13.

327 Latour, *Dingpolitk*, a.a.O., S. 13f.

328 »Eine objektorientierte Demokratie sollte sich nicht nur um die Verfahren kümmern, die relevanten Partien herauszufinden, sondern ebenso um die Methoden, wie der Beweis für das, worüber debattiert werden soll, ins Zentrum der Debatte gebracht werden kann.« Latour, *Dingpolitik*, a.a.O., S. 24.

329 »Wir müssen fähig werden, entzweiende Streitfragen mit ihrem langen Gefolge Beweise liefernder komplizierter Apparaturen in die Versammlungen zu bringen.« Latour, *Dingpolitik*, a.a.O., S. 28.

330 Latour, *Dingpolitik*, a.a.O., S. 53.

331 Bruno Latour, »Visualization and Cognition: Drawing Things Together«, in: Elizabeth Long; Henrika Kuklick (Hg.), *Knowledge and Society Studies in the Sociology of Culture, Past and Present*, Band 6, Greenwich, Conn. 1986, S. 30.

332 Latour, »Visualization«, a.a.O., S. 18.

333 »Im Verlauf des Experiments finden ein gegenseitiger Austausch und eine Erweiterung der Eigenschaften [...] statt. [...]. Da ein Experiment jedoch nun einmal gleichzeitig fabriziert und nicht fabriziert ist, steckt immer mehr darin, als hineingegeben wurde [...]. Ein Experiment (ist) ein Ereignis. Kein Ereignis läßt sich durch die Liste der Elemente erklären, die vor seinem Abschluß in die Situation eingingen [...]. Bei der Aufstellung einer solchen Liste sind die Akteure nicht mit der Kompetenz begabt, die sie im Verlauf des Ereignisses erwerben werden [...]. Gerade deshalb ist ein Experiment ein Ereignis und keine Entdeckung, kein Freilegen, kein Aufzwingen, kein synthetisches Urteil a priori, keine Aktualisierung einer Potentialität und so weiter.« Latour, Die Hoffnung der Pandora, Frankfurt a. M. 2002, S. 149–153.

334 Vgl. Bruno Latour, *Das Parlament der Dinge*, Frankfurt a. M. 2001, S. 285ff. Bruno Latour, *Von der Realpolitik zur Dingpolitik*, a.a.O., S. 80f.

335 »Das gesamte Gesetzescorpus [mußte] Abschnitt für Abschnitt der ersten Volksversammlung eines jeden Jahres zur Billigung vorgelegt werden.« Hansen, *Die Athenische Demokratie*, a.a.O., S. 172.

336 Siehe hierzu bspw. David Estlund, Helène Landemore, »The Epistemic Value of Democratic Deliberation«, a.a.O., S. 113–131.

337 Vgl. zu diesen Überlegungen: Jon Elster, Stéphanie Novak »Introduction«, in: dies. (Hg.), *Majority Decisions. Principles and Practices*, Cambridge 2014, S. 1–16.

338 Joshua Cohen, »Deliberation and Democratic Legitimacy«, in: James Bohman and William Rehg (Hg.), *Deliberative Democracy. Essays on Reason and Politics*, Cambridge, MA 1997, S. 67–91.

339 Ein Versuch, das Wählen als Abstimmungstechnik in die Debatte um die deliberative Demokratie einzubeziehen, findet sich bei Gerry Mackie, »Deliberation and Voting Entwined«, in: Andre Bächtiger, John S. Dryzek, Jane Mansbridge, Mark Warren (Hg.), *Oxford Handbook of Deliberative Democracy*, Oxford 2018, S. 218–236.

340 Immanuel Kant, *Grundlegung zur Metaphysik der Sitten*, Werkausgabe Bd. VII, Frankfurt a. M. 1974, S. 30. Hans Jonas bezieht sich auf diese Passage in: Hans Jonas, *Das Prinzip Verantwortung*, Berlin 2020, S. 26.

341 Siehe Hans Jonas, *Das Prinzip Verantwortung*, a.a.O., S. 25.

342 Hans Jonas, *Das Prinzip Verantwortung*, a.a.O., S. 26f.

343 Hans Jonas, *Das Prinzip Verantwortung*, a.a.O., S. 30.

344 Siehe Hans Jonas, *Das Prinzip Verantwortung*, a.a.O., S. 10, S. 38.

345 Hans Jonas, *Das Prinzip Verantwortung*, a.a.O., S. 39.

346 Hans Jonas, *Das Prinzip Verantwortung*, a.a.O., S. 31.

347 Hans Jonas, *Das Prinzip Verantwortung*, a.a.O., S. 244.

348 Hans Jonas, *Das Prinzip Verantwortung*, a.a.O., S. 380.

349 Marcuse, *Triebstruktur und Gesellschaft*, Frankfurt a. M. 1987, S. 11.

350 Ossip K. Flechtheim, *Futurologie. Der Kampf um die Zukunft*, Frankfurt a. M. 1972, S. 14.

351 Marcuse, *Triebstruktur und Gesellschaft*, a.a.O., S. 10f.

352 Zu diesem Begriff und seiner Bedeutung für eine demokratische Lebensform, siehe: Axel Honneth, *Die Idee des Sozialismus. Versuch einer Aktualisierung*, Berlin 2015, S. 121ff.

4. Zeitliche Qualitäten der Demokratie

1 Karl Marx, *Das Kapital. Kritik der politischen Ökonomie*, Dritter Band, Berlin 1964, S. 784

2 Siehe hierzu ausführlicher Ludger Schwarte, *Philosophie der Architektur*, Paderborn 2009, S. 318f.

3 »L'évolution technologique permettrait de mettre l'expertise au service de la démocratie. Elle permettrait l'organisation de vastes débats publics, auxquels les experts, contrôlés démocratiquement, soumettraient par exemple les options possibles, les arguments essentiels pour chacune, leur implications et

consequences respetives. Ainsi, les gens pourraient decider en connaissance de cause – au lieu de se voir assener, comme aujourd'hui, les effets de decisions prises en leur absence et dans la plus grande opacite.« Cornelius Castoriadis, »Une ›démocratie‹ sans la participation (1991)«, *Une société à la dérive*, Paris 2005, S. 264.

4 Siehe beispielsweise Karsten Harries, *Ethical function of architecture*, Cambridge, Mass. 1998; Elizabeth Groszs, *Architecture from the Outside, Essays on Virtual and Real Space*, Cambridge, Mass. 2001; Sanford Kwinters, *Architectures of Time, Toward a Theory of the Event in Modernist Culture*, Cambridge, Mass. 2001; Michael H. Mitias (Hg.), *Philosophy and Architecture*, Amsterdam 1994; Andrew Benjamin, *Architectural Philosophy*, London 2000; Jean Attali, *Le plan et le detail. Une philosophie de l'architecture et de la ville*, Nîmes 2001; Benoît Goetz, *La Dislocation. Architecture et Philosophie*, Paris 2001; Gernot Böhme, *Architektur und Atmosphäre*, München 2006.

5 Siehe hierzu u. a. Thomas Macho, »Zeitrechnung und Kalenderreform. Arithmetische oder geometrische Paradigmen der Visualisierung von Zeit«, in: Jochen Brüning / Eberhard Knobloch (Hrsg.), *Die mathematischen Wurzeln der Kultur. Mathematische Innovationen und ihre kulturellen Folgen*, München 2005, S. 17–41; Peter Galison, *Einsteins Uhren / Poincarés Karten. Arbeit an der Ordnung der Zeit*, Frankfurt/M. 2006.

6 Cornelius Castoriadis, *Gesellschaft als imaginäre Institution*, Frankfurt/M. 1984, S. 355.

7 »Diese aus dem Licht und Wärme spendenden Gestirn und seinen ausgezeichneten ›Plätzen‹ am Himmel her sich vollziehende Datierung ist eine im Miteinandersein ›unter demselben Himmel‹ für ›Jedermann‹ jederzeit und in gleicher Weise, in gewissen Grenzen zunächst einstimmig vollziehbare Zeitangabe. Das Datierende ist umweltlich verfügbar und gleichwohl nicht auf die jeweilig besorgte Zeugwelt eingeschränkt. In dieser ist vielmehr schon immer die Umweltnatur und die öffentliche Umwelt mitentdeckt. Auf diese öffentliche Datierung, in der jedermann sich seine Zeit angibt, kann jedermann zugleich ›rechnen‹, sie gebraucht ein öffentlich verfügbares Maß, die sonach eines Zeitmessers, das heißt einer Uhr bedarf.« Martin Heidegger, *Sein und Zeit*, Frankfurt a. M. 1977, § 80, S. 546.

8 Ebd., § 80, S. 552; Vorstellung der unendlichen öffentlichen Zeit, S. 560; Verdinglichung, S. 576.

9 »Dieses Verhalten zu Anwesenden im Sinne des Dahabens eines Anwesenden, das sich im Jetzt ausspricht, nennen wir das Gegenwärtigen von etwas.« Martin Heidegger, *Die Grundprobleme der Phänomenologie*, Gesamtausgabe, Bd. 24, Frankfurt a. M. 1975, S. 367, S. 435. Das Sich-Beziehen auf ein Dann, auf die Zukunft, nennt Heidegger »gewärtigen«. Ibd.

10 Diogenes Laertius, *Leben und Meinungen berühmter Philosophen*, Buch 2, § 1–2, übers. Otto Apelt, Hamburg 1967, S. 73; Hermann Diels, Walther Kranz, *Die Fragmente der Vorsokratiker*, Band I–III, Berlin 1956, Fragment 12 (A 9) B 1;

Indra Kagis McEwen, *Socrates' Ancestor, An Essay on Architectural Beginnings*, Boston 1994, S. 19f.; Robert Hahn, *Anaximander and the Architects. The Contributions of Egyptian and Greek Architectural Technologies to the Origins of Greek Philosophy*, New York 2001, S. 6, S. 13; Michel Serres, »Gnomon: Die Anfänge der Geometrie in Griechenland«, in: Michel Serres (Hg.), *Elemente einer Geschichte der Wissenschaften*, Frankfurt/M. 1994, S. 109–175.

11 Vgl. Hans Blumenberg, *Lebenszeit und Weltzeit*, Frankfurt a.M. 1986, S. 113ff.

12 Siehe hierzu: Arno Borst, *Computus. Zeit und Zahl in der Geschichte Europas*, Berlin 2004, S. 49ff.

13 Vitruv, *De architectura libri decem*, Darmstadt 1964, S. 413f.

14 Norbert Elias, *Über die Zeit*, Frankfurt/M. 1984, S. 13.

15 Gerhard Dohrn-Van Rossum, *Die Geschichte der Stunde. Uhren und moderne Zeitordnungen*, München 1992, S. 66f., S. 108ff., S. 121–129, S. 150ff; Otto Mayr, *Uhrwerk und Waage. Autorität, Freiheit und technische Systeme in der frühen Neuzeit*, München 1987.

16 Das zeitliche Medium als konfiguraler Spielraum: Edgar Wind, *Das Experiment und die Metaphysik*, Frankfurt a.M. 2001, S. 175.

17 *Procès Verbeaux du Comité d'instruction publique de la Convention Nationale*, hg. J. Guillaume, Bd. 1–7, Paris 1890–1907, Bd. 3, S. 249ff.

18 Archives Nationales (A.N.), F171354, doss. 1.

19 Mignon in: A.N., F1CI-86; Ferrouillat in: A.N., DXXXVIII-2, doss. 21.

20 Urfalino, *Décider ensemble*, a.a.O., S. 168.

21 Aristoteles, *Rhetorik*, I.3, 1358a35–1358b20.

22 William E. Scheuerman, *Liberal Democracy and the Social Acceleration of Time*, Baltimore 2004, S. 29.

23 »Thus, in addition to the temporal limitation of democratic rule, one defining element of democratic systems should be that they leave enough time for political practices of participation, representation, and decision-making to fulfill their specific democratic functions. In other words, systems that reduce the time budgets for these practices beyond a bearable measure will also reduce their democratic quality.« Andreas Schäfer, Wolfgang Merkel, »Temporal Constitution of Democracies«, in: Klaus H. Goetz (Hg.), *The Oxford Handbook of Time and Politics*, Oxford 2021, S. 5.

24 »This often deplored presentism of democratic governance, however, is likely to vary with institutional settings« Schäfer/Merkel, »Temporal Constitution of Democracies«, a.a.O., S. 8.

25 Klaus H. Goetz, »A Question of Time: Responsive and Responsible Democratic Politics«, *West European Politics*, Nr. 37, Bd. 2, 2014, S. 392.

26 »Political information cycles rest upon a subtle political economy of time. [...] Those who recognize the importance of time and the circulation of information – when to act quickly, when to delay, when to devote intensive attention to the pursuit of a goal, when to repeat, when to act alone, and when to

coordinate – are more likely to be powerful.« Andrew Chadwick, *The Hybrid Media System: Politics and Power*, Oxford 2017, S. 101, zitiert nach Schäfer/Merkel, S. 9.

27 Dennis F. Thompson, »Democracy in Time. Popular Sovereignty and Temporal Representation«, *Constellations* Nr. 12, Bd. 2, 2005, S. 246.

28 Schäfer/Merkel, »Temporal Constitution of Democracies«, a.a.O., S. 6.

29 Klaus H. Goetz, Jan-Hinrik Meyer-Sahling, *The EU Timescape*, London 2012; Andrea Fumagalli (u.a.), *Cognitive Capitalism, Welfare and Labour*, London 2019 (Kap. 4 & 5).

30 Seyla Benhabib, »Toward a Deliberative Model of Democratic Legitimacy«, in: dies. (Hg.), *Democracy and Difference. Contesting Boundaries of the Political*, Princeton, NJ 1996, S. 72; Amy Gutmann, Dennis F. Thompson, *Why Deliberative Democracy?*, Princeton, NJ 2004, S. 18.

31 Vgl. Johannes Müller-Salo, *Diachrone Legitimität. Die Beständigkeit politischer Ordnungen als Herausforderung der Demokratie*, Frankfurt/M. 2021, S. 93ff.

32 Dies scheint die Grundannahme vieler durchaus wertvoller Beiträge zur Generationengerechtigkeit zu sein. Sie unterstellen zudem einen methodischen Präsentismus, so als könnten die Interessen zukünftiger Generationen (im Plural) aus gegenwärtigen extrapoliert und von Regierungs- oder Nichtregierungsorganisationen repräsentiert werden. Siehe Michael K. MacKenzie, Maija Setälä, Simo P. Kyllönen (Hg.), *Democracy and the Future. Future-Regarding Governance in Democratic Systems*, Edinburgh 2023, insb. S. 1–38.

33 Siehe Cornelius Castoriadis, »Une ›démocratie‹ sans la participation«, in: ders., *Une société à la dérive*, Paris 2005, S. 263.

34 Ogien/Laugier, *Das Prinzip Demokratie*, S. 12.

35 Plastizität, wandelbare Form, ist eine Neigung demokratischer Regierungsweise, Rousseau zufolge. Siehe Rousseau, Contrat Social, III.4., dt. *Vom Gesellschaftsvertrag*, hg. v. Brockard, Stuttgart 2010, S. 149f.

36 »Surtout que les décision politiques importantes doivent toujours être prises sur le coups, dans le Kairos […]. Kairos, c'est ce dans quoi il n'y a pas beaucoup de temps, de khronos, c'est l'occasion d'agir, le moment opportune où une décision, une krisis précisément, doit intervenir.« Castoriadis, *La Cité et les Lois. Ce qui fait la Grèce 2*, Paris 2008, S. 128.

37 Lukrez, *De rerum natura* II, 216–224. Vgl. Ilya Prigogine, Isabelle Stengers, *Das Paradox der Zeit. Zeit, Chaos und Quanten*, München 1993, S. 73ff.

38 vgl. als Überblick: Thomas Müller (Hg.), *Philosophie der Zeit. Neue analytische Ansätze*, Frankfurt/M. 2007; Thomas F. Shipley, Jeffrey M. Zacks (Hg.), *Understanding Events. From Perception to Action*, Oxford 2008; Roberto Casati, Achille Varzi, »Events«, in: Edward N. Zalta (Hg.), *The Stanford Encyclopedia of Philosophy* (online) (Winter 2015 Edition); Roberto Casati, Achille Varzi, *50 Years of Events – An annotated bibliography*, 1947–1997, Ohio 1997; Roberto Casati, Achille Varzi, *Events*, Dartmouth 1996.

39 Chad Vance, »The Recycling Problem for Event Individuation«, *Erkenntnis* 81 (1), 2016, S. 1–16; Rafael de Clercq, Wai-Yin Lam, Jiji Zhang, »Is There a Problem with the Causal Criterion of Event Identity?«, *American Philosophical Quarterly* 51 (2), 2014, S. 109–119.

40 Jaegwon Kim, »Events as property exemplifications«, in: Myles Brand / Douglas Walton (Hg.): *Action Theory*, Dordrecht 1976, S. 159–177; Donald Davidson, *Handlung und Ereignis*, Frankfurt/M. 1990; David Lewis, *On the Plurality of Worlds*, Oxford 1986.

41 Max John Cresswell, »Why Objects Exist but Events Occur«, *Studia Logica*, 45, 1986, S. 371–375.

42 Peter Michael / Stephen Hacker, »Events and Objects in Space and Time«, *Mind*, Nr. 91, 1982, S. 1–19; Anthony Quinton, »Objects and Events«, *Mind*, Nr. 88, 1979, S. 197–214.

43 Fred Dretske, »Can Events Move?«, *Mind*, Nr. 76, 1967, S. 479–492.

44 Peter M. Simons, »Continuants and Occurrents«, *Proceedings of the Aristotelian Society*, Nr. 74, 2000, S. 59–75.

45 Lawrence Brian Lombard, *Events. A Metaphysical Study*, London 1986.

46 Jonathan Bennett, *Events and Their Names*, Oxford 1988.

47 Peter Simons, »Events«, in: M. J. Loux / D. W. Zimmerman (Hg.), *The Oxford Handbook of Metaphysics*, Oxford 2003, S. 358–385; David H. Mellor, *Real Time* II, London 1998; Helen Steward, *The Ontology of Mind: Events, Processes, and States*, Oxford 1997.

48 Nuel Belnap et al. (Hg.), *Facing the Future. Agents and Choices in Our Indeterminist World*, Oxford 2001; John Bishop, »Agent-Causation«, *Mind*, Nr. 92, 1983, S. 61–79; Roderick M. Chisholm, »The Descriptive Element in the Concept of Action«, *Journal of Philosophy*, Nr. 61, 1964, S. 613–24.

49 Sara Bernstein, »Omissions as Possibilities«, *Philosophical Studies*, Nr. 167, 2014, S. 1–23; Randolph Clarke, *Omissions. Agency, Metaphysics, and Responsibility*, Oxford 2014; Arthur Danto, »Freedom and Forbearance«, in: Keith Lehrer (Hg.), *Freedom and Determinism*, New York 1966, S. 45–65; Negative Kausalursachen diskutieren auf ontologischer Ebene u. a.: Benjamin Mossel, »Negative Actions«, *Philosophia*, Nr. 37, 2009, S. 307–333; Achille Varzi, »Failures, Omissions, and Negative Descriptions«, in: K. Korta / J. Garmendia (Hg.), *Meaning, Intentions, and Argumentation*, Stanford (CA) 2008, S. 61–75.

50 Christian Kanzian, »Ereignisse«, in: Schrenk, Markus (Hg.), *Handbuch Metaphysik*, Stuttgart 2017, S. 157.

51 Graeme Forbes, »Time, Events and Modality«, in: R. Le Poidevin, M. MacBeath (Hg.), *The Philosophy of Time*, Oxford 1993, S. 80–95; Fabio Pianesi, Achille Varzi, »Events, Topology, and Temporal Relations«, *The Monist*, Nr. 78, 1996, S. 89–116.

52 Martin Heidegger, *Zum Ereignis-Denken*, Gesamtausgabe Bd. 73.1, Frankfurt/M. 2013; Martin Heidegger, *Das Ereignis*, Gesamtausgabe Bd. 71,

Frankfurt/M. 2009; Martin Heidegger, *Beiträge zur Philosophie (Vom Ereignis)*, Gesamtausgabe Bd. 65, Frankfurt/M. 1989.

53 Claude Romano, *L'événement et le temps*, Paris 1999.

54 Siehe Martin Heidegger, *Beiträge zur Philosophie. Vom Ereignis*, a.a.O., S. 323 u. S. 386

55 Alain Badiou, *Logiken der Welten. Das Sein und das Ereignis, Bd. 2*, Zürich 2010, Buch V2, S. 380. Vgl. Alain Badiou, *Das Sein und das Ereignis*, Zürich 2005; Alain Badiou, *Paulus. Die Begründung des Universalismus*, München 2002; Alain Badiou / Fabien Tarby, *Die Philosophie und das Ereignis. Mit einer kurzen Einführung in die Philosophie Alain Badious*, Wien 2012.

56 Dasein ist für Heidegger ein Durchmessen, ein Vorlauf zum Tode. Siehe Heidegger, *Beiträge zur Philosophie, Vom Ereignis*, a.a.O., S. 325.

57 Platon, *Timaios* 37d6, in: Sämtliche Dialoge, hg. v. Otto Apelt, Hamburg 2004, Bd. 6, 55.

58 Aristoteles, *Physik* 4, 10, 217b30.

59 Artikel »Zukunft«, Jacob und Wilhelm Grimm, *Wörterbuch der deutschen Sprache*, Bd. 16, 1954, S. 479. Siehe Kapitel 1.

60 »Science de prévoir les progrès de l'espèce humaine, de les diriger, des les accélérer.« Jean-Antoine-Nicolas Caritat, Marquis de Condorcet, *Esquisse d'un tableau historique des progress de l'esprit humain* (1793/4), Paris 1988, S. 88.

61 Immanuel Kant, *Idee zu einer Allgemeinen Geschichte in Weltbürgerlicher Absicht (1784)*, Werkausgabe, Bd. XI, Frankfurt/M. 1964, S. 46f.

62 Immanuel Kant, *Der Streit der Fakultäten*, Werkausgabe Bd. XI, Frankfurt/M. 1964, S. 361.

63 Steven Savitt (Hg.), *Time's Arrows Today. Recent Physical and Philosophical Work on the Direction of Time*, Cambridge 1995; Adrian Bardon (Hg.), *The Future of the Philosophy of Time*, London 2013; Craig Callender (Hg.), *The Oxford Handbook of Philosophy of Time*, Oxford 2013.

64 Samuele Iaquinto / Giuliano Torrengo, *Filosofia del futuro. Un'introduzione*, Mailand 2018.

65 David H. Mellor, *Real Time* II, London 1998; Meghan Sullivan, *Time Biases. A Theory of Rational Planning and personal persistence*, Oxford 2018.

66 Robin Le Poidevin (Hg.), *Questions of Time and Tense*, Oxford 1998; Katherine Hawley, *How Things Persist*, Oxford 2001; Craig Bourne, *A Future for Presentism*, Oxford 2006.

67 Michael Tooley, *Time, Tense, and Causation*, Oxford 1997.

68 Fabrice Correia, Andrea Iacona (Hg.), *Around the Tree. Semantic and Metaphysical Issues Concerning Branching Time and the Open Future*, Dordrecht 2013. Ein n-dimensionales Zeitmodell skizziert Ernst Bloch, *Tübinger Einleitung in die Philosophie*, Frankfurt a. M. 1977, S. 132.

69 Husserl setzt an die Stelle des diskreten Augenblicks, der unausgedehnten Gegenwart, die ausgedehnte Gegenwart des originären Zeitfeldes, mit der

er sich an L. William Stern und William James anlehnt. William Stern, »Psychische Präsenzzeit«, *Zeitschrift für Psychologie und Physiologie der Sinnesorgane*, 13, 1897, S. 325–349 und William James, *Principles of Psychology*, New York, 1890, S. 609 hatten bereits von der Gegenwart als einem Feld gesprochen, kein ausdehnungsloser Punkt, keine Schneide, sondern ein Sattel mit zwei Richtungsausdehnungen.

70 Edmund Husserl, *Zur Phänomenologie des inneren Zeitbewußtseins* (1893–1917), Tübingen 2000, S. 391.

71 Husserl konterkariert ihre Zukünftigkeit mit Ansatz eines absoluten Anfangs. Siehe Edmund Husserl, *Zur Phänomenologie des inneren Zeitbewußtseins*, a.a.O., § 31f.

72 Edmund Husserl, *Vorlesungen zur Phänomenologie des inneren Zeitbewußtseins*, 3. Aufl., Tübingen 2000, S. 410–411.

73 Jacques Derrida, *Die Stimme und das Phänomen. Einführung in das Problem des Zeichens in der Phänomenologie Husserls*, Frankfurt/M. 2003, S. 115; Jacques Derrida, *Eine gewisse Unmöglichkeit, vom Ereignis zu sprechen*, Berlin 2003, S. 58.

74 Exemplarisch hierzu Henri Bergson, *La pensée et le mouvant*, Paris 1938, S. 115.

75 »Ils admettent donc encore, même s'ils ne s'en rendent pas compte, que tout est donné. D'une action qui serait entièrement neuve (au moins par le dedans) et qui ne préexisterait en aucune manière, pas même sous forme de pur possible, à sa réalisation, ils semblent se faire aucune idée. Telle est pourtant l'action libre. Mais pour l'apercevoir ainsi, comme d'ailleurs pour se figurer n'importe quelle création, nouveauté ou imprévisibilité, il faut se replacer dans la durée pure.« Henri Bergson, *La pensée et le mouvant*, a.a.O., S. 10.

76 Hannah Arendt, *Vom Leben des Geistes. Das Denken. Das Wollen*, München 1998, S. 271.

77 Christoph Menke, *Theorie der Befreiung*, Berlin 2022, S. 99.

78 »La durée est le progrès continu du passé qui ronge l'avenir et qui gonfle en avançant.« Henri Bergson, *L'évolution creatrice* (1907), Paris 2003, S. 4.

79 Henri Bergson, *Matière et mémoire. Essai sur la relation du corps à l'esprit*, Paris 1939, S. 154.

80 Gilles Deleuze, *Le Bergsonisme*, Paris 1966, 54f.; vgl. Gilles Deleuze, *Das Bewegungs-Bild. Kino 1*, Frankfurt/M. 1996, S. 21.

81 Gilles Deleuze, *Das Bewegungs-Bild. Kino 1*, a.a.O., S. 99f.

82 Vgl. Craig Callender, »Time's Ontic Voltage«, in: Adrian Bardon (Hg.), *The Future of the Philosophy of Time*, London 2012, S. 92f.

83 Siehe Martin Heidegger, *Sein und Zeit*, Gesamtausgabe Bd. 2, Frankfurt/M. 1977, S. 343.

84 Emmanuel Levinas, *Le temps et l'autre*, Paris 1998, S. 64.

85 Ernst Bloch, *Experimentum Mundi. Frage, Kategorien des Herausbringens, Praxis*, Frankfurt/M. 1975.

86 Ein einfaches Beispiel dafür wäre der Abstand zwischen einer Wahl und Ernennung einerseits, und dem effektiven Ausüben des entsprechenden Amtes andererseits, oder zwischen der Ratifizierung und dem Inkrafttreten eines Gesetzes.

87 Nancy Cartwright, *The dappled world. A study of the boundaries of science*, Cambridge 2008; Oliver Pooley, »Relativity, the open future and the passage of time«, *Proceedings of the Aristotelian Society*, Nr. 113, 2013, S. 337.

88 Vgl. Fabrice Correia / Sven Rosenkranz, *Nothing to Come. A defense of the growing block theory of time*, Berlin 2018, S. 99–117.

89 Ross P. Cameron, *The Moving Spotlight. An Essay on Time and Ontology*, Oxford 2015, S. 177f.

90 Vincent Grandjean, *The Asymmetric Nature of Time. Accounting for the Open Future and the Fixed Past*, Berlin 2022, S. 63.

91 Harry Frankfurt, *The Importance of What We Care About*, Cambridge 1988; Harry Frankfurt, *Volition, Necessity, and Love*, Cambridge 1999.

92 Donald Davidson, *Handlung und Ereignis*, Frankfurt/M. 1985, S. 77.

93 Roman Altshuler / Michael J. Sigrist (Hg.), *Time and the Philosophy of Action*, London 2016, S. 3.

94 Siehe Dirk Setton, *Unvermögen. Die Potentialität der praktischen Vernunft*, Zürich 2012.

95 Siehe die Gedankenexperimente von Harry Frankfurt, »Alternate possibilities and moral responsibility«, *Journal of Philosophy*, Nr. 66, Band 23, 1969, S. 829–839.

96 Davidson, *Handlung und Ereignis*, a.a.O., S. 80f.

97 J. David Velleman, *The Possibility of Practical Reason*, Oxford 2000.

98 Maurice Merleau-Ponty, *Phänomenologie der Wahrnehmung*, Berlin 1966, S. 398ff.

99 Walter Benjamin, *Über den Begriff der Geschichte*, Gesammelte Schriften Band 1.2, Frankfurt/M. 1974, S. 701f. Vgl. die Behandlung dieser Stelle bei Ernst Bloch, *Experimentum Mundi*, Frankfurt/M. 1975, S. 258f.

100 Ernst Bloch, *Geist der Utopie*, Zweite Fassung, Frankfurt a.M. 1964, S. 243.

101 Ernst Bloch, *Geist der Utopie*, a.a.O., S. 253.

102 »Allerdings beschränkt sich der Tatfaktor revolutionärer Spontaneität keineswegs darauf, realisierende Kraft zu sein, vielmehr enthält er auch den Inhalt des zu Realisierenden in Weise subjektiver Antizipation […]« Ernst Bloch, *Experimentum Mundi*, S. 255.

103 Bloch, *Experimentum Mundi*, S. 259.

104 »Was sich anfangs als kritische Beschreibung der kapitalistischen Ökonomie verstand, wird in der vollendeten Theorie rasch zu dem Versuch, diese Ökonomie aus Gesetzen zu erklären, die unabhängig vom Handeln der Menschen, Gruppen oder Klassen wirken. Zur ›materialistischen Geschichtsauffassung‹ hypostasiert behauptet diese Konzeption, die Struktur und das

Funktionieren einer jeden Gesellschaft aus dem Stand ihrer Technik – und den Übergang von einer Gesellschaft zu einer anderen aus der Entwicklung eben dieser Technik erklären zu können. Postuliert wird also eine von Rechts wegen schon vollendete, prinzipiell verfügbare Erkenntnis der gesamten bisherigen Geschichte […]. Die Menschen machen also nicht ihre Geschichte, sie werden von ihr ›gemacht‹ […].« Castoriadis, *Gesellschaft als imaginäre Institution*, a.a.O., S. 113.

105 Castoriadis, *Gesellschaft als imaginäre Institution*, a.a.O., S. 125.

106 Castoriadis, *Gesellschaft als imaginäre Institution*, a.a.O., S. 128.

107 Ernst Bloch, *Tübinger Einleitung in die Philosophie*, Frankfurt/M. 1977, S. 146.

108 Ein Fortschritt, der in seinen Revolutionen ohnehin stets »keine europäische Spitze« implizierte, sondern »eine bessere Erde«. Bloch, *Tübinger Einleitung in die Philosophie*, S. 145–146.

109 Ernst Bloch, *Subjekt – Objekt. Erläuterungen zu Hegel*, Frankfurt/M. 1962, S. 499.

110 Castoriadis, *Gesellschaft als imaginäre Institution*, a.a.O., S. 114.

111 »Das theoretische System muß die Menschen zwangsläufig als passive Objekte seiner theoretischen Wahrheit verstehen. Was in der Vergangenheit passiert ist, soll über die Menschen ebenso herrschen wie über es selbst. So beschränkt es sich fast unausweichlich auf die Ausarbeitung und Verdichtung bereits erworbener Erfahrungen, und wenn es einmal etwas ›Neues‹ voraussieht, so handelt es sich immer […] um eine Wiederholung […] von etwas, was schon da war.« Castoriadis, *Gesellschaft als imaginäre Institution*, a.a.O., S. 117f.

112 Castoriadis, *Gesellschaft als imaginäre Institution*, a.a.O., S. 119.

113 »Revolutionäre Politik nennen wir dagegen eine Praxis, die sich mit der Organisation und Orientierung der Gesellschaft auf die Autonomie aller hin befaßt und die anerkennt, daß diese Autonomie einen radikalen Wandel der Gesellschaft voraussetzt, der seinerseits nur vermöge der autonomen Tätigkeit der Menschen zur Entfaltung kommen kann.« Castoriadis, *Gesellschaft als imaginäre Institution*, a.a.O., S. 132.

114 Siehe Castoriadis, *Gesellschaft als imaginäre Institution*, a.a.O., S. 123.

115 Thomas Malthus, *An Essay on the principle of population*, London 1988, S. 73ff.

116 Vgl. Jared Diamond, *Collapse. How Societies Choose to Fail or Succeed. London*, 2011, Kap. 2.

117 Castoriadis, *Gesellschaft als imaginäre Institution*, a.a.O., S. 128f.

118 »[Praxis] stützt sich auf ein Wissen, doch ist diese stets bruchstückhaft und vorläufig […], weil die Praxis selbst ständig neues Wissen auftauchen läßt, weil sie die Welt in einer besonderen und zugleich allgemeinen Sprache zum Sprechen bringt.« Castoriadis, *Gesellschaft als imaginäre Institution*, a.a.O., S. 130.

119 »Denn Gegenstand der Praxis ist ja gerade das Neue, das mehr ist als bloß die materialisierte Kopie einer vorgebildeten rationalen Ordnung – mit anderen Worten, es geht bei ihr um das Wirkliche selbst und kein festes, abgegrenztes und totes Artefakt.« Castoriadis, *Gesellschaft als imaginäre Institution*, a.a.O., S. 131.

120 Castoriadis, *Gesellschaft als imaginäre Institution*, a.a.O., S. 132.

121 »Ce qui est décisif, c'est la mise en question de la loi héritée. Nous avons là le premier moment d'une autonomie sociale, en ce sens que la société conteste sa propre institution, et que cette mise en cause de sa propre loi et la transformation de cette loi se font de façon explicite, en fonction d'une activité politique publique [...].« Cornelius Castoriadis, *La Cité et les Lois*, a.a.O., S. 42.

122 »[...]. Cette création d'un espace public est aussi création d'un temps public. Le temps public comme temps social s'opposant au temps privé, c'est-à-dire un système de repérages temporels qui vaut pour tous, qui scande la vie de la société, lui permet de s'articuler dans la diachronie – retour des semailles et des vendanges, festivités religieuses rituelles, cérémonies anniversaires ... –, ce temps social, marqué par la répétition, existe évidemment dans toute société. Mais il y a création d'un temps public substantif lorsque la communauté, au-delà de la répétition, fait siens les événements de son passé tout en se projetant collectivement, de façon plus ou moins explicite, dans un avenir.« Castoriadis, *La Cité et les Lois*, a.a.O., S. 124. Castoriadis denkt an die Erfindung der Historiographie durch Hektaeios von Milet und Herodotos von Halikarnassos »l'émergence d'une dimension où la collectivité puisse inspecter son propre passé comme le résultat de ses propres actions et où s'ouvre un avenir indéterminée comme domaine de ses activités.« Castoriadis, »La ›polis‹ grecque et la création de la démocratie«, in: ders., *Domaines de l'homme. Les carrefours du labyrinthe* 2, Paris 1986, S. 369.

123 »une perspective, un projet d'avenir qui n'est visiblement pas la pure et simple répétition de ce qui a déjà été fait. Car cet hèmeis, ce ›nous autres‹ qui est l'unité de la polis [...] ouvre forcément sur un avenir qui lui aussi sera autocréation, et non pas fatalité ni programme à accomplir.« Castoriadis, *La Cité et les Lois*, a.a.O., S. 125.

124 Castoriadis, *La Cité et les Lois*, a.a.O., S. 127.

125 »[...] La liberté ne connaît pas de limites qui lui soient imposées de l'extérieur, elle ne peut pas se reposer sur une norme déjà donnée une fois pour toutes. Comme au plan individuel, au plan collectif et politique aussi cela signifie que la liberté est inséparable du risqué [...]. La démocratie ne peut exister que dans et par l'autolimitation.« Castoriadis, »Ce qu'est une revolution«, *Une société à la derive*, Paris 2005, S. 233.

126 Siehe: Castoriadis, »La force révolutionnaire de l'écologie«, *Une société à la dérive*, Paris 2005, S. 314.

127 »Si la justification de la règle de la majorité est strictement ›procédurale‹ – par exemple, qu'il faut bien que toute discussion se termine –, alors

n'importe quelle règele aurait autant de justification: tirer la decision au sort, par exemple. La règle majoritaire ne peut être justifiée que si l'on admet l'égale valeur, dans le domaine du contingent et du probable, des doxai d'individus libres. Mais si cette égale valeur ne doit pas rester un ›principe contre-factuel‹, un truc pseudo-transcendantal, alors c'est le travail permanent de l'institution de la société de rendre les individus tels que l'on puisse raisonnablement postuler que leurs opinions ont le même poids dans le domaine politique.« Cornelius Castoriadis, »La démocratie comme procedure et comme régime«, *La Montée de l'insignifiance*, Paris 1996, S. 283.

128 »La rotation, le tirage au sort, la décision après délibération de tout le corps politique, les élections, les tribunaux populaires ne reposaient pas seulement sur un postulat de l'égale capacité de tous à assumer les charges publiques: ils étaient les pièces d'un processus politique éducatif [...] visant [...] à rendre aussi proche que possible de la réalité effective le postulat de l'égalité politique.« Castoriadis, »La démocratie comme procedure et comme régime«, a.a.O., S. 284.

129 Vgl. Ernst Bloch, *Ästhetik des Vor-Scheins 2*, a.a.O., S. 84.

130 Ernst Bloch, *Ästhetik des Vor-Scheins 2*, a.a.O., S. 89.

131 Castoriadis, *Gesellschaft als imaginäre Institution*, a.a.O., S. 218.

132 Vgl. Ernst Bloch, *Ästhetik des Vor-Scheins 2*, a.a.O., S. 118.

133 Ernst Bloch, *Ästhetik des Vor-Scheins 2*, a.a.O., S. 120.

134 Castoriadis, *Gesellschaft als imaginäre Institution*, a.a.O., S. 469.

135 Castoriadis, *Gesellschaft als imaginäre Institution*, a.a.O., S. 470f.

136 Diesen Strom der Vergegenwärtigungen und Gestaltungen nennt Castoriadis »Magma«. Castoriadis, *Gesellschaft als imaginäre Institution*, a.a.O., S. 530.

137 »Es gibt [...] ein ununterbrochenes Auftauchen eines Stroms von Vorstellungen, Bilder und Figuren aller Art (von visuellen, akustischen, verbalen oder sonstigen) Vorstellungen, die sich setzen, vordrängen, verzögern, verflüchtigen, ineinanderschieben, auseinander hervorgehen, ohne daraus hervorzugehen; die sich verschmelzen oder zersetzen, zusammenhalten und doch auch ständig verschwinden [...]. Was sich über ihre Organisation allenfalls sagen läßt, läuft auf die beinahe leere Bedingung hinaus, daß sich immer Figur und Hintergrund unterscheiden lassen muß (wobei aber die Figur bekanntlich selbst Hintergrund und der Hintergrund Figur werden kann). Vielleicht sollte man besser sagen: Es muß immer ein Mindestmaß an Unterschiedenheit, Verschiedenartigkeit oder Andersheit geben. Doch diese Andersheit als konkrete Andersheit ändert sich selbst [...]. Jede Vorstellung verweist auf andere, erzeugt sie oder läßt sie auftauchen.« Castoriadis, *Gesellschaft als imaginäre Institution*, a.a.O., S. 533f.

138 Castoriadis, *Gesellschaft als imaginäre Institution*, a.a.O., S. 535.

139 Castoriadis, *Gesellschaft als imaginäre Institution*, a.a.O., S. 542.

140 Castoriadis, *Gesellschaft als imaginäre Institution*, a.a.O., S. 546.

141 Castoriadis, *Gesellschaft als imaginäre Institution*, a.a.O., S. 180.

142 Denn »in Wirklichkeit sind schon die Ausdrücke ›männlich/weiblich‹ als gesellschaftliche und nicht etwa biologische Terme gesellschaftlich instituiert und kommen nicht überall in derselben Gestalt vor.« Castoriadis, *Gesellschaft als imaginäre Institution*, a.a.O., S. 383.

143 »Das Imaginäre [...] ist kein Bild *von*. Es ist unaufhörliche und (gesellschaftlich-geschichtlich und psychisch) wesentlich indeterminierte Schöpfung von Gestalten/Formen/Bildern, die jeder Rede *von* ›etwas‹ zugrunde liegen. Was wir ›Realität‹ und ›Rationalität‹ nennen, verdankt sich überhaupt erst ihnen.« Castoriadis, *Gesellschaft als imaginäre Institution*, a.a.O., S. 12.

144 »Autonomie bedeutet also nicht restlose Aufklärung und völlige Beseitigung des nicht als Diskurs des Anderen gewußten Diskurses, sondern Einsetzung eines anderen Verhältnisses zwischen dem Diskurs des Anderen und dem Diskurs des Subjekts.« Castoriadis, *Gesellschaft als imaginäre Institution*, a.a.O., S. 178.

145 Castoriadis, *Gesellschaft als imaginäre Institution*, a.a.O., S. 178.

146 Castoriadis, *Gesellschaft als imaginäre Institution*, a.a.O., S. 178.

147 In einem solchen Zustand ist Autonomie weder ein Ideal oder ein Postulat noch eine empirische Tatsache: »Sobald sich die Autonomie in einer Tätigkeit verkörpern, entfalten und gesellschaftlich existieren soll, stößt sie in Gestalt der materiellen Bedingungen und der anderen Individuen fortwährend auf immer neue Hindernisse. Nur in Zwischenräumen oder Nischen, die durch Zufall oder Gewitztheit entstehen, vermag sie sich im wirklichen Leben zu äußeren – freilich niemals in angemessener Weise.« Castoriadis, *Gesellschaft als imaginäre Institution*, a.a.O., S. 185.

148 Diesen Unterschied, und damit die Kraft der Imagination, übergangen zu haben, wirft Castoriadis Kant vor. Die transzendentale Einbildungskraft sei zwar Kants große Entdeckung, er habe diese aber sofort unterworfen, und zwar erstens den Notwendigkeiten wahrer Erkenntnis und zweitens durch die Bestimmung als »ewig die Selbe«. Die kreative Funktion der Imagination in der Erkenntnisoperation sei ihm deshalb entgangen. Castoriadis, »Fait et à faire«, *Les Carrefours du Labyrithe* 5, Paris 1997, S. 286.

149 Castoriadis, *Gesellschaft als imaginäre Institution*, a.a.O., S. 175.

150 Castoriadis, *Gesellschaft als imaginäre Institution*, a.a.O., S. 176.

151 Castoriadis, *Gesellschaft als imaginäre Institution*, a.a.O., S. 174.

152 Vgl. J. Habermas, *Der philosophische Diskurs der Moderne. Zwölf Vorlesungen*, Frankfurt/M. 1985, 382ff.

153 C. Castoriadis, »Le monde morcelé«, *Les Carrefours du labyrinthe* 3, Paris 2000, S. 183.

154 »Denn noch ehe sie die Zeit ausdrücklich instituiert – das heißt Markierungen und Maße festsetzt und so eine identitätslogische Zeit begründet, die in ein Magma imaginärer Bedeutungen eingetaucht ist, das selbst wieder als imaginäre Zeit instituiert ist –, ist die Gesellschaft selbst Institution einer

›impliziten‹ Zeitlichkeit [...].« Cornelius Castoriadis, *Gesellschaft als imaginäre Institution*, a.a.O., S. 349.

155 Castoriadis, *Gesellschaft als imaginäre Institution*, 159f.

156 Wie bei Jürgen Habermas, *Der philosophische Diskurs der Moderne*, a.a.O., S. 389, S. 398.

157 Vgl. zum Folgenden Jacques Rancière, »Zeit, Erzählung, Politik«, *Moderne Zeiten*, Wien 2018, S. 12–28.

158 »We recognized that anticipatory behavior is the general rule in biological systems, and that it depends essentially on the presence of predictive models [...].« Robert Rosen, *Anticipatory Systems. Philosophical, Mathematical, and Methodological Foundations*, New York 2012, S. 366.

159 Herbert Marcuse, *Der Eindimensionale Mensch*, a.a.O., S. 229f.

160 Marcuse unterstreicht: »Ich habe den Terminus ›Entwurf‹ so oft benutzt, weil er mir den spezifischen Charakter der geschichtlichen Praxis äußert klar zu akzentuieren scheint. Sie geht aus einer bestimmten Wahl hervor, daraus, daß aus einer Reihe von Weisen, die Realität zu begreifen, zu organisieren und zu verändern, eine herausgegriffen wird. Diese ursprüngliche Wahl bestimmt den Spielraum der Möglichkeiten, die sich auf diesem Wege eröffnen, und schließt alternative Möglichkeiten aus, die mit ihm unvereinbar sind.« Herbert Marcuse, *Der Eindimensionale Mensch*, a.a.O., S. 231.

161 Marcuse, *Der Eindimensionale Mensch*, a.a.O., S. 230.

162 Marcuse, *Der Eindimensionale Mensch*, a.a.O., S. 238.

163 Marcuse, *Der Eindimensionale Mensch*, a.a.O., S. 239f.

164 Marcuse rekurriert hier [S. 2252] auf Karl Marx: »›Die freie Zeit ... hat ihren Besitzer natürlich in ein andres Subjekt verwandelt und als dies andre Subjekt tritt er dann in den unmittelbaren Produktionsprozeß‹«. Karl Marx, *Grundrisse der Kritik der politischen Ökonomie*, MEW Bd. 42, Berlin 1983, S. 599.

165 Marcuse, *Der Eindimensionale Mensch*, a.a.O., S. 262

166 Marcuse, *Der Eindimensionale Mensch*, a.a.O., S. 239, S. 240. Vgl. ibd., S. 244.

167 »Mit Bezug auf einen solchen transzendenten Entwurf lassen sich denn auch die Kriterien für objektive geschichtliche Wahrheit am besten als die Kriterien seiner Rationalität formulieren: 1) Der transzendente Entwurf muß mit den realen Möglichkeiten übereinstimmen, die auf dem erreichten Niveau der materiellen und geistigen Kultur offen sind. 2) Um die je bestehende Totalität als falsch zu erweisen, muß der transzendente Entwurf seine eigene höhere Rationalität in dem dreifachen Sinne belegen, daß er a) die Aussicht biete, die produktiven Errungenschaften der Zivilisation zu erhalten und zu verbessern; b) die bestehende Gesellschaft in ihrer Wesensstruktur, in ihren Grundtendenzen und -beziehungen bestimmt; c) der Verwirklichung einer Befriedung des Daseins eine größere Chance bietet im Rahmen von Institutionen, die der freien Entwicklung der menschlichen Bedürfnisse und Anlagen eine größere

Chance bieten [...]. Die geschichtliche Wahrheit ist relativ; die Rationalität des Möglichen hängt ab von der des Wirklichen, die Wahrheit des transzendierenden Entwurfs von der des verwirklichten [...]. Die Kontinuität wird durch den Bruch gewahrt [...].« Marcuse, *Der Eindimensionale Mensch*, a.a.O., S. 232. Wenn der Entwurf in seinem Verlauf vorherbestimmt wäre, hätte die Definition der Freiheit als begriffene Notwendigkeit einen repressiven Nebensinn. Aber: »Ich schlage den Ausdruck ›bestimmte Wahl‹ vor, um den Einbruch der Freiheit in die historische Notwendigkeit hervorzuheben; der Ausdruck faßt lediglich den Satz zusammen, daß die Menschen ihre Geschichte selbst machen, aber unter gegebenen Bedingungen. Determiniert sind die spezifischen Widersprüche, die sich in einem geschichtlichen System als Manifestationen des Konflikts zwischen dem Potentiellen und dem Aktuellen entwickeln; 2) die materiellen und geistigen Ressourcen, über die das jeweilige System verfügt; 3) das Ausmaß an theoretischer und praktischer Freiheit, das mit dem System verträglich ist. Diese Bedingungen lassen alternative Möglichkeiten offen, die verfügbaren Ressourcen zu entwickeln und nutzbar zu machen, alternative Möglichkeiten, ›sich zu ernähren‹ und die Auseinandersetzung des Menschen mit der Natur zu organisieren.« Marcuse, *Der Eindimensionale Mensch*, a.a.O., S. 233.

168 Marcuse, *Der Eindimensionale Mensch*, a.a.O., S. 235.

169 Marcuse, *Der Eindimensionale Mensch*, a.a.O., S. 242.

170 Marcuse, *Der Eindimensionale Mensch*, a.a.O., S. 242. Marcuse denkt hier an die Transzendierung der technologischen Welt mit Mitteln der Technologie (S. 245). Pierre Charbonnier sieht das ökologische Projekt bei Marcuse und seine Vision einer Gesellschaft als Kunstwerk dadurch kompromittiert, dass es weiterhin auf der intensivierten Ausbeutung der Natur beruhe. Pierre Charbonnier, *Abondance et liberté. Une histoire environnementale des idées politiques*, Paris 2020, S. 302ff.

171 Vgl. Michael Gamper, Helmut Hühn, Steffen Richter (Hg.), *Formen der Zeit: Ein Wörterbuch ästhetischer Eigenzeiten*, Hannover 2020.

172 Vermutlich hängt sie mit dem zusammen, was Marcuse das Lustprinzip nennt.

173 Siehe Christoph Menke, *Theorie der Befreiung*, a.a.O., Kap. 5.

174 Hartmut Rosa, *Beschleunigung. Die Veränderung der Zeitstrukturen in der Moderne*, Frankfurt/M. 2005., S. 26.

175 Siehe Rosa, *Beschleunigung*, a.a.O., S. 32. (nach Robert Lauer) und Hartmut Rosa, »Beschleunigung: Zur Heuristik des Ausnahmezustandes«, in: Karl-Rudolf Korte et al. (Hg.), *Heuristiken des politischen Entscheidens*, Berlin 2022, S. 265. »Über diese Parameter hinaus ist für das politische Handeln aber auch die jeweils involvierte Zeitperspektive von Bedeutung, das heißt die zugrundeliegenden Vorstellungen oder Horizonte von Vergangenheit, Gegenwart und Zukunft und deren Relevanz für die in Frage stehenden Entscheidungen.« Rosa, »Beschleunigung. Zur Heuristik [...]«, a.a.O., S. 263f.

176 Michael Theunissen, *Negative Theologie der Zeit*, Frankfurt/M. 1991, S. 223.

177 Michel Foucault, *Überwachen und Strafen. Die Geburt des Gefängnisses*, Frankfurt/M. 1979.

178 Siehe Walter Benjamin, *Thesen über den Begriff der Geschichte*, a.a.O., These 15. Vgl. John Holloway, *Die Welt verändern ohne die Macht zu übernehmen*, Münster 2018, S. 174; John Holloway/Edward P. Thompson, *Blauer Montag. Über Zeit und Arbeitsdisziplin*, Hamburg 2007.

179 Rosa, *Beschleunigung*, a.a.O., S. 31. In Anlehnung an Peter Alheit und Anthony Giddens.

180 Vgl. Theunissen, *Negative Theologie der Zeit*, a.a.O., S. 305.

181 Theunissen, *Negative Theologie der Zeit*, a.a.O., S. 45.

182 Theunissen, *Negative Theologie der Zeit*, a.a.O., S. 49.

183 Theunissen, *Negative Theologie der Zeit*, a.a.O., S. 52f.

184 Rosa, *Beschleunigung*, a.a.O., S. 392.

185 Rosa, *Beschleunigung*, a.a.O., S. 411.

186 Rosa, *Beschleunigung*, a.a.O., S. 392. Mit Verweis auf Guggenberger/Offe 1984.

187 Nach der Einsicht von Karen Barad, *Agentieller Realismus*, Berlin 2012, S. 14ff.; Karen Barad, *Verschränkungen*, Berlin 2015, S. 148f., S. 197ff.

188 Paul Virilio, *Geschwindigkeit und Politik. Ein Essay zur Dromologie*, Berlin 1980, S. 186f. und Paul Virilio, *Der negative Horizont. Bewegung, Geschwindigkeit, Beschleunigung*, München 1991, S. 266ff.

189 »Autonomiegefährdend werden diese Entwicklungen aber just durch die mit ihnen verknüpfte Veränderung der spätmodernen Zeitstrukturen: Die selbstbestimmte Gestaltung individuellen und/oder kollektiven Lebens setzt voraus, dass der Optionenraum über eine gewisse Zeit hinweg stabil bleibt (begründete Entscheidungen werden unmöglich, wenn sich ihr Nutzen, ihre (Opportunitäts-)Kosten und Folgewirkungen nicht mit einer gewissen minimalen Zeitstabilität vorhersagen lassen), dass die Handlungsbedingungen so dauerhaft sind, dass sich Veränderungsprozesse noch verstehen und zumindest teilweise kontrollieren lassen, und schließlich dass ausreichend Zeit zur Verfügung steht, um durch die planmäßige Einwirkung auf den Handlungsraum Leben und Gesellschaft tatsächlich zu gestalten. Die Möglichkeit genuiner ethischer und politscher Selbstbestimmung hängt daher auch von der Ausbildung zeitresistenter bzw. transsituativer Präferenzen oder Zielvorstellungen ab, an denen Gestaltung, Fortschritt und Bewegung definiert und gemessen werden können. Autonomie ist in diesem Sinne äquivalent mit der zeitstabilen Verfolgung von selbstbestimmten Plänen auch gegen den Widerstand sich ändernder situativer Bedingungen [...]. Änderungen dürfen nicht ausschließlich fremdinduziert bzw. situationsabhängig sein [...].« Rosa, *Beschleunigung*, a.a.O., S. 454.

190 »The future, emptied of content and extracted from historical context,

invites imagination and inventive action. It is ready to be populated with the products of progress. An empty future is there for the taking, open to commodification, colonisation and control, available for exploitation, exploration and elimination, as and when it becomes appropriate from the vantage point of the present. We would like to go as far as to suggest that the emptying of the future and its subsequent equation with money were central preconditions to the progress enjoyed by industrial societies, to the economic growth experienced by those societies and to their colonial ventures. When the future is decontextualised and depersonalised we can use and abuse it without feeling guilt or remorse. We can plunder and pollute it with impunity. We can forget that our future is the present of others and pretend that it is ours to do with as we please, with our imagination, creative skills and technological prowess the only boundaries to our activities. This is the base assumption upon which our present affluence and domination has been created and which we carry forward to ›our‹ future. Today, however, it becomes ever more difficult to keep up the pretence.« Barbara Adam, Chris Groves, *Future Matters. Action, Knowledge, Ethics*, Leiden/Boston 2007, S. 13.

191 Siehe hierzu Eva Horn, *Zukunft als Katastrophe*, Frankfurt/M. 2014.

192 Arendt, *Vita Activa*, a.a.O., S. 304f.

193 »We forgive predecessors for their deeds and legacies: the cancer-producing radiation, hormone disrupting chemicals, climate-changing fossil fuels. From our futures perspective, however, there is no barrier to extending the temporal orientation of forgiveness to the future [...]. We require forgiveness from successors for our future making. This turn to the future inescapably embeds us in relations of indebtedness with notyet existent others, which in turn tempers the frontier spirit and the improvidence with which their presents and futures are spoilt by us and or eliminated altogether. Knowing ourselves to be acting within unbroken webs of obligation, and appreciating that our deeds will require forgiveness, places us almost by default in positions of increased care and concern.« Barbara Adam / Chris Groves, *Future Matters – Action, Knowledge, Ethics*, a.a.O., S. 168, S. 169.

194 Adam/Groves, *Future Matters – Action, Knowledge, Ethics*, a.a.O., S. 169.

195 »Uncertainty of potential outcomes cannot absolve producers of long-term, open-ended impacts from responsibility to those affected in remote futures and places. The difficulty confronting us, as we have shown, is that the indeterminacy of unbounded effects makes reliance on scientific prediction and economic risk calculation inappropriate and presents us instead with questions about justice, rights and possible harm to future beings that have to be addressed [...]. It is not past-based knowledge but social debate on what is right and just which will need to arbitrate between competing plans, decisions and interests. When we accept, in addition, that decisions may require forgiveness from successors, we act in a social context of indebtedness and this in turn helps to temper economic rationality and present-oriented self

interest.« Adam/Groves, *Future Matters – Action, Knowledge, Ethics*, a.a.O., S. 185, S. 186.

196 Zum Begriff Zeitregime Reinhold Görling, Barbara Gronau, Ludger Schwarte (Hg.), *Aesthetics of Standstill*, Berlin 2018; Norbert Elias, *Über die Zeit. Arbeiten zur Wissenssoziologie* II, Franfurt/M. 1988, S. 122; Helga Nowotny, *Eigenzeit. Entstehung und Strukturierung eines Zeitgefühls*, Frankfurt/M. 1993, S. 9.

197 Theunissen stellt fest: »Unterworfen sind wir der Herrschaft der Zeit grundsätzlich alle. In Psychosen werden wir ihr nur ausgeliefert.« Michael Theunissen, *Negative Theologie der Zeit*, a.a.O., S. 49.

198 Diesen Zusammenhang analysiert Foucault besonders detailliert in den Kapiteln »Die Kontrolle der Tätigkeit« und »Die Zusammensetzung der Kräfte«. Michel Foucault, *Überwachen und Strafen. Die Geburt des Gefängnisses*, a.a.O., S. 192–219.

199 Siehe u. a. Marko d'Eramo, The Pig and the Skyscraper. Chicago: A History of our Future, London/New York 2003; Fahim Amir, Schwein und Zeit. Tiere, Politik, Revolte, Hamburg 2018, S. 41ff.

200 Schwierigkeiten der Synchronisierung von Uhren wurden eine wesentliche Quelle der neuen »Empires of Time«. Peter Galison, *Einsteins Uhren, Poincarés Karten: Die Arbeit an der Ordnung der Zeit*, Frankfurt/M. 2003.

201 Siehe hierzu Timothy Crary, *24/7 – Schlaflos im Spätkapitalismus*, Berlin 2014; Wendy Chun, *Updating to Remain the Same – Habitual New Media*, Cambridge, Mass. 2017; Mark B. N. Hansen, *Feed-Forward – On the Future of Twenty-First-Century Media*, Chicago 2015; Timothy Scott-Barker, *Time and the Digital. Connecting Technology, Aesthetics and a Process Philosophy of Time*, Hanover 2012; Alexander Galloway/Eugene Thacker, *The Exploit – A Theory of Networks*, Minneapolis, London 2007.

202 Vgl. Gilles Deleuze, *Differenz und Wiederholung*, München 1992.

203 Bereits Deleuze verweist in diesem Zusammenhang auf die zunehmende Verschuldung hin. Gilles Deleuze, »Postskriptum über die Kontrollgesellschaften«, *Unterhandlungen 1972–1990*, Frankfurt/M. 1993, S. 258, S. 260.

204 Edmund Husserl, *Zur Phänomenologie des inneren Zeitbewußtseins*, a.a.O., S. 391.

205 Immanuel Kant beschreibt die Zeitsynthese am Beispiel des Ziehens einer Linie. Immanuel Kant, *Kritik der reinen Vernunft*, Werkausgabe Bd. 3, Frankfurt/M. 1957, S. 151.

206 Zu einer solchen, auf Minkowski zurück gehenden Zeitphilosophie siehe unter anderem David Hugh Mellor, *Real Time II*, London 1998.

207 Manuel Castells, *Der Aufstieg der Netzwerkgesellschaft, Das Informationszeitalter*, Opladen 2004, S. 112ff. Vgl. Jan Van Dijk, *The Network Society Aspects of the New Media*, New York 1999.

208 Vgl. u.a. David L. Mills, *Computer Network Time Synchronization*, London 2010.

209 Vgl. George Kubler, *The Shape of Time. Remarks on the History of Things*, New Haven 1962; Michel Foucault, *Überwachen und Strafen: Die Geburt des Gefängnisses*, a.a.O., S. 192f.; Henning Schmidgen (Hg.), *Experimental Arcades: The materiality of time relations in life sciences, art and technology*, Berlin 2002; Henning Schmidgen (Hg.), *Lebendige Zeit: Wissenskulturen im Werden*, Berlin 2005. In der Folge von Bergson, Heidegger und Deleuze unterscheidet Sanford Kwinter in seinem Buch *Architectures of Time* die reale Zeit von der verräumlichten, gezählten. Kwinter behauptet, dass die reale Zeit Turbulenzen und Irregularitäten, Fluktuationen und Instabilitäten innerhalb regelmäßiger, linearer, quantitativer Systeme verursacht. Unvorhergesehene Veränderungen in dynamischen Systemen könnten nicht aus Raumrelationen allein erklärt werden, sondern nur durch die Eigenschaften, die aus dem Fließen der Energie und deren Intensitäten resultieren. Sanford Kwinter, *Architectures of Time. Toward a Theory of the Event in Modernist Culture*, Cambridge 2001, S. 24, S. 169.

210 Gilles Deleuze, *Das Zeit-Bild. Kino 2*, Frankfurt/M. 1991, 53f.

211 Maurizio Lazzarato, *Videophilosophie. Zeitwahrnehmung im Postfordismus*, Berlin 2002, S. 16, S. 48f.

212 Jonathan Crary, *24/7: Schlaflos im Spätkapitalismus*, a.a.O., S. 10ff.

213 Dietmar Kammerer, *Bilder der Überwachung*, Frankfurt a.M. 2008; Andreas Treske, *Video Theory, Online Video Aesthetics*, Bielefeld 2015.

214 Serjoscha Wiemer, *Das geöffnete Intervall. Medientheorie und Ästhetik des Videospiels*, Paderborn 2014, S. 231.

215 Erich Hörl (Hg.), *Die technologische Bedingung: Beiträge zur Beschreibung der technischen Welt*, Berlin 2011.

216 Erich Hörl, »Die technologische Bedingung. Zur Einführung«, in: *Die technologische Bedingung: Beiträge zur Beschreibung der technischen Welt*, Berlin 2011, S. 21.

217 Erich Hörl, »Die technologische Bedingung«, a.a.O., S. 33.

218 Craig Callender (Hg.), *Time, Reality and Experience*, Cambridge 2002; Craig Callender (Hg.), *The Oxford Handbook of Philosophy of Time*, Oxford 2013; Adrian Bardon (Hg.), *The Future of the Philosophy of Time*, London/New York: Routledge 2012; James Harrington, *Time: A Philosophical Introduction*, London 2015; L. Nathan Oaklander (Hg.), *The Philosophy of Time*, 4 Bd., London/New York 2008.

219 Andrew Grant, »Time's Arrow«, in: *Science News*, Nr. 25, 2015, S. 15–18.

220 Deleuze, »Postskriptum über die Kontrollgesellschaften«, a.a.O., S. 255.

221 Deleuze, »Postskriptum über die Kontrollgesellschaften«, a.a.O., S. 260.

222 Deleuze, »Postskriptum über die Kontrollgesellschaften«, a.a.O., S. 256.

223 Deleuze, »Postskriptum über die Kontrollgesellschaften«, a.a.O., S. 259.

224 Hier greife ich Formulierungen Deleuzes auf: »permanente Metastabilität« (mit Bezug auf Unternehmen): Deleuze (1990), S. 256; »unbegrenzter Aufschub« (als juristische Lebensform): Deleuze (1990), S. 257.

225 Deleuze, »Postskriptum über die Kontrollgesellschaften«, a.a.O., S. 257.

226 Deleuze, »Postskriptum über die Kontrollgesellschaften«, a.a.O., S. 257.

227 Deleuze, »Postskriptum über die Kontrollgesellschaften«, a.a.O., S. 262.

228 Deleuze, »Postskriptum über die Kontrollgesellschaften«, a.a.O., S. 257. Die vorangegangen Passagen führen Formulierungen Deleuzes an, die für eine Konzeption der Kontrollzeit geeignet scheinen, ohne dass davon bei Deleuze explizit die Rede wäre.

229 Martin Heidegger, »Die Frage nach der Technik«, *Vorträge und Aufsätze*, Stuttgart 1954, S. 24.

230 Vgl. Herbert Marcuse, *Triebstruktur und Gesellschaft*, Frankfurt a. M. 1955, S. 10, S. 138.

231 Christoph Hubig, *Die Kunst des Möglichen*, Band I, Bielefeld 2006, S. 184.

232 C. Hubig, *Die Kunst des Möglichen*, a.a.O., S. 185.

233 Borst, Arno, *Computus: Zeit und Zahl in der Geschichte Europas*, a.a.O.; Jörg Rüpke, *Zeit und Fest: Eine Kulturgeschichte des Kalenders*, München 2006.

234 Eva Schauerte, *Lebensführungen: Eine Medien- und Kulturgeschichte der Beratung*, München 2019.

235 Wolfram Hogrebe, *Metaphysik und Mantik*, Frankfurt/M. 1992; Eva Shaw, *The Wordsworth Book of Divining the Future*, Ware 1997; Richard Lewinsohn, *Science, Prophecy and Prediction.*, New York 1961; Georges Minois, *Geschichte der Zukunft. Orakel, Prophezeiungen, Utopien, Prognosen*, Düsseldorf 1998; Matthias Riedl, Tilo Schabert, *Propheten und Prophezeiungen*, Würzburg 2005.

236 Gérald Bronner, *The Future of Collective Beliefs*, Oxford 2011.

237 Cicero, *Über das Schicksal*, hg. v. Karl Bayer, Düsseldorf/Zürich 2000, S. 39, S. 41, S. 51. Cicero referiert hier ein Argument von Kerneades gegen Chrysipps Logik und Epikurs ›Elachiston‹ Lehre.

238 Wendell Bell, *Foundations of Futures Studies*, New Brunswick, NJ 2003. Immanuel Kant unterscheidet Vorhersagen, Wahrsagen und Weissagen von der Ahnung, als dem Vorherspüren, und der Vorhererwartugn, das »ein durch Reflexion über das Gesetz der Folge der Begebenheiten nach einander (das der Kausalität) erzeugtes Bewußtsein des Künftigen« ist. Immanuel Kant, *Anthropologie in pragmatischer Hinsicht*, Werkausgabe Bd. XII, Frankfurt/M. 1968, S. 492.

239 »For all inferences from experience suppose, as their foundation, that the future will resemble the past, and that similar powers will be conjoined with similar sensible qualities.« David Hume, *An Enquiry concerning human understanding*, Sec. IV, Part II, hg. Selby-Bigge/Niddich, Oxford 1998, S. 37.

240 Jens Beckert, Imaginierte Zukunft. Fiktionale Erwartungen und die Dynamik des Kapitalismus, Berlin 2022, S. 380.

241 Siehe Jens Beckert, und Richard Bronk, »Fiktionale Erwartungen: Zu-

kunftsbilder als Heuristiken im Entscheiden«, in: Karl-Rudolf Korte, Gert Scobel, Taylan Yildiz, *Heuristen des politischen Entscheidens.* Berlin 2022, S. 374f., S. 379.

242 Vgl. hierzu: Jens Beckert, *Imaginierte Zukunft. Fiktionale Erwartungen und die Dynamik des Kapitalismus*, Berlin 2018, S 105f.

243 Siehe Beckert, *Imaginierte Zukunft*, a.a.O., S. 107.

244 Beckert, *Imaginierte Zukunft*, a.a.O., S. 341f.

245 James A. Ogilvy, *Creating Better Futures. Scenario Planning as a Tool for a Better Tomorrow*, Oxford 2002.

246 Beckert, *Imaginierte Zukunft*, a.a.O., S. 342.

247 Vincent A. W. J. Marchau (u.a.) (Hg.), *Decision Making under Deep Uncertainty. From Theory to Practice*, Den Haag 2019.

248 Martijn van der Steen, Mark van Twist (Hg.), »How Is the Future Unknown? Strategies for Preparing for an Uncertain Future«, in: Klaus H. Goetz (Hg.), *The Oxford Handbook of Time and Politics*, Oxford 2020.

249 Elena Esposito, »Konstruktion der Zukunft und Gebrauch der Zukunft: Risiko als Gelegenheit«, in: Georg Pfleiderer (u.a.) (Hg.), *Kapitalismus – eine Religion in der Krise II, Aspekte von Risiko, Vertrauen, Schuld*, Baden-Baden 2015, S. 50f.

250 Elena Esposito, »Konstruktion der Zukunft und Gebrauch der Zukunft« a.a.O., S. 58. Mit dem Begriff »Defuturisierung« bezieht sich Esposito auf: Niklas Luhmann, »The Future Cannot Begin: Temporal Structures in Modern Society«, *Social Research* Nr. 43, 1976, 130–152.

251 Henri Bergson, *Zeit und Freiheit*, Hamburg 2016, S. 171.

252 Henri Bergson, *Zeit und Freiheit*, Hamburg 2016, S. 171.

253 Jean-Paul Sartre, *Das Imaginäre, Phänomenologische Psychologie der Einbildungskraft*, Philosophische Schriften Band I, Reinbek 1994, S. 226ff., S. 233, S. 234. An späterer Stelle unterscheidet Sartre zwischen zwei Arten der Zukunft: einer Zukunft, die nur der zeitliche Hintergrund gegenwärtiger Wahrnehmung ist (S. 286) und eine Zukunft, die ich »für sich selbst setze«, von der Gegenwart gelöst, und in der sich etwas ereignen kann (S. 287). Im ersten Fall ist die Antizipation die Vorausberechnung der Entwicklungsbahn von etwas, das schon Realität ist, das zweite ist der Versuch eines Voraussehens von etwas, dass ich »als Nichts präsentifiziere« (S. 287). Auch dieses zweite denkt Sartre offenbar als Extrapolation, hier nur auf der Basis eines Irrealitätsbewußtseins, und bleibt somit hinter den zuvor erreichten Einsichten in die Plastizität zurück.

254 Ernst Bloch, »Exkurs: Über Zeittechnik«, *Philosophische Aufsätze zur Objektiven Phantasie*, Frankfurt/M. 1969, S. 572.

255 Bloch, *Experimentum Mundi*, a.a.O., S. 101, S. 107.

256 Vgl. Bloch, *Experimentum Mundi*, a.a.O., S. 93–94, S. 104–105.

257 Bloch, *Tübinger Einleitung*, S. 129.

258 Diesen Gedanken entwickelt Bloch aus einer Kritik physikalischer

Zeittheorien: Die Relativitäts- und Quantentheorie seit Einstein habe gegen die Newton'sche Voraussetzung einer Gleichzeitigkeit aller Ereignisse geltend gemacht, dass Gleichzeitigkeit nur für benachbarte Orte, aber nicht für sehr weit entfernte Orte gelte, und zwar nicht nur wegen der fehlenden Messbarkeit dieser Gleichzeitigkeit, »sondern jeder Ort selber hat nach Einstein eine eigene Zeit, wenigstens was den Augenblick betrifft. Jedoch: obwohl die Relativitätstheorie dergestalt mit Zeitproblemen (›Punktereignissen‹) in Gang kam und auch die Quantentheorie davon voll ist (Zeit erst bei einem Aggregat von Quanten, nicht beim einzelnen Wirkungsquantum), [...] wird [die Zeit] als nicht besonders hervortretende eindimensionale mit den drei Raumdimensionen verbunden und erzeugt in der so vierdimensionalen Mannigfaltigkeit keinerlei Asymmetrie [...]. So freigebig sie auch sonst im n-Dimensionalen ist, so wenig hat davon der ›Zeitraum‹ [...]. Auch hier also dürfte [...] noch eine ganz andere ›Elastizität‹ nötig sein, um die Verlaufsstrecke als variable Form variierender Bewegungen, kosmogonischer Entwicklungen abzubilden.« Bloch, *Tübinger Einleitung*, a.a.O., S. 132, S. 134.

259 Bloch, *Tübinger Einleitung*, a.a.O., S. 136.

260 Bloch, *Tübinger Einleitung*, a.a.O., S. 134–135; vgl. Bloch, *Experimentum Mundi*, a.a.O., S. 105–106.

261 Bloch, *Tübinger Einleitung*, a.a.O., S. 135.

262 Bloch, *Tübinger Einleitung*, a.a.O., S. 136.

263 Vgl. Bloch, *Tübinger Einleitung*, a.a.O., S. 136.

264 Bloch, *Tübinger Einleitung*, a.a.O., S. 135.

265 Vgl. Bloch, *Tübinger Einleitung*, a.a.O., S. 147.

266 Herbert Marcuse, *Der eindimensionale Mensch*, a.a.O., S. 173.

267 Siehe Theodor W. Adorno, *Vers une musique informelle, Musikalische Schriften I–III,* Gesammelte Schriften Bd. 16, Frankfurt a. M. 1978, S. 540.

268 Vgl. hierzu vom Verfasser: *Notate für eine künftige Kunst*. Berlin 2016.

269 Barbara Adam, *Das Diktat der Uhren. Zeitformen, Zeitkonflikte, Zeitperspektiven*, Frankfurt/M. 2005. Vgl. zur Ökologie der Zeit: Barbara Adam, *Timescapes of Modernity. The Environment & Invisible Hazards*, London/New York 1998; Barbara Adam, *Timewatch. The social analysis of time*, Cambridge 1995; Barbara Adam, *Time*, Cambridge/Oxford 2004; Martin Held, »Öffentlicher Zeitraum«, in: Martina Heitkötter und Manuel Schneider (Hg.), *Zeitpolitisches Glossar. Grundbegriffe – Felder – Instrumente – Strategien*, Tutzing 2008, S. 62–63; Martin Held, Karlheinz A. Geißler (Hg.), *Von Rhythmen und Eigenzeiten. Perspektiven einer Ökologie der Zeit*, Stuttgart 1995; Martin Held, Karlheinz A. Geißler (Hg.), *Ökologie der Zeit. Vom Finden der rechten Zeitmaße*, Stuttgart 1993; Sabine Hofmeister, Meike Spitzner (Hg.), *Zeitlandschaften. Perspektiven öko-sozialer Zeitpolitik*, Stuttgart 1999; Bruce E. Tonn, *Anticipation. Sustainability, futures and human extinction: ensuring humanity's journey into the distant future*, New York 2020; Eric Post, *Time in Ecology. A theoretical framework*, Princeton 2019; Michael Marder, »Ecology

as Event«, in: Matthias Fritsch u.a. (Hg.), *Eco-Deconstruction. Derrida and Environmental Philosophy*, New York 2018, S. 141–164; Karen Barad, »Troubling Time/s and Ecologies of Nothingness: Re-turning, Re-membering, and Facing the Incalculable«, in: Matthias Fritsch e.a. (Hg.), *Eco-Deconstruation. Derria and Environmental Philosophy*, New York 2018, S. 206–248; Liam P. D. Stockdale, *Taming an Uncertain Future, Temporality, Sovereignty, and the Politics of Anticipatory Governance*, London 2015.

270 Hartmut Rosa, »Beschleunigung: Zur Heuristik …«, a.a.O., S. 274.

271 »And, once futurity is reclaimed, we can find ways to connect responsibly to the time-space distantiated impacts of our actions and make the time scale of concern appropriate to the magnitude of our deeds together with their potential effects.« Barbara Adam, Chris Groves, *Future Matters – Action, Knowledge*, Ethics, a.a.O., S. 98.

272 »Et, s'il n'y a pas unnouveau movement, un réveil du projet démocratique, l'»écologie« peut très bien être intégrée dans une idéologie néo-fasciste. Face à une catastrophe écologique mondiale, par exemple, on voit très bien des régimes autoritaires imposant des restrictions draconiennes à une population affolée et apathique. L'insertion de la composante écologique dans un projet politique démocraitue radical est indispensable.« Castoriadis, »La force révolutionnaire de l'écologie«, *Une société à la derive*, a.a.O., S. 309.

273 Erich Hörl, »Umweltlich-Werden. Zur Kritik der environmentalen Macht-, Welt- und Kapitalform«, in: Susanne Witzgall, Marietta Kesting, Maria Muhle, Jenny Nachtigall (Hg.), *Hybride Ökologien*, Zürich 2020, S. 213–227, S. 220.

274 Darin liegt der Unterschied zu den Versuchen, über Zeit jenseits der Korrelation zum erkennenden Subjekt zu spekulieren. Bspw. bei Quentin Meillassoux, *Nach der Endlichkeit*. Zürich 2008, S. 162ff.

275 Herbert Marcuse, *Triebstruktur und Gesellschaft*, Frankfurt/M. 1987, S. 230.